"十二五"国家重点图书出版规划项目

关学文库　总主编　刘学智　方光华

学术研究系列

关学思想史

刘学智　著

西北大学出版社

▷ 教育部人文社会科学研究"十五"规划第一批研究项目（项目号:01JA720016）

▷ 本书为陕西省教育厅二〇一一年度科学研究计划项目（人文社科专项）"张骥《关学宗传》整理及其关学史意义研究"（项目号：11JK0025）终期成果

▷ 获国际儒联、四川大学国际儒学研究院第五届"纳通国际儒学奖"（优秀征文奖）二等奖

▷ 获陕西省第十三届哲学社会科学优秀成果一等奖

总 序

张载(1020—1077),字子厚,宋凤翔府郿县(今陕西眉县)人,祖籍大梁,宋仁宗嘉祐二年(1057)进士。张载出身于官宦之家。祖父张复在宋真宗时官至给事中、集贤院学士,死后赠司空。父亲张迪在宋仁宗时官至殿中丞、知涪州事,赠尚书都官郎中。张迪死后,张载与全家遂侨居于凤翔府郿县横渠镇之南。因他曾在此聚徒讲学,世称"横渠先生"。他的学术思想在学术史上被称为"横渠之学",他所代表的学派被后人称为"关学"。张载与程颢、程颐同为北宋理学的创始人。可以说,关学是由张载创立并于宋元明清时期,一直在关中地区传衍的地域性理学学派,亦称关中理学。

关学基本文献整理与相关研究不仅是中国思想学术史的重要课题,也是体现中华思想文化传承与创新的重要举措。《关学文库》以继承、弘扬和创新中华文化为宗旨,以文献整理的系统性、学术研究的开拓性为特点,是我国第一部对上起于北宋、下迄于清末民初,绵延八百余年的关中理学的基本文献资料进行整理与研究的大型丛书。这项重点文化工程的完成,对于完整呈现关学的历史面貌、发展脉络和鲜明特色,彰显关学精神,推动传统文化创造性转化、创新性发展无疑具有重要意义。在《关学文库》即将出版发行之际,我仅就关学、关学与程朱理学的关系、关学的思想特质、《关学文库》的整体构成等谈几点意见,以供读者参考。

一、作为理学重要构成部分的关学

众所周知,宋明理学是中国儒学发展的新形态与新阶段,一般被称为新儒学。但在新儒学中,构成较为复杂。比较典型的则是程朱理学与陆王心学。南宋学者吕本中较早提到"关学"这一概念。南宋朱熹、吕祖谦编选的《近思录》较早地梳理了北宋理学发展的统绪,关学是作为理学的重要一支来作介绍的。朱熹在《伊洛渊源录》中,将张载的"关学"与周敦颐的"濂学"、二程(程颢、程颐)的"洛学"并列加以考察。明初宋濂、王祎等人纂修《元史》,将宋代理学概括为"濂洛关闽"四大派别,其中虽有地域文化的特色,但它们的思想内涵及其影响并不限于某个地域,而成为中华思想文化史上重要的一页,即宋代理学。

根据洛学代表人物程颢、程颐以及闽学代表人物朱熹对张载关学思想的理解、评价和吸收,张载创始的关学本质上当是理学,而且是影响全国的思想文化学派。过去,我们在编写《中国思想通史》第四卷、《宋明理学史》上册的时候,在关学学术旨归和历史作用上曾作过探讨,但是也不能不顾及古代学术史考镜源流的基本看法。

需要注意的是,张载后学,如蓝田吕氏等,在张载去世后多归二程门下,如果拘泥门户之见,似乎张载关学发展有所中断,但学术思想的传承往往较学者的理解和判断复杂得多。关学,如同其他学术形态一样,也是一个源远流长、不断推陈出新的形态。关学没有中断过,它不断与程朱理学、陆王心学融合。明清时期,关学的学术基本是朱子学、阳明学的传入及与张载关学的融会过程。因此,由宋至清的关学,实际是中国理学的重要组成部分,它是一个动态的且具有包容性和创新性的概念,它开启了清初王船山学术的先河。

《关学文库》所遴选的作品与人物,结合学术史已有研究成果,如《宋元学案》《明儒学案》《关学编》及《关学续编》《关学宗传》等,均是关中理学的典型代表,上起北宋张载,下至晚清的刘光蕡、民国时期的牛兆濂,能够反映关中理学的发展源流及其学术内容的丰富性、深刻性。与历史上的《关中丛书》相比,这套文库更加丰富醇纯,是对前贤整理文献思想与实践的进一步继承与发展,其学术意义不言而喻。

二、张载关学与程朱理学的关系

佛教传入中土后,有所谓"三教合一"说,主张儒、道、释融合渗透,或称三教"会通"。唐朝初期可以看到三教并举的文化现象。当历史演进到北宋时期,由于书院建立,学术思想有了更多自由交流的场所,从而促进了学人的独立思考,使他们对儒家经学笺注主义提出了怀疑,呼唤新思想的出现,于是理学应时而生。理学主体是儒学,兼采佛、道思想,研究如何将它们融合为一个整体,这是一个重要的课题。从理学产生时起,不同时代有不同的理学学派。

比如，在"三教融合"过程中，如何理解"气"与"理"（理的问题是回避不开的，华严宗的"事理说"早在唐代就有很大影响）的关系？理学如何捍卫儒学早期关于人性善恶的基本观点，又不致只在"善"与"恶"的对立中打圈子？如何理解宇宙？宇宙与社会及个人有何关系？君子、士大夫怎么做才能维护自身的价值和尊严，又能坚持修齐治平的准则？这些都是中国思想史中宇宙观与人生观的大问题。对这些问题的研究和认识，不可能一开始就有一个统一的看法，需要在思想文化演进的历史进程中逐步加以解决。宋代理学的产生及不同学派的存在，就是上述思想文化发展历史的写照，因而理学在实质上是中华思想文化的传承创新，具有重要的历史意义。

张载关学、二程洛学、南宋时朱熹闽学各有自己的特色。作为理学的创建者之一，张载胸怀"为天地立心，为生民立命，为往圣继绝学，为万世开太平"的学术抱负，在对儒学学说进行传承发展中做出了重要的理论贡献。北宋时期，学者们重视对《易》的研究。《易》富于哲理性，他通过对《易》的解说，阐述对宇宙和人生的见解，积极发挥《礼记》《论语》《孟子》等书中的义理，并融合佛、道，将儒家的思想提升到一个新的高度。

张载与洛学的代表人物程颢、程颐等人曾有过密切的学术交往，彼此或多或少在学术思想上相互产生过一定的影响。宋仁宗嘉祐元年（1056），张载来到京师汴京，讲授《易》学，曾与程颢一起终日切磋学术，探讨学问（参见《二程集·河南程氏遗书》卷二上）。张载是二程之父程珦的表弟，为二程表叔，二程对张载的人品和学术非常敬重。通过与二程的切磋与交流，张载对自成一家之言的学术思想充满自信："吾道自足，何事旁求！"（吕大临《横渠先生行状》）

因为张载与程颢、程颐之间为亲属关系，在学术上有密切的交往，关学后传不拘门户，如吕氏三兄弟吕大忠、吕大钧、吕大临、苏昞、范育、薛昌朝以及种师道、游师雄、潘拯、李复、田腴、邵彦明、张舜民等，在张载去世后一些人投到二程门下，继续研究学术，也因此关学的学术地位在学术史上常常有意无意地受到贬低甚至质疑（包括程门弟子的贬低和质疑）。事实上，在理学发展史上，张载以其关学卓然成家，具有鲜明的特点和理论建树，这是不能否定的。反过来，张载的一些观点和思想也影响了二程的思想体系，对后来的程朱学说及闽学的形成也有重要的启迪意义，这也是客观的事实。

张载依据《易》建立自己的思想体系，但是，在基本点上和《易》的原有内容并不完全相同。他提出"太虚即气"的观点,认为没有超越"气"之上的"太极"或"理"世界,换言之,"气"不是被人创造出的产物。又由此推论出天下万物由"气"聚而成;物毁气散,复归于虚空(或"太虚")。在气聚、气散即物成物毁的运行过程中,才显示出事物的条理性。张载说:"太虚不能无气,气不能不聚而为万物,万物不能不散而为太虚,循是出入,是皆不得已而然也。"(《正蒙》卷一)他用这个观点去看万物的成毁。这些观点极大地影响了清初大思想家王船山。

张载在《西铭》中说:"乾称父,坤称母。予兹藐焉,乃混然中处。故天地之塞,吾其体;天地之帅,吾其性。民,吾同胞;物,吾与也。"天地是万物和人的父母,人是天地间藐小的一物。天、地、人三者共处于宇宙之中。由于三者都是气聚之物,天地之性就是人之性,所以人类是我的同胞,万物是我的朋友,归根到底,万物与人类的本性是一致的。进而认为,人们"尊高年,所以长其长;慈孤弱,所以幼其幼。圣,其合德;贤,其秀也。凡天下疲癃残疾、茕独鳏寡,皆吾兄弟之颠连而无告者也"。这里所表述的是一种高尚的人道主义精神境界。

二程思想与张载有别,他们通过对张载气本论的取舍和改造,又吸收佛教的有关思想,建构了"万理归于一理"的理论体系。在人性论方面,二程在张载人性论的基础上进一步深化了孟子的性善论。二程赞同张载将人性分为"天地之性"和"气质之性"。但二程认为"天地之性"是天理在人性中的体现,未受任何损害和扭曲,因而是至善无瑕的;"气质之性"是气化而生的,也叫"才",它由气禀决定,禀清气则为善,禀浊气则为恶,正因为气质之性不可避免地受到了"气"的侵蚀而出现"气之偏",因而具有恶的因素。在二程看来,善与恶的对立,实际上是"天理"与"人欲"的对立。

朱熹将张载气本论进行改造,把有关"气"的学说纳入他的天理论体系中。朱熹接受"气"生万物的思想,但与张载的气本论不同,朱熹不再将"理"看成是"气"的属性,而是"气"的本原。天理与万事万物是一种怎样的关系?朱熹关于"理一分殊"的理论回答了这一问题。他认为:"太极只是个极好至善的道理。人人有一太极,物物有一太极。"又说:"太极非是别为一物,即阴阳而在阴阳,即五行而在五行,即万物而在万物,只是一个理而已。"(《朱子语类》卷九四)"理一分殊"理论包括一理摄万理与万理归一理两个方面,这与张载思想有别。

总之,宋明理学反映出儒、道、释三者融合所达到的理论高度。这一思想的融合完成于两宋时期。张载开创的关学为此做出了重要的学术贡献。正如清初思想家王船山所说:"张子之学,上承孔孟之志,下救来兹之失,如皎日丽天,无幽不烛,圣人复起,未有能易焉者也。"(《张子正蒙注·序论》)船山之学继承发扬了张载学说,又有新的创造。

三、关学的特色

关学既有深邃的理论,又重视经世致用。这可以概括为以下几个方面:

首先,学风笃实,注重践履。黄宗羲指出:"关学世有渊源,皆以躬行礼教为本。"(《明儒学案·师说》)躬行礼教,学风朴质是关学的显著特征。受张载的影响,其弟子蓝田"三吕"也"务为实践之学,取古礼,绎其义,陈其数,而力行之"(《宋元学案·吕范诸儒学案》),特别是吕大临。明代吕柟其行亦"一准之以礼"(《关学编》)。即使清代的关学学者王心敬、李元春、贺瑞麟等人,依然守礼不辍。

其次,崇尚气节,敦善厚行。关学学者大都注意砥砺操行,敦厚士风,具有不阿权贵、不苟于世的特点。张载曾两次被荐入京,但当发现政治理想难以实现时,毅然辞官,回归乡里,教授弟子。明代杨爵、吕柟、冯从吾等均敢于仗义执言,即使触犯龙颜,被判入狱,依旧不改初衷,体现了大义凛然的独立人格和卓异的精神风貌。清代关学大儒李颙,在皇权面前铮铮铁骨,操志高洁。这些关学学者"穷则独善其身,达则兼善天下",体现出"富贵不能淫,贫贱不能移,威武不能屈"的"大丈夫"气节。

最后,求真求实,开放会通。关学学者大多不主一家,具有比较宽广的学术胸怀。张载善于吸收新的自然科学成果,不断充实丰富自己的儒学理论。他注意对物理、气象、生物等自然现象做客观的观察和合理的解释,具有科学精神。后世关学学者韩邦奇、王徵等都重视自然科学。三原学派的代表人物王恕以治《易》入仕,晚年精研儒家经典,强调用心求学,求其"放心",用心考证,求疏通之解,形成了有独立主见的治国理政观念。关学学者坚持传统,但并不拘泥传统,能够因时而化,不断地融合会通学术思想,具有鲜明的开放性和包容性特征。由张载到"三吕"、吕柟、冯从吾、李颙等,这种融会贯通的学术精神得到不断承传和弘扬。

四、《关学文库》的整体构成

关学文献遗存丰厚，但是长期以来没有得到应有的保护和整理，除少量著作如《正蒙》《泾野先生五经说》《少墟集》《元儒考略》等在清代收入《四库全书》之外，大量的著作仍散存于陕西、北京、上海等地的图书馆或民间，其中有的在大陆已成孤本（如韩邦奇的《禹贡详略》、李因笃的《受祺堂文集》家藏抄本），有的已残缺不全（如《南大吉集》收入的《瑞泉集》残本，现重庆图书馆存有原书，国家图书馆仅存胶片；收入的南大吉诗文，搜自西北大学图书馆藏《周雅续》）。即使晚近的刘光蕡、牛兆濂等人的著述，其流传亦稀世罕见。民国时期曾有宋联奎主持编纂《关中丛书》（邵力子题书名），但该丛书所收书籍涉及关中历史、地理、文学、艺术等诸多方面，内容驳杂，基本上不能算作是关学学术视野的文献整理。20世纪70年代以来，中华书局将《张载集》《蓝田吕氏遗著辑校》《关学编（附续编）》《泾野子内篇》《二曲集》等收入《理学丛书》陆续出版，这些仅是关学文献的很少一部分。全方位系统梳理关学学术文献仍系空白。

关学典籍的收集与整理，是关学学术研究的重要基础，文献整理的严重滞后，直接影响到关学研究的深入和关学精神的弘扬，影响到对历史文化的传承和中国文化精神的发掘。

现在将要出版的《关学文库》由两部分内容组成，共40种，47册，约2300余万字。

一是文献整理类，即对关学史上重要文献进行搜集、抢救和整理（标点、校勘），其中涉及关学重要学人29人，编订文献26部。这些文献分别是：《张子全书》《蓝田吕氏集》《李复集》《元代关学三家集》《王恕集》《薛敬之张舜典集》《马理集》《吕柟集·泾野经学文集》《吕柟集·泾野子内篇》《吕柟集·泾野先生文集》《韩邦奇集》《南大吉集》《杨爵集》《冯从吾集》《王徵集》《王建常集》《王弘撰集》《李颙集》《李柏集》《李因笃集》《王心敬集》《李元春集》《贺瑞麟集》《刘光蕡集》《牛兆濂集》以及《关学史文献辑校》。

二是学术研究类，其中一些以"评传"或年谱的形式，对关学重要学人进行个案研究，主要涉及眉县张载、蓝田吕大临、高陵吕柟、长安冯从吾、朝邑韩邦奇、周至李颙、眉县李柏、富平李因笃、户县王心敬、咸阳刘光蕡等学人，共11部。它们分别是：《张载思想研究》《张载年谱》《吕大临评传》《吕柟评传》

《韩邦奇评传》《冯从吾评传》《李颙评传》《李柏评传》《李因笃评传》《王心敬评传》《刘光蕡评传》等。此外,针对关学的主要理论问题与思想学术演变历程进行研究,共3部。这些著作分别是:《关学精神论》《关学思想史》《关学学术编年》等。

在这两部分内容中,文献整理是文库的重点内容和主体部分。

《关学文库》系"十二五"国家重点图书出版规划项目,国家出版基金项目、陕西出版资金资助项目,得到了中共陕西省委、陕西省人民政府和国家新闻出版广电总局的大力支持。本文库历时五年编撰完成,凝结着全体参与者的智慧和心血。总主编刘学智、方光华教授,项目总负责徐晔、马来同志统筹全书,精心组织,西北大学、陕西师范大学、中国人民大学、华东师范大学、郑州大学等十余所院校的数十位专家学者协力攻关,精益求精,体现出深沉厚重的历史使命感和复兴民族文化的责任感;他们孜孜矻矻,持之以恒,任劳任怨,乐于奉献,以古人为己之学相互勉励,在整理研究古代文献的同时,不断锤炼学识,砥砺德行,努力追求朴实的学风和严谨的学术品格。出版社组织专业编辑、外审专家通力合作,希望尽最大可能提高该文库的学术品质。我谨向大家卓有成效的工作表示衷心的感谢。由于时间紧迫、经验不足等原因,文库书稿中的疏漏差错难以完全避免。希望读者朋友们在阅读使用时加以批评指正,以便日后进一步修订,努力使该文库更加完善。

张岂之

2015年1月8日

于西北大学中国思想文化研究所

自　序

关学开宗,肇自横渠。北宋时期,在陕西关中形成了一个以张载为核心、以其创立的新儒学为特征的有全国性影响的地域性学术流派,史称关学。张载所创立的关学为孔孟儒学在宋代的重建和复兴奠定了坚实的理论基础,张载也因此而成为宋明理学的重要开创者之一。

张载及其关学,无论是在宋明理学史上还是在宋代后的中国文化史上,都占有重要的地位。张载不仅是关学学派的创立者,而且是宋代理学的重要奠基者。这主要表现在:宋明理学的一些基本范畴和重要命题,在张载的思想体系中大多已提出或已见端倪;理学的基本框架在张载那里已见雏形;张载在中国思想史上首次提出"天人合一"的命题,把本体论、伦理学、认识论和道德修养论相贯通,力破汉唐儒学"天人二本"之弊,确立了"性与天道合一"的理学主题,这一路向成为后来理学发展的基本理路和理论旨趣;张载批判佛老,这也成为后来理学家的基本理论立场,而且在批判佛老的过程中,张载提出了"太虚即气"命题,开出理学颇具特征的虚气一体的思想,此不仅是张载宇宙论的核心和基石,也成为理学家讨论宇宙论不可回避的问题。张载以虚气为核心的思想体系与程朱的理学、陆王的心学鼎足相埒;张载提出的"天地之性"与"气质之性"的人性论、"变化气质"的工夫论以及"德性之知"与"见闻之知""心统性情"的认识论和"立诚""尽性"的道德修养论,也多为后儒所继承和阐发。朱熹指出,张载的诸多说法"极有功于圣门,有补于后学",特别是《西铭》所阐发的"民胞物与"的思想,对后世发生了极大的影响。程颐说:"《西铭》明理一分殊,扩前圣所未发,与孟子性善养气之论同功。"(《宋史·张载传》)张载提出的"为天地立心,为生民立命,为往圣继绝学,为万世开太平"的"四为"说,涉及社会和民众的精神境界、生活意义、学统传承、政治理想等,表现出张载博大的胸襟与高尚的情怀,彰显出这位大儒的器度与宏愿,展示了他对人类最高理想的向往,所以一直为历代士人所传诵,成为鼓舞人们树立远大理想、选择人生方向,确立生命意义的座右铭。

关学传衍发展的过程相当复杂：既有师承的直接接续，又有思想上的间接承传；既有学脉上的一贯性，又有在不同时期表现出的相对的特殊性；既有张载学说的正传发展，也有关学在与异地学派的学术交往中发生的互动与交融，从而使自身学术思想发生着顺应时代的某些变化。关学正是在这种"常"与"变""一"与"多"的矛盾冲突中，即在其学术宗旨和思想特征的明晰、恒定与顺应时代所发生的变化以及由此而呈现出的理论特殊性的矛盾冲突中，演绎出一部既有时代普遍性又有地域特殊性，既有低谷又有高潮的波澜起伏的关学思想史。

张载可考见的弟子有：吕大忠、吕大钧、吕大临、游师雄、苏昞、范育、种师道、潘拯、李复、张舜民等。其中蓝田"三吕"，武功苏昞、游师雄，三水范育，长安李复等人，对关学的形成与发展起了重要的作用。如张骥所说：张载身后"一时蓝田、华阴、武功诸儒阐扬师旨，道学风行，学者称初祖焉"（张骥：《关学宗传·自叙》）。在张载逝世后，关学诸弟子继承张载"为往圣继绝学"之志，有不少人先后投奔二程门下，黄宗羲遂有"关学再传何其寥寥"的感叹。虽然从师承传授方面说，关学似乎不像洛学，但是，明万历年间由冯从吾广泛搜求，汇集宋、金、元、明时期关学学者行实所著成的《关学编》，则大体上还原了一个清晰可见的关学传承脉络。冯从吾所彰明的关学演进序列，被清代王心敬、李元春、贺瑞麟等加以承续，他们累次对《关学编》加以补缀修订。从表面上看，这些关学史文献所著录的关中理学家，受到或"左朱右陆"或"是朱非王"或"是王非朱"的学术背景或学术大势的影响，其门户之见"亦所不免"，其体系亦或有不同，但从总体上看，元明时的关中大儒以承传濂洛关闽之学为己任，关学是在融入理学的大潮流中得以弘扬的。也就是说，此时张载关学的传承演进，是在与当时无法回避的濂、洛、闽、金溪之学以及后起的阳明心学的互动交融中得以传承和流衍的。

具体地说，金元时期的关学虽然处于低谷，但在元代因许衡曾在关中"衍朱子之绪，一时奉天、高陵诸儒与相唱和，皆朱子学也"（柏景伟：《重刻关学编序》），于是关学发生了一个重大的转向，就是从先前的传承张载之关学，而转向笼统地传扬濂、洛、关、闽之理学，关学在保持自身特质的同时，也汇入到全国性的学术潮流之中。这是不容忽视的事实。

明代关学一改金元的冷清局面，出现了前所未有的中兴之势。这一时期关学与异地学派的交流更为活跃，其思想交融也趋于深入，思想上的多元互补推动了明代关学"中兴"局面的形成。在明代中期,由王恕、王承裕父子与马理、杨爵、韩邦奇等共同形成的旨在阐扬程朱而又修正程朱的三原学派引领风骚。几乎同时有薛瑄河东之学,经由段坚、周蕙而传薛敬之、吕柟,其学遂振于渭南和高陵,关学掀起了一个不小的波涛。此时,阳明学崛起东南,渭南南大吉"传其学以归,是为关中有王学之始"。晚明关中涌现出被称为"关西夫子"的冯从吾,他能"统程、朱、陆、王而一之",遂成为明代"集关学之大成者"(柏景伟:《重刻关学编前序》),至此关学心学化的趋向愈加明显。冯从吾之后,关学再次陷入"寥寥绝响"(王心敬:《关学续编》)境地。在清初,起自孤寒的周至李颙(二曲),以坚苦卓绝之身,肩程、朱、陆、王之统,遂"特振宗风",其与"丰川超卓特立,说近陆王"(柏景伟:《重刻关学编前序》),其思想以"悔过自新""明体适用"为宗旨,使关学的心学化倾向尤为加强。从关学发展的历史可以看出,明代后关学一直是在与异地学者的交流互动中前行的。他们在交流互动中,既影响着对方,也完善着自身,这是客观的事实。

与李二曲大约同时的王建常,在清初关学心学化笼罩的氛围中独树一帜,重开恪守程朱一路,故李元春谓:"二百年来,秦士大夫知有程、朱、薛(瑄)、胡(居仁)之学,皆建常笃守之功。"(李元春:《书关学续编王复斋先生传后》引吴大澂《奏请从祀疏》)故贺瑞麟等认为其学问之于二曲"纯粹过之"。此后李元春、贺瑞麟沿着"确守程朱"的路向,径直走到清末。其间虽有柏景伟、刘古愚受时代的影响,一面坚守传统理学,一面又适时地接受新学;而时处清末民初的牛兆濂,则在理学趋于全面崩溃的背景下,仍坚持儒家道统的信念,恪守程朱理学的立场,并义无反顾地捍卫着儒家的学说,遂成为在中国近代发生的激烈的社会转型期依然固守儒学传统的最后一位有影响的关学大儒。

在关学传衍的各个时期,虽然也出现不同的学术流派或学派支脉,但是,张载"为天地立心"的志向,"立命""继绝学""开太平"的学术使命和社会理想,辟佛老异端、弘孔孟正学的学术宗旨,力行"先王之道"、躬行礼教、笃实践履、崇尚气节的关学宗风,一直被后世关中诸儒所阐扬光大。诚如明李维桢所说:"迨其后也,鹅湖、慈湖辈出,而周、程、张、朱之学日为所晦蚀,然关西诸君子尚守眉县宗指。"(李维桢:《关学编序》)所谓"眉县宗指",即指张载的关学宗旨。如吕大临,他虽然在张载身后从程氏学,然其"守横渠说甚固,每横渠无说处皆相从,有说了更不肯回"(程颐语,参见冯从吾《关学编》卷一)。

吕大忠受张载学风的影响,"笃实而有光辉"(张骥:《关学宗传》卷二)。吕大钧始终秉持关学"躬行礼教""学贵于用"的学风,"率乡人"作乡约乡规并付诸实践,促关中风俗为之一变。苏昞"学于横渠最久",深得张载器重。张载逝世前,将自己一生言论精要集成《正蒙》一书,交付苏昞。苏昞仿效《论语》《孟子》体例编订为十七篇。范育应苏昞请求,为《正蒙》作序,指出《正蒙》之作,是为了"排邪说,归至理,使万世不惑"。

值得注意的是,虽然金元后关中儒者没有专宗横渠,但承传张载学脉者却不绝如缕。如声称学宗河东的吕柟,虽其学"归准于程朱",然他仍"执礼如横渠"(《关学编》卷四),他还专门编撰《张子抄释》,以张扬其学。故冯从吾道:"集诸儒之大成而直接横渠之传,则宗伯(指吕柟)尤为独步者也。"(李维桢:《关学编序》)被黄宗羲列入三原学派的韩邦奇,曾著有《正蒙拾遗》,其思想虽然侧重于发挥易理,然其"论道体则独步张横渠"(白璧语,参见冯从吾《关学编》卷四)。而颇有心学倾向的冯从吾,亦对张载推尊有加,他在弘扬张载躬行实践、崇尚气节的关学宗风方面,堪称楷模。南大吉虽然最早把阳明心学传入关中,但他回关中的学术志向则是"前访周公迹,后窥横渠芳"(《关学编》卷四)。故明儒毕懋康在《冯少墟先生集序》中说:"关中数十季来道脉大畅,文简(吕柟)得舆,先生(冯从吾)超乘,俾横渠之绪,迄今布濩流衍,而不韫韣,炳炳麟麟,岂不懿哉!"可见,关学是一个有本源根基、学脉传承、学术宗旨、风格独特而又包容开放的学术流派。张载开创的关学学脉没有中断,学风也一直在被承传弘扬。这一点是明代以来包括冯从吾、黄宗羲、全祖望以迄王心敬、李元春、贺瑞麟等学人的共识。如冯从吾所说,"横渠遗风,将绝复续"(《关学编》)。综上所述,如清人王心敬所说,由张载创立的关学之"源流初终,条贯秩然耳。"(王心敬:《关学续编序》)可以说,关学是由张载创立并一直在关中地区得以传衍和发展,并在其传衍发展过程中始终与张载学脉相承、相继、相续之关中理学。

对于关学思想史的研究,侯外庐先生早年主编《中国思想通史》已经开始,只是先生把关学史仅限定在张载及其弟子的学说。八十年代中期,陈俊民出版了《张载哲学及关学学派》的专著,对关学史研究做出了开创性的贡献,他认为关学有史,首次把关学史从宋代扩展到明清时期,并指出"'关学'作为宋明理学思潮中一个独立学派,它的终结也同整个理学一样,是始于明清之际的理学自我批判的思潮中,是由李颙开其端的"①。笔者同意其关于关学史的发展同整个宋明理学发生、发展和衰落的历史具有同步性的判断,不过,在清代,既有"理学的自我批判",也有对传统理学的执著固守,如王建常、李元春、贺瑞麟、牛兆濂等,贺瑞麟甚至认为"程、朱是孔、孟嫡派,合于程、朱,即合于孔、孟;不合于程、朱,即不合于孔、孟"(《记清麓问学本末》,见《蓝川文钞》)。在理学的大厦已趋于崩塌之时,他们仍坚守濂洛关闽之学直到清末民初。可以说,关学思想史事实上已经延伸到清末民初。对长达八百多年的关学思想史进行考察研究,是有其历史和文献根据的,也是中国思想史研究的应有之义。

要把八百余年来的关学思想史以学术著作的形式展现出来,对我来说无疑是一个很大的挑战。虽然我想尽最大努力把这部书写好,但限于个人的能力和水平,其不足和错误在所难免,敬请各位读者朋友恳切地指出来。由于时间紧迫,自认留下诸多遗憾,只有待以后完善了。

刘学智

2014年12月8日

---

① 陈俊民:《三教融合与中西会通》,陕西师范大学出版社2002年版,第205页。

目 录

自 序 ……………………………………………………………(1)

第一章 关学总论
第一节 关学及关学研究概说 ……………………………(1)
第二节 关学研究的方法论问题……………………………(10)
第三节 张载关学的学术渊源与思想特征………………(15)

第二章 理学的形成与关学的产生及其特征
第一节 理学在宋初形成的社会历史背景………………(19)
第二节 北宋前期的学术思潮与理学的形成……………(24)
  一、宋代理学的思想前奏 ………………………………(24)
  二、唐宋之际学风的转变 ………………………………(27)
  三、儒释道三教合一的趋势与理学 ……………………(30)
  四、宋初理学家的心路历程与理学特征 ………………(32)
第三节 张载的学术志向与思想历程……………………(34)
  一、张载的生平与著述 …………………………………(34)
  二、张载的学术思想历程 ………………………………(43)
  三、张载的著述 …………………………………………(50)
第四节 张载关学学派的创立及其特征…………………(54)
  一、关学学派的创立 ……………………………………(54)
  二、张载关学的基本特征 ………………………………(59)

第三章 张载贯性与天道为一的思想体系
第一节 "太虚即气"的自然观 …………………………(77)
  一、"由太虚,有天之名" ………………………………(77)

二、"太虚即气" ………………………………… (79)
　　三、张载以气论对佛老的批判 ………………… (81)
　　四、张载对佛教生死轮回说和有鬼论的
　　　　批判 ………………………………………… (87)
第二节　"气化即道"的道用论和"穷神知化"的境
　　　　界论 ………………………………………… (92)
　　一、"由气化,有道之名" ……………………… (92)
　　二、"穷神知化" ………………………………… (94)
　　三、张载关于动静、一两、"和"的辩证观 …… (98)
第三节　"合虚与气,有性之名"的人性论 ………… (109)
　　一、"性者万物之一源" ………………………… (109)
　　二、"天地之性""气质之性"与"变化
　　　　气质" ……………………………………… (110)
第四节　"合性与知觉,有心之名"的心性论 ……… (114)
　　一、"心"的含义 ………………………………… (114)
　　二、"心统性情" ………………………………… (116)
　　三、后儒对"心统性情"的发挥 ………………… (117)
　　四、"见闻之知"与"德性之知" ………………… (119)
第五节　"天人合一"的境界论 ……………………… (122)
　　一、人"与天地一体" …………………………… (122)
　　二、"民胞物与"的伦理境界 …………………… (124)

第四章　张载门人及其学术传承

第一节　文献记载中的张载门人 …………………… (127)
第二节　吕大临的理学思想与学风特质 …………… (146)
　　一、吕大临生平与著述 ………………………… (146)
　　二、吕大临思想的分期及其在关洛之学中的
　　　　定位 ………………………………………… (151)
　　三、吕大临由关入洛后的思想立场 …………… (154)
　　四、吕大临思想的理学特点与关学学风 ……… (160)
第三节　李复及其理学思想 ………………………… (163)

一、李复生平及著作…………………………（164）
　　二、李复的学术思想…………………………（167）
　　三、李复思想的历史地位——兼谈所谓
　　　　关学"正传"发展 …………………………（181）
　第四节　后张载时代关学的学术趋向 ……………（184）
　　一、后张载时代关学的传承与关学的"洛学化"
　　　　问题……………………………………（184）
　　二、从蓝田"三吕"看关学"洛学化"问题 ……（186）
　　三、从范育、苏昞及后期诸张载弟子看关学的
　　　　"洛学化"问题 …………………………（195）

第五章　金元时期关学及其特征

　第一节　金元时期关学概说 ………………………（199）
　第二节　杨奂、杨恭懿的理学思想及其特点………（202）
　　一、杨奂的理学思想及其特点………………（202）
　　二、杨恭懿的理学思想及其特点……………（206）
　第三节　萧𪱷、同恕的理学思想及其特点…………（209）

第六章　明代前中期关学及其特征

　第一节　明代关学之演变及其特征 ………………（213）
　第二节　关学别派——三原学派的学术思想（上）……（216）
　　一、王恕的学术思想和人格境界……………（217）
　　二、王承裕的学术思想………………………（222）
　　三、马理及其学术思想………………………（224）
　第三节　关学别派——三原学派的学术思想（下）……（230）
　　一、韩邦奇及其学术思想……………………（230）
　　二、杨爵的学术思想…………………………（246）

第七章　明代关学之中兴

　第一节　薛敬之的"识心"说………………………（252）
　　一、薛敬之的生平与思想倾向………………（252）

二、理气观:"独理不成,独气不就" ………… (255)
　　三、心性论:"心者,理之天,善之渊","心之
　　　　驭气" ……………………………………… (257)
　　四、"存心"的工夫论 ……………………… (261)
第二节　吕柟"恪守程朱",会通关闽,笃实践履 …… (264)
　　一、吕柟的生平与思想渊源………………… (265)
　　二、吕柟的理学思想………………………… (270)
　　三、吕柟思想的关学特征…………………… (281)
第三节　关中心学之传:南大吉的学术思想 …… (287)
　　一、南大吉的生平及与王阳明的交往……… (288)
　　二、南大吉的心学思想……………………… (292)
　　三、明代关学学术走向与南大吉…………… (295)

第八章　晚明关学及其特征

第一节　冯从吾的学术思想及其特征 ………… (299)
　　一、冯从吾——"关西夫子",铮铮铁骨 ……… (300)
　　二、冯从吾的学术思想……………………… (304)
　　三、冯从吾的讲学活动及讲学思想………… (321)
　　四、冯从吾的实学学风……………………… (326)
第二节　张舜典:"明德""致曲","洞源达本"………… (333)
　　一、张舜典的生平与著作…………………… (333)
　　二、张舜典的理学思想……………………… (336)
　　三、张舜典在关学史上的地位……………… (344)
第三节　王弘撰:"学粹天人性命,克绍濂洛关闽" …… (345)
　　一、王弘撰的生平与著作…………………… (345)
　　二、王弘撰及其理学思想…………………… (347)
　　三、王弘撰在关学史上的地位……………… (355)
第四节　明代关学与异地学人的交往和思想互动 …… (359)
　　一、吕柟与邹守益的论学…………………… (359)
　　二、杨爵与阳明学者的论学………………… (365)
　　三、冯从吾与东林学派……………………… (368)

目 录

第九章　清代关学：反思、承传、坚守与转型（上）

第一节　清代关学的源流特征 …………………………（374）
第二节　李二曲：心学义趣，关学学风 …………………（380）
　　　一、李二曲的生平 ………………………………（381）
　　　二、李二曲的学术思想及其特征 ………………（382）
　　　三、李二曲与关学 ………………………………（392）
第三节　王建常"主敬存诚""穷理守道"的
　　　　理学思想 ………………………………………（399）
　　　一、王建常生平要略与著述 ……………………（399）
　　　二、王建常的理学思想 …………………………（400）
第四节　山林之间，卓然一家：李柏的学术思想 ………（409）
　　　一、李柏生平及著作 ……………………………（409）
　　　二、李柏的思想渊源 ……………………………（411）
　　　三、李柏与关学 …………………………………（413）
　　　四、李柏的社会政治思想 ………………………（427）
　　　五、李柏在关学史上的地位及影响 ……………（429）
第五节　李因笃的理学思想 ……………………………（431）
　　　一、李因笃的生平及著作 ………………………（431）
　　　二、李因笃的学术思想及其特征 ………………（432）
第六节　王心敬："继横渠道统，承二曲心传" …………（438）
　　　一、王心敬的生平及著述 ………………………（438）
　　　二、王心敬的理学渊源 …………………………（440）
　　　三、王心敬的理学思想分析 ……………………（442）
　　　四、王心敬在关学史上的地位 …………………（449）

第十章　清代关学：反思、承传、坚守与转型（下）

第一节　清代后期：李元春对程朱理学之坚守 ………（453）
　　　一、李元春的生平与著作 ………………………（453）
　　　二、李元春的理学思想渊源 ……………………（454）
　　　三、李元春对程朱理学的坚守 …………………（456）

第二节 贺瑞麟:"惟程朱是守",承横渠宗风 ……………（461）
　　一、贺瑞麟生平与著述 ………………………………（461）
　　二、贺瑞麟的理学思想及其特征 ……………………（463）
　　三、贺瑞麟与张载关学 ………………………………（476）
第三节 清代关学与异地学人的交往与
　　　　思想互动 ……………………………………………（478）
　　一、顾炎武与清初关学学者 …………………………（478）
　　二、王心敬与张伯行 …………………………………（484）
　　三、余论 ………………………………………………（487）
第四节 刘光蕡的理学思想（附论柏景伟）……………（488）
　　一、"学古而审时":刘古愚的学术活动与
　　　　实学思想 …………………………………………（490）
　　二、"导源姚江,汇通闽洛":刘古愚的理
　　　　学思想 ……………………………………………（496）
　　三、"本于经训,深于史学","穷经致用"……（501）
　　四、刘古愚、柏景伟与关学史研究 …………………（503）
第五节 传统关学最后一位大儒——牛兆濂 …………（507）
　　一、牛兆濂及其著述 …………………………………（507）
　　二、牛兆濂的理学思想 ………………………………（509）
　　三、牛兆濂思想体系定位及评价 ……………………（519）

小　识 ……………………………………………………（521）

参考文献 ……………………………………………………（523）
后　记 ………………………………………………………（537）

第一章 关学总论

第一节 关学及关学研究概说

张载（1020—1077）一生多在陕西关中横渠讲学，学者称横渠先生，在他的周围逐渐形成了一个有独特思想旨趣和风格的地域性理学流派，史称关学。

南宋朱熹首次将张载与周敦颐、邵雍、二程（程颢、程颐）等人的思想并列加以考察，著于《伊洛渊源录》中。南宋初理学家吕本中（1084—1145）较早提到"关学"这一概念，他在谈及关学的开先者为侯（可）、申（颜）时，说："关学未兴，申颜先生盖亦安定（胡瑗）、泰山（孙复）之俦，未几而张氏兄弟大之。"（《士刘诸儒学案》，《宋元学案》卷六）明初由宋濂、王袆编纂的《元史》已将关学与其他理学流派并称为"濂洛关闽"，《元史》卷一七一《刘因传》说："尧舜而上，道之元也；尧舜而下，其亨也；洙泗邹鲁，其利也；濂洛关闽，其贞也。"事实上，"关学"之名较早运用于关学史研究，见于冯从吾明万历三十四年（1606）完成的《关学编》。冯氏说，"我关中自古称理学之邦，文、武、周公不可尚已，有宋横渠张先生崛起郿邑（今陕西眉县），倡明斯学"，"而关中之学益大显于天下"（《关学编自序》）。冯氏乃"取诸君子行实，僭为纂次，题曰《关学编》"。冯氏称关学为"关中之学"，并明确将此"关学"纳入理学的范畴。此后，《宋元学案》使用了关学这一概念，说："关学之盛，不下洛学。"（《吕范诸儒学案》，《宋元学案》卷三一）历史上学者将张载创立的关学，与周敦颐之濂学、二程之洛学、朱熹之闽学并列，称"濂洛关闽"，如清张伯行说："宋兴而周子崛起南服，二程子倡道伊洛之间，张子笃志力行关中，学者与洛人并，迨至朱子讲学闽中，集诸儒之成，而其传益广，于是世之言学者，未有不溯统于濂、洛、关、闽而以邹鲁之道在是，即唐虞三代之道在是也。"（《濂洛关闽书原序》，张伯行《濂洛关闽书》）看来，在朱熹之后不久，关学已被"世之言学者"视为并立于宋代理学的四大流派之一,这就基本上确立了张载及其关学在理学史上的地位。

对"关学"概念及时代的界定,学术界大体上有三种说法:第一种,认为关学是张载及其关中弟子的学说。侯外庐《中国思想通史》(第四卷上)认为,关学是北宋时期"以张载为核心"的一个"陕西地方学派"。当时张载"倡道于关中",缘于吕大钧"执弟子礼",此后"学者靡然知所趋向"(《吕范诸儒学案》,《宋元学案》卷三一),于是关学学派得以形成。他虽然不赞成道学家所谓关学是洛学的一个分支的"正统观念",但事实上仍认同了它的理学特质和地域性特征,并指出关学史仅限于北宋,"北宋亡后,关学就渐归衰熄"[1]。龚杰也认为,关学"上无师承,下无继传,南宋初年即告终结。"[2]这里所说关学,基本上是指张载及其弟子的学说。第二种,谓关学是"关中之学"。民国时期宋联奎主持编纂的《关中丛书》就是以此为基点的,不过该书涉及的范围非常宽泛,并不是严格的关学意义上的文献丛书。第三种,主张关学是"关中理学"。冯从吾所编《关学编》、张骥所编《关学宗传》等,其所用"关学"概念基本上是指关中理学。不过,张骥强调:"学以关闽濂洛始,不以关闽濂洛终,此《关学宗传》之所为作也。"(《关学宗传·自叙》)认为作为关中理学的关学史是连绵不断的。陈俊民认同"关中理学"的说法,说:"关学不是历史上一般的'关中之学',而是宋元明清时代关中的理学。"并且明确不赞成将关学限于北宋,认为关学虽"'衰落'了,但没有'熄灭',而是出现了两种趋向:'三吕'的关学'洛学化'和李复的关学'正传'发展。"[3]这里所说的关学虽衰落了但没有熄灭的观点是正确的。而如果说关学已"洛学化"和李复对关学做了"正传发展",则是值得商榷的,此将在后文中探讨。

确实,"关学"绝非一般意义上的"关中之学",而是指宋代关中出现的新儒学——理学的一个重要的地域性学术流派。张载"学古力行,笃志好礼,为关中士人宗师",关学由之形成。其学"以《易》为宗,以《中庸》为体,以《礼》为的,以孔孟为法,穷神化,一天人,立大本,斥异学,自孟子以来未之有也。"(冯从吾:《关学编》卷一)受学于张载之门者如蓝田诸吕以及苏昞、范育、游师雄等,他们中的许多人一直恪守着张载的学术宗旨。"然道学初起,无所谓

---

[1] 侯外庐主编:《中国思想通史》第四卷上,人民出版社1959年版,第504页。
[2] 龚杰:《张载评传》,南京大学出版社1996年版,第206页。
[3] 陈俊民:《张载哲学思想及关学学派》,人民出版社1986年版,第3页。

门户也。"(《柏景伟小识》)①在张载逝世后,关学一度失去领军人物,其弟子为承继张载"继绝学"之志,又多及于二程(颢、颐)之门,加之"由完颜之乱,儒术并为之中绝",黄宗羲遂有"关学再传何其寥寥"(黄宗羲:《宋元学案》)的感叹。张载可考见的弟子有吕大忠、吕大钧、吕大临、苏昞、范育、游师雄、潘拯、薛昌朝等,受学于张载的还有种师道、李复、邵清、田腴、张舜民等,其中吕大钧、吕大临、苏昞、范育等人对关学的形成与发展起了重要作用,而事张载如子贡、曾子之事孔子者,则有吕大临和潘拯,此见于《伊洛渊源录》卷一〇《龟山志铭辩》:"如子弟之于父兄,居则侍立,出则杖屦,服勤至死,心丧三年,若子贡、曾子之于仲尼,近世吕与叔、潘康仲之于张横渠是也。"冯从吾也说,这些学人"埙吹篪和,济济雍雍,横渠遗风,将绝复续"(《关学编自序》)。张载诸弟子之后,关学在师承上虽无洛学那样有一个绵延久远的授受序列,但张载开创之关学以其独特而深邃的理论被关中学人承传下来,并成为宋代理学中的重要一脉而得以传扬光大。

关中在宋金对峙并立之时,一直处于金人的统治之下,时儒学凋零,习儒者少,不过也涌现出一些有影响的大儒。金、元关学及其走向与许衡来陕有很大的关系。元宪宗四年(1254),大儒许衡(1209—1281,号鲁斋)出任京兆提学。他推崇程朱之学,这直接影响了此后关学的学术走向。故清人柏景伟说:"关中沦于金、元,许鲁斋衍朱子之绪,一时奉天、高陵诸儒与相唱和,皆朱子学也。"(《柏景伟小识》)以杨奂(号紫阳)为代表的奉天之学,以杨天德(字君美)、杨恭懿(字元甫)父子为代表的高陵之学和以萧𣏌、同恕为代表的奉元之学交相唱和,关学开启了一个新的历程。不过此时的关中学人从宗张载的关学而走向了笼统地宗濂洛关闽之理学,尤推崇程朱之学,这成为关学在元代及其后的一个新动向。

在明代,"关中之学,大抵源出河东、三原"(《四库全书总目提要》卷九六《愿学编》提要)。此说道出了明代关学之源流特征。明代关学,前中期以王恕、王承裕父子开创的三原学派引领风骚。三原学派与当时源于河东薛瑄的薛敬之、吕柟一系具有一些不同的特征,故黄宗羲在《明儒学案·三原学案》中称其为关学"别派",所列学人除王恕、王承裕父子外,还有马理、韩邦奇、杨

---

① 此原为柏景伟为冯从吾《关学编》重刻时所写的序言,是由柏景伟在病榻上口述,刘古愚记录整理而成的,称《重刻关学编序》,又称《柏景伟小识》。参见陈俊民、徐兴海点校《关学编》(附续编),中华书局1987年版,第69—70页。

爵、王之士等人,其中王恕、王承裕、马理为三原籍学人。马理颇"得关、洛真传",他"爱道甚于爱官",虽其"论学归准于程、朱",然"其执礼如横渠",人称"以为今之横渠也"(《关学编》卷四)。韩邦奇是朝邑人,杨爵是富平人,王之士是蓝田人,但是他们多与王恕、王承裕的三原之学或在地缘上或在学术传承上或在学术风格上相近相通。韩邦奇一如横渠,以《易》为宗,其"论道体乃独取张横渠"(《关学编》卷四引白璧语)。马理曾"师事王康僖",又从学于韩邦奇;韩讲学时杨爵"来往拜其门","与椒山并称,谓之'韩门二杨'"(《明儒学案》卷九)。可见其思想与三原学派之学脉相承。王之士是蓝田人,他"幼承庭训",一生都在践行先儒"三吕"宗旨,尽力实践《吕氏乡约》,对于冠婚丧祭之礼,"每率诸宗族弟子,一一敦行之",一时学者"以为蓝田吕氏复出"(《关学编》卷四)。总之,三原学派上承元儒之绪,学宗程朱而又修正程朱,到马理、韩邦奇、杨爵、王之士等出,则明显地表现出向张载关学回归的趋向。三原学派表现出的躬行礼教、注重实践、崇真尚实、崇尚气节的特点,与张载关学的传统一脉相承。

与三原学派大致并时,则有由山西薛瑄立宗开派的河东之学的传衍。其学始传于兰州段坚,坚传秦州周蕙(号小泉),后经周蕙门人薛敬之(号思菴)传吕柟(号泾野)。在阳明心学影响日渐扩大之时,吕柟在北方则恪守程朱之理学,故史称:"时天下言学者,不归王守仁,则归湛若水,独守程、朱不变者,惟柟与罗钦顺云。"(《明史》卷八二)其讲学影响之大,"几与阳明氏中分其盛"(《明儒学案·师说》)。冯从吾亦谓"关中之学自横渠张子后,惟先生(泾野)为集大成"(《关学编》卷四),可以说,吕柟的学术使明代关学步入峰巅。也许因源于河东之学的缘故,黄宗羲将其列入"河东学案",其实他虽在师承上与河东之学有关,而从成长的文化土壤说,应是关中奉天、高陵之学的流衍。此外,最早把阳明心学传入关中的,是曾在绍兴为官的阳明弟子南大吉(字元善),此后冯从吾(少墟)、张舜典(鸡山)、李颙(二曲)等在思想上深受王阳明"致良知"说的影响,关学出现了张、程、朱、王之学合流的动向,心学化的走向日渐明显。

而到了清代中后期,学者开始反思阳明心学的空疏,出现向关、洛之学回归的趋向,这方面则以朝邑李元春、三原贺瑞麟等人为代表。到清末民初,随着中国社会的近代转型,关中学术亦出现传统关学向近代学术转化的动向,其代表人物是柏景伟、刘古愚等人,而在传统理学与新学日渐冲突的背景下,仍矢志不渝地坚守程朱理学立场并抵制西学的,是蓝田学人牛兆濂,他是传统关学最后一位大儒。

值得注意的是,在张载之后关学的传衍中,虽然曾形成了一些不同的学派,各个时期也有不同的学术取向,但是张载"为天地立心"的宏愿,"为生民立命,为往圣继绝学,为万世开太平"的学术使命和宏伟理想,辟佛老异端、弘孔孟正学的学术路向,始于宇宙本体论而落归于心性论实践的学术旨趣,躬行礼教、笃行实践、经世致用、崇尚气节的关学学脉和宗风,则一直在关中学者身上不同程度地被承传和发扬光大。即使于张载身后入程氏之门的吕大临,仍"守横渠说甚固,每横渠无说处皆相从,有说了更不肯回"(程颐语,参见冯从吾《关学编》卷一)。吕大忠受张载学风的影响,"笃实而有光辉"(张骥:《关学宗传》卷二)。吕大钧秉持关学"躬行礼教""学贵于用"的学风,"率乡人"作乡约乡规并付诸实践,促使关中风俗为之一变。至明代,学宗河东的吕柟,冯从吾谓:"集诸儒之大成而直接横渠之传,则宗伯(指吕柟)尤为独步者也。"(《关学编自序》)三原学派重要学人马理、韩邦奇、杨爵等人,则出入程朱而后归之于张载。而有明显心学倾向的冯从吾,早年得阳明"个个人心有仲尼"之启迪渐入圣域,而他在弘扬张载躬行实践、崇尚气节的关学宗风方面,堪称楷模,故明儒毕懋康说:"关中数十季来道脉大畅,文简(吕柟)得舆,先生(冯从吾)超乘,俾横渠之绪迄今布濩流衍,而不韫韣,炳炳麟麟,岂不懿哉!"(《冯少墟先生集序》)所以明李维桢说:"迨其后也,鹅湖、慈湖辈出,而周、程、张、朱之学日为所晦蚀,然关西诸君子尚守郿县宗指。"(李维桢:《关学编序》)所谓"郿县宗指",即张载的关学宗旨。清人王心敬称《关学续编》就是要彰明自张载之后"关中道统之脉络"(王心敬:《关学编序》)。可见,在史家看来,"宋自濂溪倡明绝学,而关中有横渠出,若河南二程、新安朱子后先崛起,皆以阐圣真、翼道统为己任,然后斯道灿然复明。"(余懋衡:《关学编序》)此"道"即自先王以迄孔孟以来的儒家道统,此一道统经宋儒周程张朱之理学在新的历史条件下的阐释张扬,后之关中诸儒,"虽诸君子门户有同异,造诣有浅深,然皆不诡于道。"(同上注)所以,从广义上说,关学是指由张载开创及其后一直在关中流传的理学的统称;而狭义的关学,则指张载及其后在关中流传的与张载学脉或宗风相承或相通之关中理学。事实表明,关学是一个有本源根基、学脉传承、学术宗旨,风格独特而又开放包容的多元的地域性理学学术流派。张载开创的关学学脉没有中断,关学学风也一直在被承传弘扬。这一点是明代以来包括冯从吾、黄宗羲、全祖望以迄清代王心敬、李元春、贺瑞麟等在内的学人的共识。

笔者以为,将关学限定在张载及其弟子的学说,既忽视了张载关学在其后的发展,也忽略了张载思想对其后理学的极大影响,割断了张载关学对程朱理学的影响以及通过程朱理学对后世关学学者的影响,从而也否定了张载对明清时期包括吕柟、冯从吾、李二曲、李元春、贺瑞麟等人在内的许多关学传人影响的事实,因而是难以成立的;但若把关学扩大到宋以后关中的所有学术或整个理学之属,则忽视或割断了其后关学学术思想与张载思想的关联。笔者提出:关学是指由张载创立并在其后的传播流衍中"与张载学脉相承之关中理学"①。以此为原则和方法,可以说明关学有其自身产生、发展、演变的历史,这是不容忽略的事实。

问题的关键在于,在关学史上有没有一个与张载学脉相承的关中理学存在?谈及这一点,必须澄清下面几个问题:一是历史上有没有不变的学术流派?学派传承有没有自身独特的因素?二是张载学脉的传承是否仅仅以"气论"为标识?三是张载之后的理学发展中有没有对张载学脉和宗风的承传?我们说关学绵延不绝,并不是说张载关学是一成不变的。事实上,如孔子创立的儒学,一变而为汉儒,再变而为宋明儒,但却并不妨碍儒学在发展在传承、不妨碍儒学有史一样,关学在明代也曾出现程朱理学化和阳明心学化的倾向,但这也不妨碍关学作为一个学术流派的存在。张载关学后来在发展中相继与程朱理学和陆王心学融合,此正说明关学是一渠源头活水,它会随着时代的变化而不断被注入新的内容。需要说明的是,学术领袖在其身后的影响力是由多种因素综合促成的。"周子得二程而道著",周敦颐在当时也是一个小官吏,影响尚不够大,得因曾是二程的家庭教师,随着二程声望的提高而"道著"。张载为学于关中,"其门人未有殆庶者",其本人在当时又非如富弼、文彦博、司马光那样的"钜公耆儒",而仅是一位"以素位隐居"者(王夫之:《张子正蒙注序论》);张载逝世后,其原有的弟子或私淑弟子虽仍在传播关学,但影响则大不及洛学。全祖望曾说关学"再传何其寥寥也","寥寥"只是形容其盛况不及洛学,并非无有传者。不过,全祖望又补充说:"世知永嘉

---

① 刘学智:《关学宗风:躬行礼教,崇尚气节》,载《陕西师范大学继续教育学报》2001年第2期。

诸子之传洛学,不知其兼传关学。……而周浮沚(行己)、沈彬老(躬行)又尝从蓝田吕氏游,非横渠之再传乎?"(《周许诸儒学案序录》,《宋元学案》卷三二)周行己、沈躬行"兼传关洛",不仅说明关学有再传,且传至南方。重要的是,元明后的关学学者,从以往弘扬张载关学而转向笼统地弘扬关闽濂洛之学,关学的传扬自在其中。况且程朱的心性之学与张载关学有着极深的内在关联,这是不容忽视的事实。所以清末张骥说:关学学者其目的是求道,而"道以参赞天地为量,学以求至圣人为归。东海、北海圣人出焉,心同理同。学以关闽濂洛始,不以关闽濂洛终。"(张骥:《关学宗传·自叙》)显然,关学有史,连绵不绝。

如果承认关学有史,关学的下限在哪里？曾有人提出关学的终结在"明清之际",以"关中三李"特别是以李二曲为标志①,也有人提出以刘古愚为标志。严格地说,作为一个思想流派,其发展是不可能停止的,它是不断演进的。从这个意义上说,提出下限问题或许缺乏严谨性。不过,从总体上说,如果把关学定位为张载及其后之关中理学,那么,关学也将随着理学在中国近代社会的日渐式微而趋于转型。这一转变发生在清末民初,这样关学的下限也应该在这一时期。笔者认为,以长安柏景伟(1831—1891)、三原刘古愚(1843—1903),以及蓝田牛兆濂(1867—1937),为关学下限是较为合理的。张骥《关学宗传》所记即以刘古愚为最后一位学人。牛兆濂较之刘古愚稍晚,在张骥撰该书时,牛兆濂尚且健在,故不曾被列入书中。不过,张骥在《关学宗传》自序中追问"茫茫绝绪,继续何人"时说:"所闻则有高陵白悟斋,蓝田牛梦周,恪守西麓之传,皆关学之晨星硕果。"作为贺瑞麟的弟子,牛兆濂其思想既以恪守程朱理学为特征,同时又有诸多适应时变的思想要素,可以视为处于清末民初社会转型时期传统关学最后之守护者。

关学虽处关西一隅,但是关学绝非一个封闭的系统,其产生以后即与周边地区诸学派发生过近六七百年的互动。如关学学者与洛学、闽学、河东学派、东林学派、甘泉学派、阳明心学等都有过广泛的学术交流和思想互动,如吕柟曾在多地为官,与南北方诸多学人有过学术交往。他曾在南都为官九年,故与南方学者交往颇为频繁。如他曾与湛若水、邹守益共主讲席,特别与

---

① 陈俊民在《张载哲学思想及关学学派》中曾以"明清之际关学的终结"为题,讨论了这一问题,说:李颙"以恢复'明体适用'的儒学,终结了作为宋明理学的关学。"人民出版社1986年版,第48页。

江右学派重要代表邹守益(号东廓)的关系颇为密切,他们二人曾一起被下狱,在狱中一起探讨《周易》,后又分别被贬广德和解州。不久吕柟由解州升任南京吏部考功郎中,适逢邹守益也从广德迁往南京,于是两人又能在一起探讨学术。此外,吕柟与欧阳德(南野)、王廷相(浚川)、何瑭(粹夫)之间也有密切的学术交往。他们之间发生的学术思想互动及其对关学走向的影响将在后文探讨。再如冯从吾,他与东林学派高攀龙,与南方学人许孚远、邹元标等人在学术上都有过非常密切的学术交往。此外,渭南南大吉在江浙一带为官,曾与王阳明有过重要的学术交往,阳明心学正是由南大吉而传入关中。明末清初的李颙(二曲)、王弘撰(山史)又与顾炎武等人有过频繁的学术交往,等等。总之,关学学人与异地诸学人这些学术交往活动,对于关学的思想走向和发展进程都发生过较大影响。

对关学及关学史的研究在明代已开始,冯从吾所撰《关学编》,共辑录关中理学家三十三人,上自横渠张子始,下讫王之士(秦关);其目的是为"横渠遗风,将绝复续"(冯从吾:《关学编自序》),此书开关学史研究之先河。清代关中学者王心敬、李元春、贺瑞麟又对该书进行了增订续补。王心敬说:"关学有编,创自前代冯少墟先生","始宋之横渠,终明之秦关,皆关中产也。"(王心敬:《关学续编》)王心敬乃"取自少墟至今,搜罗闻见,辑而编之"(同上注),遂成《关学续编》。此二编之作用,如王心敬所言:"编关学者,编关中道统之脉络也。横渠特宋关学之始耳。""横渠以后诸儒,乃龙门、华阴砥柱之浩瀚汪洋,泾、渭、沣、涝诸水之奔赴也。"由此,关学之"源流初终,条贯秩然"(《关学续编序》)。清道光十年(1830),李元春(时斋)曾编《关中道脉》[①]一书,收集《增订关学编》(包括冯从吾《关学编》)、《张子释要》、《关中三先生要语录》及冯从吾编《关中四先生要语录》四种书,其中的《关中四先生要语录》包括《泾野先生语录》《苑洛先生语录》《谿田先生语录》《槲山先生语录》。《关中道脉》事实上是有重点地诠释关学文献的尝试。由李元春汇选而由蒙天麻校梓的《关中两朝文钞》中亦有《关中人文传》,其中也记载了一些关中理学家的事迹。

从清末到民国初期,中国内忧外患,时局动荡,关学研究虽处低谷,但仍未中断。民初学者张骥(四川双流人)也参与了关学史的研究,他"东游二

---

① [清]李元春编:《关中道脉》,道光十年(1830)朝邑蒙天麻荫堂刊本。

华,北过三原","西望凤翔,南瞻周至",亲访张载、吕柟、冯从吾、李二曲等诸家门人并采集关学典籍,在前人研究基础上,仿孙奇逢《理学宗传》,编成《关学宗传》五十六卷,共收录宋元明清关中儒家学者二百六十余人,将关学的范围延展至明清时期。张骥表白,其《关学宗传》是"以理学为范围",所收诸儒又"仅以关中为限",即"以地系人,纵讲关中之学"①,明确了关学的"关中"地域性和理学特征。于是,关学作为一个重要的地域性理学学派而逐渐受到学界的关注。民国二十四年(1935)署名王瑞卿等人所撰的《陕西乡贤史略》②,也曾提及关中学者数人,但该书不是关于关学思想的系统研究,仅从乡贤角度略作介绍而已。总之,对关学史的研究在清末民初已经受到学者们的普遍关注了。

二十世纪初期的关学研究,用"蜻蜓点水"来形容,看来并不过分。因为有关关学的专门性论著尚未出现,所见者也只是粗略提及而已。迨至三十年代前后,钟泰著《中国哲学史》③、冯友兰著《中国哲学史》④、范寿康著《中国哲学史通论》⑤、张岱年著《中国哲学大纲》⑥等,多是在泛论宋代濂、洛、关、闽之学时对张载思想略加论述,对"关学"以及关学史则未加关注,少有提及。中华人民共和国建立前后,侯外庐主编的《中国思想通史》(第四卷,该卷撰写修订历时二十多年,方于1959年由人民出版社出版)则首次对关学进行了较为系统的有意义的论述。书中提及"北宋时期陕西地方的关学,以张载为核心,形成了一个重要的学派。"⑦并详述其传人。二十世纪的后五十年,相继出版了数部有关张载研究的著作,如张岱年的《张载——中国十一世纪唯物主义哲学家》(1956)⑧、姜国柱的《张载的哲学思想》(1982)和《张载关学》

---

① [清]张骥编:《关学宗传》,民国十年(1921)陕西教育图书社排印本。
② 王瑞卿等撰:《陕西乡贤史略》,民国二十四年(1935)陕西教育厅编审室印本。
③ 钟泰:《中国哲学史》,辽宁教育出版社1998年版。
④ 冯友兰:《中国哲学史》下册,商务印书馆1930年版。
⑤ 范寿康:《中国哲学史通论》,上海书店1936年版。
⑥ 张岱年:《中国哲学大纲》,中国社会科学出版社1982年版。
⑦ 侯外庐主编:《中国思想通史》第四卷,人民出版社1959年版,第545页。
⑧ 张岱年:《张载——十一世纪中国唯物主义哲学家》,湖北人民出版社1956年版。

（2001）①、陈俊民的《张载哲学思想及关学学派》（1986）②、程宜山的《张载哲学的系统分析》（1989年）③、龚杰的《张载评传》（1996）④、丁为祥的《虚气相即——张载的哲学体系及其定位》（2000年）⑤等。这些论著大多对张载哲学思想进行了多角度的考察和研究，其中不少论著都将张载视为宋代"唯物论"的代表，其思想地位遂被凸显出来，关学也受到了前所未有的关注。可喜的是，其中一些著作如侯外庐主编的《中国思想通史》（第四卷上）、陈俊民的《张载哲学思想及关学学派》、龚杰的《张载评传》、姜国柱的《张载关学》，已不限于张载学术思想本身，而涉及关学史研究的领域。尤其值得一提的是，陈俊民对关学的系统研究做了许多开拓性的工作，他所著《张载哲学思想及关学学派》，不仅对张载哲学体系做了富有新义的阐释，而且对关学学派的源流做了很有见地的讨论和梳理。龚杰的《张载评传》设专章系统地讨论关学，并涉及关学与洛学、关学与闽学、关学与理学的关系等问题。此外，这一时期不仅对宋代关学的研究有所推进，对明清时期的关学研究也时有所获，如对明末清初关学领军人物李颙的学术思想，已有几部研究著作面世。⑥

第二节 关学研究的方法论问题

对于张载及其关学的研究，二十世纪以来大体经历了三个阶段，相应地也采用了三种不同的方法：

（一）传统的理学方法，将关学定位为"关中理学"的时期

二十世纪之初至中叶，关学研究处于既受传统理学的束缚但又力求走出理学窠臼的时期。其代表人物是包括冯友兰等人在内的现代新儒家的一些

---

① 姜国柱：《张载的哲学思想》，辽宁人民出版社1982年版；《张载关学》，陕西人民出版社2001年版。
② 陈俊民：《张载哲学思想及关学学派》，人民出版社1986年版。
③ 程宜山：《张载哲学的系统分析》，学林出版社1989年版。
④ 龚杰：《张载评传》，南京大学出版社1996年版，第206页。
⑤ 丁为祥：《虚气相即——张载的哲学体系及其定位》，人民出版社2000年版。
⑥ 林继平：《李二曲研究》，陕西师范大学出版社2006年版；朱康友：《人道真理的追寻——李二曲心性实学研究》，中国文联出版社2003年版等。

学者。他们一般承继南宋后诸儒的说法,将张载与周敦颐、二程、朱熹并称为"濂洛关闽"四大流派,认同了张载关学在宋代理学史上之地位。但也有某些变化,如三四十年代,冯友兰所著《中国哲学史》,称"在道学家中,确立气在道学中之地位者,为张横渠"。强调了张载的"气"学特点及其地位。他看到横渠之学与程朱有同有异,如认为"'气质之性'之说,虽为以后道学家所采用","在张横渠之系统中,颇难与其系统之别方面相融洽。但就横渠别一部分之言论观之,则横渠可维持其'气质之性'之说,而同时亦不至与其系统之别方面相冲突。"①值得注意的是,大约与冯氏同时的范寿康,在其所著《中国哲学史》中,已提到张载的"气一元论"和"天人合一"特征,如说:"横渠以为宇宙的本体,乃是太虚一元之气",并"认定吾人之体是宇宙的体,吾人之性就是宇宙的性"②。这些说法是张载"气本论"这一提法的先声。这些研究一面注意到张载关学的道德心性论特质,一面又注意到张载的"气"论思想,但却没有能把张载体系中道德论与宇宙论的内容进一步内在地加以贯通,可视为从传统理学方法向此后盛行数年的"对子模式"的过渡。冯友兰认为,濂溪(周敦颐)、康节(邵雍)、横渠"俱为道学家中之有力分子"③。冯氏称自己"接着(理学)讲",实则是会通理学与西学而加以创造。如张岱年所说,冯友兰在研究方法上"是比较完整意义上的中西结合"④。所以在张载思想的研究中,冯氏虽未脱离理学研究之窠臼,但同时又贯穿着中西结合的精神。牟宗三于二十世纪六十年代末出版的《心体与性体》,专章论述张载的道德性命之学,强调张载之学将"天道性命相贯通"的观念"最为精切谛当,亦是濂溪后首次自觉地如此说出者"⑤,并认为此一精神是"宋、明儒共同之意识"。也是将横渠与周、程、朱并立为理学之重要一脉。牟氏研究之特点,着眼于从哲学理论层面将理学与康德哲学相融通,并致力于儒家道德形上学的重建。总体上说,他们在采用传统理学方法的同时,又贯穿了中西结合的精神。

(二)将张载定位为唯物主义气一元论

中华人民共和国建立前后至六七十年代,人们试图以马克思主义关于哲

---

① 冯友兰:《中国哲学史》下册,商务印书馆1930年版,第868、869页。
② 范寿康:《中国哲学史》,上海书店1936年版,第342、344页。
③ 冯友兰:《中国哲学史》下册,商务印书馆1930年版,第868、869页。
④ 王中江、高秀昌:《冯友兰学记》,三联书店1995年版,第93页。
⑤ 牟宗三:《心体与性体》,吉林出版社2013年版,第361页。

学基本问题的方法来指导中国哲学的研究,将哲学史界定为唯物主义与唯心主义斗争的历史,这一方法也影响到对张载及其关学的研究。此一时期,人们突破了传统的理学思维,依据唯物主义与唯心主义斗争即"两军对垒"思维模式,来对理学和张载思想加以审视。许多学者将张载哲学定位为"唯物主义气一元论"或"气本论"。其间围绕着张载是唯物论还是唯心论、一元论还是二元论,曾展开了长达近三十余年的争论。侯外庐、张岱年等先生在建国前后发表的关于张载的相关论著,论证了张载哲学的唯物论性质。张岱年并称赞"张载是宋代卓越的唯物论者,他对宋代唯物论的发展做出了巨大的贡献"①。这一观点在学术界发生了广泛的影响。其后,任继愈主编的《中国哲学史》四卷本,坚持了同样的观点和方法,并提出在宋代以来,有一个由张载到罗钦顺、王廷相、王夫之等所谓坚持唯物主义路线的一系。冯契先生在《中国古代哲学的逻辑发展》一书中也基本上使用了这一方法。他说:"在理学内部也有唯物主义(如张载)和唯心主义(如二程等)之分。而且从宋到明,始终存在着进步思想家和唯物主义者反对理学唯心主义的斗争。"②在这一方法指导下,有不少学者认为罗钦顺、王廷相、王夫之等都是反理学的思想家。于是张载作为唯物主义的旗帜性人物或反理学家而受到高度重视和褒扬。这是一个特殊的历史阶段,也相应地采用了一种有代表性的方法。

(三)二十世纪最后二十年以来,中国哲学研究逐渐进入回归时期

从上世纪最后二十年开始,随着政治上拨乱反正的需要,"实事求是,一切从实际出发"的思想路线得以贯彻,反映在中国学术思想界,有学者们主张回归中国哲学的本来面目,力求跳出唯物主义与唯心主义"两军对垒"的思维模式,避免以西方哲学的思维模式简单地套解中国哲学,强调要从中国哲学的特点和本性出发,从中国哲学自身的特点和规律出发,来研究和审视包括张载关学在内的中国古代学术思想。于是张载及其关学的研究又重新回归到理学的定位上。同时,在许多问题上也有了大的进展。表现在:

第一,对张载的气论重新加以认识,并对其在张载哲学中的地位给予了新的合理定位。人们对多年来以"两军对垒"的思维模式进行了反省,认为这

---

① 张岱年:《张横渠的哲学》,《哲学研究》1955 年第 1 期。
② 冯契:《中国古代哲学的逻辑发展》下册,上海人民出版社 1985 年版,第 740 页。

是一种以西方哲学套解中国哲学的简单化、模式化的甚至是错误的做法。人们注意到,中国哲学本体论是以价值论为特征的境界形上学,以所谓"气本"来解释以价值论为特征的张载哲学是困难的。张载固然也讲"太虚即气",但他讲的宇宙论最终是要回归到人性论和道德心性论,通过讲"气质之性""变化气质"而走向修养工夫论。他提出的一系列宇宙论的范畴,最终都落脚到"知礼成性"的心性修养和经国济世、"民胞物与"等政治伦理问题上来,正因为此,他受到包括朱熹在内的许多理学家的高度推崇,可见他是理学的重要奠基者。重新将张载思想纳入理学范畴进行研究,是一个重大的理论修正。这样,以往的关于唯物与唯心、一元论或二元论的争论也就从根本上消解了。

第二,对张载的心性论给予了充分的关注。对张载的"天地之性"与"气质之性"的说法以及他的"成性"说的人性论的研究有了新的进展。1991年《哲学研究》发表了《关于张载哲学研究的几点思考》的文章①,文中提出张载不是"唯气论",而是重在讲价值论和道德心性论,提出要重视对张载心性论的研究。并强调,张载讲学,"每告以知礼成性变化气质之道",也就是说,他的理论旨趣在于论证"性与天道合一",在于以宇宙论说明人性论和道德论,在于沟通本体与价值,最终落脚到道德修养论。张载重视心性,这是近年来受到更多的学人关注的地方。他讲心,重视的主要不是认知心,而是道德心。所以他最终从追求"物理"走向追求"性理"。他首次提到"天人合一"这一命题,不过此所说"天人合一",不同于那种主客二分或生态意义上的"天人合一",而是在主客未见分隔、即形上即形下而建立在道德心性论基础上的"天人合一",所以他说"儒者则因明致诚,因诚致明,故天人合一"(《横渠易说》)。

第三,从对其宇宙论的重视,走向对其价值论的重视。赵馥洁先生分析了张载"太虚之气"的价值意蕴,指出张载"以'太虚之气'为世界本原的本体论哲学","作为中国传统哲学本体论的一种形态,仍然具有中国哲学将本体与价值相融通、相统一的共性。张载的'太虚'本体中蕴含着丰富的价值品性,体现着深厚的价值意义。"具体地说,(1)"太虚"的价值品性主要体现在"至诚""至善""太和""神化"等概念之中,其中"'至诚'可谓是太虚之'真','至善'可谓是太虚之'善','太和'可谓是太虚之'美',而'神化'可谓是对

---

① 刘学智:《关于张载哲学研究的几点思考》,载《哲学研究》1991年第1期。

真、善、美的综合概括。"(2)"太虚"价值品性的人文意义,主要在于:"太虚"是人性价值的渊源;"太虚"是道德价值的根据;"太虚"是人格价值的标准;"太虚"是理想境界的蓝本。(3)"太虚"的价值实现途径,主要有"寡欲""为学""大心""守礼""行实"诸环节,它是一个由内到外、由知到行、由学到用的逻辑演进过程。他认为,"张载的价值实现论体现了儒家重视价值的自觉性、弘扬主体能动性、强调现实实践性的鲜明特征。"①赵馥洁从价值论视域对张载及其关学的研究,代表了一种新的问题视角。

第四,以"实学"来研究关学,开出关学研究的新范式。关于关学重实的特点,侯外庐学派早已注意到,侯老说:"北宋关学的特色在于注重'学以致用'的精神。"②张岂之认为,关学"重实际,重传统,重自然科学,重理论思维,重创造,这些在张载身上都有突出的反映。"③赵吉惠认为,"张载关学以'致用''崇实'为最终目标","'崇实''致用'思想贯穿于他的所有著述之中,并且成为元、明、清实学思潮的学术思想渊源,奠定了实学思潮的思想基础。"④葛荣晋则主张应以实学为关学研究的新范式,他指出关学研究曾经历了"理学研究范式"、"两军对垒研究范式",这些都已经不适合新时代的需要,所以"我们应该及时地代之以'实学研究范式',恢复张载'关学'的实学面貌。"并主张如果能回归到"实学研究范式",就可以开创出关学研究的"新的局面"⑤。他肯定了张载之学属于实学,并指出"明清关学源于张载而又超越张载",一面承继"气实体论"和固守"'以礼教为本'的经世实学",又"克服了张载本体论与心性论之间的内在矛盾",并且"自觉地把关学的经世传统与西学结合起来,赋予明清关学以近代启蒙意义"⑥。向世陵认为,张载的"太虚"

---

① 赵馥洁:《张载"太虚"之气的价值意蕴》,载《张载关学与实学》,西安地图出版社2000年版,第65页。
② 侯外庐主编:《中国思想通史》第四卷上,人民出版社1959年版,第547页。
③ 陕西省哲学学会编:《气化之道——张载哲学新论》,陕西人民教育出版社1992年版,第3页。
④ 同上注,第258—259页。
⑤ 参见葛荣晋《转换研究范式,推动关学研究》,2008年10月在陕西孔子研究会与眉县政府举办的"中国宝鸡张载关学与东亚文明"学术研讨会上的发言。
⑥ 葛荣晋:《试论张载关学与明清实学的关系》,载《张载关学与实学》,西安地图出版社2000年版,第272页。

"至实"和气本体的实在性体现了其哲学的实学精神和理路。① 以上所说,对开拓关学研究有重要启示。

第三节　张载关学的学术渊源与思想特征

关于张载的师承和学术渊源,历史上以及当代一直存有争论,主要有以下几种说法:

一是申、侯"开先"说。此说较早出自南宋吕本中《童蒙训》卷上,说"关中始有申颜者,特立独行,人皆敬之,出行市肆,人皆为之起,从而化之者众。其后二张,更大发明学问渊源。"后《宋元学案》继其说,其卷首《序录》谓:"关中之申、侯二子,实开横渠之先。"申即申颜,侯即侯可(字无可),《宋史》有传。《宋元学案》卷六专有《关学之先》,即以"华阴侯先生可"与"申先生颜"合传。《宋史·侯可传》将申颜作"田颜",程颢《华阴侯先生墓志铭》,作"申颜"。《宋元学案》卷六《殿丞侯华阴先生可申先生颜合传》:"(侯)先生之女兄适程氏,明道、伊川二先生之母也。"此说又见张骥《关学宗传附录》:"(侯)先生女兄适程氏,明道、伊川之母也,详大程《墓志》。"又程颢《华阴侯先生墓志铭》:"颢,先生女兄之子也。"《殿丞侯华阴先生可申先生颜合传》亦谓:侯可"于《礼》之制度,《乐》之开声,《诗》之比兴,《易》之象数,天文、地理、阴阳、气运、医算之学,无所不究。自陕而西多宗其学,先生亦以乐育为己任,主华学之教者几二十年。"从这里所说"自陕而西多宗其学",知张载可能受其影响,但张载直接受学的资料尚未见。侯氏与二程是如此近亲的关系,张载乃二程表叔,想必张载也受过侯氏之学的影响了。《宋元学案》该卷全祖望案引吕本中说:"关学未兴,申颜先生盖亦安定、泰山之俦,未几而张氏兄弟大之。"全祖望说:"然则申颜先生之有功于关中,亦已多矣。而先生为之死生之友,观其所学,非腐儒之无用者,而《宋史》仅著之《仪士传》中,予故特表而出之。"②是说申颜先生与胡瑗、孙复等为同辈,其时在关中的影响很大,后来其学由张载兄弟张大之。总之,这是把侯、申视为张载关学的开先者。

---

　　① 向世陵:《张载气学的实学精神》,见葛荣晋、赵吉惠、赵馥洁主编《张载关学与实学》,西安地图出版社2000年版,第359页。
　　② [清]黄宗羲:《宋元学案》,中华书局1986年版,第261页。

二是高平(范仲淹)门人说。《宋元学案》卷首全祖望案:"宋世学术之盛,安定(胡瑗)、泰山(孙复)为之先河,程、朱二先生皆以为然。"又说:"晦翁推原学术,安定、泰山而外,高平范魏公(范仲淹)其一也。高平一生粹然无疵,而导横渠以入圣人之室,尤为有功。"出于这一种认识,《宋元学案》卷三《高平学案》(全祖望补本)将张载与富弼、张方平、石介等编入"高平门人"。《宋元学案》校刊者王梓才亦明确将张载之学追溯至范文正公,他在案语中亦说:"横渠之于高平,虽非从学,然论其学之所自,不能不追溯高平也。"

三是洛学(理学)渊源说。在宋代,就有所谓张载关学源自二程洛学的说法。较早有此说法的是曾师事张载而后归于洛学的吕大临,他在《横渠先生行状》中称:张载于嘉祐初年曾与二程"共语道学之要",后来"尽弃其学而学焉"。二程的弟子杨时也说:"横渠之学,其源出于程氏,而关中诸生尊其书,欲自为一家。"①朱熹亦赞成此说,谓"横渠之学行亦自成一家,但其源则自二先生(即二程)发之耳。"②不过,杨时、朱熹又都肯定了张载"自成一家"的事实。

四是《易》学渊源说。《宋史·张载传》、冯从吾《关学编》等,则称张载之学"以《易》为宗",王夫之亦称"张子之学,无非《易》也"(《张子正蒙注·序论》)。之后不乏以《易》为张载思想渊源的学者,如冯友兰说:"横渠之学,亦系从《易》推衍而来。"③钟泰也认为,"然观其大体,要得之于《易》为多。"④此外,王葆玹主张张载之学来自《易》学和礼学。⑤

五是"《四书》渊源"说。龚杰在《张载评传》中认为,"张载之学不是易学,而是以发挥《四书》义理为主的'四书学'",并认为"这正是张载思想的时代特色和他被称为理学家的重要原因"。其理由主要是:"张载把《论语》的'性与天道'命题、《孟子》的'尽心'学说、《中庸》的'至诚'理论、《大学》的'格物'思想,糅合成一个学术整体,作为自己'四书学'的理论根据,并在此基础上与二程互相发明,遂成为新兴的'四书学'的创始人之一。因此'四书

---

① [宋]朱熹:《伊洛渊源录》卷六小注。
② [宋]朱熹:《伊洛渊源录》卷六小注。
③ 冯友兰:《中国哲学史》下册,商务印书馆1930年版,第853页。
④ 钟泰:《中国哲学史》,台湾商务印书馆1979年版,第19页。
⑤ 王葆玹:《试论张载的易学体系及其与礼学的关系》,见葛荣晋、赵吉惠、赵馥洁主编《张载关学与实学》,西安地图出版社2000年版,第36页。

学'就是理学。"①此说引起学界的关注。

除以上几说外,还有一些新的看法②。如陈学凯认为张载关学主要来源于《中庸》,其学"实际上是对传统儒学经典《周易》和《中庸》精义与神髓的继承和发扬"。

其实,研究张载关学的学术渊源,应该考察其思想形成的综合因素。从《宋史》所谓其学"以《易》为宗,以《中庸》为体,以孔孟为法"的说法来看,既不能简单地说源于《易》,也不能说源于《四书》。张载并不关注《大学》,牟宗三已注意到这一点,他说:"横渠渐能注意《论》《孟》,亦未言及《大学》。"③说他未言及《大学》似有太过,不过其思想主要受到《易》《孟》《庸》的极大影响则是事实。④

关于张载及其关学的思想特征,侯外庐曾引证张栻提及孙昭远"从事经史,大抵以实用为贵,以涉虚为戒"(《跋孙忠愍帖》,《张南轩先生文集》卷六),以及二程评论张载之学"语学而及政,论政而及礼乐兵刑之学"(《二程粹言·论学》)的说法,认为"北宋关学的特色在于注重'学以致用'的精神"。冯友兰主要从四方面分析了张载关学的内容特征:(1)气说。此说来源于《易》。(2)宇宙间事物所遵循的规律:"天序""天秩",即理。(3)性论。(4)天人合一。⑤ 此说与宋晁公武《读书志》所谓《正蒙》主讲"阴阳变化之端,仁义道德之理,死生性命之分,治乱国家之经"(《读书志》卷一○)的说法较为接近。张岱年将张载关学的思想特点概括为"以气为本"和"以礼为教"两方面。陈俊民认为,"关学自开始创立,就把'崇儒''明道',力辟二氏作为基本宗旨。从张载到李颙,七百年间,'关学世所渊源,皆以躬行礼教为本'。"并"形成了'学贵有用','精思力践',不尚空谈的'实学'学风,以及'语学而及

---

① 龚杰:《张载评传》,南京大学出版社1996年版,第27页。
② 王葆玹:《试论张载的易学体系及其与礼学的关系》;陈学凯、曹秀君:《〈正蒙〉对〈易〉〈庸〉的继承和发扬》。均见葛荣晋、赵吉惠、赵馥洁主编《张载关学与实学》,西安地图出版社2000年版,第36、417页。
③ 牟宗三:《心体与性体》上册,上海古籍出版社1999年版,第357页。
④ 刘学智:《关学宗风:躬行礼教、崇尚气节——从关中"三李"谈起》,载《陕西师范大学继续教育学报》2001年第2期。
⑤ 冯友兰:《中国哲学史》第12章,载《三松堂全集》,中华书局2014年版,第734—747页。

政,论政而及礼乐兵刑之学'(《二程粹言》卷上)的鲜明政治倾向。"①龚杰认为:关学的特点有四:尊儒、重礼、务实、重视自然科学和社会科学的研究。②上述观点,有同有异,从不同角度揭示了张载及其关学的思想渊源和主要特征,这在一定程度上,将张载关学与宋代其他理学流派明显区别开来。

不过,关学固然由张载发端,但关学在其后的发展过程中特别是在与不同时期诸思想流派(如朱子学、阳明学)的相互交流、相互融通中,自身的特点也在发生着某些变化,故不能完全将关学的思想特征等同于张载的思想特征,但应该注意其一以贯之的"关学精神"。成于张载而又贯穿和发展于关学史的基本精神,是"重气学""重性命""重礼教""重实用"四个方面,这些在不同的关学学者身上也可能会有所侧重,但大旨不会离此多远。关学的宗风可以用"躬行礼教,崇真尚实,重视践履,崇尚气节"来概括。与其宗风相联系,关学学者的个人气质和行为方式,大多是"有道则见,无道则隐",颇有隐逸的情怀(儒家的隐者),如关中"三李"。这也是关学学者人格气质的一个重要特点。

---

① 陈俊民:《张载哲学思想及关学学派》序言,人民出版社1986年版。
② 龚杰:《张载评传》,南京大学出版社1996年版,第201—206页。

第二章 理学的形成与关学的产生及其特征

第一节 理学在宋初形成的社会历史背景

理学是宋代及其后占主导地位的学术思想形态,是儒学经过汉魏隋唐以来演变而形成的新儒学,亦称道学。理学创始于北宋,完成则在南宋,后来在金元时期得到传播,随着明代心学的发展,最终在清末民初趋于衰落。以复兴儒学形式出现的理学思潮,固然出于统治者政治需要的选择,但它的产生也有一定的社会历史渊源。

首先,以农业为基础的宋代社会,虽然地主土地占有制与租佃制仍是主要的经济形态,但是经济关系已有所变化。先前那种贵族官僚按等级世袭占有田地的制度,在唐代中期即开始瓦解,到宋代则主要是以自由购买的方式来取得和扩大土地的占有。宋朝把佃客直接编入户籍,使农民不再直接依附于地主,地主则主要通过收取农民的实物地租来实现财富的积累。这种土地占有方式和剥削方式的变革,使中国古代社会进入了一个新的阶段。这种土地制度虽然有利于生产力的发展,但是也带来很大的弊端,使官僚地主豪强势力恶性膨胀,他们大量兼并土地,致使广大农民丧失了土地,陷入无地可耕的状况,从而使社会生产力受到严重的破坏。而得到大官僚大地主支持的北宋王朝却采取"不抑兼并"的政策,使土地兼并愈演愈烈。王明清记载当时"不抑兼并"的情况时说:"富室连我阡陌,为国守财尔,缓急盗贼发,边境扰动,兼并之财乐于输纳,皆我之物。"(《祖宗兵制名枢廷备检》,《挥麈后录余话》卷一)于是造成如李觏所说的"贫者无立锥之地,而富者田连阡陌"的景况(见《富国策第二》,《李觏集》卷一六),出现严重的两极分化。这种情况到宋仁宗晚年不仅在继续,且难以遏止。《宋史》载:"承平寖久,势官富姓,占田无限,兼并冒伪,习以成俗,重禁莫能止焉。"(卷一七三《食货志》)于是自耕农不断减少,佃农大量增加,出现了如李陶所说"天下之自耕而食为天子之农者,十无二三,而食于富人而为之农者,盖七八矣"的情况(参见《论申必行之法任必择之官疏》,杨士琦等辑《历代名臣奏议》卷一〇六)。由于土地的无限兼并,使广大农民沦为客户,地主又以"增租划佃"的方式扩大剥削,农民的生活不堪重负,陷于凄惨的境地。在这种情况下,一些进步的思想家、改革家开始思考这些现实问题,提出了抑制兼并、平均土地的"平土"主张,李觏甚至还提出恢复"周制井田"的做法,以解决土地问题。此后于神宗朝发生的王安石"熙宁新法"也与此有关。王安石深切感受到土地兼并带来的严重社会分配不公以及由此造成的人民生活的凄惨:"三年佐荒州,市有弃饿婴","崎岖山谷间,百室无一盈",遂发出"我尝不忍此,愿见井地平"的呼声(参见《发廪》,《临川先生文集》卷一二)。在儒家思想库中寻求解决治世的良方,也就成为当时思想界共同的关注之点。张载提出的恢复三代之治的思想以及关于井田的实践,都与这一背景有关。

其次,在政治上,宋初统治者面临着进一步加强中央集权的严峻形势。针对当时"朝廷之权,散在四方"和"君弱臣强,正统数易"的情况,赵匡胤吸取了唐代"安史之乱"后藩镇之祸的教训,采取了果断的措施削弱武装割据势力,让文武百官参与知州军事,以加强中央集权。《资治通鉴》卷二记述了赵匡胤"杯酒释兵权"之事,即以优厚的物质待遇换取那些开国将领兵权的罢削,使军权集中于中央。同时,在收取兵权的同时,把财政权、赏罚刑政大权也收归中央,并进行了一系列行政体制的调整,从而加强了中央集权。

与此同时,赵宋王朝在选官用人制度上也进行了一些重大的改革。魏晋以来相沿已久的士族门阀制度,经过隋唐时创立和完善的科举制度,使一些有才识的文人学士摆脱了出身寒门的限制,通过科举考试的方式进入仕途。但是,唐代的科举制度往往被门阀贵族所操纵,取士并不多。到了北宋初这种情况有所变化,由于门阀制度不复存在,科举向文人广泛开放,门第对科举取士的影响在减弱,知识分子只要文章做得好,就有可能被取士录用。特别是北宋还扩大了科举取士的范围和名额,使许多士人有了实现自己抱负的机会。宋初的科举取士确实使朝廷掌握了用人大权,有利于加强中央集权。但是科举取士也存在着严重的弊端,带来了新的问题。一是造成了机构愈来愈庞大,加重了人民的经济负担。二是仅以文辞训习句读取士,其所取之士不习典礼,不明制度,不切实用,不能真正选拔出有用的人才,且助长了社会上的浮华之风和功利之心。一些人不关切国家时事,企图"以一日之长决取终生富贵"。这种科举制度的弊端受到许多有识之士的批评,王安石在《上皇帝万言书》中,力陈科举的弊端,指出仅以诗赋章句取士,使学生"耗精疲神"且"不得成才",其"大则不足以用天下国家,小则不足以为天下国家之用"(《王文公文集》卷一)。主张废除诗赋取士和烦琐的记诵传注经学。南宋叶适曾指出,"用科举之常法,不足以得天下之才;其偶然得之者,幸也"。并且其社会导向是不好的,促使世人"羡于人官"而不"羡于为士"(《科举》,《叶适集》卷一三)。北宋社会在中期已经内忧外患,加之对辽国和西夏用兵的失利,社会已危机四伏,于是促使一些思想家和政治家思考改变社会的良策,要求改革的呼声也应之而起。

理学的形成大致在范仲淹、欧阳修、石介等人的"庆历新政"失败之后。

宋仁宗于庆历年间,在范仲淹、富弼、欧阳修等人的倡导下发起了一场改革。庆历三年(1043),范仲淹等上《答手诏条陈十事》的奏折呈给宋仁宗,作为改革的基本方案。其改革的目的在于谋求整顿官僚机构,增强北宋国力。宋仁宗采纳范仲淹等人的革新主张,着重对吏制、职田、科举、学校、赋役等进行改革,史称"庆历新政"。但这一本来有利于国家的改革,却受到顽固势力的打压而终于夭折。庆历新政失败后,社会依然积弊严重。此后大约过了二十余年,到宋神宗熙宁年间,社会内忧外患加剧,新的改革已不可避免。在朝野要求改革的呼声中,导致了王安石的变法。治平四年(1067)正月,宋神宗即位,立志革新,于熙宁元年(1068)四月,召王安石入京,变法立制,富国强兵,决心改变积贫积弱的现状。熙宁二年,王安石始推行新政,进行了一系列的改革,史称"熙宁新法"。围绕着变法问题,各派思想相继登场,于是发生了旷日持久的新旧党争。有的力挺变法,有的反对变法;也有的主张改革但不主张激烈变法,而主张渐变。后者主要是当时一些比较远离政治旋涡,能对社会进行理性思考的学者。被称为理学奠基者的"北宋五子"(周敦颐、邵雍、张载、程颢、程颐),大都参与了新旧的党争或对变法持有自己的态度。张、程等人并能从更深的哲理层面进行思考,从如何革除人心之患出发思考问题,理学就是在这一背景下形成的。也可以说,理学家的思想基本上形成于"庆历新政"到"熙宁新法"推行时期。

关于理学家与新旧党争的关系,侯外庐在《中国思想通史》第四卷对此有较详细的分析,此概述之。

侯外庐说:"以义理之学取代汉唐以来的笺注经学,是宋代的一般趋势。

然而在义理之学的形成之中,却伴随着新旧党的政治斗争。"①新党以王安石为首,其创立的学说称为新学,也称荆公新学;旧党以司马光、二程(程颢、程颐)为首,二程创立的学说称为道学或理学,因其创立于洛阳,亦称洛学;苏轼、苏辙居蜀地,其所创立的学派称为蜀学。常说的"北宋五子"加上司马光及"二苏",他们都是并世之人,且都属于庆历之后形成的义理之学,"他们互相之间存在着极密切的政治上和学术上的关系"。这是我们理解理学何以在北宋兴起的一个重要问题,而且理学一经产生就处于与新学对立的地位。解释这一历史现象,不能脱离他们所代表的社会基础。二程说:"然在今日,释氏却未消理会,大患者却是介甫之学","介甫之学坏了后生学者"(《河南程氏遗书》卷二上)。其弟子杨时也说:"夫王氏之学,其失在人耳目,诚不待攻,而攻之者亦何罪耶?"(《杨龟山先生集》卷一七)王安石代表的是庶族地主的利益,所以一开始就与代表豪族利益的旧党处于对立的地位。王安石推行新法时,反对者如吕公著、赵抃、程颢、张戬等都遭遇贬逐,且被贬之后大多都退居洛阳,"这是理解'道学'何以在伊洛兴起的关键"②。从历史上看,洛阳一直是公卿豪贵的聚集之地,诚如蜀党学人李格非(字文叔)所说:"洛阳之盛衰者,天下治乱之候也。"(《吕文穆园》,邵博:《闻见后录》卷二五)旧党的代表人物如富弼、文彦博、司马光、吕公著等人都聚集于此。

理学"北宋五子"对于王安石的新学各有其态度。被推为理学之祖的周敦颐,对新学持反对的态度。周敦颐,字茂叔,家乡在湖南道州营道(今湖南道县),仁宗景祐时经郑向奏授洪州分宁主簿,以后长期作州县小吏,但他不卑小职,处世超然自得。庆历六年(1046),在他知虔州时,得到二程的父亲程珦赏识,成为二程的家庭教师。据朱熹《濂溪先生事状》:二程父程珦"视其气貌非常人,与语,知其为学知道也,因与为友……及为郎,故事当举代,每一迁授,辄以先生名闻。"其时二程只有十四五岁,也大概是在此时二程从学于周敦颐。周敦颐曾教诲二程"寻颜子仲尼乐处",使其逐渐树立起成圣成贤的儒家士人理想。二程创立的理学在其后发展为宋代学术的主流,周敦颐的地位也随之升高。后人常把周敦颐学术地位的提升归于其曾为二程的老师,其实不尽然,周敦颐也确实有其独创的学说,不惟因其为二程师所然。不过,周敦颐在政治主张上却着实与二程多有相同。据侯外庐考,嘉祐元年(1056)周

---

① ② 侯外庐主编:《中国思想通史》第四卷上,人民出版社1959年版,第497、499页。

第二章 理学的形成与关学的产生及其特征

敦颐任合州判官事时,得到新法的坚决反对者赵抃的赏识,赵抃称"周茂叔天下士也"(《濂溪诗序》,黄庭坚:《山谷别集》卷上),并推荐周于朝,二人建立了深厚的关系。据吕本中《童蒙训》记,神宗熙宁初周曾得到吕公著的举荐:"正献公(吕公著)在侍从,闻茂叔名,自常调除转运判官。"从嘉祐到熙宁的十七八年之间,周一直得到赵抃的庇荫①,此表明周敦颐在政治立场上是与反对新法的赵抃相通的。

至于其弟子二程,前已述及,亦与王安石的主张多有相左。程颢在熙宁时得吕公著推荐,授太子中允,权监察御史里行,"新法之初,首为异论"(《伊洛渊源录》卷二)。《伊洛渊源录》在程颢的行状中说:"荆公(王安石)寖行其说,先生(程颢)意多不合,事出必论列。"政治上的不合,也反映到学术上出现裂痕。邵伯温曾记述:

> 荆公尝与明道(程颢)论事不合,因谓明道曰:"公之学如上壁",言难行也;明道曰:"参政之学如捉风!"(《河南程氏遗书》卷一九)

不过,程颢对王安石的新政和学术也不是全面否定的,而是有肯定有批评。如有次宋神宗问程颢对安石学问的看法,程颢说:"安石博学多闻则有之,守约则未也。"即使他在遭遇贬逐时还能够公正去对待,如他曾谈及青苗法,说"以今日之患观之,犹是自家不善从容,至如青苗,且放过又何妨?"

至于张载,情况就较为复杂一些。张载是二程的表叔,程颢曾向朝廷举荐过张载,后经吕公著荐而入朝,除崇文院校书。张载虽然与旧党有某种难以割断的联系,但是对于新政,却持较温和的态度。至于其弟张戬,态度则明显不同,他公开反对新政,于是导致了新旧党的决裂。此后张戬被罢,张载随之辞官西归。"北宋五子"中的邵雍是相对较为超然的,以隐逸的身份居于洛阳。但其与豪族也是有联系的。神宗熙宁初即有人举荐他,且举荐者不是别人,而是旧党人物吕公著和富弼等。邵雍在洛阳的宅院是富弼为其所买,司马光等二十余家替他买下"七千余步的平流水"大宅院,他的"安乐窝"宅契是司马光的户名,园契是富弼的户名,可见邵雍是由世家豪族供养的。② 因此他在政治上站在旧党一边也是不足为怪的。

从上述背景分析不难看出,北宋五子其思想成熟固然有先有后,甚至有

---

① 参见侯外庐主编:《中国思想通史》第四卷,人民出版社1959年版,第503页。
② 侯外庐主编:《中国思想通史》第四卷上,人民出版社1959年版。

的还有师承可言,但是其思想成熟大体都是在庆历到熙宁这一时期,所以庆历革新时所面临的社会问题、熙宁变法时所面对的社会弊端,不能不引起他们的思考,这对他们思想的形成发生过极大的影响。虽然不能以是否赞成王安石新政作为评判其思想的标准,但是这些理学家学术思想的形成与其政治态度的联系却是十分清楚的。正如侯外庐所说,理学之兴起于洛阳是有其历史原因的。这从一个侧面可以说明,宋代统治者亟须有新的理论武器来加强思想统治,以维护新的剥削关系和政治体制,理学正是为适应豪族利益集团的政治需要而产生的。对于理学以哲学的方式为新的社会秩序提供理论根据这一点,理学家也不隐讳,朱熹说:"仁义礼乐、天理人欲之辩……无非欲为臣者忠,为子者孝而已。……自古天下国家未有可以外此而为治者。"(《甲寅拟上封事》,《朱文公文集》卷一二)

第二节 北宋前期的学术思潮与理学的形成

理学产生于北宋,但它是长期以来佛道泛滥的情况下儒学复兴运动的产物。"理学所代表的儒学复兴运动及它所由以发展的一些基本思想方向在中唐的新儒学运动及宋初的思潮演变动向中可以找到直接的渊源。"①

一、宋代理学的思想前奏

钱穆说:"治宋学必始于唐,而以昌黎韩氏为之率。"②唐代的主要学术思潮是佛学思潮,这是尽人皆知的。同时道教也被提升为国教的高度,这也是不争的事实,特别是在开元时期。佛、道的兴盛特别是统治者佞佛所带来的社会积弊,引起许多有识之士的思考。以复兴儒学为旗帜,反佛最激烈者莫过于韩愈。他力斥佛教"口不言先王之法言,身不服先王之法服,不知君臣之义,父子之情"(《谏迎佛骨表》);认为"释老之害,过于杨(朱)墨(翟)"(《与孟尚书书》)。据说法门寺有释迦牟尼佛指骨舍利一枚,唐代宫廷曾多次迎奉佛指

---

① 陈来:《宋明理学》,辽宁教育出版社1991年版,第20页。
② 钱穆:《中国近三百年学术史》,商务印书馆1997年版,第1页。

舍利至长安或洛阳宫中供养,韩愈对此极感愤慨和痛心。出于维护儒家纲常以及保持社会伦理秩序的愿望,他愤然写了《谏迎佛骨表》(亦称《论佛骨表》),指斥此"伤风败俗,传笑四方",主张将其"付之有司,投诸水火,永绝根本"。

韩愈为了与佛教相抗衡,仿效佛教的法统,提出儒家有一个流传久远的价值系统即"道统",这个"道统"所倡扬的儒家核心价值就是"先王之教""仁义之道"。韩愈说:"尧以是传之舜,舜以是传之禹,禹以是传之汤,汤以是传之文、武、周公,文、武、周公传之孔子,孔子传之孟轲。轲之死,不得其传焉。"(韩愈:《原道》)韩愈的道统说,旨在说明儒学的道统起源于远古的尧舜时代,而佛教则是后来从"夷狄"传入的,所以儒学才是中国思想的正统。道统说对韩愈反佛来说不失为一个有力的武器,同时,其在理论上也大体勾勒出儒家的主流思想是"仁义"之道的发展统绪,是很有价值的。钱穆说:"韩氏论学虽疏,然其排释老而返之儒,昌言师道,确立道统,则皆宋儒之所滥觞也。"①不过,对韩愈反佛及其意义也要做客观的分析,一方面,韩愈反佛基本上还处于维护政治伦理以及夷夏之辨的表层,尚没有达到思想的深层。这一点连他的学生李翱也有微词,说他排佛"不知其(佛)心,虽辩而当,不能使其徒无哗而劝来者"(《去佛斋》,《李文公文集》卷四)。即韩愈虽反佛,但却未悟佛教的心性论,自身的理论又无法与佛教相抗衡,所以达不到反佛的目的。另一方面,"其弊端是有强烈的宗派性和排他性,漠视儒、释、道三教共弘的事实,甚至也未能公正界定思孟学派之外的儒家各派的历史价值"②。唐朝廷是以扶植儒释道三教为基本的思想和文化指导方针的,韩愈却违背了这一基本趋势,极力排佛,是不合时宜的,所以他受到打击也在情理之中。不过,韩愈推崇《孟子》,为"孟学"在唐宋后逐渐升温起了推波助澜的作用。故钱穆评价韩愈说:"经学非其所长,史学非其所愿。乃所愿者则在孟子。……于是而下开宋儒。"③韩愈力图要恢复儒学,但实际上只是倡明了儒家的道统,在思想上却没有建构起如同宋儒那样的新思想体系,因而他至多不过是在儒学史上因回应佛老的泛滥而复兴儒学的一位推波助澜式的人物。

儒学在唐代要有新的突破,必须吸取佛教的心性论、道家和道教的本体

---

① 钱穆:《中国近三百年学术史》,商务印书馆1997年版,第2页。
② 冯天瑜、邓建华、彭池编著:《中国学术流变》《序言》,华东师范大学出版社2003年版,第7页。
③ 钱穆:《孔子与论语》,台湾联经事业出版公司1974年版,第114页。

论和心性论,建立起自己具有本体论特征的心性论体系,否则难以有所创新,也难以与佛教相抗衡。韩愈在沿袭汉儒"性三品"①的基础上,讲"性情三品",其所说也不过是把传统儒家的各种思想加以综合。不过,韩愈虽然没有建立起博大精深的心性哲学体系,但仅就其在儒门冷落的情况下,发明倡导儒家"道统",弘扬先秦儒学传统精神来说,就已足以确立他在中国儒学发展史上力挽狂澜者的地位。

相对地说,李翱在心性论上有所创新。他发挥了《孟子》《中庸》的心性论,同时吸收了佛教的心性论,将二者结合起来,从而改变了韩愈"性情"一致的思路,提出"性善情邪""灭情复性"说。李翱说:"性者,天之命也。"即人性是天赋的;"性"的内涵也是仁义等道德;认为"情者,性之动也",他不同意韩愈关于性、情一致的说法,主张"性善情邪"。他进一步说,"人之所以为圣人者,性也;人之所以惑其性者,情也。""情既昏,性斯惑矣。"(李翱:《复性书上》)认为人性虽然生来都是善的,但"情者,妄也,邪也",犹如泥沙使清水浑浊,烟雾使光明不彰一样,人的善性往往被邪恶的情欲所迷惑而表现不出来,因此,要恢复善的本性,就要灭欲去情,亦即"灭情复性"。这是李翱《复性书》的核心思想。这种观点实质上是佛教心性论的翻版。只是在佛教那里所表现的"佛性"与"妄念"的对立,在李翱则变成了"性"与"情"的对立;清除"妄念"而显现"清净佛性",在这里变成了去情欲而归于"仁义"之道。可见援佛入儒是李翱心性论的重要特征。他的"复性"论,说到底不过是要通过信仰的力量,把对名教的践履化为人的自觉意识,故极为宋儒所推崇,成为宋明理学"存天理,去人欲"以及"天地之性"和"气质之性"的人性论的直接思想来源。②

宋儒所以关注内向的心性修养,所以促成儒佛的融合,也与唐宋之际人们的精神需求有关。梁启超在分析理学产生的原因时指出,其一,六朝隋唐物质文明得到很大的发展,但社会也养成了种种惰气,"自唐天宝间两京陷

---

① 董仲舒把人性分为上、中、下三等,即上品"圣人之性",下品"斗筲之性",中品"中民之性"。人称之为"性三品"。不过,董仲舒不认为上品、下品可以"名性",而认为只有"中民之性"可以"名性"。他说:"圣人之性,不可以名性,斗筲之性,又不可以名性,名性者,中民之性。"(《春秋繁露·实性》)

② 参见刘学智:《中国哲学的历程》,广西师范大学出版社2011年版,第225—226页。

落,过去的物质文明已交末运,跟着晚唐藩镇和五代一百多年的纷乱,人心越发厌倦,所以入到宋朝,便喜欢回到内生活的追求,向严肃素朴一路走去。"其二,佛教自传入以来,虽然思想界已经混入了新成分,"但始终儒自儒,佛自佛,采一种不相闻问的态度。到了中晚唐,两派接触的程度日渐加强,一方面有韩愈一流人物据儒排佛,一方面有梁肃、李翱一流人援佛入儒。到了两宋,当然会产生出儒佛结婚的新儒学派。"①儒佛交融而趋向心性,正好适应了宋人的精神追求,理学的产生即成必然。

总之,韩愈、李翱在重振儒学门庭,弘扬儒学精神方面确实有功于后儒。韩愈推崇《大学》,倡儒家修、齐、治、平的"内圣外王"之道;李翱推崇《中庸》,扬儒家修身养性的性命之学。原来影响并不很大的《大学》《中庸》经他们的提倡,地位大为提高,如全祖望在《李习之论》中所说:"自秦汉以来,《大学》《中庸》杂入《礼记》之中,千有余年,无人得其藩篱,而首见及之者,韩、李也。"宋儒将其与《论语》《孟子》合编为《四书》,并为之作注,成为儒学的重要经典。他们提出的"道统"说和"复性"说极大地影响了中国哲学发展的进程,使唐代已形成的三教归一的趋势朝着归向儒学的方向发展,遂开宋明理学之先河。而要真正建立新的足以与佛老相抗衡的思想体系的任务,则历史地落到了宋儒的身上。

二、唐宋之际学风的转变

唐宋之际兴起的崇道抑文之风,对于理学的兴起也有重要的意义。我们知道,六朝以来盛行的骈体文,注重文体形式而不关注思想内容,不关注文章的社会意义,也在一定程度上脱离了社会生活,这种形式主义的东西成为学术思想和文学发展的严重束缚。到中唐后,韩愈等倡导的古文运动,表面上看是提倡古文,反对骈体文,即反对片面追求华丽文辞的虚华风气,也代表了一些知识分子崇尚《六经》朴实无华的学风,但从其实质上说,这也是一场儒学复兴运动。韩愈说:"所志于古者,不惟其辞之好,好其道焉尔。"(《答李秀才书》,《昌黎先生集》卷一六)说明唐人已开宋学风气之先。到北宋,周敦颐就明确把这种主张概括为"文所以载道也",并说:"文辞,艺也;道德,实也。"

---

① 梁启超:《中国近三百年学术史》,东方出版社 2003 年版,第 2 页。

(《周敦颐集》卷二)石介亦极力抨击代表形式主义文风的西昆体,推崇韩愈的文以载道说,他说:"三纲,文之象也;五常,文之质也。"(《上蔡副枢书》,《徂徕石先生文集》)把纲常伦理视为文章要表达的真正内容。被全祖望誉为开宋世学术之先河的胡瑗,也对科举取士中所表现的虚浮之风提出批评。其学生在回答神宗"胡瑗与王安石孰优"的问题时,谈及胡氏对当时浮华之风的批评,说:"国家累朝取士,不以体用为本,而尚声律浮华之词,是以风俗偷薄。"(《安定学案》,《宋元学案》卷一)这种情况尤其在宝元、明道年间更甚。由此,胡瑗明确以"明体达用之学"教授诸生,指出:"圣人之道,有体,有用,有文。君臣父子,仁义礼乐,历世不可变者,其体也。《诗》《书》史传子集,法后世者,其文也。举而措之天下,能润泽斯民,归于皇极者,其用也。"(同上注)其所说"明体"即是"明道",后来理学家所说的"明道"正与此一脉相承。即使不被学界划入理学之属的范仲淹、司马光,也对浮虚之文风表示担忧,如司马光说:"君子之学,为道乎?为文乎?夫唯恐文胜而道不至者,君子恶诸。"(《涑水学案》,《宋元学案》卷七)对道的关注,对道体与道用关系的认识,都为理学的产生奠定了基础。故陈来说:"'道'的问题突出起来,在某种程度上提示了'道学'兴起的主题。"①

汉代以来的儒家经学,在唐代仍在继续,尽管表现形态上有所不同,但基本上仍恪守着章句训诂之学,如皮锡瑞所说,"经学自唐以至宋初,已陵夷衰微矣。然笃守古义,无取新奇;各承师传,不凭胸臆,犹汉、唐注疏之遗也。"(皮锡瑞:《经学历史》八)孔颖达主持编纂的《五经正义》就是明证。这种汉唐学风的弊病在于,过于注重儒家话语的形式化方面,而使作为儒家思想根基的"道"则隐而不彰。正如《宋史·道学传序》所说:"两汉而下,儒者之论大道,察焉而弗精,语焉而弗详,异端邪说起而乘之,几至大坏。"皮锡瑞曾经明确地指出了经学发展至北宋庆历"风气遂变"的史实。不过从学风上说,安史之乱后以啖助、赵匡、陆淳等开出的《春秋》经世之学,已经有所变化,他们解经已不再拘泥原来的经文,而是抛开"三传"来抒发己见。这种重义理的学风在宋代前期也被承接,如仁宗朝庆历年间进士刘敞在其《七经小传》等经注中,已突破旧注束缚,能依己意说经,其虽无大的理论建树,但却使经学风气为之一变。王安石的新经学在某种意义上说,有立新风气之功,其新启的学

---

① 陈来:《宋明理学》,辽宁教育出版社1991年版,第35页。

第二章　理学的形成与关学的产生及其特征

风就是义理之学。王应麟在《困学纪闻》卷八谓：

> 自汉儒至庆历间，谈经者守故训而不凿；《七经小传》出而稍尚新奇矣；至《三经新义》行，视汉儒之学如土埂。

据王应麟所说，"经学自汉至宋初未尝大变，至庆历始一大变也"（皮锡瑞：《经学历史》）。这里提及的《七经小传》为庆历时进士刘敞所作，《三经新义》为王安石所作，说明此时以义理之学取代汉唐以来的笺注训诂的经学，到北宋庆历年间已经成为一种趋势了。

然学风之变，虽由韩、李开先河，但在宋代实则由李觏、范仲淹、胡瑗、孙复、石介发其端。全祖望说："宋世学术之盛，安定（胡瑗）、泰山（孙复）为之先河，程朱二先生皆以为然。"（《宋元儒学案序录》，《宋元学案》卷首）黄百家亦说："先文洁公曰：'宋兴八十年，安定胡先生、泰山孙先生、徂徕石先生，始以师道明正学，继而濂洛兴矣。故本朝理学虽至伊洛而精，实自三先生而始，故晦庵有伊川不敢忘三先生之语。'"（《泰山学案》，《宋元学案》卷二）朱熹把宋代学术风气之变归之于胡瑗、孙复、石介，认为"伊洛之精，实自三先生而始"，后世即将其称为"宋初三先生"。他们继承了怀疑故训而以新意解经的风气，他们治学重经义，轻训诂，倡明师道，重经世致用，强调正心修己，明体达用，这是庆历时期经学史上发生的一个重要变化，对后世宋人解经和学风产生了重大的影响。皮锡瑞认为，"且宋以后，非独科举文字蹈空而已，说经之书，亦多空衍义理，横发议论，与汉、唐注疏全异。"（皮锡瑞：《经学历史》九）其对宋学的批评，至少道出宋人治经脱离了汉唐的注疏之学而重义理发挥的特点。当然，皮氏所言并不全对，尽管宋人重义理，亦非全"空衍义理"，其崇经的目的是强调"载道"，如程颐所说"经所以载道"是也。正因为有从庆历以来与改革社会相对应的经学风气的转向，才可能出现重于发挥经学义理的理学的产生。

需要说明的是，全祖望和朱熹都把宋初变风气之先者归于"三先生"，此有失公允。[①] 这里忽略了李觏、范仲淹。据《宋元学案》卷三《安定学案》："时

[①] 姜国柱曾指出这一点，说："后世学者都称赞'宋初三先生'之功德，而忽略了、忘却了范仲淹、李觏之功德，尤其是湮没了李觏的贡献，以至全祖望等人在编定《宋元学案》时，也没有把李觏单立学案，而编入《高平学案》。"参见《张载关学》，陕西人民出版社2001年版，第61页。

胡安定瑗与孙泰山复、石徂徕介、李盱江觏皆客文正（范仲淹）门。"就是说李觏与胡瑗、孙复、石介等都曾是范仲淹的门客，曾常与之游而且一起讲学、论道和议政。其关系之密切到了"昼夜肄业，置灯帐内，至夜不分寝"（同上注）的地步，他们受到范仲淹思想影响是不言而喻的。可见，宋初学风之变，范仲淹确实发挥了重要作用，李觏亦颇有功德。正是范、李与"北宋三先生"的共同努力，才使汉唐以来的学风为之一变，从而为理学的产生奠定了基础。

三、儒释道三教合一的趋势与理学

重要的是，理学的形成与隋唐以来儒释道三教合一有密切的关系。唐宋之际，"三教合一"①的趋势愈益明显。任继愈说："'三教合一'是中国思想史、中国宗教史的发展过程和最终归宿。"②从思想渊源上说，理学正是晋、唐以来儒、释、道三教融合发展的产物，是三教归一趋势发展其中一个主导性的理论成果。

佛教传入中国后，小乘教以人生"苦"为核心的"四谛"说曾发生过广泛的影响，此后主"空"观的大乘空宗与玄学结合形成颇具影响的般若学。继之凸显出来的是佛教的涅槃佛性说，此以晋宋时竺道生为代表，他提出"一切众生悉有佛性"的佛性说和顿悟成佛说。用佛性问题来讨论众生是否具有成佛之因，就把佛之法性与人之本性联系起来，这是佛教中国化过程中一个重要的也是较早的特征。而竺道生提出的"一切众生悉有佛性"的命题，事实上承认了佛性与人的善性的关联，此显然受到孟子性善论的影响。到了唐代，禅宗则进一步通过"即心即佛""即性即佛""顿悟成佛"的佛性论和心性论，把佛教讲的抽象的"佛性"落实到现实的"人性"中，这不仅把佛性与儒家的"善性"相贯通，也把孟子的"尽心知性"、"求放心"的内省修养方式与佛教"止定"的修行方法相融通。

如前所述，此一时期注意到"三教可一"、三教相通的思想家不少，不过大都是佛、道学者。比较早地提出"三教可一"的儒家学者当是隋代的王通，他说："三教于是乎可一矣。"（王通：《中说》卷五）王通虽然主张"三教可一"，

---

① 关于"三教合一"的提法出现于何时，笔者未能详考。但托名唐代吕岩（洞宾）所授的《三宝心灯》已有此说："若皈道而不知三教合一之旨，便是异端邪说！"

② 任继愈：《中国哲学发展史》（隋唐）《绪论》，人民出版社1994年版，第3页。

但他通过对三教的比较，还是坚持只有儒学能够而且应当成为社会的主导思想。他说："吾视千载已上，圣人在上者，未有若周公焉。其道则一，而经制大备，后之为政，有所持循。吾视千载而下，未有若仲尼焉，其道则一，而述作大明，后之修文者，有所折中矣。"（王通：《中说》卷二）他考察了上下各千年，认为只有周公之道、孔子之教才可成为为政的依据、修文的准则，对此"顺之则吉，逆之则凶"（王通：《中说》卷一）。佛、道二教均无法代替儒学的作用和地位。不过，他认为虽如此但却不能废除佛道二教。三教的核心精神皆在于"使民不倦"，只要"通其变"就可以把这一共通的精神发挥出来，起到共同维系世道人心的作用。可见他所说的"三教可一"，是指以儒为主，佛、道为辅，使三教在社会生活中共同发挥作用。站在儒家立场上倡三教归一的学者还有柳宗元。柳宗元认为，佛教"往往与《易》《论语》合"，"不与孔子异道"（柳宗元：《送僧浩初序》），并明确提出"统合儒释"（柳宗元：《送文畅上人登五台遂游河朔序》）的主张。他所谓的"统合儒释"，不是要以儒归佛，而是要以佛归儒，是要把佛教中的"韫玉"撷取来纳入到儒学体系中。

  三教归一的趋势，促使儒学在吸收佛、道思想的同时，开始了自身的理论创造和体系重建。当然这只是就发展的趋势而言，实际上不仅在唐代三教尚未"归一"，就是作为三教融合的产物——宋明理学的出现，也没有代替佛、道二教。所谓"三教合一"，并非说三教合为一教，而是三教之义理逐渐趋同于心性，如《性命圭旨》所说："儒曰'存心养性'，道曰'修心炼性'，释曰'明心见性'。心性者，本体也。"又说："教虽分三，其道一也。"（卷一《人道说》）三教皆归于心性，而心性修养又总是服务于儒家的伦理目的，这样理学以儒学的形式而完成"三教合一"的进程，就是必然的了。理学的"归一"是指以儒为主，融合佛、道二教而在义理上归于心性的趋向。"从三教鼎立佛教为首，到三教融合儒教为主，是唐宋哲学发展的总脉络。"[①]离开儒学与佛教、道教之间的交融互动，就无法厘清宋代理学的思想渊源和发展根由。冯友兰所谓理学"是接着玄学讲的"[②]说法，如果从本体论和思辨性来说，是有一定道理

---

① 任继愈：《中国哲学发展史》（隋唐）《绪论》，人民出版社1994年版，第2页。
② 冯友兰：《中国哲学史新编》（下），人民出版社1999年版，第25页。

的。但如果从有无与理气的关联上说,则有失偏颇①,诚如向世陵所说:"冯先生意下的'中国哲学史'的逻辑发展便没有佛学的地位,中国哲学的理论转换,便成为从先秦诸子到魏晋玄学再到宋明道学的过程。这样的理论推演,显然是不符合中国哲学发展的历史进程的。"②因为他忽视了佛教的心性本体论对理学形成过程的影响。

四、宋初理学家的心路历程与理学特征

理学家在建立其理论体系时,受晋唐以来儒与释、道交融的文化背景和氛围的影响,都自觉或不自觉地吸收或借鉴了佛教、道家和道教的本体论、心性论和思辨方法,并将其融入到自己的思想体系之中,这是几乎所有的理学家所共有的特征。事实上许多理学家如张载、二程、朱熹,他们大都经过出入佛老而后归之于儒的心路历程。清人戴震指出:

> 宋以前,孔、孟自孔、孟,老、释自老、释,谈老、释者高妙其言,不依附孔、孟。宋以来,孔、孟之书尽失其解,儒者杂袭老、释之言以解之。于是有读儒书而流入老、释者;有好老、释而溺其中,既而触于儒书,乐其道之得助,因凭藉儒书以谈老、释者。对同己则共证心宗,对异己则寄托其说于《六经》、孔孟,曰:"吾所得者,圣人之微言奥义。"而交错旁午,屡变益工,浑然无罅漏。(《答彭进士允初书》)

> 程叔子撰《明道先生行状》曰:"自十五六时,闻周茂叔论道,慨然有求道之志,泛滥于诸家,出入于老、释者几十年,反求诸《六经》而后得之。"吕与叔撰《横渠先生行状》曰:"范文正公劝读《中庸》,先生读其书,虽爱之犹以为未足。又访诸释、老之书累年,尽究其说,知无所得,反而求之《六经》。"……朱子慕禅学,在十五六时。年二十四,见李愿中,愿中教以看圣贤言语。"(《答彭进士允初书》)

---

① 冯友兰:"玄学以有、无这两个观念表现一般和特殊,道学以理、气这两个观念表现一般和特殊。从这个意义上说,道学是玄学的真正继承和发展。"参见《中国哲学史新编》(下),人民出版社 1999 年版,第 219 页。

② 参见向世陵《"接着讲"与理学的"被讲"——冯友兰张岱年先生的宋明理学三系说研究》,载《南京大学学报》2006 年第 6 期。

戴震认为,周、程、张、朱等宋儒,都是以"杂老、释之言"来释儒家经典,且大都经历过"出入于老、释者几十年","尽究其说"之后,返求之于儒家经典的心路历程。可见,吸收佛老,立足孔孟儒学而融通三教,在三教合一的基础上建构新的理论体系,是宋代理学家所走的共同路径。张载创立"关学"的过程,亦是如此。

被尊为理学开山祖的周敦颐,以援道入儒的方式,奠定了理学发展的思想基础。他的《太极图》即脱胎于道士陈抟的"无极图",其思想体系则是把道教宇宙论与《易》学阴阳说、儒家伦理观及儒、道的修养论相杂糅的产物。他在《太极图说》中,提出了一个儒道合一的宇宙论模式,一改孔子不大讲"性与天道"的倾向,而把宇宙论与儒家心性论、道德论结合起来,建立了一个将"宇宙—伦理"相贯通的"天人合一"思想体系。他提出的"圣人定之以中正仁义而主静,立人极焉"(《太极图说》)的命题,即以儒家的"仁义中正"为人生的道德价值目标,以道、佛的"无欲""主静"为道德修养的基本方法,又吸收了汉儒的五行和阴阳动静学说,这些都对此后的理学发展发生过较大影响。由周敦颐开出的把宇宙论与伦理学结合起来、"合老庄于儒"(《宋元学案》卷一二)的天人合一致思趋向,已大致规定了宋明时期思想发展的基本方向。张载的思想虽是以易为宗,以孔孟为法的,但是其所建构的"太虚即气"的宇宙论就吸收了道家和道教讲得最多的"太虚"和"气"的概念。《老子》讲"万物负阴而抱阳,冲气以为和",提到气这一概念。《庄子》说:"若是者外不观乎宇宙,内不知乎太初,是以不过乎昆仑,不游乎太虚",这里使用的"太虚"一词,此后成为道家和道教常用的概念。张载所说"至静无感,性之渊源",其"至静"的思想显然来自老子。而其所说"太虚为清,清则无碍,无碍故神",这里"无碍"的说法也是受到佛教的影响。张载的"一物两体",来自《周易》的阴爻和阳爻的对立以及"一阴一阳之谓道"的思想。此后朱熹援佛入儒,陆王心学吸收佛教禅宗的佛性说和"见性成佛"的成佛说,建构起自己的心性说和发明本心的道德修养说,走的都是以儒为主、融通三教的路子。通过这些努力,儒学抛弃了汉唐时期比较粗疏的"天人感应"宇宙论,同时也跳出汉代以来的章句训诂之学,在吸收佛、道本体论、心性论的基础上,促使儒学进一步义理化和心性化,并建立起心性本体论和伦理本体化的新儒学即理学。由此,儒学取代了佛、道二教的地位,重新成为中国人的思想信仰和精神归宿,并全面指导着人们的日常生活。

理学也是魏晋以来儒学日渐哲学化的产物。汉唐以来的儒学基本走的是经学化的路子，总体上说缺乏理论创新，其特别注重"礼"的社会作用和功能，而不太关注人的心性修养，遂被张载斥之为"知人而不知天，求为贤人而不求为圣人"(《宋史·张载传》)。但是，唐代佛教的本体论、心性论，道教的本体论和道性论都与儒学思想发生了深层的互动互融，从而使本来注重社会政治伦理的汉唐儒学走向本体化、心性化，使儒家伦理获得了本体论的根据。所以，理学既不同于先秦儒学，也不同于两汉儒学，而具有了一些新的特征。原先汉唐儒学关注的天人关系，演变为以理气、道器、心物、知行、理欲等范畴而展开的哲学问题，故又称"性理之学"。性理之学运用思辨的方法讲宇宙的本体，讲人的本体。也就是说，理学是魏晋玄学本体论经过隋唐佛教的本体论与心性论相结合的发展阶段，以儒家尊天思想、宗法伦理和心性论为核心，同时吸收佛、道二教的心性论和思辨方法而形成的伦理本体化的哲学思想体系。伦理本体化是理学的基本特征。

第三节　张载的学术志向与思想历程

一、张载的生平与著述

张载，字子厚，陕西郿县(今陕西眉县)人。生于宋真宗天禧四年(1020)，卒于宋神宗熙宁十年(1077)。祖籍大梁(今河南开封)，其曾祖生于唐末，历五代不仕，以子贵赠礼部侍郎。祖父张复在宋真宗时任给事中、集贤院学士等，后赠司空。父亲张迪在宋仁宗时任殿中丞，天圣元年(1023)任涪州(今重庆涪陵)知州，赠尚书都官郎中。张迪在涪州任上病故，家议归葬开封。是年，张载十六岁，弟张戬年仅六岁，均尚年幼，与母亲陆氏护送父亲灵柩越巴山，奔汉中出斜谷，行至郿县横渠，因路资不足及前方发生兵变，无力返回故里开封，遂将张迪安葬在横渠镇南大振谷迷狐岭上，于是全家人便侨居在凤翔郿县横渠镇，故《关学编》称其为"郿人"。因他后来长期在横渠镇讲学，所以学者称"横渠先生"。张载的弟子大多为关中人，故后世将他所创立的学派称为"关学"。

对于张载事迹,记之最早且较为可靠者,当为吕大临《横渠先生行状》。其次为《宋史·张载传》,而此传与《横渠先生行状》大体不差,盖为借鉴其文耳。此外还有《司马光论谥书》提及相关事。晚出者则有南宋朱熹《伊洛渊源录》、明冯从吾《关学编》张载传等。下面即参考上述文献,对张载生平略加说明。

张载自幼聪颖,努力向学,且"为人志气不群"。少年丧父,更使他养成自立的品格。他"无所不学",而尤"喜谈兵"(冯从吾:《关学编》卷一)。有邠州(今陕西彬县)人焦寅喜谈兵法,张载尝与之游,听其讲兵法。当时西夏常常侵略骚扰西北边境,宋朝廷派兵抵抗,却常有不敌。宋仁宗康定元年(1040)初,西夏再次入侵,宋军抗击失利,这对张载刺激很大。张载遂"慨然以功名自许"(吕大临《横渠先生行状》),以致后来想组织兵力对西夏作战,收复洮西失地,以解除西夏对边境的侵扰。由此可知,张载年轻时就立下为民除患、为国建功的宏愿。

宋仁宗康定元年(1040)对西夏用兵之时,范仲淹为陕西招讨副使兼延州(今延安)知州。范仲淹积极整军练兵,准备对西夏作战。时年仅二十一岁的张载,奔赴延州,上书谒范仲淹,建议边境用兵。张载有关保卫边境、对敌作战及收复失地之策,得到了范仲淹的称赞。范仲淹"一见知其远器,欲成就之,乃谓之曰:'儒者自有名教可乐,何事于兵!'因劝读《中庸》。"(《关学编》卷一)范仲淹认为张载是位有雄略、能担当的可塑之才,遂劝他不必在军事上下功夫,并指导他从《中庸》开始研读儒家经典。张载听从了范仲淹的劝告,回家之后,苦读《中庸》,"遂翻然志于道"。不过,他犹未以为满足,后又"访诸释老,累年尽究其说,知无所得,反而求之《六经》"(冯从吾:《关学编》卷一)。可见,张载在探求知识、寻求人生努力方向之时,是经历过曲折历程的。在研习了儒、释、道三家经典之后,经过深入思考,确立了以儒家圣贤之学为自己的安身立命之所。这一方面反映了张载的艰难探索,一方面也说明张载的思想,受了儒、释、道的影响。

关于张载面谒范仲淹的时间,吕大临《横渠先生行状》记为"年十八",冯从吾《关学编》从之。而《宋史·张载传》则记"年二十一,以书谒范仲淹"。据《宋史》,夏竦于宝元初(1038)兼任陕西经略、安抚、招讨使,此年"进仲淹龙图阁直学士以副之"(《宋史·范仲淹传》),即是年范为陕西经略、招讨副使。《宋史·范仲淹传》又提及范组织防御的军队,帝诏之为"康定军",说明其用兵是在康定元年(1040)。适吕大临《横渠先生行状》亦谓"当康定用兵时,年十八"。这样可以确定,如果张载是康定年间面谒范公,当为二十一岁,而非十八岁。故吕大临所说有误。也就是说,张载是在康定元年二十一岁时面谒范仲淹的。

经过多年对儒家经典的研习,张载对自己的儒学研究已经有了自信。宋仁宗嘉祐二年(1057),张载三十八岁,赴汴京(开封)应考,时欧阳修为主考官,张载与程颢同登进士。据《横渠先生行状》记载:"方未第时,文潞公(文彦博)以故相判长安,闻先生名行之美,聘以束帛,延之学宫,异其礼际,士子矜式焉。"即在张载及第之前,被罢相的文彦博因知永兴军等政务于长安,就闻知其名行之美,非常器重他,在此期间,聘张载于长安学宫讲学。

嘉祐二年,考罢候诏之际,张载在京师开封尝坐虎皮讲《周易》,听者甚众。一天,张载与程颢、程颐在京师相会,"共语道学之要"。此时张载对自己的儒学造诣已颇为自信,说:"吾道自足,何事旁求!"这次与二程论道之后,他不断进取,"日益久,学益明"。特别是当张载与二程讨论易道之后,觉得二程对易理比自己理解得深刻,第二天便对人说:"比见二程深明易道,吾弗及也,汝辈可师之。"(《横渠先生行状》)次日他撤去虎皮,不再讲《易》。此说《二程全书》亦有所述:"横渠昔在京师,坐虎皮说《周易》,听从甚众。一夕,二程先生至,论《易》,次日横渠撤去虎皮。"(《祁宽所记尹和靖语》,《二程全书》卷三七)张载是二程的表叔,又年长他们十二三岁,能有如此虚心待人、扬晚辈之长的精神,足见其高尚的学行。在他与二程的交往中,既能坚持己见,又不固执,总能以一个博学强识者的风范与二程平等地切磋学术,论辩是非。虽然二程的门下多有人编造"横渠之学,其源出于程氏"(《龟山集·跋横渠与伊川简》)之说,后来归于程氏门下的张门弟子吕大临更有所谓张载见二程后"尽弃其学而学焉"等说法(见《横渠先生行状》),然此说历来学者多不相信,就连程氏本人也予以驳斥,说:"表叔平生议论,谓颐兄弟有同处则可,若谓学于颐兄弟,则无是事。"并斥吕大临的说法"几于无忌惮矣"(《宋元学案》卷一八)。也许是由于程子的干预,《横渠先生行状》另版遂有"乃尽弃异学,淳如也"的说法。《宋史·张载传》遂沿用后一说。宋代朱熹也认为后一种说法其义"为胜","疑与叔尝删改如此",并指出"横渠之学,实亦自成一家"(参见《伊洛渊源录》卷六)。不过朱熹又拖了一个张载之学"其源则自二先生发之耳"的尾巴,足见谓张载学于二程的说法尚有一定影响。

张载进士及第后,曾做过几任地方官。先任祁州(今河北安国)司法参军,丹州云岩(今陕西宜川境内)县令,迁著作郎。他在任云岩令期间,始终把培养社会道德作为根本,把改变社会风俗,树立尊老爱幼的优良风尚作为为政之要务。吕大临谈及他在云岩任职时说:

> 其在云岩,政事大抵以敦本善俗为先,每以月吉具酒食,召乡人高年会于县庭,亲为劝酬,使人知养老事长之义,因问民疾苦及告所以训戒子弟之意。有所教告,常患文檄之出不能尽达于民,每召乡长于庭,谆谆口谕,使往告其里闾。间有民因事至庭或行遇于道,必问"某时命某告某事闻否",闻即已,否则罪其受命者。故一言之出,虽愚夫孺子无不预闻知。(《横渠先生行状》)

由于张载在民间积极推行儒家的道德伦理,并能以身垂范,身体力行,积极通过各种方式在民间加强儒学教育,遂使该地风俗为之大变。加之其政令严明,广泛宣传,所发出的教告,多能"尽达于民",即使"谆谆口谕"也能"告其里闾",于是有关政令不仅全县的乡民百姓,连偏僻山村的妇女、儿童都能悉闻达知,真正做到了政令畅通,上传下达,于是"俗用翕然",社会得到有效的治理。

宋英宗治平四年(1067)正月,英宗卒,神宗即位。张载被任命为著作佐郎,签书渭州军事判官公事。在渭州(今甘肃陇西东北),张载与环庆经略使蔡挺的关系尚好,并得到蔡的信任和尊重。军府政事无论大小,常常询问张载,张载亦不辞辛劳,"夙夜从事",尽力赞助献策。吕大临记述说:

> 在渭,渭帅蔡公子正特所尊礼,军府之政,小大咨之,先生夙夜从事,所以赞助之力为多。并塞之民常苦乏食而贷于官,币不能足,又属霜旱,先生力言于府,取储数十万以救之。又言戍兵徒往来,不可为用,不若损数以募土人为便。(《横渠先生行状》)

蔡挺不论大小军府政务之事,皆向张载咨询。张载还参与了救助当地百姓的活动。由于多年来西夏对边地民众的侵扰,加上自然灾害,民众生活极端贫困,不得不往贷于官,但是钱币仍不够用,加之霜旱灾害,人民生活更是苦不堪言。为了解救民众于水火之中,张载力劝政府,拿出军储之粮数十万救助灾民。为了减少戍兵往来,他建议招募当地土人补边兵之缺,以减轻民众负担。他还写了《边议》《与蔡帅边事画一》《泾原路经略司论边事状》等文,在《边议》中,针对边地城中之民可依城而防,城外之民无法逃生的情况,他建议"选吏行边,为讲族间邻里之法,问其所谋,谕之休戚",提出发动自有之民,相互帮助,协力共济,各自据险以为战,从而不假外救亦可坚守的策略。在《与蔡帅边事画一》《泾原路经略司论边事状》等文中,提出了一些具体的对外防务及外交对策等,如提出了选兵择将、开源实粟、修内防外等固边御敌之策,充分展现了张载的政治军事才能和忧国爱民的品格和情怀。

张载与蔡挺后为密友,在蔡即将荣升之际,他写了《贺蔡密学启》,表彰了蔡在边陲御敌的功绩和对蔡荣升的祝贺,同时也反映出他在国家"戎毒日深而边兵日弛,后患可惧而国力既殚"的情况下,如何心系三秦存亡,"以攘患保民为己任"的决心。他深知不务实际的空谈议论没用,不辞辛苦,"夙夜从事",为守国固边、除患保民而献策献力。

熙宁二年(1069),即位不久的宋神宗面对国家内忧外患的局面,决心"思有变更",并尽力选拔人才。御使中丞吕公著借机向朝廷举荐张载,说:"张载学有本原,四方之学者皆宗之,可以召对访问。"于是神宗召见了他。吕大临《横渠先生行状》较详细地记载了这次召见:

> 既入见,上问治道,皆以渐复三代为对。上悦之,曰:"卿宜日见二府议事,朕且将大用卿。"先生谢曰:"臣自外官赴召,未测朝廷新政所安,愿徐观旬月,继有所献。"上然之。他日见执政,执政尝语曰:"新政之更,惧不能任事,求助于子何如?"先生对曰:"朝廷将大有为焉,天下之士愿与下风。若与人为善,则孰敢不尽!如教玉人追琢,则人亦故有不能。"执政默然,所语多不合,寖不悦。既命校书崇文,先生辞,未得谢,复命案狱浙东。

此所记大体有三层意思:一是张载对神宗所问治国之道,答之以"渐复三代"的对策,神宗对此是赞赏的,故"悦之",并表示日后要重用张载。张载却没有立即表现出喜悦,而是很冷静地提出自己对熙宁新政的实行情况不太了解,要"徐观旬月"后再考虑参与朝政之事。二是与执政王安石对话,暴露了二人政见上的分歧,也表达了张载不愿与王安石合作的态度。说明张载是一位很有主见、有气节的人,既不阿谀逢迎,亦不随波逐流。其实,张载对宋朝"积贫积弱"的状态和冗员过多而人民不堪重负的情况深有所患,也主张改革,只是他考虑到诸多因素而不赞同王安石的"顿革之",而主张"渐化之",由此造成二人"所语多不合"的情况。三是关于张载的去向。张载后被任命为崇文院校书,他本欲辞去崇文院校书之职,但未被批准。适逢浙江明州(今浙江宁波)有一个很棘手的案子即苗振贪污案,需要朝廷派员处理,于是王安石即派张载前往办案。

对于派张载赴浙东治狱之事,当时即有不同意见,时为御史里行的程颢与王安石发生争论。程颢说:"张载以道德进,不宜使治狱。"王安石回答:"淑问如皋陶,犹且谳囚,此庸何伤!"(《横渠先生行状》)为此程颢还专门写了《程颢乞留张载状》,称"载经术德义,久为士人师法","推按诏(讼)狱,非儒者之不当为"(《河南程氏文集》卷一),以此乞请张载留京。但张载最终还是被派去了。苗振案子办完后,张载回京。而在此时,为监察御史的弟弟张戬,因不赞成王安石变法与之发生激烈的冲突,遂被贬公安县(今湖北江陵),张载估计自己可能会受到株连,也觉得实现自己理想的希望渺茫,于是乃谒告西归,屏居横渠。

对于王安石变法,张载的态度还算比较温和些,而不似其弟张戬那样激烈。张载认为,如果如王安石这样"顿革之",就不是"与人为善"之举。在他看来,宋代的积弊确实需要通过改革或改良来解决,但要逐步稳妥地进行,不可操之过急。所以他采取了既不与其合作,也不公开反对的态度。张戬则不同,他采取了较为激烈的态度反对变法,曾"章十数上"(张戬《行状》,《伊洛渊源录》卷六)。据《河南程氏遗书》卷上记载,王安石这时以青苗法能否施行而决定去就,程颢和孙觉知道宋神宗有意继续任用王安石推行新法,因而旧党人物准备迁回一时,但因张戬反对变法"辞气甚厉",遂使新旧两党发生了决裂。① 对此事,司马光在《温公日录》中有较详细的记述:

> 张戬为监察里行,请罢条例司,因诣中书,极陈其事,辞气甚厉。介甫(王安石)以扇掩面而笑。戬怒曰:"参政笑戬,戬亦笑参政所为事耳!岂惟戬笑,天下谁不笑之者?"旸叔(陈升之)解之曰:"察院不须如此。"戬顾曰:"只相公得为无过邪?"退而家居,申台不视事而待罪。(张戬《遗事》,《伊洛渊源录》卷六)

此事的记载亦见《宋史·张戬传》。《宋史·张戬传》将其视为新旧党争的一个重要的例证。从中也可以看出张氏二兄弟(关学学者称为"二张")性格上的差异。张戬年轻气盛,为人耿直,正道直行,敢作敢为;而张载更为成

---

① 参见侯外庐:《中国思想通史》第四卷上,人民出版社1959年版,第505页。

熟庄重,考量周到。张戬年少张载十岁,却早兄长四年考中进士。张载对张戬的德性、才能极为钦佩。据《宋元学案》卷一八《横渠学案》下载:

> 横渠尝语人曰:"吾弟德性之美,有所不如,其不自假而勇于自屈,在孔门之列宜与子夏相后先。"及与之论道,曰:"吾弟全器也,然语道而合乃自今始。有弟如此,其道无忧乎!"

张载在指出其弟张戬"德性之美,有所不如"的同时,又肯定"吾弟全器","语道而合",认为有这样一位可与子夏相论列的有德才的弟弟,则"其道无忧"了。不过,关中"二张"与河南二程在学术思想上表现不同,"二张"既有相合之处,亦有不一致之处,非如二程那样基本上是相合的。

熙宁二年(1069),张载回到郿县横渠镇,时年四十九岁。他依靠家中数百亩田地维持生计,生活虽然不很富裕,但也"约而能足",虽然"人不堪其忧",他却"处之益安"。这一时期正是张载能静心读书研究义理且思想臻于醇熟的重要时期,他一面疗养身体,一面认真研读。吕大临记述说:

> 横渠至僻陋,有田数百亩以供岁计,约而能足。人不堪其忧,而先生处之益安。终日危坐一室,左右简编,俯而读,仰而思,有得则识之,或中夜起坐,取烛以书,其志道精思,未始须臾息,亦未尝须臾忘也。学者有问,多告以知礼成性、变化气质之道,学必如圣人而后已,闻者莫不动心有进。又以为教之必能养之然后信,故虽贫不能自给,苟门人之无赀者,虽粝蔬亦共之。其自得之者,穷神化,一天人,立大本,斥异学,自孟子以来未之有也。尝谓门人曰:"吾学既得于心,则修其辞命,辞无差,然后断事,断事无失,吾乃沛然。精义入神者,豫而已矣。"(《横渠先生行状》)

谓"张载勇于造道",其"造道"的过程是艰难的。这一时期,张载在"约而能足"的生活环境中,于书房敬谨危坐,"俯而读,仰而思",有了心得即使在半夜三更也要坐起来"取烛以书",其"志道精思"的精神始终坚持,未尝须臾离也。在研习的同时,他还收徒讲学,尝教弟子以"知礼成性、变化气质之道","知礼成性""变化气质"正是张载思想的精髓。吕大临还将其"自得"之思想精华概括为"穷神化,一天人,立大本,斥异学",这实际是张载学说的主要论点。

张载不仅苦读精思,潜心研究,而且还勇于实践,身体力行。他重视古礼在民间的推行,针对"近世丧祭无法","祭先之礼一用流俗,节序燕衮不严"

的情况,乃严格恢复旧制,"始制丧服,轻重如礼,家祭始行四时之荐,曲尽诚洁"。开始人们还怀疑张载的做法,后来都相信并跟从之,于是关中之俗"一变从古者甚众"。这一巨大变化,都是因"先生倡之"之故。

张载为了抑制土地兼并,解决贫富不均的问题,以缓和社会矛盾,他有意于恢复"三代之治",即把土地收归国有,恢复井田制度。吕大临在《横渠先生行状》中记述说:

> 先生慨然有意三代之治,望道而欲见。论治人先务,未始不以经界为急,讲求法制,粲然备具,要之可以行于今,如有用我者,举而措之尔。尝曰:"仁政必自经界始。贫富不均,教养无法,虽欲言治,皆苟而已。世之病难行者,未始不以亟夺富人之田为辞,然兹法之行,悦之者众,苟处之有术,期以数年,不刑一人而可复,所病者特上未之行尔。"乃言曰:"纵不能行之天下,犹可验之一乡。"方与学者议古之法,共买田一方,画为数井,上不失公家之赋役,退以其私正经界,分宅里,立敛法,广储蓄,兴学校,成礼俗,救灾恤患,敦本抑末,足以推先王之遗法,明当今之可行。此皆有志未就。

在这里,张载的想法和做法主要有:一是"论治人先务,未始不以经界为急"。其根本是要先解决人们最重要的生存问题,所以解决土地问题是当务之急。二是解决的方法,是恢复古老的井田制。三是在实践层面,即使不能行之天下,也要在可能的范围内先做起来,"验之一乡"。他自己亲自行动,"共买田一方,画为数井",按照古代井田制度的规定,划分成公田和私田,分给无地、少地的农民耕种。如今眉县横渠镇、扶风县午井镇、西安市长安区子午镇的区域里,仍各保留着几条笔直的田埂,据说是张载及其弟子们试行井田制度、兴修水利留下的遗迹。这一带至今还流传着"横渠八水验井田"的故事。今《眉县县志》称之为"鄜伯井田",成为"眉县八景"之一。他曾把自己的井田主张《井田议》上奏皇帝,以《周礼》的规定模式,实行井田,力图能抑制兼并,体现了张载经世致用的观念。四是在解决了民众生活问题之后,他主张进一步提高民众收入,加强文化教育,端正社会礼俗,即"广储蓄,兴学校,成礼俗,救灾恤患,敦本抑末"。这些想法与做法是相一致的,反映了张载务实致用的思想。

在理论探索和实践经验的基础上,张载开始系统构筑自己的思想学说。熙宁九年(1076)秋天,他完成了《正蒙》这部重要的哲学著作,形成了自己的

哲学体系。张载对《正蒙》一书,极为重视,作为儒学正说,希望弟子们学习、补充和完善。据《横渠先生行状》载:

> 熙宁九年秋,先生感异梦,忽以书属门人,乃集所立言,谓之《正蒙》,出示门人曰:"此书予历年致思之所得,其言殆于前圣合与!大要发端示人而已,其触类广之,则吾将有待于学者。正如老木之株,枝别固多,所少者润泽华叶尔。"又尝谓:"《春秋》之为书,在古无有,乃圣人所自作,惟孟子为能知之,非理明义精殆未可学。先儒未及此而治之,故其说多穿凿,及《诗》《书》《礼》《乐》之言,多不能平易其心,以意逆志。"方且条举大例,考察文理,与学者绪正其说。

张载《正蒙》一书既成,标志着其哲学宇宙观体系的形成,关中弟子们奉该书如《论语》。杨时曾说:"《正蒙》之书,关中学者尊信之与《论语》等,其徒未尝轻以示人。"(《杨龟山集》卷二〇)该书在理学发展史上有着奠基性的意义,故二程、朱熹虽然在一些问题上有微词,但都对其价值充分加以肯定,特别是对其《乾称篇》之《西铭》备加推崇,程颢说:"《西铭》道理,孟子以后无人及此。"清人张伯行说:"其学当时盛传于关中,虽自成一家之言,然与二程昆弟首推气质之说,以明性善之本然,而汉唐以下诸儒纷然之惑泯焉。其有功性教,夫岂浅小哉!"(张伯行《康熙四十七年本张横渠集序》)

熙宁十年(1077),秦凤路(治秦州,今甘肃天水)守帅吕大防以"张载之学,善法圣人之遗意,其术略可措之以复古,乞召还旧职,访以治体"(《横渠先生行状》)为由,向宋神宗奏荐张载回京复旧职,得到批准。当时,张载虽正患病,但他出于对友人知遇之恩的感念和实现自己社会理想的愿望,"不敢以疾辞",便带病入京,任职同知太常礼院(礼部副职)。到朝廷后,许多公卿大人虽仰慕先生才学和道德人格,但是真正了解先生者并不多。张载也尝以自己的主张试探,但是"多未之信"。正好当时有人向朝廷建议实行冠婚丧祭之礼,诏下礼官执行。但礼官安习故常,以为古今习俗不同,无法实行过去的礼制。只有张载认为可行,并指出"称不可非儒生博士所宜"(《横渠先生行状》),意见分歧,议而不决。张载看到"礼不致严",欲以正之,众官不助,益感不悦,加之自己身体病重,便辞官归里。所以元人所撰《宋史·张载传》称:"载学古力行,为关中士人宗师。"他深知道之难行,本欲回去后与其门人实现当初的志向,遗憾的是,在回乡途中,病情加重,行至临潼不幸逝世,享年五十八岁。临终之时,只有一个外甥在身边,且囊中索然,无资入殓。直到在长安的弟子们闻讯赶来,才买棺成殓,并护送其灵柩到横渠镇。翰林院学士许诜等上奏朝廷,乞加赠恤。神宗下诏按崇文院三馆之职,赐丧事支出"半"数。宋神宗元丰元年(1078)三月,张载遗体葬于横渠大振谷其父张迪墓前,与其弟张戬墓左右相对。

南宋嘉定十三年(1220),宋宁宗赐谥"明公";淳祐元年(1241),宋理宗赐封"郿伯",从祀孔子庙庭;明世宗嘉靖九年(1530),改称"先儒张子"。

二、张载的学术思想历程

(一)年轻时:"学凡数变"

明人杨鹤谓"横渠学凡数变"(《辩学录序》,《少墟集》卷一),此说可能据吕大临所写《横渠先生行状》和《宋史》张载本传而来。吕大临说:

> 少孤自立,无所不学。与邠人焦寅游,寅喜谈兵,先生说其言。当康定用兵时,年十八,慨然以功名自许,上书谒范文正公。公一见知其远器,欲成就之,乃责之曰:"儒者自有名教,何事于兵!"因劝读《中庸》。先生读其书,虽爱之,犹未以为足也,于是又访诸释老之书,累年尽究其说,知无所得,反而求之《六经》。嘉祐初,见洛阳程伯淳、正叔昆弟于京师,共语道学之要,先生涣然自信曰:"吾道自足,何事旁求!"乃尽弃异学,淳如也。间起从仕,日益久,学益明。

这里所说张载为学至少有三变:先是喜兵,学习兵家之言,后得到范仲淹点拨转而习儒,读《中庸》,一变也,此当在二十一岁时;他对《中庸》虽然喜爱但学习后感到不满足,后又读释老之书,"累年尽究其说",此二变也;在对释老之书"无所得"之后,再"反而求之《六经》",从佛老又归儒,三变也。到嘉祐初年,他见到二程并相互切磋后,最终确立了对儒学的自信。杨鹤所谓"学凡数变",难以概括张载一生学术的演变,或仅能说明其年轻时在寻求学术方向、确立学术定位时的心路历程。如果从时间上来说,其一变当发生在张载跟随焦寅习兵到"康定用兵"之年(1040)见范仲淹之前,亦即张载二十一岁之前。其"二变"的时间较为模糊,但是大体上也可以推测。朱熹说:"夫子(张载)盖从范文正公受《中庸》之书,中岁出入于老、佛诸家之说,左右采获,十有余年。"①据此,张载出入佛老的时间约"十有余年",至其"反而求之《六经》"时约三十二岁左右,也就是说,在此时他才确立了自己以儒为宗的学术方向,从而为他步入圣域奠定了坚实的思想基础。

需要辩明的是,范仲淹导张载弃兵从儒而读《中庸》,能否成为张载是范公门人的依据,而以此追溯其学术的渊源呢?史确有其说。《宋元学案》卷首全祖望案:"宋世学术之盛,安定(胡瑗)、泰山(孙复)为之先河,程、朱二先生皆以为然。"又说:"晦翁推原学术,安定、泰山而外,高平范魏公(范仲淹)其一也。高平一生粹然无疵,而导横渠以入圣人之室,尤为有功。"出于这一种认识,《宋元学案》卷三《高平学案》(全祖望补本)将张载与富弼、张方平、石介等编入"高平门人"。《宋元学案》校刊者王梓才亦明确将张载学术之源追溯至范文正公,在案语中亦说"横渠之于高平,虽非从学,然论其学之所自,不能不追溯高平也",仍坚持张载为高平门人之说。其实,对此说古人早有怀疑,如《宋元学案》卷三《高平学案·附录》谓:"汪玉山与朱子书曰:范文正公一见横渠,奇之,授以《中庸》。若谓从学,则不可。"全祖望后来似亦承认这是一疑案,说:"张子之于范文正公,是当时固成疑案矣。"(《鲒埼亭集外编》卷三八)对此,陈俊民说:"张载之学出于高平之说,原来是全祖望、王梓才'追溯'出来的……范仲淹之所以劝张载读《中庸》,是因为'知其远器',发现他在学术上可能有发展前途。知人善任,鼓励提携,这对张载进入理学活动,创立关学,成为著名理学家,诚然关系重大,但他们之间并无师承关系。……既然前提是'疑案','追溯'的结论,当然难以成立。"②此说乃为的论。从张载的为学经历看,既非从学范仲淹,也非源自二程,而是自己"苦心得之"。《宋元学案》卷一八《横渠学案》下《附录》引朱熹说:"横渠之学是苦心得之,乃是'致曲',与伊川异。"当然,其所得之者,是在当时的政治和学术背景下,受到许多先贤的影响而成,不可能是独自冥想的产物,正如吕公著向神宗推荐张载时所说"张载学有本原",但此"本原"非就师承谓,而是谓其与前所述学术历史的背景及个人精思力学的经历有关,认为其学非无源之水也。

---

① [宋]朱熹:《朱子全书》第十九册,上海古籍出版社、安徽教育出版社2002年版,第308页。

② 陈俊民:《张载哲学思想及关学学派》,人民出版社1986年版,第8页。

(二)中年:步入圣域

约在三十二岁后,张载开始专心精研儒家《六经》典籍。在张载看来,对《六经》的钻研是一个不断循环往复而逐步深化的过程,永远没有结束。张载在谈及自己读书的体会时说:"唯六经则须着循环,能使昼夜不息,理会得六七年,则自无可得看。若义理则尽无穷,待自家长得一格,则又见得别。"对《六经》,读六七年,"须着循环",但对于义理的理会则是一个无穷的过程,每读一次即"长得一格",会有新的体会。所以他又说"某观《中庸》义二十年,每观每有义,已长得一格。《六经》循环,年欲一观。"(《经学理窟·义理》)"理会得六七年",虽不可作为张载读经的时间界标,但是他在嘉祐二年(1057)进士及第时已经对《六经》的理解打下了坚实的基础,时年三十七岁,此时他已奠定了学术的根基,对儒家的核心精神有了自己的理解。

也正是在这一时期,张载与二程发生了诸多学术上的交往。张载本是二程的表叔,张载大程颢(1032—1085)十二岁,大程颐(1033—1107)十三岁,也就是说,张载在京师与二程论学时,二程才二十五六岁,尚在读书时期。张载较二程年长,但因张载曾有过"学凡数变"的历程,所以他们虽先后步入儒学,但时间差距不是很远,也就是说他们差不多是在同一时期打下儒学学术基础的。他们一同在京师"论易",张载觉得自己对易理的理解不及二程,乃"撤坐辍讲",后又一起"共语道学之要",这事发生在嘉祐二年。从他们的接触来看,二程对张载是非常尊重的,听到张载来讲学,遂亲自去造访。张载也是以非常谦虚的态度对待二程,称赞二程"深明易道",并说"吾所弗及",鼓励"汝辈可师之"。

张载读《六经》,是从《易》入手的。张载说:"不见易则不识造化,不识造化则不知性命,既不识造化,则将何谓之性命也?"(《横渠易说·系辞上》)也就是说,张载的思想是从"识造化"开始的,由"识造化"而"穷理尽性",而"识造化"的前提是懂得易道,故须从研习《周易》入手。张载较早的著作《横渠易说》,可能就是在这一时期完成的,此书确立了张载全部哲学的基础。王夫之说:"《周易》者,天道之显也,性之藏也,圣功之牖也,阴阳、动静、幽明、屈伸,诚有之而神行焉,礼乐之精微存焉,鬼神之化裁出焉,仁义之大用兴焉,治乱、吉凶、生死之数准焉。"《周易》上述天道阴阳,下论社会治乱、兴衰、吉凶之数,故张载认为要识造化必须先探索易理,并且将其贯穿到整个学说体系中。其晚年所著《正蒙》,其中许多思想都在《横渠易说》中已提出或奠定了基础。所以王夫之说"张子之学,无非易也";又说:"而张子言无非易,立天、立地、立人,反经研几,精义存神,以纲维三才,贞生而安死,则往圣之传,非张子其孰与归!"(王夫之《张子正蒙注序论》)大体上说,张载学术思想的形成时期,是在嘉祐二年(1057)进士及第至熙宁元年(1068)之前,大约三十八岁至四十八岁之间,即到熙宁初吕公著推荐他入朝并任崇文院校书时,他的思想体系已经基本形成。如果按照漆侠所谓"二程的道学是在嘉祐、治平年间酝酿的",洛学"成熟于熙、丰之间"①的说法,张载思想体系较之二程洛学思想体系的形成要早近十年。张载《正蒙》是在其五十七岁前后完成的,五十八岁病逝,时二程正当中年,也就是四十五六岁,还处于读书和究其义理的时期,其著述活动尚未开始。② 由此亦可印证杨时所谓张载之学"其源出于程氏"的说法是不合乎实际的。

不过,除了前面已述及相互论易、"共语道学之要"外,张载这一时期与二程相互间仍有学术上的切磋与互动。嘉祐二年(1057),欧阳修主持科考,张载与程颢同中进士后,张载仕祁州司法参军,云岩(今陕西宜川)县令,时年三十七岁。而程颢"逾冠,中进士第,调京兆府鄠县主簿"(程颐《明道先生行状》)。程颢时年二十五岁。据游酢《书(明道)行状后》:"年逾冠,明诚夫子张子厚友而师之……逮先生之官,犹以书抵扈,以'定性未能不动'致问。"即大约在他们及第任官约一两年后,张载向程颢致书问"定性未能不动,犹累于外物,何如?"后来程颢写了《定性书》以致答。因这个问题涉及性理学上一些根本问题,所以关于这一问题的讨论对促进关、洛思想的形成有重要的影响。这次二人以书信讨论的时间大约在嘉祐四年前后,也就是在他们进士及第后任官一两年时。按照朱熹所说,"明道十四五便学圣人,二十及第,出去做官,一向长进。《定性书》是二十二三时作"(《朱子语类》卷九三)。其说显然有误。此后不久,张载与程颐之间又就"太虚即气"以及修养工夫进行过讨论,这些都进一步深化了他们的理学思想。

---

① 漆侠:《宋学的发展和演变》,河北人民出版社2002年版,第467页。
② 程颐于晚年回顾其学术历程时说:"吾四十岁以前读诵,五十以前研究其义,六十以前反复纻绎,六十以后著书,不得已。"(《二程遗书》卷二四)

(三)晚期:天人境界

熙宁十年(1077),张载病逝,享年五十八岁。此应视为英年早逝,还不能算到了晚年,应是他思想最成熟的时期。从熙宁二年(1069)张载西归,到他去世的八年时间,是他精研义理,思想进入醇熟的重要时期,并以他为中心形成了一个学术团体,这就是后来被称为关学的关中理学一脉。

张载熙宁西归时正好五十岁,五十岁对于一个人学术思想之大要来说已臻于成熟,到了可以随心所欲以"造道"的时期。他自己也曾在这一时期回忆自己的心路历程说:"某学来三十年,自来作文字说义理无限,其有是者皆只是亿则屡中……比岁方似入至其中,知其中是美是善,不肯复出,天下之议论莫能易此。"(《经学理窟·自道》)如果从二十一岁得范仲淹之引导读《中庸》算起,至熙宁西归时大致为三十年时间。其间通过早年深研易理,及与程氏论易后,已经确立了其天人哲学的基本框架。西归故里后,他终日危坐一室,"左右简编,俯而读,仰而思,有得则识之",进行艰苦的理论探索,由此才能通过"自得"而"穷神化,一天人,立大本"(《横渠先生行状》),达至天人之境。这一时期,他对周礼的研究有了进一步的体会,并努力把"有意三代之治"的理想付诸实践。正如二程所说:"子厚以礼教学者最善,使学者先有所据守。"(《张子语录·后录上》)即通过古礼的教育,使学生确立了应该坚守的基本原则,从而有所遵循。故明薛敬之(思菴)说:"张子以礼为教。"(朱轼《康熙五十八年本张子全书序》,《张子全书》附录二)朱轼亦谓:"儒道宗旨,就世间纲纪伦物上着脚,故由礼入最为切要,即约礼复礼的传也。"(同上注)张载又通过与二程关于"定性"的讨论,关于"太虚即气"及修养工夫的讨论,宇宙论、人性论、工夫论的问题渐为明晰,随着他以"知礼成性、变化气质之道"教育弟子,遂步入"必如圣人而后已"的崇高境界,即圣人境界,并通过批佛老而建构起新儒家天人合一的宇宙本体论和道德心性论体系。二程曾指出,张载所说的有"有德之言",有"造道之言"。"有德之言"是"说自己事,如圣人言圣人事也",而"造道之言"则是以很高的智慧,"贤人说圣人事"(《张子语录·后录上》)。其所造之道,当然是言圣人之事,这就有了达至圣人境界的崇高要求了。这从张载总结汉唐儒学之蔽亦可看出,他说"知人而不知天,求为贤人而不求为圣人,此秦汉以来学者大蔽也。"(《宋史·张载传》)

弟子范育在《正蒙序》中回忆其师最后七年的情形时说:

子张子校书崇文,未伸其志,退而寓于太白之阴,横渠之阳,潜心天地,参圣学之源,七年而道益明,德益尊,著《正蒙》书数万言而未出也,间因问答之言,或窥其一二。

　　范育谓其师在最后七年"潜心天地,参圣学之源",终于"道益明,德益尊",于熙宁九年(1076),"忽以书属门人,乃集所立言,谓之《正蒙》,出示门人曰:'此书予历年致思之所得,其言殆于前圣合与!大要发端示人而已,其触类广之,则吾将有待于学者。'"显然,《正蒙》是张载历年致思所得,是张载晚年成熟思想的结晶。张载也自认为该书与前圣孔、曾、思、孟的思想相合,但他很谦虚地谓自己仅是言其"大端",进一步发挥还有待来者。在《正蒙》中,张载论"太虚"以立道体;言"气化"以说道用;统有无、一体用以批佛老;论诚明、合天人以明道德心性;以知礼成性、变化气质进行道德修养,最后达到穷理尽性、穷神知化的天人境界,由此建构起张载天人合一的哲学体系。"其极功在于穷神化,一天人,尽性以至于命"(袁应泰《万历戊午本张子全书序》,《张子全书》附录二)。所以刘玑在《正蒙会稿序》中说:"是书也,出入乎《语》《孟》《六经》及《庄》《老》诸书,凡造化人事,自始学以至成德,《大学》之所谓格物致知,《孟子》之所谓尽心知性,无不备于此矣。"朱子谓是书"规模广大";范育称其"有《六经》之所未载,圣人之所未言"(范育《正蒙序》);而张载对《正蒙》亦有充分的自信,说:"吾之作是书也,譬之枯株,根本枝叶,莫不悉备,充荣之者,其在人功而已。又如晬盘示儿,百物具在,顾取者如何尔。"意思是说,该书有根本,有枝叶,其精华是关于人的学说,其内容涉及多个方面,就如同你端着盛满物品的盘子给小孩子看,什么东西都有,关键是看你如何择取。

　　《正蒙》第十七篇叫《乾称篇》,该篇的首尾两章,首章张载命名为《订顽》,末章张载命名为《砭愚》,该两章曾抄贴于书院之西、东窗户上。二程非常推崇这两章文字,于是给他改名为《西铭》和《东铭》。张载关学的人格境界主要体现在《西铭》一文中。后世学者对《西铭》推崇备至,为其作序或论述者很多,如张九成、张栻、陈亮、孙奇逢、沈自彰、王夫之、李光地以及关学学人贺瑞麟等,有的甚至将其与《论语》《孟子》等经典相提并论。如程颢说:"《西铭》道理,孟子以后无人及此。"(张伯行《康熙四十七年本张横渠集序》,《张子全书》附录二)程颐说:"《西铭》明理一而分殊,扩前圣所未发,与孟子性善养气之论同功,自孟子后盖未之见。"(《宋史·张载传》)不过,历史上也有人批评过《西铭》,如南宋时有个叫林栗(字黄忠)的人,就对近世士人尊横渠《西铭》过于《六经》而加以质疑,并专门写了《西铭说》,大要如下:其一,认为张载所说非易之"本义",易乾坤只是"以健顺之至性指,而有天地父母之大功",而"乾称父,坤称母",则以乾坤为天地之"别号"。其二,指出张载所说"天地之塞,吾其体;天地之帅,吾其性"是"舍气而言体",不合于孟子所言"浩然之气"的"本义"。其三,对张载所说"民吾同胞,物吾与也。大君者,吾父母宗子也。其大臣,宗子之家相也"提出质疑,说"若言大君者吾父母宗子也,其以大君为父母乎?为宗子乎?"认为这里"一以为父母,一以为宗子,何其亲疏、厚薄、尊卑之不伦也!"对林的质疑,朱子明确反驳说:"无可疑处,却是侍郎(指林栗)未晓其文义,所以不免致疑。"如朱子指出他把"大君者,吾父母宗子也"一句"全读错了",张子本意是说:"盖曰人皆天地之子,而大君乃其嫡长子,所谓宗子,有君道者也,故曰大君者乃吾父母之宗子尔,非如侍郎所说'既为父母,又降而为子'也。"又说:"此正以继祢之宗为喻尔。"①朱熹所指出的是对的。张载的天人境界,在《西铭》中得到充分的展现,其所说"乾称父,坤称母;予兹藐焉,乃混然中处。故天地之塞,吾其体;天地之帅,吾其性。民吾同胞,物吾与也",以为天是我的父亲,地是我的母亲,人是天地所生,禀受天地之性,在宇宙间是很藐小的,和万物一样生存于天地之间。阴阳二气构成了人的身体,"太虚"之气规定了人善良的本性。天下的人都是我的同胞兄弟,天地间人和物都是我的同伴朋友。《西铭》中包含的思想和精神有:尊重人、爱人的儒家仁爱品德;天地一体、万物平等的宇宙观念;积极进取的文化精神;乐天安命的生活态度。

人们一般比较看重《西铭》,而《东铭》却不为世人所重,不过,对于《东铭》的价值亦不可低估。张载所以能将其抄写并贴于东窗,绝非一般的文字。相对于《西铭》重在讲天人境界,《东铭》则重在讲应该如何做人。《东铭》说:

> 戏言出于思也,戏动作于谋也。发乎声,见乎四支,谓非己心,不明也;欲人无己疑,不能也。过言非心也,过动非诚也。失于声,缪迷其四体,谓己当然,自诬也;欲他人己从,诬人也。或者以出于心者归咎为己戏,失于思者自诬为己诚,不知戒其出汝者,归咎其不出汝者,长傲且遂非,不知孰甚焉!

---

① [宋]朱熹著,朱杰人、严佐之、刘永翔主编:《朱子全书》,上海古籍出版社、安徽教育出版社2002年版,第24册,第3407—3408页。

《东铭》附于第十七篇《乾称篇》之末,强调做人要诚实,既不要自欺于己,也不要欺于人。如那种"戏言""戏动"好像没有什么目的,也似乎不是出于己心,其实它也是经过自己思考的;既已说了、做了,要让别人不起疑是不可能的。所以,人既不可"自诬",也不要"诬人"。他强调说话做事,一开始就要立诚,不要出于自己思考而做错了事,却把它归结为是自己开玩笑;没有好好思考而做错了事,却说自己当初是真诚的。所以最好是"戒其出汝",而不要事后"归咎其不出于汝"。强调做人的重要原则是"诚"。《东铭》在历史上也有人推崇,如明代的沈自彰和清初的冉观祖等。

《正蒙》一书奠定了张载作为理学奠基者的地位,其思想博大精深,对此后理学的发展发生过重大的影响。二程虽然并不一定赞同《正蒙》中的某些说法,但对其思想的缜密、严谨还是给予了很高的评价。二程谓:"横渠道尽高,言尽醇。自孟子后,儒者都无他见识。""伊川曰:'子厚谨严'。"(《程氏遗书》,见《张载集》之《张子语录·后录上》)朱熹还把张载的学术与孟子、二程做了比较。说:"横渠严密,孟子宏阔。"(《横渠学案》下,《宋元学案》卷一八)"横渠工夫最亲切,程氏规模广大。"(《张子语录·后录下》)在当时的关中,张子之学方兴未艾,《正蒙》一书流布广泛,以至于有"家弦户诵"(喻三畏《顺治癸巳本张子全书序》)之势。

三、张载的著述

张载经过早年从焦寅习兵,至经范仲淹引导而读《中庸》,后又访诸释老,知无所得而又转之《六经》及孔孟之学,到最后确立以儒家圣学为安身立命之所,经过多年深思"造道",到嘉祐初年始撰《易说》,至熙宁归乡后,专心圣学,开始了著述的重要时期。关于张载的著述,史料记载如下:

《宋史》之《艺文志》著录:

> 《张载集》十卷。(《宋史》卷二〇八),
> 张载《易说》十卷。(《宋史》卷二〇二)
> 张载《诗说》一卷。(《宋史》卷二〇二)
> 张载《经学理窟》三卷。(《宋史》卷二〇二)
> 《横渠张氏祭仪》一卷。张载撰。(《宋史》卷二〇四)
> 《三家冠婚丧祭礼》五卷。司马光、程颐、张载定。(《宋史》卷二〇

第二章　理学的形成与关学的产生及其特征

二)

张载《正蒙书》十卷。(《宋史》卷二〇五)

晁公武撰《郡斋读书志》著录：

《横渠春秋说》一卷，右皇朝张载子厚撰。为门人杂说《春秋》，其书未成。

《横渠孟子解》十四卷，右皇朝张载子厚撰。并《孟子统说》附于后。载，汴人，居关中横渠镇，故学者以其所居称之。

《正蒙书》十卷，右皇朝张载子厚撰。张舜民尝乞追赠载于朝云："横渠先生张载著书万言，名曰《正蒙》。阴阳变化之端，仁义道德之理，死生性命之分，治乱国家之经，罔不究通。方之前人，其孟轲、扬雄之流乎？此书是也。"初无篇次，其后门人苏昞等区别成十七篇云。

《信闻记》一卷，右皇朝张载撰。杂记经传之义及辨释老之失。

《理窟》二卷，右题曰金华先生，未详何人。盖为二程、张氏之学者。

《渔樵对问》一卷，右皇朝张载撰。设为答问，以论阴阳化育之端、性命道德之奥云。邵氏言其祖之书也，当考。

《张横渠崇文集》十卷。右皇朝张载字厚之，京师人。后居凤翔之横渠镇，学者称曰横渠先生。吕晦叔荐之于朝，命校书崇文。未几，绍按狱浙东，既归，卒。

《张横渠注尉缭子》一卷，右皇朝张载撰。其辞甚简。载早年喜谈兵，后谒范文正，文正爱其才，劝其学儒。载感悟，始改业。此殆少作也。

《横渠易说》十卷，右皇朝张载子厚撰。载居横渠，故以名其书。其解甚略，《系辞》差详。

《四库全书总目提要》著录：

《张子全书》十四卷，附录一卷。(编修励守谦家藏本) 宋张载撰。考载所著书，见于《宋史·艺文志》者，有《易说》三卷，《正蒙》十卷，《经学理窟》十卷，《文集》十卷。虞集作吴澄《行状》，称尝校正张子之书，以《东西铭》冠篇，《正蒙》次之，今未见其本，此本不知何人所编，题曰《全书》，而止有《西铭》一卷，《正蒙》二卷，《经学理窟》五卷，《易说》三卷，《语录钞》一卷，《文集钞》一卷，又《拾遗》一卷。又采宋元诸儒所论及行状等，作为《附录》一卷，共十五卷。自《易说》《西铭》以外，与史志卷数，皆不相符。又《语录》《文集》,皆称曰《钞》,尤灼然非其完帙,盖后人选录之本,名以《全书》,殊为乖舛。然明徐时[必]达所刻,已属此本。嘉靖中吕柟作《张子钞释》,称《文集》已无完本,惟存二卷。康熙己亥,朱轼督学于陕西,称得旧稿于其裔孙五经博士绳武家,为之重刊。勘其卷次篇目,亦即此本,则其来已久矣。张子之学,主于深思自得,本不以著作繁富为长。此本所录,虽卷帙无多,而去取谨严,横渠之奥论微言,其精英业已备采矣。

此外,《近思录》的《引用书目》中所列"横渠先生著作"有:《正蒙》《文集》《易说》《礼乐说》《论语说》《孟子说》《语录》。赵希弁《郡斋读书志附志》及《后志》所载,有横渠先生《语录》三卷、横渠先生《经学理窟》一卷、《横渠易说》十卷。陈振孙《直斋书录解题》中著录有《易说》三卷、《理窟》一卷、《正蒙书》十卷、《祭礼》一卷。魏了翁《为周二程张四先生请谥奏》中说:"张载讲道关中,世所传《西铭》《正蒙》《理窟》《礼说》诸书。"(《道命录》卷九引)南宋以来,官、私书目屡称张载有"诸经说",除传世的《横渠易说》外,已佚者有:《礼记说》《周礼说》《论语说》《孟子说》《诗说》《春秋说》等。

据上述所引,可知张载著述甚多。然以上文献所载,有些亦明显有误,如把《西铭》并列为与《正蒙》同样独立的著作。元、明以降,张载其书散佚严重。目前其存世的著作,集中见于今人章锡琛点校的《张载集》、林乐昌编校整理的《张子全书》①。需要说明的是,《正蒙》一书,在晁公武《郡斋读书志》及《宋史·艺文志》中皆称《正蒙书》,且都为十卷,陈振孙《直斋书录解题》亦作十卷,说明这可能是苏昞整理之前的面貌。晁公武谓该书"初无篇次,其后门人苏昞等区别成十七篇",此与今中华书局本篇次相同,为十七篇。关于《横渠易说》,《郡斋读书志》《宋史·艺文志》《四库全书总目》皆记著录"十卷",只是《宋史·艺文志》简称为《易说》。《四库全书总目》中《张子全书》作三卷。张岱年说:"《易说》可能是早年著作……张载在开封讲《易》时,可能已经开始写《易说》了。"②这一说法大致可信,因为张载读经是从《易》入手的,其讲学也最早是讲《易》的。至于《经学理窟》,情况要复杂一些。《宋史·

---

① "章校本"收入中华书局《理学丛书》,1978年8月第一版;"林校本"收入西北大学出版社《关学文库》,2015年1月第1版。
② 张岱年:《关于张载的思想和著作》,载《张载集》,中华书局1978年版,第15页。

艺文志》称:"张载《经学理窟》三卷。"而晁公武《郡斋读书志》则谓"《理窟》二卷";《四库全书总目》著录"《经学理窟》十卷";宋人所编纂的理学丛书《诸儒鸣道》,有《横渠经学理窟》五卷;陈振孙《直斋书录解题》中著录有《经学理窟》一卷。而奇怪的是,《近思录》的《引用书目》中却没有《经学理窟》。可见,所记卷数、书名、作者,甚至存否,都有出入。特别是晁公武《郡斋读书志》还附有"右题曰金华先生,未详何人。盖为二程、张氏之学者"这样的话。对此张岱年的解释是:"疑朱熹编辑《近思录》时尚未见到《经学理窟》,或者虽见到而以为不足依据而不取。今存的《经学理窟》,内容和赵希弁所述目次相同,但其中有些是程颐的《语录》,而从大部分的题材语气来看,却又像张载的话。疑宋代《经学理窟》有两个本子,一题金华先生,一题横渠先生。"这个解释可以成立,从明人汪伟于嘉靖元年(1522)所写《横渠经学理窟序》也可看出,他说:"所谓《文集》《语录》及诸经说等,皆出于门人之所纂集。若《理窟》者,亦分类《语录》之类耳,言有详略,记者非一手也。"看来《经学理窟》出于张载无疑,只是门人所记,非出一人之手,且各有详略,故名称、卷数各异也。又,《郡斋读书志》《宋史·艺文志》皆没有《语录》《文集》,而《四库全书总目》之《张子全书》中则有,只是题作"《语录钞》一卷,《文集钞》一卷"。明吕柟于嘉靖五年编著《张子抄释》,其序文中说:"横渠张子书甚多,今其存者止《二铭》《正蒙》《理窟》《语录》及《文集》,而《文集》又未完,止得二卷于三原马伯循氏。"张岱年认为,"《张子全书》中的《语录抄》《文集抄》是直接沿用吕柟所摘摘抄的"。今可见于中华书局1987年版《张载集》中。

关于《张子全书》,《四库全书》采用励守谦家藏本,其所收文献卷数甚至名称多与其他史志著录有异。四库馆臣评论说:"自《易说》《西铭》以外,与史志卷数,皆不相符。又《语录》《文集》,皆称曰《钞》,尤灼然非其完帙,盖后人选录之本,名以《全书》,殊为乖舛。"说明四库本并不是一个好的本子。清乾隆年间宋廷萼刊本《张子全书》是据万历中都门沈自彰所搜集并编成的《全书》本,卷首有宋廷萼《附记》,说:"张子撰著,明以前散见他书。万历中都门沈芳扬(芳扬,自彰先生字也)守凤翔,搜集为《全书》,说见原刻张某序中。"曾在陕西为官的喻三畏在《顺治癸巳本张子全书序》中说:"……遂求先生全集于文献之家,而乡先达果进予而言曰:'先生著作,虽传今古遍天下,惟吾郡实为大备。前都门芳扬沈太公祖尊先生教,搜索殆偏,寿之木以广其传,至今家弦户诵,衍先生泽使之灵长者,沈公力也。'"沈自彰字芳扬,明万历本

《张子全书》就是由沈自彰经过悉心广泛的搜求而编纂的,且在"吾郡实为大备"之书,应该是最好的版本。张岱年说:"我们可以断定:明末徐必达刻《张子全书》,是在沈自彰以后了。"两本目次相同,可见明末徐必达所刻《张子全书》,当是以沈自彰所编本为蓝本而刻的了。今人章锡琛点校本《张载集》就是以明代凤翔府刻本《张子全书》的清初翻刻本为底本的。①

据史载,张载曾以"说"的形式对几乎所有儒家重要经典做过研究,并撰有诸多相关著作,被统称为"诸经说",除今本《张载集》所收《横渠易说》《经学理窟》外,尚有:《诗经说》《书经说》《周礼说》《礼记说》《春秋说》《论语说》《孟子说》等。此外,晁公武《郡斋读书志》还著录《信闻记》、《崇文集》十卷、《渔樵对问》一卷以及其少时所作的《注尉缭子》一卷。《宋史·艺文志》还著录《横渠张氏祭仪》一卷。这些著述大多已散佚,对其进行辑佚仍是必要的。目前已有许多学者开始了这一方面的工作。程宜山是较早的尝试者,他曾辑得张载佚文二十篇②;之后,李裕民辑得佚文十四篇、佚诗六十一首③;林乐昌辑得佚文一篇④,辑得张载《孟子说》一百三十余条,以及张载《礼记说》⑤,这些成果都收录在林乐昌编校整理的《张子全书》中。⑥ 以上所辑对进一步研究张载的思想大有裨益。

第四节 张载关学学派的创立及其特征

一、关学学派的创立

随着张载理学思想学说的日渐成熟,在他的周围逐渐形成了一个有独特旨趣和风格的学术团体。吕公著在向宋神宗举荐张载时说:"张载学有本原,

---

① 参阅张岱年:《关于张载的思想和著作》,载《张载集》,中华书局1978年版。
② 程宜山:《关于张载著作的佚文》,载《中国哲学史研究》1981年第4期。
③ 李裕民:《张载诗文的新发现》,载《晋阳学刊》1994年第3期。
④ 林乐昌:《张载答范育书三通及关学学风之特质》,载《中国哲学史》2002年第1期。
⑤ 林乐昌:《张载佚书〈孟子说〉辑考》,载《中国哲学史》2003年第4期。
⑥ 参见林乐昌编校《张子全书》,西北大学出版社2015年版。

四方学者皆宗之。"吕公著举荐之时是宋神宗熙宁二年(1069),是年张载近四十九岁,恰是其学术正走向巅峰的时期。但所说"四方学者皆宗之",应该比此时稍早些。关学学派的形成当以有一定数量的弟子并尊奉其学术为标志。据史载,较早投奔张载门下且影响较大的弟子是吕大钧(1031—1082)。吕大钧出身于陕西蓝田吕氏望族。吕氏祖籍汲郡(今河南汲县一带),其祖父吕通为太常博士,后葬于蓝田,遂家居蓝田,子孙遂为蓝田人。其父吕贲有六子,而五子登科。吕大钧排行为三,在吕大忠、吕大防之后。嘉祐二年(1057),吕大钧与张载同登进士,算是同年友,时年张载三十八岁,吕大钧二十七岁。但是,他为张载的学问和道德所折服,遂"执弟子礼"。关于吕大钧执弟子礼,史书是这样记载的:

> 盖《大学》之教不明于世者千五百年。先是扶风张先生子厚闻而知之,而学者未知信也。君于先生为同年友,一言而契,往执弟子礼问焉。(范育《吕和叔墓表》,载《宋文鉴》一四五)

> 大钧从张载学,能守其师说而践履之。居父丧,衰麻葬祭,一本于礼。后乃行于冠昏、膳饮、庆吊之间,节文粲然可观,关中化之。尤喜讲明井田兵制,谓治道必自此始,悉撰次为图籍,可见于用。虽皆本于载,而能自信力行,载每叹其勇为不可及。(《宋史·吕大钧传》)

> 先生(大钧)为人质厚刚正。初学于横渠张子,又卒业于二程子,以圣门事业为己任,识者方之季路。先生与横渠为同年友,及闻学,遂执弟子礼。时横渠以礼教为学者倡,后进蔽于习尚,其才俊者急于进取,昏塞者难于领解,寂寥无有和者。先生独信之不疑,毅然不恤人之非间己也。(冯从吾:《关学编》卷一)

> 横渠倡道于关中,寂寥无有和者。先生与横渠为同年友,心悦而好之,遂执弟子礼,于是学者靡然知所趋向。(《吕范诸儒学案》,《宋元学案》卷三一)

从以上资料看,张载尽管"学有本原",且一直倡道关中,却有过"寂寥无有和者"的境况,其原因有二:一是张载居于西府凤翔一隅,毕竟较为闭塞,加之又"素为隐者",所以"学者未知信也"。二是当时张载"以礼教为学者倡",而周围的年轻人因习俗所蔽,不易接受,加之那些"才俊"有能力者往往急功近利,追求功名;而那些"昏塞"者又难于理解,所以导致"寂寥无有和者"的境况。在这种情况下,吕大钧却对先生之学信之不疑,且"心悦而好之",毅然"执弟子礼",拜张载为师。由于吕家属于当地望族,有较大的影响,加上他又是进士出身,拜张载为师,这对年轻人有巨大的示范效应。在他的行为的感召下,"于是学者靡然知所趋向",纷纷投师张载的门下,这为关学的形成奠定了人才的基础。

吕大钧是何时拜张载为师的,史无明载。《宋元学案》卷三一《吕范学案》说到吕大钧:"嘉祐二年进士,授秦州司理,监延州折博务,改知三原县。移巴西、侯官、泾阳,以父老,皆不赴。丁艰服除,以道未明,学未优,不复仕进意。"《关学编》卷一更明确说:"丁外艰,服除,自以道未明,学未优,曰:'吾斯之未能信!'于是不复有禄仕意,家居讲道,教育人才。"由此推断,吕大钧很可能是在丁父忧期间,觉得"道未明,学未优,不复仕进意"的情况下,拜于张载门下的。《关学编》又记:"熙宁中,王安石议遣使诸道,立缘边封沟,进伯与范育被命,俱辞行。进伯陈五不可,以为怀抚外国,恩信不洽,必致生患。罢不遣。令与刘忱使辽,议代北地。会遭父丧,起复,知代州。"据此知,吕大防是在受命与刘忱使辽代议北地时,会遭其父丧的。再考《宋史》卷一五《神宗本纪》:"(熙宁六年三月)丙辰,辽遣林牙萧禧来言河东疆界,命太常少卿刘忱议之。己未,行方田法。甲子,遣使报聘于辽。乙丑,诏以灾异求直言。"可见,刘忱是在熙宁六年(1073)使辽的。故大钧从张载学当是在熙宁六年,是年张载五十三岁,大钧四十二岁。此时正是张载学术思想形成并趋于成熟的时期。吕大钧在投入张载门下后,着重于礼的教学。《宋元学案》卷三一《吕范诸儒学案》记:"横渠之教,以礼为先,先生条为《乡约》,关中风俗为之一变。"范育《吕和叔墓表》谓大钧进入张门后,张载所教"以造约为先务"。他追随张载,不仅"能守其师说",而且能"践履之"。如居父丧时,诸如衰麻葬祭之类,一本于古礼。并与张载一起在当地实践井田制度,所以张载感叹大钧"其勇为不可及"(《宋史·吕大钧传》)。

至熙宁前后,张载身边已出现"四方学者皆宗之"的景况了。程颐后来在回顾庆历(1041—1048)以来"道德之士"居乡讲学,求学者远道而至的情形时说:"如胡太常瑗、张著作载、邵推官雍之辈,所居之乡,学者不远千里而至,愿一识其面,一闻其言,以为楷模。"[①]这里提到"学者不远千里而至",所拜师

---

① [宋]程颐:《伊川先生文三·回礼部取问状》,《河南程氏文集》卷七,《二程集》第 2 册,第 564—565 页。

包括张载在内,说明张载在熙宁后返归横渠讲学授徒的盛况。不过,据黄百家所说,张载虽然自己"精思力践,毅然以圣人之诣为必可至,三代之治为必可复",甚至确立了"为天地立心,为生民立命,为往圣继绝学,为万世开太平"的宏大抱负,却是"为己",是"自任之重",而"始不轻易与人言学"。后来程颢与其切磋时说:

> 道之不明久矣,人各善其所习,自谓至足。必欲如孔门不愤不启,则师资势隔,道几息矣。随其资而诱之,虽识有明暗,志有浅深,亦皆各有得焉。(《横渠学案》上,《宋元学案》卷一七)

意思是说,儒家之道久已隐而不彰,人们都顺从自己的习惯行事而不自知。如果不对其进行教育,非要等到如孔子所说的"不愤不启"时再进行教育,师者与应受教者相互隔绝,那么大道就有可能熄灭。应该根据学生的情况而加以引导,即使受学者认识不一,志向深浅不同,也总是会有所收获的。张载接受了程颢的说法,付诸实践,并广泛地搜访人才,使许多人聚集在自己门下,于是出现"关中学者郁兴,得与洛学争光"(《横渠学案》上,《宋元学案》卷一七)的兴旺景况。

关于张载创立关学时期的从学弟子,因为许多学人在张载逝世后往学二程,造成"再传何其寥寥"的情况,故史料保存不多,所以《伊洛渊源录》略于关学,三吕(吕大忠、吕大钧、吕大临)及苏昞因为及洛氏门而得以进录,其余都散落或亡佚。关于吕大临、吕大忠从张载学的情况,史有明载。《关学编》卷一称:"(吕大临)少从横渠张先生游,横渠殁,乃东见二程先生,卒业焉。"至于其他学人,全祖望经过广泛搜寻,得若干人。他说:

> 予自范侍郎而外,于《宋史》得游师雄、种师道,于《胡文定公语录》得潘拯,于《楼宣献公集》得李复,于《童蒙训》得田腴,于《闽书》得邵清,及读《晁景迂集》,又得张舜民,又于《伊洛渊源录》注中得薛昌朝,稍为关学补亡。(《吕范诸儒学案序录》,《宋元学案》卷三一)

《宋史·游师雄传》:"学于张载,第进士。"《宋史·苏昞传》:"苏昞字季明,武功人。始学于张载,而事二程卒业。"大约在熙宁初年,苏昞从学于张载。冯从吾《关学编》卷一:"先生名昞,字季明,武功人。同邑游师雄,师横渠张先生最久,后又卒业于二程子。"可知,在张载的身边,人才济济。他们与张载一起切磋学术,并努力在生活中实践张载的学说,对关学思想的日趋成熟,起过重要的作用。据《宋史》、黄宗羲《宋元学案》、冯从吾《关学编》等文献记载,张载可考见的弟子有吕大忠、吕大钧、吕大临、游师雄、苏昞、范育、种师道、李复、薛昌朝、潘拯、田腴、邵彦明、张舜民等。另还有曾受学并传播其学的外地弟子如晁说之、蔡发等。在这些弟子中,除蓝田"三吕"之外,游师雄、苏昞师从张载最久,苏昞还帮助整理过张载的《正蒙》,对关学的形成和发展功不可没。此一时期犹如全祖望所说:"关学之盛,不下洛学。"关学成为理学初创期影响很大的重要学派。故司马光在张载逝世后著《又哀横渠诗》,赞扬张载创立关学并勉励弟子说:

> 师道久废阙,模范几无传;先生力振起,不绝尚联绵。教人学虽博,要以礼为先;庶几百世后,复睹百王前……况于朱紫贵,飘忽如云烟;岂若有清名,高出太白巅! 门人俱经带,雪涕会松阡。厚终信为美,继志仍须专。读经守旧学,勿为利禄迁;好礼效古人,勿为时俗牵;修内勿修外,执中勿执偏。当令洙泗风,郁郁满秦川。先生倘有知,无憾归重泉。①

这里所说"先生力振起,不绝尚联绵",即是说张载继往圣绝学,创新学派的功绩;"教人学虽博,要以礼为先","好礼效古人,勿为时俗牵",是说关学所教授的宗旨是以礼为先,突出了关学躬行礼教的特质;"当令洙泗风,郁郁满秦川",是赞誉关学承继儒学传统,并使之在关中发扬光大的气象。黄百家也说:"关中学者郁兴,得与洛学争光。"(《横渠学案》上,《宋元学案》卷一七)清人张伯行亦谓"其学当时盛传于关中",且"自成一家之言"(《康熙四十七年本张横渠集序》,《张子全书》附录二),说明关学学派当时确已成立矣。

关学形成后,即与当时的洛学、新学成三足鼎立之势,成为理学之重要一脉。明儒陈邦瞻说:

> 自嘉祐以来,西都有邵雍、程颢及其弟颐,关中有张载,皆以道德名世,著书立言,公卿大夫所钦慕而尊师之。(《道学崇黜》,《宋史纪事本末》卷八〇)

总之,关学是在宋代理学形成的思潮中,以不同凡响的学术旨趣和独特的宗风而形成于关中大地,并在其后与濂学、洛学、闽学的相互切磋、交流与

---

① 见《张载集》附录,中华书局,1978年版,第388页。与《宋文鉴·哀张子厚先生》所载文字略异。

交融中不断发展,而成为一个具有全国性影响的地域性学术流派的。

二、张载关学的基本特征

张载关学形成后,其在学术上与伊洛之学虽"大本则一",然其门户"微殊于伊洛"(全祖望语)。其学派的主要特征如下所述。

(一)躬行礼教

如果说其学"以《易》为宗,以《中庸》为的,以《礼》为体,以孔孟为极"(《横渠学案》,《宋元学案》卷一七),其中与洛学有殊者,正在于"以礼为体"。黄宗羲亦谓:"关学世有渊源,皆以躬行礼教为本。"(《明儒学案·师说》)张载有诗云:"若要居仁宅,先须入礼门。"司马光《哀张子厚先生》曰:"教人学虽博,要以礼为先。"(《宋文鉴·皇朝文鉴》卷一六)。张载笃志好礼、躬行礼教,其具体表现在:

礼以治国。明人汪伟曾评论说:张载"论学则必期于圣人,语治则必期于三代"(《横渠经学理窟序》)。张载对于礼的价值有一个基本的认识,"礼者圣人之成法",所以就要效法圣人的"三代之治"。在他看来,"三代之治"的根本就是发挥礼乐制度的作用,只有礼乐制度得以实施才能真正养民和治民,所以张载说:"欲养民当自井田始,治民则教化刑罚俱不出于礼外。"也就是说,必须以礼为治国的根本大法。又说:"礼者,圣人之成法也。除了礼,天下更无道矣。"(《经学理窟·礼乐》)礼就是天下根本的道,就是圣人制定的治理国家之成法。张载强调治国要"以礼乐为急"(《张子语录·语录中》)。吕公著向朝廷推荐张载时,其理由之一就是他"善法圣人之遗意,其术略可措之以复古"。张载入朝后,正好朝廷有司就行冠婚丧祭之礼,征求礼官的意见,礼官以为古今异俗,不可泥用古礼,而张载则"独以为可行",结果"众莫能夺,然议卒不决"。司马光称他"好礼效古人,勿为时俗牵"(《哀张子厚先生》,《宋文鉴·皇朝文鉴》卷一六),即效法古人,就要严格按照古制施行,不为时俗所改易。张载后来因为有关方面既已不能严格按照古礼执行,自己希望能端正而又力所不及,于是很不高兴。这也是他最后一次借病向朝廷"谒告西归"的原因之一。(参见吕大临《横渠先生行状》)

以礼化俗。张载主张改变社会风气和习俗,必须遵循礼制。他认为,要真正把纲常伦理落到实处,"由礼入最为切要",要"约礼复礼"(朱轼《康熙五十八年本张子全书序》,《张子全书》附录二),这样才能抓住根本。所以张载坚持儒家传统,特别强调要以礼化俗,认为用礼就是"化民易俗之道"(卫湜:《礼记集说》卷八八)。后来,张门弟子吕大钧兄弟还撰写了《乡约》、《乡仪》,并推行于其乡京兆蓝田(今陕西蓝田)一带。张载深患"近世丧祭无法,期功以下未有衰麻之变,祀先之礼袭用流俗",于是"一循古礼为倡。教弟子洒扫应对,女子未嫁者,使观祭祀,纳酒浆,以养逊弟,就成德"。这样实行的结果,使"关中风俗一变而至于古"(《横渠学案》上,《宋元学案》卷一七)。这点也得到二程的肯定,二程说:"子厚言:'关中学者用礼渐成俗。'正叔言:'自是关中人刚劲敢为。'"(《张子语录·后录上》)

礼以成德。张载认为,仁德的培养需要礼的约束,所以他说:"仁礼以成性。"(《横渠易说》)礼对于人的仁性的培养,其根据在于"知及之而不以礼性之,非己有也,故知礼成性而道〔义〕出",就是说,即使懂得了仁的道德,但如果不以礼加以培养,也不可能真正拥有德性。所以张载又说:"学者且须观礼,盖礼者滋养人德性。"(《经学理窟·学大原》)这就是他常说的"知礼成性"之道。至于如何成性,于是就有了"变化气质"的说法。张载强调,"人必礼以立,失礼则孰为道?"人必须依礼而立,失礼则将不可能遵循人生之道。"知礼以成性,性乃存,然后道义从此出"(《横渠易说·系辞上》)。如果说孔子所谓"不学礼,无以立"(《论语·季氏》),强调的是学礼对于人在社会生活中能否立起来至为重要,那么张载则把"知礼""立礼"与人的道德的培养紧密联系起来,将礼纳入性理学的范畴,即强调"知礼成性"。张载认为,"知礼成性"之所以可能,正在于"礼即天地之德也",人都有善的本性,按照礼去行动是出于人的本然之性的要求,只要如颜子那样勉勉以行,即成性矣,故说"勉勉以成性也"(《经学理窟》)。张载有时也把礼与理联系起来考察,不过此"理"尚与后来程朱所说的"理"有所不同,还不具有本体的意义。张载说:"盖礼者理也,须是学穷理,礼则所以行其义,知理则能制礼,然则礼出于理之后。"(《张子语录·语录下》)在张载这里,礼、理、道都是相通的,都是人在社会中应该遵守的秩序和规范。

以礼为教。明人薛思菴曰:"张子以礼为教。"(引自朱轼《康熙五十八年本张子全书序》)此语点破了张载教育思想的根本。张载确实在教育实践中贯彻了以礼为教的原则和方法。其含义包括:其一,"礼"是其教育弟子的入手之处。张载强调:"某所以使学者先学礼者,只为学礼则便除去了世俗一副当〔世〕习熟缠绕。"(《张子语录·语录下》)主张教育学生应该"先学礼",以避免原有的习俗对人的"缠绕"。吕大钧在入张门之后,张载即"以礼教为学者倡",有一些人不适应,"寂寥无有和者",而大钧则独信不疑,并且付诸实践,在当地"为《乡约》以敦俗"。横渠赞赏说:"秦俗之化,和叔有力。"(《关学编》卷一)张载有一个基本的看法,就是"学礼则可以守得定"(《张子语录·语录下》)。二程对张载教育从礼入手这点加以充分肯定,说:"子厚以礼教学者最善,使学者先有所据守。"(张子语录·后录上)从礼入手,就能使学生的行为先有所遵循,这对于一个学生的成长至关重要。故朱轼说"由礼入最为切要"。其二,教学以"礼"为本。伊川先生说:"横渠之教,以礼为本也。"(见吕本中《童蒙训》卷上)张载针对当时社会上不重视以礼教育学生而导致的后果,指出:"古人于孩提时已教之礼,今世学不讲,男女从幼便骄惰坏了。"(《经学理窟·学大原》)主张对学生从小就要进行以礼为内容的教育。譬如洒扫应对、应事接物之类。其三,让学生以礼为行为准则。张载说:"人必礼以立"(《横渠易说·系辞上》)。"立本既正,然后修持。修持之道,既须虚心,又须得礼,内外发明,此合内外之道也。"(《经学理窟·气质》)以礼作为人基本的行为规范,人才能在社会上立起来,原因在于这一根本确立了,就可以时时注意修持,从而达至最高的境界。

张载重视礼,主张躬行礼教,并不是完全泥守旧礼不变,他也注意到礼随着时代的变化而变化。他说:"时措之宜便是礼,礼即时措时中见之事业者。"(《经学理窟·礼乐》)这里说的"时中",就是《周易》所说的合乎时宜,把握中道,不可走极端。当然张载有时确实比较拘泥古礼,这一点,黄百家早已指出:

> 至于好古之切,谓《周礼》必可行于后世,此本不可使人无疑。夫《周礼》之的为伪书,姑置无论。圣人之治,要不在制度之细。窃恐《周官》虽善,亦不守随时立制,岂有不度世变之推移,可一一泥其成迹哉!况乎《周官》之烦琐黩扰异常。先生法三代,宜不在《周礼》,是又不可不知也。(《横渠学案》,《宋元学案》卷一七)

此段话出于黄百家的按语。黄百家是说,即使《周官》之书是真实的,其内容也很好,但是,没有不变的时势,如果不能根据时代的变化而立制,拘泥于成迹,是行不通的。张载法三代之制,其宜不在周礼本身,关键在于要随时应变。这其实指出了张载在礼教问题上的不足,张载在这方面的确是有偏颇之处的。不过,张载的躬行礼教后来成为关学的一个重要传统,被历代关学学者所承继则是不争的事实。

(二)笃实践履

张载承继孔子的经世致用传统,主张学贵有用,笃实践履,反对空知不行、学而不用。这是关学的一个显著特点。晁景迂《答袁季皋书》曰:"横渠之学先笃乎行,而后诚乎言。"(《宋元学案补遗》卷一八)冯从吾《关学编》卷一谓:"先生学古力行,笃志好礼,为关中士人宗师。"这里所说"笃乎行""笃志""力行",即指他有经世致用、笃实践履的特征。并称张载之弟张戬"笃实宽裕,俨然正色"(《关学编》卷一)。从二程与张载的一段对话亦可看出关学这一特点:

> 子(二程)谓子厚曰:"关中之士语学而及政,论政而及礼乐兵刑之学,庶几善学者。"子厚曰:"如其人诚然,则志大不为名,亦知学贵于有用也。学古道以待今,则后世之谬不必削削而难之,举而措之可也。"(《河南程氏粹言·论学》)

张载关学不空谈理论,主张"学贵于有用",体现在两方面:一是"语学而及政",不空谈学问,必关注社会现实。二是"学古道以待今",古为今用。关注社会现实,是张载思想的一个显著特点。他少时喜兵法,就是出于抗击西夏入侵,保卫国家边疆的现实考虑。从政后费心于边事,写了《贺蔡密学启》《与蔡帅边事画一》《泾原路经略司论边事状》《经略司画一》等文(见《张载集·文集佚存》)。如他在《贺蔡密学启》中提到:"今戎毒日深而边兵日弛,后患可惧而国力既殚,将臣之重,岂特司命(士)〔王〕卒!惟是三秦生齿存亡舒惨之本,莫不系之。"并说:"诚愿明公置怀安危,推夙昔自信之心,日升不息,以攘患保民为己任。"充分表达了他心系于国、忧国忧民的心境。他曾经讨论了历史上的"封建"问题,并结合现实,主张宋朝廷可以实行"封建",理由是"天下之事分得简,则治之精;不简则不精。故圣人必以天下分之于人,则事无不治者"(《经学理窟·周礼》)。他在当时提出封建本是一个过时的口号,其实他是要总结唐代藩镇割据的教训,主张适当调整中央与地方的关系。张载还曾在其家乡进行井田试验,"买田一方,画为数井,上不失公家之赋役,退以其私正经界,分宅里,立敛法,广储蓄,兴学校,成礼俗,救灾恤患,敦本抑末,足以推先王之遗法,明当今之可行。"(《关学编》卷一)试图以此解决社会贫富不均、发展经济、改变社会习俗等问题,充分体现了他关注现实、经世致用和重于实践的思想特点。对这件事,张载是以至诚笃实的态度对待的,他说:"学得周礼,他日有为却做得些实事。以某且求必复田制,只得一邑用法。若许试其所学,则周礼田中之制皆可举行。"(《经学理窟·学大原》)张载尝"以道德进",但他所讲的道德是"为己"之学,即严格要求自己,重于道德践履,他常说:"尊其所闻则高明,行其所知则光大,凡未理会至实处,如空中立,终不曾踏着实地。"(《经学理窟·义理》)强调要把道德付诸行动,才算是光大,不能如空中立,而应该"踏着实地"。又说:"敬而无失,与人接而当也;恭而有礼,不为非礼之恭也。"(《正蒙·有德篇》)张载甚至把这种笃实的风格上升到"天德",说:"刚健笃实,日新其德,乃天德也。"(《横渠易说·上经》)强调要养成"笃实"的品德,而且这种道德的践履和培养,不是为名求闻,而是"养实",培养务实的品格,"不成名,不求闻也,养实而已"(《横渠易说·上经》)。在他的教导和影响之下,其弟子大都有笃实践履的品性。如吕大钧,其"治经说得于身践而心解,其文章不作于无用,能守其师说而践履之"。吕大临更"不为空言以拂世骇俗"(《关学编》卷一)。

(三)崇尚气节

关学学者重视礼仪教化,主张身体力行,由此造就了关中文化隆礼重教的古朴雅韵,也使关中文化涌动着鲜活的生命力,那种敦善行而不息、坚持真理、不畏权贵、不苟安合污的政治节操,"无求生以害仁,有杀身以成仁"(《论语·卫灵公》)的精神信仰,"不降其志,不辱其身"(《论语·微子》)的人生信条和"富贵不能淫,贫贱不能移,威武不能屈"(《孟子·滕文公下》)的大丈夫人格,充实并光耀着儒家的优秀道德传统。

据吕大临《横渠先生行状》及冯从吾《关学编》记载,张载"为人志气不群,少自孤立"。及至学有所成,当吕公著举荐于神宗,神宗表示"朕将大用卿"之时,张载并没有喜形于色,反而非常冷静地说:"臣自外官赴召,未测朝廷新政所安,愿徐观旬月,继有所献。"(《横渠先生行状》)表示要"徐观旬月",看一看再说,其冷静的背后蕴涵着一种自信、坚毅和气节。对皇帝是如此,对当时权倾天下的王安石,他也不卑不亢。王安石问他"新政之更,惧不能任事,求助于子何如?"张载回答说:"朝廷将大有为,天下之士愿与下风。

若与人为善,则孰敢不尽!如教玉人追琢,则人亦故有不能。"这样平实理性的回答,竟使王安石无言以对,也表现出他不阿权贵、不谄上的气节。但是,对于合乎公道的事,他却勇于作为,在所不辞。他说:"某平生于公勇,于私怯,于公道有义,真是无所惧。大凡事不惟于法有不得,更有义之不可,尤所当避。"(《经学理窟·自道》)在王安石安排他浙东办案,案结回京后,当得知其弟张戬因事得罪王安石时,他毅然辞职,回归乡里,以读书讲学为事。他不苟且,不贪求,表现出一个正直士人应有的气节。

在他的影响下,关学的弟子们也都具有刚正之品性、不易之节操。其弟张戬为御史,能秉公执法,坚持"启君心,进有德",绝不趋炎附势,对于一些结党营私的官吏,他主张劾之,但王安石以为"不可",张戬又上报中书以力争,其语气严厉,曾亮在旁俯首不答,这时,王安石竟"举扇掩面而笑",戬遂直谓:"戬之狂直,宜为公笑,然天下之笑公不少矣!"其刚正不阿,溢于言表。故史称他"笃行不苟,为一时师表"(《关学编》卷一)。吕大钧于嘉祐二年进士及第后,已授官任职,但不久"自以道未明,学未优",而"不复有禄仕意",遂"家居讲道,以教育人才,变化风俗,期德成而致用"。张载赞扬他"勇为不可及"(《关学编》卷一)。其弟子苏昞亦"强学笃志,行年四十,不求仕进",后经吕大防举荐,为太常博士,却因上书直言而被视为异党,贬饶州。邵彦明谓其当初上书"若为国家计,自当忻然赴饶州"(《关学编》卷一),他非常赞同彦明的话,毫不在意迁贬之事,欣然从之。

张载及其弟子形成的崇尚气节的品性,后来在明清时期的关学后继者身上得到了更充分的体现,马理、吕柟、杨爵、韩邦奇、冯从吾、李二曲、李柏等人都表现出这种刚正不阿的品性和不苟且、不阿贵的非凡节操,这后来成为非常鲜明、影响深远的关学宗风。

(四)求自然之实的科学精神

先秦儒学探讨天人关系,其最终落脚到社会政治和人生。汉儒也探讨天人关系问题,却以神学的方式大讲天人感应,其目的是为新生的大一统的汉王朝进行理论论证。相对而言,宋儒在关注心性论和价值论问题的同时,也注意对自然现象进行客观的认识。这与儒家历来弱于关心自然科学的问题在某种程度上形成对比。此时自然科学也有了长足的发展,出现了许多较为先进的科技成果,如沈括在《梦溪笔谈》中,已记述了罗盘仪构造的基本原理;

朱彧在《萍洲可谈》、徐兢在《宣和奉使高丽图经》中,记载了舟师们在航行中夜观星、昼观日,白天黑夜遇到阴晦天气使用指南针的情况。据《宋史·天文志》记载,宋徽宗政和二年(1112),"四月辛卯,日中有黑子,乍二乍三,如栗大",这是当时对太阳黑子的记录,说明当时天文学已经有了较高水平的发展。此外,在数学、气象、化学、生物、医学等方面,也都有了较大的进展。张载生活在宋代熙宁以前,上述自然科学的成果当时虽然尚未出现,但是可以说,该时期的自然科学水平已经达到相当的程度,这对张载不可能没有影响。张载是该时期善于吸收新的自然科学成果去丰富自己儒学理论,以求客观之实的最富于科学精神的哲学家之一。相对于同时期出现却更多关注道德心性的洛学来说,富于科学精神是关学的一个重要特点。

张载对自然现象的观察,对自然科学成果的关注,集中体现在《正蒙》之《参两》《动物》两篇,也散见于其他一些篇章中。这种求自然之实的科学精神具体体现在:

1. 重视天文学的成就,以此丰富自己的哲学理论

中国古代天文学的发展,是与宇宙结构和天体演化论密切联系在一起的。汉代关于宇宙结构及天体演化的理论主要有三家:盖天说、浑天说和宣夜说。《晋书·天文志》记载:盖天说,"其言天似盖笠,地法覆槃,天地各中高外下。"《开元占经》:"言天形车盖,地在其下。"(卷二《论天》)意思是说:天是圆形的,像一把张开的大伞覆盖在地上,地是方形的,像一个棋盘,日月星辰则像爬虫一样过往天空,因此这一学说又被称为"天圆地方说"。此说形成于周代,而完善于汉代。浑天说认为:"浑天如鸡子。天体圆如弹丸,地如鸡子中黄,孤居于天内,天大而地小。"(《张衡浑仪注》)《开元占经》亦谓:"言天浑然而圆,地在其中。"(卷二《论天》)浑天说比盖天说进了一步,它认为天不是一个半球形,而是一整个圆球,地在其中,就如鸡蛋黄在鸡蛋内部一样。这是一种以地球为中心的宇宙结构论。宣夜说认为:"天了无质,仰而瞻之,高远无极。……日月众星,自然浮生虚空之中,其行其止皆须气焉。"(《晋书·天文志》)宣夜说作为一种宇宙结构理论,在当时是比较先进的。

张载总结和比较了各家的宇宙结构论和天体演化论,把当时比较先进的浑天说与宣夜说结合起来,提出了自己的天体理论。他说:"由太虚,有天之名","太虚者,天之实也",就是说,天的特性是"虚",即"天地以虚为德","虚者天地之祖,天地从虚中来"(《张子语录·语录中》),认为天是一至虚的宇宙空间。同时"太虚即气","太虚无形,气之本体"(《正蒙·太和篇》),就是说,此没有垠涯的虚空是不离气的,是气的本然状态。在他看来,这一无限的充满太虚之气的宇宙空间,便是天。与天相对应的是地,地也是从虚中来的,是气聚的产物,它一旦形成即有实体,说:"地,物也;天,神也。物无逾神之理,顾有地天,若其配然尔。"(《正蒙·参两篇》)然而,此"天"是将"地"包裹于其中的。据此,张载构建了自己的天地演化论,并以此对天文、地理以及天地的运行规律,做了自己的解释。他说:

> 地纯阴凝聚于中,天浮阳运旋于外,此天地之常体也。恒星不动,纯系乎天,与浮阳运旋而不穷者也;日月五星逆天而行,并包乎地者也。地在气中,虽顺天左旋,其所系辰象随之,稍迟则反移徙而右尔,间有缓速不齐者,七政之性殊也。月阴精,反乎阳者也,故其右行最速;日为阳精,然其质本阴,故其右行虽缓,亦不纯系乎天,如恒星不动。金水附日前后进退而行者,其理精深,存乎物感可知矣。镇星地类,然根本五行,虽其行最缓,亦不纯系乎地也。火者亦阴质,为阳萃焉,然其气比日而微,故其迟倍日。惟木乃岁一盛衰,故岁历一辰。辰者,日月一交之次,有岁之象也。(《正蒙·参两篇》)

这里集中阐述了张载关于天体结构的理论以及有关天文、地理的学说。大致是说:地是气聚而成的,居于中,属阴,天是太虚之气浮于地之外,属阳;恒星虽不动,但是也浮于天空中;日月五星在地之外逆天而行,而地在虚气之上却顺天左旋;五星"间有缓速不齐者,七政之性殊也"。这是说,"七政"——日、月和五星,在运行中各有迟缓、疾速的不同,是因它们各自性质的不同,并非外力使然。事物各自的质,决定了事物各自的行。张载进一步指出:"金水附日前后进退而行者,其理精深,存乎物感可知矣。"金星、水星与太阳之间相互作用、前后进退的运行关系,影响了金星、水星的运行速度,其理虽精深,但是通过它们之间的相互作用,是可以认知的。①

由此,张载进一步提出了有关天体运行的理论:

> 凡圆转之物,动必有机;既谓之机,则动非自外也。古今谓天左旋,此直至粗之论尔,不考日月出没、恒星昏晓之变。愚谓在天而运者,惟七

---

① 参阅姜国柱:《张载关学》,陕西人民出版社2001年版,第115页。

曜而已。恒星所以为昼夜者,直以地气乘机左旋于中,故使恒星、河汉因北为南,日月因天隐见,太虚无体,则无以验其迁动住外也。(《正蒙·参两篇》)

这里除了对星体运行的规律如天体左右旋说有了一定的认识之外,更重要的是,提出"凡圜转之物,动必有机;既谓之机,则动非自外也"的宇宙观,他从对天体运行过程的考量出发,认识到宇宙运行根本的动因在于事物内部,提出"动必有机""动非自外"的观点,这一关于天体运行规律的辩证思考,是很深刻的。

张载还用阴阳二气相互作用的原理,解释日月食发生的原因。如说:"日质本阴,月质本阳,故于朔望之际魄反交,则光为之食矣。"(《正蒙·参两篇》)这是说,日的本质是阴,月的本质是阳,在朔望之际二者相互作用,产生交食。在朔时,月精对日发生作用,产生日食;在望时,日精对月发生作用,产生月食。张载在具体说明月食发生的原因时,说:"月所位者阳,故受日之光,不受日之精,相望中弦则光为之食,精之可以二也。"(《正蒙·参两篇》)意思是说,月处在阳位,日光于阳,同阳相感,故月可以接受日之光。由于日精属于阳,所以月不能接受日之精,日月相望中弦,便发生了月食,这就是"精不可以二"的道理。①

谭嗣同曾对张载关于天文、地理的有关理论给予高度赞扬,认为:"地圆之说,古有之矣。惟地球五星绕日而运,月绕地球而运,及寒暑昼夜潮汐之所以然,则自横渠张子发之。"谭嗣同又说:

今以西法推之,乃克发千古之蔽。疑者讥其妄,信者又以驾于中国之上,不知西人之说,张子皆已先之。今观其论,一一与西法合。可见西人格致之学,日新日奇,至于不可思议,实皆中国所固有。中国不能有,彼固专之,然张子苦心极力之功深,亦于是征焉。注家不解所谓,妄援古昔天文家不精不密之法,强自绳律,俾昭著之。文晦涩难晓,其理不合,转疑张子之疏。不知张子,又乌知天?(《石菊影庐笔识·思篇三》,《谭嗣同全集》上册)

这里,谭嗣同称赞张载关于天文、地理等理论,不仅早于西方且高于西方,不

---

① 参阅姜国柱:《张载关学》,陕西人民出版社2001年版,第118页。

仅合理而且科学。谭嗣同所说并非完全正确,不过,张载在当时近代科学尚未产生的情况下做出这样的观察、猜测,是难能可贵的。

2. 注意观察物理、气象、生物等自然现象,并做出客观合理的解释

张载观察到自然界物理、气象的变化有其运行的规律。他在运用阴阳说解释万物运行规律时,以阴阳之气的性质来具体说明,如说:"阴性凝聚,阳性发散;阴聚之,阳必散之,其势均散。阳为阴累,则相持为雨而降;阴为阳得,则飘扬为云而升。"即认为阳气的特性是发散的,而阴气则往往有凝聚的特性,如天阴必下雨,就是阴气凝聚的结果。天晴时阳气发散上升,天空晴朗。这是对自然现象的客观解释,没有任何神秘的色彩。对"雷霆"和"风"以及其运动缓速的解释,都遵循事物的客观规律来说明,他说:"凡阴气凝聚,阳在内者不得出,则奋击而为雷霆;阳在外者不得入,则周旋不舍而为风;其聚有远近虚实,故雷风有小大暴缓。"(《正蒙·参两篇》)还认为,如果阴阳之气"和而散",就形成"霜雪雨露",如果"不和而散",就出现"戾气噎霾"。如果"阴常散缓,受交于阳,则风雨调,寒暑正",即如果阴气缓缓而散,并与阳气交流,那么就会风调雨顺,寒暑交替也很规律。对于大地阴阳升降、一日长短、一岁寒暑的形成,他都用阴阳二气的运行来做说明。对于"一昼夜的盈虚、升降",他还用海水的潮汐运动来验证。他说:

> 地有升降,日有修短。地虽凝聚不散之物,然二气升降其间,相从而不已也。阳日上,地日降而下者,虚也;阳日降,地日进而上者,盈也;此一岁寒暑之候也。至于一昼夜之盈虚、升降,则以海水潮汐验之为信;然间有小大之差,则系日月朔望,其精相感。(《正蒙·参两篇》)

这样的解释并不一定科学,但是张载对自然的观察所体现的科学精神则值得肯定。

对于冰与水的形成,他解释说:"海水凝则冰,浮则沤,然冰之才,沤之性,其存其亡,海不得而与焉。"水凝聚则为冰,如果不能凝聚而浮则形成水泡。冰与水泡的特性,是因气之聚散造成的,而非海本身给予的。他还观察到自然界中声音的形成,认为声音是由于"形气相轧而成",即有形体的物质与气相互作用而产生的,如"谷响雷声"之类,都是气聚之形与气相互作用的结果;两种物体("两形")相互撞击也会产生声音,如"桴鼓叩击"之类的现象。如果是"形轧气",其声音就如"羽扇敲矢";如果是"气轧形",就会出现如"人声笙簧"之类的声音。他的观察是很仔细的,也是对自然现象的客观认识。

张载也观察到动植物与气交换方式的不同。他说:"动物本诸天,以呼吸为聚散之渐;植物本诸地,以阴阳升降为聚散之渐。物之初生,气日至而滋息;物生既盈,气日反而游散。"他认为,万物都是气聚而有形的,但动物是以呼吸而渐渐聚散的,植物则是以阴阳之气的升降而逐渐聚散的。他进一步从动物、植物与天地的联系以及二者的区别做了很有意义的说明:"有息者根于天,不息者根于地。根于天者不滞于用,根于地者滞于方,此动植之分也。"意即以自身器官呼吸空气的,是动物,因为它呼吸的是太虚之气,故"根于天";而没有这种呼吸功能的是植物,它依赖土地而生存。虽说这种说法并不一定科学,但也体现了张载在对动植物生长变化认识上的考究。

张载也注意到宇宙间的事物都不是孤立地存在和发展着,而是相互联系的,他说"物无孤立之理",自然界因有无、屈伸、同异之间的"相感"才会有事物的变化,才会有新事物的生成,故说"屈伸相感而利生焉",正是事物内部矛盾之间的相互作用才会有物的产生。张载也认识到,事物的变化有一个循序渐进的发展过程,如他说:"雷霆感动虽速,然其所由来亦渐尔。能穷神化所从来,德之盛者与!"即雷霆万钧,也不是一下子形成的,而是由来有渐的,说明张载已经认识到事物质变是由量变引起的。他还对《尚书·洪范》所说"五行"的性质及其关系,做了一些有深度的具体分析,并用阴阳之间量的关系说明冰与火的现象,如说:"冰〔水〕者,阴凝而阳未胜也;火者,阳丽而阴未尽也。火之炎,人之蒸,有影无形,能散而不能受光者,其气阳也。"阴凝而阳气未胜于阴才形成冰;阳气胜而阴未尽时则形成火。

3. 重视对生理现象、医药知识的考察

张载也非常注意观察人的生理现象,并用气来解释。如说:"气于人,生而不离、死而游散者谓魂;聚成形质,虽死而不散者谓魄。"人活着时,气与人"生而不离";死则是气的游散,游散之气为"魂";人的形体是气凝聚而成的,虽死而不散,此称为"魄"。其对魂魄的解释采取了客观的、唯物的态度,体现出强烈的科学精神。他还观察了人在"寤"与"梦"不同状态下的形与志(气)的表现,说:"寤,形开而志交诸外也;梦,形闭而气专乎内也。寤所以知新于耳目,梦所以缘旧于习心。"人神志清醒时,形体开放而神志与外界可以相交,此时人可以通过耳目等感官感知事物;相反,当人处于梦境之中时,人形体处于闭合的状态,这时气则主要专注于内,所以人的神志就会将平日的事再现于头脑,出现梦这种现象,甚至还会出现"饥梦取,饱梦与"的情况。在他看

来,这都是正常的生理现象。

张载在对自然界的观察中提出的一些具有科学价值的理论及其体现出的科学精神,对此后关学学人的思想产生过广泛的影响,这也是关学区别于当时宋代诸多儒学派别的重要特点之一。正如张岱年所说:"关学与洛学,两派的学风颇不相同。关学注重研究天文、兵法、医学以及礼制,注重探讨自然科学和实际问题。……洛学注重内心修养,'涵泳义理',提倡静坐,时常'瞑目而坐'。程颐批评张载说:'以大概气象言之,则有苦心极力之象,而无宽裕温和之气,非明睿所照,而考索至此,故意屡偏而言多窒。'(《文集·答横渠先生书》)这却正说明了张载刻苦考索的精神。张载死后,程门弟子谢良佐批评张门弟子'溺于刑名度数之间'(《上蔡语录》),也可证两派学风是大相径庭的。"①

(五)张载的理想情怀和精神气象

张载在长期的为学与为政生涯中,形成了自己远大的抱负和志向,并将之概括为四句话,明代万历四十五年有一位叫贺时泰的人,在《冯少墟先生集后序》中称其为"横渠之'四为'"。今人冯友兰称其为"横渠四句"。从文献上看,"横渠四句"来源常见的有三种版本:

一是《拾遗·近思录拾遗》、南宋《诸儒鸣道》本所收《横渠语录》、南宋末吴坚刊本《张子语录》均作:

> 为天地立心,为生民立道,为去圣继绝学,为万世开太平。

此为文献关于"横渠四句"的最早存录,明袁应泰万历戊午本《张子全书序》所引同于此。

二是南宋真德秀(1178—1235)《西山读书记》中所引:

> 为天地立心,为生民立极,为前圣继绝学,为万世开太平。

这里不仅"立道"作"立极","去圣"也作"前圣"。南宋李幼武在理宗时所写的《宋名臣言行录外集》、南宋黄震(1213—1281)《黄氏日抄·论张载之学》、《宋元学案》卷一八引真德秀语所载与此同。此后有诸多明代学者所引亦同此。

---

① 张岱年:《关于张载的思想和著作》,载《张载集》,中华书局1987年版,第12页。

三是《宋元学案》卷一七《横渠学案》上黄百家案语所引,清朱轼《康熙五十八年本张子全书序》同此。文作:

> 为天地立心,为生民立命,为往圣继绝学,为万世开太平。

张岱年认为,宋、明各本所传当为原文,《宋元学案》所引乃经后人润色,但流传较广。张先生所言较为含混,不知是"立道"为原文,还是"立极"为原文。不过"立道"与"立极"其意义相通而不冲突。

关于"为天地立心",目前在学界比较流行的有两种解释:一种认为,天地本无心,但人有心,人的心就是"天地之心"。由此,"为天地立心"就是发展人的思维能力,以理解自然界的事物和规律。这里把"立心"解释为发展人的思维能力,则不尽符合张载的思想。事实上张载所立之心,不是"认知心"而是"道德心",在张载看来,"道德心"是"不萌于见闻"的。第二种认为,在古代"天地"一词并不专指自然界,而是"天地之间"的意思,既包括自然界,也包括人类社会;天地是有心的,生物之心是天地所固有的,无需人来"立"。"立心"也就是"立天理"之心。这一观点有合理性,但需要做一些分析。

理解"为天地立心"这句话,要注意两点,一是不能脱离张载"天人合一"的思想体系孤立地去解释。张载说:"大抵言'天地之心'者,天地之大德曰生,则以生物为本者,乃天地之心也。地雷见天地之心者,天地之心惟是生物,天地之大德曰生也。"(《横渠易说·上经》)是说,天地最大的德性就是生养了万物,天地生万物,体现了天地的仁爱之德。这里,张载把《易传》所说"天地之大德曰生"谓之"天地之心",并说"天地之心惟是生物",从而把天道与人道、宇宙论与价值论相贯通,这就为人的道德本心确立了本体论的根据。二是"为天地立心"之"天地",不能理解为"天地间",即不能理解为"为天地之间立心"。张载强调"儒者则因明致诚,因诚致明,故天人合一,致学而可以成圣,得天而未始遗人"(《正蒙·乾称篇》)。在他看来,儒者或因明(穷理)而至于诚(尽性),即通过后天的学习而达至对天赋善性的把握;或因诚(尽性)而致明(穷理),即由对天赋善性之诚的坚守而达到对事物的认识,"诚则明,明则诚",故一方面圣心可以合天心,一方面人亦可以致学以成圣,由此而达到天人合一的境界。所以张载又说:"只将尊德性而道问学为心。"(《近思录拾遗》)"尊德性"而诚,"道问学"而明,诚明互补乃达"天地之心"。又说:"有无一,内外合,庸圣同,此人心之所自来也。"(《正蒙·乾称篇》)人心本可以"一有无,合内外",此乃庸圣之所同。既如此,人就有为天地立心的可能性。故张载说:"圣不可知者,乃天德良能,立心求之,则不可得而知之。"(《正蒙·神化篇》)这里所说的"圣不可知"正是"天德良知",因为"天德良知"(或"德性所知")是"不萌于见闻"(《正蒙·大心篇》)的,不可能通过通常的认知来达到,只能通过"立心求之",也就是通过"大其心"以达到。所以,"立心"就是要以"大其心"而体悟和追求天赋予人的道德良心。

不过,在宋明诸儒看来,虽然人都有"为天地立心"的可能性,但并不是所有的人都能为天地立心,只有体天悟大道的圣人才有这种能力。故《近思录集解》卷二谓:"天地以生生为心,圣人参赞化育,使万物各正其性命,此为天地立心也。"是说,圣人能参赞天地,化育万物,使万物各安其性,各正其命,此乃"为天地立心"。元人王义山在《稼村类稿》卷一四中也说:"'为天地立心',盖天地非人不立,而人道又非圣人不立。"即就人道而言,圣人所正之性命,就是确立起天所赋予人的道德本心。反之,离开圣人,则此天地之心"不立"。罗洪先说:"盖欲'为天地立心',必其能以天地之心为心。"(《念菴文集》卷二)谁有"以天地之心为心"这个能力?圣人。正如顾宪成所说,"孔孟之学,为天地立心,为生民立命"也。即孔孟之学其目的就是"为天地立心,为生民立命"(参见明顾宪成:《泾皋藏稿》卷五)。张载所以强调儒者要"为天地立心",就是要让人们确立一个目标和信念,决心以自己的努力,引导人们习孔孟之学,学先王之道,从而确立起以善的道德为主的社会价值系统。

明人贺时泰对张载的"四为"句非常推崇,他在《冯少墟先生集后序》中说:"先生之言质之横渠之'四为',盖已见之行事深切著明,殆匪载之空言者比。"他在解释"为天地立心"时说:

> 天地之心,亟亟立矣。顾天地之心何在?人心是也。人心必有理以主张之,而后不至于颠倒错乱。太极默运,覆载生成,其显证也。先生(冯从吾——引者注)之言曰:"佛氏以理为障,一切总归于空,所以无感时,似与吾儒同,一有所感,便颠倒错乱,依旧落于世味中而不可救药。"夫人心至是,几不立矣,知人心便知天地心。自先生斯言出,举凡人心皆有以自持,其不至于高卑易位,东西易面者,胥由之矣。是天地之心无能自立,先生为之立之也。

他很明确的指出,所谓"天地之心"不是别的,就是"人心"。这里所说的"人心"不是与"道心"相对的"人欲",而是与"天道"相对应的"人心"。只要"人心""有理以主张之",才不至于"落于世味中而不可救药"。如果人失去道德本心,那么"天地之心"就"几不立矣"。所以,"知人心",就知"天地之心"。但此合于天理之心,并非所有的人都能立得起来,所以贺时泰才说冯从吾自觉地担负起了这一使命,"为之立之也"。

关于如何"为天地立心",明嘉靖间关学学人马自强①曾有过一段很精要的论述,他说:

> 圣人何以为天地立心也?天地生民物,凡可以为之所者无不欲为也,而其势不能也,于是乎生圣人,而畀之以道,而寄之以心。圣人以道存之而为心,又以其心运之而为治,以尽民物之治,以成天地之能。是天地无心,以圣人之心为心。圣人有心,而实体天地以为心。是心也,以道为体者也。得之天地之本然,而又与天地古今相为流通者也,故能为天地之心也。(《尧舜其心至今在论》,录自《关学宗传》卷一九)

马氏的解释与前面所述朱子及贺时泰的解释大略相同,也主张"天地之心"是"人心",即人的"道德本心",所立即立此心。只是马自强更明确地把此"人心"释为与"道"相通的"圣人之心",他说:"天地无心,以圣人之心为心",他认为,天所生的"民物"总是"无不欲为",而实际上这又不可能,所以才有圣人为之立道,而此道又"寄之以心",这样圣人就是"以道存之而为心"。由此可见,圣人的心乃是"以体天地之心为心",这个心又"以道为体",所以此心乃能得"天地之本然"。可见,这里所说的"道体"就是指"道心",亦即善的道德本心,正说明张载是要在天人合一的体系中,为人们确立以善的道德为主的价值系统。

"为生民立命"。"生民"指民众。"立命",即确立人生的精神方向和生活原则。此即为民众选择并确立正确的人生方向和基本的生活原则,以便实现生命的价值和意义。

"为往圣继绝学"。"往圣",指历史上的圣人。"绝学",指中断了的学术传统。此所绝之学其实是指韩愈所说的由尧、舜、禹、汤、文、武、周公而至于孔子、孟子所一贯倡导的仁义之道的道统。对于"自孔孟没,学绝道丧千有余年"(《正蒙·范育序》)这一点,张载及其弟子深有认同,所以才有"为往圣继绝学"的历史使命感。不过,张载对道统不是仅上溯至尧舜,还往前追至更远

---

① 马自强,字体乾,号乾庵,谥文庄,同州(今陕西大荔)人。明嘉靖癸丑年间进士及第,选庶常授检讨,充经筵讲官。纂修《肃宗实录》,升国子祭酒。

的伏羲、神农、黄帝等。张载在解释《论语·宪问》中所说"作者七人矣"时说:"伏羲也,神农也,黄帝也,尧也,舜也,禹也,汤也。所谓作者,上世未有作而作之者也。伏羲始服牛乘马者也,神农始教民稼穑者也,黄帝始正名百物者也,尧始推位者也,舜始封禅者也,尧以德,禹以功,故别数之。汤始革命者也。若谓武王为作,则已是述汤事也。若以伊尹为作,则当数周公,恐不肯以人臣谓之作。若孔子自数为作,则自古以来实未有如孔子者,然孔子已是言'述而不作'也。"即认为对儒家的道统有所创造("作")的人有伏羲、神农、黄帝、尧、舜、禹、汤等七人,且述各自之所"作",孔子尚为"述而不作"者。张载说:"语道断自仲尼,不知仲尼以前更有古可稽,虽文字不能传,然义理不灭,则须有此言语,不到得绝。"(《经学理窟·义理》)这与孟子和韩愈所说的有所不同。也就是说,张载要承继的是包括伏羲以至孟子以来的道统,其承继的方式就是"勇于造道"(《横渠学案·序录》,《宋元学案》卷一七),即言"《六经》之所未载,圣人之所不言"(《正蒙·苏昞序》),充分反映了张载强烈的历史使命意识。

"为万世开太平"。"太平""大同"等观念,是周公、孔子以来圣人的社会政治理想。孔子一直向往那种"道之将行"(论语·宪问)的社会,孟子也一直向往"王道"理想,《礼记·礼运篇》所述的"大道之行也,天下为公"的"大同"社会也是他们理想中的太平盛世。在那个社会里,没有剥削,没有压迫,没有贫困,没有阶级差别,人们各尽所能,过着平等、自由的生活。张载面对宋代社会的种种矛盾和人民生活的困苦,以儒家仁爱精神为基,以更深远的视野展望"万世""太平"的理想目标,旨在努力为人类开创万世不灭的太平基业,展示了他博爱的情怀和远大的志向。

总之,张载的"四句"通过立心、立道、继学,最后要达到"开太平"的目标,此涉及人类的价值目标、生命意义、道统传承、社会理想等多方面的内容,它不仅是张载对自己一生抱负和理想的概括,而且对历代有识之士产生着极大的精神激励作用。

第三章　张载贯性与天道为一的思想体系

儒学在汉代被定于一尊。魏晋时期,儒学受到玄学的冲击而日趋衰落。晋唐时期,佛、道二教倡兴,儒学依然门庭冷落。中唐以后,韩愈、李翱等力排佛、道,举起儒学复兴旗帜,情况才有了变化。不过,韩愈是以恢复古老"天命论"的形式,宣扬和维护儒家政治伦理的"道统",恢复儒家的道德人性论,而没有改变汉唐以来儒学"言天者遗人而无用,语人者不及天而无本"(朱熹语)的天人二本情况,也没有建立起具有时代精神的儒学新体系,所以无力与佛、道两教相抗衡。李翱既批判佛教,又援佛入儒,把佛教心性说与儒家性命说结合起来,提出"复性说"。他的"性命之学"已表现出融天人为一体、把儒家伦理本体化的新动向。韩、李虽然没有完成重建儒学的历史使命,却给人们一个重要的启示,即儒学的重建既不能重新回到古老的天命论,也不能绕过佛、道的本体论和心性论。

理学"宗祖"周敦颐一改儒家"罕言性与天道"的传统(这一转向在孟子那里已现端倪),援道入儒,把道家(道教)的天道观与儒家伦理结合起来,试图从宇宙论层面确立人的道德本体,这无疑为儒学的勃兴开出了一条新思路。但是,从根本上说,周敦颐没有从道家(道教)中超拔出来,仍陷入"体用殊绝""天人二本"的窠臼。

寻找失落了的儒家精神,在宇宙论层次重建儒学,必须另辟蹊径,这条途径张载找到了。张载虽然曾"访诸释老",又"反而求之《六经》",但在形式上却没有像李翱那样援佛入儒,也没有像周敦颐那样援道入儒,而是采取了地道的原儒方式,尤专于先秦《论》《孟》《庸》《易》等儒家典籍。《宋史·张载传》谓张载:"其学尊礼贵德,乐天安命,以《易》为宗,以《中庸》为体,以孔孟为法,黜怪异,辨鬼神。"这基本上概括了张载的原儒踪迹和学术取向。

张载经过多年的沉思,在其人生的最后七年,学术思想达到成熟的程度,并建构起自己谨严的思想体系。关于他的学术思想体系的特点,朱轼康熙五十八年本《张子全书序》说:"横渠以《易》为宗,以《中庸》为体,以孔孟为法。与诸生言学,每告以知礼成性变化气质之道,学必为圣人而后已。"吕大临谓其学"自得之者"是"穷神化,一天人,立大本,斥异学,自孟子以来,未之有也。"(《横渠先生行状》)可以看出,张载思想体系的形成,与《周易》《中庸》《论语》《孟子》有直接的渊源关系,而其中最重要的则是《易》:"张子之学,无非《易》也"(王夫之:《张子正蒙注序》);而其思想在内容上的特点,是"尊礼贵德,乐天安命","穷神化,一天人,立大本,斥异学";其思想的独特性则是"知礼成性、变化气质之道"。其弟子范育在《正蒙序》中对此有一个比较全面的概括:

> 《正蒙》之言,高者抑之,卑者举之,虚者实之,碍者通之,众者一之,合者散之。要之,立乎大中至正之矩。天之所以运,地之所以载,日月之所以明,鬼神之所以幽,风云之所以变,江河之所以流,物理以辨,人伦以正,造端者微,成能者著,知德者崇,就业者广,本末上下贯乎一道。过乎此者,淫遁之狂言也;不及乎此者,邪诐之卑说也。推而放诸有形而准,推而放诸无形而准,推而放诸至动而准,推而放诸至静而准,无不包矣,无不尽矣,无大可过矣,无细可遗矣。言若是乎其极矣,道若是乎其至矣,圣人复起,无有间乎斯文矣。①

这段颇有溢美之嫌的话,表达了范育对张载思想体系的肯定和对张载思想特点、价值的概括。张载的思想学说具有体系性,即所谓"本末上下贯乎一道";同时颇具中道的特性,如所谓过之则为"狂言",不及则为"卑说";另外还有广泛的适应性,无论对于宇宙间"有形""无形""至动""至静"之物皆"无不包""无不尽"。但是如果就其哲学思想的内在体系而言,还是张载本人所说较为恰当。他说:"由太虚,有天之名;由气化,有道之名;合虚与气,有性之名;合性与知觉,有心之名。"(《正蒙·太和篇》)又说:"义命合一存乎理,仁智合一存乎圣,动静合一存乎神,阴阳合一存乎道,性与天道合一存乎诚。"(《正蒙·诚明篇》)下面在谈及其哲学思想体系时,将沿着这些具有纲领性的说法加以分析。

---

① [宋]范育:《正蒙序》,见林乐昌编校《张子全书》(附录),西北大学出版社2015年1月版,第483—484页。

第三章 张载贯性与天道为一的思想体系

第一节 "太虚即气"的自然观

一、"由太虚,有天之名"

在张载的思想中,"太虚"是一个重要的概念。"太虚"在古代较早出现于《庄子》一书中,庄子借无始之口谈到道自身的特点时说:"若是者,外不观乎宇宙,内不知乎大初。是以不过乎昆仑,不游乎太虚。"(《庄子·知北游》)这里的太虚显指无穷的太空。此后,到魏晋时,葛洪的《抱朴子内篇》亦在谈到道的特性时提及太虚:"以言乎迩,则周流秋毫而有余焉;以言乎远,则弥纶太虚而不足焉。"(《道意》)是说道在万物之中,其大无外,其小无内。这里所说太虚当指广袤的宇宙空间,它至虚而无穷。此后张湛在《列子注》中较多地使用了太虚一词。如说:"莫不以大道玄远,遥指于太虚之中;道体精微,妙绝于言诠之表。"(张湛《列子序》)又说:"夫含万物者天地,容天地者太虚也。"(《列子注·汤问》)这里的太虚亦指无穷无尽的宇宙太空,天地也在太虚之中。以后道教大量使用了太虚一词,所指意义较多,但亦未脱离宇宙空间的意义,如《云笈七签》:"三气混沌,生乎太虚而立洞,因洞而立无,因无而生有,因有而立空。"(卷二《混元》)

张载沿用了古代道家与道教常用的太虚概念,以说明无穷无尽而又无形无象的广袤宇宙空间。对于太虚,张载又赋予其新的意义,他说:"太虚者天之实也。万物取足于太虚,人亦出于太虚,太虚者心之实也。""太虚者自然之道"(《张子语录·语录中》)。意思是说,太虚是宇宙空间最真实的存在,万物、人皆由太虚产生。太虚也是人之心可以认识的真实存在。在张载看来,"太虚"的一个重要特性是"虚",它不是有形有象的物质实体,它虽无形无象但却又真实存在,故他说:

> 天地之道,无非以至虚为实。人须于虚中求出实。圣人,虚之至,故择善自精。心之不能虚,由有物榛碍。金铁有时而腐,山岳有时而摧,凡有形之物即易坏,惟太虚(处)无动摇,故为至实。(《张子语录·语录中》)

张载认为，"至虚"的东西是"至实"的。具体的物质形体都不是永恒的，如金、铁到了一定的时候就会腐朽，山体在一定的情况下也会崩摧，有形的东西都易坏，只有没有形体的太虚永远存在，是"至实"，即最真实的存在。天地万物包括人都是从太虚中走出来的，最后还要回归太虚。可以说，张载是以虚为实，以太虚为本的。

与太虚相关的概念有两个，一是"天"，张载说："由太虚，有天之名。"（《正蒙·太和篇》）由此引出的问题是，太虚与天的关系是怎样的？"天"和"太虚"哪个更根本？二是"气"，张载说："知太虚即气，则无'无'。"由此引出的问题是：太虚与气、太虚与天的关系是怎样的？这些都是研究张载思想不可回避的问题。

关于太虚与"天"的关系。"天"在张载思想中指的是什么？是最高的存在，还是天以太虚为本？首先，看张载对天的界定。张载说："天之明莫大于日，故有目接之，不知其几万里之高也；天之声莫大于雷霆，故有耳属之，莫知其几万里之远也；天之不御莫大于太虚，故必知廓之，莫究其极也。"（《正蒙·大心篇》）这是说，天有许多具体的特性，天的"明"，其最大的实体就是"日"，太阳可以看得到，但是它太遥远了；天最大的声音就是雷霆，遥远之处人也可以用耳感知到；天的无限性表现于太虚，它虚廓广大莫知其终极。这里，张载是用太虚形容天的广袤无限。天尽管有光明、声音、无限空虚的特性，但是天毕竟是一个可以感知的具体的存在物。张载说："不曰天地而曰乾坤，言天地则有体，言乾坤则无形。"（《横渠易说·上经》）即是说《周易》讲乾坤，是从其无形的特性上说的，虽然乾以天为象，坤以地为象，但所以不讲天地而讲乾坤，是因为天地是具体的实体，而乾坤则是无形的，后者更有形上的意义。所以朱轼说："《正蒙》论天地太和细缊，风雨霜雪，万品之流形，山川之融结，即器即道，皆前人之所未发。"（康熙五十八年本《张子全书序》，《张子全书》附录二）其所说的"太和细缊，风雨霜雪，万品之流形，山川之融结"，皆是从"器"上说天，而不是从道上说天，其方法论的意义在于即器而求道。所以张载有时也说"阴阳气也，而谓之天；刚柔质也，而谓之地"（《横渠易说·说卦》），此天也是具体的与地对应的实体，即无限的宇宙空间。需要指出，张载受孟子影响，有时也给天赋予道德（善）的属性，称"天德"，他说："天道即性也，故思知人〔者〕不可不知天，能知天斯〔能〕知人矣。"（《横渠易说·说卦》）天道是人善的本性的来源，所以知性即知天。他在解释《乾》九五爻辞

"利见大人"时说:"九五,大人化矣,天德位矣,成性圣矣,故既曰'利见大人'。"易九五为天子之尊位,圣人是与天道相通的,得天德而成圣,故曰"天德位矣,成性圣矣"。说明张载所说的天,更多的是指自然之天,有时也有道德之天的含义,却没有至上神之天的含义,所以它并不具有最高本体的意义。"由太虚,有天之名",只是说天是一个广袤的无限虚空。相对于太虚,天地皆由太虚而来,"太虚者天之实",较之天,太虚更根本。

二、"太虚即气"

"气"是中国古代一个古老的哲学范畴。无论是先秦的"精气说",还是汉代的"元气论",虽然都以"气"为宇宙的始基,但"气"始终未能摆脱具体实物的特性。在张载的哲学中,"气"的规定性、气与万物的关系有了新的突破。

首先,张载把"气"与"太虚"联系起来,提出"太虚即气"的命题,说"知太虚即气,则无'无'"(《正蒙·太和篇》),这是张载气论哲学首要的、基本的观点。"太虚即气"是张载气论的出发点。如前所述,"太虚"本是道家、道教常用的概念,出于《庄子·知北游》。张湛在《列子注·汤问》中说:"夫含万物者天地,容天地者太虚也。"认为天地在太虚之中。道教则多在气的混沌状态的意义上使用"太虚",如:"天光未朗,郁积未澄,溟涬无涯,混沌太虚。"(《总序天》,《云笈七签》卷二一)以太虚为世界产生以前混沌一体的状态。佛教常把太虚视为"空""无",如"太虚则以无为体故云空"(《起信论疏笔削记》卷一引《华严经疏》);又说"太虚是灭法""太虚无法"(《大乘起信论义疏》)。张载批判佛老就是从抓住他们把"太虚"视为"空""无"这个根本点开始的,其方法就是把"太虚"与"气"统一起来,提出"太虚即气"的命题。"太虚即气"主要有两层含义:一是指广大无垠的宇宙虚空都不离气,如:"气坱然太虚"(《正蒙·太和篇》)。二是说太虚是气的本然状态,如:"太虚无形,气之本体。"(《正蒙·太和篇》)这两者是一致的,都是说太虚是气散而未聚的状态。"太虚即气","即"乃不离之意,就是说无限虚空的宇宙是不离气的,"太虚"是气的存在状态,二者不可分离,故"太虚不能无气",气"不能不散而为太虚"。其结论就是:"气之聚散于太虚,犹冰凝释于水,知太虚即气则无'无'。"意思是说,太虚不能离气,气聚而为万物,气散而为太虚,气就是宇宙万物的本根和始基,佛老所说的"空""无"世界是不存在的。在张载看来,太虚与万物的关系，就是气之聚散的关系："气不能不聚而为万物，万物不能不散而为太虚。"（《正蒙·太和篇》）其结论就是："太虚无形，气之本体，其聚其散，变化之客形尔。"（《正蒙·太和篇》）在张载看来，太虚是气的本然状态，具体的存在物都是由太虚之气转化而来的；包括天地等具体事物都有生有灭，而太虚之气则是无生无灭的，说明张载承认了气的绝对性、无限性和永恒性，从而否认了佛老所谓的"虚无"世界。张载有时又从"太虚"之气的无形、无象、"至静无感"、"清通不可象"的意义上，把"太虚"称为"太和"。认为这种作为宇宙本原的"气"，是在浮沉、升降、动静的阴阳对立统一中得以保持协调、平衡、和谐的。他说："太和所谓道，中涵浮沉、升降、动静相感之性，是生絪缊、相荡、胜负屈伸之始。"（《正蒙·太和篇》）在张载看来，"太和"是宇宙最理想的存在状态。

在太虚与气的关系中，究竟太虚为本还是气为本？张载说过："至虚之实，实而不固；至静之动，动而不穷。实而不固则一而散，动而不穷则往且来。"（《正蒙·乾称篇》）意思是说，太虚虽至虚但却是实有，虽然实有但其形态却不是凝固不变的，它可以聚而为万物，散而为太虚；太虚是"至静"的，但是聚而为万物则是运动的，且这种运动是无限的。正因为实有而形态不凝固，所以说它既是统一的又是散殊的；正因为运动而无穷所以它有往有来，即聚而为万物，散而为太虚，具体事物只不过是气变化的"客形"，即暂时状态而已。又说："气之性本虚而神，则神与性乃气所固有。"意即气的本质特点是空虚和神妙，所以神妙与空虚是气所固有的特性。又说，太虚"散殊而可象为气，清通而不可象为神"（《正蒙·太和篇》），当太虚之气凝聚散殊而为万物之时，这只是有形象的气；当气散而未聚处于纯净清明不能看见形象时可称作神妙，二者其实是统一而不能分离的，这是因为"太虚为清，清则无碍，无碍故神；反清为浊，浊则碍，碍则形。"（《正蒙·太和篇》）就是说，太虚是纯清净明的，所以就通畅无阻，通畅无阻就必然神妙；相反，气聚为万物之后就有了形体，故为浊，浊则不能通畅无阻，这是因为其有形体的缘故。概括地说，张载认为，太虚与气是统一而不能分离的。对于这点说得更明确的，是下面一段话：

> 知虚空即气，则有无、隐显、神化、性命通一无二，顾聚散、出入、形不形，能推本所从来，则深于易者也。（《正蒙·太和篇》）

这是说，认识到虚空不离气，那么也就会知道有与无、隐和显、神和化、性与命都是统一而不可离异的,这是由气的聚集和消散、显现和隐藏、有形和无形的变化形成的。这样认识了气变化的本性和可以产生不同形态的道理,也就深刻地懂得了《易》理,亦即关于宇宙和人生的根本问题了。从上面的引述和分析可以看出,太虚与气是统一而不可分的。不过,虚是从形态而言,气是从实体而言,所以说张载的哲学思想是气本论还是可以成立的。如果准确地说,应称为虚气本体论。

在张载之前,无论是秦汉的黄老之学、汉代的元气自然论(王充),还是唐代柳宗元、刘禹锡的元气论,其"气论"基本上都从属于宇宙生成论,它不能够说明宇宙万物的统一性与多样性,所以也就不能对世界的本质作出合理的说明。晋唐时期,佛教和玄学通过"体用一如""有无统一"的方法论试图解决上述问题,但它们却把世界归结为"空""真如"或玄虚的"无",结果还是"有无为二""体用殊绝",把世界二重化,并最终否定了世界的真实存在。这样,沿着秦汉以来"气论"哲学所蕴涵的关于世界的客观物质性的思路,重新探讨宇宙万物的本原,就成为哲学逻辑发展的必然要求。张载是一位"访诸释、老,累年究极其说,知无所得,反而求之《六经》"(《宋史·张载传》)的学有"自得"的学者,他尤其精通《易》理,所谓"张子之学,无非《易》也"(王夫之:《张子正蒙注序》),并通晓《孟子》。受《易》"阐形而上之道"和孟子"推生物一本之理"(王夫之:《张子正蒙注序》)思想的启发,张载继承了古老的"气"概念,以"揭阴阳之固有,屈伸之必然"(同上注)为动因,借鉴前人的研究成果,特别是汉代易学的气论思想,努力在新的条件下探寻天人关系,提出了"天人一气"的宇宙本体论。"气论"在汉唐有黄老系统和易学系统,大都讲元气。张载的气论思想究其源来自易学系统。据朱伯崑先生的研究,张载气论源于汉易卦气说,汉易以阴阳二气解易的传统,曾对孔颖达和宋初李觏解易发生过影响。张载气论尤其受"孔疏以阴阳二气解易的传统"的影响,当然其最直接的影响可能来自李觏。①

三、张载以气论对佛老的批判

张载是曾"访诸释老而后归之《六经》"的学人,所以对佛、老的空无世界

---

① 参见朱伯崑《易学哲学史》(中册),北京大学出版社1988年版。

有深刻的认识。张载所指斥的佛教非专指某一宗某一派,而是抓住佛教的根本观点进行批判。佛教般若学讲"一切诸法,本性空寂";天台宗讲"三千性相,皆由心起";华严宗讲"万法唯心";唯识宗讲"万法唯识"。所有这些,说到底都是否认世界的真实存在,把世界看成是某种精神或意识的产物。道家、道教讲"天下万物生于有,有生于无",以无为万物的本源。在张载看来,佛老都是把世界本来的面目弄颠倒了。对此,张载的批判是从两个方面进行的:

(一)以统有无论佛老

张载针对佛老(玄)视"有无为二"即割裂有无关系的错误,提出有无统一于气的观点。他说:"凡可状,皆有也;凡有,皆象也;凡象,皆气也。"(《正蒙·乾称篇》)他认为,凡一切"离明得施"而可见可状的东西(有)都是以气为基础的。那些"离明不得施"而无形的"虚"(气散的状态)、"性"(天性、乾坤、阴阳)、"命"(规律、必然性)、"神"(变化的功能)等都是气本身的状态或固有的属性、功能。他说:"气之性本虚而神,则神与性乃气所固有。"(《正蒙·乾称篇》)气的本性是空虚而神妙的,虚与神是气本身固有的特性。故张载认为,"气能一有无"(《横渠易说·系辞上》)。他说:"知虚空即气,则有无、隐显、神化、性命通一无二。"(《正蒙·太和篇》)。有、无是指"气"的聚、散,气聚有形而为"有",气散无形而为"无"。隐、显是指"气"的形与不形;神化、性命是气的属性和功能。这些说法虽然角度不同,但都可以在气的基础上统一起来。张载说:

> 天文地理,皆因明而知之,非明则皆幽也,此所以知幽明之故。万物相见乎离,非离不相见也。见者由明而不见〔者〕非无物也,乃是天之至处。彼异学则皆归之空虚,盖徒知乎明而已,不察夫幽,所见一边耳。
>
> 气聚则离明得施而有形,气不聚则离明不得施而无形。方〔其〕聚也,安得不谓之(有)〔客〕?方其散也,安得遽谓之无?故圣人仰观俯察,但云"知幽明之故",不云"知有无之故"。
>
> (《横渠易说·系辞上》)

这是说,气聚而为万物人可以看得见,气不聚则无形故人看不见。当聚而为物时人们称为有,当散而未聚时人不能看见,往往以为是空无,这是不对的。佛老所以把世界归之空虚,这是只知明而"不察夫幽"的片面性所导致的。所以古代圣人(指《周易》作者)在观察宇宙万物时,只说"知幽明之故",而不说"知有无之故",其原因就在这里。幽明只是不可视或可视的问题,而不是有与无的问题。所以张载说:"知太虚即气,则无'无'",就是说懂得了太虚不离气的道理,也就明白了没有佛老所说的空无的本体。张载正是以有与无的统一,反驳了佛教和老子把世界说成"空"或"无"的错误,他说:"《大易》不言有无,言有无,诸子之陋也。"(《横渠易说·系辞上》)由此他批判老氏的"有生于无"、玄学的"以无为本"和佛教以"空"为真、以"有"为幻的观点,认为这些都是不识"有无混一之常"(《正蒙·太和篇》)。

(二)以一体用论佛老

为了彻底破除佛老(玄)空无之论,立"太虚即气"之说,张载又以体用统一的观点和方法进行了论证。他说:

> 若谓虚能生气,则虚无穷,气有限,体用殊绝,入老氏"有生于无"自然之论,不识所谓有无混一之常;若谓万象为太虚中所见之物,则物与虚不相资,形自形,性自性,形性、天人不相待而有,陷于浮屠以山河大地为见病之说。此道不明,正由懵者略知体虚空为性,不知本天道为用,反以人见之小因缘天地。明有不尽,则诬世界乾坤为幻化。幽明不能举其要,遂躐等妄意而然。不悟一阴一阳范围天地、通乎昼夜、三极大中之矩,遂使儒、佛、老、庄混然一涂。(《正蒙·太和篇》)

他认为,按照老氏"有生于无"的说法,"无"出现在"有"之前,物质世界本来不存在,而是由"无"产生的("虚生气"),这实际上是把"虚"看成是无限的("虚无穷"),而把"气"看成是有限的("气有限"),从而把体用的统一关系割裂开来了("体用殊绝"),这就必然陷入如佛教所说的虚无为本的错误,[①]而且在方法论上,陷入"有无混一",把体用关系搞混了。张载进一步从方法论上进行了批判,指出把有与无从体用上相割裂,在于不懂得"太虚即

---

① 这里有两个问题须辨明:(1)张载所批评的"若谓虚能生气,则虚无穷,气有限,体用殊绝"主要是针对佛老还是儒者?从张载所说"入老氏有生于无自然之论","陷于浮屠以山河大地为见病之说"来看,主要不是针对佛老,而是指某些儒者。(2)张载所批评的"虚生气"是否针对二程?其实张、程虽然在世界观上有严重分歧,但二程也不同意"虚生气"的说法。程颐曾说:"老氏言虚生气,非也。"(《河南程氏遗书》卷一五)

气"的道理,即把宇宙万象当成脱离太虚的存在物,没有认识到太虚与物类是不可分离的,而把物类与太虚看成是相互不凭借的,以为形体是孤立的形体,物性是孤立的物性,形与性、天与人都被看成是互不联系的存在,这就必然陷入佛教所谓凡俗之人以山河大地为真实的一种"见病"(认识错误)的谬论。《楞严经》卷二:"例如今日,以目观见山河国土及诸众生,皆是无始见病所成,见与见缘,似现前境。"佛教认为,山河大地都是人类未生前具有疾病的视觉形成的幻象。张载批判了这种观点,指出物类与太虚是一体而不可分的。并指出人们往往犯一种认识上的错误,这就是只知"体虚空为性",而不知"本天道为用",也就是只约略地知道虚是事物的本性,而不懂得性是虚与气的统一体,不知道气化的过程是性的作用,结果反"以山河大地为见病"(《正蒙·太和篇》),即把宇宙万物看成是空无本体所显现之幻象,把人所看到的真实世界反而认为是"见病",这就把真实的世界搞颠倒了,遂有了"有无之分"。所以,张载批评说:"诸子浅妄,有有无之分,非穷理之学也。"(《正蒙·太和篇》)又说:"万物皆有理,若不知穷理,如梦过一生。释氏便不穷理,皆以为见病所致。庄生尽能明理,反至穷极亦以为梦,故称孔子与颜渊语曰'吾与尔皆梦也',盖不知易之穷理也。"(《张子语录·语录中》)认为佛教所以以凡俗正常人对世界真实性的看法为"见病",就是因为释氏不知穷理。道家如庄子者,虽然能明理,但却走向极端,也以人生为梦幻,二者殊途同归,都割裂了体与用的关系。不过,佛老在表现形式上有所不同,正如王夫之所说:"庄、老言虚无,言体之无也;浮屠言寂灭,言用之无也。"(《张子正蒙注·乾称篇下》)即老庄、玄学在"有"之上加了一个本体的"无";佛教则以佛性本体为真实,以万物为虚幻,即言"用之无",其实质都是"销用以归于无体"(《张子正蒙注·乾称篇下》),即都把体用割裂,而不知气之体是有无、虚实的统一。张载以"体用不二"的方法统一了有与无,并确立了虚气为本的本体观。

针对老子把"无"的作用无限夸大的说法,张载仍从体用统一方面来反驳。如老子说:"三十辐共一毂,当其无,有车之用。埏埴以为器,当其无,有器之用。凿户牖以为室,当其无,有室之用。故有之以为利,无之以为用。"(《老子》第十一章)老子强调,车的功能和作用恰在于其轮子的空虚处,容器的功能也正在于其中间的空虚处,房子的功能也正在于房间的空旷之处。这叫"有之以为利,无之以为用",即有是赖无而发生作用的。对此,张载批评说:"三十辐共一毂则为车,若无辐与毂,则何以见车之用!"(《横渠易说·系辞上》)意思是说,无体何以有用?如果没有物质实体的"有",哪里会有"空""无"的作用呢?进一步强调物质世界的真实性。

张载进而抓住佛老的唯心本质,指出其所以有如此认识,在于他们都是把人的主观意识"心"看成是根本的,而把宇宙万物看成是心的产物,这是其错误所在。他说:

> 释氏不知天命而以心法起灭天地,以小缘大,以末缘本,其不能穷而谓之幻妄,真所谓疑冰者欤!(《正蒙·大心篇》)

张载认为,佛教的根本错误在于"以心法起灭天地",即用主观的心来"起灭"(生起或毁灭)宇宙万物,以为宇宙万物不过是一心所造,由心而生,缘心而存,从而否定了物质对意识的根源性,颠倒了物质与意识的真实关系。这里所说"疑冰者"见于《庄子·秋水》:"夏虫不可以语于冰者,笃于时也。"张载借用庄子的比喻,来驳斥佛教之所以把自己尚没有认识的东西说成是幻觉、虚妄,这就如同夏天的小虫子没有见过冰而怀疑冰的存在一样荒唐可笑。佛教不知道物质世界是本、是大,也未能认识物质世界变化的客观必然性,而以心为本、为大,用心的生灭来说明物质世界的变化,甚至把小的东西看成是大的东西的根源,把后来派生的事物当成先出现的本原性事物的根源,从而在根本上颠倒和歪曲了本与末、大与小、因与果的真实联系。

张载进一步分析了佛教空无说的认识论根源,指出佛教把人的微小的感觉思维当作广大无限的宇宙的根源,是由他们不明事理所造成的。他说:

> 释氏妄意天性,而不知范围天用,反以六根之微因缘天地。明不能尽,则诬天地日月为幻妄,蔽其用于一身之小,溺其志于虚空之大,此所以语大语小,流遁失中。其过也,尘芥六合;其蔽于小也,梦幻人世。谓之穷理可乎?不知穷理而谓尽性可乎?谓之无不知可乎?尘芥六合,谓天地为有穷也;梦幻人世,明不能究所从也。(《正蒙·大心篇》)

这是说,佛教凭空去猜想天的本性,而不知道利用和发挥天的功能,反而以为天地万物是人的眼耳鼻舌身意"六根"因缘所形成的幻象。他们不能明察自然的奥秘,就妄说天地日月都是虚幻的,为自己有限的认识所遮蔽,也使自己的思想陷入无限的空虚之境,其或论大或语小的道理,都脱离了真理性。由于佛教沉溺于追求真如佛性的幻境中,所以其过错在于:否认尘埃、小草与宇宙六合的区别,认为一粒尘埃中也蕴涵着大千世界;其在小的方面的遮蔽在于：把人生一世看成是一场梦幻。这样的理论，既不是穷理，也不能尽性；说他们无所不知能站得住吧！把尘埃、小草与六合中宇宙等量齐观，说天地是有限的；把人的真实人生说成是梦幻，显然是不能真正了解天地万物和人生真实道理的。

张载肯定地认为：世界是客观存在的物质世界，不能把客观存在的物质世界及其万事万物说成是虚幻的，更不能把宇宙万象说成是意识的产物和依赖意识而存在的。同时，张载进一步对佛教把人生视为虚幻的错误观点进行了批评。他说：

> 释氏语实际，乃知道者所谓诚也，天德也。其语到实际，则以人生为幻妄，以有为为疣赘，以世界为荫浊，遂厌而不有，遗而弗存。就使得之，乃诚而恶明者也。（《正蒙·乾称篇》）

这是说，佛教常说的"实际"（如真如、实相、涅槃等）等同于儒家所说的"诚""天德"。当佛教讲到"实际"时，总认为人生是虚幻的，又把人的作为看成是多余的疣赘，以为世界是黑暗不洁的，于是就厌弃并要离开人世。既就懂得了"实际"，也只有真诚的精神而讨厌明白事理的人。总之，佛教所以强调世界的虚幻，其目的是要让人放弃人生，放弃人生的所有追求。张载对佛教的这种批评，击中了佛教世界观、人生观的要害。

张载进一步指出，佛教和道教虽然思想观点有异，但就其"失道"来说则是共通的。张载说：

> 彼语寂灭者往而不反，徇生执有者物而不化，二者虽有间矣，以言乎失道则均焉。（《正蒙·太和篇》）

这里所说的"彼语寂灭者"指佛教之徒，他们认为天地万物是由人的愚昧和邪念产生的假象，修炼成佛之后，方根除愚昧和邪念，超脱生死轮回的痛苦，升入"涅槃"即"寂灭"的境界，于是便"往而不反"。其所说的"徇生执有者"指道教之徒，他们认为只要经过苦修苦炼，追求长生不老，形体就可以永远存在下去。二者都是"失道"的，只是前者认为人生虚幻，只有进入涅槃境界就会往而不返，这是不懂得万物包括人都是气聚而有形的道理；后者则认为人可以长生不死，永远存在，而不懂得万物都将散而为太虚的道理。所以二者思想虽表现形式不同，但实质是相同的，都是不懂得宇宙万物是气的聚散所致的道理，也不懂得物质世界的真实性。

四、张载对佛教生死轮回说和有鬼论的批判

生死轮回说是中国佛教的核心理论之一。佛教认为，人的生死是可以轮回的，其轮回说的基础是灵魂不灭。在轮回的过程中，人的行为的善恶会对人的未来造成相应的果报，这叫因果报应，其报应的主体是人的灵魂。只有那些修炼成佛的人，其灵魂将处于寂灭的境地，方可以超脱轮回，解脱痛苦。张载依据他的气论思想，对佛教宣扬的生死轮回、因果报应等观点进行了有力地驳斥，并在此基础上阐明了建立在气论基础上的生死观和鬼神观。张载说：

> 浮屠明鬼，谓有识之死，受生循环，亦出庄说之流，遂厌苦求免，可谓知鬼乎？以人生为妄见，可谓知人乎？天人一物，辄生取舍，可谓知天乎？孔孟所谓天，彼所谓道者。惑者指"游魂为变"为轮回，未之思也。大学当先知天德，知天德则知圣人，知鬼神。今浮屠极论要归，必谓生死转流，非得道不免，谓之悟道可乎？悟则有义有命，均死生，一天人，惟知昼夜，道阴阳，体之不二。（《文集佚存·与吕微仲书》）

佛教宣扬有鬼论，说有情识的众生都要轮回转生，这和庄子所说的类似，由此而悲观厌世，希望通过佛教的修行而得以解脱，这是根本不懂得"鬼者，归也"的道理。特别是佛教以人生为虚妄，也不了解人生。天与人是相通的、统一的，但是佛教却重视天而舍弃人生，最终并不真正了解天。孔孟所谓的"天"，佛教称之为道。一些被佛教迷惑的人，缺乏深思，往往把易中所说的"游魂为变"（人死后游散的气即魂的变化）说成佛教的因果轮回，这是错误的。真正有渊博学识的人，首先要知晓天的阴阳不测的本性，由此也就了解了圣人，懂得了鬼神。但是，按照佛教的论点，总是讲众生要免除生死轮回的痛苦，以为除非修炼成佛，没有别的途径可走，甚至把这叫做悟道，这是极不正确的。实际上，人真正需要参悟的是道义和天命方面的道理，把生死看成是相联系的，天人视为一体，懂得昼夜、阴阳，才能体悟到生与死、天与人是不可分割的道理。

张载的"均生死""一天人"与道家的"齐生死""死而不亡"似乎有某种相通性，都认为人的生死与万物的存亡，皆是气之变化，生与死都是一种自然而然的变化过程。如果说二者有区别，在于其所说的气有所不同。老庄所说

的"气"或指元气,或指精气,但尚不具有本原性。张载所说的太虚之气,则是本原性之气。这是张载与道家在生死观上的不同之处。① 张载从天人一、阴阳合、均生死等方面讲了生与死的转化,都是气的运动变化,以此说明佛教的因果轮回说是错误的。同时,又指出"神"是万物萌发时的气之"伸","鬼"是万物复返时的气之"归",所谓的鬼神都不具有神秘性和神通性。不过,张载又承认儒家所说的"游魂为变"即魂是人死后游散的气的说法,说明张载的无神论的鬼神观仍有其不彻底的一面。

张载又揭露了佛教传入以来对中国社会精神生活造成的严重危害,他说:

> 自其说炽传中国,儒者未容窥圣贤门墙,已为引取,沦胥其间,指为大道。乃其俗达之天下,致善恶知愚,男女臧获,人人著信。使英才间气,生则溺耳目恬习之事,长则师世儒崇尚之言,遂冥然被驱,因谓圣人可不修而至,大道可不学而知。故未识圣人心,已谓不必事其迹;未见君子志,已谓不必事其文。此人伦所以(亦)〔不〕察,庶物所以不明,治所以忽,德所以乱,异言满耳,上无礼以防其伪,下无学以稽其弊。自古诐、淫、邪、遁之词,翕然并兴,一出于佛氏之门者千五百年,向非独立不惧,精一自信,有大过人之才,何以正立其间,与之较是非,计得失!来简见发狂言,当为浩叹,所恨不如佛氏之著明也。(《文集佚存·与吕微仲书》)

张载分析说,自佛教炽传中国以来,儒生还没学到多少儒学的基础知识,就被吸引到佛门去了,陷溺于佛教的论说中,以为那才是什么高明的正道。其学说广泛流传天下,以致善人、恶人、聪明人、愚昧的人,男人、女人、奴婢等,都争着相信它。甚至一些很有才气的杰出人才,从小耳濡目染于佛教,潜移默化地受其影响而陷溺其中。他们相信可以成佛,圣人不需要修习即可达到,人生的大道可不学而知。其实他们根本不了解圣人的心,反而以为他们了解了。造成这种情况的根本原因在于,在社会生活中,许多人人伦不修,物情不明,政治懈怠,道德混乱,加之异端言论充斥于耳,在上者不能以礼教防范其邪说,在下者没有学问来考察其弊端,从古代传下来的那些片面的、过分的、

---

① 参见郑晓江:《横渠先生之生死观及其现代沉思》,载葛荣晋、赵馥洁、赵吉惠主编:《张载关学与实学》,西安地图出版社2000年版,第141页。

不正当的和隐晦的言说,突然一齐时兴起来。这些言说出现在佛经中已经有一千五百多年了,在这种背景下,一个人如果不能有主见和胆识,有无所畏惧的过人之才,专精自信,是无法抵御并生活于这样的文化环境之中的,又怎么能与佛教去争论是非、计较得失呢!张载这段话,对当时佛教在社会生活中的影响做了非常真实而深刻的描述,对其社会危害做了鲜明而有力地揭露,表现出一个无神论者的坚强信念和强烈的社会责任感。

张载对社会上流传的对鬼神及怪异现象的迷信,也进行了颇有说服力的批判。其弟子范育尝言"神奸物怪",张载听到后说:

> 天地之雷霆草木至怪也,以其有定形故不怪,人之陶冶舟车亦至怪也,以其有定理故不怪。今言鬼者不可见其形,或云有见者且不定,一难信;又以无形而移变有形之物,此不可以理推,二难信。又尝推天地之雷霆草木,人莫能为之,人之陶冶舟车,天地亦莫能为之。今之言鬼神,以其无形则如天地,言其动作则不异于人,岂谓人死之鬼反能兼天人之能乎?今更就世俗之言评之:如人死皆有知,则慈母有深爱其子者,一旦化去,独不日日凭人言语托人梦寐存恤之耶?言能福善祸淫,则或小恶反遭重罚而大慈反享厚福,不可胜数。又谓"人之精明者能为厉",秦皇独不罪赵高,唐太宗独不罚武后耶?(《拾遗·性理拾遗》)

张载首先通过现实的例证,来说明人们所怪者,其实都不足为怪。天地雷霆草木本来让人感觉是很怪的,但是因为其有固定的形体,所以就不怪了;人们烧制陶器、冶炼金属以制造舟车,也似乎很奇怪,但是因为它是按照一定的规律进行的,所以也就不怪了。今天人们总是说有鬼神,但又说鬼神没有形体,或者说有人看见形体但却说它不确定,这是第一个让人难以置信它的理由;又有人说,鬼神是无形的,它可以移动变化为有形之物,这是无法用道理来推论的,这是第二个让人难以置信的理由。他进一步推论说,天地之雷霆草木,人是无法使它成为那样的;而人能陶冶舟车,天地对之却无能为力。说明人与天各有其所能,各有其所不能。今天一些人讲鬼神,说他无形如同天地,其动作行为却同于人,难道人死后成为鬼反而能兼天与人的能力吗?张载进一步以世俗人们所常说的例子来证明:假如说人死后有知觉,那么慈母深爱她的儿子,她一旦死去,为什么不天天凭言语托别人以梦去体恤照顾她的儿子呢?还说鬼神能做到"福善祸淫",那么为什么有的人仅犯了点小错却遭到重罚,而一些大坏人却享受厚福呢?这些例子在社会中不胜枚举,说明善恶报应并非如此灵验。又有人说,精明的人能为厉,但是为什么秦始皇死后不去惩罚赵高呢?为什么唐太宗死后不去惩罚武则天呢?

张载以确凿的证据驳斥了有鬼神的说法,也对人们迷信鬼神进行了教育。他对鬼神论有一个结论性的话说:"鬼神者,二气之良能也。"(《正蒙·太和篇》)意思是说,所谓鬼神,其实是阴阳二气自然变化的正常功能,它并不神秘,对他的迷信是愚昧的表现。"物之初生,气日至而滋息;物生既盈,气日反而游散。至之谓神,以其伸也;反之为鬼,以其归也。"(《正蒙·动物篇》)意谓万物初生之时,气至而滋养其逐渐生息;当物生长充盈之时,气开始反归而游散。气至时其作用是神妙的;反归为鬼,鬼者归也。这就对鬼神做了颇具无神论意义的解释。

在对佛教生死轮回说和有鬼论批判的基础上,张载提出了自己基于气论的生死观。

在生死观上,佛教讲轮回说。儒家则认为,人的生命是自然发展的过程,生则有死,正如始则有终一样,是自然转化之道。一般地说,儒家关注现世的成功,而不太关注身后的去向,受孔子"未知生,焉知死"(《论语·先进》)观点的影响,总是追求"知生",而不求"知死"。张载则从大《易》所谓"原始反终,故知死生之说"出发,以太虚之气的运动变化来说明人的生死转化问题。张载说:

> 《易》谓"原始反终,故知死生之说"者,谓原始而知生,则求其终而知死必矣,此夫子所以直季路之问而不隐也。(《正蒙·乾称篇》)

意思是说,按照《易》的说法,考察事物的起始,就能知道人生的道理;再探究事物的终极,也就必然知道死的道理。可见,懂得"原始反终"的道理,也就"知死生之说"了。这也就是孔子所以直率地回答季路的问题("未知生,焉知死")而丝毫没有隐晦的原因。张载进而用气论来解释生死现象,他说:

> 气于人,生而不离、死而游散者谓魂;聚成形质,虽死而不散者谓魄。(《正蒙·动物篇》)

魂魄问题是中国的一个古老话题。《左传·昭公七年》:"人生始化曰魄,既生魄,阳曰魂;用物精多,则魂魄强。"古人认为人死后有魂魄,魂为阳气,魄为阴气。张载也以气来解释,说气与人是合一的,有生命时是与人不分离的。阳气构成人的灵魂,阴气聚为人的形质。死后则阳气游散而为魂,而

阴气聚成的形质则不散,这叫魄。张载虽然认为没有鬼,但却承认阳气可游散为魂。他进一步对鬼神从气论做了阐发。他说:

> 精气为物,游魂为变,是故知鬼神之情状。"精气为物,游魂为变",精气者,自无而有;游魂者,自有而无。自无而有,神之情也;自有而无,鬼之情也。自无而有,故显而为物;自有而无,故隐而为变。显而为物者,神之状也;隐而为变者,鬼之状也。大意不越有无而已。(《横渠易说·系辞上》)

> 形聚为物,形溃反原,〔反〕原者,其游魂为变乎!(《横渠易说·系辞上》)

张载的意思是说,精气聚而为物,阳气游散为魂,由此可知鬼神的情状。朱熹说:"如'精气为物,游魂为变',此是鬼神定说。"(《张子语录·后录下》)精气自无而有,是因为气聚而为物,故有形;游魂是自有而无,是因为阳气游散,人生归无。前者是在生命状态下,故有神妙的作用,所以说是"神之情";后者是自有而生命归无,所以是鬼之情。生是显而为物,故有神妙的作用;死而为隐,是鬼之情状,总之,不超出有与无两方面。"形聚为物",人也是气聚而有形;形溃散则气反归太虚本原。反归本原,正如阳气散而为魂之变化,"所谓变者,对聚散存亡为(之)文"(《横渠易说·系辞上》)。显然,张载把生死看成是气的聚散变化,生与死的变化,与天地阴阳、昼夜四时变化一样,是自然流行而不停息的,没有任何神秘的色彩。正如《易》所说,明白"原始反终"的道理,就可"知死生之说"。

由于张载深刻地理解和认识了人的"死生之说",他才能在生死大限面前持积极而达观的态度,乐天知命,顺生安死。他说:"富贵福泽,将厚吾之生也;贫贱忧戚,庸玉女于成也。存,吾顺事;没,吾宁也。"(《正蒙·乾称篇》)他把富有、尊贵、幸福、恩泽视为天地为养育我们的生命所给予的;而把贫穷、卑贱、忧愁、悲伤则视为天地对我们的考验,目的是促使我们成功。从这个角度去对待生死,那就是:活着,我顺从天命去积极做事;死了,我的心灵也就处于安宁的境地。这是一种对待生死的既积极又达观的态度。

张载"辟佛老"是为了"正人心"(王夫之:《张子正蒙注·太和篇》)。张载所处的时代,正是"释老比尤炽,群伦将荡然;先生论性命,指示令知天"(司马光:《又哀横渠诗》)的佛、老泛滥时代,张载反佛老与唐代韩愈相比,有两个显著的特点:一是与韩愈着重从政治伦理上反佛老的方式不同,张载是从哲学思想的深层,以气论哲学为基础,直击其"空""无"的世界观,进行批判,所以在理论上有所建树。二是将对佛老的批判、对世俗生活中迷信的批判与建构自己的人生观、生死观结合起来,有鲜明的无神论思想,其目的是端正人心和风俗。可以说,张载对佛教的批判是此前的学者鲜能达到的。但是,一方面他由于受传统儒家天命论的影响较深,所以其无神论又是不够彻底的,如关于以气游散为魂的观点就是如此。另一方面他曾"访诸释老,累年究极其说"(《宋史·张载传》),在其思想中也不可避免地受到佛教思想的影响。

第二节 "气化即道"的道用论和"穷神知化"的境界论

一、"由气化,有道之名"

在历史上,老子从宇宙的本原论道,韩非子以普遍规律论道,说"道尽稽万物之理"(《韩非子·解老》);玄学家王弼把无看成是根本的,而以万物生成的途径、道路论道,说"道者万物之所由"(王弼《老子指略》);唐代韩愈曾以仁义道德论道,说"由是(仁义)而之焉之谓道"(《原道》)等等。此后,"道"成为宋代理学的一个重要范畴,也是张载思想的一个重要范畴。在理学思想史上,朱熹是以天理论道,说"所以为物之理,乃道也"(《朱子语类》卷五八),陆王心学是以心论道,而张载则与这些道论皆有所不同,其特点是以气化论道,具有鲜明的关学特色。

在张载那里,道并不具有形而上的意义,而是指气运动变化的过程,从属于气。他认为太虚是气的本然状态,是散而未聚的气;气聚而为万物,散而为太虚,太虚、万物都是气运动所表现出的不同形态。张载把气的这种运动变化过程称之为"道"。他说:"由太虚,有天之名;由气化,有道之名。"(《正蒙·太和篇》)这是说,"天"是散而未聚的无形之气构成的无限宇宙空间;所谓道,即气流行变化的过程。气化是指气的聚与散的变化,这个聚与散的流行变化过程是气本身所固有的属性,它是客观的,不以人的主观意志为转移。张载说:"太和所谓道,中涵浮沉、升降、动静、相感之性,是生絪缊、相荡、胜负、屈伸之始。"(《正蒙·太和篇》)他认为道包含了气的浮沉升降、动静相感的变化。他说:"世人知道之自然,未始识自然之为体尔。"(《正蒙·天道篇》)在张载看来,气的聚散、相荡、升降等运动"其所以屈伸无方,运行不息",其实是"莫或使之"(《正蒙·参两篇》)的,即没有一个外在的超自然的力量驱使它。总之,道为气之道,非气之外别有道。由"太虚即气",到气化为道,使古代气论思想大大深化了。故王夫之认为,张载《太和篇》"首明道之所自出,物之所自生,性之所自受,而作圣之功,下学之事,必达于此,而后不为异端所惑"(《张子正蒙注·太和篇》)。

张载认为,气化之道是有规律的。他说:"天地之道,惟有日月、寒暑之往来,屈伸、动静两端而已。"(《横渠易说·下经》)又说:"天道不穷,寒暑也;众动不穷,屈伸也。"(《正蒙·太和篇》)意即道就是自然界天地、日月、寒暑之循环往来以及屈伸运动、动静转化的规律。正因为四时按照规律去运行,才有万物的产生:"天道四时行,百物生。"(《正蒙·大道篇》)对于气运行变化的规律的认识,张载有一段话集中地体现了这一思想。他说:

> 天地之气,虽聚散、攻取百涂,然其为理也顺而不妄。气之为物,散入无形,适得吾体;聚为有象,不失吾常。太虚不能无气,气不能不聚而为万物,万物不能不散而为太虚。循是出入,是皆不得已而然也。(《正蒙·太和篇》)

张载认为,天地之气,虽然其凝聚与消散、排斥与吸收的变化路径十分复杂,但是它都合乎气的运动变化规律,始终没有偏离气正常运行的轨道。气作为物质,当它消散时回到无形的状态,恰是回到了它本然的状态;当它凝聚而成为有形象的东西时,也没有离开气的运行规律。太虚不能离开气,气也不能不凝聚而为万物,万物也不能不消散而回到太虚的本然状态。循着这样的理路进退出入,都是气合乎自然的运动。可见气化之道包含有遵循气运行规律的含义。

张载也继承并发挥《易传》所谓"一阴一阳之谓道"的思想,提出"阴阳合一存乎道"(《正蒙·诚明篇》)的命题。张载所谓阴阳,就是指阴阳二气,他说:"若阴阳之气,则循环迭至,聚散相荡,升降相求,细缊相揉,盖相兼相制,欲一之而不能,此其所以屈伸无方,运行不息,莫或使之。"(《正蒙·参两篇》)意思是说,气运行变化的过程是道,但气化过程的道本身包含着阴阳二气的相互作用,阴阳二气在宇宙间循环往来,时聚时散,互相激荡,升降交替,相互吸收,交融会合,两方面总是缺一不可,这就是阴阳二气变化无穷、运动不息的原因,没有什么外力驱使它("莫或使之")。在张载看来,气化之道本身是包含着阴阳对立统一的矛盾状态,它是两种无形的力量,此"道"与"器"是对应的,所以张载又说:"一阴一阳不可以形器拘,故谓之道。乾坤成列而下,皆易之器。"(《横渠易说·系辞上》)

二、"穷神知化"

与气化之"道"相关的概念还有"神"。张载说:"气有阴阳,推行有渐为化,合一不测为神。"(《正蒙·神化篇》)意即阴阳二气运行时,逐渐演变叫做"化",二气统一于一体,微妙不测叫做"神"。如果说"道"是气化的过程,而"神"则是气化过程中所表现出的难以预测的神妙作用。张载说:"太虚者,气之体。气有阴阳,屈伸相感之无穷,故神之应也无穷;其散无数,故神之应也无数。"(《正蒙·乾称篇》)太虚之气有阴阳,神则是气因阴阳相互作用而产生的屈伸、相感、聚散的变化功能。道与神都以气为自己存在的前提和根据,所以张载强调:"神,天德;化,天道。德,其体;道,其用,一于气而已。"(《正蒙·神化篇》)神妙不测,这是天的本性;运行变化,这是天的过程。而神妙不测的本性即是天之本体,变化不测的过程则是天的功能和作用。德与道是体用统一的关系,其统一的基础是气。需要说明的是,张载关于德体与道用的关系,正与老子相反,是反体为用的。

《易传·系辞下》说:"穷神知化。德之盛也。"《易传·说卦》说:"和顺于道德而理于义,穷理尽性以至于命。""穷理尽性""穷神知化"在《周易》中分别只出现了一次,说明它并不是十分重要和突出的概念,但是在张载的著作和思想体系中,它则被提升到突出的地位,被看成是人追求的最高境界和道德实践的根本途径。张载在《横渠易说》中十余次提及"穷神知化",在《正蒙·神化篇》中,又多次提及这一概念,在《经学理窟》中亦有所提及。也许因为张载把"穷神知化"提高到超出《大学》所讲"日用易知简能之理"的程度,竟有学者怀疑张载所说"疑与《大学》异"。王夫之在《张子正蒙注序》中指出了这一点,说:"或疑之曰:'古之《大学》,造之以诗书礼乐,迪之以三德六行,皆日用易知简能之理,而《正蒙》推极夫穷神知化,达天德之蕴,则疑与大学异。'"这正反映出张载思想的独特之处。

第三章　张载贯性与天道为一的思想体系

下面选摘先见于《易说》而后或见于《正蒙》的典型数语：

神化者，天之良能，非人能；故大而位天德，然后能穷神知化。
易谓"穷神知化"，乃德盛仁熟之致，非智力能强也。
穷神知化，与天为一，岂有我所能勉哉？乃德盛而自致尔。
"穷神知化"，乃养盛自致，非思勉之能强，故崇德而外，君子未或致知也。

（《正蒙·神化篇》）

若夫穷神知化则是德之盛，故云"未之或知"。
穷神知化乃养成自然，非思勉之能强，故崇德而外，君子未或致知也。
雷霆感动虽速，然其所由来亦渐尔。能穷神知化，德之盛也欤！

（《横渠易说·系辞下》）

张载继承并充分发挥了《易传》的说法，他以"神化"来概括气化运动的本性、过程和法则。《横渠易说·系辞下》说："气有阴阳，推行有渐为化，合一不测为神"，"神化者，天之良能"。认为"神化"是事物所固有的属性和作用。气化流行，生生不息，万物恃之以生，人性由之以成。此即与人的道德修养相联系。张载说："'穷神知化'，乃养盛自致"《正蒙·神化篇》）。"穷神知化"就是要穷究事物的神妙，认识事物的变化，把握事物变化的过程、法则和道理。受孟子"大而化之之谓圣，圣而不可知之之谓神"（《孟子·尽心下》）以及《中庸》以"至诚"为天性的影响，张载也认为"穷神知化"是很高的境界，他说："直待己实到穷神知化，是德之极盛处也。"（《易说·乾卦》）在他看来，"神为不测""化为难知"（《横渠易说·系辞下》），要达到"穷神知化"绝非易事。张载说："《中庸》曰'至诚为能化'，《孟子》曰'大而化之'，皆以其德合阴阳，与天地同流而不过也。"（《横渠易说·系辞下》）只有道德修养达到"至诚"境界，认识和顺应阴阳二气的变易法则，达到上下与天地同流，才能进入"穷神知化"的境界。所以张载在这里反复强调的是：（1）"穷神知化"才能达到天人合一的境界。（2）"穷神知化"不是自己勉强能成的，只有道德修养达到很高的境界，才能自然达到。所以他说："穷神知化，与天为一，岂有我所能勉哉？乃德盛而自致尔。"（《正蒙·神化篇》）又说："神化者，天之良能，非人能；故大而位天德，然后能穷神知化。"（《正蒙·神化篇》）张载反复强调的就是"能穷神知化,德之盛也欤!""养盛自致,非思勉之能强","崇德而外,君子未或致知",显然,"穷神知化"既是认识的极致,也是道德的最高境界。所以仅仅靠勉强努力去"致知"是达不到的,必须修养至"德之盛"才有可能。反过来说,在张载看来,道德修养境界的实现,也就是认识的最后完成,这正体现了儒家自孟子以来把知识与价值相统一的基本路向。

问题在于,张载如何把客观的气化规律、事物的变易法则与主体的道德修养联系起来,从而使其整个体系从宇宙论过渡到道德论?这是理解张载哲学乃至宋明理学的关键。张载认为,气为万物之本,人和万物皆为一气之流行,气化流行的过程为"道",而"道"又含"性","性"作为气所固有的属性,对人来说则成为人之所以为人的内在本性,成为人的存在本体。而人之所以为人而异于物,在于"得天地之最灵为人"(《横渠易说·系辞上》),人所以有别于万物之"灵"即是"心",故"性"与"心"又密切联系,"心性"联结天人、主客,于是就有了从宇宙论说明人性论、道德论,把自然天道归为道德问题,从而也把人的本体提高到宇宙本体的可能性。那么,人们如何在道德实践中完成和实现天人、道性的合一,从而达到"穷神知化"?对此,张载在《易说》中做了较充分的论述,并提出依次为三个层次的进阶,此即:

其一,"识造化,然后其理可穷"。"识造化"即认识气化万物的过程和规律。张载认为,"先识造化"即认识和把握气化过程和规律,才能穷尽物理。而"识造化"须懂得易理,因为"易所以明道","不见易则不识造化"(《横渠易说·系辞上》)。

其二,"穷理尽性"。"识造化"亦即"穷理尽性",但就具体过程说,应"先穷理而后尽性"。张载认为"穷理亦当有渐,见物多,穷理多,从此就约,尽人之性,尽物之性"(《易说·说卦》)。"穷理"本有由感性而达理性的理性认知的合理因素。"尽性"在于穷其事物乃一气之所化,也有认识事物本质的意义。不过张载没有由此走向实证科学和理性认知,他追求的则是道德理性。他说:"穷理尽性,言性已是近人言也。"(《易说·说卦》)所"尽"之"性",主要指人得之于天的内在本性,"穷理尽性"就是"知天知人"。所以他说:"知天知人与穷理尽性以至于命同意。"(《横渠易说·说卦》)

其三,"穷神知化"。"穷理尽性"还不是张载追求的最高境界,张载追求的最高境界是"穷神知化",即与天道为一的境界。欲达这一境界,张载认为必须经过"精义入神"和"穷神知化"两个阶段。"精义入神"是"穷神"的初级阶段。张载说:"入神是仅能入于神也,言人如自外而入,义固有浅深。"(《横渠易说·系辞上》)他认为,"义有精粗,穷理则至于精义,若尽性则即是入神,盖惟一故神",即"穷理"达到"精义"方为"尽性",而"尽性"还只是"入神"(而非"穷神")即进入"神化"境地。达到这一境界仅能预知事物变化,还不能穷尽气化过程和法则。他说:"精义入神,豫而已","豫者见事于未萌,豫即神也"。由"入神"达到"穷神"则进了一步:"穷神则穷尽其神也"。不过,张载认为,"穷神"既以道德修养为条件:"德盛者,神化可以穷矣","《易》谓'穷神知化',乃德盛仁熟之致"(《横渠易说·系辞下》),也是道德修养的最高境界。总之,"穷神知化"是人的主观精神和气化流行之天德合一的境界,亦即天人、物我一体的境界。从"穷理尽性"到"穷神知化",天人合一的思想终于在道德心性论的基础上被做了较充分的说明。

和"穷神知化"相通的另一表述,就是诚明互动、天人合一。在《易说》中,张载针对佛教"乃诚而恶明",不懂"性与天道"之弊,强调只有由明而诚,反诚而明,才能达到天人合一。他说:"儒者则因明致诚,因诚致明,故天人合一。"(《横渠易说·系辞上》)这个说法语出《中庸》。《中庸》说:"自诚明,谓之性;自明诚,谓之教。诚则明矣,明则诚矣。"《中庸》认为由诚而明,是由人的道德本性出发;由明而诚,立足于穷理的结果。诚明互动同一,方可达至天人合一的境界。张载把诚、明作了区别,并认为二者是有一定次序的,他强调的是"自明诚"。这还可以从《张子语录》得到证明。《张子语录·语录下》说:

> 须知自诚明与自明诚有异。自诚明者,先尽性以至于穷理也,谓先自其性理会来,以至于穷理;自明诚者,先穷理以至于尽性也,谓先从学问理会,以推达于天性也。某自是以仲尼为学而知者,某今亦窃希于明诚,所以勉勉安于不退。

"自明诚"亦即"先穷理而后尽性",张载这种说法实际上把孟子"尽心"—"知性"—"知天"的思路颠倒了过来,主张"能知天,斯能知人"(参见《程氏遗书》卷一〇),认为认识天道,方可尽人之性,从而达到天人、物我一体的境界。张载所谓"自明诚""先穷理而后尽性"的认识论意义在于:他承认达到天人合一境界需要以客观认知作基础。这也许正是朱熹"即物穷理"思想之滥觞。但是张载的侧重点和理论归宿是"尽性"而非"穷理",是"穷神知化"而不是仅识"造化",所以他最终仍把本体论、认识论归于道德论,这样就从认识论走向心性论,从真理论走向价值论。

三、张载关于动静、一两、"和"的辩证观

(一)动静观:"动非自外"与"至静无感"

动与静的关系问题,是殷周以来人们就关注的问题。《周易》艮卦象辞:"时止则止,时行则行,动静不失其时。"《横渠易说·系辞上》:"动静有常,刚柔断矣。"这里是把动与静对应来说的,并指出动与静有其规律性,要遵循事物的规律,该动时动,该静时静。这里虽没有说事物的根本状态是动还是静,但《周易》强调"变",认为变是宇宙间普遍的现象:

在天成象,在地成形,变化见矣。(《周易·系辞上》)
刚柔相推,变在其中矣。(《周易·系辞上》)
黄帝尧舜氏作,通其变,使民不倦。(《周易·系辞上》)

天地万物,变在其中;社会治理只有"通其变",才能使"民不倦"。而其带有对世界状态的根本性认识则是:

一阖一辟谓之变,往来不穷谓之通。(《周易·系辞上》)
易,穷则变,变则通,通则久。(《周易·系辞下》)
为道也屡迁,变动不居,周流六虚,上下无常,刚柔相易,不可为典要,唯变所适。(《周易·系辞下》)

认为事物发展到极点总要向相反的方向变化,变才能通达,通达才能持久,承认世界"变动不居",人们就要"唯变所适",这是建立在对宇宙根本存在状态认识的基础上的。老子也承认宇宙间存在着运动和变化,主张大道"周行而不殆",但是老子又认为"静"是宇宙的根本存在状态,说"归根曰静","静为躁君",于是形成了历史上两种根本不同的观点:主动与主静。

张载是以《易》为宗的,受《易》的影响,他承认宇宙间事物存在两种形式:动与静,即绝对运动与相对静止,但是他认为贯穿其间最根本的原因则是"变",他指出,"太虚之气"总是在不断地进行着"郁蒸凝聚""健顺动止"等不同形态的运动变化,事物状态的形成、变化,宇宙万物的生长、毁灭,都是因"气"的聚散而成的万殊变化的体现。所以"变"是事物的根本趋势,他说:

"动静阴阳,性也。刚柔,其体未必形。有形有象,然后知变化之验。"(《横渠易说·系辞上》)又说:"有变则有象,如乾健坤顺,有此气则有此象可得而言。"(《横渠易说·系辞上》)此即是把动静视为阴阳之气固有的属性,而变化可以通过具体的物象表现出来。对于这种运动变化,张载曾形象地用庄子所说的"野马"来形容:

> 气块然太虚,升降飞扬,未尝止息,《易》所谓"絪缊",庄生所谓"生物以息相吹""野马"者欤!此虚实、动静之机,阴阳、刚柔之始。浮而上者阳之清,降而下者阴之浊。其感(遇)〔通〕聚散,为风雨,为雪霜,万品之流形,山川之融结,糟粕煨烬,无非教也。(《正蒙·太和篇》)

这是说,茫茫无际的太虚之气,其升降飞扬的运动变化从没有止息,如同《易》中所形容的"絪缊"状态,也如同庄子所说的"生物以息相吹"的"野马"(游气)的运动情景,此气的运动正是虚实、动静的内在机制和阴阳刚柔的本根。自然界中的阳清阴浊,其感遇聚散,才形成了风雨、霜雪,万类的流形变化,山川的凝结融化,其实都是虚实动静的内在机制引起的。所以张载从天体运行的机理中悟出一个重要的道理:"动必有机""动非自外"。张载说:

> 凡圜转之物,动必有机;既谓之机,则动非自外也。(《正蒙·参两篇》)

这里透露出张载的根本宇宙观,就是他不承认宇宙有一个外在的主宰者,强调万物"屈伸无方,运行不息,莫或使之"(《正蒙·参两篇》),即主张"莫为"说。宇宙万物的动因非自于外,而是由内部的原因所推动、所引起,这就是他所说的"动非自外""动必有机"。说明张载承认事物是自己运动,非外力所推动,有鲜明的内因论观念。

不过,张载这一思想并不彻底,他有时又承认"至静无感"。他说:"太虚无形,气之本体,其聚其散,变化之客形尔;至静无感,性之渊源,有识有知,物交之客感尔。"(《正蒙·太和篇》)认为作为太虚之气的本然状态,是处于"太和"的状态,所以是寂静而没有相互作用的。因为太虚之气中涵"浮沉、升降、动静、相感"之性,又说"至静无感,性之渊源",也就是说,太和之气是"至静无感"的,"至静"成为太虚之气的根本状态,只有气凝聚而为物,"物交物"才有感,但这种感仅是"客感",即暂时的状态。可见,虽然他说太虚之气内含着"浮沉、升降、动静、相感"之性,但他毕竟承认有"至静无感"的本然状态,这一点可能受了老子"归根曰静""静为躁君"思想的影响。

(二)"一物两体"

张载进一步分析了导致事物内部运动的原因。"太虚之气"为什么会有运动变化的功能？变化的根本原因是什么？对此，张载指出，气化的原因就在于事物内部的矛盾性。张载吸收了《易传》所说"一阴一阳之谓道"以及"易有太极，是生两仪，两仪生四象，四象生八卦"的思想，说："一物两体者，气也。"(《正蒙·参两篇》)就是说，太虚之气本身就有矛盾对立的两方面(即"两端"或"两体")，例如虚实、动静、聚散、浮沉、升降、相荡、健顺、阴阳、刚柔等，张载说："两体者，虚实也，动静也，聚散也，清浊也，其究一而已。"(《正蒙·太和篇》)又说："太虚之气，阴阳一物也，然而有两体，健顺而已。"(《横渠易说·系辞下》)值得注意的是，张载这里所列的"两体"，如虚实、动静、阴阳、健顺等，都不是实体性的两个部分，而是对立的两种功能或属性，体现了他对事物对立的属性和功能的认识。所以他说"性者感之体"(《正蒙·乾称篇》)，虚实、动静、阴阳、健顺等就是导致"感"的两种属性。"一"与"两"就相当于今天所说的"统一"与"对立"即矛盾属性的两方面。在张载看来，事物的运动变化，原因在于"二端故有感"，"感"即相互作用。统一物内部有对立面的相互作用，才有其运动和变化，这叫"一故神(两在故不测)，两故化(推行于一)。此天之所以参也。"(《正蒙·参两篇》)也就是说，由于统一体内部有相互对立的两方面，才会产生神妙的作用；也由于对立物是统一的，所以才有无穷的变化。事物内部既有对立，又有统一，这叫"参"。可见，"一物两体"是一个能准确揭示矛盾内在的对立和统一属性的命题。

对于张载关于"太和"之气包含阴阳二气对立而又统一的属性的说法，高攀龙从理学角度做了肯定性的注释：

> 太和，阴阳会合冲和之气也。《易》曰："一阴一阳之谓道。"张子本《易》以明气即是道，故指太和以名道。盖理之与气一而二，二而一者也。理无形而难窥，气有象而可见，假有象者而无形者可默识矣。浮沉、升降、动静者，阴阳二气自然相感之理是其体也。絪缊交密之状二气摩荡、胜负、屈伸，如日月、寒暑之往来是其用也……太和即阴阳也，阴阳即易也，易即道也。故知此谓之知道，见此谓之见《易》，明非阴阳之外别有所谓道也。(《太和篇集注》，《正蒙释》卷一)

高攀龙的注释抓住了张载关于"太和"是阴阳二气的和合体,本身包含着矛盾对立的属性这一核心,也指出了正是这种矛盾对立与统一的属性,才有阴阳二气的摩荡、胜负、屈伸的特性,从而理顺了气即是道,气有阴阳,故阴阳即道,非道外有阴阳的理路。

张载进一步揭示了"两端"存在以及有两端就有相互作用(感)的普遍性和必然性。他说:"天性,乾坤、阴阳也。二端故有感;本一故能合。天地生万物,所受虽不同,皆无须臾之不感,所谓性即天道也。"(《正蒙·乾称篇》)又说:"天地之道,惟有日月、寒暑之往来,屈伸、动静两端而已。"(《横渠易说·下经》)他认为,天的性质包括乾坤、阴阳、屈伸、动静两方面。正因为有此"两端",才有相互的作用,其本源都是统一的气,所以能结合为一体。天地生万物,虽然所禀受的气的成分不同,但"皆无须臾之不感"。就是说,张载肯定了对立面相互作用的普遍性。"一物两体""二端故有感",就是对矛盾及相互作用普遍性的哲学概括。

重要的还在于,张载对矛盾的这种既对立又统一的属性及其关系做了辩证的分析,认为"两"与"一"是相互依存、不可分离,在相互结合中起作用的。他说:"两不立则一不可见,一不可见则两之用息。"(《正蒙·太和篇》)又说:"有两则有一,是太极也。若一则有两,有两亦一在。"(《横渠易说·说卦》)认为没有对立,就没有统一,反之没有统一,对立也就不存在。亦即"有两则有一"(《横渠易说·说卦》),反之,"不有两则无一"(《正蒙·太和篇》)。张载这种在对立中把握统一,在统一中把握对立的思想,包含着深刻的辩证思维。列宁说:"统一物之分为两个部分以及对它的矛盾着的部分的认识,是辩证法的实质。"①张载的"一物两体"的思想,已接触到了这一"辩证法的实质"。

但是,张载在肯定了"两"与"一"的相互依存关系后,又说:"无两亦一在。然无两则安用一?不以太极,空虚而已,非天参也。"(《横渠易说·说卦》)这似令人费解。其实,联系到张载所说的太虚"至静无感,性之渊源"的话,可以看出,张载是说太虚之气本一,它虽是动静、阴阳、屈伸相感之性的渊源,但本然之气是"至静无感"的,如同《易》所说的太极未分阴阳之时的状态,故说"无两亦一在",此时"空虚而已",即处于太虚之气的本然状态。这

---

① 列宁:《谈谈辩证法问题》,见《哲学笔记》,人民出版社 1962 年版,第 407 页。

同样暴露了张载矛盾思想的不彻底性。这个弱点,后来王夫之发现并克服了。王夫之说:"太虚本动"。王夫之又认为,世界上没有"截然分析而必相对待之物"(《周易外传》卷七),既"无孤阳之物,亦无孤阴之物"(《张子正蒙注·太和篇》),对立面总是相互依存、相互统一的,"非有一,则无两"(同上注),没有统一体,就没有对立和斗争。同时对立面又相互渗透:"阴亦有阴阳,阳亦有阴阳,非判然二物终不相杂之谓。"(《张子正蒙注·参两篇》)王夫之得出结论说:"两端者,虚实也,动静也,聚散也,清浊也,其究一也。"(《思问录·内篇》)这种对立面相互依存、统一、渗透的关系,王夫之称为"合二而一"。更为可贵的是,这种"合二而一",在王夫之看来并不是由外在的东西强扭在一起的,而是事物自身固有的属性,即"一"是"两"的纽结。他说:"非合两而以一为之纽也。"(同上注)这是一个非常有价值的思想,即承认矛盾的同一性是事物本身所固有的。王夫之还考察了矛盾内部的对立与同一这两种属性之间的相互关系,提出"合二以一者,既分一为二之所固有"(《周易外传》卷五)的命题,认为对立是同一的对立,同一是对立的同一,应该在对立中把握同一,又要在同一中把握对立。这在一定程度上发展了张载的矛盾观。

张载关于一两的学说,受到朱熹的高度赞扬:

> 或问:"一故神。"曰:"一是一个道理,却有两端,用处不同。譬如阴阳:阴中有阳,阳中有阴;阳极生阴,阴极生阳,所以神化无穷。"
>
> 问"一故神"。曰:"横渠说得极好,须当子细看……'一故神',横渠亲注云:'两在故不测。'只是这一物,却周行乎事物之间。如所谓阴阳、屈伸、往来、上下,以至于行乎什伯千万之中,无非这一个物事,所以谓'两在故不测'。'两故化',注云:'推行乎一。'凡天下之事,一不能化,惟两而后能化。且如一阴一阳,始能化生万物。虽是两个,要之亦是推行乎此一尔。此说得极精,须当与他子细看。"
>
> "一故神,两故化。"两者,阴阳、消长、进退。(两者,所以推行于一;一所以为两)"一不立,则两不可得见;两不可见,则一之道息矣。"横渠此说极精。非一,则阴阳、消长无自而见;非阴阳、消长,则一亦不可得而见矣。
>
> (《朱子语类》卷九八)

朱熹肯定了两点:一是"一物两体",即"一"中都含有"两端"的普遍性。

承认了"一"与"两"的矛盾统一。二是肯定"一"与"两"之间的相互依存关系,无"一"则无"两",无"两"则无"一"。朱熹认为"横渠此说极精"。朱熹还发挥了一点,即就两端来说,"阴中有阳,阳中有阴;阳极生阴,阴极生阳",不仅两端之间相互包含,而且还可以相互转化:"阳极生阴,阴极生阳,所以神化无穷"。这就把张载的矛盾思想进一步深化了。

(三)"太和所谓道"与"仇必和而解"

"和"也是张载思想中一个重要的概念,甚至在一定意义上说,张载是宋儒中讲"和"最多、有着关于"和"的丰富思想的理学家之一。

张载的"和论"表现在多个方面,涉及"和"的多重含义。

1. "太和"

《正蒙》把"太和"作为首篇,并主论"太和之气"在宇宙中的意义,说明它在其整个思想中有着重要的地位。张载说:

> 太和所谓道,中涵浮沉、升降、动静、相感之性,是生细缊、相荡、胜负、屈伸之始。其来也几微易简,其究也广大坚固。起知于易者乾乎!效法于简者坤乎!散殊而可象为气,清通而不可象为神。不如野马、细缊,不足谓之太和……语道者知此,谓之知道;学《易》者见此,谓之见《易》。(《正蒙·太和篇》)

"太和"语出《易传·彖传》:"乾道变化,各正性命。保合太和,乃利贞。"孔颖达疏:"纯阳刚暴,若无和顺,则物不得利,又失其正;以能保安合会大利之道,乃能利贞于万物。""和,顺也"(《广韵·戈韵》)。这里的"和"就有"和顺"之义。张载把"太和"与作为宇宙本体的"太虚之气"联系起来,认为这种"气"是在"浮沉、升降、动静"的阴阳对立统一中得以保持协调、平衡的,并强调,只有"不失太和而利且贞也"(《横渠易说》上经),亦即只有认识并保持这种和顺的状态,才能利贞万物。在张载看来,只有圣人才能达到这一点,说:"惟君子为能与时消息,顺性命、躬天德而诚之行之也。精义时措,故能保合大和,健利且贞。"(《横渠易说》上经)上述说法,张载至少透露了这样的信息:宇宙是基于"太虚之气"的和顺、平衡的整体;只有了解气的"太和"的本性,才算真正懂得了道,才算真正懂得了《易》理;保持这种和顺不失,才是理想的状态,且能利贞于万物;在张载看来,只有圣人才能达到这一境界。总之,张载的"太和"论源于、基于《易》理,并通过与"太虚之气"的结合,被提升到宇宙存在的根本法则的高度,从而对人与自然的和谐关系的追求也就在其思想体系中被凸显出来了。

2."心和"

张载更多的是在心性论的意义上论述了"和",其中一个重要的概念就是"心和"。我们知道,张载认为,人既有天地之性,也有气质之性。天地之性是善的来源,恶则与气质之性有关。只有经过"善反之"即"变化气质"的道德实践,才能使"天地之性存焉"。张载在讲到"变化气质"时,引用孟子所说"居移气,养移体"的话,说"居仁由义,自然心和而体正。更要约时,但拂去旧日所为,使动作皆中礼,则气质自然全好。"孟子是说,环境可以改变人的气质,奉养则可以改变人的体质。张载指出,如果能居住在仁的道德氛围中,行走也能遵循"义"的规范,一切都会心安理得,于是"自然心和而体正",即心理平和,行为方能端正,端正的标准就是符合"礼",故曰"动作皆中礼,则气质自然全好"。同时,要做到"心和",必须"能谨敬"而"心弘大"。心不"弘大",则会"入于隘",狭隘的心境是不会达到"心和"的。只有"宽而敬",即有宽阔的胸怀,谨敬的道德,使行为"中礼",才能做到"心和"(《经学理窟·气质》)。可见,"心和"的前提是"居仁由义""宽而敬"的道德实践;"心和"的结果是"气质自然全好",所以张载说"心和则气和,心正则气正"(《经学理窟·气质》)。从这一意义上说,"和"也是张载道德心性论的一个重要内容,是"变化气质"的一个重要环节。

3."中和"

"中和"语出《中庸》。"中庸"在孔子的思想中本来是指"中庸之德",即"无过无不及"的中正之道、和洽之德,而《中庸》作者则变"中庸"而为性情之"中和",说:"喜怒哀乐之未发,谓之中;发而皆中节,谓之和。"朱熹注:"变和言庸者,游氏曰:'以性情言之,则曰中和,以德行言之,则曰中庸是也。'然中庸之中,实兼中和之义。""中庸"固然兼有"中和"之义,但从性情这个角度言之,则自《中庸》始。《中庸》以性之已发为情,当情未发时为性之"中",发而"皆中节"即和洽之情为中正、为"和",故"中和"是就"中正"的性情而言的,即人的性情所达到的一种理想状态。《中庸》又把"中和"的"性情"上升为宇宙的根本,说"中也者,天下之大本也;和也者,天下之达道也"。

张载继承并发挥了《中庸》的这一思想,突出了中和的性情在道德修养中的意义。(1)他没有赞同李翱的"性善"而"情邪"的说法,主张"情未必为恶",并把"中和之情"与"本性之善"联系起来。他说"情未必为恶,哀乐喜怒发而皆中节谓之和,不中节则为恶。"即张载以"发而皆中节"的中和之情为善性的表现,相反则为恶。(2)张载主张"和其心",说"和,平也。和其心以备顾对,不可徇其喜怒好恶。"(《性理拾遗》)"和其心",就是强调保持良好的心态、平和的性情,不为偏激之情所左右。此"和"有"和洽"之义。在张载看来,中和的性情对于善的道德的保持有重要的意义,故曰"志道则进据者不止矣,依仁则小者可游而不失和矣。"(《正蒙·中正篇》)即进德就不会止步,立足于仁德,即使"游于艺"也不会忘记中正的原则。张载说:"敬和接物,仁之用。"(《张子语录·语录中》)又说:"和乐,道之端乎!和则可大,乐则可久,天地之性,久大而已矣。"就是说,以尊敬与平和的心态待人接物,是仁这种德性的体现。保持平和与乐观的精神状态,是人道的开端。因为在他看来,平和的心态可以使人心胸开阔,乐观可以使人健康长久。(3)张载强调道德修养特别要注意养"中和之气"。朱熹在释《论语》"子之燕居,申申如也,夭夭如也"一句时说,"惟圣人便自有中和之气"。朱熹对圣人在闲居之时那种舒坦、愉悦的精神面貌予以充分地肯定,并将这种精神状态称为有"中和之气"。张载也主张人要养这种"中和之气",并认为古音乐就有这种作用,"养人德性中和之气"(《经学理窟·礼乐》)。张载进而认为,"声音之道,与天地同和",如"木之气极盛之时,商金之气衰",他们之间有一种相应和顺的关系,如果"方春木当盛,却金气不衰,便是不和,不与天地之气相应"。五德按照规律相应变化,便是"和",否则便是"不和"。就人的德行来说,如果人表现出"刚柔、缓急、有才与不才",就是"气之偏";而"天本参和不偏"(《正蒙·诚明篇》),即天地"中和之气"本是太极、阴、阳三者的统一,本无偏颇。音乐之道如果能与这种天地中和之气相应和,就会起到陶冶性情、净化心灵的作用,从而使人的德性"中和之气"得以培养。(4)张载又把"中和"与"中正"联系起来,强调"中和"才能达到"中正"。"中正",即无过无不及,恰如其分。作为一种思想方法,与"中和"相通。"中正"在儒家典籍中经常出现,《周易》曾多次提及,如《乾卦·文言传》:"刚健中正,纯粹精也。"《观卦·象传》:"中正以观天下。"叶适说:"孔子为之著彖象,盖惜其为他异说所乱,故约之中正,以明卦爻之指,黜异说之妄,以示道德之归。"(《因范育序正蒙遂总述讲学大指》,《习学记言序目》卷四九)叶适是根据张载的弟子范育的《正蒙序》说这番话的,可见,包括张载在内的儒家学者多是以"中正"来"示道德之归"的。

张载在《易说》及《正蒙·中正篇》中对此义多有发挥。如说:"中正然后贯天下之道,此君子之所以大居正也。"(《正蒙·中正篇》)张载认为,坚持"中和"的态度和方法,才能通晓天下的道理,这正是君子做事遵循正道的基础。所以张载又说:"学者中道而立,则仁以弘之。无中道而弘,则穷大而失其居,失其居则无以崇其德。"(《正蒙·中正篇》)学者立身的基础是中正之道,然后才能以仁德来扩充自己,如果离开中道而扩充仁德,就会失去崇德之根基。可见,保持人的身心和谐,既是道德修养之目的所必需,也是道德所以达到崇高境界之前提。

4. "仇必和而解"

张载在"一两"学说的基础上,又提出"仇必和而解"的命题。"仇必和而解"是张载对宇宙"太和"状态终极发展趋势的一种认识。因为在张载看来,"太和"固然是宇宙理想的存在状态,但问题在于:由于"气本之虚则湛一无形,感而生则聚而有象",当"太虚之气"聚而为有形有象的万物时,由于各类物象本身所蕴涵的阴阳两端之属性,于是就会发生对立与冲突,如张载所说"有象斯有对,对必反其为"。张载认为,这种对立与斗争不会永远持续下去,其矛盾冲突最终将会归于消解,这叫"有反斯有仇,仇必和而解"。"仇必和而解"一句关键在这个"必"字,正因为"和而解"带有矛盾发展趋势上的必然性,才使宇宙保持了永久的协调、平衡与和谐的状态,这集中体现了张载的辩证发展观,是一个很有价值的思想。"仇必和而解"的命题,虽然是从宇宙"太和"状态的发展趋势上来说的,但同时也是对社会人事种种现象发展过程的客观揭示,集中地体现了张载辩证的发展观。事实上,任何矛盾冲突都不可能永远对立、斗争下去,斗争性是不能脱离同一性的。张载在中国哲学史上第一次明确指出了矛盾斗争的基本趋势不是"斗则斗到底"而是斗则"和而解",这是很有见地的。"仇必和而解"这一提法不仅是对传统矛盾观的修正,同时也为化解社会矛盾确立了一个根本的方法论原则。

张载的"和"论,其思想渊源主要来自三个方面。一是《易》理。《易》中反复阐发的"天人合德""保合太和""中正以观天下"以及"和顺于道德""不失太和而利且贞也"等等说法,是张载"和论"思想的重要来源。张载在《正蒙》和《横渠易说》中多次引用类似的话,且多有发挥。二是《中庸》。《中庸》中关于"喜怒哀乐之未发,谓之中;发而皆中节,谓之和"的"中和"性情观,以及这种性情观与善的道德之间关系的思想,性命、诚明论述中所包含的"天人一体"观念等,也是张载"和论"的重要思想来源。三是《论语》《孟子》。《论语》的"和为贵"以及《孟子》的"尽心、知性、知天"的心性说,都对张载强调身心"和"的思想形成有重要的影响。

总之,张载的"和论"上承《易》《孟》《庸》的"太和""中和""中正"思想,下启宋明理学以"和"为取向的心性修养论,也关涉到目前人们普遍关注的人与自然的和谐、人与人的和谐、人的身心和谐等多方面的内容,在张载乃至此后的理学思想的发展中有着重要的地位。

(四)张载自然观的理论意义

首先,以气为宇宙万物的本原、本质,把古代元气论推向了气一元论阶段。张载认为太虚不离气(太虚与气是统一的,不能理解为太虚的空间充满气),世界万物的有与无,不过是太虚之气聚与散的表现和结果,这就把汉代以来关于世界本原的混沌元气变成了自身同一的太虚之气。于是,气不仅具有物质原初的意义,更重要的是被看成天地万物的共同本质。气可以转化为种种有差别的东西,但是气又不同于某种具体的东西。气通过聚散的形式表现为气本体与个别存在物之间的转化,个体有生有灭,但气无生无灭、永恒存在。显然,张载的"太虚之气"已具有"物质一般"的含义,气与万物的关系,具有本质与现象关系的意味。这是一种本体论的思维路径,标志着古代历时悠久的元气论已走向宇宙本体论。

其次,太虚之气具有能动性,世界本质上充满着矛盾。按照元气论的说法,万物从混沌的无矛盾的元气产生,元气分化为阴阳二气,阴阳的相互作用产生万物,这实际上是以"静"为宇宙的根本原理,万物产生之后,宇宙也才从静而入动。从老子到《易传》,也都主张"体"静而"用"动,此后程、朱等理学家也都把太极与阴阳分为两截,承认"阴阳动静",而不承认"太极动静"。张载则跳出了这个思维模式,认为世界的本质即太虚之气本身包含着阴阳二端的矛盾("一物两体,气也"),"气坱然太虚,升降飞扬,未尝止息。"(《正蒙·太和篇》)有矛盾就有相互作用,从而使万物生生不息,变化无穷。他说:"天性,乾坤、阴阳也,二端故有感,本一故能合。天地生万物,所受虽不同,皆无须臾之不感,所谓性即天道也。"(《正蒙·乾称篇》)可见,在张载看来,世界在本质上是充满矛盾的过程,这是具有深刻辩证思维的宇宙发展观。

再次,以气为实、有,已接近世界的物质统一性的高度。张载说:"凡可状,皆有也;凡有,皆象也;凡象,皆气也。"(《正蒙·乾称篇》)又说:"太虚者天之实也。""人须于虚中求出实。"(《张子语录中》)这就把气规定为"实""有",已在本质上接近物质实在的观念,也对整个宋明时期的哲学产生了较大影响。此后王廷相明确提出气为"实有",认为"气虽无形可见,却是实有之物"(《答何柏斋造化论》);"物虚实皆气,道极上下造化之实体也"(《慎言·道体》)。当然,"实""有"主要是一种描述,没有达到哲学抽象的高度。此后,王夫之以"诚"改造、充实了"实有"的概念,才使之获得了哲学范畴的意义。

最后,在道气关系上,张载以气化为道的思想,把气看成道的实体,道(或理)看成气化的过程和规律,体现了他对规律性与实体性合一的深刻理解。张载说:"天地之气,虽聚散、攻取百涂,然其为理也顺而不妄。"(《正蒙·太和篇》)这就否定了有一个独立于气之外的所谓"理"的世界。张载的关学遂与二程洛学在世界本原上发生了分野。

不过,张载的气论尚有一些不成熟之处,主要表现在:其一,他所说的"太虚之气"尚未完全摆脱具体物质结构的特性;他用气的聚散这一具体的物质运动形式来说明本质与现象的关系,显然是不科学的。张载常把气譬为"升降飞扬"的"野马"(游气),在讲到气的运动特性时说:"以人言之,喘息是刚柔相摩,气一出一入,上下相摩错也,于鼻息见之。人自鼻息相摩以荡于腹中,物既消烁,气复升腾。"(《横渠易说·系辞上》)这种气显然具有通常所说的极细微、易流动的直观特性,而尚未达到较高层次的物质抽象。其二,张载认为有一个本然之气的世界,另有一个具体形器的世界,从而把太虚之气与现象世界对立起来,认为本然之气比具体形器更根本。他认为"凡天地法象,皆神化之糟粕尔"(《正蒙·太和篇》),即本然之气是清通的,具体形器不过是气化之"糟粕"。具体地说就是:"太虚为清,清则无碍,无碍故神;反清为浊,浊则碍,碍则形。""散殊而可象为气,清通而不可象为神。"(《太和篇》)这些说法有把世界二重化的倾向。之所以造成上述缺陷,从理论思维上说,就在于张载并不懂得科学的抽象。科学的抽象是要在思维中把事物整体的某一本质的方面抽取出来,从感性具体上升为抽象的规定。张载关于"气"本体的抽象则既没有完全从感性规定中超拔出来,同时又要把这种尚未彻底摆脱感性规定的东西作为世界的本质、本体,于是就必然把本体与具体形器对置起来,表现出世界二重化的倾向。气论哲学的进一步发展,一方面要对世界本质作出更高的哲学抽象和规定,另一方面则要克服"形而上"的本然之气的倾向,从而在一般与个别的统一中、在事物多样性的统一中把握世界的本质。张载的理论缺陷,后来被王夫之在很大程度上克服了。

第三节 "合虚与气,有性之名"的人性论

一、"性者万物之一源"

张载由气化过程推向社会人事、合一天人,是通过"性"这一范畴作为中介和纽带实现的。"性"来自传统儒学的"性命说",孟子讲"尽心、知性、知天",把"性"看成是人得之于"天"的内在道德本性。《中庸》讲"天命之谓性",也认为"性"来源于"天命"。《易传》讲"穷理尽性以至于命",主张通过穷自然之理,尽人、物之性以认识天命。这些都是从宇宙论说明人的道德本性。张载把这些思想与大易生生、气化流行结合起来,把"天"解释为"太虚之气",于是"天性"变成了气的本性:"天道即性也"(《横渠易说·说卦》),"合虚与气,有性之名","性"乃"气所固有"。同时,"性者万物之一源,非有我之得私也。"(《正蒙·乾称篇》)气化流行,生生不息,万物"各正性命",遂有"人之性""物之性",这叫"体万物而谓之性","性"上升为与"气"同等的本体地位。在这里,张载事实上承认了虚气是包括人类在内的万物生成的共同根源。

在《横渠易说》中,张载更明确地以"天道即性"(《横渠易说·系辞下》),把"性"视为客观天道的本性。说"易乃性与天道"(《横渠易说·系辞下》),并强调"不知造化,则不知性命","不知天道,何以语性?"(《横渠易说·系辞上》)显然,张载已把"性"看成是与天道同一的、为道所蕴含着的气的固有本性。重要的是,张载尤其强调"言性已是近人言",他说:《易》一物而合三才,天地人,阴阳其气,刚柔其形,仁义其性","仁义之道,性之立也"(《横渠易说·说卦》)。在他看来,天地人"三才"虽然都是一气之流行,具有气的本性,但"得天地之最灵为人,故人亦参为性,两为体"(《横渠易说·系辞上》),就是说,人和万物一样,也"受于天则为性"(《张子语录·语录

中》),但人之性不同于物之性,人可以与天地相参,"为天地立心",固人亦"参为性"。这和下面一句话意思是相通的:"盖尽人道,并立乎天地以成三才,则是与天地参矣。"(《横渠易说·系辞上》)张载在这里强调了人的主体性,但这种主体性的内在根据则是得之于天而存之于身的"性",亦称"天德",由此人性也获得了"仁义"等道德伦理的内涵,"天道"被道德化而成为人性的本体根据。这样,人性就归为太虚之气,归为"生生""造化"的"天道",人性与天性在本质上就被看成同一的了,道德伦理也被说成人性中应有之事了,所以张载说:"阴阳合一存乎道,性与天道合一存乎诚。"(《正蒙·诚明篇》)"性与天道合一",正是张载哲学思想要解决的主旨。既然人性来源于天道,天人、道性合一,知人知天也就可以沟通和一致起来:"天道即性也。故思知人者不可不知天,能知天斯能知人矣。知天知人,与穷理尽性以至于命同意。"(《横渠易说·说卦》)《宋史·张载传》批评的秦汉以来"知人而不知天,求为贤人而不求为圣人"之"大蔽"也就被张载基本上克服了。

二、"天地之性""气质之性"与"变化气质"

在人性论上,张载是坚定的性善论者。不过,张载一改汉唐诸儒"知人而不知天"之弊,从宇宙天道的视野讨论"性",谓"合虚与气,有性之名"(《正蒙·太和篇》),从而在气论基础上建立了他的人性学说。又说:"性其总,合两也。"(《正蒙·诚明篇》)徐必达释:"性者万物之一源,故曰其总。"又说:"然有天地之性、气质之性两者,故曰合两。"在这里,"性"对于万物虽然具有普遍根源的意义,但是就其内在结构和层次来说,又有"天地之性"和"气质之性"的区分。在张载看来,包括物性与人性在内的宇宙万物的本性,都既含有天地之性,又含有气质之性,故天地之性和气质之性是人与物所共有的。对于人物皆有气质之性这一点,朱熹也是肯定的,他说"人物之性气质之性"(《朱子语类》卷四),又说孔子所谓的"性相近""这便是说气质之性"(《朱子语类》卷四七)。

张载认为,"性于人无不善"(《正蒙·诚明篇》),从本原上它与太虚之气相关联。太虚之气具有的"湛一"本质,就是宇宙的本性。这一本性通过气禀存在于人就成为人的本性。张载把人根源于太虚的本性,叫"天地之性",这是善的根源。张载又说:"性者万物之一源,非有我之得私也。"(《正蒙·诚明篇》)即认为太虚之气又是万物统一的根源,不是人类所能够据为己有的。太虚之气聚而为人之后,也就成为人的属性。人的属性既有得之于"湛一之气"的善的本性,又有因气凝聚而成形后具有的"攻取之性",即"口腹于饮食,鼻舌于臭味"等自然属性。于是张载又提出一个"气质之性"的概念,说"形而后有气质之性……故气质之性,君子有弗性者焉"(《正蒙·诚明篇》),即人禀气而成形之后,会出现"刚柔、缓急,有才与不才"等"气之偏"的现象,从而使人的"天地之性"受到影响而不能得其正,这种"气之偏"是"气质之性"所具有的特性。"天地之性"无所偏颇,故是"善"的来源,这是人的"天性";"气质之性"则有偏颇,它会成为"恶"的来源,故"君子有弗性者焉",即君子不认为这是人的本性。也就是说,人虽具善性但在现实中不一定"成性",需要通过"养其气"的修养方可"成性"(《正蒙·诚明篇》),也就是说,气质之性有善有恶。所以张载说:

> 人之刚柔、缓急、有才与不才,气之偏也。天本参和不偏,养其气,反之本而不偏,则尽性而天矣。(《正蒙·诚明篇》)

张载认为,人出现"气之偏"是导致恶的根源,所以他特别强调人应努力反省自己,通过"养其气,反之本而不偏,则性尽",也就是要以德制气,以理制欲,不断克服"恶",从而"反本""成性",这个过程就是"变化气质"。故他说:"为学大益在自求变化气质,不尔皆为人之弊。"(《张子语录·语录中》)又说:"性未成则善恶混,故亹亹而继善者斯为善矣。恶尽去则善因以成,故舍曰善,而曰'成之者性'。"(《正蒙·诚明篇》)可见,张载承认人生来有两种基本的属性,即得之于"湛一之气"的善的本性和气聚成形后具有的"攻取之性"即人的自然属性。自然之性并非皆为恶,而是因"气之偏"所导致的"气质之性"才是人后天恶的来源。他说:"性于人无不善,系其善反不善反而已。"(《正蒙·诚明篇》)他承认人性"无不善",但因"气质"则"性未成则善恶混",只有通过"善反之""变化气质"的心性修养,才能"恶尽去则善因以成"(《正蒙·诚明篇》)。这样,在张载这里,以"太虚之气"既可说明善的本原,也可说明人的行为中何以有恶的原因,其最终的落脚点则是"成性"。张载说:

> 人之气质美恶与贵贱夭寿之理,皆是所受定分。如气质恶者学即能移,今人所以多为气所使而不得为贤者,盖为不知学。古之人,在乡闾之

中,其师长朋友日相教训,则自然贤者多。但学至于成性,则气无由胜,孟子谓"气壹则动志",动犹言移易,若志壹亦能动气,必学至于如天则能成性。(《经学理窟·气质》)

> 知及之而不以礼性之,非已有也,故知礼成性而道〔义〕出,如天地〔设〕位而易行。(《横渠易说·系辞上》)

张载以为,人的气质如何,皆得自天所受定分。但是,气质恶的人可以通过学习以改移其性,生活中一些人所以往往被偏向的气质所驱使,而不成为贤者,主要是因为不努力加强后天学习的缘故。古代的人能听从师长的教诲,所以易成为贤者。通过学习来"成性",那么"气之偏"就可以被战胜,如同孟子所说,只要意志坚定,其性就可以移易,也就是说,如能保持意志专一并能移易其气质,必然可以"成性"。对此如果认识能达到但是不能以礼节之,也难以实现成性的目的。所以"知礼成性,则道义自此(而)出"(《横渠易说·系辞上》),即使圣人也需要知礼方可成性。张载说:

> 圣人亦必知礼成性,然后道义从此出,譬之天地设位则造化行(于)〔乎〕其中。知则务崇,礼则惟欲乎卑,成性须是知礼,存存则是长存。知礼亦如天地设位。(《横渠易说·系辞上》)

但是,"成性"需要"知礼",而"知礼"的目的是"变化气质",所以张载的道德修养论最终落脚到"变化气质"上来。张载说:

> 变化气质。孟子曰:"居移气,养移体",况居天下之广居者乎!居仁由义,自然心和而体正。更要约时,但拂去旧日所为,使动作皆中礼,则气质自然全好。(《经学理窟·气质》)

> 为学大益,在自(能)〔求〕变化气质,不尔〔皆为人之弊〕,卒无所发明,不得见圣人之奥。故学者先须变化气质,变化气质与虚心相表里。(《经学理窟·义理》)

张载认为孟子所说"居移气,养移体"就是"变化气质",移气的关键是以礼节之,"使动作皆中礼"。所以他强调学者必须先变化气质,这是张载人性论的一个重要观点。吕大临概括张载思想的特点就是"知礼成性变化气质之道"(《横渠先生行状》),《宋史·张载传》也肯定此说,这种说法抓住了张载人性论和修养论的核心。

总之,在人性论上,张载是坚定的性善论者,他不赞同告子"以生为性"的说法,认为这种说法把人与动物等同了,故称此为"告子之妄"(《正蒙·诚明篇》),他是推崇孟子的性善说的。他说:"性之本原,莫非至善。"①他对孟子性善说的解读有三点值得注意:(1)性善是指性"本善"而不是只有"善端"。"天地之性"是人本来就具有的。人要"养其气,反之本而不偏,则尽性而天矣"(同上注),即通过"养气""反本"的道德实践,以扩充本有的善性以"尽性""成性",达到"知天""事天"而与天为一的境界。这个扩充、"反本"的过程必须通过"大其心"的作用来实现,这叫"心能尽性"。这样张载的人性论就与孟子在天人合一的心性论体系中体悟性本善的基本思路相通。张载说得明白:"天良能本吾良能,顾为有我所丧尔。明天人之本无二。"(《正蒙·诚明篇》)张载是宋代能超越汉唐诸儒而真正了悟和创造性地解读孟子性善论的较早的学者,代表了汉唐人性论向理学人性论的过渡环节。(2)他发现孟子虽然没有把人的自然欲望和生理本能归结为"恶",但却将其排斥在人性之外,只将"天之所与"的纯善视为人的本性的不完整性,说"饮食男女皆性也"(《横渠易说·系辞上》),于是从天道观的层面提出"天地之性"和"气质之性"的人性说。"气质之性"解决了人性本善又何以生活中有恶行的根本原因以及"变化气质"的"成性"途径。(3)把孟子的性善论与子思的"中和"思想相联系,说:"夫子思之学,惟孟子之传得其宗",其表现之一就是孟子把子思的"喜怒哀乐之未发谓之中,发而皆中节谓之和"的"中和"说"推之以为性善之论"(《朱子全书·孟子精义》卷一一)。在天人合一、性心一体的基础上,发挥《易》之"继善成性"说,是张载人性论的突出特点,这些都在基本点上为程朱所接受并做了进一步的发挥。② 如当有弟子问及"圣贤教人,如'克己复礼'等语,多只是教人克去私欲,不见有教人变化气质处,如何"时,朱熹回答说:"'宽而栗,柔而立,刚而无虐',这便是教人变化气质处。"(《朱子语类》卷九八)不过朱熹也肯定"变化气质最难"(《朱子语类》卷一一三)。

---

① 参见林乐昌:《张载佚书〈孟子说〉辑考》第 51 条,载《中国哲学史》2003 年第 4 期。
② 参阅刘学智:《善心·本心·善性的本体同一与直觉体悟——兼谈宋明诸儒解读孟子"性善论"的方法论启示》,载《哲学研究》2011 年第 5 期。

第四节 "合性与知觉，有心之名"的心性论

一、"心"的含义

"变化气质""成性"，关键是要"大其心"以"尽性"。那么张载所说的"心"是什么？张载说："合性与知觉，有心之名。"（《正蒙·太和篇》）可见张载是从"性"与"知觉"出发来讨论心的。"心"从孟子以来就既指人的知觉能力，也指人的道德本心。前者是从认知上说，后者是从价值上说。"合性与知觉"的"心"，既有认知的意义，亦有价值论的意味。在张载看来，如果离开人性（善）而讲"心"（知觉），就可能沦为低级动物的"感觉"；如果离开"心"（知觉能力、道德本心）讲性，那么人性也就不成其为人性。所以，"合性与知觉，有心之名"，虽然不一定可以将之作为"心"的定义，但是至少可以看作是张载思想中关于"心"的基本意蕴。

对于张载的这个说法，后世学者不一定都认可。如朱熹就说："横渠之言大率有未莹处。有心则自有知觉，又何合性与知觉之有！"（《朱子语类》卷六〇）他认为"心"与"知觉"是相通的、同一的，不必要再与性相关联。其实这正是张载的特点所在。张载哲学思想的核心是明"性与天道合一"，张载说"性与天道合一存乎诚"，此性是得之于天而存于心的善或诚，显然是指人的道德本心。所以"合性与知觉，有心之名"，正好说明张载所说的"心"既指道德心，也包含认知心，而且更多的情况下是指道德本心或天德良知之心。朱熹仅从认知的角度理解张载的心，所以他说"心自有知觉"，而把"性"排斥在心之外。牟宗三则正好与朱熹相反，认为张载以为性体中无知觉，所以要加上知觉。他认为张载此语"不的当。'合性与知觉'，好像是说性体中本无知觉，性是性，加上知觉才有'心之名'。"[①]其实，关于心主要指道德本心这一点，张载已经说得很明白：

心能尽性，人能弘道也。（《正蒙·诚明篇》）

---

① 牟宗三：《心体与性体》第1册，台湾正中书局1993年版，第529—530页。

> 人病其以耳目见闻累其心而不务尽其心,故思尽其心者,必知心所从来而后能。(《正蒙·大心篇》)
>
> 存心之始须明知天德,天德即是虚,虚上更有何说也!(《经学理窟·气质》)
>
> 虚心然后能尽心。(《张子语录·语录中》)
>
> 知德者属厌而已,不以嗜欲累其心,不以小害大、末丧本焉尔。(《正蒙·诚明篇》)

以上话语至少表明:此"心"是能"尽性""弘道"之心;此心是"尽心""知性"之心,此"心所从来"是发端于孟子,正与孟子的"尽心—知性—知天"的心性说相通;此心是"知天德"之心,天德即性,此心与性善相通,是指道德心;天德是虚,此心来自太虚之气的"湛一"之性即善;不能以欲牵累此心,否则就是以小害大,以末丧本。可见张载所说的心虽然包括道德心和认知心,但无论此"心所从来",还是"心能尽性",张载在更多的情况下都是指道德本心。张载曾把此心与认知心做过比较,说:

> 尽天〔下〕之物,且未须道穷理,只是人寻常据所闻(有)〔见〕,有拘管局杀心,便以此为心。如此则耳目安能尽天下之物?尽耳目之才,如是而已。须知耳目外更有物,尽得物,方去穷理,尽(心了)〔了心〕。性又大于心,方知得性。便未说,尽性须有次叙,便去知得性。性即天也。(《张子语录·语录上》)

正是在这一道德心的主导下,张载才讲"大其心"。他说:

> 大其心则能体天下之物,物有未体,则心为有外。世人之心,止于闻见之狭。圣人尽性,不以见闻梏其心,其视天下无一物非我,孟子谓尽心则知性知天以此。天大无外,故有外之心不足以合天心。(《正蒙·大心篇》)

这里所说的"大其心",就是扩充自己的道德本心,这样才能去体认"天心"即天赋予人的道德本心,从而达到天人、物我一体亦即"天下无一物非我"的天人合一境界。扩充本心的过程也就是孟子所说的"先立乎大体"的过程。这一过程也可以用"大心体物"来概括,虽说主要指道德本心,但并不绝对排斥认知之心。张载确实也承认人有认知之心,强调"心统性情"。张载把人"心"之"知"区分为两种:"见闻之知"和"德性所知"。所谓"见闻之知",即由感觉经验而获得的知识;所谓"德性所知",按他的说法即由"诚明所知"而得的"天德良知"。前者是指经验认知,后者则属于道德价值方面,不同于今天所说的"感性认识"和"理性认识"。这种区分受了孟子"大体"、"小体"说的影响,不过张载没有像孟子那样否认感性认识的作用,他认为认识就是由感官与外物的接触而获得的,"人本无心,因物为心"(《张子语录·语录下》)。又说:"人谓己有知,由耳目有受也,人之有受,由内外之合也。"(《正蒙·大心篇》)并且,张载还看到了个人闻见的有限性与物质世界无限性的矛盾,他说:"今盈天地之间者皆物也。如只据己之闻见,所接几何,安能尽天下之物?"(《张子语录·语录下》)由于"闻见之知"有局限性,所以他强调"不以见闻梏其心"。但是在解决认识的有限性与认识对象无限性的矛盾时,他没有沿着感性认识上升为理性认识的逻辑去发展,却沿着孟子"尽心、知性、知天"的思路,走向追求"其视天下无一物非我"的反身内求的道德内省之路,主张"大其心则能体天下之物"。"大其心"不是充分发挥人的理性认识能力,而是尽力扩充其天赋的道德本心,通过"诚明所知"达到"天德良知",从而实现道德人格的完善,张载的认识论具有明显的二重性质:既肯定闻见之知是主体对客体的反映("内外合"),有经验认知的路向;又肯定有不依赖于"见闻之知"的"德性之知",力图通过"知礼成性变化气质之道",达到理想人格的完善,最终走上思孟学派的道德心性论。可以说,张载与程朱在其理学的根本点上是相通不悖的。

二、"心统性情"

"心统性情"是张载心性论的一个重要命题,见于《性理拾遗》,谓:"心统性情者也。有形则有体,有性则有情,发于性见于情,发于情见于色,以类相应也。"由于此说在张载的著作中仅出现过一次,故牟宗三认为此为"孤语",只是因朱熹的重视和发挥方成为有代表性的思想,况且朱熹只是"借用此语以说己意"。牟宗三所说是对的,对后儒影响最大的,其实是朱熹发挥了的"心统性情"思想。张载虽对"心统性情"未作明确的解释,但从总体看,"心统性情"仍是张载心性说的重要内容(张载后来何以不再使用此语,这仍是一个值得研究的问题),且与他的心性论的总体思想相吻合。表现在:(1)"心统性情"的命题,强调心、性统一,这与他的其他表述基本一致,如说"合性与知觉,有心之名"(《正蒙·太和篇》),即"性"(天地之性,亦即道德理性)与"知觉"(心理或经验认识之心)合而言之,心之名所以立。说明张载的"心"有道德本心与经验知觉之心的二重意义。(2)"心统性情"有强调心的主动性的意思,这与张载推崇孟子的"尽心知性说"是一致的。"心"的主动性又表现在,一方面,"心能尽性"(《正蒙·诚明篇》),谓"尽其性能尽人物之性"(同上注),主张心有扩充自己从而尽人、尽物之性的主动性,此即孟子所说的"尽心",只是他把"尽心"尝用"大其心"来表述,如说,"大其心则能体天下之物","圣人尽性,不以见闻梏其心",显然,"大其心"则能"尽物",要把外物全收归于心,核心是要"尽心""尽性",即扩充人的道德本心,以控制人的感性情欲,在道德修养上做工夫。另一方面,指心有"善反之"的工夫。张载在讲"天地之性"的同时,又讲"气质之性",说"形而后有气质之性,善反之,则天地之性存焉。"(《正蒙·诚明篇》)在张载看来,"天地之性"纯粹至善,而"气质之性"则杂善与不善,故须有"善反之"的工夫以达天地之性,这种"善反之"是通过心体的主动工夫完成的。(3)主张性为体,情为用,心(道德本心)可统摄性与情。张载这里所说的"性"既指得之于天地的仁义之性,又或许更多地是指气质之性。"情"则是"恻隐"等情感,此性此情皆统摄于一"心"。张载没有否定情,认为合于性之情是正常的、合理的,他说:"孟子之言性情皆一也,亦观其文势如何。情未必为恶,哀乐喜怒发而皆中节谓之和,不中节则为恶。"(《张子语录·语录中》)他以"心"来"一"(统摄)"性情",于是,传统的心性关系被拓展为心、性、情的关系。

关于心与情、性与情的关系,二程未采取张载"心统性情"的命题,原因是程氏把张载所说的二重意义上的"心"误解为仅是"滞在知识上"之"心",而不具形上本体的意义。如说:"正叔言,不当以体会为非心,以体会为非心,故有心小性大之说……此心即与天地无异,不可小了他,不可滞在知识上,故反以心为小。"(《河南程氏遗书》卷一八)在二程看来,心与性同处于本体的层次。程颐又说:"心一也,有指体而言者,寂然不动,性是也。有指用而言者,感而遂通天下之故,情是也。"(见《南冥集》卷三引)他不赞成把心做本体与经验知觉二重意义的分判,但主张心兼有体与用两方面。

三、后儒对"心统性情"的发挥

二程虽对"心统性情"的命题不以为然,但朱熹则不同,他不仅接受了,而且给予高度关注和充分的发挥,并使之成为其心性论的核心命题之一。朱熹说:"横渠'心统性情'一句乃不易之论。孟子说心许多,皆未似此语端的。"(《朱子语类》卷一〇〇)又说:"心统性情,二程却无一句似此切。"并将其与伊川"性即理"的理论价值相比,称此"二句颠扑不破"(《朱子语类》,卷九八、卷五)。并赞扬"心统性情,语最精密"(江永:《近思录集注》卷一引)。对这一命题的态度,关涉理学家对心、性、情三者关系的理解。二程在理本论基础上,强调理、性、心三者的统一,说:"在天为命,在义为理,在人为性,主于身为心,其实一也。"(《河南程氏遗书》卷一八)一面主张"性即理",一面又提出"心即性"(同上),从而实现了"理"与"心"即天理本体与人的道德本心之实质性联结。朱熹接受了二程"性即理"的观点,而没有接受其"心即性"的命题,他认为天理即性,"心具众理","心"在这里一般只具有认识论的意义,而"性"与"理"则具有本体论的意义,二者在本质上是同一的,故可说"性即理",不可说"心即性"。在他看来,心与性是有严格区别的:"心、性之别,如以碗盛水,水须碗乃能盛,然谓碗便是水,则不可。后来横渠说得极精,云:'心统性情者也。'"(《朱子语类》卷一八)显然,"心以性为体……盖心之所以具是理者,以有性故也。"(《朱子语类》卷五)在朱熹看来,如果"心"与"性"同一而都具有本体论意义,那么"心统性情"的命题也就难以成立。说明二程与朱熹早期对心的认识颇有分歧。

关于性与情的关系,朱子认为性是体,情是用,性为"未发",情为"已发"。说"发者情也,其本则性也。"(《朱子语类》卷五)"性者,指其未发","情即已发"(同上注,卷二〇)。对于心、性、情的关系,朱子有一句说得明白:"性是心之道理,心是主宰于身者,四端便是情,是心之发见处。"(《朱子语类》卷五)认为从认识和主宰意义上说,心可以统摄性和情。可见他是从其性理学体系的需要出发来诠释"心统性情"的,其所谓"心",仍是在知觉之心的意义上使用的。朱熹曾对张载的"合性与知觉,有心之名"一句做了这样的责问:"横渠之言大率有未莹处。有心则自有知觉,又何合性与知觉之有!"(《朱子语类》卷六〇)在这里,他认为"心"与"知觉"是同一的,不能与体现道德本心的天地之性合一,原因在于他把心仅限于知觉经验之心。由此可见,朱熹的"心统性情"含义有二:一是"心兼性情"。朱子说:"心统性情,统,犹兼也。"(同上注,卷九八)又说:"性,其理;情,其用。心者,兼性情而言;兼性情而言者,包括乎性情也。"(同上注,卷二〇)是说心兼有、包括性情。二是"心主性情",亦即心统摄、主宰性情。朱子说"性者,理也。性是体,情是用,性情皆出于心,故心能统之。统,如统兵之'统',言有以主之也。"(同上注,卷九八)又说:"性以理言,情乃发用处,心即管摄性情者也。"(同上注,卷五)"统,主宰之谓;性者,心之理;情者,心之用,心者,性情之主也。"(《近思录》)即心是性情之主宰,这里,朱子对性、情之间的体用、动静、未发已发等关系做了明白的表述。概言之,即性是体,情是用;性是未发,情是已发;性是静,情是动,然其主宰则是心。但进一步要追问的是:心究为未发?已发?是体?是用?抑或兼体用?对此,朱子前后所言不一。于是就有所谓"中和旧说"与"中和新说"之分。朱子在三十七岁时,主张"心为已发,性为未发",此说被学者称为"中和旧说"。然若以"心"为"已发",则心仅为用而难为体,这就与其所主性静情动、心主宰性情的关系难以贯通。此后也许受吕大临、程颐等人思想的启示,朱熹本人发现了这一矛盾,并于四十岁时悟出心亦分为体用,说:"只是这个心自有那未发时节,自有那已发时节。谓如此事未萌于思虑要做时,须便是中是体;及发于思了,如此做而得其当时,便是和是用,只管夹杂相滚。若以为截然有一时是未发时,一时是已发时,亦不成道理。"即"思虑未萌"时,情未发,即为"心体";思虑已萌时,情既发,此为"心用"。强调不能把心之未发、已发"截然"分开(《朱子语类》卷六二)。此被后人称为"中和新说"①。"中和新说"的核心是对心之体用关系做了具体分析,认为心兼体用、已发未发,性为未发、情为已发,而心兼有、统摄性情,注意到了心、性、情之间的复杂关系。朱熹早期仅从经验认识意义上去理解"心",以此解释张载的"心统性情",是与张载原意并不吻合的。"中和新说"事实上接受了二程的某些思想,同时也是向张载思想的回归。

四、"见闻之知"与"德性之知"

张载所说的"心"既涉及与性、情的关系,也涉及与此相关的人的认识和人的德性问题。将人的认识与德性相联系,也就必然涉及人的知识和价值的问题,于是他提出了"见闻之知"与"德性之知"两种认识。

关于"见闻之知"。张载承认客观世界的真实性,这是他在批判佛、老的

---

① 参见束景南:《朱子年谱长编》,华东师范大学出版社2001年版,第406页。

过程中确立起来的基本理念。他进而认为,这个客观世界是可以认识的。他把认识活动区别为主体和客体,把认识的主体称为"内",把认识的客体称为"外"。所以人(包括圣人和凡人)对客观世界认识的过程就是"内外合"的过程:

> 有无一,内外合,庸圣同。此人心之所自来也。(《正蒙·乾称篇》)

> 人谓己有知,由耳目有受也;人之有受,由内外之合也。(《正蒙·大心篇》)

所谓"耳目有受",是指人的感觉接受外部世界的刺激所发生的"内外合",即获得一般的知识。虽然这种"闻"和"见""不足以尽物",即不能认识事物的全部,但是又不能没有,否则"若不闻不见又何验"(《张子语录·语录上》)?他肯定这种知识的产生是主客结合的产物,所以必须有"闻"和"见"的感性活动。张载肯定了人有"见闻之知",而且认为无论圣人还是凡人都具有达到这种知识的能力。

张载进而又分析了这种"见闻之知"的局限性。对其局限性的认识是基于以下的怀疑:一是"见闻之知"能否"尽物"?二是"见闻之知"能否"穷理""尽心"?他说:

> 今言尽物且未说到穷理,但恐以闻见为心则不足以尽心。人本无心,因物为心,若只以闻见为心,但恐小却心。今盈天地之间者皆物也,如只据己之闻见,所接几何,安能尽天下之物?所以欲尽其心也。(《张子语录·语录下》)

张载认为,"尽物"与"穷理"有严格的区别。"尽物"仅涉及认识的有限性与物质世界无限性的关系。一方面,张载说:"盈天地之间者皆物也,如只据己之闻见,所接几何,安能尽天下之物?"即个体的认识能力总是有限的,而宇宙万物是无限的,所以要以耳目闻见去"尽物"是困难的。另一方面,还要知道,"耳目外更有物,尽得物方去穷理,尽了心"。这个耳目之外的"物"不是别的,而是性理,而要"穷"此"性理",则是耳目所不能达到的,所以张载说:"以穷理为尽物,则是亦但据闻见上推类,却去闻见安能尽物!今所言尽物,盖欲尽心耳。"(《张子语录·语录下》)"若以耳目所及求理,则安得尽!"(《横渠易说·系辞下》)因为"耳不能闻道"(《经学理窟·学大原上》),所以必须通过"尽心"来达到,这就回到孟子的"尽心、知性、知天"的问题上来了,此"知"

则是求价值的问题。于是张载提出"德性之知"。

关于"德性之知"。张载说：

> 大其心则能体天下之物，物有未体，则心为有外。世人之心，止于闻见之狭。圣人尽性，不以见闻梏其心，其视天下无一物非我，孟子谓尽心则知性知天以此。天大无外，故有外之心不足以合天心。见闻之知，乃物交而知，非德性所知；德性所知，不萌于见闻。（《正蒙·大心篇》）

张载把认识主体区分为"世人"与"圣人"。世人即凡俗之人，认为凡俗之人往往"止于闻见之狭"，"以耳目见闻累其心，而不务尽其心"（《正蒙·大心篇》）。而圣人则"不专以闻见为心"，也"不专以闻见为用"（《正蒙·乾称篇》），故能"大其心"而"能体天下之物"，即能尽性，所以"不以见闻梏其心"，从而达到"视天下无一物非我"的天人合一境界。由"尽性"所体认的"知"，就是"德性所知"。这种"德性之知"，在张载看来"不萌于见闻"。

"见闻之知"与"德性之知"，不同于今天所说的感性认识和理性认识的问题域。因为今天所说的理性认识是以感性认识为基础的，是感性认识的升华。而他所说的见闻之知对于"德性之知"而言，不仅不是基础，而且会"累其心"即影响"尽其心"，所以不可能达到"德性之知"。"见闻之知"属于认知领域，而德性之知属于价值领域，两者的面向是不同的。

虽然"德性之知"是从孟子的"尽心、知性、知天"所引发且与之相通，但张载没有到此止步，而是将其与《中庸》的"合内外之道"的"诚"的境界联系起来。《中庸》说："诚者，天之道也；诚之者，人之道也……自诚明，谓之性，自明诚，谓之教。诚则明矣，明则诚矣。"这里提出了"诚"与"诚之"，"自诚明"与"自明诚"的关系问题，即以"诚"与"诚之"区分了天道与人道，而以"自诚明"与"自明诚"区分了先天的"性"与后天的"教"。"天道"与"性"相联系，而"人道"与"教"相联系。张载的"德性之知"就是与天道相通的"诚明所知"，亦即"天德良知"。张载说："诚明所知，乃天德良知，非闻见小知而已。"又说："性与天道合一存乎诚"（《正蒙·诚明篇》）。张载终于以"德性之知"的"诚"贯通了天人、道性问题，达到了天人合一境界。

由此，张载进一步讨论了"自诚明"与"自明诚"两种成圣之路。张载说：

> "自明诚"，由穷理而尽性也；"自诚明"，由尽性而穷理也。（《正蒙·诚明篇》）

> 须知自诚明与自明诚者有异。自诚明者,先尽性以至于穷理也,谓先自其性理会来,以至穷理;自明诚者,先穷理以至于尽性也,谓先从学问理会,以推达于天性也。某自是以仲尼为学而知者,某今亦窃希于明诚,所以勉勉安于不退。(《张子语录·语录下》)

张载指出,"自明诚"是由穷理而尽性;"自诚明"则是由尽性而后方可穷理。前者是由学习求知而达知性知天,后者是立诚悟性而后认识宇宙之理。朱熹的"即物穷理""格物致知"发挥了"自明诚"的由穷理而尽性的路向;而陆九渊之心学则发挥了"自诚明"的由成圣而穷理的路向。

第五节 "天人合一"的境界论

一、人"与天地一体"

张载所以要"大其心""尽心",其旨趣在于解决"性与天道合一"的问题,在于追求"天人合一"的境界,即以宇宙论去说明人性论和道德论。张载之所以着重论证先儒的"天人合一"主题,主要是针对秦汉以来儒者"知人而不知天,求为贤人而不求为圣人"(《宋史·张载传》)之"蔽"。为了解决天人、道性合一的问题,张载既没有像李翱那样援佛入儒,也没有像周敦颐那样援道入儒(当然他实际上也受到佛老的影响),而是采取了地道的原儒方式,重新回归《易传》《论语》《孟子》《中庸》等儒家典籍,力图建立起"天人合一"的儒学新体系。吕大临指出,张载"其自得之者,穷神化,一天人,立大本,斥异学"(《横渠先生行状》),这基本合乎张载的思想实际和原儒踪迹。"一天人,立大本",改变了汉唐以来天人二本的状况,确立了道德心性论的思想主题,这既是张载担当的历史任务,也是其哲学的重要特征。

张载提出"性即天道"的思想,找到了联结天人的中介,这就是"性"。"性"本来自传统儒学的"性命"说,张载把它与大易"生生"、气化流行结合起来,把"天"解释为"太虚即气",于是"天性"也就是气之本性:"合虚与气,有性之名。""性"乃"气所固有"。同时,张载又认为"性者万物之一源",气化流行,万物"各正性命",遂有"人之性""物之性",这叫"体万物而谓之性"(《正蒙·乾称篇》),"性"与"天道"同一,为气的固有本性,性乃具有本体的意义。重要的是,张载强调"言性已是近人言","仁义人道,性之立也"(《横渠易说·说卦》),于是天道被道德化为人性的本体根据,人性与天性、主体与客体在本质上就被看成同一的了,道德伦理也被说成人性中应有之事了。这样,天人、道性,"知人"与"知天"也就可以沟通和一致起来:"天道即性也,故思知人者不可不知天,能知天斯能知人矣。知天知人,与穷理尽性以至于命同意。"(同上注)可见,张载以"性"为中介,把气化之道、事物的变易法则与主体的道德修养论都贯通起来,整个体系也从宇宙论过渡到道德论。

由此出发,张载明确提出"天人合一"的命题。他说:

> 儒者则因明致诚,因诚致明,故天人合一,致学而可以成圣,得天而未始遗人,易所谓不遗、不流、不过者也。(《正蒙·乾称篇》)

张载说:"性与天道合一存乎诚"(《正蒙·诚明篇》),诚(性)是天人合一的纽结,所以经过由明而诚(学而成圣)或由诚而明(由圣而下达),这是一个"内外合"的双向过程,从而达到"天人合一"的境界,也就到了《易传·系辞上》所说的"不遗""不流""不过"的境界。所谓"不遗",即《易》所说"曲成(万物)而不遗",张载说:"天体物不遗,犹仁体事无不在也。"(《正蒙·天道篇》),即是说达到天人合一境界,仁对于事皆不遗弃。"不流",即《易》所说"旁行而不流",来知德解释说:"旁行者行权也,不流者不失乎常经也。"(《易经集注》卷三三)大意是说,掌握易理之道的人能够应变,所以不失乎常经而无流弊。张载说:"旁行而不流,圆神不倚也。"就是说,"旁行而不流"是因为他圆融贯通,深知事物变化之妙,故没有偏隘的缘故。① 张载解释说:"主应物不能固知,此行而流也。入德处不移,则是道不进,重滞者也。"意思大致是说,能圆融应变不离常道,故有秩序而不散乱。张载还说:"'百姓日用而不知',溺于流也。"即老百姓平日生活在这些平实的道理之中却茫然不知,其原因就在于沉溺于日常散漫无束的物欲而不加思考。只有"旁行而不流",才能做到"乐天知命,故不忧。"(《易传·系辞上》)所谓"不过",即《易》所说"范围天地之化而不过",张载释:"过则溺于空,沦于静,既不能存夫神,又不能知夫化矣。"(《正蒙·神化篇》)"不过",就是不逾越。张载借用易理,说如果逾越了天地万物变化的道理,就易陷入佛教的"空",或沦为道家的"静",这样

---

① 参阅喻博文:《正蒙译注》,兰州大学出版社1990年版,第64页。

既不能存神养性,也不能知天道的变化。张载认为,只有"成圣""得天"而达到"天人合一"的境界,才有可能超凡入圣,与天地同流,与万物一体。

在中国哲学史上,"天人合一"观念先前固然已有,但最早提出"天人合一"这一命题的是张载。在天人关系上,张载既主张不能将天、人混为一谈,说"'鼓万物而不与圣人同忧',则于是分出〔天〕人之道。〔人〕不可〔以〕混天"(《横渠易说·系辞上》);同时又认为天与人是统一的:"天良能本吾良能,顾为有我所丧尔。〔明天人之本无二。〕"(《正蒙·诚明篇》)因此,应该将天道和人事"一滚论之",他说:

> 天人不须强分,《易》言天道,则与人事一滚论之,若分别则只是薄乎云尔。自然人谋合,盖一体也,人谋之所经画,亦莫非天理。(《横渠易说·系辞下》)

这样,张载就逻辑地把天道"归于人事",主张"得天而未始遗人"(《横渠易说·系辞上》),从而在理论上克服了汉唐儒者"天人二本"之"大蔽",建立起天人合一的儒学新体系。

二、"民胞物与"的伦理境界

张载追求的伦理境界,具体地体现在为程朱所推崇的《西铭》中。二程指出:"仁孝之理备于《西铭》之言。"(《二程粹言·论道篇》)点明了《西铭》的核心是讲仁孝伦理。程颢称:"《订顽》之言极纯无杂,秦汉以来学者所未到。"又说:"《西铭》,颢得此意,只是须得〔他〕子厚〔有〕如此笔力,他人无缘做得。孟子已后未有人及此文字,省多少言语。"(《张子语录·后录上》)程颐称赞说:"《西铭》明理一而分殊,扩前圣所未发,与孟子性善养气之论同功,自孟子后盖未之见。"甚至称"若《西铭》则是《原道》之宗祖也"(《张子语录·后录上》)。朱熹也肯定了"《西铭》之意,与物同体"的说法(《朱子语类》卷九七)。二程虽对张载的《正蒙》颇有微词,但是对《西铭》却如此推崇,说明《西铭》的思想上与二程有极大的相合之处。刘玑在《正蒙会稿序》中,称《西铭》"包三才之广大,充其精蕴,体天人为一源。"沈自彰在《张子二铭题辞》中说:"而《西铭》数语,程门辄取以教学者,虽其所指若不过君臣长幼贫富屋漏之近,然挹其规度,包三才之广大,充其精蕴,体天人为一源。学者所当默识而固有之也。《东铭》严毅,一时并出,兹用提挈,以示学者,庶几程门

第三章 张载贯性与天道为一的思想体系

之遗意云。"①从后人的评论可看出,《西铭》有鲜明的"天人一体"观念和"理一分殊"的思想。

张载在《西铭》中写道:

> 乾称父,坤称母;予兹藐焉,乃混然中处。故天地之塞,吾其体;天地之帅,吾其性。民,吾同胞;物,吾与也。大君者,吾父母宗子;其大臣,宗子之家相也。尊高年,所以长其长;慈孤弱,所以幼其幼。圣,其合德;贤,其秀也。凡天下疲癃残疾、惸独鳏寡,皆吾兄弟之颠连而无告者也。于时保之,子之翼也;乐且不忧,纯乎孝者也。违曰悖德,害仁曰贼;济恶者不才,其践形,唯肖者也。知化则善述其事,穷神则善继其志。不愧屋漏为无忝,存心养性为匪懈。恶旨酒,崇伯子之顾养;育英才,颍封人之锡类。不弛劳而底豫,舜其功也;无所逃而待烹,申生其恭也。体其受而归全者,参乎!勇于从而顺令者,伯奇也。富贵福泽,将厚吾之生也;贫贱忧戚,庸玉汝于成也。存,吾顺事,没,吾宁也。②

《西铭》大体讲了三层意思:一是"民胞物与"的思想。意思是说,天地是人的父母,人处天地之间,都是禀受天地之气而生。在天地面前,大家都是同胞兄弟,人与万物也都是同伴和朋友。所以在社会中,每个人都有尊重和慈爱他人的义务,也有受到尊重和被爱的权利。同时,民众也应该服从君主的统治,而君主也应对民众施以同情和爱护。在社会伦理层面,每个人都应该尊老慈幼,履行自己应尽的道德义务;同时也要发扬人道主义的精神,将那些"疲癃残疾、惸独鳏寡"的人,视为自己的兄弟,并给予同情和爱护。二是讲"仁爱忠孝"的伦理道德。主张要把仁爱忠孝之德努力加以实践,并举出历史上"忠孝"者的典型事例来对人们加以引导和激励;同时强调人们也要穷神知化,存心养性。三是讲"顺事没宁",乐天安命的人生态度。如果你"富贵福泽",应将其视为天地对你的厚爱;如果你"贫贱忧戚",应将其视为上天对你意志的考验和锻炼。所以,人活着就要顺从世事,尽力地做事,死了心里也就得到了安宁。可以看出,《西铭》中包含着"视天下无一物非我"的"天人一体"的哲学境界,也包含着朴素的君民平等、人与人平等、人与万物平等的观

---

① 见章锡琛点校:《张载集》,中华书局1987年版,第412页。
② 此段文字,以章锡琛点校《张载集》(中华书局1987年版)为主,部分文句参考林乐昌编校《张子全书》(西北大学出版社2015年版)。

念;既包含着儒家的仁爱精神、人道原则,也蕴涵着积极进取、顺世达观的生活态度。当然,其中也受到传统的忠君思想、宗法观念的极大影响。

朱熹后来专门写了《太极》《西铭》二解。朱熹作《西铭解》也是有感而发的,他自己说是因杨时第二书"言不尽而理有余"而写的,实际上他针对的是陆九渊心学一派贬低《西铭》的议论。《西铭解》作于乾道八年(1172),但是当时朱子"未尝敢出以示人也"。其所以到淳熙十五年(1188),朱熹才将它示人,是因为"近见儒者多议两书之失,或乃未尝通其文义而妄肆诋诃",为了不使这些人"知其未可以轻议也","因出此解以示学徒,使广其传"(《晦菴集》,见《四部丛刊》景明嘉靖本)。后人又将《西铭解》与朱熹的跋语合称为《西铭论》。①

二程以为,《西铭》之精要在于"明理一而分殊"。朱熹作《西铭解》,进一步将其纳入理学的体系。

朱熹发挥二程"理一分殊"之旨对《西铭》的诠释,大体说了三层意思:一是"天地之间,理一而已。然乾道成男,坤道成女,二气交感,化生万物,则其大小之分,亲疏之等,至于十百千万而不能齐也。"认为宇宙间只有一个理,其表现就是阴阳二气相互交感,万物化生,"乾为父,以坤为母,有生之类,无物不然,所谓理一也"。二是以分殊之理说,社会人伦表现在"人物之生,血脉之属,各亲其亲,各子其子",其大小之分,亲疏之等,就是分殊。三是"一理"与"万殊"又是联系和统一的。"一统而万殊,则虽天下一家,中国一人,而不流于兼爱之弊;万殊而一贯,则虽亲疏异情,贵贱异等,而不牿于为我之私。"他认为这就是"《西铭》之大指"。很显然,"理一分殊"的实质是在维护等级社会的伦理秩序。其实,这一解释严格地说并不完全符合张载的思想。张载是要讲天人一体、民胞物与,要把仁孝之伦理原则贯穿在社会生活中。特别是其中所说"民吾同胞,物吾与也"八个字,蕴含着在天人一体、万物同根基础上的博爱精神,是儒家仁爱思想的升华,并使之达到了一个崇高的境界,即天人的境界,由此也标志着新儒家世界观和宇宙意识的成熟,即使在今天仍然具有积极的价值。后人把它概括为"民胞物与"。

---

① 该文见章锡琛点校:《张载集》附录,中华书局1987年版。

第四章　张载门人及其学术传承

第一节　文献记载中的张载门人

张载之学之所以被后人称为一个学派,不仅因为张载"勇于造道",创立了自己独特的思想体系,还在于当时在他的周围形成了一个有独特风格的学术团体,在他的身后有诸多对其思想体系的传承者或高扬者、发展者,并不断在学界发生着广泛的影响。吕本中曾说:"伊川先生尝至关中,关中学者皆从之游,致恭尽礼。伊川叹'洛中学者弗及也'。"(《童蒙训》)全祖望也曾说:"关学之盛,不下洛学。"(《吕范诸儒学案序录》,《宋元学案》卷三一)晚明关中大儒冯从吾(字仲好,号少墟)也曾这样描述过张载讲学关中时的盛况:"(横渠先生)执经满座,多所兴起,如蓝田、武功、三水,名为尤著。"(《关学编自序》)这里以地指人,所说"蓝田",指张门弟子吕大钧等吕氏兄弟,"武功"指张门弟子苏昞,"三水"指张门弟子范育。冯从吾为了接续"横渠遗风",取横渠张子以下"诸君子行实,僭为纂次,题曰《关学编》,聊以识吾关中理学之大略云"(《关学编自序》)。冯从吾在《关学编》中所列北宋关学学者有:张戬、吕大防、吕大忠、吕大钧、吕大临、苏昞、范育、侯仲良、刘愿共九人。这些人有些属张门弟子,有些则不一定属于弟子,如张戬为张载之弟,吕大防未入室,而以侯仲良为张门弟子则缺乏文献的依据,故其所列者惟吕大忠、吕大钧、吕大临、苏昞、范育等可视为亲炙弟子。正如全祖望所说:"《伊洛渊源录》略于关学,三吕之与苏氏,以其曾及程门而进之,余皆亡矣。"全祖望所看到的张载及其弟子在洛学著作中被"略"的境况,早在明代前中期就引起三原学派创始人王承裕的关注。他在与其门下弟子的书信中曾经提及:"惟张氏门人知尊程故,程氏门人不知尊张,遂使张氏之统不传,家世固其一耳。"(王承裕:《与门人书》,《王康僖公文集》卷一)认为关学自张载殁后没有得到光大的原因之一,是由于张载弟子们一依师说,出于对二程学术的尊重,往拜为师,然二程门下却"不知尊张",对张载的著述语录多所从略,遂使关学学脉不显。尽管"关学再传何其寥寥",不过,全祖望还是据相关文献发现了一些弟子,说:"予自范侍郎育而外,于《宋史》得游师雄、种师道,于《胡文定公语录》得潘拯,于《楼宣献公集》得李复,于《童蒙训》得田腴,于《闽书》得邵清,及读《晁景迂集》,又得张舜民,又于《伊洛渊源录注》中得薛昌朝,稍为关学补亡。"(《吕范诸儒学案序录》,《宋元学案》卷三一)而《忠宪种先生师道》全祖望案则与此有所不同:"横渠弟子埒于洛中,而自吕、苏、范以外寥寥者,吕、苏、范皆以程氏而传,而南渡后少宗关学者,故洛中弟子虽下中之才皆得见于著录,而张氏诸公泯然,可为三叹!予于《宋史》得游、种二公,于《晁景迂集》得张舜民,于《童蒙训》得田腴,于《程子语录》得薛昌朝,于《闽志》得邵清。而潘拯乃关中一大弟子,竟莫得其详。"其中所述张载弟子除蓝田三吕和苏昞、范育之外,补出游师雄、种师道、潘拯、李复、田腴、张舜民、薛昌朝、邵清等多人。晚清张骥在其《关学宗传》中,述及张载关学学者包括张戬、吕大忠、吕大防、吕大钧、吕大临、苏昞、侯仲良、游师雄、潘拯、李复、张舜民、吕义山(吕大钧之子)、游翊、王湜、郭绪等。虽然其中有些人是否是张载的弟子还有待考证,但是至少说明张载身后关学尚未"熄灭"。

  关于张载何时开始收徒讲学,是否以其学术思想的成熟为标志?笔者以为,弟子的入室与其师的学术造诣、弟子对其师学术造诣的认同以及其师的学术影响有直接关系,而不一定是在其师思想成熟之时。因为,其师思想的成熟是一个渐进的过程,在一些情况下,其思想成熟往往是在与其弟子相互切磋和教学相长中逐步实现的。所以弟子入室的时间应以事实为根据,而不一定以其师思想成熟为标志。如前所述,张载较早的弟子有吕大钧,与张载为同年友,其时张载的思想尚在形成之中,但吕大钧已被张载的学术造诣所折服,"遂执弟子礼",其时间大约在嘉祐中。而张载思想成熟大致在熙宁年间,是在熙宁二年他辞官西归,居乡读书讲学并著《正蒙》的这一时期。范育《正蒙序》谓:"子张子校书崇文,未伸其志,退而寓于太白之阴,横渠之阳,潜心天地,参圣学之源,七年而道益明,德益尊,著《正蒙》书数万言。"从范育的序可知,张载在横渠"潜心天地,参圣学之源"达七年之久,方"道益明,德益尊",应该说此时学术方臻于成熟,于是撰《正蒙》万余言,而此时弟子已从游多年矣。

  不过,张载的学术影响则是在嘉祐年间见到二程后逐步扩大了的。吕大临《横渠先生行状》载:"嘉祐初,见洛阳程伯淳、正叔昆弟于京师,共语道学之要,先生涣然自信曰:'吾道自足,何事旁求!'乃尽弃异学,淳如也。"此时张载对道学有了充分的自信,更有信心致力于道学的探索。以后又与程颢讨论"定性"问题。熙宁二年(1069)之后,张载常与二程以书信往来切磋学术,影响已相当大了。是年吕公著向宋神宗推荐张载时已"言其有古学"(《宋史·张载传》),这为其弟子拜师入门创造了重要的学术条件。

根据现存资料,这里对从学于张载的门人及其思想略作介绍。由于对吕大临、李复等人的学术思想下文有专节介绍,这里从略。

1. 吕大钧(1031—1082)字和叔,吕大防之弟

吕大钧,先祖汲郡(今河南卫辉)人,其祖父葬蓝田(今陕西蓝田),后人遂为蓝田人。吕大钧为其父吕蕡之第三子。嘉祐二年(1069)以进士,授秦州司理,监延州折博务,改光禄寺丞,知三原县。后移巴西、侯官、泾阳,以父老,皆不赴。丁外艰服除,自感"道未明,学未优",不复有仕进之意。乃家居讲道,以教育人才,并致力于变化乡间风俗之务。之后,经大臣推荐,为诸王宫教授。作《天下一家中国一人论》,上之。不久监凤翔船务,制改宣议郎。时正好遇朝廷讨伐入侵的西夏,被征为转运司从事。既将出塞时,转运使李稷馈饷不继,打算回安定取粮,派吕大钧请于种谔,谔竟然拒绝,说:"吾受命将兵,安知取粮!万一不继,召稷来,与一剑耳。"针对种谔的错误决定和蛮横态度,吕大钧率直地说:"朝廷出师,遂斩转运使,无君父乎?"种谔竟然强迫吕大钧说:"君欲以此报稷,先稷受祸矣!"于是吕大钧大怒,说"公将以此言见恐耶?吾委身事主,死无所辞,正恐公过耳。"意思说你是以这样的话恐吓我吗?我委身事主,死都不怕,难道怕你这样威胁吗?种谔见他耿直,遂改变了态度,说:"子乃尔耶?今听汝矣!"由此可见吕大钧为人颇为质厚刚正。是年后不久,因病逝世,年仅五十二岁。

吕大钧本与张载为同年友,闻张载有学识,"遂执弟子礼"。据说当时张载以礼教教育弟子,但是那些"后进者"往往蔽于习俗而难以领悟,而有能力者却又急功近利不能认真领悟,遂造成张载关学"寂寥无有和者"的情况,惟独吕大钧对之坚信不疑,毅然向学。吕大钧本出于蓝田望族,在他的影响之下,不仅其兄弟几人从张载学,且关中学者"靡然所向",这为以后张载社会影响的扩大及关学学派的形成奠定了基础。

吕大钧为学广博,"无所不该",但更著身体力行,尝说:"始学必先行其所知而已"。对于道德性命之学,能"博而以约",善于抓住要点,着重于实践躬行。其治经说不仅潜心玩味其理,亦"得于身践而心解",并力求在实践中了悟,从不作无用之文章,且颇"守其师说而践履之",如其"居父丧,衰麻葬祭,一本于礼"(《吕大防传》附传,《宋史》卷三四〇)。在乡间与其兄长吕大防、弟吕大临率领乡人推行《乡约》以敦民俗,经常以"德业相劝,过失相规,礼俗相交,患难相恤"(《关学编》卷一)告诫众乡里。由于他们的努力,"自是关中风俗为之一变"。张载尝称赞吕大钧"勇为不可及","秦俗之化,和叔有力"(《关学编》卷一)。《关学编》还引范育《吕和叔墓表》,谓:"其学以孔子下学上达之心立其志,以孟子集义之功养其德,以颜子克己复礼之用厉其行。"①

吕大钧的著作,据《宋史·艺文志(四)》载:"《吕氏乡约仪》一卷,吕大钧撰。"晁公武《郡斋读书志》卷三著录《诚德集》三十卷。赵希弁《郡斋读书志附志》、陈振孙《直斋书录解题》载有《吕氏乡约》一卷、《乡仪》一卷。尤袤《遂初堂书目》载有《易传》《礼记解》《中庸再解》《吕氏乡约》。② 冯从吾《关学编》载所著有《四书注》《诚斋集》《乡约》《乡仪》。张骥《关学宗传》称:其著《四书注》若干卷、《诚德集》三十卷、《张氏祭礼》一卷,皆佚;《乡约》《乡议》各一卷,著于甲令,代有增损;现仅存世《蓝田吕氏祭说》一卷、《吕氏乡约》一卷。

范育《吕和叔墓表》称其为"诚德君子",又说"盖大学之教不明于世者千五百年,先是扶风张先生子厚闻而知之,而学者未知信也。君(吕大钧)与先生为同年友,一言而契,往执弟子礼。"③《宋元学案》卷三一《吕范诸儒学案》载:"横渠之教,以礼为先,先生条为《乡约》,关中风俗为之一变。"可知吕大钧受张载的影响,其学躬行礼教,重于实践。关于吕大钧的文献,主要见于《宋史·吕大防传》《关学编》,范育《吕和叔墓表》,《宋元学案》之《吕范诸儒学案》等。

2. 吕大忠(1025—1100),字进伯,为吕大防、吕大钧之兄

吕大忠生平极力推行礼教。据《伊洛渊源录·蓝田吕氏兄弟》知,吕大忠约卒于元符三年(1100)。皇祐中进士及第,历为华阴令、晋城令、提督永兴路

---

① "行"字原作"用",依范育《吕和叔墓表》改。
② 参见陈俊民辑校:《蓝田吕氏遗著辑校》,中华书局1993年版,第8—9页。
③ 陈俊民辑校:《蓝田吕氏遗著辑校》,中华书局1993年版,第612页。

义勇,改秘书丞签书定国军判官。熙宁中,王安石初议遣使诸道,立缘边封沟,吕大忠和范育均被命,但他们皆辞。当时吕大忠直陈"五不可",认为这样做"恩信不洽,必致生患",王安石遂罢未遣。后令其使辽,议代知北地(今陕西北部与甘肃、宁夏交界一带),因遇父丧未赴。后知代州。辽使曾对北地有所图谋,因吕大忠争取,辽使"竟屈","乃移次于长城北"。后来辽又派使求北地,神宗竟有屈从之意,吕大忠告诫神宗:"彼遣一使来,即与地五百里,若使魏王英弼来求关南,则何如?"意即此关乎国家疆土大计,应该深思熟虑。此可见吕大忠心系国家,敢言直谏的正直人格。元丰中历官河北转运判官、提点淮西刑狱。元祐初历工部郎中、知渭转运副使,知陕州、秦州,进加宝文阁待制。绍兴二年(1095)加宝文阁直学士,知渭州,后改徙同州。

吕大忠为人质直,从不妄语,动则有法度,颇重修己之学,曾说:"今科举之学既无用,修身为己之学,不可不勉。"(《关学编》卷一)生平嗜学,常虑学问之不进,年数之不足。谢良佐当时教授州学,吕大忠每次经过,都要去听谢讲《论语》,并且总是正襟危坐,敛容精神,吕大忠曾说:"圣人之言行在焉,吾不敢不肃。"(《关学编》卷一)谢良佐曾举一事见其为学之专:"晋伯甚好学,初理会个仁字不透,吾因曰:'世人说仁,只管著爱上,怎生见得仁。只如力行近乎仁,力行关甚爱事,何故却近乎仁?'推此类具言之,晋伯因悟,曰:'公说仁字,正与尊宿门说禅一般。'"谢良佐亦曾评价吕氏兄弟说:"晋伯弟兄皆有见处。盖兄弟之既多且贵而皆贤者,吕氏也。"(《吕范诸儒学案》,《宋元学案》卷三一)大忠一生多为官,但"老而好学"(《洛阳议论》)。《关学编》载其著述有《辋川集》五卷,《奏议》十卷。又《前汉论》三十卷。关于吕大忠的文献介绍,主要见于《宋史·吕大防传附传》《关学编》,《宋元学案》之《吕范诸儒学案》,《宋名臣言行录外集》卷六,《明一统志》等。

3. 吕大临(1046—1092)字与叔,为吕大忠、吕大防、吕大钧之弟

吕大临"以门荫入官,不复应举"。初学于横渠,后卒业于程门。生平无意仕进擢用,犹专心于修身好学,博及群书。因其品行高洁,修身好学,颇得张载及其弟张戬的好评,张戬将其女许配之,并予以高度评价:"吾得颜回为婿矣。"其生平及思想介绍见本章第二节。

4. 苏昞(1054—?),字季明,武功(今陕西武功)人

据吕本中《童蒙训》卷上载:"子厚推明圣学,亦多资于二程者。吕大临与叔兄弟、后来苏昞等皆从之学。"这是关于苏氏先从学于张载而后从学于二程的较早文献。《伊洛渊源录》卷九载:苏昞"亦横渠门人而卒业于程氏者"。卷九又据《胡氏传家录》,称他"在伊川之门众矣,不知其要者,依旧无所得。如横渠声动关中,关中尊信如夫子。苏季明从横渠最久,以其文厘为十七篇,自谓最知大旨。"可知他"从横渠最久",他虽后卒业于程氏,但受伊川的影响并不大。《关学编》卷一亦称苏昞"同邑人游师雄,师横渠张子最久"。从其师张载"最久",后又师二程并卒业于程门来看,苏昞是张载较早的弟子,且深得张载《正蒙》的要旨。苏昞在《正蒙序》中说:"先生著《正蒙》书数万言。一日,从容请曰:'敢以区别成诵何如?'先生曰:'吾之作是书也,譬之枯株,根本枝叶,莫不悉备,充荣之者,其在人功而已……'于是辄就其编,会归义例,略效《论语》《孟子》,篇次章句,以类相从,为十七篇。"苏昞在张子著成《正蒙》后,对其书加以编排,厘为十七篇,即成今天所见之面貌。熙宁九年(1076),在张载过洛阳会见二程并与其论学时,苏昞当时也在场,并录二程与张载语录,题为《洛阳议论》,后由朱熹表之行于世,今存于《二程全书》卷一〇。

又据《伊洛渊源录》卷九《苏学士》载:"元祐末,吕进伯荐之,自布衣召为博士。"该书卷九还载有吕大忠所写举荐苏昞的《奏状》,称"京兆府处士苏昞,德性纯茂,强学笃志,行年四十,不求仕进。从故崇文校书张载之学,为门人之秀,秦之贤士大夫亦多称之。"冯从吾《关学编》卷一《季明苏先生传》所记与此相近。可以看出,元祐末(1093)吕大忠举荐苏昞时,昞年四十岁,由此推知其约生于至和元年(1054)。《宋史》卷四二八《苏昞传》:"苏昞字季明,武功人。始学于张载,而事二程卒业。元祐末吕大忠荐之,起布衣为太常博士。坐元符上书入邪籍,编管饶州,卒。"可知苏昞一生以处士著称,虽然"德性纯茂,强学笃志",但却"不求仕进",后因吕大忠举荐,从布衣而为太常博士。与尹焞友善,如孙钟元所说:"季明能成彦明于始,彦明能成季明于终。朋友之益大矣哉!"(《吕范诸儒学案》之《苏先生昞》,《宋元学案》卷三一)他在为太常博士时,因坐元符上书事而被贬饶州。在赴饶途中经过洛阳尹焞(字彦明)馆所,伊川去造访,伊川和尹焞都看出他对迁贬之事仍有所在意,于是尹焞劝他"若为国家计,自当忻然赴饶州;若为进取计,则饶州之贬犹为轻典",苏昞遂"以焞言为然"。对于苏昞的态度,吕进伯认为其尚未达到横渠的境界,说:"及(昞)后来坐上书邪党,却是未知横渠。横渠有诗云:'中天宫殿郁岩峣,瓦缝参差切绛霄。葵藿野心虽万里,不无忠恋向清朝。'夫岂不欲行道于世,然在馆中半年即去,后十年复召用之,不半年又去,只为道不合即去也。"认为张载为官的目的是要行道于世,如果道不合则去,而"季明越职上书,得罪甚重,亦必有非所宜言者矣"(《遗事》,《伊洛渊源录》卷九)。

5. 范育(？—1093)字巽之,邠州三水(今陕西旬邑)人

范育举进士,为泾阳令。以养亲谒归。经推荐,授崇文校书、监察御史里行。曾向宋神宗谏言请用《大学》"诚意""正心"治理天下国家,于是推荐张载等数人。西夏入侵环庆,诏先生行边。"坐劾李定亲丧匿服,出知韩城县",此当发生在熙宁四年五月①。以后又知河中府,加直集贤院,后徙凤翔,以直龙图阁镇秦州。元祐初,召为太常少卿,改光禄卿,出知熙州。后又入给事中,仕终于户部侍郎。绍兴中赠宝文阁学士。《续资治通鉴长编》卷四七四载:元祐七年梁焘荐:"今日边事为急,范育治边有功,宜先用之。"

范育曾从二程、张载三先生学。《宋元学案》卷三一《吕范诸儒学案》谓:"举进士,为泾阳令。以养亲谒归,从张横渠学。"可知范育在养亲谒归时,始受学于张载。范育谙熟边事,时人称其"才酞智略,夙膺器任"(钱勰《范育直龙图阁知秦州》,《宋文鉴》卷四〇)。据现有史料看,范育可能是张门与乃师论学较多的一位弟子。②他不但勤于问学,而且"笃信师说而善发其蕴"(《巽之范先生》,《关学编》卷一)。张载曾评价说:"今之学者大率为应举坏之,入仕则事官业,无暇及此(引者按:"此"指道学)。由此观之,则吕、范过人远矣。"(《张子语录·语录下》)范育亦在神宗面前推荐张载、二程,神宗曾对王安石说:"育盛称张载、程颢兄弟,以为有道君子,乞诏还,此何也?"王安石还就此做了解释(参见《续资治通鉴长编》卷二二三)。程颐尝谓:"与范巽之语,闻而多碍者,先入也。"意即他对听到新的思想总有些抵触,提出一些问题来。张载《正蒙》书成,范育为之作序,在序中不仅对张载的思想特点作了准确的把握,且能发明其蕴。如说"语上极乎高明,语下涉乎形器,语大至于无间,语小入于无朕";"天之所以运,地之所以载,日月之所以明,鬼神之所以幽,风云之所以变,江河之所以流,物理以辨,人伦以正,造端者微,成能者著,知德者崇,就业者广,本末上下贯乎一道,过乎此者淫遁之狂言也,不及乎此

---

① 《续资治通鉴长编》卷二二三:"(熙宁四年五月)辛卯,太子中允、崇文殿校书范育复为光禄寺丞、知韩城县。"

② 参阅林乐昌:《张载答范育书三通与关学学风之特质》,载《中国哲学史》2002年第1期。

者邪诐之卑说也。"(范育《正蒙序》)

张载与范育论学,集中体现在已发现的三通书信中。范育没有文集传世,仅留下《正蒙序》及张载与他的这几篇通信。不过,从中亦可窥其思想面貌。

第一通书信即张载《答范巽之书》,今见于《张载集》(中华书局1987年版)。内容如下:

> 所访物怪神奸,此非难说,顾语未必信耳。孟子所论知性知天,学至于知天,则物所从出当源源自见,知所从出,则物之当有当无莫不心喻,亦不待语而知。诸公所论,但守之不失,不为异端所劫,进进不已,则物怪不须辨,异端不必攻,不逾期年,吾道胜矣。若欲委之无穷,付之以不可知,则学为疑挠,智为物昏,交来无间,卒无以自存,而溺于怪妄必矣。
>
> 朝廷以道学、政术为二事,此正自古之可忧者。巽之谓孔孟可作,将推其所得而施诸天下邪?将以其所不为强施之于天下欤?大都君相以父母天下为王道,不能推父母之心于百姓,谓之王道可乎?所谓父母之心,非徒见于言,必须视四海之民如己之子。设使四海之内皆为己之子,则讲治之术,必不为秦汉之少恩,必不为五伯之假名,巽之为朝廷言,人不足与适,政不足与间,能使吾君爱天下之人如赤子,则治德必日新,人之进者必良士,帝王之道不必改途而成,学与政不殊心而得矣。

第二通是《与范巽之书》,此为李裕民从《永乐大典》卷八四一四引《张横渠集》中辑出①。即:

> 示问保甲,比俟和叔来,详闻近议近制,徐为答。然近见岐却取三丁为义勇,入府教集,或虑已有更革,故益难妄计。大率附近古制,小大必利,苟不得亲民良吏,虽三代法存,未免受弊,况半古之法又乌能?借如正观府兵,求之史,纵若便时,窃计民间之害亦未免。盖不议制产,而遽图师役,求以便众,万万无此。

第三通是《并答范巽之书》,为林乐昌从《宋元学案补遗》中辑出:②

---

① 参阅李裕民:《张载诗文的新发现》,载《晋阳学刊》1994年第3期。
② 林乐昌:《张载答范育书三通与关学学风之特质》,载《中国哲学史》2002年第1期。本文所引,自《宋元学案补遗》第二分册,杨世文、舒大刚等点校,人民出版社2012年版,第868—869页。

今且只将"尊德性而道问学"为心,日自求于问学者有所背否?于德性有所懈否?此义亦是博文约礼、下学上达。以此警策一年,安得不长?每日须求多少为益,知所亡,改得少不善。此德性上之益。读书求义理,编书须理会,有所归著,勿徒写过。又多识前言往行,此问学上益也。勿使有俄顷闲度,逐日似此三年,庶几有进。义理之学,亦须深沉方有造,非浅易轻浮之可得也。

关于范育与张载讨论的话题,从《正蒙序》及三通书信及其他可参照的内容来看,大致有以下方面:

其一,在政治指导思想方面,范育主张以《大学》中的"诚意""正心"治理天下国家。他在任崇文院校书、监察御史里行时,曾劝宋神宗"请用《大学》诚意、正心以治天下国家"(《吕范诸儒学案》之《横渠门人》,《宋元学案》卷三一)。其思想与张载《答范巽之书》所说"能使吾君爱天下之人如赤子,则治德必日新"等内容相合。这一点也可以从他主"心术"而轻刑罚予以旁证。据《续资治通鉴长编》卷二二三载,范育不主张治国"专欲以刑赏驱民",而主张多用"心术",说:"心术者,为治之本也。今不务此而专欲以刑赏驱民,此天下所以未孚也。"范育的这一主张曾引起神宗与王安石的一场讨论。"上谓王安石曰:'人主不用心术,何由致治?'安石曰:'有为固由心术,但术有广狭远近,功业大小,亦从此分。'"

其二,关于道学与政术的关系。张载指出"朝廷以道学、政术为二事,此正自古之可忧者",主张道学与政术不二。范育说,孔孟提出的治理国家之道能行诸天下吗?如果不能行诸天下而强施之可以吗?进而认为,"学"能否真正被施之于"政",还很难说,因为这又不能"强施"。张载指出,如果君相有"以父母天下为王道"之心,而在实际政治生活中不能推王道于百姓,能叫王道吗?这不能仅见于言,而要付之于行。张载更强调君相的"治德"对于王道实施的重要性,在于道学在社会政治生活中发生实效的可能性,以此说明道学与政术应该是统一不二的。张载针对范育以《大学》诚意、正心劝诫宋神宗的建议,在肯定范育建议的同时,通过发挥孟子的"爱民而王"的王道论,进一步阐述了"学与政不殊心而得"的道理。这也反映出关学与洛学人物对待政治在态度和方法上的不同。关学学人不像洛学那样靠近政治与文化的中心,所以没有也不希望更多地卷入上层政治斗争的旋涡,他们主张以其"学贵有用"的务实态度来对待现实问题。

其三,论鬼神。范育似尝言"物怪神奸",张载在《答范巽之书》中,指出范育所访"物怪神奸",其实此道理很容易说清,问题在于是否相信。故他从孟子"知性知天"的思想出发,指出如果能做到如孟子所说"知天",就从根源上弄清楚了。他劝诫范育要对此"守之不失,不为异端所刦,进进不已,则物怪不须辨,异端不必攻,不逾期年,吾道胜矣",并告诫如果把"物怪神奸"视为不可知而致"学为疑挠,智为物昏",则当"溺于怪妄必矣"。

其四,关于"为学求益"的为学之方。在张载与范育的第三通书信《并答范巽之书》中,张载主要探讨了为学日进求益的方法。他指出对于《中庸》所说的"尊德性而道问学",要从每日自求"于问学者有所背否,于德性有所懈否",强调为学工夫要着眼于从"每日"的细微处做起,要清楚自己"每日须求多少为益"。在张载看来,以"知所亡,改得少不善"上来求"德性上之益";以"读书求义理","多识前言往行",以求"问学上益"。可以看出,张载将"尊德性"与"道问学"二者视为并行不悖的统一关系。张载特别强调只有坚持不懈,循序渐进,以良好的学风对待进德和进学,就一定有进步,并告诫范育:"勿使有俄顷闲度,逐日似此,三年庶几有进。"

张载与范育之间,另有一段与学风相关的讨论。张载问范育说:"吾辈不及古人,病源何在?"范育反诘问张载,张载回答说:"设此语者,欲学者存之不忘,庶游心深久,有一日脱然如大寐得醒耳。"对于所说"存之不忘",朱熹曾与弟子做过讨论。弟子问:"横渠语范巽之一段如何?"朱熹说:"惟是今人不能'脱然如大寐之得醒'。"又说:"正要常存意,使不忘。"当弟子谈及"张子语比释氏更有穷理工夫在"时,朱熹说:"工夫固自在,也须用存意。"当弟子再问"如何说'存意不忘'?"朱熹说:"只是常存不及古人意。"(《朱子语类》卷九八)意思是说,"脱然如大寐之得醒",悟得道理,要做得工夫,还须"存意",所谓"存意不忘",即"常存不及古人意"。常存不及古人意而不忘,体现了张载"学古力行"的精神。在第三通书信中,张载还告诫范育,义理之学,一定要"深沉方有造",要树立良好扎实的学风,切不可"浅易轻浮"。此反映出范育受张载"志道精思""勇于造道"学风的影响。

从以上几封信来看,范育是曾举荐过张载且与张载接触比较多的一位弟子,他得张载教授甚多,同时又是善于独立思考且有见解的一位弟子。正因此,他在入程门后仍能坚守张载学说,故程颐说他"闻而多碍者,先入也"。

除此之外,《续资治通鉴长编》卷二一三还记载了范育与宋神宗关于制田的一场讨论。

关于范育的事迹,亦见《宋史》卷三〇三《范育传》及冯从吾《关学编》卷一《巽之范先生传》,又《续资治通鉴长编》卷二一三、卷二二三、卷四七四等对范育的行事亦有较详细的记载。其留存下来的文章多见于《宋代名臣奏议》《皇朝文鉴》及《全宋文》等。

6. 游师雄(1038–1097)字景叔,京兆武功(今陕西武功)人

治平二年(1065),游师雄举进士。关于游师雄的史料,比较详细的记载见于张舜民《游公墓志铭》,《宋史》卷三三二《游师雄传》较略,而冯从吾《关学编》则无传,仅在《季明苏先生传》中提及"同邑游师雄,师横渠张先生最久,后又卒业于二程子"。可知他与苏昞是追随张载学最久的一位门人,也是后从程氏学的张载弟子中仅有几人之一。李元春在《重刻关学编序》中,明确指出冯从吾《关学编》遗漏了游师雄,说:"如游师雄,受业横渠,载之《宋史》,学术几为事功掩,然事功孰不自学术来?此疑少墟所遗也。"他认为冯从吾未载游氏,可能是因其"学术几为事功掩",但他认为事功恰是从学术来的,所以冯氏本不该遗漏游氏。张舜民在《游公墓志铭》中已提到:"横渠张载,以学名家,公日从之游,益得其奥,由是名振一时。"不过,全祖望在《墓志跋》中说:"游先生墓志虽言与横渠游,而不言受业,宜非弟子。"这个说法似根据不足。《宋史》卷三三二本传明谓"学于张载,第进士"。《文献通考》卷一九九记:"师雄,治平三年进士。"《关学编》亦言其"师横渠张先生最久",故不可能非为弟子。《宋元学案》卷三一《吕范诸儒学案》全祖望案:"《伊洛渊源录》略于关学,三吕之与苏氏,以其曾及程门而进之,余皆亡矣。予自范侍郎而外,于《宋史》得游师雄、种师道。"全祖望本人从《宋史》得张载弟子游师雄,又说"宜非弟子",显然前后不一。

游师雄师从张载的时间,大约在皇祐五年(1053)至至和二年(1055)间。据吕大临《横渠先生行状》记载,张载"方未第时,文潞公以故相判长安,闻先生名行之美,聘以束帛,延之学宫,异其礼际,士子矜式焉。"可知,张载曾受文潞公(彦博)之聘讲学于长安。而文潞公以故相判长安的时间是在皇祐五年,《续资治通鉴长编》卷一七五有详细记载:"观文殿大学士、吏部尚书、新知秦州文彦博为忠武节度使、知永兴军兼秦凤路兵马事";二年后,即至和二年文潞公擢升返京:"忠武军节度使、知永兴军文彦博为吏部尚书、平章事、昭文馆大学士"(《续资治通鉴长编》卷一八〇)。可知,文潞公以知永兴军出任京兆府长官是在皇祐五年（1053）至至和二年（1055）间。那么，张载受聘讲学于长安当在此二年。另据张舜民所撰《游公墓志铭》，皇祐四年（1052），游师雄十五岁，入京兆求学，"益自刻励，蚤暮不少休。同舍生始多，少之。已而考行试艺，屡居上列，人畏敬，无敢抗其锋。横渠张载，以学名家，公日从之游，益得其奥，由是名振一时。"（《游公墓志铭》，《全宋文》卷一八二〇）《关学编》亦载："（苏昞）同邑人游师雄，师横渠张先生最久。"（《季明苏先生》，《关学编》卷一）因而，游师雄师从张载是在张载"未第"前的皇祐五年（1053）至至和二年（1055）间。不仅是师从张载较早的，也是最久的。

关于游的事迹，还有一些零散的资料提及，如《续资治通鉴长编》卷四八九载："（绍圣四年七月）朝奉郎、直龙图阁、权知陕州，游师雄卒。"李元春《关学续编》卷二、张骥《关学宗传》卷六等亦有极简略的记载。张舜民《游公墓志铭》："豪俊皆慕，与之交，宿望旧德，争相引重。治平元年，乡举进士第一，遂中其科，授仪州司户参军。"《宋史》卷三三二《游师雄传》，记述了其参与策划抗击西夏的诸多战事并立下奇功的事迹，其中有曰："夏人扰边，诏使者与熙帅、秦帅共谋之。使者锐于讨击，师雄谓：'进筑城垒以自蔽，席卷之师未应深入也。'上章争之，不报。既而使者知攻取之难，卒用师雄策。自复洮州之后，于阗、大食、佛林、邈黎诸国皆惧，悉遣使入贡。朝廷令熙河限其二岁一进。师雄曰：'如此，非所以来远人也。'未几还秦，徙知陕州。……师雄慷慨豪迈，有志事功，议者以用不尽其材为恨。"《文献通考》卷一九九载："元祐初，议弃西边四寨，执政召师雄问之。对曰：'先帝弃之可也，主上弃之则不可。且示弱夷狄，反益边患。'争之甚力，不听，卒弃之。四寨者，葭芦、米脂、浮屠、安疆也。夏人以事出望外，萌侵侮之心，连年犯顺，皆如师雄所料。"可见，师雄在解除西部边境外敌的侵扰方面确有功绩。史载"（绍圣四年）七月六日，以疾卒于治，享年六十。"①又《续资治通鉴长编》卷三七八："（元祐元年）诏著作郎范祖禹、宣德郎游师雄、朝请郎张琬、承议郎朱勃，并令中书省记姓名。以同知枢密院事范纯仁荐也。"其事又见《永乐大典》卷八八四二引《画墁集·游公墓志铭》、张骥《关学宗传》卷六。

综合以上资料，可知游师雄系关中武功人，进士出身，历任仪州司户参

---

① 参见曾枣庄、刘琳主编：《全宋文》，上海辞书出版社、安徽教育出版社2006年版，第83册，第361—367页。

军、宗正寺主簿、陕西路转运判官、知州等职,其志气豪迈,学以经世安邦,计议防御边事,多所建树,在张载弟子中是在事功方面比较突出的一位。总体上说,游师雄之学"以经世安攘为主,非琐琐章句,朦瞳其精神,以自列于儒者之比也。故其志气豪迈,于事功多所建立。"(《吕范诸儒学案》,《宋元学案》卷三一)尽管他以事功为主而非为章句,然仍有著作传世。据《宋史·艺文志》载:"游师雄《元祐分疆录》二卷。"《文献通考》卷一九九亦记其著有《元祐分疆录》,则作三卷,《直斋书录解题》亦著录三卷。另据《陕西通志》《甘肃通志》及《长安志图》载,其存世的著述尚有《骊山图记》《过九成宫旧址二首》《昭陵图说》《昭陵图考》《崆峒山》等诗文。

7. 种师道(1051－1126),字彝叔,洛阳人

种师道初名建中,避徽宗年号改为师极,诏赐今名,洛阳人,为种世衡之孙。《宋史》卷三三五《种师道传》载:"师道字彝叔。少从张载学,以荫补三班奉职,试法,易文阶,为熙州推官、权同谷县……太原陷,又使巡边。次河阳,遇王汭,揣敌必大举,亟上疏请幸长安以避其锋。大臣以为怯,复召还。既至,病不能见。十月,卒,年七十六。"《宋元学案》之《吕范诸儒学案》有《种师道传》,全祖望案"于《宋史》得游师雄、种师道"。但冯从吾《关学编》未见记载。种师道曾为熙州推官,权知同谷县、擢提举秦凤路常平,知德顺军,知怀德军,历知西安州、渭州,进侍卫亲军马军副都指挥使,拜保静军节度使,加检校少傅,同知枢密院事,为京畿、河北、河东路宣抚使等,堪为一代名将。在政事、军事等方面均有巨大贡献。特别是在金人进犯中原之时,朝廷内分为主战与主和两大派,"李邦彦议与金和,李纲及种师道主战"(《宋史》卷四五五)。后"金人犯京师,(高)登与陈东等上书乞斩六贼。廷臣复建和议,夺种师道、李纲兵柄。"在这种情况下,"京师失守,帝搏膺曰:'不用种师道言,以至于此!'"(《宋史》卷三三五)《三朝北盟会编》卷第六〇《靖康中帙三十五》有其传略,谓:"靖康元年十月二十九日辛酉尽其日,太尉镇洮军节度使、同知枢密院事种师道卒……公初名建中,避建中靖国年号,改师极。徽宗又特命名师道。公色庄气壮,顾视有威,寡言笑谨,许可量度,阔远接物至诚,为族党乡里推重,开府公每以公辅期之识者,不以为过。少从横渠张载学,多见前辈长者练达事务,洞晓古今,故用之为州县,则吏畏民爱,善政可纪,用之为监司,则百城耸畏,而不敢犯法;用之为将帅,则朝廷尊长,敌国慑服;不用则退处田间,虽畦丁耕叟皆得其欢心。盖所学非徒为章句,而所行不狗于流俗也。

晚年既登要路,天下之人想望风采,而公年已深矣。"《宋朝事实》卷一〇载:"种师道,靖康元年正月,自靖难军节度使、检校少保、河东北路制置使,除同知兼京畿河东路宣抚。二月,罢,守本官中太一宫使。"《宋元学案》卷三一《吕范诸儒学案》载:"种师道,字彝叔,洛阳人。少从张载学……卒,赠开府仪同三司,后加赠少保,谥忠宪。"记述种师道事迹的文献,据《宋史》卷二〇三《艺文志》,还有陈晔《种师道事迹》一卷,张琰《种师道祠堂碑》一卷。另《续资治通鉴》《续资治通鉴长编》等亦有记述。

以上关于种师道事迹的记述,多在事功方面,对其学术思想及随张载学的情况记之甚少,甚至无从而知。但从传所说"少从张载学",其时当在十八九岁,亦即在1070年前后,此即熙宁初年,当属张载为学后期的弟子无疑。目前尚未发现其跟随二程学习的记载。他重于实践,晓民族大义,这些都与张载关学的风格相合。

8. 李复(1052—1128)字履中,世称潏水先生

据《吕范诸儒学案》之《修撰李潏水先生复》云濠案:"先生世居开封祥符,以父官关右,遂为长安人。《朱子语类》称为闽人,盖传写之误。""先生于吕、范诸子为后辈,然犹及横渠之门,紫髯修目,负奇气,喜言兵事。于书无所不读,亦工诗。"由此知李复为张载晚年的弟子。在张载殁后持守关学,为关内一代名儒。全谢山在《答临川亲问》中说:"潏水是关中之李复,在元祐、绍圣时极称博学,关中之有文名者也。"(《修撰李潏水先生复》见《吕范诸儒学案》,《宋元学案》卷三一)说明他在张载卒后曾一度影响很大。"登元丰二年进士,历官熙河转运使,终于中大夫,集贤殿修撰。"(《四库全书总目提要》卷一五五)后金人兵犯关中,李复被高宗强征起用,知秦州,终因"空城无兵"而以身殉国。关于李复思想,本章第三节有专门讨论。

9. 张舜民(?—约1111)字芸叟,号浮休居士,又号矴斋,邠州(今陕西彬县)人

据《宋史》卷三四七《张舜民传》载,张舜民举进士,为襄阳令。元祐初得司马光举荐,除监察御史,左迁判登闻鼓院。第二年为虢州通判,提举秦凤路刑狱。进秘书少监,使辽,加直秘阁陕西转运使,知陕、潭、青三州。因其过于刚正敢言,遭多次贬谪,后又除龙图阁待制知真定。又坐讪谤而知鄂州、守北京。又坐元祐党籍,谪楚州团练副使、商州安置。绍兴元年(1131),朝廷因党籍追赠,以"程颐、任伯雨、龚夬、张舜民,此四人名德尤著,宜即褒赠"(《续资治通鉴》卷一〇九)。最后复集贤院修撰直到致仕。

张舜民虽多年为官,但著述不辍。据《宋史·艺文志》介绍,其著录有:《画墁集》一百卷、《张舜民集》一百卷、《南迁录》一卷、《画墁录》一卷、《使边录》一卷、《郴行录》一卷。晁公武《郡斋读书志》卷七录"《张浮休使辽录》二卷"。并说:"元祐甲戌春,张舜民被命为回谢大辽吊祭使,郑介为副,录其往返地里及话言也。舜民字芸叟,浮休居士,其自号云。"又《郡斋读书志》卷一九:"《张浮休画墁集》一百卷,《奏议》十卷。"并说"张舜民芸叟,邠州人。庆历中,范仲淹帅邠,见其文,异之。用温公荐为谏官,仕至吏部侍郎。后羁置房陵。政和中卒。其文豪重有理致,而最刻意于诗。晚年为乐府百余篇,自序称'年逾耳顺,方敢言诗,百世之后,必有知音者'云。自号浮休先生。"该书卷一三又录"《南迁录》二卷",并称"张舜民芸叟撰。舜民元丰中从军攻灵州,师还,谪授柳州监酒,即日之官,记途中所历并其诗文。"洪迈在《容斋随笔》卷一二曾引用张舜民《河中五废记》的话,知其亦著有《河中五废记》一书。洪迈还发现张舜民两篇文字,即《与石司理书》和《答孙子发书》,前者谈及张舜民与欧阳修讨论有关"文"与"吏"(即"文学"与"政事")的关系;后者谈及张舜民与司马光论《资治通鉴》,司马光言及他著《资治通鉴》"书十九年方成,中间受人多少语言陵藉"的事。又《文献通考·经籍考》亦载有《奏议》十卷。王偁《东都事略》、陈振孙《直斋书录解题》《文献通考·经籍考》亦载有《画墁集》一百卷,此书自明始佚而不传,《四库全书》从《永乐大典》辑出八卷。今所存除四库本外,有《知不足斋丛书》本、《丛书集成》本、《笔记小说大观》本,均附《补遗》一卷。另存《画墁词》(《疆村丛书》辑本《画墁词》仅四首)、《画墁录》一卷,从《永乐大典》中辑出。

《宋元学案》卷三一《吕范诸儒学案》全祖望案谈及张载的弟子,说"及读《晁景迁集》,又得张舜民"。据黄宗羲说:"先生之从横渠学,见于《晁景迁集》中,他书无所考也。考横渠之卒,先生为之乞赠于朝,以为孟轲、扬雄之流。且景迁及与先生游者,必不妄。惜乎《画墁集》今世无是本。予虽曾从《永乐大典》中见之,而未得钞其论学之绪言耳。"(《吕范诸儒学案》之《待制张浮休先生舜民》,《宋元学案》卷三一)《宋元学案补遗》卷一八《横渠学案补遗下》亦云:"晁景迂《答袁季皋书》曰:横渠之学先笃乎行,而后诚乎言。其徒则吕晋伯与叔、范巽之、张芸叟。其书有《正蒙》存焉。"①可见在张载的弟子中,张舜民处于与吕大临、范育同等的地位。其对张载之学颇为坚持,且"尝乞追赠载于朝"(晁公武《郡斋读书志》卷一〇《正蒙》条)。

王安石倡新法,张舜民上书言:"裕民所以穷民,强内所以弱内,辟国所以蹙国。以堂堂之天下,而与小民争利,可耻也。"(《张舜民传》,《宋史》卷二四七)对王安石变法表示强烈反对。舜民致仕后,杜门自守,不见宾客,有时见他山游时跨一羸马,葛巾道服,饥时吃面,"人皆服其清德"。吕本中《童蒙训》卷下说:"崇宁间张公芸叟,既贬复归,闭门自守,不交人物,时时独游山寺,芒鞋道服跨一羸马,所至从容,饮食一瓯淡面,更无他物。人皆服其清德,后生取法焉。"造成士人这种心境的原因,吕本中说:"时方以元祐党籍为罪,深居自守,不复与人相见,逍遥自处,终日默坐,如是者几十年,以至于没,亦人所难能也。"(同上注)其文章豪迈有理致,而尤长于诗。其学术思想主要见于《易论》《兑卦论》《封禅论》《名分论》《诗评》《达说》《史说》《主父之事》《静胜斋记》《豳州亭口马氏复田业记》②等文。

10. 田腴,字诚伯,生卒年不详,安丘(今山东安丘)人,后徙河南

田腴从张载学,且能恪守张载关学宗旨。尝谓:"近世学者无如横渠先生,正叔其次也。"故黄宗羲称"其守关学之专如此"。学风笃实,"每三年治一经,学问通贯,当时无及之者"。其尤不喜佛,力诋佛教轮回之说,承继了张载辟佛老的传统。对于其叔父明之所主张的"其学专读经书,不治子史,以为非圣人之言皆不足治"的说法,不以为然,他主张为学"博学详说,然后反约",认为如果读书不能遍览,就不能算是"博学详说"(参见《宋元学案》卷三一《太学田诚伯先生腴》)。此与张载的学风相通,故其能做到博学通经,学问贯通。冯从吾《关学编》未著录,全祖望"于《童蒙训》得田腴",方知其为张载弟子无疑。吕本中《童蒙训》:

> 田腴诚伯,笃实士,东莱公与叔父舜从之交游也。尝从横渠学,后从君行游。诚伯每三年治一经,学问通贯,当时无及之者。深不取佛学,建中靖国间,用曾子开内翰荐,除太学正,崇宁初罢去,诚伯叔父明之,亦老

---

① 王梓才、冯云濠著:《宋元学案补遗》,《儒藏》史部(20册),四川大学出版社2005年版,第134页。

② 以上诸文均见于曾枣庄、刘琳主编之《全宋文》,上海辞书出版社、安徽教育出版社2006年版,卷一八一六,第302—315页。

儒也,然专读经书,不读子史,以为非圣人之言不足治也。诚伯以为不然,曰:"博学而详说之,将以反说约也。如不遍览,非博学详说"之谓。

此段仅见的话,说了几层意思:一是田腴学风笃实,从横渠学,"每三年治一经,学问贯通,当时无及之者。"二是不喜佛论,专事圣学;三是在方法上主张"博学而详说",由博返约。经书子史,博学通览。然其具体事迹及学术思想,因目前尚未发现有著作传世,不可详考。不过,从黄宗羲于《吕范诸儒学案》据吕本中所记辑有数条语录,可窥其一斑。

田腴说:"予用心多使气胜心,每心有所不善者,常使气胜之。自知如此未得为善。"这是说,所谓"用心"就是要发扬孟子说的"浩然之气",从而使之战胜不善之心,这叫"使气胜之"。后来他也自知如此"使气"未得为善,故强调养浩然之气对于培养善的道德的重要性,此与孟子的心性论相通,也是对张载心性说的发挥。张载说:"所以养浩然之气是集义所生者,集义犹言积善也,义须是常集,勿使有息,故能生浩然道德之气。某旧多使气,后来殊减,更期一年庶几无之,如太和中容万物,任其自然。"(《经学理窟·学大原上》)张载讲"养气"即"集义","集义"即"积善"。但是张载过去也曾主张主观地"使气",后来有所变化,主张"任其自然"。田腴后来也认识到这一点,所以说"自知如此未得为善"。但是他毕竟强调了"使气",所以全祖望在案语中说他"此未免把捉,故未善。"(《太学田诚伯先生腴》,《宋元学案》卷三一)

田腴说:"'居敬行简'之言,仲弓未以圣人之言为然而问之,而圣人以仲弓之言为然也。学圣人者,如仲弓可也。"《论语》记仲弓以"居敬而行简,以临其民,不亦可乎?居简而行简,无乃大简乎"解释孔子"可也简",而孔子回答说:"雍之言然。"意即居而守正,其行要简而不烦。如果居而能守正且行动亦不烦扰,不是更大的简约吗?孔子肯定了仲弓的说法。对此,田腴发挥说:"居敬行简"这句话,仲弓所问并非是孔子的意思,而孔子却肯定了仲弓所说的话。说明田腴能深入挖掘经典的深义。

关于读经的方法,田腴说:"读经自当先看解说,但不当有所执,择其善者从之。若都不看,不知用多少工夫,方可到先儒见处。"又说:"读书须是尽去某人说之心,然后经可穷。"(吕本中《童蒙训》卷下)强调读经看前人的解释是有必要的,但是不能过于执守,要择善而从。如果都不去看,你难以达到先儒的思想高度。田腴此说是针对其叔父明之主张不必读先儒诸家解说而发。全祖望案:"先生叔明之谓读经不必看诸家,故先生有前一条之说,而又以后一条防其弊。"这一资料，一是说明田腴注重读经穷理；二是田腴主张读经要看先儒的解释，但要防其有所执之弊。田腴走的路子，与张载重经学的倾向有关。

田腴对于《春秋》公羊学颇有微词，认为其"不知圣人之意"，故"立言多害"。这与张载尝批评汉儒之蔽的思想相通。看来，田腴确能"守关学之专"。

11. 薛昌朝（生卒年不详），字景庸

薛昌朝才思聪敏，曾为监察御史里行，熙宁四年（1072）正月，"薛昌朝为大理寺丞，知宿迁县"（《续资治通鉴长编》卷二一九）。元丰元年（1078）"检详兵房文字、殿中丞薛昌朝知邠州"（《续资治通鉴长编》卷二九二）。持法端直，曾与林旦、范育一起劾李定亲丧匿服，说："不宜以不孝之人居劝讲之地。"（《李定传》，《宋史》卷三二九）。又据《续资治通鉴长编》卷二五八，熙宁七年（1075）十二月，薛昌朝与程颢、张戬、范育等一起被降官，时薛昌朝为大理寺丞。知薛昌朝大约为官在熙宁初年至元丰年间。《宋元学案》卷三一《吕范诸儒学案》："薛昌朝，字景庸，横渠门人。尝为御史，论新法。程子尝曰：'天祺（张戬）有自然德器，似个贵人气象，只是却有气短处，规规太以事为重，伤于周至，却是气局小。景庸只是才敏。须是天祺与景庸相济，乃为得中也。'陈古灵尝荐先生于朝曰：'才质俱美，持法端直，可置台阁。'时先生为殿中丞，充秦凤熙河路。"据全祖望"又于《伊洛渊源录注》中得薛昌朝"可知，薛昌朝从学张载，考见《伊洛渊源录》卷七《张御史》，亦有"天祺与景庸相济，乃为得中也"之说。从其为官情况来看，薛昌朝从张载学大约在熙宁之前。

12. 邵清（生卒年不详）字彦明，古田人

邵清从张载学《易》。在元祐时曾被誉为太学"十奇士"之一。《宋元学案》卷三一《吕范诸儒学案》："邵清，字彦明，古田人。元祐间太学诸生有'十奇士'号，先生与焉。尝从张横渠学《易》，遂不复出。有故人任河南尹，召之，先生曰：'子以富贵骄我邪？'卒不往。"邵清从学张载事，据全祖望所论"于《闽书》得邵清"，全祖望案又作"于《闽志》得邵清"，然《闽书》或《闽志》今皆未见，待考。

13. 潘拯（生卒年不详）字康仲，关中人

据全祖望前所论"于《胡文定公语录》得潘拯"，知潘拯为张载弟子无疑。梓材案："此条见于《遗书》卷十五《入关语录》，关中学者所记伊川先生语，或云明道先生语。《伊洛渊源录·龟山志铭辩》云：'凡公卿大夫之贤者，于当世有道之士，莫不师尊之，其称先生有二义：一则如后进之于先进，或年齿居长，或声望早著，心高仰之，故称先生，若韩子之于卢仝，欧阳永叔之于孙明复是也；其一如子弟之于父兄，居则侍立，出则杖屦，服勤至死，心丧三年，若子贡、曾子之于仲尼，近世吕与叔、潘康仲之于张横渠是也。'据此，则先生之事横渠可知矣。"张骥《关学宗传》卷六《潘康仲先生传》所记略同。由此亦可知，潘拯不仅从学张载，而且在张载弟子中，惟他与吕大临事张载如"子贡、曾子之于仲尼"，以子弟之与父兄一样来事奉。以上乃今所能见到的有关潘拯学于张载之资料。无怪乎全祖望叹曰："潘某乃关学中一大弟子，竟莫得其详。"(《关学宗传》卷六)不过，《宋元学案》曾记潘拯与二程的一段对话，说明二人讨论了格物致知的问题。该书卷三一《潘康仲先生拯》："潘拯，字康仲，关中人。尝问'人之学，非愿有差，只为不知之故，遂流于不同，不知如何持守？'"(《河南程氏遗书》)《伊洛渊源录》卷六明确谓以下为潘拯与伊川先生对话：

> 先生问于伊川曰："人之学，非愿①有差，只为不知之故，遂流于不同。不知如何持守？"伊川曰："且未说到持守。持守甚事？须先在致知。致知，尽知也。穷理格物，便是致知。"

该卷另有所记，与此略有差异：

> 又一说，问："学者于圣人之门，非愿其有异也，惟不能知之，是以流于不同，敢问持正之道？"伊川曰："知之而后可守，无所知则何所守也？故学莫先于致知。穷理格物，则知无不尽；知之既尽，则守无不固。"

此两段又见于《河南程氏遗书》卷一五。大意是说，潘拯向程颐请教，在学习方面人们并不希望有差异，只是由于"不知"才出现了不同。那么"不知"该如何"持守"呢？程颐回答说，你尚"不知"还谈不到讨论"持守"的问题，你要"持守"什么？先得"致知"，如何致知呢？只能是"穷理格物"。伊川强调学习先要致知，而致知在"格物穷理"。后一段所记与前一段略有不同，即所问不是"持守"，而是明确问"持正之道"，伊川回答为学莫先于致知，致知在穷

---

① "愿"，[明]胡广撰《性理大全书》(文渊阁本四库全书)卷四八作"原"，其意则有不同。

理格物,这样方可持守。可以看出,潘拯当时尚未接受二程的以格物致知为格物穷理的观念,足见张载对他的影响之深。

14. 刘公彦(1049—1079),字君俞,高密诸城人,李复挚友

据《潏水集》卷六《刘君俞墓志铭》所载:"少从学于横渠。"可见其应为张载弟子无疑。此文为目前所见考究刘公彦生平的仅有资料。文中谓:"元丰二年(1079)七月二十三日以疾终,享年三十。"曾祖曾任大理寺丞,祖父曾为国子博士,父亲未仕。因穷困而力图入仕,四次未果。有人说他的文章与时代不合拍,难以中举。他则反驳曰:"文不可以畔道也,命不可以不俟也,安能言不由衷,戾吾素学以轻悦于人哉?"并不为时俗所动以改易文风,倡导文以载道。体现了守道不畔,"不为时俗牵"的关学宗风。一生颠连穷困,因疾而终。李复有《同刘君俞城西寺避暑》《答刘君俞》《和刘君俞游华严寺谒文禅师》,分别见《潏水集》卷九、卷一〇、卷一五。

第二节 吕大临的理学思想与学风特质

北宋道学在特殊的时代氛围中兴起,是当时的士大夫群体回应佛老的理论挑战和内忧外患的政治社会环境的体现。因而,北宋道学的形成不是单线的,而是不同思想家及其学派在彼此互动、相互影响之下形成和发展的。其中,关学和洛学作为北宋道学最重要的两个学派之间的互动,尤其值得关注。张载在世时曾和二程多次论道言学,然在共倡儒学道统的前提下,也表现出许多在理论关怀和入学径路上的差异。张载去世之后,张载门下的关中学者如"三吕"、范育、苏昞等人入洛问学于二程,他们在持守关学宗旨的同时,也一定程度糅合了洛学思想,共同促进了道学理论的发展。从遗留的文献和史籍所载来看,吕大临当是其突出的代表之一。

一、吕大临生平与著述

(一)蓝田吕氏及其吕大临传略

吕氏兄弟(吕大忠、吕大防、吕大钧、吕大临)在北宋关中的政治和学术发展中居于重要地位。其先汲郡（今河南卫辉），祖父葬蓝田（今陕西蓝田），其遂为蓝田人。父吕蕡，曾任比部郎中，赠谏议大夫。"初谏议学游未仕，教子六人，后五人相继登科，知名当世，其季贤而早死。缙绅士大夫传其家声，以为美谈。"①五人中有史可考者为大忠、大防、大钧、大临四人，《宋史》卷三四〇有传。

谢良佐称之曰："晋伯弟兄皆有见处。盖兄弟之既多且贵而皆贤者，吕氏也。"（《吕范诸儒学案》，《宋元学案》卷三一）大忠、大防曾官居要职，大钧、大临则着力于圣贤之学，其学问造诣颇深。"吕氏六昆，汲公既为名臣，更难先生（指吕大临）与晋伯、和叔三人同德一心，勉勉以进修成德为事，而又共讲经世实济之学，严异端之教。"（同上注）吕大防曾于元祐元年（1086）拜尚书右丞，迁中书侍郎，封汲郡公。元祐三年（1088），升尚书左仆射兼门下侍郎，提举修撰《神宗实录》。其为人质直敦厚，在北宋党派斗争中出于公心，而能保持中立。《宋史·吕大防传》评价其："立朝挺挺，进退百官，不可干以私，不市恩嫁怨以邀声誉，凡八年，始终如一。"吕氏兄弟均以考证古道和擅长礼学而著称于世，大防的礼学造诣也颇高，《宋史》称他"与大忠及弟大临同居，相切磋论道考礼，冠、昏、丧、祭一本于古，关中言礼学者推吕氏"（《吕大防传》，《宋史》卷三四〇）。此外，大防还考证《周易》，考定《周易古经》一卷，同样反映了他"一本于古"的精神。②除大防外，大忠、大钧与大临都曾在张载退居横渠时从学于张载。张载殁后，"三吕"又都曾入洛问学于二程。虽然朱熹《伊洛渊源录》将"三吕"均列入程门弟子，但程颐评价"与谢良佐、游酢、杨时在程门，号'四先生'"（《吕大临传》，《宋史》卷三四〇）的吕大临时说："吕与叔守横渠学甚固，每横渠无说处皆相从，才有说了，便不肯回。"（《河南程氏遗书》卷一九）由此亦可见，"三吕"在从学二程之前就基本上已形成了自己的思想主旨。

与张载关学学风相一致，吕氏兄弟都精于礼学，并特别注重践履，不但行之于一身，而且努力推行于一乡。"三吕"中，吕大钧尤其勇于躬行践履，行礼

---

① [宋]范育：《吕和叔墓表》，见[宋]吕祖谦编：《宋文鉴》（下），中华书局1992年版，第2028页。

② 潘雨廷对吕大防所考证的《周易古经》有颇高赞誉："他家所考定者，亦皆未及吕氏之纯粹，故于吴氏之《集古易》中，特表而出之。凡言古《易》者，宜以此本为准。"见潘雨廷著：《读易提要》，上海古籍出版社2003年版，第105页。

仪,论井田,议兵制,化风俗,"虽皆本于载,而能自信力行,载每叹其勇为不可及"(《吕大钧传》,《宋史》卷三四〇)。吕氏兄弟共同编修的《吕氏乡约》,是中国历史上第一部成文乡约,经朱熹介绍后,对后世影响甚大,成为后世乡约的范本。① 有论者甚至认为,"后来在明代,乡约成为了关学的一个传统"②。萧公权高度评价《吕氏乡约》在中国政治史上的地位:"《吕氏乡约》于君政官治之外别立乡人自治之团体,尤为空前之创制。"正是在吕氏兄弟的共同努力下,关中民风为之一变,故张载自豪地对程颐说:"关中学者用礼渐成俗"(《张子语录·后录上》)。对此程颐也肯定地说:"自是关中人刚劲敢为。"(《洛阳议论》,《二程遗书》卷一〇)

在吕氏诸兄弟中,最小者为吕大临。吕大临(1046—1092),字与叔,号芸阁,《伊洛渊源录》卷八载:"大临,字与叔,学于横渠之门。横渠卒,乃东见二先生而卒业焉。元祐中为太学博士、秘书省正字。范内翰荐其修身好学,行如古人,可为讲官,不及用而卒。"《宋史》及其他史料对吕大临的生平记载较略,个中原因,一方面因吕大临本来就"寿不永",朱熹曾惋惜地说:"如天假之年,必所见又别。"(《吕范诸儒学案》,《宋元学案》卷三一)另一方面,他无心仕途,潜心学问,故其一生行实可述者不多。不过,在诸兄弟中其著述最丰、学术成就最高,则是学界所公认的。"程子称其深潜缜密,资质好,又能涵养。"(《吕范诸儒学案》,《宋元学案》卷三一)朱子赞曰:"某若只如吕年,亦不见得到此一田地了。"(《吕与叔先生》,《关学宗传》卷四)

熙宁三年(1070),张载辞官返乡,退居横渠,潜心学问,吕大临大约此时开始问学于张载。熙宁十年(1077)张载逝世后,吕大临撰写了《横渠先生行状》,其后入洛问学于二程,《河南程氏遗书》目录卷第二上记曰:"元丰己未吕与叔东见二先生语。"元丰己未即元丰二年(1079),可见吕大临最迟于元丰二年即已从学于二程。

晁公武《郡斋读书志》记曰:"吕大临字与叔,汲公季弟也。登进士第。尝历太学博士、秘书省正字。"③据李焘《续资治通鉴长编》,范祖禹荐举吕大临是在元祐七年(1092)。又据朱熹说"与叔年四十七,他文字大纲立得脚来

---

① 萧公权:《中国政治思想史》,辽宁教育出版社1998年版,第496页。
② 牛铭实:《中国历代乡约》,中国社会出版社2005年版,第14页。
③ [宋]晁公武撰、孙猛校证:《郡斋读书志校证》,上海古籍出版社1990年版,第1011页。

健,有多处说得好,又切。若有寿,必煞进。"(《朱子语类》卷一○一)由此推之,可知大临当卒于元祐七年,生于庆历六年(1046)。《伊洛渊源录》卷八录有吕大临《祭文》一篇,其中说其"登科者二十年,而始改一官,居文学之职者七年而逝"。由卒年可推知,大临任太学博士是在元祐元年(1086)。

《祭文》又称:"吾十有四年而子始生。"《伊洛渊源录》未记《祭文》作者,李幼武《宋名臣言行录外集》卷六引为吕大防所作。史载大防生于1027年,由此推之则大临当生于1040年,这与前述所推生年不符。因此,有学者认为《祭文》作者不是吕大防。① 朱熹在把《祭文》收入《伊洛渊源录》时未记作者姓名,可能是因为当时该《祭文》为何人所作不可考。李幼武将之列入吕大防名下出于何种凭据不得而知,但朱熹一生对考订伊洛道统甚为留意,其对吕大临评价甚高,受吕氏《中庸解》影响甚大,故其称"与叔年四十七"应有所本,不当是妄语。

此外,对于大临是否应举,也有不同记载。《伊洛渊源录·蓝田吕氏兄弟》"遗事"条下有引自《吕氏杂志》的一条材料曰:"吕与叔以门荫入官,不应举,或问其故,曰:'不敢掩祖宗之德'。"但《祭文》称吕大临"登科者二十年而始改一官",晁公武《郡斋读书志》也有吕大临"登进士第"之语。元祐二年(1087),吕大临曾得到文彦博的推举,但"乞朝廷不次擢用",其中的原因,侍御史王岩叟有一个说法,"见任执政之亲,士大夫口语籍籍,以为不平",即因吕大防时为执政,故有人有不平之口语,为之避嫌,建议他既已为太学博士,所以"不若且养之以重其名实,待他日亲嫌之大臣去位,躐等用之,无所不可。"(《续资治通鉴长编》卷三九六)直到元祐七年(1092),范祖禹再次推荐吕大临,但也只提到"吕大临是大防之弟,修身好学,行如古人,臣虽不熟识,然知之甚久,以宰相之弟,故不敢言。"并表白自己并非趋附吕大防,举荐大临实出于公心,建议"陛下记其姓名,以备他日选用。"(《续资治通鉴长编》卷四七二)从两次荐举的过程看,当时北宋党争颇为剧烈,吕大防又官至执政,故对吕大临是否应当入官的问题朝野有诸多顾虑。《吕氏杂志》的记载或许由此而发,以赞其不事功名之德,但未必可以证明吕大临从未应举。《祭文》的记载当是可靠的。

---

① 姜国柱:《张载关学》,陕西人民出版社2001年版,第403页。

(二)吕大临著作考辨

《宋史》卷三四〇《吕大临传》称吕大临:"通《六经》,尤邃于礼。每欲掇习三代遗文旧制,令可行,不为空言以拂世骇俗。"可见吕大临的为学特点在于其特别注重对《六经》、礼制的研习和实行。《郡斋读书志》录有吕大临著作十种,分别是:《易解》一卷,《易章句》十卷①,《书传》十三卷,《芸阁礼记解》四卷,《编礼》三卷,《吕与叔论语解》十卷,《老子注》二卷,《考古图》十卷,《吕与叔玉溪集》二十五卷,《玉溪别集》十卷。《郡斋读书志》"吕与叔玉溪集"条下对吕大临的介绍中还记有其"解《中庸》《大学》等篇行于世"。尤袤《遂初堂书目》记有吕大临著《中庸再解》,《宋史·艺文志》记吕著《中庸解》一卷、《大学解》一卷、《孟子讲义》十四卷。另外,朱熹《伊洛渊源录》卷八说:"(大临)有《易》《诗》《礼》《中庸》说,《文集》等行世。"度正《跋吕与叔易章句》亦云:"余家旧藏吕与叔《文集》《礼记解》《诗传》。"②,由此可知吕大临还有《诗传》。朱熹还说:"吕与叔《中庸》义,典实好看,又有《春秋》《周易》解。"(《朱子语类》卷一〇一)以此知吕大临还有《春秋解》。由此可见,吕大临确实如史书所载对《六经》都有注解,尤精于礼学。③

尽管吕大临的著述颇丰,然其佚失情况却相当严重,至今完整流传的并不多见。除与理学思想关系不大的《考古图》以外,素来为人所重的是收入《河南程氏经说》中的《中庸解》和收入《河南程氏文集》中与程颐论"中"的书信摘录。此外即是收入《性理大全》和《宋元学案》的十数条语录。关于《中庸解》的作者,南宋时已有争议,《郡斋读书志》中有:"《明道中庸解》一卷",并说:"右皇朝程颢撰。陈瓘得之江涛,涛得之曾天隐,天隐得之傅才孺,云李丙所藏。"④《经义考》卷一五一引杨万里说:"世传大程子《中庸》之书,非大程子之为也,吕子吕大临之为也。"胡宏曾作《题吕与叔中庸解》,以侯师圣

---

① [宋]晁公武著:《郡斋读书志》,"《易章句》十卷",据黄丕烈校语云:"《通考》'十'作'一',当是。"参见孙猛校证《郡斋读书志校证》,上海古籍出版社1990年版,第41页。

② 陈俊民辑校:《蓝田吕氏遗著辑校》,中华书局1993年版,第626页。

③ 《东都事略》称吕大临"通《六经》,尤深于礼";《郡斋读书志》称其"通《六经》,尤精于礼";《宋史》《关学编》《宋元学案》称其"通《六经》,尤邃于礼"。

④ [宋]晁公武撰、孙猛校证:《郡斋读书志校证》,上海古籍出版社1990年版,第79页。

之言为证,认为此为吕大临所作(见《胡宏集》)。朱熹以杨时、侯仲良等人之言为证,亦然。① 或许由于作者的争议问题,宋代《程氏经说》未收《中庸解》,最早把《中庸解》收入《程氏经说》的是明代徐必达。

今人陈俊民整理有《蓝田吕氏遗著辑校》②一书,其中包括从纳兰性德编《合订删补大易集义粹言》、卫湜编《礼记集说》、朱熹编《论孟精义》等书中辑出的《易章句》《礼记解》《论语解》《孟子解》等书,虽非全璧,但确足见其大概。另,今人曹树明整理的《蓝田吕氏集》③,又从《全宋文》④辑出吕大临所作文三十二篇,可补陈氏《辑校》之不足。

二、吕大临思想的分期及其在关洛之学中的定位

由于吕大临的理学思想是在关洛两派的影响下形成的,因此吕大临的思想应放在关洛两派的义理框架之中来考察。对于考察曾先后从学于关洛两派的吕大临的理学思想而言,如何理解张载关学和二程洛学的异同就是一个不可回避的问题。然而吕大临的现存著述却不足以回答这一问题。吕大临的现存著述最主要的是《论中书》《中庸解》《礼记解》《易章句》《论语解》和《孟子解》,其中以《论中书》《中庸解》和《礼记解》最为完整。有学者将除《论中书》以外的全部著作均划为"关学阶段"著述,此论失之偏颇。由此导致的则是先入为主之见使文献使用失据,进而使吕大临在关洛之学中的定位失准。

(一)关于吕大临的著述分期和思想阶段划分

初成于南宋绍兴年间的《郡斋读书志》,虽然称吕大临有"解《中庸》《大学》等篇行于世"的说法,但未见有收录,或许因其流传甚少,或许另有原因。《郡斋读书志》收有"明道《中庸解》一卷",经胡宏、朱熹考证,实则是吕大临

---

① [宋]黎靖德编:《朱子语类》,第2494页。另见《四书或问》,安徽教育出版社、上海古籍出版社2001年版,第54页。
② 经修订增补后,又编入北京大学《儒藏》精华编第220册。
③ 该书为西北大学出版社2015年出版,系《关学文库》文献系列之一。
④ 曾枣庄、刘琳主编:《全宋文》,上海辞书出版社、安徽教育出版社2003年版,第110册,卷2385—2387。

所作。这样看来，南宋时实际上有吕大临所作《中庸解》的两个版本流传。卫湜《礼记集说》中便同时收录了这两个版本，每章的"吕氏"项下，分别以"一本云"和"又曰"起首，其中一本较为扼要，另一本较为详细。较扼要的版本基本上同收于《二程集》中的《中庸解》，只有个别语句有出入，应是同版本刊刻过程中所导致的讹误或衍脱。此《二程集》所收《中庸解》，有晁公武《读书志》的按语，谓："有明道《中庸解》一卷，伊川《大全集》亦载此卷。窃尝考之，《中庸》明道不及为书，伊川虽言及已成《中庸》之书，自以为不满其意，已火之矣。反复此解，其即朱子所辨蓝田吕氏讲堂之初本、改本无疑矣。"《礼记集说》还收录了《中庸解》这两个版本的序言，较详的序言恰好与收于吕祖谦所录的《皇朝文鉴》中《中庸后解序》的内容相同。由此可见，较为详细的版本即是《中庸后解》，从其中"诸君有意乎于今日所讲"等语句可窥知，《中庸后解》原为讲义。尤袤《遂初堂书目》所录的《中庸再解》很可能即是《中庸后解》。

《朱子语类》卷六二记："向见刘致中说，今世传明道《中庸义》是与叔初本，后为博士演为讲义。先生又云：'尚恐今解是初著，后掇其要为解也。'"朱熹所称的《中庸》"今解"应指《中庸后解》。刘致中即刘勉之，认为《中庸后解》是吕大临在作太学博士时根据以前所作的《中庸解》讲说而成。朱熹可能从对内容的比较中怀疑《中庸后解》应当早成，《中庸解》是在前者基础上的摘要简编。今比较二者之不同，从内容上看，基本义理是一致的，不存在明显的思想转变问题；从篇幅上看，《中庸后解》显然更为详尽，其扩展的部分大多涉及礼学，关注点确实有所转移。《中庸后解》的这一特点同《礼记解》其余诸篇的特点相一致，因此可以判断《中庸后解》确是吕大临在做太学博士时的讲义，并且所讲非《中庸》一篇，也包括《礼记解》中的其他各篇。《中庸后解》即应是《礼记解·中庸》，之所以又称《中庸后解》，可能是因其从《礼记解》中独立行世之后所加。加一"后"字显然指之前吕大临还有一个版本的《中庸解》。以刘勉之所言为准，此《中庸解》即应是世传明道《中庸解》。朱熹的怀疑是不准确的。

吕大临作太学博士是在元祐元年，程颐与吕大临论"中"约在此时。《中庸后解》开篇释《中庸》首章"率性之谓道"，就提出"中者道之所由出"的命题，《论中书》的讨论恰恰就是由此开始。在《论中书》中，吕大临最后也承认"中者道之所由出"容易引起混淆，并转而从心之未发、已发来澄清自己的观点。因此,《中庸后解》之成书约与《论中书》同时或稍早,否则吕大临就不会轻易使用一个容易引起混淆的命题。

因此可以判定,《礼记解》同《论中书》一样,成书于吕大临的"洛学阶段"。更为重要的是,从《礼记解》的内容来看,其思想与关洛之学始终保持在同异之间,很难说其在关学阶段就完全受张载思想的影响,在洛学阶段就完全受二程思想的影响。把吕大临现成著述简单地区分为关洛两个阶段是困难的,而在此基础上研究其思想的发展就难免犯先入为主的失误。

(二)关于吕大临的"洛学转向"与思想定位问题

在《宋元学案》之前,冯从吾的《关学编》就曾对吕大临的思想发展做了如下的推论:"少从横渠张先生游。横渠殁,乃东见二程先生,卒业焉。与谢良佐、游酢、杨时在程门号'四先生'。纯公语之以'识仁',先生默识心契噩如也,作《克己铭》以见其意。"(《关学编》卷一)这一结论为《宋元学案》接受以后,对后世吕大临思想的定位研究影响极大。冯从吾作此推论的文献依据可能就是吕大临所记录的二程语录中的《识仁篇》。这一推理很容易给人一个印象,似乎吕大临直至得到程颢的"识仁"教导后才"默识心契噩如也",也即从此才真正地确立了自己的思想。现代有学者简单地认为张载理学宇宙论突出,本体论不成熟,直到二程才真正建立了理学本体论,在此基础上确立理学发展的单线条线索,这样就很容易把《关学编》的推理,当做一个无需考察的历史事实,来论证所谓的吕大临"洛学转向"的问题。

对此,陈俊民认为,吕大临入洛以后,"关学赢得了洛学'涵泳义理',空说心性的特点,却日渐丧了它'正而谨严''精思力践'的古朴风格,开始'洛学化'。"①这一说法值得商榷,此将在后文中讨论。即使如此,吕大临身上仍体现出关学与洛学的不同,这在吕大临与程颐论"中"时表现得颇为明显。吕大临不同意程颐对"中"的解释,基本严守古义,"一个依'经'解'经',一个依'理'通'经',这就是关洛同中之异。关学因一时失去学术领袖,在形式上依附洛学,而思想上却严守师法……所以,关学的'洛学化',实质就是在洛学影响下,关学思想自身的进一步义理化。"②徐远和认为,吕大临一方面保持了

---

① 陈俊民著:《张载哲学思想及关学学派》,人民出版社1986年版,第13页。
② 陈俊民著:《张载哲学思想及关学学派》,人民出版社1986年版,第14页。

关学"经世实济"的学风,表现在论选举、行井田、定乡约、斥异学诸方面;另一方面在入洛后"涵泳义理",由关学向洛学转化。"吕大临在转入二程门下以后,受洛学思想的熏染,领悟了'默识心契''惟务养性情'的理学旨趣,逐步向洛学'涵泳义理'的方向发展。这是一个由关学向洛学转化的过程。"①徐远和还从理物、性气、识仁、论中四方面分析了吕大临在转向洛学后的思想特点。他认为,吕大临在关学阶段接受了张载"以气为宇宙本体的观点",入洛之后,则代之以"同气本体观点相对立的理本体观念","在自然观或本体论上已完全转向了洛学"②;在心性论上,张、程、吕都承认性气之分和变化气质,但吕大临更倾向于二程的性无内外,这与程颢的定性说是一致的。徐远和特别探讨了《论中书》,认为:"'中即性'与'中即道'之争,实质上意味着主观唯心主义观点与客观唯心主义观点的对立。"③

但实际上,无论认为吕大临的"洛学转向"促进了关学的"义理化",还是认为"洛学转向"丢掉了关学的某些特点,都未必是切合实际的。考察吕大临在关洛之学中的位置,必须注意两个方面的问题:其一,张载在世时,关学和洛学在建立自己的理论体系时就不断讨论,但讨论的最后结果不是全然的对立,也不是全然的合一,而是形成了两种既有同也有异的理学形态,在共同的"道学"前提下,其中既有关注重心的不同,也有工夫入手径路的不同。站在某种形态来评论另一种形态,必然会偏离历史事实。其二,吕大临道学思想的意义并不能仅仅放在关洛两派的视野中考察,吕大临固然受张载和二程的影响,但其成熟的思想必然有其自身的特色,而这一特色是在其自身的理论框架和实践过程中得以确立的。

三、吕大临由关入洛后的思想立场

尽管从时间上来看,吕大临的问学过程非常清楚地经历了关、洛两个阶段,但是,由于史书对吕大临的生平学行记述过于简略,且时有矛盾,而吕大临的理学著作特别是文集又已佚失,这就使得如何划分吕大临的两个思想阶段并比较其不同特点进而确定其思想发展过程,显得非常困难。下面首先从

---

① 徐远和著:《洛学源流》,齐鲁书社1987年版,第240页。
② 同上注,第241页。
③ 同上注,第245页。

吕大临入洛之后,二程对他的治学工夫加以指点这一关节点开始,通过讨论二程对吕大临思想的批评,进而来了解吕大临的思想发展、所谓"洛学转向"以及吕大临身上所保存的关学学风特质。

(一) 从《识仁篇》所针对的问题看吕大临的为学特点

吕大临在从学张载时期或之前,究竟有过哪些著作?对此虽无史料可考,但可以确定的是他在入洛东见二程时,已经有了相当深的学术造诣和很高的理解力,这一点由吕大临所录并收入《河南程氏遗书》卷二中的《元丰己未吕与叔东见二先生语》可以清楚地表现出来。吕大临所记的二程语录,也称"东见录",牟宗三称之为"既重要而分量又最多"①,对后世了解二程的思想发挥了重要的作用。其中,一段关于如何"识仁"的语录更成为理学的经典文献之一,史称"识仁篇"。

从《识仁篇》的内容看,程颢并不只是在论述识仁的方法,显然也有直接针对关学学派以"防检""穷索"为道德修养工夫而提出自己的看法的意思。

> 学者须先识仁。仁者浑然与物同体,义、礼、智、信皆仁也。识得此理,以诚敬存之而已,不须防检,不须穷索。若心懈,则有防;心苟不懈,何防之有!理有未得,故须穷索;存久自明,安待穷索!(《河南程氏遗书》卷二上)

《识仁篇》之所以涉及"防检""穷索"问题,一则与吕大临当时面临的入学门径问题相关,二则与二程对张载的修养工夫理论的不同意见乃至批评有关。从第一方面说,对于吕大临的治学特点,张载身前就曾批评过他"求思也褊"(《张子语录·语录下》),后来曾针对吕大临"患思虑多,不能驱除"(《河南程氏遗书》卷一)提出相应的克治办法,张、程的方法是不尽相同的。从第二方面说,二程和张载曾就如何"定性"的问题展开过深入的讨论。这次论学表明,关洛两派基本上已经形成了彼此有同亦有异的思想体系和工夫路径,其中的差异更是直接推动了以后理学思想的发展和对工夫论的进一步阐释。程颐评价吕大临,"守横渠学甚固,每横渠无说处皆相从,才有说了便不肯回"(《河南程氏遗书》卷一九)。这直接反映了关洛之学不同的为学径路和理论理解的差异。从吕大临在道德修养过程中所遇到的问题以及张载和二程对

---

① 牟宗三:《心体与性体》,上海古籍出版社1999年版,第1页。

之不同的回应,可看出吕大临的思想特点和入手工夫问题,以及程颢《识仁篇》对吕大临思想发展的意义。由此也可检讨否定"以防检穷索为学",而主之以"识仁"是否意味着"洛学转向"的问题。

《张子语录》涉及对吕大临的评价,这个评价毋宁说是张载论述自己修养工夫论的一个引子,其曰:

> 吕与叔资美,但向学差缓,惜乎求思也褊,求思虽犹似褊隘,然褊不害于明。褊何以不害于明?褊是气也,明者所学也。明何以谓之学?明者言所见也。(《张子语录·语录下》)

张载一方面充分肯定了吕大临的向学之心,另一方面也针对吕大临的为学特点提出了相应的修养工夫路径。吕大临为学上的"求思也褊"到底对其道德修养产生了多大的负面影响,由于资料缺少,难以有具体的了解。但是,张载提出的克治办法,显然并不是仅仅针对吕大临个人,而有着普遍性的意义。张载由此提出"气者在性学之间"的著名命题:

> 气者在性学之间,性犹有气之恶者为病,气又有习以害之,此所以要鞭(后)[辟]至于齐,强学以胜其习气。(《张子语录·语录下》)

张载把性分为"天地之性"与"气质之性"。既然都是"性",便都是先天的,但前者直接通向性之本体也即天道本体,因而具有超越性;后者则是现实性的,不但先天有可能造成性格上的"褊隘",而且还会在社会生活中形成某种不自觉的习惯即"习气",二者都会阻碍道德修养,使人性不能向至善本性回归。因此张载主张"强学以胜其习气",这便有了须"防检""穷索"的味道。

二程对吕大临的指点不同于张载,而吕大临的回应也证明其思想的确有所改变,这体现在后来诸学案所屡屡道及的《克己铭》中所说的一段话:

> 凡厥有生,均气同体。胡为不仁?我则有己。立己与物,私为町畦。胜心内发,扰扰不齐。大人存诚,心见帝则。初无吝骄,作我蟊贼。志以为帅,气为卒徒。奉辞于天,孰敢侮予。且战且来,胜私窒欲。昔为冠雠,今为臣仆。方其未克,窒我室庐。妇姑勃谿,安敢厥余。亦既克之,皇皇四达。洞然八荒,皆在我闼。孰曰天下,不归吾仁。痾痒疾痛,举切

其身。一日至之,莫非吾事。颜何人哉,希之则是。①

表面看来,"克己"与"强学以胜其习气"并无多大差别,所谓的"克己"是指打破自己身上"气质之性"对"天地之性"的阻碍作用,从而使人的身心完全成为本然之性的发用流行。从程颢的"识仁"点拨到吕大临的"克己"警醒,克己复礼本身就显示出吕大临糅合关洛的特征。但是,经过程颢"识仁"点拨之后的吕大临,毕竟有许多新的体会,因此才会写下"克己铭"以作表达,这便显示出关洛之学细微的差别。由《克己铭》可以看到,吕大临首先肯定了"气"的正面作用,即人与物正是通过气的感通作用才实现了"同体"的效应。因此,"气质"并不成为道德修养中需要做"防检"工夫的理由。真正需要做的是打破人为的己与物的隔阂,恢复感通物我的仁心。这便需要通过存诚见性,自然会以志御气。

因此,所谓吕大临的"洛学转向"实际上并不存在由"气本论"到"理本论"的转变,所谓的"本体"既不是理论思辨的产物,也不是理论认知的对象,而是在道德修养工夫上的价值性来源和最终指向。所谓的"气本",只能在有"气"才有"生"即有气才会有感通流行这一意义上成立;所谓的"理本"则更加直接地指向了一个价值本体,是物我达到"混然同体""乐莫大焉"的精神境界。在这里,如果说吕大临的思想转变是由于张、程的不同指点所引起的,那么最明显的则是在工夫入手上有了不同,随之在对本体的体会上也发生了某些不同。这一点,在吕大临与程颐论"中"的过程中,就表现得更加明显。

(二)《论中书》中的吕、程争论及吕大临的思想立场

《论中书》是吕大临对他与程颐关于"中"的多次论学书信的整理。吕大临首先提出"中者道之所由出"的观点,程颐认为"此语有病"而予以纠正。但吕大临并没有轻易放弃立场,而是在不断的往返过程中一边澄清,一边坚持己见。吕大临坚持己见,当然不是出于简单的性格固执,而是他自认为对书信中所论述的问题实有所见,因而不作让步。由此,我们可以清楚地看到吕大临的道学思想虽然是在张、程的影响下形成的,但由于道学从根本上所注重的是道德实践性,因而就必然会在践履的个人体验中形成自身独立的特

---

① [宋]吕大临:《克己铭》,参见陈俊民辑校:《蓝田吕氏遗著辑校》,中华书局1993年版,第590页。

色和认同立场。

吕大临首先提出"中者道之所由出"的观点,意在表明"中"是道的根源。吕大临这一说法的根据是《中庸》首章的"率性之谓道",他认为"中即性也"。程颐则认为"中"是道的表现,可以说"中即道"也,但不能说"道出于中",即"中"不可以说成是道的依据,只能说是形容性与道的状词,"中"没有独立的地位,否则会导致认为"中"是本体的误解,从而混淆性与道的体用关系。性为体、道为用的思想是二人对《中庸》首句的共同理解,分歧在于对"中"的理解不同,讨论的深入引向了"心"的问题。吕大临认为"中"是"喜怒哀乐之未发"时心的状态,他又借用孟子语称之为"赤子之心",因而"中"并非要取代"性"作为道的本体,实质上是要指出一种心的本然状态,作为修身工夫的指向。这里隐含着心性为一的思想。程颐则认为"赤子之心"是已发之"和",认"赤子之心"为未发之"中"是"不识大本"。吕大临针对这一批评,从个人的修身实践体验所得和《尚书》《论语》《孟子》《易传》的经典根据两方面,全面坚持并申说了自己的观点,最后他指出二人的分歧所在:

> 大临以赤子之心为未发,先生以赤子之心为已发。所谓大本之实,则先生与大临之言未有异也,但解赤子之心一句不同尔。(《与吕大临论中书》,《河南程氏文集》卷九)

吕大临则肯定地说:

> 先生谓凡言心者皆指已发为言,然则未发之前谓之无心可乎?窃谓未发之前,心体昭昭具在,已发乃心之用也。(《与吕大临论中书》,《河南程氏文集》卷九)

这表明吕大临与程颐的分歧实质上是对心性关系的理解不同,吕大临坚持心性为一,认为未发为心之体,已发为心之用。程颐则否定这一点,认为性为未发,心为已发。

表面看来,《论中书》涉及的是各派理学家共同关注的核心范畴,即道、性、心到底应该如何理解的问题。但实际上,吕大临与程颐从一开始在关注点上就有所不同:吕大临关心的是如何"立教"或实践的问题,因此不但要确立一个价值本体,而且此本体必须是能动的,这便有了对"中"与"心"的如上理解;而程颐反复注意的却是"此语有病""词之未莹",即对本体自身理解有差、表达不清的问题。《朱子语类》中有朱熹关于《论中书》的一段问答:

第四章　张载门人及其学术传承

　　吕与叔云："圣人以中者不易之理，故以之为教。"如此，则是以中为一好事，用以立教，非自然之理也。先生曰："此是横渠有此说。所以横渠没，门人以'明诚中子'谥之，与叔为作谥议，盖支离也。西北人劲直，才见些理，便如此行去。又说出时，其他又无人晓，只据他一面说去，无朋友议论，所以未精也。"（《朱子语类》卷一〇一）

　　朱熹对张载关学的批评是否准确姑且置之不论，但他肯定吕大临"论中"的主旨是以"中"立教这一点，确是符合吕大临原意的。与之相比，程颐一方面反复斟酌于如何理解"中"与"心"以及如何区分体与用的问题上；另一方面特别注意"大抵论愈精微，言愈易差也"（《与吕大临论中书》，《河南程氏文集》卷九），因此不仅在讨论过程中不断修正吕大临的说法，也在调整和修正着自己的说法。吕大临虽然也承认有"命名未当"之处，并且努力纠正和澄清自己的说法："此心之状，可以言中，未可便指此心名之曰中。所谓以中形道，正此意也。"（《与吕大临论中书》，《河南程氏文集》卷九）但他更多的则是在证明其论断有经典根据的同时强调要付诸实行，这样便自然得义理之实："'率性之谓道'者，循性而行，无往而非理义也。以此心应万事之变，亦无往而非理义也。"（《与吕大临论中书》，《河南程氏文集》卷九）当程颐批评吕大临认"赤子之心"为"未发"是"不识大本"时，吕大临更是肯定地说：

　　此义，大临昔者既闻先生君子之教。反求诸己，若有所自得，参之前言往行，将无所不合。由是而之焉，似得其所安，以是自信不疑，拳拳服膺，不敢失坠。今承教，乃云已失大本，茫然不知所向。窃恐辞命不明，言不逮意，致高明或为深喻，辄露所见，求益左右。卒为赐教，指其迷谬，幸甚。（《与吕大临论中书》，《河南程氏文集》卷九）

即是说，吕大临承认自己有"辞命不明，言不逮意"之处，祈望程颐指点；但在实际问题上，则对程颐批评其"不识大本"做了"乃云已失大本，茫然不知所向"的回应。由于他经历过一个"反求诸己""由是而之焉"的过程，所以他仍对其以"中"立教"自信不疑"。正是从这里可以看到吕大临进行的不是单纯的理论讨论，而是仍坚守其道德修身工夫和以"中"立教的思想立场，后者才构成吕大临思想的出发点和问题指向。

四、吕大临思想的理学特点与关学学风

由《论中书》已经可以清楚地看到吕大临思想注重践履的特点,这是建立在他对经典理解的基础之上的。正因为如此,当吕大临要说明自己的观点时,首先考虑的是经典的相关论点,而后再证之以自己的实际体验。吕大临通习《六经》,尤精于礼。对他来说,最核心的经典无疑是《礼记》中的《中庸》。《论中书》所讨论的中和、性道与未发已发问题即直接来自于《中庸》首章。吕大临的《中庸解》曾得到朱熹的高度肯定,而《中庸》对吕大临思想的影响也的确至关重要。不过,虽可以说《论中书》包含了吕大临关于《中庸》最核心的思想,却不能说包含了吕大临的全部理学思想。以下将从对吕大临《中庸解》的考察开始,再扩展到《礼记解》,对吕大临的理学和礼学思想特点做一个总体地介绍,以展现其与张载"尊礼贵德"的关学学风的联系。

(一)《中庸解》之心性本体论与修养工夫论的特点

由前文对《论中书》的介绍可知,吕大临关于"中"的思想实际上关系到心性本体论和修养工夫论的问题。回到《中庸解》文本,这一点就看得更加清楚了。《中庸解》序曰:

> 中庸之书,圣门学者尽心以知性,躬行以尽性,始卒不越乎此书……故此书之论,皆圣人之绪言,入德之大要也。
>
> 中庸之书,学者所以进德之要,本末具备矣。

吕大临所言的"知性""尽性"即是"入德""进德"的本体指向,而"尽心"和"躬行"也即所谓"末",则是践履本体的工夫。在吕大临这里,本体与工夫是一体的,心性为一,而尽心、知性即是工夫。他在《礼记解》中说:

> 圣人之学,不使人过,不使人不及,立喜怒哀乐未发之中以为之本,使学者择善而固执之,其学固有序矣。

由此可见,吕大临之所以重视"中",是因为其可以"立本",这个"本"并不是一个外在的"中"的概念,而是其使心之发和行之端联系起来,可以使学者的知行有规可循,以达无过与不及。

吕大临《中庸解》的另一个特点在于他将心性本体论、修养工夫论与中庸

之德联系起来,尽力寻找人们道德修养可以遵循的常道。这一点,显然与他重实行和重礼学的特点相一致。与程颐把"中"理解为"只是不偏"不同,吕大临所理解的"中",一方面是喜怒哀乐未发的本体,同时又在实践方面表现的"无过无不及"之用。按照朱熹的理解,"中庸"之"中","是兼已发而中节、无过不及者得名"。一方面"本是无过无不及之中,大旨在'时中'上",这是从用方面说;另一方面则是"喜怒哀乐未发之中",是从体方面说。所以朱熹说:"未发之中是体,'时中'之'中'是用。"(《朱子语类》卷六二)吕大临所强调的正与朱熹所说相合,其所说更强调的是心性合一的"在中",程颐所强调的则是"中之道"。所谓"在中"即是心体合一、不偏不倚,用以形容本体;而"中之道"则更多强调在道德实践过程中"无过无不及",始终保持"中"的状态。显然,二者都并非认"中"为本体,区别在于前者侧重于对本体的理解,后者侧重于在行道过程中如何使本体得以自然地呈现。因此,吕大临一方面强调"时中"和"用中",即在变动的事物之中掌握"中"的状态;另一方面也强调"求之于喜怒哀乐未发之际"的"赤子之心",由此心所发,便纯然是义理之所当然。

吕大临之所以重视"赤子之心",是因为此心"纯一无伪",即此时的"性"没有受到外在的干扰。天道之所以能够"不勉而中,不思而得,从容中道",没有一丝勉强便能处处符合"中"的要求,就在于具备诚的本质。"性与天道一也,天道降而在人,故谓之性。"(吕大临《礼记解》)性来源于天道,性与天道是同一的,但人生具有形体之后,便会产生"私意小知",使本性被遮蔽起来。吕大临说:

> 性与天道,本无有异,但人虽受天地之中以生,而梏于蠢然之形体,常有私意小知挠乎其间,故与天地不相似,所发遂至于出入不齐而不中节,如使所得于天者不丧,则何患不中节乎?(吕大临:《礼记解》)

因此,一方面必须通过修养排除这些"私意小知",使"性"恢复到本来的状态,然后才能实现性道为一。另一方面,人由于所禀受的资质不同,故有强弱、智愚的区分,因此需要改变气质和习气所导致的"小过小不及",以礼节之,遵循常道,即所谓"修道之谓教"之义。

(二)《礼记解》所反映的吕大临理学与礼学思想

由"中"与"庸"的关系,吕大临进一步探讨了"至道"与"常道"的关系。

"中"是礼之本,代表礼仪制度背后的超越层面,对人而言,它是喜怒哀乐未发之本心的呈现。"庸"是具体可见的常道,是现实社会构成的伦理基础。吕大临说:

> 庸者,常道也。事父孝,事君忠,事兄弟,交朋友信,庸德也,必行而已。有问有答,有唱有和,不越乎此者,庸言也,无易而已。(《礼记解》)

至道是精微高明的,但如果不能以德行实践作为达到至道的现实基础,便会流于空虚无用,惑乱人心。因此,"惟能进常道,乃所以为至道"(《礼记解》)。所谓常道,便是普通人日常生活中日用常行的人伦规范,虽然看似简单而平易,却恒常不变,隐藏着通向至道的必由门径。但这并非说日用伦常已经是至道,由常道达到至道必须经过一个德性修养实践的过程,这一修养实践的基础便是本心的至道与伦常的常道互相呼应,双张并举。

吕大临把常道分为"人伦之道"与"为政之道",前者是后者的基础,后者是前者的推广,因此"人伦之道"与"为政之道"实际上是一体的。人伦之道,以亲亲为最。吕大临说:

> 君子修身,庸行而已。事亲者,庸行之本也,不察乎人伦,则不足以尽事亲之道,故人伦者,天下之大经,人心之所同然者也。(《礼记解》)

孝道是常道之始,这不仅要求对于父母在身体上的奉养即"养亲",还要继承并努力实现父母的志愿即"继亲"。既然为政之道是人伦之道的推广,也是由人出发,为政不是为了制定法律规则去强制约束别人,而是要求治国者以修身为本,使自己的行为符合道的要求,在亲亲、尊贤的礼仪节文中培养人的道德意识。

礼法之所以需要保持,首先是因为人生由气禀这一现实。本心是礼法的基础,是人伦秩序超越的一面。然而在实践中,本心的发用会受到气质的影响,不能不有过与不及,这就需要以客观的先圣前贤作为规范。先圣前贤是先得人心所同然者,依此而制订的礼法,便能够调节人的情感,使之合乎法度。礼仪节文虽多,但其原则却是本于人心之所同然,因此礼法实际上是良心所发。其次,礼法虽然是外在的,但正是有了礼仪规则,理义才有迹可寻,能够为人们所把握。德性修养有赖于对本心共通理义的把握,而具体的礼法制度则使其具备了客观性和现实性。礼并非只是具体的、在不同场合有特殊规定的礼文、礼数、礼法、礼仪而已,其背后所包含的道义是普遍的。具体的

礼法制度使人物皆有各自应当的职分,普遍的道义则使天地万物和所有人在不同的职分中共同构成一个和谐的整体。吕大临说:

> 故良心所发,莫非道也。在我者,恻隐、羞恶、辞让、是非皆道也;在彼者,君臣、父子、夫妇、昆弟、朋友之交亦道也。在物之分,则有彼我之殊;在性之分,则合乎内外,一体而已;是皆人心所同然,乃吾性之所固有。随喜怒哀乐之所发,则爱必有差等,敬必有节文;所感者重,其应也亦重;所感者轻,其应也亦轻。自斩至缌丧服异等,而九族之情无所憾;自王公至皂隶,仪章异制,而上下之分莫敢争,非出于性之所有,安能致是乎?(《礼记解》)

因此,吕大临强调,必须通过知礼与行礼,从而变化气质,才能修身成德,最终回复人的本性,实现物我一体的和谐秩序。吕大临说:"温故知新,将以进吾知也;敦厚崇礼,将以实吾行也。知崇礼卑,至于成性,则道义皆从此出矣。"(《礼记解》)学者以成性为最终目的,这就需要实践先王根据理义所制定的礼法,陶冶自己的性情,通过内外交养的知行工夫,使自己的德性行为与客观的礼法秩序合而为一,从而上达于礼之本,其行为自然可以中节而无过与不及,"道义皆从此出"。正因为吕大临一生都注意知礼、崇礼、践礼,所以有学者为他写的挽诗称:"曲礼三千目,躬行四十年!"(见《朱子语类》第一〇一)诚哉斯言!

第三节　李复及其理学思想

熙宁十年,张载从京城返归横渠途中,病亡于临潼馆舍,这对处于兴盛期的关学而言,不啻是一个沉重的打击。时隔一年多后,"蓝田三吕"、苏昞等诸弟子先后投归于二程门下,遂使关学面临传承危机。数月之后,吕大临陪同程颐至关中雍、华间讲学,当时"关西学者相从者六七人"。随着程门"四先生"陆续受学程门,洛学方在关学渐趋衰落的同时兴盛起来。关学"再传何其寥寥",朱熹《伊洛渊源录》遂略于关学,"三吕"及苏昞因其曾及程氏之门而得以记载。冯从吾《关学编》所载张载弟子不多,未载李复。全祖望在《宋元儒学案序录》中称"于《楼宣献公集》得李复"①。确实,张载逝后,真正从学术上继承张载思想的门人屈指可数,此后的十余年间,为关中学人并长期传播关学者,李复是其中之一。

一、李复生平及著作

(一)生平

李复(1052—1128),字履中,世称潏水先生。宋仁宗皇祐四年(1052)生于开封府祥符县。英宗治平元年(1064),因其父任同州夏阳(今陕西韩城)县令而移居关右;神宗熙宁二年(1069),始居长安京兆杜陵(今陕西长安韦曲附近潏水边)。故在《潏水集》所收的诗文中李复常自题"赵郡李某"或"东蒙李某",皆就郡望而言,前者暗示其出生地为开封祥符,后者及文集之名多与其定居地长安有关。

英宗治平四年(1067),李复十六岁,乡试中第。此后,"十年不试于礼部,刻苦于学"(《潏水集》卷一六)。约于熙宁三年至十年间(1070—1077)从学于张载。今《潏水集》中尚存《与张横渠书》,记载李复与张载讨论宗法制度等问题。由于受关学思想的熏陶,李复逐步由"幼时所学,声律偶丽之文耳"(《潏水集》卷四),向"居官行己,咸取《六经》,而尤邃于《易》"(《书潏水集后》,《潏水集》卷一六)的阶段转变。

张载病逝两年后,李复于神宗元丰二年(1079)登进士第,然由于反对朝廷对西夏用兵,故毅然不应诏。此后,因为李复博学多识,士大夫皆勉励他入仕为官。但李复不为所动,并就此事在书信中与彭元发往复辩论,以为仕途捷径,知义守分者不与焉。元丰五年(1082)至哲宗元祐元年(1086),李复任关中同州一带的地方小官。

元祐二年(1087)至四年(1089)李复调任耀州教授,他讲学及与人问答论学较多集中在这一时期,《潏水集》中保留了大量论学的问答书信,其中有《答耀州诸进士书二》《答张尉书》《答人论文书》《与侯漠秀才》等;论《易》的

---

① 《楼宣献公集》为宋人楼钥撰,今不传,疑为今所见楼钥《攻媿集》,清武英殿聚珍版丛书本。

有《答辛祖禹书》《答辛祖德书》等；论律数历法五行的有《答曹鉴秀才书》《答曹钺秀才书》；论人论政的有《答赵子强书》《答人论问政书》等。

元祐四年(1089)至绍圣三年(1096)间李复官居上党，任河东转运使属吏长达七年，李复的思想、学识进一步成熟。在此期间，作《于于斋记》以"明志"；作《覆贾斋记》论为学之道。亦于其间对通达之道多有体悟。

绍圣三年(1096)至徽宗元符二年(1099)参赞西北边事，展露出卓越的军事才能。在参与招降西番的活动中，因受震雷这一灾异天象的启示，针对刚刚归降人心不稳的西羌，未雨绸缪，遂调兵遣将加强守备，从而成功平息了一次西羌叛乱，不仅力保城池的安全，而且使八万官兵幸免于难。楼钥曾在《攻媿集》卷二二《奏议·雷雪应诏条具封事》中引用过李复的这一成功案例。

崇宁二年(1103)，李复以熙河转运使身份再次至西北为官，而为世人称道的为驳斥邢恕所上《乞罢战车》《乞罢造船》二疏即写于此任上。时权臣蔡京刻意通过战功而擢升自己的亲信邢恕，于是安排邢恕镇守边疆，立功心切的邢恕贸然提出了建造战车、战船以攻击西夏的方略，并得到批准，朝廷遂命李复以熙河转运使身份督办此事。熟悉边事的李复连上《乞罢战车》《乞罢造船》二疏驳斥邢恕脱离实际，视国事如同儿戏的主张，遂使邢恕的奏议被罢除。《宋史》卷四七一《邢恕传》对此事有较详细的记载：

> 蔡京当国，经营湟、鄯，以开边隙，欲使恕立方面之勋，起为鄜延经略安抚使，旋改泾原，擢至龙图阁学士。恕乞筑萧关，采其里人许彦圭车战法，为浅攻计。又欲使熙河造船，直抵兴、灵，以空夏国巢穴，其谋皆迂诞。转运使李复言恕所为类儿戏，不可用，帝亦烛其妄，京力主之。已而夏人寇镇戎，欲趋渭州，警奏至京师日五六，京惧，始徙恕太原，连徙永兴、颍昌、真定，寻夺职。

李复不畏权贵，据理力争，避免了国家经济上的巨大损失和战略上的重大失误，此二疏后来成为著名的"抗颜直谏"的典范奏议。随后因与童贯在边事上抗议不和，罢任。

崇宁四年(1105)至大观元年(1107)，李复任京西转运副使，时奸臣当道，李复因开罪于煊赫一时的权臣蔡京与童贯二人，且"每执正议，不为势利之所移夺"(《书潏水集后》，《潏水集》卷一六)，故频频被调任，此后在短短的两个月内先后任知守郑州、陈州、冀州以及京西转运副使等职，其不为当权者所重用若此。后来或许因蔡京的短期失宠,李复才得以较平静地度过两年京城居官生活。又因京城水患,被临时差知郑州以治水。但随着蔡京重新得势,李复仕宦生涯的前景又黯淡起来。

徽宗大观二年(1108)至四年(1110),李复两次以刑部郎官的身份提点云台观。五十九岁时知守夔州以应付水患。半年后,旋即被罢任。后回朝任闲职刑部郎官,不久后便辞官归隐。

李复辞官归居长安漓水河畔十余年。建炎元年(1127)九月,他再次临危受命,慷慨以赴国难。次年,在秦州任上为国捐躯。楼钥在《攻媿集》中感慨道:"此志士仁人之所痛也。"

二程曾在吕大临的陪同下来关中讲学,从李复的一句诗文看,当时李复似在场。《潏水集》卷一一《伊川道中》说:"野鸟深藏但闻语,山花半开初有香。今朝伊川首西路,昔年涡水过南塔。安得春风生两腋,从教吹到故山傍。"也可看出,当时二程来时正值春暖花开之时。

(二) 著作

《宋史》卷二○八《艺文志》记:"李复《潏水集》四十卷",《四库全书总目提要》卷一五五:"集本四十卷,乾道间尝刻于饶郡,即朱子所谓信州本也,后散佚无存。""今从《永乐大典》裒辑编缀,厘为一十六卷,著之于录,既以发潜德之幽光,且以补史传之阙略焉。"故《书林清话》卷三谓:"淳熙九年,信州公使库刻李复《潏水集》十六卷。"据上可知,《潏水集》原作四十卷,是乾道年间刻于饶郡而被朱熹所称的"信州本",后散佚无存。今流传于世的《潏水集》十六卷本,系四库馆臣从《永乐大典》裒辑编缀而成。

尽管四库馆臣为整理李复著述残卷做了大量工作,但今本《潏水集》十六卷仍未能尽善。首先,在从《永乐大典》裒辑编缀中,馆臣漏辑了一条。现存《永乐大典》录李复诗(二条),李复《潏水文集》(一条),李复《潏水集》(一十九条),以上共计二十二条。栾贵明在与关陇丛书本《潏水集》十六卷对校后,发现馆臣漏辑者一条,即:"(失题)问'好货好色',孟子何以对齐宣王?曰:'宣王之言,有强据孟子之意。孟子逊以入之,欲渐引而趋善也。其对今乐犹古乐,又及乐之本矣。"①

其次,明黄淮、杨士奇编辑《历代名臣奏议》共引李复奏议十条,其中有三条为今本《潏水集》所无。因为明代四十卷本的《潏水集》曾被重新刊印,因此《历代名臣奏议》所多出的三条完全可以采信。此三条分别是:"李复输镂罐量札子"②,"李复又输刑法札子"③,"徽宗时李复上限田札子"④,共计一千余言,在《潏水集》中所占比重不轻,是研究李复政治思想的重要资料,然馆臣皆未收。新近出版的《全宋文》显然注意到了这一点,馆臣所失录之三条材料均增补采录。

此外,朱熹所云李复论孟子"养气"一节,实乃集中本有之内容,多为世人称道,对了解李复理学思想,尤其是其修养论,弥足珍贵。李复谓:"论孟子养气,谓动必由理,故仰不愧于天,俯不怍于人,无忧无惧,其气岂不充乎!舍是则明有人非,幽有鬼责,自歉于中,气为之丧矣。"此颇得孟子思想大旨。对此,朱熹评价很高,说:"其言虽粗,却尽此章之意。前辈说得太高,为龟山为某人作《养浩堂记》,都说从别处去。"(《朱子语类》卷五二)四库馆臣亦评论说:"此语虽疏,却得其大旨。近世诸儒之论,多似过高,流于老庄,而不知不若此说之为得也。"(《四库全书总目提要》卷一五五)洪迈《夷坚志》中《宋都相翁》一节,亦为原集中本有之文字,实乃了解李复生平的可贵素材,然四库馆臣仅机械地裒辑《永乐大典》,未及其余,瑜中之瑕令人遗憾。此外,《全宋文》也未能将这条收录。本次在《关学文库》编纂时,由魏涛整理的《潏水集》则对之做了较完善的补缀。对于《潏水集》,四库馆臣总体评价很高,认为"在宋儒之中,可谓有体有用者矣。"(《四库全书总目提要》卷一五五)

二、李复的学术思想

(一)"道无不在"

李复认为,学习应该"深造"以"求其原",所谓"求其原"当是指"尽其

---

① 曾枣庄、刘琳主编:《全宋文》第 121 册,上海辞书出版社、安徽教育出版社 2006 年版,第 368 页。
② [明]黄淮、杨士奇著:《历代名臣奏议》,上海古籍出版社 1989 年版,第 2793 页。
③ [明]同上注,第 2793—2794 页。
④ [明]同上注,第 1489 页。

道"。不过他却谦虚地认为自己未做到这一点,说:"得其原,则左右从容无不可矣,此某之所学未敢自谓已至于此也。"对于道的认识,李复说:

> 子贡曰"夫子之文章可得而闻也,性与天道不可得而闻也",此乃知子贡不妄自谓有得也。子曰:"吾道一以贯之",此圣人言道大体也。曾子以所见而言曰"忠恕而已",此未尽孔子之言也。夫道无不在也,不可增也,不可损也,不可挠也,不可澄也,欲外之而不能外也,欲去之而不可去也,欲强亲之亦非也,欲强疏之亦非也,人日用而不知也。(《回卢教授书》,《潏水集》卷三)

李复认为,道是什么?连孔子的大弟子子贡也不敢"自谓有得",所以才说"性与天道不可得而闻"。孔子说有一个"一以贯之"的道,曾子体味出此即"忠恕"二字,李复认为这尚"未尽孔子之言"。在他看来,"道无不在",即道有普遍性;同时这个道"不可增""不可损""不可挠""不可澄",就是说,道是一超越性的实体,既不能增加也不能减损,不可搅动也不能澄汰,甚至这个道"欲外之而不能外也,欲去之而不可去也,欲强亲之亦非也,欲强疏之亦非也",即道是万物的根据,任何事物都不能外道而存在,也不能离开道而自己独立而去,万物必须遵道、守道。由于道具有普遍性,故非己所独占(亲之),亦不可与之疏离。道虽在万物之中且时时客观地发生着作用,可惜的是人们对之"日用而不知"。看来,李复所说的道与张载所说的"气化"之道仍然有异。

李复所说的道,也指治国之道,礼乐刑政之道。他说:

> 圣人御天下也必以道,而道者南面之术也。其所谓道者,岂但漠然而无所事哉!其用至微,其功至周,皆隐于纲纪法度礼乐德政之间,使四海安然而无事,至千万世而无弊,天下由之不知其所以然而然也。古之致治者,惟尧能之。孔子称之曰:"焕乎其有文章",乃纲纪、法度、礼乐、德政之谓也;"巍乎其有成功",乃天下安然无弊之效也。"荡荡乎民无能名",乃不知其所以然而然也。夫惟如是,所谓道也,后世无可稽焉。(《论治道》,《潏水集》卷一)

李复所说"道者南面之术",就是指治国之术。他认为,道不是不关世事的空幻之物,它虽然"至微""至周",但却体现在"纲纪法度礼乐德政之间",即体现在治国的各个环节之中。只有以道去办事去治国,则可"使四海安然而无事,至千万世而无弊"。道就是其间那个"不知其所以然而然"即自然发生作用的规律。从这里可以看出,李复受到道家较大的影响,但是与道家不同的是,他把自然之道更多地贯穿在社会日用常行中,是人们应该坚守的基本原则。

李复将此道通过易道进一步加以论述。他说:

> 易之道广矣,远矣,深矣,微矣。天地至大者也,包之无外焉;鬼神至幽者也,穷之无隐焉。阴阳交化而知性命之正,原始要终而知死生之变。日月风雷山泽水火草木鸟兽之象,君臣父子兄弟夫妇室家婚姻之义,礼乐师旅祭祀刑政,莫不咸在。至于寒暑昼夜之运,屈伸动静之体,好恶取舍之情,刚柔进退之理,方以类聚,品以群分,无不总萃,虽造次颠沛不能逾。显诸仁,藏诸用,莫可测焉,所谓妙于神而极于明者也。太极未判,两仪未生,虽未形易之象,而易之妙固已存于其中矣。"(《易说送尹师闵》,《潏水集》卷八)

李复说,易道广远深微,如《易传》所说"弥纶天地之道",知之则"天下之能事毕",即通过易理,可以知"性命之正""死生之变",万物之象及其变化,社会伦理及刑政礼乐,都体现着易道。重要的是,李复所说的易道存在于宇宙万物的生化过程中,说"太极未判,两仪未生,虽未形易之象,而易之妙固已存于其中矣。"

可以看出,李复所说的道,既与孔子所说的"朝闻道"之道即有关政治伦理和"圣人之道"相通,也与庄子所说的"无所不在"的宇宙自然之道相通,同时也与"百姓日用而不知"的"无方""无体"的易道相通。从这个意义上说,应该承认李复有其本体论的思想,不过这一本体论与张载所说气论思想有异。在他的整个论述中,从宇宙论角度来讲道体的内容不是很多,大概主要是在谈易理时有较多的发挥而已。

(二)"太极元气"

在有宋一代的新儒学理论建构中,以易立说是理学家阐发义理新意的常用手法。马宗霍指出,宋之道学"至周子始渐醇,而与儒学为近。张子羽翼之,二程扩充之,至朱子而始大。然要不外乎象数与义理两派。两派之于经学,初不外乎《周易》一经。"①在这方面,张载表现得尤为明显。《宋史·张载传》称"张载以《易》为宗",王夫之对张载之学也有类似的认识,他说:"盖张子之学,得之《易》者深,与周子相为发明……而张子言无非《易》,立天、立地、立人,反经研几,精义存神,以纲维三才,贞生而安死,则往圣之传,非张子其孰与归。"(《张子正蒙注·序论》)尽管当时诸儒都以《易》立说,但在阐发《易》理的方式与内容上,《横渠易说》却有着自己的特点,比如,对经传文字的"不拘不离"的自由式发挥,"义理派"的解易风格等,都与同时代的一些学者有些许差异。李复以义理与象数兼顾来解《易》,大概承继了其师张载重于义理的解易方法,同时又大胆地吸收了周敦颐、邵雍等人的象数学派的成果,形成了自己独特的风格。

1. "元气既分,象数既形,夫物芸芸而生","太极即元气"

北宋后期,形成了以周敦颐和邵雍为代表的易学象数派与以张载和二程为首的易学义理派双峰对峙的局面。李复生当周、邵、张、程诸子之时稍晚些,尽管他的易学深受张载义理派易学风格的影响,但他并不排斥象数,而是注意吸收宋及宋以前的象数学成果,因此,李复的易学明显带有融合义理与象数的特征。在张载的弟子中,李复以易立说,可谓别开生面,很值得关注。李复以易立说是从《易传》中的"太极"这一概念入手的。

李复将其师张载的气学特色与周、邵二子围绕"太极"立论的象数学理路结合起来,同时又吸收了汉易的卦气说,以"元气"释"太极",从而以独特的方式阐发了张载的"气论"。对此,李复有几段代表性的话:

> 太极元气,函三为一,故三爻成卦,万物皆函三数,皆自然之数也,卦虽各有体,其气交通,八卦二十四爻,阴阳各一十二,其气旁通,此爻之取象于此也。(《答辛祖德书》,《潏水集》卷四)

> 盖有物则有形,有形则有数也。太极元气,函三为一,元气之中亦有数也。(《答曹鉴秀才书》,《潏水集》卷五)

这里,李复明确地讨论了作为宇宙终极的"太极"与"元气"的关系,提出"太极元气"这一命题,即"太极"乃"未判"之元气。其实将"太极"与"气"的概念联系起来,这在《横渠易说》中已见端倪。张载曾说"一物两体(者),气也";又说"一物两体(者),其太极之与谓欤!"(《横渠易说·说卦》)张载显

---

① 马宗霍:《中国经学史》,上海书店 1984 年影印版,第 113 页。

然已经将"太极"与"气"置于价值同一的地位,作为宇宙之本体来认肯。李复则明确提出"太极元气"的命题,这是值得注意的。这个提法并非由他首创,《汉书》卷二一《律历志》已言"太极元气,函三为一。极,中也。元,始也。"不过,《汉书》所说的"太极"与"元气"却不在同一层次上,《律历志》说:"太极运三辰五星于上,元气转三统五行于下。其于人,皇极统三德五事,故三辰之合于三统也,日合于天统,月合于地统,斗合于人统。"即三辰(日月星)与三统(天地人)相合,故"太极"运三辰于上,而"元气"转三统于下,太极是形而上,元气是形而下。李复虽借用了《汉书》"太极元气"的提法,但却是从周敦颐、邵雍以"太极"为宇宙之极立论的视角,同时吸收了张载揭橥的气学派易学宇宙论的内容,来立其说的。

他的上述论述包含以下的意思:(1)将"太极"与"元气"置于宇宙基始的地位。他不仅将"太极元气"连用,而且一面讲"太极未判",一面讲"元气未分",就是说,"太极未判"时正是"元气未分"时,显然,"元气"与"太极"处于价值同一的地位,故"太极"即"元气"。李复又说:"太极元气,函三为一,元气之中亦有数也。"从其所说"三爻成卦,万物皆函三数,皆自然之数也"来看,"三"即三爻,象天地人,"一"即易道,三者统于一,皆合乎自然的规律。不仅"太极元气,函三为一",而且"元气之中亦有数",显然,"太极元气"具有宇宙本体的意义。(2)李复亦有生成论的思想。在《潏水集》卷一〇《和人伏日》中,他说"太极剖元气,五行均四时",似乎太极又可剖判元气,如同五行均见于四时之中一样。于是"元气既分,象数既形,夫物芸芸而生",遂有了宇宙万物的化生。在《答曹鉴秀才书》中又说:"卦以阴阳相配,其理未易说。至于历之二十四气、七十二候皆以阴阳,是犹一昼则有一夜也。万物芸芸,皆出于阴阳,岂有能外阴阳者欤!"显然,元气又被作为宇宙万物生成的根源,万物得之而生。(3)吸收汉易卦气说,把易卦与气结合。汉代易学特别是孟喜、京房把卦象与元气、一年二十四节气相配合,形成卦气说。李复承继了这一易学传统,在《潏水集》卷四之《答辛祖禹书》《答辛祖德书》和卷五之《答曹鉴秀才书》中,对此有非常详细的分析,所用的方法即"以月之阴阳、日之阴阳、时之阴阳、卦与爻之阴阳,参而考之,兼之以气候而用之"(卷四《答辛祖禹书》)。并概括地说:"卦虽各有体,其气交通,八卦二十四爻,阴阳各一二,其气旁通,此爻之取象于此也。"(卷四《答辛祖德书》)此与张载易说不尽相同。张载重讲义理,兼以象数,但却没有突出运用汉易卦气说,如果说这不是李复与张载易说的最大区别,但至少也是其重要的区别之一。从象数学立论,李复对宇宙的本体论和生成论都有更为复杂的论说。

2."凡言数必先求一"

李复又对"太极元气"化生万物的过程在象数学上作了进一步的阐发。在解说"大衍之数五十,其用四十有九"时,李复说:"一者,数之总也;四十九者,数之用也。凡言数必先求一,得一则数自然生,不得一则无由见数。既得一而用数,一乃在于其用数之中矣。"(《又答曹钺秀才》,《潏水集》卷五)在这里,李复讨论了"一"与"数"(四十九)之间的关系,他认为,"凡言数必先求一,得一则数自然生,不得一则无由见数"。这是本体论的思路。结合蓍占所谓"今揲蓍取四十九茎,两手围而未分,虽四十九茎,聚而为一也,分其一于两手,然后有数矣"的说法,他认为"一"与"数"二者是体用一如的关系。这一观点与张载所谓"虚太极之一,故为四十有九"(《横渠易说·系辞上》)的含义相通。李复进而又说,"此一在四十九矣","在天成象,在地成形,象见于上则形应于下,皆由其气而然也。"(《又答曹钺秀才》,《潏水集》卷五)这里"一在四十九",即一与代表万物之数的四十九是同一的。李复对"一"的绝对地位的强调,就是对"太极元气"本体地位的认肯,所以才有"一者,数之总也","凡言数必先求一"的说法,这里已超出一般的生成义而具有关于气为宇宙本体的意义。这可以从他"既得一而用数,一乃在于其用数之中矣"(同上注),以及"大衍四十九,周流通一气。阴阳穷必变,往返无始终。元化密推移,消长生默契"(《杂诗》,《潏水集》卷九)的说法中看出来。不过,李复又说:"周流通一气","万物生芸芸,与吾本同气"(《物我》,《潏水集》卷九),又含有元气贯穿于宇宙生化始终的生成论思想。可见,李复基本上是在讨论本体论问题,但是又难免有生成论的影响。

从上面分析可以看出,李复在讨论《周易》的象数时,其本体论受到张载和玄学家王弼的极大影响。张载的影响已如前述。王弼在释易"大衍之数五十"章时,说"演天地之数,所赖者五十也。其用四十九,则其一不用也。不用而用以之通,非数而数以之成,其易之太极也。四十九,数之极也。"王弼以"以无为本"来解释,故又说:"无又不以无明,必因于有,故常于有物之极,而必明其所由之宗也。"(引自韩康伯《系辞注》)谓"一"是四十九的本体,四十九则是"一"之用。"一"与四十九之数是"无"与"有"的关系。李复所谓"凡言数必先求一,得一则数自然生,不得一则无由见数";"既得一而用数,一乃在于其用数之中矣"的说法,与王弼的思路极为相似。

(三)"善本""养心"的道德修养论

关中学者多以崇尚气节著称,被誉为"关中名儒"的李复亦如此。南宋士人钱端礼曾盛赞李复的道德修养水平,认为李复"可以追配古之君子"(《书潏水集后》,《潏水集》卷一六)。洪迈在《夷坚志》之《宋都相翁》篇中借"相翁"之口言及李复"晚悟性命之理"①。依此似可推测,在原四十卷本《潏水集》中当有关于道德修养之专论,惜乎今多不存。以下仅据流传下来的文献,从几个方面对李复修养工夫论略作分析。

1."穷性源"为"入德之途"

李复说:"道贵穷性源。"(《杂诗》,《潏水集》卷九)所谓"穷性源",即"知本"。"知本"是李复尝以"种苗、种木"喻道德修养时所用的概念。这里包含着对孟子以来的"人性本善"命题的认肯。李复认为,作为"入德"的关键,能否体认本性中的"善"极为重要。针对时儒所提到的入德门径的问题,张载曾说:"入德之途,不知择术而求。"(《张子语录·语录中》)李复在《回庐教授书》中也说:"学者求为君子矣。前人之言,切于事者,无如《论语》与《孟子》,不能于二书穷讲其趣,安知入德之路,舍此而欲求新奇之言,非所谓善学也……今人之于善,未尝讲究,又未尝分明作得一事,至于没齿,不知果如何谓之善,但随人南北,惜惜然醉生梦死。"(《潏水集》卷三)在这里,李复批评了时人对于"善"不讲究、不作为,甚者终生不自觉的麻木状况,认为这就是不"知本"。在《答彭元发书》中,又从前人经验结合自己的经历,再次强调了体认"善"的重要性。他说:"博考前言往行,笃于为善而已矣……益坚向日读书为善之志,此外妄求,非惟不敢轻萌,亦自然无毫发意。"在他看来,对"善"的体认——知本,实际上就是"穷性源"。他说:"草木虽无知,养本已足论。人生感元化,道贵穷性源。"(《杂诗》,《潏水集》卷九)这里显然已将对"善"的体认提高到"道""性"的层次。张载也非常强调"立本"的重要性,如其所言:"今之言性者满屋所执守,所以临事不精。学者先须立本。"强调为学要善于"发源立本","立本既正,然后修持"(《张子语录·语录中》)。可见,李复

---

① [宋]洪迈:《夷坚志》之《支志·戊》卷一○《宋都相翁》,中华书局2006年版,第1127页。

的修养进路与乃师张载"穷理尽性以至于命"相当切近。

2."知本贵善养"与"尽道极理"

如果说"知本"仅仅是"入德"之始,那么修德的关键则须在"知本"的基础之上探"善本"和"养心"。《杂诗》曰:"善学必探本,知本贵善养。"(《潏水集》卷九)同样的说法还见于《答吴与几二首》中,说"种苗须善本,本善苗必滋。养生须养心,心怡气不衰。学问自可求,予言岂汝欺。"(《潏水集》卷一〇)所谓"善本"就是抓住人生修养的根本,这个根本就是"养心"。人是生活在复杂的社会关系之中的,会受到各种因素、习气的影响,要真正"善本"颇为不易,如在种木时会出现"种木既得地,柯叶日滋长"的异常情况,那么在"美种杂良莠"的情况下,如何能做到"知本贵善养"呢?李复强调要采取曾子"吾日三省吾身"的内心省察方法。他在《与吴与几二首》中说:"内省重千金,外物轻一毛"(《潏水集》卷一〇)。他又在《自省》一诗中,对此作了更详细的说明:"兢兢早夜思,犹或失于偶,放而不知察,美种杂良莠。吾居日三省,参也吾与友。"(《潏水集》卷九)大概因为李复比较推崇曾子"自省"的内心修养方法,所以他才说"参也吾与友"。当然,这里自省的标准,就是那个"理",亦即李复在论孟子"养气"一节所说的"动必由理"之"理"。在李复看来,只有做到"居日三省","动必由理",才能达致"仰不愧于天,俯不怍于人,无忧无惧"的境地。因此,在这里能否知"理"就很关键,李复称之为"尽道极理"。这样,由"自省""养心",进而至于"尽道极理",就与乃师张载"穷理尽性以至命"的修养论相契合了。不过,此理是指事物的具体规律、行为准则,与二程所说之理尚有别。

3."虚一而静"与"脱然自悟"

在李复看来,修养的关键是要"养心",而养心的标准是"尽道极理"。而"尽道极理"只有做到以下几点方可达到。这就是:

其一,心要"虚一而静"。李复曾就动静问题在《静斋记》中有过专论,他指出:"动静之理,一体而未尝离。静自有动,虽动而静在其中矣。"(《潏水集》卷六)动静问题的讨论由来已久,但一般是就宇宙万物的状态而言的。如《老子》说"反者道之动",又说"静为躁君",认为运动是相对的、暂时的,而静止则是绝对的、根本的。荀子后来在人接受外部知识需要有良好的心理状态的意义上,提出"虚壹而静"的命题,认为虚心和精神专一、心灵宁静,是认知的前提和心理基础。魏晋时佛教徒僧肇在《物不迁论》中,谈到"岂释动以求静,必求静于诸动",主张动静不能割裂。张载既在自然观上讲宇宙万物是动静的统一,说"一物两体者,气也……两体者,虚实也,动静也,聚散也,清浊也,其究一而已。"又在道德修养论上强调"主静",说:"静者善之本,虚者静之本,学者静以入德,至成德亦只是静。"①强调道德修养要以主静为本。受张载的影响,李复也在"尽道极理"和道德修养的两重意义上强调"静"。他在对现实的动静现象分析的基础上,做出人们面对现世纷扰时如何"处静"的重要思考,他说:

> 达者尽道极理,处乎天地之间,不必远市朝,不必绝视听。正心顺行,忽焉感焉,应天下之故,反而照之,凝然寂然,旷然阒然,无荣辱利害之纷然,而有虚白之皎然,乃不偏滞于一曲也。"(《静斋记》,《潏水集》卷六)

表面看来,似乎大有晋陶渊明"心远地自偏"的意味,实际上他强调在纷扰的社会中,人们应该如何摆脱外物的奴役。他主张人"不必远市朝,不必绝视听",做到不脱离现实社会,只要"正心顺行"即可。此与张载所说"存,吾顺事"的态度相近;也与程颢在《识仁篇》中所说"廓然而大公,物来而顺应"的心态相近。经过这样的心态调整,人们可以避免"与接为酬,日与心斗,神犹受其役焉",以达到宁静、寂寥、阔旷的"心静"和"无荣辱利害之纷然"而"有虚白之皎然"的心态和精神境界。这篇文章深刻论证了他所追求的"虚一而静"的修身之道。在《上党七祖院吴生画记》中,李复说:"予尝思人之心,虚一而静者,微巧独立。不与物俱,或失其本心,则物必引之。"(《潏水集》卷六)这里,李复强调只有"虚一而静",才不会为外物所役而出现"滋口芬擅乱,悦耳声音繁,众攻日外战,目暗天地暗"(《杂诗》,《潏水集》卷九)的乱局,才不会失其本心。如张载所强调的"由象识心,徇象丧心",被外物所牵引,则易徇于象而丧失本心。而只有如此"虚一而静",才有可能使心合于太虚之气,从而上升到"万物生芸芸,与吾本同气"的境界。经过"虚一而静"的累积工夫,不断扩充其本心,实现其"合与虚"的目标将成为可能。从表面上看,李复的"虚一而静"与《荀子·解蔽》所说"虚壹而静",其意无大的差别。但荀子所说受道家影响更大一些,而李复所说则是对乃师张载"大其心""虚其

---

① [明]袁应泰万历四十六年本《张子全书序》,见林乐昌编校《张子全书》,西北大学出版社2015年1月版,第470页。

性"和"学者静以入德"思想的继承和阐发。

其二,强调要有"脱然自悟"的能力与方法。李复看到了"闻见"的重要性,他在《回庐教授书》中谈及如何体"道"时说:"自之所自得,虽因闻见,若脱然自悟闻见,乃筌蹄也。"(《潏水集》卷九)李复重视"闻见",但更在意"闻见"基础上的"心之所自得"以及由此达到的"脱然自悟",认为这如同庄子所说的"得鱼而忘筌""得兔而忘蹄"而"得意忘象"一样。显然,他认为"闻见之知"仅是体悟"天道"的途径或手段。但是,"闻见"虽然是见道的一个重要条件,但并非充分条件。李复主张"求于形器外",方"脱然有所得",此反映出他要对"闻见之知"的超越。张载曾对闻见之知做了深入的考察,认为它是认识的开始,说"人谓己有知,由耳目有受也","耳目虽为性累,然合内外之德,知其为启之之要也。"(《正蒙·大心篇》)这肯定了闻见对于认识的重要性。但是,张载更看到了其局限性,说"人病其以耳目见闻累其心而不务尽其心",即往往滞于闻见而影响尽心知性,他甚至指出,"多闻见适足以长小人之气"(《张子语录·语录中》)。他的结论就是"见闻之知,乃物交而知,非德性所知;德性所知,不萌于见闻。"(《正蒙·大心篇》)李复也注意到,必须要超越见闻之知的层次,积极去"自悟"以求道。此恰与张载所谈到的德性之知与见闻之知的关系和思路相通,且颇带有张载所强调的"学贵心悟,守旧无功"穷理方法的特色。由于他强调心的主体性,从而像张载一样反对"以物役心"。

通过以上分析不难看到,李复在对张载"穷理尽性而至于命"的修养论体认中,在身体力行的同时,也以临事取义的方式聊记心得,既树立了君子人格的典范,又继承并丰富了其师关于"君子"人格的修养之道。与张载以道学家的身份名世,且有一套相对完整的包括修养论在内的理论体系相较,李复在修养理论方面尚未形成贯通性天的理论体系,有的只是在躬行实践中临事取义的片言只语,但是,我们还是能够由此而窥测其修身思想以及他对张载修身之道的承传。

(四)务实致用

不尚空谈,务为实用是关学的宗风之一,这是对儒家经世致用传统的继承。张载强调"学贵于有用"(参见《河南程氏粹言》卷一),更注重"学政不二"的致用路向,这在有宋一代的道学家中,个性鲜明。二程曾就此称道说:"关中之士,语学必及政,论政而及礼乐兵刑之学,庶几善学者。"(《河南程氏粹言》卷一)在务实致用这点上,李复无疑是关学弟子中的佼佼者。他在地方上从政长达三十年之久,涉足政治、经济、军事等关乎国计民生的诸多领域,身体力行着"学政不二"的关学旨趣。《四库全书总目提要》卷一五五说他:"久居兵间,娴习戎事,故所上奏议,大都侃侃建白,深中时弊……至其考证今古,贯穿博洽,于易象算术五行律吕之学,无不剖晰精微,具有本末,尤非空谈者所可及。在宋儒之中,可谓有体有用者矣。"南宋士人钱端礼亦曾评价李复说:"公以通儒喜论事,每执正议,不为势利所夺。"对于他务实致用这一点,史有共见。

在《论取士》一文中,他强调人要"修身行己,上以事君,内以事亲,莅官接物,弗畔于道。"针对当时社会现实存在的背离大道、虚浮无用之学的"俗学"持鲜明的批评态度。他说:

> 神宗皇帝悯士蔽于俗学之久,慨然作新造之以经术,发明圣人之遗言,使讲求义理之所归,庶知乎修身行己,上以事君,内以事亲,莅官接物,弗畔于道。而今之学者曾不思此,平日惟是编类义题,传集海语,又大小经题目有数,公试私课,久已重叠,印行传写,其义甚多,无不诵念。公然剽窃以应有司之试,终身之学止于如此。甚者至于所专之经句读不知,音切不识,或误中选入仕,平生所学,皆无可用,非惟乡间无一善可称。(《论取士》,《潏水集》卷一)

对于社会上那些仅为猎取功名的人,李复进行了严厉的批评,特别是对那些读书为了求仕而仅读一些应景之物,甚至不惜"公然剽窃以应有司之试"的做法颇为反感,指出他们"平生所学,皆无可用",他将此称为"俗学",这些都是与"修身行己"无缘的"畔道"之举。

在今本《潏水集》中保留有李复的政论性文字数千言,既有总论性的《答人论政书》,又有《论治道》《议礼》《议乐》《论取士》《论虚名实弊》《论谨权量札子》《论刑法札子》以及《上限田札子》等具体的分论性文字。李复所论往往能切中时弊,切实可行。以下结合李复为政理念和实践对其务求实用思想略作分述。

1. 李复主张"立政有本"

在李复看来,立政须"有本",所说"本"包括三方面的内容,或者叫"三本",即养民、兵政和取士,分别涉及经济、军事和人才培养,这是为政者须着力解决的三大基本问题。他对立政"三本"的认识来自于对西周圣王之治的历史经验的总结。李复认为,正是昔之圣王为政立足于解决好这三方面的问题,才成就了"其政美,其治久"的大治局面。尽管李复没有直截了当给出这"三本"的具体所指,但从他对圣王之治的描述中,可以推知其背后隐藏的含义。对于西周的"养民之政",李复总结道:"一夫一妇,授田百亩,劳来劝相督察,皆有法。岁或不登,则举荒政以周之,此养民之政有本也。"(《论虚名实弊》,《潏水集》卷一)从中我们不难概括出李复所谓"养民之政"的内容,即激励民、恤民要有法,核心是耕者有其田。其实,这是孟子以来儒家"民本"思想的重要内容。对于"兵政",李复说"兵车皆寓之于农,讲阅有时,出则以公卿大夫将之,此兵政有本也。"(同上书)。至于西周的"取士"制度,李复总结道:"上自天子之都,下至乡邑,皆有学。塾学序庠偏于天下,教以德行道艺,月吉考其实,次第升而官之,此取士有本也。"(《论取士》,《潏水集》卷一)。李复所谓的"取士"之法,简言之,就是要求发展教育,广建学校,努力培养实用型人才。可以看出,李复"立政有本"的思想抓住了治国安邦的基本问题,养民、兵政和人才培养这三者是历代统治者所面临的共同问题。

2. 李复主张为政要"观时之宜"

李复说:"近世言治者,以为不行三代之政不可以言治,此言虽善,以当今论之,未可以遽言也。"李复认为,虽然三代之治法有其合理之处,但是如果要用之于今,还是不可仓促下结论的,需要具体分析。在李复看来,"立政尽皆有本",而为政之本在于"观时之宜,酌今之政,损益以致美意。"(《答人问政书》,《潏水集》卷五)就是强调要因时因地制宜,对政令进行必要的调整,这样,"法虽未尽变,犹庶几矣",是说,这样做虽未打着变法的旗帜,但客观上会达到变法的目的。

李复还从"著为一代之典"的高度对"观时之宜"的原则作了进一步的分析。在《议礼》中,李复以厚今薄古的语气说:"国朝承平一百六十年,高出唐虞,岂三代可拟……臣愿诏有司,上自郊庙社稷,下至三祀一祀……不僭不偪,据于古而不泥,宜于今而不陋,著为一代之典。"(《议礼》,《潏水集》卷一)这里所说"据于古而不泥,宜于今而不陋",就是"观时"的具体体现。不仅如此,他"著为一代之典"的主张更从代擅的朴素进化观的高度,反映了对"观时之宜"原则的深刻认识。既然有宋一代"高出唐虞,岂三代可拟",那么宋代就应该有超越前代且能反映新时代风貌的一套制度,这里显然有着强烈的时代意识。类似的对"观时之宜"的深刻理解,还见于李复论"乐"中,李复说:"三王不相沿,乐岂苟为异哉?治世成功各不同也……若得汉唐之器,乃汉唐之乐也。若得魏晋之器,乃魏晋之乐也。但欲求为多见则可矣,遽欲用为今日本朝之乐恐未然也。"(《议乐》,《潏水集》卷一)认为"乐"也要随时代的变化而有所变化,这种变化的度就是"宜"。

在《答人问政书》中,李复还分别从立政"三本"的不同领域入手,详细分析了因古(即三代)与今(北宋)时势所造成的社会现实的差异,指出如果不"观时之宜"而一味的照抄照搬,即便是圣王的制度也足以造成当世立政"三本"尽失的局面。具体地体现在以下三个方面:(1)关于井田制的推行问题。在北宋中期的社会危机中,张载以一贯的原儒立场,认同《孟子》和《周礼》中涉及的井田制方案,力图通过恢复西周的井田制,以解决土地高度集中的问题。在隐居横渠镇期间,张载买田一方进行"井田制"的试验。此时,作为张载弟子的李复尚未从政,但从他从政多年后写的《答人论政书》可以看出,李复与其师以及与"爱讲明井田、兵制,以为治道必由是"(《吕范诸儒学案》,《宋元学案》卷三一)的师兄吕大钧之间,在能否采用古代的"井田制"问题上仍存在着较大分歧。李复不赞成恢复"井田制",他说:"夫井田之法,坏已久矣,今天下之田皆私田,民自养也。民之私田,可尽夺而为王田,以周制分授之乎?此养民之政无本。"(《答人问政书》,《潏水集》卷五)。(2)"兵政"也不能照搬周代之制,他说:"兵农判已久矣。今可以尽散官军不为之养乎,可以尽籍农民为之兵乎,能使内之公卿大夫出而为将履行阵冒矢石乎,此皆决不能,是兵政无本也。"(《答人问政书》,《潏水集》卷五)意思是说,兵与农的分判其时代已经很久了,如果把兵都分散到民间而不养独立的军队,到战时以为可以让农民都去充兵,使那些官衙内的公卿大夫去为将带兵,"此皆决不能"。(3)关于"取士"。李复认为,周代"取士"是建立在广泛的社会教育的基础之上的,所以行之有效,但是宋代以来的情况则与之不同,"今自京师至于郡邑固有学矣,所学皆无用之浮言,取之不考其素,委二三人之私见,惟论其一日之长,此养士之法无本也。"(《答人问政书》,《潏水集》卷五)意即当今学校教育陷于"俗学","所学皆无用之浮言",考试选拔制度又不尽合理,如以之为取士,则将陷入"养士之法无本"的境地。也同样违背了"观时之宜"的原则。以上均强调在"为政三本"中要贯彻"观时之宜"的原则。

3. 理性对待传统礼制和变法

李复在对待传统礼制、对待社会法令的变革等问题上,也体现了为政"观时之宜"的原则。这里具体举两例以说明之。

一是在宗法制问题上，《潏水集》卷三有《答张横渠书》一文，记载了他与其师张载探讨"宗子之法"之事。张载曾对"宗子之法"做了较翔实的论述并给予了肯定，张载说：

> 管摄天下人心，收宗族，厚风俗，使人不忘本，须是明谱系世族与立宗子法。宗法不立，则人不知统系来处。古人亦鲜有不知来处者，宗子法废，后世尚谱牒，犹有遗风。谱牒又废，人家不知来处，无百年之家，骨肉无统，虽至亲，恩亦薄。
>
> 宗子之法不立，则朝廷无世臣。且如公卿一日崛起于贫贱之中以至公相，宗法不立，既死遂族散，其家不传。宗法若立，则人人各知来处，朝廷大有所益。或问："朝廷何所益？"公卿各保其家，忠义岂有不立？忠义既立，朝廷之本岂有不固？今骤得富贵者，止能为三四十年之计，造宅一区及其所有，既死则众子分裂，未几荡尽，则家遂不存，如此则家且不能保，又安能保国家！
>
> 夫所谓宗者，以己之旁亲兄弟来宗己。所以得宗之名，是人来宗己，非己宗于人也。所以继祢则谓之继祢之宗，继祖则谓之继祖之宗，曾高亦然。

（《经学理窟·宗法》）

张载强调"宗子之法"的重要性，并对于宗和宗子分别作了详细的界说，力图恢复周代之宗法制，并以之作为立国立家的基本原则，充分表现出张载崇古尚礼的特点。李复也重视礼，但是具体到行"宗子之法"的问题上，李复则从"观时之宜"的原则出发，认为这在当时是不合宜的。李复说：

> 某蒙诲谕宗子之法，若以差等言之，则自天子下至公卿大夫士庶人其法各不同。每迁之远，必须有异诸侯，每一君各为一大宗，而小宗又应不一。五世之间，其众亦滋而同继其祖。同继其祖则同谓之继曾祖。同继曾祖之小宗，而于大宗如何？而公子之宗至于亲尽则各立其宗，若大宗中绝则当谁继？以《春秋》考之，鲁之考公、炀公、幽公、魏公、献公、武公、孝公皆弟也，不可以为宗子之法。又《传》云：同姓从宗子之族属。其法亦不见，今若为之说，恐非《周礼》。此制久废，若得其说，礼可行也。

（《答张横渠书》，《潏水集》卷三）

李复分析了在当时社会推行宗法制存在的弊端，认为"不可以为宗子之法"。其中虽然未提在当时不能行"宗子之法"的深层原因,但可以推测,此当与李复"观时之宜"的思想原则有关。

二是对于如何看待王安石变法的问题。在新法推行期间,李复正从学于张载,之后开始了长达三十余年的从政生涯。神宗皇帝病亡时,李复已有了约四年的从政经历,对于王安石变法的认识,他一方面来自于其师张载的影响,另一方面,大概来自于从政期间对于新法实施的亲身体验。在要不要变法的问题上,李复以朴素的进化观念为依据,主张变法。他认为,从"观时之宜"的立政原则出发,宋代就应有宋代的一套礼乐制度,在变法问题上勿图虚名,力求实效。在变法的策略上,李复和其师一样对王安石新法的实施持有保留意见。李复认为,变法之初,人心惶惶,不宜冒进。在《答人问政书》中,李复说:"夫非常之源,黎民惧矣,当徐而措置之。"他还以"良农力穑"为喻,强调把握时机,他说:"良农力穑以望岁,其本在于布种,布种必俟时,非其时则种无苗而岁荒矣,立政之本亦若是也。"(《潏水集》卷五)显然,他主张新法的推行应采取渐进的策略,即"徐而措置之",应像良农一样,"布种必俟时",从而委婉地批评了新法推行中的策略失当问题。这一点也可看出,李复在变法问题上的立场与张载接近。

三、李复思想的历史地位——兼谈所谓关学"正传"发展

李复生于北宋后期,当他还年轻时,正值北宋周、邵、张、程诸子的新儒学创立形成之时。因其父官居关右,遂移居长安。不久,逢张载因与执政议变法不合而归居横渠,开始著书授徒的归隐生活,李复即前往受学,直至张载病逝,前后约五六年时间。经过了关学的熏陶,李复由"幼时所学,声律偶丽之文"(《答彭元发书》,《潏水集》卷四),逐步成长为"居官行己,咸取《六经》,而尤邃于《易》"的当世名儒。

关于李复的学术地位,学界有一种说法,认为李复是张载关学的"正传"发展。陈俊民在其著作《张载哲学思想及关学学派》中谈到,北宋以后,关学"出现了两种趋向:'三吕'的关学'洛学化'和李复的关学'正传'发展。"[①]以

---

① 此说最早见于陈俊民《关学思想流变》,载《论宋明理学——宋明理学讨论会论文集》,浙江人民出版社1983年版;又见其著作《张载哲学思想及关学学派》,人民出版社1986年版,第11页。

李复为张载关学的"'正传'发展",此说值得商榷。

据笔者的理解,其所谓"正传"发展,可能是相对于所谓的关学"洛学化"而言,是说张载逝世后,关学学者一部分人如蓝田"三吕"等投入二程门下,出现所谓关学"洛学化";而李复则仍恪守张载关学,这就是所谓"正传"。关于关学是否"洛学化",将在下文讨论,而李复是否是关学的"正传",在这里略作辨析。

其一,李复的思想虽然在一些问题上承继了张载之学,如承继其"以易为宗"传统,"居官行己,咸取《六经》,而尤邃于《易》",承继张载经世致用和务实的学风等,但是在宇宙论特别是在把天道与道德心性相贯通而实现人的价值目的方面,则相对薄弱。李复的"太极元气"与张载的"太虚即气"也不是同一层面的命题,"太极元气"虽然有本体论的意味,但是其所说"元气"却尚未摆脱汉唐以来的元气生阴阳,阴阳生万物的生成论窠臼;张载探讨"性与天道合一"的理学架构以及"穷理尽性以至于命"的价值论和修养论理路,在李复这里虽有接近却没有得以关注和凸显;李复强调"观时之宜",特别是他反对将井田制用于当时的主张,与张载"为政法乎三代"的政治理念,也有较大的差距;张载以礼为教,"以中庸为体"等思想倾向,也没有被李复加以承继和光大。所以要说张载之后李复是关学的"正传"发展,其根据是不足的。

其二,如果以是否入洛学之门为标准,以为李复坚守关学而未及程门,因而成为"正传",也是不足取的。事实上在张载之后,其弟子未及程门者大有人在,非李复一人。如种师道、田腴、邵清、张舜民等。李复也非是张载弟子中之最优者。据史料载,田腴"从横渠学,而与虔州宿儒李潜善。每三年治一经,学问通贯,当时无及之者。"(吕本中《童蒙训》)指出当时弟子中最优且无人能"及之者"的是田腴,他的"守关学之专"曾受到黄宗羲的赞许(《吕范诸儒学案》,《宋元学案》卷三一)。邵清在从张载学《易》之后,亦潜心于此,未见其转依他学。张舜民"从横渠学……考横渠之卒,先生为之乞赠于朝,以为孟轲、扬雄之流。"(《吕范诸儒学案》,《宋元学案》卷三一)张舜民在张载逝后曾向朝廷为其师乞谥,可见他对其人格及学说的尊崇。即使曾推荐张载并授崇文校书、监察御史的范育,亦能"笃信师说而善发其蕴"(《关学编》卷一)。而事张载如子贡、曾子之事孔子者,则是吕大临和潘拯,此见于《伊洛渊源录·龟山志铭辩》。这些弟子没有放弃师说,且对其师倍加崇敬,故二程说:"关中学者,以今日观之,师死而遂倍之,却未见其人,只是更不复讲。"(《河南程氏遗书》卷二下）其时道学初传，尚无森然门户，关学与洛学学者往往相互砥砺，共同深化道学是很平常的事，故张载弟子有从二程学也就是很自然的事，况且当时入程氏之门如吕大临者，"守横渠学甚固，每横渠无说处皆相从，才有说了，更不肯回。"（《伊洛渊源录》卷八）故柏景伟说："然道学初起，无所谓门户也，关中人士多及程子之门。"（《柏景伟小识》）就是说，后来入程氏之门者并非就是离开了关学的宗脉，"故以李复未转依洛学而称其为'正传'是不合适的"①。

至于说李复"正传"关学，从文献上亦难觅其迹。关于李复生平学行，仅有黄宗羲、全祖望《宋元学案》卷三一《吕范诸儒学案》所载《修撰李潏水先生复》及全祖望的寥寥数语，此外洪迈《容斋随笔》记有《二疏》，洪氏《夷坚志》中亦有简略的记载，而《宋史》只在《邢恕传》中提及。另楼钥在《楼宣献公集》中提及他论孟子集义养气之旨。全祖望在《答临川杂问》中说："潏水是关中之李复，在元祐、绍圣时极称博学，关中之有文名者也。"（《吕范诸儒学案》引李梓才案引，《宋元学案》卷三一）从这些文献可知，张载退居横渠后，李复遂往受学，直至张载病逝。虽然他"于吕、范诸子为后辈，然犹及横渠之门"（同上书，《修撰李潏水先生复》），为当世名儒。张载逝世十年后，李复走上了从政的道路。元祐元年（1086）至四年（1089）任耀州教授，在元祐四年至调任上党之前的十余年间，他一直身处关中。今本《潏水集》中保留的大量论学问答书信大概成于此时，其弘扬关学也大概在此一时期。他调官离任后遂忙于政务，无暇顾及讲学和研习，应该说，他从理论上对关学发展的影响相对有限。故冯从吾所著《关学编》竟未将其写入，这绝非没有原因。直到全祖望在《宋元儒学案序录》中言及"于《楼宣献公集》得李复"，才发现张载弟子中有个李复。所以说他是关学"正传"发展，文献不足。不过，我们可以说，李复是宋代关学诸弟子中除吕大临外至今存留著作的仅有的几位学者之一。

---

① 参见魏涛：《李复与张载思想辨异——兼对李复为"关学正传"说的质疑》，载《孔子研究》2011年第6期。

第四节 后张载时代关学的学术趋向

一、后张载时代关学的传承与关学的"洛学化"问题

张载从熙宁二年返归关中,身居横渠,以讲学教授为业,时弟子云集,如全祖望所说:"关学之盛,不下洛学。"(《宋元学案》卷三一《吕范诸儒学案序录》)吕本中说:"伊川先生尝至关中,关中学者皆从之游,致恭尽礼。伊川叹:'洛中学者弗及也。'"(《童蒙训》卷上)可见当时关学的盛况。然而,熙宁十年(1077)张载逝世后,关学一度失去领军人物,遂陷入寂寥不振的景况。此时,关学诸弟子如蓝田"三吕"(吕大钧、吕大忠、吕大临)及苏昞、范育等,多投奔二程门下。其中最有代表性的是吕大临,他是张载较早及门的弟子,又是张载弟张戬的女婿,他后来成为程氏门下的"四先生"之一。程氏称赞他"深淳近道","有如颜回",其所写《中庸解》,被小程赞为"得圣人心传之本矣"(《吕大临传》,《宋史》卷三四〇)。这一学术趋向,有学者称为关学的洛学化。

南宋吕本中、明冯从吾等人,均未谈及关学的"洛学化"问题。清人柏景伟概括当时的学术风貌说:"自宋横渠张子出,与濂、洛鼎立,独尊礼教……然道学初起,无所谓门户也,关中人士多及程子之门。"(《柏景伟小识》)即一些弟子入程氏之门,并无门户之见。侯外庐在《中国思想通史》(第四卷)中提到,二程在关中讲学时,尽可能地以洛学来开导关中学者,如吕大临倾向于禅寂,以"思虑纷扰"为苦,曾作诗说:"独立孔门无一事,惟传颜氏得心斋",得到程颐的称赞,认为"此诗甚好,古之学者务养情性,其他则不学"(《河南程氏遗书》卷一八)。吕大临已经在一些问题上接受了程氏的心性修养论,已经对"以知思闻见"之患有所改变,但此只能说"经过程颐入关讲学,洛学在关中取得了一些进展",其进展表现在:一是一些关中学者"依照程颐学说注解经典";二是"张载的弟子有少数倒向了洛学,例如苏昞。"①但侯氏认为,"就

---

①侯外庐:《中国思想通史》(第四册),人民出版社1959年版,第570页。

多数关学中坚来看,并没有与洛学合流"。在进一步考证分析的基础上,侯外庐得出一个很有见地的结论,说:"南宋以后多以三吕等列为二程弟子","是与事实不符的"①。

最早谈及与关学洛学化有关说法的可能是全祖望,他在《宋元学案》中谈到洛学的传播情况时说:

> 洛学之入秦也以三吕,其入楚也以上蔡司教荆南,其入蜀也以谢湜、马涓,其入浙也以永嘉周、刘、许、鲍数君,而其入吴也以王信柏。(《宋元学案序录》,《宋元学案》卷首)

这虽然不是直接说关学已洛学化了,但事实上承认洛学传入关中才有了诸吕之学,这就割断了三吕与张载关学的联系。今人言及关学洛学化的是陈俊民先生,他在其《张载哲学思想及关学学派》中说:

> 往日时贤以为"北宋之后,关学就渐衰熄"(《中国思想通史》第四卷上)。我以为'衰落'了,但没有'熄灭',而是出现了两种趋向:'三吕'的关学'洛学化'和李复的关学'正传'发展。②

> 这是以"三吕"和苏昞为代表的向洛学转化的趋向,其中吕大临最为典型……他受二程的影响也很深,本来他是以"防检穷索"为学,大程以"识仁且不须防检,不须穷索"开导他,使他豁然明白了"默识心契,惟务养性情"的理学旨趣,写出了《中庸解》,曾被朱熹取用。他还赋诗自诩:"学如元凯方成癖,文到相如始类俳。独立孔门无一事,惟传颜氏得心斋。"被小程称赞为"得圣人心传之本矣"(引证略)。由此,关学赢得了洛学"涵泳义理",空谈心性的特点,却日渐丧失了它的"正而谨严""精思力践"的古朴风格,开始"洛学化"。③

从上面所谈可见,其认为关学已经洛学化。其理由有二:一是如吕大临,放弃了一些个别的观点,接受了二程的心性修养的"理学旨趣";二是关学赢得了洛学"涵泳义理",空谈心性的特点,却日渐丧失了其"正而谨严""精思力践"的古朴风格。问题在于,接受了某些个别观点,是否就是已经放弃了自

---

① 侯外庐:《中国思想通史》(第四册),人民出版社1959年版,第570页。
② 陈俊民:《张载哲学思想及关学学派》,人民出版社1986年版,第11页。
③ 同上注,第13—14页。

己学派的宗旨？这需要进一步讨论。重要的是，吕大临所赋那首自诩的诗，其实张载在世时已经有了。吕本中《童蒙训》说："吕与叔尝作诗曰：'文如元凯徒称癖，赋若相如止类俳。惟有孔门无一事，只传颜氏得心斋。'横渠读诗，诗云：'置心平易始知诗'。"说明颜氏心传的心性之学，亦是张子所立，且在进入程门之前已经如此。关于第二个理由，说关学赢得了洛学"涵泳义理"，空谈心性的特点。联系陈俊民对"洛学化"的解释，即"实质就是在洛学的影响下，关学思想自身的进一步义理化"①，这意味着关学是不重义理或至少是义理不强的；洛学是"空谈心性"的。如果认为关学是不大讲义理的，这未免笼统和空泛了。其实，张载批评汉唐儒学之蔽就在于"知人而不知天，求为贤人而不求为圣人"（《宋史·张载传》），指出其缺乏义理的深入探求。张载"以易为宗，以孔孟为法，以《中庸》为体"，就是着重发挥其义理的。只是张载在解经时更注重发挥经学的本来义蕴，而不像程子那样以"理"解经。张载多次讲到义理的重要性，如说："时中之义甚大，须是精义入神以致用，〔始得〕观其会通以行其典礼，此方是真义理也。"又说："'精义入神以致用'谓贯穿天下义理，有以待之，故可致用。"（《横渠易说·系辞下》）并强调"博学于文以求义理"（《经学理窟》）。关学与洛学皆理学之属，理学的重要特点就是重义理。所以，如果仅以张载弟子从学于二程，就说使关学"进一步义理化"从而"洛学化"，无论从事实上还是逻辑上都是讲不通的。至于说洛学"涵泳义理"是"空谈心性"，更是根据不足。黄宗羲说："先生（程颐）为学，本于至诚，其见于言动事为之间，疏通简易，不为矫异。"（《伊川学案上》，《宋元学案》卷一五）其"至诚""简易"绝非空谈心性，而是真正的实学。他讲天理，是以理为实的，只是不如关学那样重礼教而已。

二、从蓝田"三吕"看关学"洛学化"问题

需要进一步辨明的是，张载之后其弟子多投二程门下，是否真的就使关学"洛学化"了，这个问题我们还得从较早入程门的蓝田"三吕"以及苏昞、范育说起。

史称吕大临"修身好学"，无意于仕进，在学术上大致可以代表"三吕"的

---

① 陈俊民：《张载哲学思想及关学学派》，人民出版社1986年版，第14页。

基本倾向。大临从学二程是在神宗元丰二年（1079），也就是在张载逝世后两年。先后入洛的还有大临兄弟大忠、大钧以及苏昞、范育等。

吕大临为学的历程中可以分为关学时期与洛学时期。程颐总结吕大临为学的特点是"深潜缜密"，且不盲从。这一点即使在跟随张载的关学时期，也有所表现，如对于"赤子之心"的涵义，他与张载的看法就不尽相同。所以张载曾说："吕与叔资美，但向学差缓，惜乎求思也褊，求思虽犹似褊，然褊不害于明。"（《张子语录下》）意思是他天资聪颖，其思尝有独立见解，但有时未免偏隘。晁公武《郡斋读书志》著录吕大临的著作有多部，至清朱彝尊作《经义考》时，尚存有《书传》十三卷，《中庸解》一卷，《中庸后解》一卷，《孟子讲义》十四卷。陈俊民经过多年收集整理完成的《蓝田吕氏遗著辑校》，其中有吕大临的《易章句》《礼记解》《论语解》《孟子解》《论中书》《东见录》《蓝田仪礼说》等。从现存吕大临的著作来看，关学时期完成的居于多数，如"在吕大临著作中占有极为重要地位"的《易章句》，"可以断定这是吕大临早年受学于张载时期的著作"①。而被陈俊民视为"几乎包含了吕大临所有最重要的理学思想资料"的《礼记解》②，也可以断定是吕大临早年师从张载时期的重要著作。至于《论语解》《孟子解》，他认为是吕大临的前期著作。到洛学时期吕大临最重要的著作是《论中书》，其中记述了吕大临与二程有关"心"之"已发""未发"等心性问题的诸多重要讨论。而所著《中庸解》的情况要复杂一些，因为该书原收录在《河南程氏经说》卷八中，故尝有人误认为是程颢所作。后朱熹对此做了辨析，谓他曾亲闻于杨龟山之婿几叟，几叟说："以某闻之龟山，乃与叔初年本也"（《朱子语类》卷九九），故认定是吕大临早年所为。胡宏在《题吕与叔中庸解》中又记一件事，说张栻曾闻二程弟子侯师圣纠正程明道作《中庸解》的误传，说："何传之误！此吕与叔晚年所为也。"③看来，《中庸解》为吕大临所作是无疑的了。问题在于，此为大临早年还是晚年所著，这对于本文所论至关重要。对此，陈海红做了较详实的辨析：

> 吕大临在太学博士任上，为太学生讲《中庸》。此《中庸解》现放置于《礼记解》中，是作为《礼记》中的一篇来处理的，我们称为前《中庸解》

---

① 陈海红：《吕大临理学思想研究》，浙江工商大学出版社2013年版，第14页。
② 陈俊民：《关于蓝田吕氏遗著辑校及其〈易章句〉之思想》，见《蓝田吕氏遗著辑校》，中华书局1993年版，第17页。
③ [宋]胡宏：《胡宏集》，吴仁华点校，中华书局1987年版，第189页。

……此《中庸解》与《礼记解》一道是吕大临关学时期的作品,而讲学太学时已经投在程颐门下是洛学时期。查单独本《中庸解》与前《中庸解》不论在篇幅上,还是在文字表述上都有不同。显然单独本《中庸解》是吕大临在前《中庸解》(即《礼记解·中庸第三十一》)基础上重新编辑的本子。

看来,胡宏所闻说此为吕大临晚年所为的说法,是忽略了《中庸解》有一个演变的过程,可以看出,从根本内容上说,应该视为大临的早期著作。此外,吕大临还有《东见录》《蓝田语要》,当是在洛学时期所写无疑。总体上说,大临的著作以关学时期的居多。当然这虽然并不能充分说明大临的思想没有被"洛学化",但是至少可以看出其思想中主导的方面是怎样的。

关键在于,吕大临及吕氏兄弟入洛后与二程论学的过程中,思想发生的某些转变是否足以改变其所持有的关学学术走向?从现有资料来看,他们基本上忠实于张载关学的学术宗旨。表现在:(1)坚持了关学"躬行礼教""重礼践行"的传统。程颐说:"横渠之教,以礼为本也。"(吕本中《童蒙训》卷上)关学以礼为教,以礼为本这一点,吕大临也是充分肯定的,所说"学者有问,每告以知礼成性变化气质之道",就是对张载礼教的肯定。这句话见于吕大临为张载写的《横渠先生行状》中。但笔者发现,《横渠先生行状》中有一大段肯定和表彰张载学行的话,也见于《蓝田语要》中,而《蓝田语要》主要是记述程颢语录的,说明二程肯定了张载的这一思想。吕大临对礼的重要性也有充分的认识,说:"国之所以为国,人道立也;人之所以为人,礼义立也。"(《礼记解·冠义第四十三》)并特别强调要把礼与人的德性培养联系起来,说:"德以道其心,使知有理义存焉;礼以正其外,使知有所尊敬而已。"(《礼记解·缁衣第三十三》)认为道德是从心内开发人的善性,而礼则从外部匡正人的行为,二者相互结合,从而使人的德性得以培养。受张载的影响,吕大钧"与兄进伯、微仲、弟与叔率乡人,为乡约以敦俗"(《关学编》卷一)。故黄宗羲说:"横渠之教,以礼为先,先生条为《乡约》,关中风气为之一变。"(《吕范诸儒学案》,《宋元学案》卷三一)冯从吾亦称大临"通六经,尤邃于礼。"(《关学编》卷一)范育在给大钧所写的《墓表铭》中说:大钧"信先生之学本末不可逾,以造约为先务矣。先生既没,君益修明其学,将援是道推之以善俗,且必于吾身亲见之。"其"本末不可逾",在张载逝世后仍"修明其学",并将其道推之于改变社会风俗的行动:"始居谏议丧,衰麻敛奠葬祭之事,悉捐习俗事尚,一仿诸礼,后乃寖行于冠昏、饮酒、相见、庆吊之间,其文节粲然可观,人人皆识其义,相与起好矜行,一朝知礼义之可贵。"(范育《墓表铭》)总之,躬行礼教的关学宗旨,"三吕"在投入程门后仍然坚守,只是大临受二程的影响,更注重从心性论的内在视野去学礼、知礼和践礼,以为基于人的仁义之性的礼,才能真正起到匡正人心的作用,认为这样才能把外在的礼变成人的内在的道德自觉。(2)承继了张载重气的哲学传统,同时又吸收了二程关于理为万物本原的思想。如前所述,张载在世界的本原上是持虚气为本的,说"知太虚即气,则无'无'"(《正蒙·太和篇》),而"理"是从属于气的:"天地之气,虽聚散、攻取百涂,然其为理也顺而不妄。"(《正蒙·太和篇》)吕大临也肯定气对于生化万物的本源意义:"大气本一,所以为阴阳者,阖辟而已。"又说"理之所不得已者,是为化,气机开阖是已。"(《礼记解·中庸第三十一》)这里所说,显是以理从属于气,认为理是气不得已的必然性即规律,基本同于张载。(3)在人性论和修养工夫上,张载认为,人有"天地之性"和"气质之性"之分,只有通过"大其心"的"尽心""知性"的工夫才能"善反其性","变化气质",以达到"视天下无一物非我"的天人合一境界。吕大临接受了张载的"为学大益,在自求变化气质"的说法,说:"君子所贵乎学者,为能变化气质而已。"(《礼记解·中庸第三十一》)也同意张载的"大其心"以"尽心""知性"的工夫论,说:"'尽其心者',大其心也……大其心与天地合,则可知思之所及,乃吾性也。"(《孟子解·尽心章句上》)在这方面,吕大临与张载的理路是相通和相近的。(4)吕大临及吕氏兄弟仍然保持着关学力行践履、重于实践和经世致用的特点和宗风。吕大钧无论在从学张载还是投入程门之时,皆"务为实践之学,取古礼绎其义,陈其数,而力行之。"《关学编》谓大钧其"治经说,得于身践而心解。其文章不作于无用,能守其师说而践履之",这一点不仅体现在吕大钧的言行中,也在吕大临那里有突出的表现。吕大临在《礼记解》中不仅对礼有系统的阐发,且重视礼的践行,只是因受到二程的影响,更多注重从内在心性修养方面进行道德的践履。在吕大临看来,"仁义之性"与"在乎礼义"都是人之所以为人的本质特性。所以,尊礼义与行仁义的操存践履工夫是人的两个既有区别又相联系的基本道德实践,显然他一直保持和遵循张载关学重实行、重践履的风格和宗旨。

吕氏兄弟在投入程门之后,一面坚守早年从学张载时期的关学宗旨,如气论思想和躬行礼教等。同时也尽可能的适应新的学术环境,于思想方法上在与二程求学和相互讨论中做出相应的调整。

其一,关于"防检"与"识仁"问题。许多文献都谈及这一思想转变。《宋元学案》卷三一《吕范诸儒学案》谓:

> (大临)初学于横渠,横渠卒,乃东见二程先生,故深淳近道,而以防检穷索为学。明道语之以识仁,且以"不须防检,不须穷索"开之,先生默识心契豁如也,作《克己铭》以见意。

程颢的《识仁篇》对这个问题交代要更明确一些:

> 学者须先识仁。仁者,浑然与物同体。义、礼、知、信皆仁也。识得此理,以诚敬存之而已,不须防检,不须穷索。若心懈则有防,心苟不懈,何防之有? 理有未得,故须穷索。存久自明,安待穷索? 此道与物无对,大不足以名之,天地之用皆我之用。

也就是说,吕大临在东见二程之前,是持守"防检穷索为学"的,即仍然坚持张载关学所提倡的"变化气质"、养气成性以达仁的境界的工夫论理路。程颢以"学者须先识仁"来开导他,强调人都有仁的道德本心,义、礼、智、信都是仁德的体现,心即理。只有识得此理,以诚和敬的内省工夫加以存养,就达到了天人合一的境界,所以不需要有"防检""穷索"的过程。一个人如果"心懈"即本心被放遗掉了,那才需要"防检""穷索",如果通过内心的体认,把天赋的道德本心能够发现和保持,有什么要防要索的呢? 并指出这样达到的境界就是"道与物无对"的天人合一境界。吕大临对程颢的话"默识心契",加以领会,遂写了《克己铭》"以见意"。《克己铭》说:

> 凡厥有生,均气同体,胡为不仁? 我则有己。立己与物,私为町畦,胜心横生,扰扰不齐。大人存诚,心见帝则,初无吝骄,作我蟊贼。志以为帅,气为卒徒,奉辞于天,谁敢侮予? 且战且俾,胜私窒欲,昔焉寇雠,今则臣仆。方其未克,窘我室庐,妇姑勃磎,安取其余。① 亦既克之,皇皇四达,洞然八荒,皆在我闼。孰曰天下,不归吾仁? 痒疴疾痛,举切吾身。一日至之,莫非吾事;颜何人哉? 晞之则是。

不过仔细看《克己铭》的内容,其关学的痕迹依旧明显。他说,"凡厥有

---

① "其",《皇朝文鉴》卷第七十三吕大临《克己铭》作"厥"。

生,均气同体,胡为不仁?"即有生之物皆一气之所生,天地之性万物皆具,故何能不具有仁的本性？这显是在张载气论的基础上讲人性。"立己与物,私为町畦,胜心横生,扰扰不齐。"但是人受气质"攻取"之性所致,为私欲所累,往往不能存其本心,有了天人、物我之隔。只有君子大人能"存诚""养性",方可达天人境界。"志以为帅,气为卒徒,奉辞于天,谁敢侮予？"即只有主体以心体为统帅,以志御气,"胜私窒欲",方可达仁者与天地万物为一体的境界。这样,如能"既克之",则"孰曰天下,不归吾仁？"可以看出,虽然程颢是以内心体认和直觉了悟心性本体来开导吕大临,而大临则仍然是从关学克己之私、变化气质的修养工夫上来讨论达至天人境界的途径。说明吕大临在养性克己这一根本点上,仍持守从学张载时形成的工夫论思想。

其二,在理与气的关系上的讨论。二程不赞同张载的"太虚即气"的说法,甚至不承认有"太虚"。程颐说:"皆是理,安得谓之虚？天下无实于理者。"(《河南程氏遗书》卷三)他虽然也承认气生化万物的作用,但认为气仅是形而下者:"若如或者以'清虚一大'为天道,则乃是以器言而非道也。"(同上注,卷一一)关于理与气的关系,在张载之时尚不很明晰,在大多数情况下,理都有从属于气的规律的含义。吕大临显然受到张载的影响,所以对于上述两种含义,在早期也没有加以严格的区分。如在《易章句》中说:"故天下通一气,万物通一理,出于天道之自然,人谋不与焉。"(《系辞下》)又说:"夫诚者,实有已矣。实有是理,故实有是物。"(《礼记解·中庸第三十一》)这种表述依然含混,但大体说来是已有了理与气不可分离,气为物之质,而理为气之本的观念。如果说《易章句》《礼记解》确是大临在投入程门之前所作,这些看法显然在从学张载时期已基本形成了。但是,也应该看到,在吕大临入程门之后,受二程的极大影响,关于理为万物之本、气为万物之具的思想则更为明晰、更深化了一些。《河南程氏粹言》卷一有一段二程与吕大临关于"理"的对话：

或问："诚者,专意之谓乎？"子曰："诚者实理也,专意何足以尽之？"
吕大临曰："信哉！实有是理,故实有是物；实有是物,故实有是用；实有是用,故实有是心；实有是心,故实有是事。故曰：诚者实理也。"

这里,吕大临听到程颐谈及"惟理为实"的思想,在发出"信哉"感叹的同时,还做了许多发挥,这似乎可以肯定大临对理本论思想的接受,有学者亦据此而认为吕大临已完全倒向了理本论。① 但是，如前所述，"实有是理，故实有是物"这句话，其实在《礼记解·中庸第三十一》中已经出现，我们既已断定《礼记解》是吕大临入洛学之前所作，那就是说这一思想早在大临从学张载时期已经有了。理气关系出现这种思想朦胧混杂的情况，对尚处于理学奠基时期的张、程及吕大临来说完全是可能的。② 事实上这一思想确实是在南宋朱熹那里才逐渐明朗起来的。从这个意义上说，如果以是否承认"理"之本为界标来做关学是否"洛学化"的判断，其价值是极为有限的。

其三，关于"中"与"赤子之心"的讨论。这是吕大临在洛学时期与二程的一次颇有思想史意义的讨论。吕大临在《论中书》中说：

> 喜怒哀乐之未发，则赤子之心。当其未发，此心至虚，无所偏倚，故谓之中。此心应万物之变，无往而非中矣……故大人不失其赤子之心，乃所谓"允执其中"也。大临始者有见于此，便指此心名为中，故前言中者道之所由出也。今细思之，乃命名未当尔。此心之状，可以言中，未可指此心名之曰中。所谓以中形道，此意也。

吕大临认为，"赤子之心"是"喜怒哀乐之未发"的状态，心"未发"则"至虚"、"无所偏倚"，故为"中"；"中"是道体，故"以中为大本"；心之未发是指心之状态而言，心本身不可名为中。而程颐则明显不赞同此说，他说：

> "喜怒哀乐之未发之谓中"。赤子之心，发而未远于中，若便谓之中，是不识大本也。（《二程文集》卷一〇）
>
> 赤子之心可谓之和，不可谓之中。（《附录·未发问答》，《宋元学案》卷三一）

程颐认为，赤子之心只能说是发而未远离"中"，不可说赤子之心为"中"；赤子之心是"喜怒哀乐之已发"，是"和"，不可谓之中。大临对程颐的话再反复思考，认为"所谓和者，指已发而言之，赤子之心乃论其未发之际，纯一无伪，无所偏倚，可以言中，若谓已发，恐不可言心。"（同上注）吕大临在得知程颐谓其"不识大本"的批评后，说了一段语重心长的话：

---

① 葛荣晋：《中国实学文化导论》，中共中央党校出版社2003年版，第64页。
② 陈海红已注意到这一点，并说："吕大临师事二程之前的思想是非常混杂的。而在洛学时期，只不过强化了这一理在物先的思想。"（《吕大临理学思想研究》，浙江工商大学出版社2013年版，第156页）

> 此义,大临昔者既闻先生君子之教,反求诸己,若有所自得,参之前言往行,将无所不合。由是而之焉,似得其所安,以是自信不疑,拳拳服膺,不敢失坠。今承教,乃云已失大本,茫然不知所向。(《论中书》)

吕大临表白自己的观点,是在过去闻先生(张载)之教,加之自己反复思考,将其所"自得"并参考前言往行的基础上形成的,故对此论"自信不疑,拳拳服膺"。今闻程颐说此"已失大本",遂觉"茫然"。但他仍以对先生的恭敬之心,极谦恭地称自己"辞命不明,言不逮意",谦虚地"求益左右"。但他却仍以坚定的求真态度进一步阐发了自己的原则立场:

> 大临以赤子之心为未发,先生以赤子之心为已发。所谓大本之实,则先生与大临之言未有异也。但解赤子之心一句不同尔。大临初谓赤子之心,止取纯一无伪,与圣人同。恐孟子之义亦然,更不曲折。一一较其同异,故指以为言,固未尝以已发不同处为大本也。先生谓凡言心者,皆指已发而言。然则未发之前,谓之无心可乎? 窃谓未发之前,心体昭昭具在,已发乃心之用也。此所深疑未喻,又恐传言者失指,切望指教。(《二程文集》卷一○)

吕大临指出,其与程颐的不同之处在于,己"以赤子之心为未发",而伊川"以赤子之心为已发",但从心之"大本之实"来说,都是或从体或从用讲心,二者无大异。不过,如果仅以"已发"为赤子之心,那么"未发之前"的心难道"无心"吗? 并指出"未发之前,心体昭昭具在,已发乃心之用也"。也许受吕大临的启示,程颐本人思想也有所转变,说:"心一也,有指体而言者,寂然不动是也;有指用而言者,感而遂通天下是也。在人所见如何耳。"(《二程粹言·论道篇》)这里,吕大临提出了一个非常有价值的论点,即心有体用之别,未发为心体,已发为心用。这一观点,事实上开启了理学史上绵延持久的关于未发已发、心体心用的争论。朱熹的"中和新说"或许正是受了吕大临的启示而形成的。①

在吕大临从学于二程的洛学时期,他们之间的思想交流比较频繁,虽然他跟随二程的时间并不算长(大约仅十二三年),其成就亦相对较大,故后人将其称为程门"四先生"之一。但是,二程对他有肯定有批评,而对其批评似

---

① 陈海红:《吕大临理学思想研究》,浙江工商大学出版社2013年版,第69页。

较其他人为多。试举几例:

> 子曰:与巽之语,闻而多碍者,先入也。与与叔语,宜碍而信者,致诚也。(《二程粹言·圣贤篇》)

> 子曰:与叔昔者之学杂,故常以思虑纷扰为患。而今也求所以虚而静之,遂以养气为有助也……其从事于敬以直内,所患则亡矣。(《二程粹言·心性篇》)

程颐认为,范育(巽之)因有先入为主之见,故听到教诲每有抵触;相对地说,吕大临虽亦有所抵触但经过思考而信从,说明他能以诚对待之。也指出吕大临早年学术驳杂,常为较多思虑所纷扰,缺乏虚静之心态。他在另一处也说:"吕与叔尝言,患思虑多,不能驱除。"(《河南程氏遗书》卷一)但是吕大临能通过养气而虚以静之,且能做到"敬以直内",原先的思虑纷扰也就随之消失。

从上述分析可以看出,吕大临对待张载关学和二程洛学,分别采取了自觉地坚守与理性地吸收并将二者加以综合的态度和做法。从吕大钧的"信先生之学本末不可逾",到先生殁后"君益修明其学,将援是道推之以善俗"(范育《墓表铭》),以及程颐所说"吕与叔守横渠说甚固,每横渠无说处皆相从,才有说了,更不肯回。"(《伊洛渊源录》卷八)又说:"关中学者,以今观之,师死而遂倍之,却未见其人,只是更不复讲。"(《河南程氏遗书》卷二下,《附东见录》,《二程集》)这都可以说明吕氏兄弟对张载关学是自觉地坚守且态度明朗;对于二程所说乃以张载是否"有说"来做抉择,并将其与前说加以综合(如对理与气)。即使程颐批评大临以赤子之心的"中"为"大本"、为体是不合适的,但是他仍持己说,反复论辩,似无退却之意。吕大临对其师张载的崇敬以及对关学的持守,在他给程颢的一封发自内心的书信中有鲜明的表白:

> 昔在京尝得走见,今兹累年,忧病居家,久不治问。每闻动止,以慰瞻仰。比日时寒,伏惟奉亲养德,福禄宁止。某自闻横渠见诲,始有不敢自弃之心。乃知圣学虽微,道在有德。不能千里往见,有愧昔人,然求有余师,方惧不勉。但执事伯仲与横渠始倡此道,世俗讹讹,和者盖寡。虽自明之德,上达不已,而礼乐之文,尚有未进,学士大夫无所效法。道将兴欤,不应如是之晦,此有道者当任其责。尝侍横渠,每语及此,心实病之。盖欲见一执事,共图振起,不识执事以为然乎?未获侍坐,敢祈自爱以道。(《与程伯淳书》,《国朝二百家名贤文粹》卷一〇四)

信中明确表露"某自闻横渠见诲,始有不敢自弃之心",程颢与师张载始倡道学,但因世俗之讹,却"和者盖寡",表示自己愿与先生一起担当起振兴道学的责任。并再次提起,以往在侍横渠先生之时,每谈及复兴道学之事,总是心头之痛。并说明写此信的目的,是愿与先生"共图振起"道学,其对二位先生的崇敬之情溢于言表。从这个意义上说,牟宗三先生所谓"严格地说,与叔不能算是二程门人"①的说法确为的论。

从以上分析可得出如下的结论:"三吕"在张载卒后改而师事二程,绝无背离关学改换门庭之意,实乃出于求师和推动道学的使命。在对待张、程等师之所授,"三吕"的情况有所不同,如大钧"信先生之学本末不可逾",张载卒后更"益修明其学",且"务为实践之学";吕大忠"笃实而有光辉",而在理论上则未作深究;然立志于"修身好学""深淳近道"且"深潜缜密"的吕大临,则在"涵泳义理"的洛学氛围中采取了对关学的自觉坚守和对洛学的理性吸收,并将其二者加以综合和创造,然而其对气论和以礼为教的坚守,对关学"天人合一""性与天道合一"以及"体用不二"的致思路向的坚守,可以说虽有洛学的影响,但绝无自觉地或不自觉地让关学"洛学化"的企望和结果。

三、从范育、苏昞及后期诸张载弟子看关学的"洛学化"问题

张载卒后,其从学于二程的弟子除蓝田"三吕"之外,还有苏昞以及范育、游师雄。另有一些弟子如李复、张舜民、田腴、潘拯等,没有投入程门。讨论这些弟子后来的学术倾向,对于关学后来的发展走向至关重要。

范育曾从二程、张载三先生学,是在朝廷举荐过张载、二程,且与张载接触比较多的一位学生。他曾劝宋神宗"用《大学》诚意、正心以治天下国家";曾与张载讨论过"学"与"政"的关系,主张道学与政术应该统一不二;也讨论过有关"物怪神奸"以及"尊德性"与"道问学"等为学之方的问题。范育是先从张载后入程门的一位能善于独立思考且有见解的学生。

范育在入程门后仍能坚守张载学说,故程颐说他"闻而多碍者,先入也。"(《二程粹言·圣贤篇》)张载以气论"太虚"、统"有无",一"体用",遂破佛老"空""无"之论。对他以"清虚一大"之"气"为本的思想,程颐曾有过诘难。

---

① 牟宗三:《心体与性体》,上海古籍出版社1999年版,第5页。

据《伊洛渊源录》载,"渠初云'清虚一大',为伊川诘难,乃云'清兼浊,虚兼实,一兼二,大兼小'。渠本要说形而上,反成形而下,最是于此处不分明。"又说:"子厚以'清虚一大'名天道,是以器言,非形而上者。"认为"清虚一大"的太虚之气是形而下者,张载是在"形而上"的"道"之外另立"清虚一大"之"气",是错误的。对此,深得张载"气"之本旨的范育在《正蒙序》中对二程委婉地提出了反驳,说"若'清虚一大'之语,适将取訾于末学,予则异焉。"并指出张载"此言与浮屠老子辩,夫岂好异乎哉?盖不得已也。"张、程"清虚一大"之辩,暴露出二者主"理"为本与主"虚气"为本的分野。显然,范育是维护张载关学的。在范育入程门十年后的元祐二年(1087),应苏昞之邀为张载《正蒙》写序,他竟然"泣血受书,三年不能为一辞"(范育《正蒙序》)。其序中称《正蒙》"有《六经》之所未载,圣人之所未言"。说张载《正蒙》"本末上下贯乎一道",是言其体系性;对其过之则为"狂言",不及则为"卑说",谓其思想颇具中道的特性;又谓其有广泛的适应性,无论对于宇宙间"有形""无形"、"至动""至静"之物皆"无不包""无不尽""无大可过""无细可遗",称该书"言若是乎其极矣,道若是乎其至矣,圣人复起,无有间于斯文矣。"而这已是元祐五年即张载卒十三年后的话了。足见其服膺张载之心之敬了。

苏昞(1054—?),《关学编》卷一称其"同邑人游师雄,师横渠张子最久",在张载卒后又与"三吕"皆东向从学二程,且"卒业于二程子"(同上)。他"自谓最知大旨"(《关学编》卷一)。故张载把《正蒙》交由他"编次而序之",绝非随意而为。今本《正蒙》厘为十七篇,即苏昞所为。苏昞一生以处士著称,不求仕进,其学"德性纯茂,强学笃志",颇有张载遗风,故吕大临称其"为门人之秀,秦之贤士大夫亦多称之"(《代伯兄荐苏昞状》)。熙宁九年,张载过洛阳,与二程子论学,他"录程、张三子语,题曰《洛阳议论》,朱文公表章之,行于世。"说明他深度参与了张、程的学术活动。

苏昞在从学二程期间,与程颐有过多次讨论,其中一次是关于未发与已发的讨论。苏昞认为喜怒哀乐之中为未发,而二程则认为:"求中于喜怒哀乐,却是已发。"因苏昞是"以'求'字为问,则求非思虑不可",就不可能是未发而是已发了。所以程颐"力辨其差"。当苏昞再次追问"静坐时乃说未发之前"的问题时,程颐则没有正面回答,而以祭祀"前旒、黈纩"答之,意即说祭祀时,只是"恭敬之心,向于神明",这里尚"未有喜怒哀乐",所以"唤做已发,不得",他实际上肯定了苏昞的看法,以为静坐是心未发。对于苏昞尝谓自己"患思虑不定,或思一事未了,他事如麻又生",程颐则批评说"不可。此不诚之本也。须是事事能专一时,便好。不拘思虑与应事,皆要专一。"(《朱子语类》卷九六)认为这是不诚的表现,强调无论思虑或应事,都应该专一。这种思想上的交流是正常的,不过可以看出,苏昞在虚心学习的同时,又总是在独立思考,决不盲从。所以在苏昞那里,一点看不出关学被洛学化的趋向。

至于苏昞的同邑人游师雄因"从之(张载)游,益得其奥,由是名振一时"。虽然他事张载最久,也曾从二程学,但是后来基本是在事功上发展,故《宋元学案》说师雄之学,"以经世安攘为主,非琐琐章句,曚曈其精神,以自列于儒者之比也。故其志气豪迈,于事功多所建立。"(卷三一《吕范诸儒学案》)发扬了关学力行实践、经世致用的传统。洛学"涵泳义理"之风对他的影响很小。至于种师道,他与游师雄有着大致相近的经历,其成就也着重于事功方面。由于他未及程门而进之,故《伊洛渊源录》等皆未能记载,其作为张载弟子的事几近亡佚。后全祖望从《宋史》方得知他是张载的弟子。他以其事功扩大了关学的影响,但在学术上则未见其突出的贡献。

需要说明的是,在未及程门的张载弟子中,李复和田腴则是能发展张载关学的重要传人。李复为张载晚年的弟子,为关内一代名儒。他留下一部著作《潏水集》,四库馆臣谓该书"在宋儒之中,可谓有体有用者矣。"(《四库全书总目提要》卷一五五)在思想上,他受到张载"气"论的影响,以此论及宇宙本源的问题,如说"万物生芸芸,与吾本同气"(《潏水集·物吾》)等。《潏水集》卷三存《答张横渠》一文,记载他与张载探讨"宗子之法"之实,这与张载晚年授学重"礼"的倾向一致。而田腴则是被黄宗羲视为"盖能守关学之专"(《吕范诸儒学案》,《宋元学案》卷三一)的人。《伊洛渊源录·龟山志铭辩》云:"子弟之于父兄,居则侍立,出则杖屦,服勤至死,心丧三年,若子贡、曾子之于仲尼,近世吕与叔、潘康仲之于张横渠是也。"足见弟子对其师横渠的忠诚。其著作未能流传下来,不过吕本中《童蒙训》中记有个别的片断,从中可以看出,田腴为学:一是学风笃实。从横渠学,"每三年治一经,学问贯通,当时无及之者。"二是不喜佛教,专事圣学。三是在方法上主张"博学而详说",由博返约。经书子史,博学通览。这些都与张载学风相通。其弟子张舜民在张载卒后,曾"为之乞赠于朝"以为之谥。

此外张载的关学弟子还有薛昌朝、邵清、潘拯等人。他们因未及程氏之门,也没有关于接受洛学思想的记载,尚谈不上使关学"洛学化"的问题。但是可以看出,已及洛学之门的"三吕"及范育、苏昞、游师雄等尚未能使关学"洛学化",这些未及洛学之门的弟子几与关学的"洛学化"无缘。

综上,所谓关学在张载卒后而发生"洛学化"的说法,是难以成立的。

第五章　金元时期关学及其特征

第一节　金元时期关学概说

自北宋徽宗政和年间到南宋理宗端平年间,宋朝一直处于与金朝对峙并立的状态,关中地区尤其是关西一代,大多数时间处于宋金对峙的前线。金朝建立初期,为了巩固统治,自觉或不自觉地在接受汉文化。不过,此一时期还没有提倡汉文化中某一学派的自觉意识,加之长期战乱,也没有出现所谓的"名家通儒"。到金熙宗皇统年间(1141—1148),金朝已开始有意识地提倡和奖励儒学,如《金史》卷七八《韩铎传》记:"熙宗闻其有儒学,赐进士第,除宣徽判官。"到金世宗、章宗时,即大兴学校,推行儒家教育,以儒家经义作为科举取士的标准,并将儒家《论语》《孝经》等经典翻译成女真文字。随之,发端于宋代的理学,尤其是程朱理学迅速在金统治区域内传播开来。当时有影响的儒者如杜时升,就在嵩、洛山中教授二程之学。《金史·杜时升传》:"大抵以伊洛之学教人,自时升始。"到金末,则出现了在社会上有较大影响的儒者,如王若虚、赵秉文等。

蒙古灭金并入主中原建立元朝之后,便大量擢用汉族士人,也有意识地学习和传播儒学。早在铁木真灭金之后的1235年,窝阔台出兵侵宋,攻下德安,"姚枢奉诏即军中求儒、道、释、医、卜士",当时俘获了儒生赵复,后来赵复与姚枢在燕京建周敦颐祠,又建太极书院,开始讲授程朱理学。《元史》称:"北方知有程朱之学,自复始。"(《赵复传》,《元史》卷一八九)当然此说不一定准确,其实金末北方儒生如王若虚、赵秉文等早已在评论程朱理学。王若虚认为,朱熹的经注是"妄为注释","过为曲说"(《论语辨惑》)。不过,赵复在北方建立书院,广收门徒,"自复至燕,学子从者百余人"(《赵复传》,《元史》卷一八九)。他尽力推动儒学的传播却是事实,史称赵复为"江汉先生"。赵复将他带来的程朱有关儒家经典的传注传授给姚枢。时元世祖在潜邸,召见了姚枢,姚枢向他上陈"二帝三王之道"以及"治国平天下之大经",将其概括为"八目",即"修身,力学,尊贤,亲亲,畏天,爱民,好善,远佞",遂受到器重。姚枢后来又将程朱书授给了许衡(1209—1281,字仲平,号鲁斋,河内即今河南焦作人)。姚枢、许衡和广平人窦默一起,讲习性理之学,成为元初很有影响的一代名儒。这些人对于推动儒学在元朝的传播起了重要的作用。到仁宗皇庆二年(1313),元朝恢复了科举取士制度,程朱理学被定为取士的标准。继后,朱熹《四书章句集注》逐渐成为了科举考试的主要教材。至此,程朱理学乃正式上升为官方意识形态的地位,并在全国迅速得以传播。此外,在赵宋灭亡后,一些理学家基于民族气节,不愿仕元,纷纷退居讲学于各地书院,也有效地推动了元代理学在民间的传播。

关中在宋金对峙并立之时,一直处于金人的统治之下,时儒学凋零,习儒者少,不过也涌现出一些有影响的大儒。金末元初关学有影响的学人是杨天德(1180—1258,字君美)。杨天德肇端高陵之学,后由其子杨恭懿(字元甫)发扬光大。

杨天德是金末兴定二年(1218)进士,长期仕宦于金,相继辟为陕西行台掾、大理寺丞、庆阳、安化主簿,不久又辟德顺之隆德令、安化令,再迁转运司支度判官。在他任庆阳主簿时,适逢庆阳围困,在危急之下主帅派他去镇抚军,并令其判府事。他日夜坚守,尽责尽职,没有丝毫的懈怠,坚守一年多,许多饥民都饿死了。当围困解除后,要召他回京师,他竟不忍离去,说:"既不救民之死,又暴其骸骨而去之,吾不忍也。"足见其爱民之切。金末京城不守,他流寓宋、鲁间十年,后归于长安。早年虽读书入仕,但到晚岁方"读《大学解》,沿及伊、洛诸书,大嗜爱之"(许衡:《南京转运司支度判官杨公墓志铭》,《元文类》卷五一),走上希圣求贤之路,尤笃信程朱理学。他对自己早年把精力消耗于"课试"尝有反省,终悟到"知吾道之传为有在也",对自己晚而"闻道"既感欣慰也有遗憾。即使到高年因目疾不能看书,仍让其子为之读诵,朝夕听闻,以此为乐。尝谓"吾晚年幸闻道,死无恨矣!"后来他以极大的热情刊刻儒家经典。许衡志其墓志铭曰:"出也有为,死生以之。处也有守,不变于时。日临桑榆,学喜有得,其知益精,其行益力。"(同上注)其子杨恭懿倡其家学,一生恪守程朱,"穷理反躬,一乎持敬","赫然名动一时"(《关学编》卷二)。从一定意义上说,高陵之学代表了金代关学的学术水平。由高陵之学所建构的崇儒信道、笃行践履的学风一直到元代才在关中得以承传。

第五章 金元时期关学及其特征

关学经过金代的低迷,到元代有了起色。个中原因,是由于以京兆为中心的关中地区,曾是元世祖忽必烈的封藩之地,他出王秦中,于宪宗四年(1254)召著名学者许衡出任京兆提学。元代关学与许衡来陕有很大的关系。许衡是元代儒学的领袖人物,他的学术活动和学术思想对元代关学的维持和兴起起到了重要的作用。如前所述,其学得之姚枢,姚枢曾与杨惟中建太极书院,立周子祠,以二程、张、杨、游、朱六君子配祀。赵复乃在此讲学,传授周程张朱之理学。后姚枢退隐苏门,传赵复之学。"由是许衡、郝经、刘因皆得其书而崇信之。"许衡从姚枢学而"得伊洛、新安遗书",故黄百家《鲁斋学案》案:"自石晋燕云十六州之割,北方之为异域也久矣。虽有宋诸儒迭出,声教不通。自赵江汉(复)以南冠之囚,吾道入北,而姚枢、窦默、许衡、刘因之徒,得闻程、朱之学以广其传,由是北方之学郁起。"(《鲁斋学案》,《宋元学案》卷九〇)许衡入关,在关中大兴学校,尽力扶植和提倡程朱理学,这直接影响了此后关学的基本走向。关中学人从宗张载的关学而走向了宗濂洛关闽之理学,尤推崇程朱之学,这成为关学在元代的一个新动向。蒙元一代,书院极盛。关中兴建了鲁斋书院、横渠书院、正学书院等影响颇大的书院,从而进一步推动了程朱理学在关中的传播。

清人柏景伟说:"关中沦于金、元,许鲁斋衍朱子之绪,一时奉天、高陵诸儒与相唱和,皆朱子学也。"(《柏景伟小识》)元代关学最早是以奉天之学和高陵之学为核心的。奉天是今关中乾县一带。奉天之学以杨奂(1186—1255,字焕然,号紫阳)为代表。杨奂是元代影响关中的硕儒,元好问称他为"关西夫子"。杨在晚金归隐时,以讲道授徒为业达五年之久,"门人百人"(《杨奂碑》,《金石粹编》卷一五九)。他留心经学,能自成一家。奉天之学承继了金末传统,学宗程朱,对此下有专节评述。

元代后期,关学史上涌现出萧㪺(1231—1318,字维斗,号勤斋)、同恕(1254—1331,字宽甫,号静安先生)等学人。萧㪺、同恕号称"关陕大儒",且都是关中奉元(今陕西西安)人。黄宗羲在《宋元学案》中专立《萧同诸儒学案》,其中有全祖望案说:"有元立国,无可称者,惟学术尚未替,上虽贱之,下自趋之,是则洛、闽之沾溉者宏也。"奉元之学亦"阐关、洛宗旨",更笃信程朱,躬行礼教,尤重践履,显然是奉天、高陵之学风的延续。四库馆臣说"惟元儒笃实,不甚近名",这一点在关中学者身上亦有突出的体现。

以下分别论述杨奂、杨恭懿、萧㪺的理学思想及其特点。

第二节 杨奂、杨恭懿的理学思想及其特点

一、杨奂的理学思想及其特点

杨奂是金末元初奉天之学的代表人物,被元好问誉之为"关西夫子"。奂字焕然,号紫阳,乾州奉天(今陕西乾县)人。冯从吾《关学编》、元好问《神道碑》、张骥《关学宗传》等有其行实的记载。《神道碑》载他"怡然而逝,春秋七十,实乙卯岁九月之一日也。"由此知他生于金大定二十六年(1186),卒于元宪宗五年(1255),享年七十岁。张骥《关学宗传》卷七《杨文宪公》对他早年从师、廷试到最后弃科举而转向理学的历程有一个简略的记述,谓杨奂曾师从乡人吴荣叔,且出类拔萃。后赴廷试中选,虽然获补台掾,却不就,并由此而厌弃科举,转向作圣之学,尤崇濂、洛之理学。适逢金末,朝政腐败,金正大元年(1224),朝廷欲革新除弊,诏各地贤能之士进言。杨奂当时三十九岁,草成《万言策》,直陈时弊,言人所不敢言,但终未能进上。这时他感觉到国事已非,知道其将不为所容,遂有归隐山林之意。

金正大八年(1231),杨奂到了汴梁,因他已很有影响,又为太学诸生之首,故当时上层名流如赵秉文、李屏山、冯璧等都与之交往密切。他开始著《朝政近鉴》(亦名《天兴近鉴》),到1234年完稿成书,计三十卷,被誉为"胡氏之春秋"。到金朝元帅崔立投降,汴京失陷,杨奂微服北渡,流落到了元好问所在的赵寿之门下。元好问很推崇杨奂的道德文章,与之交谊颇深。在赵寿之门下,杨奂读书致学,吟诗作赋。东平严实喜欢结交寒素之士,久闻杨奂才名,多次相邀,杨奂均因珍视与赵寿之的友谊而婉拒。

蒙古灭金,戊戌年(1238)太宗诏宣德税课使刘用之试诸道进士。杨奂试东平,两中赋论第一。后经耶律楚材推荐,授河南路征收课税所长官,兼廉访使。他对中令公说:"仆不敏,误蒙不次之用,以书生而理财赋,已非所长,兼以大荒之后,遗黎无几,烹鲜之喻,正在今日,急而扰之,糜烂必矣。愿公假以岁月,使得抚摩创痍,以为朝廷爱养基本万一之助。"(《杨奂传》,《元史》卷一五三)意思是说,我以一介书生而理财赋,本非所长,现在只有安抚百姓,方能

尽自身之责。老子云"治大国若烹小鲜",就是要治国者因势利导,不可多事扰民,就像烹调小鱼一样,不能经常翻动,否则将烂不可收。现在战争的创伤尚未平复,需保养民力,不要急催课赋,这才是从朝廷长远利益考虑的长策。所以,到任后他便招一时贤达名士如杨正卿、张君美、王元礼等,与他们商议并约定,凡"政事约束一以简易为事"。对于某些官员盘剥百姓的做法,他严厉批评,说"剥下欺上,汝欲我为之耶!"他采取了"减元额四之一"税赋的办法,未过一月就取得了显著的效果,赞扬之声不绝,"谓前此漕司未有也"(《杨奂传》,《元史》卷一五三)。在官十年,最后请老于燕之行台。宪宗元年(1251),世祖忽必烈尚在潜邸,驿召杨奂参议京兆宣抚司事,但他却多次上书辞归。回乡之后仍教授著述不倦,许多人都受益于他,包括姚枢之子姚燧,"其学得于先生为多",燧后来成为元代名儒,奂还将其女嫁给了他。

杨奂为人廉直、善良,一生"不治家人生产业,而喜周人之急,虽力不赡,犹勉强为之。人有片善,则委曲称奖,唯恐其名不闻;或小过失,必尽言劝止,不计其怨怒也。"在学术研究上则表现得一丝不苟。"作文务去陈言,以蹈袭为耻,一时诸老皆折行辈与之交。"(《关学编》卷二)一生笔耕不辍,著述颇丰。据杨奂六十九岁所作《臂僮记》记载,其著述有:《还山前集》八十一卷、《还山后集》二十卷、《近鉴》三十卷、《韩子》十卷、《概言》二十五篇、《砚纂》八卷、《北见记》三卷、《正统书》六十卷。此所记与《关学编》所著录略同。而《元史》本传则称:奂"所著有《还山集》六〇卷、《天兴近鉴》三卷、《正统书》六〇卷,行于世。"但是大多散佚。据《千顷堂书目·别集类》卷二九著录:"杨奂《还山集》六〇卷,又《紫阳遗稿》两卷,明宋廷佐辑。"《还山集》至晚到明中期已经散佚。宋廷佐从群书中仅辑成《还山遗稿》两卷及《附录》一卷,并冠以《杨文宪公考岁略》,于明嘉靖元年(1522)刻成行世。故明以后的藏书目录均只著录《还山遗稿》两卷。这里,我们据仅存的《还山集遗稿》及其他零散的资料,以窥其思想。

对于杨奂的为学历程及其著述大要,元赵复在《杨紫阳文集序》中有一段大略的评述:

> 晚居洛阳,著书数十万言,沉浸《庄》《骚》,出入迁、固,然后折衷于吾孔、孟之六经,其言精约粹莹而条理肤敏,至于《总八例》以明正统之分合,作《通解》以辨苏、韩之纯疵,其他若《概言》《杂著》等说,皆近古之知言,名教中南宫云台也。(《还山遗稿》附录)

此说大致勾勒出杨奂的为学历程。即他早先曾沉潜庄子和屈原之学,后又对司马迁、班固的史学感兴趣,最后发现儒家六经孔孟之学才是安身立命之所;所著《正统八例》以"明正统之分合",提出了自己的历史观;所著《通解》则力辨苏、韩之纯疵;所著《概言》则多论儒家心性之学,由此找到精神的归宿。元好问说:"秦中百年以来号称多士,较其声闻赫奕,耸动一世,盖未有出其右者。前世'关西夫子'之目,今以归君矣。"(元好问:《故河南路征收课税所长官兼廉访使杨公神道之碑》)元人更推重他"文章道德,为第一流人物"(《跋关西杨焕然先生画像赞》,李士瞻撰《经济文集》卷四)赵复《还山集序》谓:"其志其学,粹然一出于正。即其文,可以得其为人。"其思想概括地说主要有以下三方面:

第一,在历史观上,他强调以王道为正统,而不以某朝某代某族为正统。他认为过去的所谓"正统"说"祸天下后世甚矣"。从历史上看,人们既"不以逆取为嫌",也不以"世系为重",而是"以王道为正也"。在他看来,"王道之所在,正统之所在也"。这样,可以使"创者顺其始","守者慎其终"。由此,他为了"矫诸儒之曲说,惩历代之行事",总结出"八例",即"曰得、曰传、曰衰、曰复、曰与、曰陷、曰绝、曰归"(《正统八例总序》)。杨奂的正统论与以往将"正统"往往固定在某一朝代、某一集团、某一族姓的静止观念不同,认为所谓的"正统"并非是固定不移的,而是运动变化的。虽然早在战国时期《易传》即赞"汤武革命,顺乎天而应乎人",已经看到"正统"不是凝固不变的,但由于此后儒学与专制政权的结合,那些当政者总是幻想着自己的政权会"万岁"不移,而把别的后继者加以贬斥。杨奂则清醒地认识到"正统"其实是可变的。其次,他认为真正的"正统"是"王道之所在者",谁兴王道,谁就代表了正统。这里不仅肯定王道的价值,同时也隐含着汉族并非在任何条件、任何情况下都代表正统,少数民族在一定的条件下其正统地位也应该得到承认。以"王道"为区别正统与否的标准,是杨奂的一个重要思想,显然与传统的"夷夏之防"的观念划清了界限。这说明杨奂一定程度上突破了狭隘的民族观,表现出民族平等的观念,这无疑是进步的。杨奂进而分析了历史上朝代更替的"八例",即得、传、衰、复、与、陷、绝、归等八种情况,如"得":"若帝挚而后陶尧氏得之,夏、殷绝而汤、武得之,是也。""传":"尧而舜、舜而禹、禹而〔后〕启,周之成、康之类是也"等等。说明他看到了历史具体演变的复杂性、多样性。他论述正统说,其目的乃在于"思所以敦道义之本,塞功利之源",以使"国家安宁长久之福可坐而致"(《正统八例总序》,《还山遗稿》卷上)。

第二,求正本之用、不舍本逐末的实学。他的弟子郝经曾在《上紫阳先生论学书》中,谈到当时的为学风气和自己向杨奂求学前后的感想。郝对当时思想浮躁的情况做了这样的描述:

> 盖自佛老盛而道之用杂,文章工而道之用晦,科举立而士无自得之学,道入于无用。惟其无自得也,故内轻而外重。外重矣,煜乎其耀矣,侈于物而衒于人矣,文章之所以工也。文章工矣,功利急矣,义理晦矣,道之所以入于无用也。嗟乎,不耕凿不蚕缫而衣食者,谓之游食之民。不道德不仁义而文章者,谓之逐末之士。(《还山遗稿》卷上)

当时的学术风气相当不正,佛道盛行,文章重词工华丽,而大道隐而不显,加之科举更助长了急功近利,故学无自得,道入无用,郝经将其概括为"不道德不仁义而文章者,谓之逐末之士","逐末"的结果则必然出现"趋利附势,殉义丧节"者。他在忧患困顿之时,拜杨奂为师,发现先生所授皆"明白纯粹之书",并"启之以开廓平易之论",再经自己的思考,终于悟到"吾道之果不亡,学之果有用",认为有这样的老师,"斯民其有望矣"。在杨奂的启发下,他认识到"道贵乎用,非用无以见道也。天地之覆载、日月之照临,皆有用也。《六经》之垂训、圣人之立教,亦皆有用也。"此后他专注于儒家《六经》圣人所立之教的修习。当他读了杨奂的著述之后,对此感受更深。他说:"伏睹先生《韩子辨》《正统例》《还山教学志》,洋洋灏灏,若括元气而禽辟之,其事其辞其理皆有用者也,非世之逐末之文也。"

杨奂所谓的正学就是明"王道之本原"的程朱理学。他著有《概言》二十五篇,专门讨论心性之学。惜此书已佚,我们无法了解杨奂的心性思想,但从时人的追述中可知,他在这部书中,"隐而天道性命之说,微而五经百氏之言,明圣贤之出处,辨理欲之消长,可谓极乎精义入神之妙矣。"(《还山遗稿附录·国朝名臣事略》)在心性方面,杨奂尤其注意"严诚伪之辨",所以他的文章总是表里如一,故赵复说他"资机敏而明通,即其文,可以得其为人。"(《杨紫阳文集序》)

第三,遵循礼制,重视践履。杨奂承继张载关学重礼的传统,他不尚章句,尤重视礼的"制度名数"和关于礼的践履。他首先肯定"夫礼也者,制度名数之所寓也"。人们应该遵行礼的度数,此"不有所据,必有所见",即或要有所依据,或要有所亲见。他以此为原则,曾纠正朱熹关于礼的某些说法。一次有一位朋友新筑祠堂而石室在正位,不知此何所据。后来看到朱子在《家礼图说》中说"在北架"。对此,杨奂认为此说"似不安也",因为此"于经则无所见",朱子本人在建炎南渡后,庙社之礼已荡然无存,他亦"无所见于世"。由此,杨奂认为,"《家礼》所载神主样式亦非"。对于昭穆之序,他认为此亦有"定礼",要详考之,"恐不宜袭《家礼》之误也"。(《还山遗稿·与姚公茂书》)关于杨奂遵礼,因资料缺失不可详述,但仅此亦可见一斑。

杨奂大部分时间生活在金代,所代表的奉天之学虽延至元初,总体上还是金末学风的延续,其学人大多倾向于程朱的性理之学,但其学创造性不多,其贡献主要在实践方面,所以在元代理学中地位并不显赫。其传人有员择、朱拯等。员择曾整理过杨奂的文集,然其事迹已湮没不显,在北方理学中未占席位。

二、杨恭懿的理学思想及其特点

杨恭懿(1225—1294),字元甫,号潜斋。其父杨天德,肇端高陵之学。杨天德身上所体现出的崇儒、乐道、践履之风,深深地影响了其子杨恭懿。

杨恭懿少年时因时艰而从亲逃乱,东至于汴、归德、天平等地,直到十七岁才侍父亲西归长安。当时虽然家贫,回来后甚至无处居住,但仍谢绝乡邻的馈赠。早年其父教诲他读《诗》《书》,故"益倡其家学,为元名儒"。许衡倡道关中之时,杨恭懿已能与之"分庭而行,抗席而坐"(《国朝名臣事略·太史杨文康公》)。且颇得许衡的推重,称他:"笃信好学,操履不苟,实我辈所仰重。"(明嘉靖《高陵县志·人物上》)杨恭懿于元至元三十一年(1294)去世,享年七十岁。杨恭懿所以成为元代关学硕儒,主要在于:

笃信好学,进德修业。杨恭懿笃信好学,即使在逃难之时,也未尝怠弛其学业。《关学编》称他"力学博综,于书无不究心,而尤邃于《易》《礼》《春秋》,思有纂述,耻为章句儒而止。"他受父亲的教诲,早年即习《诗》《书》,到二十四岁时"始得朱子《四书集注》《太极图》《小学》《近思录》诸书,读之喜而叹曰:'人伦日月之常,天道性命之妙,皆萃此书。今入德有其门,进道有其途矣。吾何独不可及前修踵武哉!'"(《关学编》卷二)他认为朱子诸书是"入德之门""进道之途"而非求仕之径。正因为此,当他读到《四书集注》等书时,欣喜地说:"人伦日月之常,天道性命之妙,皆萃此书。"许衡为京兆提学时,与恭懿为挚友,对他"一遇讲贯,动穷日力"颇为称赞,称他不仅"笃信好学",而且"操履不苟",做事皆依之以礼。在其父殁后,他竟然"水浆不入口者五日",处理其父后事皆遵循《朱文公家礼》,而杜绝世俗之人所依佛教"惑世之法"。他遵礼的举动也影响到三秦民间礼俗的醇化,"三辅士大夫知由礼制自致其亲者,皆本之先生"(《关学编》卷二)。故史称:"郡人杨文康公以奥学笃行,模范乡邦,名闻天聪。"(《滋溪文稿·陕西乡贡进士题名记》)

经国济世,履定科举之法。杨恭懿虽然"力学博综",但却关切世事,不主张空谈。他不仅"守《四书》为入门之阶梯,持一敬为立身之根柢",更主张能"抱经济学,耻章句儒"(《关学宗传·谥诰》)。由于他耻于章句之学,颇有济世之志,所以朝廷诏他与学士徒单公履议定科举之法,他欣然参与。所奏《科举疏》亦得到皇帝的嘉许。史载元至元十一年(1274),帝"乃命儒臣文正窦公默、文献姚公枢、文正许公衡、文康杨公恭懿集议贡举,条目之详,具载于策书。"(《滋溪文稿·陕西乡贡进士题名记》)可见他当时与窦默、许衡、姚枢等处于同样重要的地位。他在《奏陈科举疏》中,总结了历史上各个时期包括科举制在内的选拔人才制度之弊,指出"三代以德行、六艺宾兴贤能,汉举孝廉、策经术,魏晋尚文辞,而经术犹未之遗。隋炀始专赋诗以试之,使自投牒,贡举之法遂熄,虽有明经,止于记诵。宋太宗始试经义,亦令典矣。哲宗赋诗,辽、金循习。"指出尚文辞专赋诗对于选拔人才是无益的,反而会助长浮华之风。所以,欲救斯弊,必须对科举制度进行重议和改革。"士不治经、学孔孟之道,日为赋诗空文,岂可以立万世治安之本"?主张只有改变以往那种"尚文辞""专赋诗"的空疏做法,并取消投牒自荐,取士专注于"治经术""学孔孟之道",辅之以时务策论,才是"立万世治安之本"。所以他建议:

> 今欲取士,宜敕有司举有行检、通经史之士,使无投牒自荐,试以《五经》《四书》、大小义、史论、时务策,夫能从事实学,则士风还淳,民俗趋厚,国家得识治之才矣。(冯从吾:《元儒考略》卷一)

强调要推举"行检"且"通经术之士",并试以《五经》《四书》、大小义、时务策略这些"实学",不仅能选拔实用的人才,而且能还能淳士风,使民俗趋厚。这些都体现了杨恭懿经国济世的思想特质。

从事实学,修正历法。杨恭懿的"从事实学",表现在不仅遵循传统礼制,力变三秦风气,还表现在他关注和参与历法的修订。元至元十六年(1279),

元世祖诏请他与郭守敬、王恂等修改历法。他考察了自汉以来的历书四十余家,对之"精思推算",发现"旧仪难用而新者未备",中间出现的误差显而易见,认为"旧历""其详皆未精察",于是他进行详察比较,坚持"依前贤定论,推算皆改从实"的原则"更造新历",历一年多时间,于元至元十七年(1280)制成后来颁行的《辛巳历》。所以《谥诰》说他"由道德礼乐刑政蕴之胸,故历象日月星辰指诸掌"。从中体现了他从事实学的态度和精神。

醇儒岂以科名重,英主无如经学轻。高陵学人大都是一介醇儒,恭懿更是如此。他读书能"穷理反躬,一乎持敬","自任益重,前习尽变,不事浮末"。"持敬""穷理"是其本,正因为能正本,所以才"不事浮末"。他一生不求仕进,尽管当时已"赫然名动一时",但是当宣抚司、行省以掌书记、共议事"辟之",他"皆不就"。元至元七年(1270),他与许衡同时被召,而他不至。许衡由国子祭酒拜中书左丞,常于右丞相安童前"称誉其贤"。于是元至元十年(1273),世祖忽必烈遣协律郎申敬来召请,他竟"以疾辞"。至元十一年(1274),太子下教中书以汉惠帝礼聘商山四皓的故事再聘请他,加之丞相遣郎中张元智致书,在不得已的情况下,他往赴京师。世祖为劳其远来派人迎接,既入见,亲询乡里、族氏、子姓,无不周悉。至元十七年(1280),当他与王恂改历法完成后,被授集贤馆学士,兼太史院事,他仍"辞归"不就,回归长安。至元二十年(1283),帝又以太子宾客召;至元二十二年(1285),以昭文馆大学士领太史院事召;至元二十九年(1292),以议中书省事召,他"皆疾辞不行"。这种以醇儒自持、淡泊名利的情怀,在元代关学学人身上多有体现,而以杨恭懿表现更为突出。

萧㪺撰其《墓志铭》曰:"朱文公集周、程夫子之大成,其学盛于江左。北方之士闻而知者,固有其人;求能究圣贤精微之蕴、笃志于学、真知实践、主乎敬义、表里一致,以躬行心得之余私淑诸人,继前修而开后觉,粹然一出乎正者,维司徒暨公。"这里萧㪺将他与许鲁斋(司徒)即许衡相提并论,给予很高评价。姚燧撰《神道碑铭》亦称他"推得其类,无倦诲诱,学者宗之,西土山斗。"从学行来看,以"西土山斗"来称颂杨恭懿,实不为过。他著有《潜斋遗稿》若干卷,可惜已佚。

第三节　萧䢖、同恕的理学思想及其特点

自杨奂、杨恭懿卒后,关学中心则从奉天、高陵转向京兆长安,涌现出对元代中期影响较大的两位学人,此即号称"关陕大儒"的萧䢖(1231—1308)和同恕(1254—1331)。这二人同处京兆奉元(今陕西西安),活跃于大德、延祐间,故称为奉元之学。当时奉元之学的经术及儒士学风影响已扩展至关中以外的北方地区,故黄宗羲《宋元学案》卷九五专列《萧同诸儒学案》,全祖望案:"有元立国,无可称者,惟学术尚未替,上虽贱之,下自趋之,是则洛、闽之沾溉者宏也。如萧勤斋、同榘庵辈,其亦许(衡)、刘(因)之徒乎!"苏天爵在《滋溪文稿》卷三《陕西乡贡进士题名记》中说,此前有"郡人杨文康公(恭懿)以奥学笃行,模范乡邦,名闻天聪,徵入禁近,国有大政,谋猷是资。"其后有"集贤萧公䢖、赞善同公恕,皆能敦守名检,崇尚经术,迄今海内慕其风采"。指出萧、同之学承接奉天、高陵之笃实学风,其突出特点是"敦守名检,崇尚经术"。他们重经术,淡泊功名,专注于内在精神境界的提升以完善自我,并努力保持关学学者的独立人格,故苏天爵称他们二人"笃志励操,高蹈深隐,乡郡服其行谊,士类推其学术,朝廷重其名节。于是徵车起之,表帅俗化,其道德风流,迄今天下慕之。"(苏天爵:《萧贞敏公墓志铭》,《滋溪文稿》卷八)

萧䢖,字维斗,号勤斋,官拜太子右谕德、集贤学士、国子祭酒,赠资善大夫、四川等处行中书省左丞,追封扶风郡公,谥贞敏。祖籍益都(今山东省青州市),元初西迁,后为奉元(今陕西西安)人。据苏天爵《滋溪文稿·萧贞敏公墓志铭》,萧生于金正大八年(1231),卒于元延祐五年(1308),享年七十八。早年力学不倦,曾隐居终南山读书三十余年,不求仕进。朝廷多次征召,皆不赴。曾被荐授承务郎、陕西儒学提举,以书辞,说:"某蚤事文墨,见一时高才绝足趋事功者,效之不能,是以安于田亩,读书为事。"大德七年(1303),又超擢集贤直学士、奉训大夫、国子司业,朝廷遣使徵之,他又"力辞不拜。"帝制称他"不贪官,不嗜利"(《萧贞敏公墓志铭》,《滋溪文稿》卷八),足见其节操清正,人格独立。刘致在《谥议》中说,治天下者常会有那些"不召之臣",他们"志意修则轻富贵,道义重则轻王公","不事王侯,高尚其事"。虽然"其道不周于用,而廉顽立懦,励俗兴化之功亦已多矣",以其节操和德行,感召乡

间,醇化民俗,同样有利于社会。刘致认为,这样的人"于吾元得二人焉,曰容城刘因,京兆萧㪺"(《关学编》卷二)。萧㪺虽为一介儒生却声名闻于关中。相传有人夜归,遇强盗,遂诡称:"我萧先生也",群盗即惊愕散去(参见《关学编》卷二)。此足见萧㪺在关中之影响。故苏天爵称萧㪺的道德人格,足以成"朝廷风厉人材之盛,君子进退道义之隆",且"可以为后世之楷模矣"(《萧贞敏公墓志铭》,《滋溪文稿》卷八)。

在关中,自许衡、杨恭懿"倡鸣理学,以淑多士",萧、同二公则"接其步武,学者赖焉"(苏天爵:《萧贞敏公墓志铭》,《滋溪文稿》卷八)。萧㪺遍览群书,"凡天文、地理、律书、算数,靡不研究。"(《关学编》卷二)《萧贞敏公墓志铭》还称其学"自《六经》、百氏、山经、地志,下至医经、本草,无不通其说,尤邃《三礼》及《易》。"故侯均谓:"元有天下百年,惟萧维斗为识字人。"(《关学编》卷二)对于礼学,犹称精到,临川吴澄称他"善于礼"(苏天爵:《萧贞敏公墓志铭》,《滋溪文稿》卷八)。他"制行甚高,真履实践,其教人必自《小学》始。为文立意精深,言近指远,一以洙泗为本,濂、洛、考亭为据。"(《关学编》卷二)由此确立了其为学宗旨,即以孔孟为渊源,学宗程朱,但在方法上又广泛涉猎,不主一派,不守一经,于是"关辅之士翕然宗之,称为一代醇儒"(《元史·萧㪺传》)。萧㪺还有一长,就是"深通六书",他在书法方面主张"古籀篆隶"、"隶章行草"必须"兼通",所以侯均谓"今人识字及通六书者,惟以萧公为然"。苏氏《墓志》甚至说,"关中字学不差,亦因公发之也"。其门人以泾阳第五居仁、平定吕思诚、南阳宇术鲁翀最为著名。所著据《关学编》,有"《三礼说》《小学标题驳论》《九州岛志》及《勤斋文集》行世。"而《萧贞敏公墓志铭》亦记"所撰《九州志》若干卷,法《史记》年表,由三代迄宋、金,详疏沿革于下,山川、贡赋附焉。其他著述又若干卷。"惜其在兵荒之余散佚不存。

同恕,字宽甫,其先为太原人,祖上迁秦中,为关中奉元(今陕西西安)人。据《关学编》所记,知他卒于元至顺二年(1331),享年七十八岁,逆推知其生于元宪宗四年(1254)。是当时惟一可以与萧㪺比肩的关学学人。为儒学世家,全家有二百余人,却同居一家,且能和睦相处,"无间言"。早年即习儒家经学,尤以治《尚书》影响最大。元世祖至元间,始分六部,他被选为吏属,关陕以先生为贡礼曹,他竟不赴。皇庆元年(1312)仁宗践阼,拜国子司业,三次召皆不起。延祐元年(1314),"京兆为故儒臣许衡立鲁斋书院"(《元史》卷二五),同恕领教事。延祐年间设科取士,同恕主乡试,因处事公正而受到人们的赞许。文宗天历初年,拜为集贤侍讲学士,后以老辞。他与萧㪺友善至笃,萧㪺常隐终南山读书,每次下山"入城,必主先生家",故"士论称之曰萧同"(《萧同诸儒学案》,《宋元学案》卷九五)。对于同恕的事迹,有左赞善《榘庵先生同公行状》、富珠哩翀撰《同文贞公神道碑铭并序》《鲁斋书院礼请司业同公先生主领师席疏》、王瓒撰《同文贞公谥议》(见《榘庵集附录》)。

如前所述,元初关学学术,与世祖忽必烈有一定关系。忽必烈尚在潜邸,曾在秦地"命鲁斋阐关、洛之学"。后西台赵世延在奉元建鲁斋书院,以同恕"学蓄渊源,胸蟠今古。穷经佚老,咸称孔颖达之多才"(《鲁斋书院礼请司业同公先生主领师席疏》),遂领教事。他"教人随其才之高下,诱掖激励,俾各尽其所欲学"。因其教学有方,"始终游先生之门者,竟以千数。"(《榘庵集附录·同公行状》)说明关学经萧、同等人的努力,到元代中期影响力日渐增大。同恕之学"由程、朱溯孔、孟,务贯浃事理,以利于行。"(《萧同诸儒学案》,《宋元学案》卷九五)其特点在于:一是重视儒家经学。他上溯孔、孟,阐扬关、洛,尊崇程、朱。重视讲学,尝以"圣贤体用之学,潜心讲贯"(《榘庵集附录·同文贞公谥议》)。二是重礼、义的实践。《同公行状》称他"温粹安静,小心畏慎,非礼不动"。"非其道,一介弗取,义所当与,虽在窘迫,无丝髪吝。"即他处事皆以礼义为准则,对己严格要求,非礼不行,非义弗取。在父丧之时,他"一遵礼制",即使祀事亦"斋戒精洁,致爱致悫,俨如神在"。他"平生非义不取,当与不吝"的一个典型的事例,就是同里的人借了他的骡子,骡子不幸而死,当里人要给他赔偿时,他却说:"物之数也,何以偿为?"意即骡子死了是它的气数已尽,何以要赔偿呢?此事在当地传为佳话(参见《榘庵集附录·同文贞公神道碑铭并序》)。三是重视实学,笃守力行,不尚浮虚。《同公行状》称他:"轨辙程朱,履真践实,不为浮靡习。"尝谓:"与其有求于人,何若无欲于己。与其使人可贱,不若以贱自安。"(《榘庵集附录·同文贞公神道碑铭并序》)强调内心的"无欲"和"自安"。四是不尚功名,重视气节。他"家储无儋石,书几万卷"(《榘庵集附录·同文贞公神道碑铭并序》),史称"其道义足以善俗,其文章足以华国"(《榘庵集附录·同文贞公谥议》),但却多次被征召而不起,以"传道而解惑"为乐事。一生清白,不尚功名,颇有"清风高节",故王瓒称他:"云轻轩冕,芥视功名逾五十年。"(《榘庵集附录·同文贞公谥议》)卒年赠翰林直学士,封京兆郡侯,谥文贞。其著述主要有《榘庵集》二十卷,今存。

总之,关学在金元曾经一度消沉,经过奉天之学、高陵之学及其后奉元之学的传扬,到元代中期渐见起色。该时期关学力阐关、洛宗旨,尤重程朱,其学风特点是重礼教,重践履,重实践,重气节,这些都与张载开创的关学传统一脉相承。四库馆臣曾将元儒的特点与宋明儒做了比较,说:"宋儒好附门墙,于渊源最悉。明儒喜争同异,于宋派尤详。语录学案,动辄灾梨,不啻汗牛充栋。惟元儒笃实,不甚近名,故讲学之书,传世者绝少。"(《四库全书总目提要》卷五八)"元儒笃实,不甚近名"的特点在关学诸儒如杨奂、杨恭懿、萧㪺、同恕等人身上确有鲜明的体现。

第六章 明代前中期关学及其特征

第一节 明代关学之演变及其特征

我们考察明代关学的演变,不能脱离明代儒学学术之大势。关于明代学术之流变,《明史》卷二八二《儒林传序》有一段很精要的话:

> 原夫明初诸儒,皆朱子门人之支流余裔,师承有自,矩矱秩然……学术之分,则自陈献章、王守仁始。宗献章者曰江门之学,孤行独诣,其传不远。宗守仁者曰姚江之学,别立宗旨,显与朱子背驰,门徒遍天下,流传逾百年,其教大行,其弊滋甚。嘉、隆而后,笃信程、朱,不迁异说者,无复几人矣。要之,有明诸儒,衍伊、洛之绪言,探性命之奥旨,锱铢或爽,遂启岐趋,袭谬承讹,指归弥远。至专门经训授受源流,则二百七十余年间,未闻以此名家者。经学非汉、唐之精专,性理袭宋、元之糟粕,论者谓科举盛而儒术微,殆其然乎。

这里指出,明初诸儒"皆朱子门人之支流余裔",中期后阳明学兴起,"别立宗旨,显与朱子背驰,门徒遍天下,流传逾百年,其教大行,其弊滋甚";"嘉、隆而后,笃信程、朱,不迁异说者,无复几人矣";"经学非汉、唐之精专,性理袭宋、元之糟粕"。这大致勾勒出明代儒学学术之演变。

关学学术大体不出此一进路。在明代前中期,"关中之学,大抵源出河东、三原"(《四库全书总目提要》卷九六《愿学编》提要)。此说道出了明代前中期关学的源流和基本特征。有明一代,关学大体经历了三个发展阶段。

明代前期,程朱理学即已在全国占据独尊的地位。明太祖自称以理学开国,"一宗朱子之学,令学者非五经孔孟之书不读,非濂洛关闽之学不讲"(《高攀龙传》,《东林列传》卷二)。而这一时期的关学亦以程朱理学为依归。代表性学人有段坚(1419—1484,字可大,号柏轩,学者称容思先生)、张杰(1421—1472,字立夫,号默斋)、张鼎(1431—1495,字大器,号自在道人)、李锦(1436—1486,字在中,号介庵)等,均为明代前期程朱理学的重要传人。段坚私淑河东薛瑄而有自得,尝言"学者主敬以致知格物。知吾之心即天地之心,吾心之理即天地之理,吾身可以参天地、赞化育者在于此。"(《容思段先生》,《关学编》卷三)其学术远溯孔孟,近宗程朱,而其功一本于敬。张杰推崇程朱之性理学,亦受心学之影响。曾与河东薛瑄、兰州段坚论身心性命之学,平生尤重礼学;"以五经教授,明心学于狂澜既倒之余;以四礼率人,挽风化于颓靡不振之秋。"(《默斋张先生》,《关学编》卷三)张鼎早年受学于河东薛瑄,立志于圣贤之学,对诸子百家之学,无不综览,尤倾心于濂、洛、关、闽之旨。李锦少即嗜书知大义,善辞章之学。后遇秦州周蕙讲学,遂得以闻知周、程、张、朱理学之要,于是乃弃辞章而专修主敬穷理之学。尝与渭南薛敬之等共讲习,在关中有较大影响。这些学人都为理学在关中地区的传播,发挥了承上启下的重要作用,此为明代关学发展的第一阶段。但同时也可以看出,他们是沿着金元关学学者从尊张载转而尊濂、洛、关、闽之学的路子前行,关学已被融入理学之中再被弘扬。惜多数学人著作已佚,其学术思想尚须进一步整理研究。

明宪宗成化年间(1465—1487)之后,关学大致有两条并行的进路:一是以王恕、王承裕、马理、韩邦奇等人为代表的"三原学派"。另一条则是源于薛瑄河东之学在关中的流衍。其代表人物是薛敬之、吕柟。三原之学和吕柟所代表的河东之学,使关学在明代中期出现新的气象,可称为"关学中兴"。清四库馆臣所说"关中之学,大抵源出河东、三原"(《愿学编提要》,《四库全书总目提要》卷九六),基本上是对明代关学发展第二阶段学派源流的概括。

在这一阶段,三原之学以既宗程朱之学、又反思程朱之弊为主要特征,同时又有向张载关学回归的倾向。该学派以王恕、王承裕为代表,学人有马理、韩邦奇、杨爵、王之士等人。他们在思想上,既注重对朱子"天理"观的吸收,又受张载关学的极大影响,如王承裕等以礼为先,刊布蓝田《吕氏乡约乡仪》等,教化乡人,以促进当地世风、民俗的变化。又如韩邦奇,一面通过体认、重新诠释《易》《庸》《正蒙》以阐发其理学思想,其"论道体乃独取张横渠"(《三原学案》,《明儒学案》卷九);同时又保持着躬行礼教、崇尚气节的关学传统。他们融会关、洛诸派,重视笃行与身心体验,虽宗程朱而不囿于程朱,回归张载而又不同于张载。需要指出的是,三原学派诸学者的思想倾向不尽一致,如王恕"大抵推事之事为之际,以得其心安者",而未及之"大本";马理则"墨守主敬穷理之传"；"王平川、韩苑洛，其学又微别"（柏景伟：《重刻关学编序》）。但从总体上说，他们都"以宗程、朱之学为阶梯，祖孔、颜以为标准"（《平川王先生》，《关学编》卷三）。故黄宗羲将"三原学派"视为关学之"别派"（《三原学案》，《明儒学案》卷九）。

与三原之学在时段上大体并行的，是通过兰州段坚传秦州周蕙，蕙传渭南薛敬之，敬之传高陵吕柟的河东之学，又称为"关陇之学"。其学上接孔曾思孟，尤对周张程朱之学用力甚勤，思想上表现出对张载之学、程朱理学与甘泉心学兼容并蓄、融会贯通的特征。《明史》称吕柟"接河东薛瑄之传，学以穷理实践为主"（《明史》，卷二八二）。黄宗羲亦评价说："关学世有渊源，皆以躬行礼教为本，而泾野先生实集其大成。"（《明儒学案·师说》）吕柟在陆王心学时兴的情况下，仍恪守程朱之学，这在当时是不多见的，故《明史》卷二八二《吕柟传》谓："时天下言学者，不归王守仁，则归湛若水，独守程、朱不变者，惟柟与罗钦顺云。"可以说，吕柟的学术思想使明代关学步入峰巅。也许因为其学源于河东的缘故，黄宗羲将其列入"河东学案"。其实，他虽在师承上与河东之学有关，而从其成长的文化土壤上来说，应是关中奉天、高陵之学的传衍。此外，最早把阳明心学传入关中的，是曾在绍兴为官的阳明弟子南大吉（字元善），此后冯从吾（少墟）、张舜典（鸡山）、李颙（二曲）等不同程度受到阳明心学的影响。三原之学和薛、吕的"河东之学"，代表了明代关学思想发展第二个阶段的不同路向。

明万历以后，关中大儒冯从吾、张舜典及明末清初学者李二曲，可视为明代关学第三个阶段的代表。关中大儒冯从吾"统程、朱、陆、王而一之，集关学之大成"（柏景伟：《重刻关学编序》），关学由反思程朱而逐渐转向阳明心学，同时也开始了以实学的方式反思陆王心学的空疏，将关学汇入到明末清初实学的潮流中，并向张载崇真务实的倾向回归。这可视为明代关学发展的第三个阶段。

从总体上说，三原学派与吕柟的"关陇之学"以及冯从吾等所代表的晚明关学，都保持了关学躬行礼教、崇真务实、崇尚气节的宗风，从而使关学在明代出现了一个高潮，并传承不绝。

第二节 关学别派——三原学派的学术思想(上)

明代"关中之学,大抵源出河东、三原"(《四库全书总目提要》卷九六《愿学编》提要)。黄宗羲在《明儒学案》卷九亦谓"关学大概宗薛氏,三原又其别派也"。王恕、王承裕父子开三原之学,其学宗程、朱以为阶梯,祖孔、颜以为标准,独摅心得,自成一家,因其与宗河东一系的薛敬之、吕柟之学"微别",故黄宗羲遂有关学"别派"之称。

三原地处京兆之北、奉天之东、高陵之西,学术底蕴深厚。早在元延祐年间,就有邑人李子敬、李子懋兄弟创建学古书院,书院后被毁。明成化二十三年(1487),王恕致仕归家,经多方努力于弘治元年(1488)重修了书院。他认为,书院的作用乃是"俾吾乡为诗书礼乐之区,措吾民于平康仁寿之域"(《复学古书院记》,《王端毅公文集》卷一)。此后,以书院为儒家教学场所的记载在三原不绝于史。在王恕、王承裕父子的推动下,三原学派逐渐形成,成为自奉元之学后在关中有影响的学派。黄宗羲在《明儒学案》中专设"三原学案"卷,推王恕(号介庵)、王承裕(号平川)父子为宗,又提及马理(号谿田)、韩邦奇(号苑洛)、杨爵(号斛山)、王之士(号秦关)等四位。其实,三原学派除开创者王恕、王承裕父子外,能算得上三原籍的学人,只有马理。王恕致仕归乡后创办弘道书院,王恕与其子王承裕讲学于此,马理"即受讲康僖公所,于是得习闻国朝典故与诸儒之学"(冯从吾《关学编》卷四),是王承裕的弟子。杨爵"自少至老,孳孳学问,以韩苑洛、马谿田为师",可知其学可归之于三原学派无疑。值得注意的是,韩邦奇、王之士二人,无论从地缘、学派传承、思想特征上看,归为三原皆似牵强。韩邦奇是朝邑人,在地缘上与三原一东一西,在师承上略无交涉。韩氏学问多出自家学,其父韩绍宗为成化间进士,仕至福建按察副使,邦奇幼即随父在福建生活多年,"承训过庭,即有志圣学。"(《关学编》卷四)从现有资料看不出他与三原学派之间的学术传承关系。从学理上看二者也有差别。王恕、王承裕虽对程朱有所修正,但在基本点上是学宗程朱的,且于横渠之学无多少著述。而韩邦奇则"论道体乃独取张横渠"(《三原学案》,《明儒学案》卷九),并赞横渠"孟子而下独横渠一人""横渠见道体之实"(《正蒙拾遗·太和篇》)等,先后著《正蒙发微》《正蒙拾遗》。故柏景伟说,"先后王平川、韩苑洛其学又微别"(《柏景伟小识》,《关学续编》附录),似乎也认为二者不属于同一系统。所以从学术渊源和思想特点上看,韩氏与三原之学无多少交涉。不过,黄宗羲将其列入三原学案,亦当有所本。①王之士为蓝田人,与三原不算远。其父王旌(号飞泉)官代邸教授,深明理学。他亦如韩邦奇,"幼承庭训",其父"授之《毛诗》二《南》"后,他"遂屏弃帖括,潜心理窟,毅然以道学自任","曾闭关不出者九年"(《关学编》卷四)。从其心路历程尚看不出与三原之学的直接联系。据清末学人牛兆濂所说:"少墟所为《传》称其'幼承庭训,七八岁即知学',而不言受学泾野。及序其著述,则以文简公《粹言》及《飞泉公语录》列于前,见先生学问渊源所自。其曰:'先师遗训,先君遗训,先生所自命也。'此时文简不别以姓氏,其为泾野无疑矣。"(《秦关先生拾遗录序》,《蓝川文钞》卷三)可见,王之士从学于吕柟,似应属于河东之系。不过黄宗羲将他们二人归于三原学派,似应有其所本。黄宗羲曾说:"(三原之学)其门下多以气节著,风土之厚,而又加之学问者也。"(《明儒学案》卷三)意谓该学派虽不同于宗薛氏者,但因其"风土之厚"而在"气节""学问"等方面则仍与之相类。这可能是黄氏将其归于三原之学的缘由之一吧。因资料或缺,不可一概否定,此仅存疑。下面仅就王恕、王承裕、马理、杨爵的思想及其特征综述如下。

一、王恕的学术思想和人格境界

王恕(1416~1508)字忠贯,号介庵,晚年又号石渠,陕西三原人。明正统十三年(1448)进士。一生"志在经济",多年为官,官至吏部尚书,加太子太保。"先生崇礼风义之士,故一时后进在朝者","皆慷慨喜事,以先生为宗主"(《三原学案》,《明儒学案》卷九)。他在任为官,体贴百姓,关心民生,凡处理政务,都能秉公不渝。故史称王恕"扬历中外四十余年,刚正清严,始终一致"。曾引荐多人,"皆一时名臣"。同时,王恕更是当时名震朝野的刚直谏臣。曾多次上书促使皇帝体恤民情,坚持对官府权势者实行监督等,对当时朝政的清明产生过积极影响。史称"弘治二十年间,众正盈朝,职业修理,号为极盛者,恕力也"(《王恕传》,《明史》卷一八二)。对于他的直谏,有位叫

---

① 参见本章第三节之《韩邦奇及其学术思想》。

怀恩的大臣深有感触地说:"天下忠义,其人而已。"(《明史》卷三〇四)

弘治六年(1493),王恕致仕返回故里后,从事讲学,同其子王承裕在三原创办宏道书院,成为"三原学派"的创始人。王恕政绩卓著,德泽乡间,卒于正德三年(1508),享年93岁。

王恕晚年始著书立说。自称多年委身经国济世之道,"不遑他及,以致旧学荒芜"。虽到暮年,目力不及,但仍以极大的毅力,搜阅典籍,编成《历代名臣谏议录》一百二十四卷。进而又"涉猎经书传注",对于前人的传注,"依文寻义",凡"不背经旨,明白通畅,可言可行者,恕固尊信之",而对于"间有与经文稍异而体认不通者,乃敢以管见妄议一二,名曰《石渠意见》"。"意见"者,他自谓"乃意度之见耳,非真知灼见也。"《石渠意见》是他认真阅读和比较了诸种传注,经过自己的独立思考而对儒家经文做出的新解,可见王恕学问之虚心。他另著有《太师王端毅公奏议》十五卷。《明史·艺文志》著录"《王恕奏稿》十五卷、《文集》九卷"(《明史》卷九九),"王恕《玩易意见》二卷"(《明史》卷九六),"王恕《漕河通志》十四卷"(《明史》卷九七)。另外他还辑录有《典籍格言》,并汇集资料,聘常州名士朱昱编纂成《三原县志》。由于王恕之学主要成就在经学上,所以冯从吾《关学编》未为其立传。

《四库全书总目提要》卷六三在王心敬《关学编》提要中说:"王恕又别立一宗,学者称为三原支派。大抵墨守主敬穷理之说,而崇尚气节,不为空谈。黄宗羲所谓风土之厚而加之以学问者。"这基本上概括出王恕及三原学派的特点,即学宗程朱,墨守主敬穷理之说;重视实践,不尚空谈;重于操守,崇尚气节;注重体认,以求其心安,尤其是对未能体认的朱子之说常加以辩驳,广泛涉及"理欲""中和""鬼神"等问题。虽在理论上无大建树,但其对程朱却有诸多修正,说明他又不墨守成说,受到张载关学影响极大。在方法上,类似张载,他以"原儒"的方法回归孔、孟学说,溯源开塞,以求心得。王恕的学风和气节对三原士人均有重要影响。

(一)重视对儒家经典的传注,主张"以心考之"

王恕承继先儒传统,重视《五经》《四书》,强调《五经》《四书》"皆至理之所寓,人能读之,可以开广其聪明,起发其志虑。以之修齐治平,则获实效而垂令名"。指出经书的意义在于开智慧、启思维,同时能使人达到修齐治平之实效。为了坚定读经的意志,他把所建弘道书院的后堂命名为"考经堂"。汉魏以来，诸儒皆有传注，但是这些经典传注有同有异，讫无定论。"至宋濂、洛、关、闽诸君子出，讲明斯道，复为之传注。及理宗朝始颁行天下学校，至于今以为不刊之典，无敢异议者。"（《考经堂记》，《王端毅公文集》卷一）宋理宗以来，有关濂洛关闽之传注，已经颁行于学校，成为学校教育的基本教材和科举考试的依据，人们只可记诵，不可怀疑，更不可有异议。对此，王恕认为，自己虽然已老矣，但对经典的传注"终不能无疑于其间"。由此他认为，如果"欲考经以教人，固当考先儒之传注，以求圣贤立言之意"，无论对于经或者对于后人的传注，务必"以心考之"，以防"以讹传讹以误后学"。"不可不用传注，亦不可尽信传注，要当以心考之也。"其考经原则和方法，强调要发挥主观能动性，独立思考，认真考量。而考量立言的目的则是"求是"："君子之立言，求其是而已矣。"（《考经堂记》，《王端毅公文集》卷一）体现出鲜明的实事求是的精神。

出于这样的目的，王恕读《五经》《四书》时注重贯彻"以心考之"的原则和方法，对诸经传注进行了认真的比较、比义，再经过自己的思考作出新的解释。此仅举《石渠意见》中几例说明如下：

他读《周易》时，比较了程子《易传》与朱子《本义》，发现二者各有优长，说："程子《易传》发明四圣画卦、系辞与夫赞易之旨，极为详悉。朱子谓：'易乃卜筮之书。是以解易只就卜筮上说，以便占者之稽疑，故谓之本义。'然不读程传，则义理之精微不明；不读本义，则卜筮之奥妙无考。是知二子之传、义可参考而不可偏废也。"有时他也对二者作出优劣之比较，如说："'乾，始能以美利利天下。不言所利，大矣哉！'意见以为，程传与本义二说不同。程传为是。"

他读《中庸》，对其"道不远人。人之为道而远人，不可以为道"一句，做了这样的解释："此章言治人之道，而此三句为之纲。己之能知能行，人亦能之。己之不能，人亦不能。是己之道，曷尝远于人哉！人之行道不能推己度物，而以人之难知难行之事治人，则是不近人情，而远人以为道也，则非所以为道矣。"此说与传统的解释很不同。他又指出，朱子《集注》所释"若为道者，厌其卑近，以为不足为，而反务为高远难行之事，则非所以为道矣"，乃"恐非本义"。（《石渠意见》）

他读《诗经》，对其中"南有乔木，不可休思，汉有游女，不可求思"一句的传统解释提出异议。他说"传谓：'上竦无枝曰乔。'《意见》以为，'乔'字只可训'高'字。若'上竦无枝'解'乔木'之乔或可,解'乔岳'之乔则说不通矣。言'上竦无枝'者,盖迁就不可休息而解之也。何必如此?只说南有乔木,本可以休息,今则不可以休息矣;汉有游女,本可以求之,今则不可求之矣,亦自明白通畅。"

他读《春秋》,还提出了"《左氏》不可为传"而应为"经"的说法,其理由一是《春秋》乃"孔子因左丘明所作鲁史而修之",显然《左氏》为本;二是"则知左丘明生乎孔子之前,而为孔子之所敬信者也。不应生乎后者为之经,而生乎前者为之传以释经也。"

在《石渠意见》及《拾遗》《补遗》中,王恕多有"此非子思之意""非本意",或此义"未安"等说法,文中亦多次对朱熹的注释提出异议,并提出新解,力求用先秦诸子本义去解释,说明他虽崇信程朱,又不墨守程朱,并对之有所修正。能对朱熹的《四书集注》提出怀疑与批评,这在朱子学统治时代实属难能可贵。

(二)学宗程朱,恪守主敬穷理之说

王恕生活的时代正是朱子学成为学术主流的时代。明成祖永乐十三年(1415),以程朱理学为内容的《五经大全》《性理大全》《四书大全》成为钦定的教材和科举考试的重要内容。从这一学术大势来说,王恕学宗程朱是合乎当时的学术趋势的,这也决定了他的研究须运用理学概念并讨论格物穷理、穷理尽性的理学问题。

王恕赞成穷理尽性之说。他说:"盖性乃天之所命,人之所受,其理甚微,非尽心而穷究之,岂易知哉!既知其性,则知天理之流行而付于物者,亦不外是矣。"他承认人善的本性是天之所命,由于"其理甚微",所以需要"尽心而穷究之",只有穷理方能知性,而知性则"知天理之流行",这与朱熹的思想相合。他也赞同朱子所说"心具众理"的说法。他在解释孔子所说"吾道一以贯之"时说:"谓一即心之理也。心者,神明之舍,虚灵不昧,所以具众理而应万事。夫子盖谓吾之道不在乎他,在乎以一己之心贯通万事。"他认为此"一"就是"心之理",即此一心之理而尽贯众理、可应万事,这与朱子说的"只此一心之理,尽贯众理"(《朱子语类》卷二七)的说法如出一辙。

就人性论而言,王恕是坚定的性善论者,不过,他认为不能仅就"已然之迹"言性,实际上"已然之迹"是有善有恶的:"盖天下人之言性,只说已然之

迹,便是性而已矣,更无余辞。然人之已然之迹,有善有恶,而不知顺理而善者为性之本,不顺理而恶者非性之本,故孟子言'故者以利为本'。"(《石渠意见补缺》)在他看来,人生来本性虽为善,但必须"顺理而善",即循着天赋的善性进行"尽性"的努力,方可为善;如果"不顺理"即不能循着天赋的善性而为,只会导致恶的行为发生。这既说明了善是"性之本",又说清了现实生活中导致"恶"的原因。这一说法与朱熹所说"性即理"相通,但对恶的解释则与其有异。

经过南宋以来的朱陆之争,到明季遂有朱陆合流的趋向,这在王恕身上亦有所体现。如他说:"人能求放心,使心常在腔子内而不外驰,有弗学,学之必成;有弗问,问之必知也。此学问无他道,惟求其放心,乃可以学问也。"这是他对孟子"学问之道无他,求其放心而已矣"的新解。孟子本意是要用"求放心"的内省方式消解追求学问的知识论倾向,主张"立大体"即可。王恕则把"求放心"与求"学问"统一起来了,把"尊德性"与"道问学"二者融通了,这也说明他没有严格的门户之见,谓其"宗程朱"只是时代思潮使然。其实,在王恕的著作中,直接讨论"天理""道性"的话并不多。

(三)重视实践,崇尚气节

王恕自正统十三年(1448)进士及第,为官四十五年,累官太子太保、柱国、吏部尚书,他用自己的实践证明了先前"志在经济"的宏愿。不过,他不同于那种不关切世务而只游心于章句训诂的书生,而是关切民生,扬善惩恶,以利于国家社稷,尤以丕著风节而闻名于朝。他强调尊重实际,"是者行之,非者改之",并说:"盖古之学者皆以言行为学也。"(《石渠意见》)所以,他多年为官,总能言行一致。《明史》谓其"刚正清严,始终一致"。张骥说:"公历仕中外四十五年,上三千余疏,皆忠直剀切。"众议"谓公忧时之志如范希文,济世之才如司马君实,直谏如汲长孺,惠爱如郑子产"(张骥:《关学宗传》卷一四)。《明史》卷一八二谓"恕侃侃论列无少避。先后应诏陈言者二十一,建白者三十九,皆力阻权幸。天下倾心慕之,遇朝事有不可,必曰'王公胡不言也?'则又曰'公疏且至矣'。"故当时有民谣说:"两京十二部,独有一王恕。"此忠直之风节来源于他以德为本、诚实守信的儒家道德信念,也与关学崇真务实、经世致用的宗风相联系。

他所以能在官场多年而受人尊敬,也在于他处事公道,处理问题能从实际出发。对于有些理论问题,他能持客观的态度。如当时有人主张行井田之法,王恕认为不可行。他指出,当今之时,"人稠地狭,人人授田百亩,其可得乎?"他认为即使授田五十、七十亦不可,原因是"户口年年有消长,苟欲均之,必须年年取勘分授,经画疆界。若然,则官民不胜其烦劳,又且妨误农业。"而授田之人也不愿意,因为在他们看来"此田今年属我,明年不知又属何人?"王恕认为,这样的结果,就必然造成"人怀苟且之心,怠於耕作粪壅,田必贫瘠矣"的结果。又有人提出,如果十年分一次是否可行?王恕说:"十年一分,止可均一次,其后户口有消长,则又不均矣。"(《石渠意见》)

王恕晚年则专注于读书和学术研究。对于他的为学,切不可"以文辞论",如李濂所说:"公平生所作,多不刺意。虽或出于信笔为之,而其要归必本诸仁义忠孝,有补于天下国家。"即他不是刻意去为文而文,许多都是"信笔为之",其核心则立于儒家仁义忠孝之大本,且能有补于国家社稷。所以其文与那些"墨卿藻士雕琢其词"者,或"竭一生之精力,以为无益之空言者"(李濂:《王端毅公文集序》,《王端毅公文集》)颇为不同,而总是"先国家之急而罔忌讳之禁",故颇有"古大臣之风"。其文的特点是"无假英藻而质厚有余,不务为闳辨而归准于躬行,后因以议政决策均有取焉。"(乔世宁《刻王端毅公文集叙》,《王端毅公文集》)对于王恕的为政、为德、为学和风节,李濂《王端毅公文集序》中有精当的评论:

> 其硕望伟度,足以慑四夷;沉略远识,足以熙庶绩;仁心惠政,足以福黔黎;谠论嘉谟,足以裨治化。毁誉不动其心,进退必以其正,海内之士,无不仰风采。

此足见王恕的人格和境界,亦见其在当时的影响。

二、王承裕的学术思想

王承裕(1465—1538),王恕之子,字天宇,号平川。十四五岁时随父在南都,曾从学于蒲田萧先生,二十岁时著《太极动静图说》。弘治初王恕赴京任职(冢宰),承裕侍行,并就读于京师。因能与诸名公游,见识益广,为学日进。弘治六年(1493)举进士,恰遇其父致仕,遂伴其父回三原。当时一些儒生向他求教,他便借僧舍为讲学之所,因堂不能容,后讲学于弘道书院。他讲学师道甚严,所以自树而成名者甚众。武宗即位,以王承裕为吏科都给事中,后因不满刘瑾擅权,以言事忤刘,嘉靖年间改任南京户部尚书。王承裕为官公正廉明,选用无不当。他不畏权贵,敢于秉公直言,颇有其父之风。曾向皇帝上疏,进言"进君子,退小人,及诸不法事",触怒了刘瑾,被罚粟输边,瑾诛后方复官。官至南京户部侍郎,致仕。后林居十年,"惟以读书教人为事"(《关学编》卷三)。嘉靖十七年(1538)卒,享年七十四岁,谥号康僖。

王承裕之学受家学影响很大,故冯从吾以为,"先生之学,皆本之家庭者也"(参见《明儒学案》卷九)。他教育弟子,乃"以宗程、朱之学为阶梯,祖孔、颜为标准"(《平川王先生》,《关学编》卷三),这也反映了他的学术思想特点是学宗程、朱,祖述孔、颜的。王承裕极为重视教育,认为"人犹木也,养之则成栋梁,失养则为薪蒸"。他承继张载关学躬行礼教的传统,所以教育"自始学好礼,终身由之,故教人以礼为先"。他更重视礼的实践,曾"刊布蓝田《吕氏乡约乡仪》诸书",以教化乡人,故"三原士风民俗至今贞美,先生之力居多"(《平川王先生》,《关学编》卷三)。马理所写王承裕《行实》称他的影响下,"三原人士多所劝法,动皆由礼,凡酒垆茶肆足不屑履,虽官府公所亦稀至焉"(《谿田文集》卷五)。黄宗羲亦谓"冠婚丧祭必率礼而行,三原士风民俗为之一变"(《明儒学案》卷九)。

关于他的学术思想,可从其所撰《太极动静图说》中窥其梗概。他说:

> 太极肇判,乾坤攸位,乃旋而转,阴阳行焉。由是生生化化,万物咸备,而人生于中,得元亨利贞之理,为仁义礼智之性。理也者,默默然无形可见,无声可闻,然赋之于人,非动乎其未赋之先,盖静之谓也。人之有性,犹天之有理,未感而见之于外,徒深以存之于内,则失其变化之机矣。是故,象劳兼乐,所谓法天而不载者也;象安兼寿,所谓法地而不覆者也,斯皆常人之为。若夫动静以时而无迁焉,则与天地为一矣。呜呼,其圣人哉!

他认为,太极是最高的宇宙本体,太极与天理相通。太极与理都是静的。太极生阴阳之气,才有万物的生生化化。人是天地所生,生而得"元亨利贞之理",成"仁义礼智之性",故"人之有性,犹天之有理"。显然他主张"性即理",这与朱子思想相通。"理"作为宇宙的本体,无形、无声,它正是万物变化之"机"。这里明确地阐发了天人万物一体的观念,从中可看到其学乃是以程朱为宗的。不过他又述《横渠遗书》,从其天人一体的观念、躬行礼教的风格、重视实践的特点来看,他亦是推崇张载的。王承裕还为当时"张氏门人知尊程朱，程氏门人不知尊张"的情况甚感忧虑，说明他有"尊张"的自觉意识，并究心于横渠之学。

王承裕的著作甚丰，据《关学编》称：所著有"《论语近说》《论语蒙读》《谈录漫语》《星轺集》《辛巳集》《考经堂集》《庚寅集》《谏垣奏草》《草堂语录》《三泉堂漫录》《厚乡录》《童子吟稿》《昏礼用中》《进修笔录》《动静图说》等书。所述有《横渠遗书》《太师端毅公遗事》等书行世。"然今多佚失不存。现只见其《李卫公通纂》四卷、《进修笔录》和《动静图说》。其门人主要有马理（号谿田）、李伸（字道甫）、赵瀛（字文海）、杨爵（号斛山）、秦伟（字世观）、雒昂（字仲俛），以及张原、秦宁、郝世家等，其中以马理、杨爵最为著名。此亦见当时三原学派之兴盛及在关中之影响。

三、马理及其学术思想

（一）马理生平与学术活动

马理，字伯循，号谿田。生于明成化十年（1474），卒于嘉靖三十四年（1555）。幼聪慧，又承庭训，在其父马江的训导下习读儒家经典，"指义多出人意表"。弘治六年（1493）马理二十岁时，适逢王恕致仕归家，与其子王承裕在家乡办弘道书院讲学，马理遂从其学，于是"得习闻国朝典故与诸儒之学"，且能"一切体验于身心"，并与诸友"共为反身循理之学"。关中学者一时惊叹其才学，"以为今之横渠也"（《关学编》卷四）。其学承三原一脉，故黄宗羲《明儒学案》将马理写入《三原学案》。马理曾游太学，与吕柟（泾野）、崔铣（后渠）等"交相切劘"，结为挚友。时陕西学政杨一清见到马理、吕柟，惊异他们的才华学识，称赞"马生、吕生之经学，皆天下士也。"（《明史》卷二八二）马理是弘治十一年（1498）举人，于正德九年（1514）进士及第。当时主考官以《大学衍义》为问，他在答问时对真德秀的一些说法提出异议，以为"《大学》之书，乃尧、舜、禹、汤、文、武之道"，而"真德秀所衍唐、宋之事，非《大学》本旨也"。指出真氏所衍仅"止于齐家，不知治国平天下皆本于慎独工夫"（《三原学案》，《明儒学案》卷九）。此一"失问"，使其从填"首甲"而降之，擢理稽勋主事，改文选。以后为官几起几落，曾因与当局意见不合而告归回乡三年，不久又起考功主事。后因谏武宗南巡事而遭廷杖夺俸，不久送母归。

督学唐渔石很赞赏他的学问,作记称他"得关、洛真传,为当今硕儒"(《关学编》卷四),并为他建嵯峨精舍,以收徒讲学。嘉靖初,起稽勋员外郎,又因伏阙争大礼事而下狱,再次被廷杖夺俸。以后又多次被起用,先后迁考功郎中、南京通政参议、光禄卿,最后起南京光禄卿,终致仕。

综观马理一生,虽亦官亦学,但真正为官时间并不长,往往做官不一两年即因故而归,回家乡即开馆讲学授徒。年七十后归隐商山书院,"不谈佛老,不观非圣书",说明他虽受程朱极大影响,但仍恪守张载关学躬行礼教、重于实践、批判佛老而一志于道的传统。他无论为官还是讲学,始终坚持一个不变的宗旨,那就是守道。马理自言:"身可绌,道不可绌。"(《关学编·谿田马先生》)崔铣称马理"爱道甚于爱官"。

马理一生著述颇丰。所著《四书注疏》《周易赞义》《尚书疏义》《诗经删义》《周礼注解》《春秋修义》《陕西通志》与《诗文集》各若干卷。

(二)马理的学术思想

马理"与何栢斋、崔后渠、吕泾野力回其澜,可直继濂、洛、关、闽之绪"(《谿田马光禄传》,李开先《闲居集》卷九)。即在理学面临凋敝之时,马理与吕泾野等力回其澜,重"继濂、洛、关、闽之绪",既说明他们的学术勇气,也可看出他们融通程朱与张载关学的特征。马理学术思想的特征具体表现在以下几方面:

1. 礼学思想:"天秩之礼"

马理虽然其"论学归准于程朱",然其"执礼如横渠"(《关学编》卷四),恪守张载"躬行礼教"的关学宗旨。对于礼,马理提出了一些很独特的见解。他一面讨论了礼的本源、社会作用,又讨论了执礼的原则和态度。在礼的本源问题上,马理提出"天秩之礼"的观点。关于礼的本源,先秦时荀子主张从社会生活出发考察礼的来源,说:"礼起于何也?曰:人生而有欲,欲而不得,则不能无求。求而无度量分界,则不能不争;争则乱,乱则穷。先王恶其乱也,故制礼义以分之,以养人之欲,给人之求。使欲必不穷于物,物必不屈于欲。两者相持而长,是礼之所起也。"(《荀子·礼论》)提出先王"制礼义"的观点,而"人生有欲"则是礼产生的根本原因。老子认为礼不是出于自然,而是违背自然之道的,说"礼者忠信之薄而乱之首"。马理则与这两种观点都不同,他说:"《传》释履义。履者,天秩之礼也,其分截然者也,岂径情直行者哉？盖和顺从容，以兑之柔而履乎乾之刚，斯为履也。"又说："若曰万物资始乃统天，固为元矣。其在人则为好生而恶杀之仁，凡义礼智之德皆从此出，实万善之长也。"(《周易赞义》卷一)马理从孟子的"仁义礼智"之德皆由人的自然天性出发，认为礼本是"天秩之礼"，即出于自然的秩序，这一说法正与张载所说"礼不必皆出于人""礼本天之自然"(《经学理窟·礼乐》)的思想一脉相承。

就礼的社会作用而言，马理指出："上下无以辨也，以礼辨之；民志无以定也，以礼定之，则天下寡过而治可常保之也，定万民之志则天下孚而乱不作矣。"(《周易赞义》卷一)认为，礼有辨上下贵贱、确定民众精神生活方向、稳定社会秩序的作用。又说："礼乐以定民之志，和民之心，所以象天险也；为封疆、关津、城隍、师旅，以备不虞，所以象地险也。于以守国则国固而民安矣。"(《周易赞义》卷三)即礼还有"定民志""和民心"以及"固民安"的作用。他所说的礼，实际上已超出一般所说的礼仪的范围，而包括典章制度和社会规范。马理特别强调遵礼的重要性，说："苟无礼教，虽养之，能不陷于罪邪？"面对乡间民众在饥荒时的无助和散乱，主张"放《吕氏乡约》，以礼淑民"，得到民众的认同，并订立约法，取得很好的效果。他对其师王承裕"以礼为教""率礼而行"的做法极其称赞，说："自始学好礼，终身由之，教人以礼为先。凡弟子家有冠、婚、丧、祭之事，必令率礼而行。"(《王平川先生行实》，《谿田文集》卷五)不过，对于礼的作用的发挥，他认为这需要人的正确施行，否则它的作用就受到影响。也就是说，人们在执行时也不能拘泥于礼的具体条文，而应该依据不同的情况有所变通。他曾与吕泾野在讨论"会""通"时，讨论过礼的"经"与"权"的问题，说：

"会"谓理之所聚不可遗处，"通"谓理之可行无所碍处，如庖丁解牛，会其族而通其虚也。盖谓朝觐礼也，如偶遇日食，则朝礼遇会而有碍，而所通在于救护；婚姻礼也，男女在途，而男女之父母殁，则婚礼遇会有碍，而所通在于丧礼；如衰绖而执丧，礼也，偶敌兵在境，则衰服执丧有碍，墨衰而即戎可也。如此之类，皆礼之变，经而权，皆所谓观其会通，以行其典礼者也。(《与吕泾野书》，《谿田文集》卷四)

朝觐礼遇日食，婚礼在途而父母殁，执丧礼而敌兵在境等等，这些具体的情况都说明在执礼时又要观其会通而知权变，切不可拘泥，这正是马理所主张的礼的合同妙用的原则。也是出于同样的考虑，马理虽好古礼仪但仍能注意时用。《关学编》卷四谓:"先生(马理)又特好古《仪礼》,时自习其节度,至冠、婚、丧、祭礼,则取司马温公、朱文公与《大明集礼》折衷用之。处父丧与嫡生母之丧,关中传以为训。"即他对于古代仪礼非常重视,"时自习其节度",并注意结合后人的解释和发挥加以"折衷用之"。

总之,马理认为,以礼出自然,故以礼教人,率礼而行,既注意发挥礼的重要性,又强调在执礼时注意"经而权",礼的社会作用才能得到更好地发挥,这些都与张载关于以礼为教而又能"时措"的关学传统相通。

2. 哲学思想:以理为本,兼采张、程、朱

《关学编》称马理"得关、洛真传",说明其学融通了张载关学与二程洛学以及朱子理学。在本体论上,马理显然接受了程朱的"理本气末"的观点,说:"阴阳者,气也,形而下者也,一阴一阳寓于气之中,非气而为气之主者;理也,形而上者也,即太极之谓也。"(《周易赞义·系辞》卷上)认为理与太极都处于本体的层次,是形而上者;阴阳之气则是形而下者。他进一步指出,所以把理称为太极,是因为"其为造化之枢纽,品汇之根柢,千变万化皆从此出,犹道路然"。从这个意义上,理也可称为"道",他说:"为天下古今所共由者也,是谓之道也。"(《周易赞义·系辞》卷上)所以,马理多次提到"天理",如说:"天之所助者为循乎天理,顺从而不违也;人之所助者为由乎人道。"(同上注)认为天是"循乎天理"而行,而人则是"由乎人道"而为。他所说的"天"是自然之天,不具有本体论的意义。马理也曾使用了张载所说的"太虚"这一概念,也把"太虚"与"气"联系起来,但都不是在本原、本体的意义上使用的。如说:"太虚即天,凡山中地上虚而通气者即天,故山中气候寒暖与山外不同,其物之生长收藏亦异。是山畜乎天,诚不小也,故曰大畜。"他说"山中地上虚而通气者即天",此所说的"天"乃自然之天。所谓"太虚即天",是就天是无限的虚空而言,此太虚和天皆不处于本体的层次,这显然是他受到二程对张载"清虚一大"批评的影响。

在修养工夫方面,马理既持守程朱的"主敬穷理"说,又吸收张载的"敬义交修"说,而这些都是建立在人性本善说的基础上的。马理主张人性本善,说:"善者性之发,性者善之敛。"(《周易赞义·系辞》卷上)此善的本性乃得之于天理。但是人在"童蒙之时",虽"知有良心",尚没有与外物交感,故没有受到社会的习染,还能保持本然的善性不失,此"童蒙"之心就是天德良知之心,亦即"天理之心"。所以他说:"童蒙之时,但知有良心而已,未有物交之害也。"(《周易赞义》卷二)人一旦进入社会,受社会习染,就可能使纯真的本心丧失,所以需要进行道德的修养,这个修养的工夫,在马理看来就是要向内用功,即"克己"和"践履"。他说:"君子观象,则不徒以天理之心操存于内而已,至于有为之际,则动以克己复礼为事,非其礼也,则弗以履焉。"一方面要把"天理之心操存于内",更要有"动以克己复礼为事"的践履。由此他强调"敬义交修",说:"盖君子主敬以直其内,制义以方其外,敬义交修而立焉,德斯博厚而不孤矣。"(《周易赞义》卷一)即内以"主敬",外以"制义","敬义交修","德斯博厚",此说显然受到张载思想的影响。张载说:"敬以直内则不失于物,义以方外则得己,敬义一道也。敬所以成仁也,盖敬则实为之,实为之故成其仁。敬义立而德不孤。"(《横渠易说·上经》)在工夫论上,他把程朱的"主敬穷理"与张载的"敬义挟持"思想结合起来了,但主之以主敬穷理。故冯从吾说:"其教以主敬穷理为主"(《关学编》卷四),黄宗羲亦谓马理"墨守主敬穷理之传"(《明儒学案·三原学案》)。

(三)马理的思想特点与关学特质

重道。马理一生为官时间不多,每次出仕,因种种原因"不出一二年即归,归必十数年而后起",对此他能超然处之,从不计较,故黄宗羲谓其"绰绰然于进退之间"(《明儒学案·三原学案》)。之所以能有这种超然的态度,原因在于他重道而不重为官。他常自念"身可绌,道不可绌"。他曾评价程朱释经之言,对其"体认宗旨之真,持守斯道之正"大加肯定,进而身体力行,对重道、守道从不含糊。他曾赞扬马宪"一遵道弗违"(李慧《咸阳碑刻》,《马公墓志铭》),亦曾感叹"志道"人之少,说"富贵或能极,勋名间可图。真纯兼志道,邦有斯人无。"(《嘉靖翼城县志》卷四)他在其生活和为官生涯中,时时处处坚守正道,故崔铣谓其"爱道甚于爱官"(《明儒学案·三原学案》)。

重实。马理强调笃实、实学,是建立在他对天道和本性真实无妄的认识之上的。他说:"真实无妄,天之道也。"(《周易赞义》卷三)天道真实无妄,人道就应该效法天道,做到真诚无欺。他说:"与物无妄之理,天之命也;在人则为心之理,即天所命也。"(《周易赞义》卷三)真实无妄应该是人得之于天、为"天所命"的"心之理",显然,天理是马理所以主笃实的本体论根据。所以他读书总能"习其文而求其实"(《谿田马光禄传》,李开先《闲居集》卷九)。对于经学和诸儒之学,如曾子说的"三省",颜渊的"四毋",都能"体验于身心",这与张载关学躬行践履的传统相承。其重实更表现在他对佛老的态度上。他坚守张载批判佛老的立场,对佛老的空疏提出批评,在他看来,"达磨面壁之学","杨氏之为我","墨氏之兼爱","老氏之静笃","释氏之禅定","巫氏之咒咀蛊毒、请召鬼神之术",这些虽然都自以为"至诚无妄",实皆"匪正而妄也"。(《周易赞义》卷三)并尖锐地指出:"彼老氏、佛氏以静笃定止而为道者,其于吾道真妄邪正,岂不晓然也耶?"(《周易赞义》卷五)其批佛老之"妄""邪"而扬吾儒道之"正""真"的态度,遂促使他形成"续孔孟既坠之绪,辟佛老似是之非"(《谿田文集》卷四)的求实态度和学术使命,马理也把这一实学思想、态度和方法贯穿在他为官、为学和日常生活的实践中,故《四库全书总目提要》称赞马理"务为笃实之学"。

重气节。马理刚正不阿,从不苟且为官,"五仕五已,在朝不数年,退处恒数十年"(《谿田马光禄传》,李开先《闲居集》卷九),对此他总能超然处之。正德十三年(1518),因武宗南巡事,马理与黄伯固等伏阙极谏,被杖于廷,几死。后又于嘉靖初年,因大礼之争,马理率同官伏阙,谏大礼,再次被廷杖。当时伏阙谏大礼之百官,以马理为首。后来武宗谅他无其他罪,又复其职。提学副使魏校、萧鸣凤、唐龙,因执政者讨厌他们而私去其官,马理时为员外郎,认为此三人都是正直的官员,不宜去,遂直言:"三者皆人杰也,如欲去之,请先去理。"(《谿田马光禄传》,李开先《闲居集》卷九)其仗义执言的举动,充分彰显了他无私无畏的铮铮铁骨和高尚气节。

马理推崇周程张朱之学,墨守"主敬穷理""敬义兼修"的道德修养论,坚持以礼教人、率礼而行,重于实践、崇尚气节,这些特征正与张载关学的宗风相承,故《明史》本传称马理"与吕柟并为关中学者所宗"(《马理传》,《明史》卷二八二)。马理在当时的影响已至海外,"朝鲜国王奏乞颁赐主事马某文,使本国传诵为式。其名重外夷若此。"(《关学编》卷四)马理的弟子很多,如另有河州何永达(字成章)等,有《春秋井鉴》《林泉偶得》等著作传世。

第三节 关学别派——三原学派的学术思想(下)

一、韩邦奇及其学术思想

韩邦奇(1479—1555),字汝节,号苑洛,明代陕西西安府朝邑(今陕西大荔)人,是继"三原学派"王恕、王承裕父子之后,与吕柟、马理同时而齐名的关学重要代表人物。黄宗羲把韩邦奇归于三原学派,可能是因为马理曾"师事王康僖",而同为三原之学的杨爵亦"来往拜其门","与椒山(杨继盛)并称,谓之'韩门二杨'"(《明儒学案》卷九),可见其思想与三原学脉是有联系的。韩邦奇一生学问渊博,《明儒言行录》载:"(韩邦奇)性好学,老不释卷,尤精于律数……其学以精一为宗,以培养夜气为本,以修明礼乐为要,旁通天文、地理、太乙、六壬、奇门、兵阵诸家。"然如清人刁包所言:"韩先生远祖横渠,近宗泾野,其学得关中嫡派。"此所说似又与三原相涉不大。从所论"远祖横渠""其学得关中嫡派"以及门人白璧所谓"论道体乃独取张横渠"来看,韩邦奇之学,乃是三原之学向张载关学回归的标志。

(一)生平、著作与心路历程

韩邦奇"幼灵俊异常,承训过庭,即有志圣学",而其父,就是当时研习《尚书》的著名学者韩绍宗。韩绍宗为明成化戊戌进士,仕至福建按察副使,"学识才品,当世推重"。

韩家"父子兄弟以学问相为师友",家学之风,由是可见。韩邦奇深受家学影响,秉承家教,发奋好学,早年即有研习《尚书》之作,"为诸生治《尚书》时,即著有《蔡传发明》《禹贡详略》《律吕直解》,见者叹服"。这些著作,其中所言《禹贡详略》一书,今存。据《四库全书总目提要·经部》云:

> 此书训释浅近,惟言拟题揣摩之法,所附歌诀图考,亦极鄙陋,乃类兔园册子。前有邦奇自为小引,云:"略者,为吾家初学弟子也,复讲说者举业也。详释之者,使之进而有所考也。"后有蓟门欧思诚跋,述邦奇之言,亦曰:"特以教吾子弟,非敢传之人人",则是书本乡塾私课之本。思

诚无识而刻之,转为邦奇累矣。至于每州之下各加某州之域四字,参于经文之中,尤乖体例,邦奇必不如是之谬。殆亦思诚校刊之时,移其行款也。朱彝尊《经义考》载"邦奇《书说》一卷",注曰"未见",而不载此书。其卷数则相同,或即因此书而传讹欤。

由此可见,《禹贡详略》一书乃是韩邦奇对《尚书·禹贡》篇的研习之作,其目的是为满足自家弟子初学《尚书》以科举应试之需,而无意传之于世。而且内容也较为浅陋,故说"是书本乡塾私课之本"者也。而清代朱彝尊《经义考》卷九四关于是书所记,亦与上述所引大略相同,并引韩邦奇《自序》,言作于"弘治丁巳",由此可知,作此书时韩邦奇年当十九,足见韩邦奇著书立说之早。而《蔡传发明》一书,今虽已不存,然由书名可见,此书乃韩邦奇对宋儒蔡沈《尚书集传》(又名《书集传》)的思想发挥,且亦当作于此年先后。此二书,均为韩邦奇早年随父研习《尚书》所自得。

此后,大约由于应科举考试之需,韩邦奇所学范围有所扩展。这主要表现在二十多岁时,韩邦奇所著的《易学启蒙意见》《律吕直解》二书。《律吕直解》是韩邦奇对蔡元定《律吕新书》的解释,后被编入《苑洛志乐》第一、二卷。《四库全书总目·经部·乐类》提要曰:"是书首取《律吕新书》为之直解,凡二卷。"关于该书的内容及完成时间,韩邦奇《律吕直解序》说:"弘治间,余为举子时,为之直解。"(《律吕直解序》,韩邦奇《苑洛集》卷一)韩邦奇为举子,时在弘治十七年(1504)二十六岁时。由此知《律吕直解》为其早年律学著作。关于此书之内容,韩邦奇于《律吕直解序》指出,蔡元定的《律吕新书》"上宗班固,斟酌马迁以下诸儒论议","亦略明备矣"。"然理虽显而文隐,数虽著而意深",故而为之"直解"。"直解者,不文,欲易读也"。在本书中,韩邦奇对"黄钟用九,不用十"、"必求中声,不当从事于器数"以及"太玄无形,太阴无声,苟得其妙,一弦可也,无弦亦可也"的观点提出批评,并提出:"故君子不为荒唐之虚言,究心制作之实用,黄钟之用宏矣。岂独乐哉?制事立法,度物轨则,大而天地日月,小而衣服盘盂,皆其用也。其体物而不遗者乎!"这是韩邦奇对蔡元定律学思想的继承和发展,是早年其留心礼乐的具体体现。

明正德三年(1508),韩邦奇三十岁,与弟邦靖同榜题名,考中进士,号称"朝邑二韩"。此后韩邦奇虽步入仕途,然仍潜心于早年的《易》《书》之学。约于正德十年(1515),韩邦奇三十七岁时,完成了《洪范图解》一书。关于此书,《四库全书总目提要》说:

　　　　是编因蔡沈《洪范皇极内外篇》复为图解,于每畴所分之九字系以断语,俾占者易明。其揲蓍之法与《易》之蓍卦相同,所言休咎皆本于《洪范》,亦与《易》象相表里,盖万物不离乎数而数不离乎奇偶,故随意牵合无不相通云。(卷一一〇,《洪范图解》提要)

此书大抵是韩邦奇在早年《尚书》和易学的基础上,本之于蔡沈《洪范皇极内外篇》,力求二者贯通的著作。

由此可见,韩邦奇早年的思想,首先是基于家学,重点在《尚书》,当时的著作主要是《蔡传发明》《禹贡详略》;后来为了科举需要,而拓展到对易学和律学的研究,这时的代表作,是在二十多岁完成的《启蒙意见》《律吕直解》二书;三十岁中举入仕之后,以《洪范图解》为标志,达成了《书》和《易》的贯通。宋儒邵雍、朱熹、蔡元定、蔡沈的易学、尚书学和律学思想,对韩邦奇影响比较大,说韩邦奇之学是"秉自家传,出于程朱",恐不为过。

正德十一年(1516),是韩邦奇仕途和学问上一个重要的转折点。是年,韩邦奇上疏《苏民困以保安地方事》,揭露和抨击了贪官相互勾结,鱼肉百姓的恶行,并作《富阳民谣》,控诉了官府的欺压和掠夺。然被贪官污吏诬奏为"擅革进贡,诽谤朝廷"而被逮下诏狱,后又被革职为民。早期程朱理学的洗礼和入仕后宦海世事的历练,韩邦奇思想发生了重大的变化,即从"少时锐意于诗文","留心于礼乐",而走向"乃幡然于性命道德之学"。正德十三年(1518),步入不惑之年的韩邦奇,于谢客讲学间完成了《正蒙拾遗》,正是这一思想转型的代表作,也是其一生哲学思想的最后归宿。

韩邦奇于正德十一年致仕里居,"既归,谢客讲学,四方学者负笈日众"。直到正德十六年(1521)再次奉诏起用前,有赵子春、尚道、杨爵等来问学。此后韩邦奇或出仕为官,或里居讲学,直到七十七岁去世,期间为政讲学,未曾断辍。冯从吾赞之曰"立朝著伟绩,居乡谈道义",是韩邦奇后半生的基本写照。在后半生的三十多年里,韩邦奇虽然仍有为数不少的文字之作,但他在学术上所作的,主要是"益修旧业,倡导来学",在哲学上,再没有提出新的观点和论说。大约六十岁之后,韩邦奇诸门人开始结集刊刻其著作,编成《性理三解》《易占经纬》《苑洛志乐》《苑洛集》等书。在这一时期,韩邦奇主要是落实其早期思想在现实中之运用,并进而对其一生之所学所思进行总结。

嘉靖十七年(1538),韩邦奇六十岁,获准致仕。此后五六年时间,韩邦奇以里居讲学为事,其间先后授赵天秩《春秋》《尚书》,授王赐绂、张思静《易》,

第六章 明代前中期关学及其特征

命王赐绂、张士荣编《易占经纬》，命樊得仁编《性理三解》以行世。嘉靖十九年(1540)，樊得仁曾将《律吕直解》《启蒙意见》《洪范图解》三书合刊，命名为《性理三解》行世。嘉靖二十一年(1542)，韩邦奇嘱樊得仁以《正蒙拾遗》替换《律吕直解》，此后《性理三解》固定为《正蒙拾遗》《启蒙意见》和《洪范图解》三书。

嘉靖二十三年(1544)，韩邦奇六十六岁。是年，复起总理河道，升刑部右侍郎，改吏部右侍郎。次年，《易占经纬》编成，此书四卷，由王赐绂和韩邦奇外孙张士荣依韩邦奇之意按顺序编排而成，前列《卦变图》《易占图》《焦氏易林占图》《易象爻辞》，正文以三百八十四变为经，四千九十六变为纬，分别取《易》爻辞与《易林》附之。占则以孔子占变为主。后有附录一卷，明卦爻三变及《易林》推用之法。是书之主要思想，在于"专阐卜筮之法"。

韩邦奇晚年思想的又一个重要总结，是《苑洛志乐》的刻本面世。此书始刊刻于明嘉靖二十七年(1548)韩邦奇年七十岁时，是韩邦奇一生乐律学思想的总结。如其卷九所云，该书"取乐之切要者考证删定"，对古代之乐律、古乐器、乐曲、乐舞，以文字记述与图解配合的方式做详尽的归纳、解说、注解，并且对音律有着独特的见解。《四库全书总目·经部·乐类》该书提要评之曰："虽其说多本前人，然决择颇允，又若考定度量，权衡乐器乐舞乐曲之类，皆能本经据史，具见学术与不知而妄作者究有径庭。"更为难得的是，在该书中，韩邦奇继承了中国传统"乐生于心"的观念，提出音乐应该"取诸造化之自然"，"顺其自然，发乎人心"的观点，这从本质而言，是其"天人合一"思想在"制礼作乐"上的具体体现。

韩邦奇一生学术思想以及各类撰述的结集，是嘉靖三十一年(1552)由其门人张文龙集刻行世的《苑洛集》，其时韩邦奇已七十四岁。是集为韩邦奇一生文章、思想之汇集，总二十二卷。由此书，可见韩邦奇一生学术梗概。而时人与后人，也对《苑洛集》给予极高评价。孔天胤评之曰："苑洛先生，当代之儒贤也……故其为文类非丹雘斧藻之事，盖帝王统治之猷、圣贤传心之学、人物之汙隆、风俗之上下、性情之所感宣、闻见之所著录，其辞不一，其陈理析义，卓然一出于正，其扬教树声，翕然一矢乎！"清乾隆十六年(1751)朝邑知县成邦彦在其为重刻《苑洛集》的序文中有这样的评价："然明体达用所谓恬退之节、经济之才，略可纺纬，其余体裁不一，要皆根极理要，有裨世道。"《四库全书总目提要》卷一七一对此集也有评价："而记问淹通，凡天官、地理、律吕、数术、兵法之属,无不博览精思,得其要领。故其征引之富,议论之核,一一具有根柢,不同缀拾浮华……其他辨论经义,阐发易数,更多精确可传。盖有本之学,虽琐闻杂记,亦与空谈者异也。"于此可见朝邦奇学问之广,切世之要。

(二)韩邦奇的易学思想

据《四库全书总目提要》卷一七一称,韩邦奇"阐发易数,更多精确可传",表明韩邦奇对易学有深入的研究和独特的见解。据考,韩邦奇的易学思想,除在其著作如《易学启蒙意见》《洪范图解》《易占经纬》等书中有集中表述外,还散见于《正蒙拾遗》《苑洛志乐》《苑洛集》中。通过这些著作的完成时间和主要内容,可以较为全面地了解韩邦奇易学思想的发展历程及其主要特点。

1. 承续朱、邵,推阐新义

韩邦奇研习程朱理学著作,并于二十五岁时,完成《易学启蒙意见》一书。此书通常称为《启蒙意见》,又名《易学疏原》,是韩邦奇对朱子《易学启蒙》思想的阐发,也是韩邦奇早年易学思想的重要代表作。关于此书,《四库全书总目提要》曰:

> 是编因朱子《易学启蒙》而阐明其说。一卷曰"本图书",二卷曰"原卦画",皆推演邵氏之学,详为图解。三卷曰"明蓍策",亦发明古法,而附论近世后二变不挂之误。四卷曰"考占变",述六爻不变及六爻递变之旧例。五卷曰"七占",凡六爻不变、六爻俱变及一爻变者,皆仍其旧。其二爻、三爻、四爻、五爻变者,则别立新法。以占之所列卦图,皆以一卦变六十四卦,与焦延寿《易林》同然。其宗旨则宋儒之易,非汉儒之易也。
> (卷五,《易学启蒙意见》提要)

是说《启蒙意见》是"因朱子《易学启蒙》而阐明其说",故而书中大量引用朱熹《易学启蒙》和《周易本义》中的内容进行详细解释。由此可见,朱熹易学是韩邦奇早期易学思想之重要渊源。因朱熹《易学启蒙》是为阐明邵雍易学思想而作,所以综而观之,韩邦奇易学思想既是朱熹易学思想的阐明,也是邵雍易学思想的推演。关于对易学基本特点和易学基本源流的认识,韩邦奇在《启蒙意见序》中说:

第六章　明代前中期关学及其特征

夫易,理、数、辞、象而已矣。理者,主乎此者也;数者,计乎此者也;辞者,述乎此者也;象者,状乎此者也。图书者,理之舆也,辞之方也,数之备也,象之显也。是故圣人观象以画卦,因子以命爻,修辞以达义,极深以穷理,易以立焉。自夫子称"相荡"而先天之义微,微之者,后儒失之也。夫"相荡"者,自八而六十四者也;先天者,加一倍者也。其本同,其末异;其生异,其成同,而汉以下莫能一焉。宋邵康节氏自八而十六,自十六而三十二,自三十二而六十四,朱晦庵氏为之本图书,为之原卦画,为之明著策,为之考占变,于是乎易之先后始有其序,而理数辞象之功懋矣。

韩邦奇认为,"夫易,理、数、辞、象而已矣",指出大易是通过义理、术数、言辞、物象来加以展现的,同时对这四者在易中的作用做了扼要提示,即"理者,主乎此者也;数者,计乎此者也;辞者,述乎此者也;象者,状乎此者也。"亦即理是核心,数以计量,辞以述说,象以名状。韩邦奇认为,"图书者,理之舆也,辞之方也,数之备也,象之显也。"即《河图》《洛书》是易学理、数、辞、象四者相互结合的具体体现。对于易学的源流,韩邦奇认为自孔子以后,"后儒失之",只有邵雍和朱熹才重新揭示了易学的本相,"于是乎易之先后始有其序,而理数辞象之功懋矣"。由此可见,韩邦奇与邵雍和朱熹的易学理路是一脉相承的,都具有从象数而推演义理的特点。

韩邦奇易学虽承接邵雍、朱熹,但在表现形式上,则更侧重于用图、表来表现其思想内容。这一特点,不仅见于《启蒙意见》,而且在其后来的著作,特别是《洪范图解》《易占经纬》中都有体现。甚至韩邦奇将这一直观的形式延伸到易学著作之外,如其思想代表作《正蒙拾遗》、律吕学代表作《苑洛至乐》中,也附有大量关于天文历法、乐器、乐舞的图解。在《启蒙意见》中,韩邦奇在朱熹《易学启蒙》的基础上创立了八图,以说明《河图》蕴含的天地自然之数,以及用阴阳五行变化五图、四季五行运转四图揭示了五行运行变化的规律;用筹数之图解释了《洛书》与《尚书·洪范篇》之间的内在关系,创制了《河图洛书十与十五常相连图》,揭示了《河图》《洛书》相互蕴含的道理;另有筮法图、卦象变占图、卦辞表等,揭示卦象、变占的内在规律。用图、表等形式表现易学思想,是韩邦奇易学与当时其他学者相比更为鲜明的特点。

重要的是,韩邦奇的《启蒙意见》并非止于用图、表形式表现邵雍、朱熹的易学思想,而且以邵、朱易学为渊源,提出自己对卦爻变化规律的见解,并在

此基础上提出自己对天道、人道演变内在规律的认识。韩邦奇在易学思想上的创见,主要表现有二:

其一,沿袭邵雍、朱熹将大易分为先天、后天的思想,提出"其本同其末异,其生异其成同"的观点。这即是说,对于邵雍所倡导的"加一倍法"(先天之义)和孔子所创立的"相荡"法(后天之义)而言,太极到八卦的生成是相同的,而从八卦到六十四卦的生成则是不相同的。先天之义的过程是由三爻的八卦慢慢扩展到四爻、五爻,直到六爻,而后天之义则是由三爻的八卦两两相荡,直接形成六爻,这就是"其本同其末异"。虽然从八卦到六十四卦的生成过程不同,但是最后生成的六十四卦是相同的,所以"其生异其成同"。

其二,韩邦奇以太极为宇宙至高无上的终极本原,创立了具有新特色的"太极图"即"维天之命"图和"圣人之心"图(见下)。

"维天之命"图

第六章　明代前中期关学及其特征

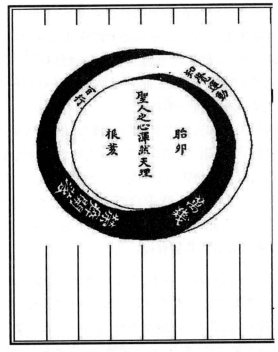

"圣人之心"图

"维天之命"图扬弃了周敦颐太极图分为五层、叠床架屋的方式,而是将五层融合为一,用来体现其"阴阳、五行、万物不在天地之外"和"阴阳有渐,无遽寒遽热之理"的思想。"圣人之心"图与"维天之命"图结构相同,体现了人心即天理、天与人相合,生命演化与造化化生之理相融通的思想。这一思想是韩邦奇研习朱子《易学启蒙》的重要思想创获,而这一太极图式也对后来易图学发展具有较大影响。据现有的资料看,韩邦奇之前,学界还没有与之相似或相近的太极图。而此后与之几乎相同或相近的太极图越来越多。其中最受后人关注的,主要有章潢的"造化象数体用之图"和来知德的"太极圆图"。虽无直接证据说明这些太极图出现是受韩邦奇影响的,但或可说明韩邦奇正是此类太极图的创始者之一。

2. 贯通《易》《书》,尚明象数

约于正德十年(1515),韩邦奇三十七岁时,完成了《洪范图解》一书。此书是韩邦奇在《尚书》和易学的基础上,本之于蔡沈《洪范皇极内外篇》,力求二者贯通的著作。《洪范》是《尚书》中极为重要的一篇,韩邦奇对《洪范》的研究，承自其家学渊源。韩邦奇的父亲韩绍宗是当时研习《尚书》的著名学者，世人尊之为莲峰先生。大约在韩邦奇十四岁的时候，韩绍宗任职福建按察副使，韩邦奇随侍其父，故能时常得到父亲的言传身教，于《尚书》有所领悟。韩邦奇潜心《易》《书》十余年，此时对易学已经有所创获，故能反观于《洪范》，达到对二者思想的进一步贯通。

在《洪范图解》中，韩邦奇首先对《洪范》篇"总纲"部分的内容做了图示，并揭示了其与《易传》中所谓"大衍之数"一段内容之间的内在关系。《洪范》篇说："初一曰五行，次二曰敬用五事，次三曰农用八政，次四曰协用五纪，次五曰建用皇极，次六曰乂用三德，次七曰明用稽疑，次八曰念用庶征，次九曰向用五福、威用六极。"为此，韩邦奇创作了《箕子洪范九畴之图》《大衍洪范本数图》《九畴本洛书数图》，并解释说：

> 大衍之数五十者，一与九为十，二与八为十，三与七为十，四与六为十，五与五为十，共五十也。其用四十有九者，一用五行，其数五；二用五事，其数五；三用八政，其数八；四用五纪，其数五；五用皇极，其数一；六用三德，其数三；七用稽疑，其数七；八用庶征，其数五；九用五福六极，其数共十有一，积算至四十九也。又曰一而曰极，大衍所虚之太极也。

《洪范》篇就其大条目而言有九，所谓"九畴"也。然就其小条目而言，则有四十九。此四十九，正与《洛书》之数相表里，即："一合九而为十，二合八而为十，三合七而为十，四合六而为十，此洛书以虚数相合而为四十者也。若九畴，则以实数相合而为五十矣。"在《洪范》与《洛书》相贯通，"亦与《易》象相表里"的基础上，韩邦奇进一步提出《洪范》"揲蓍之法与《易》之蓍卦相同"的观点，并以大量图解作了说明。韩邦奇总结了《洪范》卜筮的规律是："象以偶为用者也，有应则吉；范以奇为用者也，有对则凶。""正数者，天地之正气也，其吉凶也确；间数者，天地之间气也，其吉凶也杂。"他认为，这是"范学传灯之秘"，对之极为赞叹。《洪范图解》一书，是韩邦奇在象数角度贯通《易》《书》思想的重要著作。

3. 融会汉宋，统一占断

嘉靖二十四年（1545），《易占经纬》编成，韩邦奇于此书后序说：

> 孔子曰："动则观其变而玩其占"，斯《易》之大用乎！夫《周易》，为卜筮而作也，是故尚其占焉。《易》之数，老变而少不变，是故观变焉。

《易》之爻惟九六,无七八之爻也,是故占变焉。'占不变爻'者,于《易》莫归;'三爻占象'者,于理无取,是故于《易》窒矣。三百八十四爻,四千九十六变,《易》之变,尽于是也。是故《国语》之附会,后儒之议拟,吾不得而知也。用《易林》之变而不用《易林》之辞,吾亦不得而知也。吾之所知,经纬而已矣。(《见闻考信录》)

这亦是韩邦奇关于易占之主要思想。韩邦奇认为,"夫《周易》,为卜筮而作也,是故尚其占焉",而"易之数,老变而少不变,是故观变焉。易之爻惟九六,无七八之爻也,是故占变焉"。故他反对朱熹提倡的"占不变爻"和"三爻占象"的思想,创立《易占图》,展示了六十四卦的任何一卦,都可以通过一至六个不同数、不同组合有规律的爻变变化出另一卦;进而提出应以《易经》中相应变卦的爻辞和《易林》中相应的繇辞为准占断。这就在"变"的原则下统一了卜筮中"占"和"断"的矛盾问题。

另外,于是书之附录中,韩邦奇依据《启蒙意见》提出的"其本同其末异,其生异其成同"的观点,提出"卦爻三变说"和"易林推用之法"。韩邦奇易学传人李沧、张思静认为,"卦爻三变说"是韩邦奇在易学上的重大创见之一。其大略为:

第一卦变。弟子张思静概括说:"夫生卦之序,士子之常谈也,至于伏羲一加之,孔子三加之,生序先后,无不吻合,则发自先生也,此一变也。"(张思静:《卦爻三变序》,见《易占经纬·附录》)韩邦奇曰:"伏羲画卦加一而至六,夫子相荡自三而加三,亦为六。至宋,邵子复明伏羲之本旨,然自一而二,自二而三,自三而四,自四而五,自五而六,其六十四卦之生序,与夫子三上加三,无一而不同。先圣后圣,其义一也。""其生异其成同,其本同其末异,此羲、孔之画也"(《卦爻三变》,《易占经纬·附录》),即从太极到六十四卦的生成过程中,由邵雍所揭示的"加一倍法"与孔子的"相荡"模式两相吻合。这就在卦序生成上,统一了先天后天、先圣后圣之义。

第二卦变。张思静谓:"夫子三而三之相荡为六十四,士子之常谈也,以八卦三爻各三变,各为八卦,为六十四,则发自先生也,此第二变也。"(张思静:《卦爻三变序》,见《易占经纬·附录》)韩邦奇曰:"夫子于八卦上各加八卦,成六十四卦,只是倍其三。今于八卦各三爻尽其变,每一卦可变八卦,亦成六十四卦。如:乾一爻变者三,二爻变者三,三爻变者一,并本卦为八。各加乾卦之上,为八卦。余七卦准此。此因夫子相荡、生卦之序而于卦变得之也。"(《卦爻三变》,《易占经纬·附录》)即由三爻构成的八卦中的每一卦,只要其中的任何一爻变化,都可以转化为另一卦。将变化出来的卦叠于原来的八卦之上,亦可以得六十四卦。这就在卦爻互变上,贯通了八卦和六十四卦。

第三卦变。张思静谓:"一卦尽六爻之变,为四千九十六卦,此士子之常谈也,以六画之上再加六画,即与四千九十六变合且以制用者,则发自先生也,此第三变也。"(张思静:《卦爻三变序》,见《易占经纬·附录》)韩邦奇曰:"于六十四卦上各加六十四卦,为四千九十六卦。焦氏一卦变六十四卦,各有卦辞,其名称亦各有不同。朱子卦变则是每卦自一爻至六爻之变为六十四卦,然止占三百八十四爻、六十四象,用不如焦氏之密。然朱子变爻,实本于焦氏变卦来。焦氏之卦变,圣人复起,不能易矣,盖得羲文之本旨。焦氏于卦变得四千九十六,今则于每卦上加六十四卦,得四千九十六卦,此因焦、朱卦爻之变,而于相荡得之也。"又说:"八卦小成矣,倍之为六十四,及六十四卦,大成矣。倍之得四千九十六,不倍则何以致用? 此自然之数,非圣人有意而为之。三者,三才也;六者,六德也。六者,体也,十二者,用也。"(《卦爻三变》,《易占经纬·附录》)这即是用孔子"相荡"的模式,推演出十二爻构成的四千九十六卦,如此把汉代焦赣之易和朱子之易又贯通起来。

"卦爻三变说"由太极、两仪、四象、八卦推演至十二爻卦,实现了先天与后天、八卦与六十四卦、六十四卦与四千九十六变、汉代焦赣之易和朱子之易的贯通;"易林推用之法"则实现了易卦与阴阳、五行、干支以及二十四节气、三百六十日的统一。《易占经纬》一书,体现了韩邦奇融合汉、宋易学,力求占、断统一,并将之与历法相配合的思想。

4. 详解经传,会通义理

《韩苑洛集》是韩邦奇一生文章、思想之汇集,其易学经典诠释学思想的主要特点。

第一,贯通辞、象。韩邦奇解释《易经》《易传》的特点之一,是紧紧把握住《易经》经文与卦象的内在联系,以"象""辞"为结合点,按照时、位、德的特点以及乘、承、比、应等关系,力求《易经》卦象与卦辞的内在统一。如解释坎卦,韩邦奇说:

> 初六以阴柔居重险之下,阴柔既非济险之才,又居重阴之下,则其势又难于自免。其象则为习坎,而入于坎窞矣。自习坎而入于坎窞也。以六三言之,入于坎窞,不言习坎,例之可见。窞者,坎中之小穴,乃险中之

险,可见是险中又险,无可出之理矣。凡言坎者,犹有可济之理,入于坎窖,终无可出之理矣。(《见闻考信录》四)

再如解释大壮卦:

是于卦体上取了'羊'之象,六五上取了'丧'之象。盖卦体为壮,如羊也。六五不能壮,是丧羊也。(《见闻考信录》四)

再如解释睽卦:

此爻象占通不在本爻取,只在承乘有应之爻取义。因处于二阳之间,故有'曳掣'之象。又从睽上取上九,猜狠之象,"睽"字从卦来,"天劓"即猜狠之假像,非猜狠之外,又有髡劓也。"髡劓"皆刑,"髡"是割其发,"劓"是割其鼻,因上九阳刚为正应,故有有终之占,使非阳刚,正应则终不得合矣。(《见闻考信录》四)

第二,统一经、传。韩邦奇解释《易经》《易传》的特点之二,是紧紧把握住《易经》经文中重点的关键词,并结合《易传》内容而展开不同层面的思想诠释。其基本的范例,是对《易经·乾卦》卦辞的解释。韩邦奇说:

"乾,元、亨、利、贞。""乾"字是伏羲的卦,"元、亨、利、贞"是文王系的辞。乾卦中有个大通至正的道理,故文王系以'元、亨、利、贞'之辞。有四样解说,各不相关。其一,以卜筮言,上古所传,朱子之本义是也;其二,"大哉乾元""云行雨施""乾道变化"三节,是说"乾"字是天。"元""亨"是春夏生长物,"利""贞"是秋冬收藏物。如曰'乾,元、亨、利、贞'者,天以春夏秋冬生长收藏万物之谓也。此以造化解也。其三,"大明终始""首出庶物"二节,是说"乾"字是圣人之德,"元""亨"是圣人得位,"利""贞"是成天下之治。如曰"乾,元、亨、利、贞"者,以圣人之德,在天子之位,成天下之治之谓也,此以圣人功业解也;其四,"元者,善之长也""君子体仁长人""君子行此四德"三节,是说乾是健,元亨利贞是仁义礼智,如曰"乾,元、亨、利、贞"者,君子以健而行仁义礼智之谓也,此又以君子之学解也。其他仿此。(《见闻考信录》三)

第三,以史解《易》。韩邦奇解释《易》的特点之三,是在对《易经》《易传》经文解释的基础上,紧密结合历史中的典型人物和案例,以史证易,以事明理,从而丰富了易学的内容,达到了易学和史学的相互贯通。此种方式贯

穿于韩氏对《易经》经文解释的始终,是韩邦奇易学解释的重要特点。如释《乾卦·文言》"龙德而隐",韩邦奇曰:

> 龙德而隐,是有圣人之德而隐,若伊、吕之徒,圣人乐则行之。是他本欲见是之人今不见,是而"无闷",如巢、许之徒,彼自忘世矣,不必言无闷也。若林和靖、四皓,隐士耳,非"龙德而隐"也。

又如论坤卦、释屯卦,韩邦奇曰:

> 易道固当因时,也要论自家材器。坤之时,本不可为也,有"直、方、大"之德,亦可为也。商山四皓,是"六四"之材,只可隐处。若不自量而出,如郦生之徒,杀身必矣。萧何、张良,有"直、方、大"之用也。(《见闻考信录》三)

> 当屯之时,既有济屯之才,如何又不遽?进理势当如此也。彼秦、隋之乱,极矣。陈胜、李密之徒,既无亨屯之才,又不知未可遽进之义,时未可而攸往,适足以杀身,为真主之驱除。汉高祖、唐太宗,负济屯之才,知其未可攸往也,方且潜龙于芒砀、晋阳之间,待时而动,天下一矣。时乎!时乎!读《易》君子尚其玩之,此兴亡之几也。(《见闻考信录》三)

凡此种种,以史解易,力求史学与易学的贯通,在韩邦奇易学思想中多有表现。

总之,韩邦奇易学的特点主要在于:以"变"为原则而求其"通"。通过对易学的研究,韩邦奇以伏羲、文王、孔子的易学思想为源,以邵雍、朱熹易学为宗,创造性地采取了大量图式与解说相结合的方式,实现了易学中先天与后天、卦辞与卦象、易经与易传之间的贯通,并将之延伸到《尚书》等经典,力求易学与《尚书》中五行九畴之学、历法中二十四节气、三百六十日以及历史中重要人物、事件之间的贯通,体现了其对易作为宇宙统一哲理的高度认同。就此而言,韩邦奇不可不谓明代易学史上的博洽通家。

(三)韩邦奇对张载学说的承传与发展

韩邦奇虽然被黄宗羲归为三原学派,但其思想与三原其他学者"微别"。他不是从程朱之学入手,而是另辟蹊径,直接从张载关学进入。除了其易学受张载影响之外,重要的是他一直关注张载最重要的著作《正蒙》。其门人白璧所说的"而论道体乃独取张横渠"(《关学编》卷四)决非虚言,自此实现了三原之学由程朱向张载关学的回归。

《正蒙拾遗》虽完成于韩邦奇四十岁时,然韩邦奇对《正蒙》的研究并不止于当时。明世宗嘉靖十一年(1532),韩邦奇在其为刘玑所作《正蒙会稿序》中,提及自己研读《正蒙》的大略经过:

> 正德中,吾友何子仲默以近山刘先生《正蒙会稿》见遗。初,弘治中,余尝为《正蒙解结》,大抵先其难者。继见兰江张子廷式《正蒙发微》,详尽及于易者。顾于予之《解》略焉,尝欲合二书而刻之,今见《会稿》则难易兼备矣,乃取《解结》焚之。使廷式见之,亦将焚其《发微》乎?(《正蒙会稿序》,《苑洛集》卷一)

其为《正蒙解结》是在"弘治中",即韩邦奇二十七岁之前,与其作《启蒙意见》《禹贡详略》《律吕直解》等大略在同一时期,《正蒙解结》概为其早年著作,这是他接触《正蒙》的第一阶段。其后,韩邦奇见到张廷式的《正蒙发微》,认为此书"详尽及于易者",而已作《正蒙解结》则有"大抵先其难者"的特点,可相互发明,故欲合刻之。这是第二阶段。到正德年间,又见到刘玑所著《正蒙会稿》,读之而以其"难易兼备",兼取前二书之所长,故"取《解结》焚之",并叹曰:"使廷式见之,亦将焚其《发微》乎?"这当是其研读《正蒙》的第三阶段。关于这一进阶的经过,其门人樊得仁所撰《性理三解序》亦有记载。那么,韩邦奇为什么还要做《正蒙拾遗》呢?樊得仁《序》中亦有揭示,其曰:

> 正德以来,世儒附注于《正蒙》者复数家,后先生乃以张子之大旨未白,一二策尚欠详明,于是作《拾遗》。

韩邦奇因为看到《正蒙》之注甚多,然而并未揭示张载哲学之大旨,于个别文句解释也尚欠详明,故而作《正蒙拾遗》。这可视为韩邦奇研读《正蒙》的第四个阶段。然而需要注意的是,韩邦奇《正蒙拾遗》一书初步完成之后,大约有二十多年未曾刊行面世。直到嘉靖二十一年(1542),樊得仁重刻《性理三解》时,以《正蒙拾遗》替代其中《律吕直解》,如此《正蒙拾遗》才得以正式面世。那么,自正德十三年(1518)韩邦奇四十岁时《正蒙拾遗》成书,到嘉靖二十一年(1542)刊刻行世,此间二十多年,韩邦奇为何仅以《正蒙拾遗》见示于弟子门人,而不愿刊行于世?除了其对初稿或有未当之处要做修改外,似乎没有更好的解释。而嘉靖二十一年应樊得仁之请,以《正蒙拾遗》替代《性理三解》中之《律吕直解》,且以之置于书首,正说明韩邦奇此时已对《正蒙拾遗》修订完善,并对之特为重视。此大略可为韩邦奇研读《正蒙》之第五阶段。由此可见,韩邦奇对《正蒙》之研习,虽始于年少十余岁,而至六十四岁时方成熟完善,这一过程历时四五十年,是一个由粗浅到深刻,从雏形到成熟的不断持续深入的过程。张载所谓"仰思俯读",其中之艰辛,韩邦奇当有体验之。《正蒙拾遗》虽然篇幅不大,然将之视为韩邦奇一生费力最多、费时最久的覃思之作,当不为过。而将此书与韩氏前后其余著作相比,其中所阐之天人、性道思想,完全可以看作是韩邦奇由程朱而复归于张载的思想过程。

经过对《正蒙》的长期体认,韩邦奇对张载极为敬仰,他如此评价张载:"自孔子而下,知'道'者惟横渠一人。"(《正蒙拾遗·太和篇》)以张载为孔子之后唯一知"道"者,此种赞语,不为不高,仰慕之心,溢于言表。于《正蒙拾遗》正文中,他又盛赞了张载"气坱然太虚"这一观点的贡献:

"气坱然太虚"非横渠真见道体之实,不敢以一"气"字贯之。(《正蒙拾遗·太和篇》)

"未尝无之谓体",所谓"气坱然太虚"。自汉唐宋以来,儒者未有见到此者,是以不惟不能为此言,亦不敢为此言也。(《正蒙拾遗·诚明篇》)

此用一个"不能"、两个"不敢",不惟道出韩邦奇对张载"造道"识见之高的信服,亦道出其对张载"造道"之勇的钦佩。再若通观《正蒙拾遗》一书,可见是书虽篇幅短小,且以摘录《正蒙》中部分句子进行解释分析为体裁,然其解释辞句远远多于所摘原文,且观点清晰明了,能发张子所未发,明张子所未明,不但"纠正"了宋明以来学者对张载道学思想的错误理解,而且以张载思想为基础重构了以"天人""性道"为核心的哲学思想体系,故而此书既是韩邦奇对张载道学的回归和认同,也是韩邦奇自己哲学体系建立和成熟的标志。

韩邦奇对张载哲学的继承和发展,体现于韩邦奇自觉地把由张载首次明确提出的"天人合一"这一命题,作为张载《正蒙》之本旨和自己思想建构的目标和归宿。在《正蒙拾遗序》开篇,韩邦奇即言:"学不足以一天人、合万物,不足以言学。吾读《正蒙》,知天人万物本一体也。"而其思想,也主要沿着"天人合一"这一思路展开。概而言之,主要有三:其一,韩邦奇在张载"气"论的基础上,进一步明确提出了"天地万物,本同一气","太虚无极,本非空寂"及"太极未尝无"的观点,认为"太虚"就是"无极",它和"太极"一样,都是"气"未形成万物之先的统一的、潜在的实有存在,而不是"空寂"或

"无"。在此基础上,韩邦奇一并批评了先儒及佛老"无生有"以及"以死为归真,生为幻妄"的错误看法,这不仅进一步阐明了张载的"气"论思想,而且为其"性""道"观的提出奠定了基础。其二,自觉接过张载"性即天道"这一命题,明确提出"性道一物"(《正蒙拾遗·太和篇》)的观点,并在"形而上者谓之道"的基础上提出"气而上谓之性"的这一独创性的命题。他认为:"性"是"道"的蕴含未发、至静无感,"道"是"性"大化流行、落实展现。"道"主宰万物而为其本体;"性"主宰"气"而为其本体。"形"从于"气","道"亦从于"性"也。在此基础上,他针对宋儒把"理""太极"等同于"道"的观点,提出"道非太极":"太极是寂然不动时物;道是动而生阳以后物,安得以道为太极哉!"其三,批评了朱熹独取《西铭》的错误方法,表明他对《东铭》的重视,并明确先《东铭》而后《西铭》、由人道而天道,即由人而天"推而大之"的哲学途径。在此基础上,提出"贤人之学""大贤之学"和"圣人之学"的修养层次和以"戒谨恐惧""无问动静""必合乎理"为主要特点的修养方法。

由此可见,《正蒙拾遗》一书是韩邦奇通过对"天人""性道"等形上问题的深刻反思,摒弃程朱理学而向张载关学的自觉回归的重要思想结晶,这既是韩邦奇经过程朱理学洗礼之后实现的一次重要超越,也是韩邦奇对张载关学继承发展的重要体现,更是韩邦奇归之于张载关学的重要标志。

明世宗嘉靖三十四年(1555)秋,门人白璧因受教多年,"见先生事君处友、上下进退之间,无非平易切实之事",故费数年录先生之说为一书,曰《苑洛先生语录》。其《序》曰:"先生平生精力,虽用之甚博,而求之于要,此亦足得之矣。"如是云,《苑洛先生语录》一书,可谓韩邦奇一生所学之"返博归约"者也。会十二月,关中地震,"或地裂泉涌,或城郭房屋陷入地中,或平地突成山阜,或一日连震数次,或累日震不止,河渭泛溢,华岳、终南山鸣,或移数里",而韩邦奇与三原马理、长安王维桢等,同日罹难。死后,韩邦奇被葬于朝邑县西华原南,享年七十有七。至此,关学重镇中之一代英才,陨落于斯,不亦悲乎!

其门人白璧又说:"先生天禀高明,学问精到,明于数学,胸次洒落,大类邵尧夫,而论道体乃独取张横渠。少负气节,既乃不欲为奇节异行,而识度枉然,涵养宏深,持守坚定,躬行心得,中正明达,则又一薛敬轩也。"(冯从吾《关学编》卷四)这是对韩邦奇一生的真实写照。

二、杨爵的学术思想

杨爵(1493—1549),字伯修,号斛山,陕西富平(今陕西富平县)人,明代著名谏臣。早年"韩恭简讲学,先生辈来往拜其门"(《三原学案》,《明儒学案》卷九)。与杨继盛(椒山)并称为"韩门二杨",为明代关学三原学派重要学人。年三十时,渔石唐公为陕西督学,选拔其为邑诸生。嘉靖七年(1528)应试长安,以《书》举第三名。嘉靖八年(1529),进士及第。授行人,三次出使藩国。嘉靖十一年(1532),选为山东道监察御史。嘉靖十九年(1540)起河南道。时遇旱灾,湖广饥民挈筐操刃,割道殍食之,而明世宗不顾民众灾难,建斋醮,修雷坛,大兴土木,杨爵目睹嘉靖帝耽于享乐,荒于朝政,以致政治腐败,人心危乱,国家日趋衰落,于是据理直谏,竟致嘉靖帝大怒,嘉靖二十年(1541)春二月,被逮捕入狱,嘉靖二十六年(1547)放归,后在乡间以教授为业,"疏粥敝履,怡然自适"。家居二年后于嘉靖二十八年(1549)十月卒,年五十七。卒若干年后,庄皇帝以世庙遗诏,赠光禄少卿,万历中,赐谥忠介。冯从吾《关学编》、黄宗羲《明儒学案》以及《明儒言行录》等都载有其事迹。清查继佐《罪惟录列传》卷一三录其谏诤之事。

杨爵的学术活动及思想特征大致可以概括如下:

其一,以《四书》的义理解释《周易》。嘉靖二十年(1541),杨爵因直谏而获罪下狱。在狱中与周怡、刘魁等讲论《周易》。他曾追述说:"困病中日读《周易》以自排遣,愚蒙管窥,或有所得,则随笔之,以备遗忘。岁月既久,六十四卦之说略具矣,因名曰《周易辨录》。"(《周易辨录序》)所以题名"辨录",盖取诸《系辞》"《困》,德之辨"一语。内容主要涉及六十四卦卦辞,但在解释六爻时,亦兼及《彖传》《象传》,实则多借六十四卦卦辞以阐发人事政治与伦常之道。杨爵《自序》题"嘉靖二十四年乙巳",由此可知是书于嘉靖二十四年(1545)成书。该书解释《周易》的一个突出特点,是将《四书》特别是《大学》《中庸》抽绎出来注解《周易》的卦爻辞,并结合君臣关系阐述政治伦理与道德规范,其中不乏个人的心得和发明。杨爵指出:"天之立君,以一人治天下而劳之,非以天下奉一人而逸之也。君人者,顷刻谨畏之不存,则怠忽之所自起;毫发几微之不察,则祸患之所自生。"(《比》,《周易辨录》卷一)"天下,势而已。势轻势重,当于其几而图之。"(《既济》,《周易辨录》卷四)这里显然是以儒家《四书》中的民本思想解释《周易》。明末清初黄宗羲《明夷待访录·原君》、顾炎武《天下郡国利病书》以及王夫之《宋论》中颇有近代启蒙色彩的君主与天下关系的认识，与杨爵的思想有相通之处。四库馆臣评价《周易辨录》，说"其说多以人事为主，颇剀切著明，盖以正直之操，处杌陧之会，幽居远念，寄托良深，有未可以经生常义律者。然自始至终，无一字之怨尤，其所以为纯臣欤！"(《四库全书总目提要》卷五)这确实抓住了杨爵《周易辨录》解易的特点。

其二，"天人合一"的思想框架。在天道与人道的关系上，他一方面强调二者之间的相互作用，说："人谋之与天运未尝不相为流通者也。"(《蛊》，《周易辨录》卷二)另一方面又突出"中"的思想，说："天地人之道，中而已，易之全体大用可识矣。"(《离》，《周易辨录》卷二)意即在天、地、人之间，要从其"全体大用"上去认识，把握中道而不可有偏。不过他在讲天道的同时，又强调人事的重要性，说："'天文'，天之道也；'人文'，人之道也。人道本于天道，而天道所以为人道也。"在这里，他既强调"人道本于天道"，即人要尊崇自然的规律，又从根本上说，"天道所以为人道"，即天道的规律最终是要通过人道才能显现。由此他说："所以主之者，必有其人，岂可尽归于天运哉？"(《泰》，《周易辨录》卷二)这事实上表达了一种以人为主体的天人合一思想，既强调了天的本体地位，又突出了人的主体地位，这大概就是他所说的"中"。他说："中和，心之本体。"又借《中庸》阐发"中孚"的易理，说："'中孚以利贞'，道始合于天矣。人道必本于天道，天道之外无所谓人道也。'率性之谓道'，而性则命于天，天人合一之理也。"又说："天命谓性，天人一理也。率性谓道，动以天也。修道谓教，求合乎天也。戒惧慎独，自修之功至于中与和也。中和性命本然之则也，能致之则动以天矣，故其效至于天地位、万物育。"(《斛山论学》，《明儒言行录》卷四)在他看来，大道与天相通，而人道本于天道，天道之外无人道。这一方面表达了人必须遵循天道的规律，另一方面也表达了道德价值与天道相通，人的德性来自天，人要尽性方可知天、事天，从而可得到天之所佑。所以"盖天之所佑者，德也；人之所归者，亦德也"。这与张载所说的"天能谓性，人谋谓能。大人尽性，不以天能为能而以人能为能"(《横渠易说·系辞下》)的思想相通。

其三，心学倾向。明嘉靖时期，关学学者与南方心学学者的交往较为频繁。南大吉与王阳明的学术交往，是此一时期关学学者直接受到阳明心学影响的重要一例。关学的心学倾向,在杨爵身上也有体现。杨爵与阳明的高足钱德洪(1496—1575,字洪甫,号绪山,浙江余姚人)亦交往甚密。嘉靖二十年(1541)初冬,钱德洪亦因事下狱,此时杨爵亦在狱中,二人相见甚欢。在狱中他们不言困苦,而多以"崇德""有道"相语。居旬余日,杨爵与之相别时请益,钱德洪告诉他:"静中收摄精神,勿使游放,则心体湛一、高明广大可驯致矣。古人作圣之功,其在此乎。"(《三原学案》,《明儒学案》卷九)钱德洪教以静中涵养,保持"心体湛一",以此为作圣之功,这对杨爵深有启示。钱德洪在《复杨斛山书》(《杨忠介集·附录》卷三)中,针对杨爵对"无善无恶与感物而动二言之疑",比较集中地阐述了阳明学关于"无善无恶心之体"与良知说的关系等问题。杨爵与阳明弟子刘魁(号晴川)、周怡(号讷溪)也是患难与共的生死之交,与罗洪先、聂豹、邹守益等也有往来,其受心学的影响是不言而喻的,这从他的诸多诗句中都能反映出来。如说:"人心原是书之本,会寻真趣便能虚。心书与道相忘处,身居天下之广居。"(《题云津书屋》,《杨忠介集》卷九)"往哲皆从修性作,世人谁是为身忙?从今各记年前约,只恐颠危心易荒。"(《次绪山韵三首》,《杨忠介集》卷一一)"隐显从心无上下,险夷信步有西东。"(《次绪山韵五首》,《杨忠介集》卷一〇)"问予何事日高歌,只恐胸中他虑多,闲事愁人人易老,得高歌处且高歌。""问予何事日高歌,困里光阴恐易过。宇宙和平方寸地,得高歌处且高歌。问予何事日高歌,声响悠然即太和,心到忘机是真乐,得高歌处且高歌。"(《高歌》,《杨忠介集》卷八)这些皆表现出鲜明的心学特征。在杨爵与钱德洪的诗歌唱和中,这一特征表达得更为鲜明,如:"正见胸中好景象,天光云影半空闲。"(《次绪山韵三首》,《杨忠介集》卷一一)"留心剪枝叶,枝叶更秾鲜。努力勤于耒,共耕方寸田。""心能乐取善,善自我心全。""荆榛不自剪,令我此心迷。洞识虚明体,超然即在兹。"(《四丁宁赠钱员外绪山》,《杨忠介集》卷八)可见其心学倾向,十分鲜明。

其四,躬行实践,崇尚气节。嘉靖二十年(1541),天微雪,大学士夏言、礼部尚书严嵩等作颂称贺,取悦世宗。杨爵遂上疏力陈时弊,指出当时令人痛惜的五件危乱之事,说:"一则辅臣夏言习为欺罔,翊国公郭勋为国巨蠹,所当急去;二则冻馁民困不忧恤,而为方士修雷坛;三则大小臣工弗睹朝仪,宜慰其望;四则名器滥,及缁黄出入大内,非制;五则言事诸臣若杨最、罗洪先辈,非死即斥去,所损国体不小。"此疏引起皇上大怒,被逮捕系狱,且几被杖死,然"先生一无诎"(《关学编》卷四)。有户部广东司主事周天佐上疏救杨,也被系于狱中,"忠义英烈自振奋",周下狱未三日即死。再后,又有监察御史浦铉上疏救杨,亦被系于同一监狱,因重笞而惨死狱中。是年冬,钱德洪、赵白楼亦因抗旨入狱,三人羁押于同一狱中。他们虽身处牢狱,但却感叹"时光云迈,旧学易荒",相互以学共勉。在狱中研读《春秋》,讲习《周易》,于《六经》、诸子百家著作多所涉猎,进而再"情兴感触,发为诗歌"。亦与同系狱中的钱德洪、刘魁、周怡等旧友共同切磋"作圣之功"。嘉靖二十四年(1545),被释放归乡,不十日又再次入狱,直至嘉靖二十六年(1547)放归。回家后仍教授于乡里,达官显贵难睹其面,"疏粥敝履,怡然自适"。杨爵先后系狱达七年。一生许多时候都在狱中度过,对于不幸遭遇,他尝淡然置之。在书信中曾多次言及自己的人生观,说:"吾人处世,安乐则心存于安乐,患难则心存于患难,有何不自得而戚戚于心耶?于今日之幽囚而安顺之,亦吾百年中所作之一事也。"(《与纪中夫书》,《杨忠介集》卷四)在他病危的最后时刻,自写墓志:"'作第一等事,做第一等人'教其子孙,无他辞。"(《关学编》卷四)对于杨爵的气节,冯从吾评论说:"既省语言,践履铮铮,多古人节,叹曰:'畏友也!'同门学者皆自以为不及。"(《关学编》卷四)四库馆臣亦称:"爵则以躬行实践为先,关西道学之传,爵实开之。迹其生平,可谓不负所学者。"(《四库全书总目提要》卷一七二)

第七章　明代关学之中兴

清人柏景伟在《重刻关学编序》(即《柏景伟小识》)中对明代中期的学术概况有一个很有见地的概括：

> 明则段容思起于皋兰，吕泾野振于高陵，先后王平川、韩苑洛，其学又微别，而阳明崛起东南，渭南南元善传其说以归，是为关中有王学之始。越数十年，王学特盛，恭定立朝，与东林诸君子声气相应，而邹南皋、高景逸又其同志，故于天泉证道之语不稍假借，而极服膺"致良知"三字。盖统程、朱、陆、王而一之，集关学之大成者，则冯恭定公也。

这大体是说，与三原学派同时或稍后，兴起于关中的是由河东学派传播到关中的"关中之学"或"关陇之学"，该派曾涌现出一些在学术上取得非凡成就的学者，促使关学在明代大有勃兴之势。"关陇之学"以薛敬之(号思菴，1435—1508)、吕柟(字仲木，号泾野，1479—1542)为代表。此一学派是由私淑河东薛瑄的兰州段坚(一作叚坚，字可久)传秦州周蕙(号小泉)，周蕙传薛敬之，薛传吕柟，后由吕柟集大成。吕柟恪守程朱，显系河东之学的传衍。正如黄宗羲说："河东之学，悃愊无华，恪守宋人矩矱，故数传之后，其议论设施，不问而可知其出于河东也。"(《河东学案上》，《明儒学案》卷七)在吕柟于北方坚守程朱学之时，南方则崛起王阳明的心学，渭南南大吉(字元善，1487—1541)为官江浙，在南方习阳明学，归陕后即在关中传播心学，这是关中有王学之始。吕柟之后十多年，则由活动于万历、天启年间的冯从吾以及张舜典等引领风骚，关学遂被推向峰巅。这大概是明代中后期关学发展的大致情况。

薛敬之师承周蕙，为关学重要传人。薛敬之尝以道自任，学必希圣。其学远溯孔、曾、思、孟，中继周、程、张、朱，而近承河东薛瑄，在宗程朱之理学的同时，又在工夫论上讲"存心养性"，如冯从吾说他"以'存心'为宗旨，以'求静''力行'为功夫"(冯从吾《薛思菴先生野录序》)，遂形成自己独立的思想体系。他曾对宋代以来理学之重要范畴如理、气、心、性、命等做了深入地辨析，如在理气观上，继承朱熹"理一分殊"之旨，主张"一本即所谓太极涵万物也。分殊、万殊,即所谓万物体太极也","太极只是个理气之总头处",故理与气是"体用一源、显微无间"的关系。同时,薛敬之又接受了当时颇为流行的关于"心"的思想,谓"学者切须先识得心,方好着力"。强调"立命者,还自尽心上来。尽心便知性,知性便知天,知天便知命之所以然"。他在重视"理"的同时,又能在工夫论上正视自孟子以来儒家"心学"这一点,受到冯从吾的高度评价,说:"先生孜孜学问,而知归重于此心,可谓知所本矣。"(冯从吾《薛思菴先生野录序》)不过,黄宗羲认为他"特详于论气",又说"一身皆是气,惟心无气","气中灵底便是心",则又有"歧理气而二之"的倾向(《河东学案》上,《明儒学案》卷七)。其学当时影响很大,之前薛敬之还在太学时,诸生竟已谓"关西又生一横渠也"(邹元标《薛思菴先生野录序》)。

吕柟曾师事于渭南薛敬之,故受程朱理学影响较大。同时他在南都时又从学于湛若水(号甘泉),切磋于王门弟子邹守益(号东廓),所以在吕柟的思想中,则表现出周、程、张、朱之学以及甘泉心学兼容并蓄的特征。在理气观上,吕柟主张以气统合理、性,谓:"理气无二物,若非此气,理却安在何处?""盖性何处寻?只在气上求,但有本体与役于气之别耳,非谓性自性,气自气也。"在为学之方上,吕柟主张依循朱子以格物致知、博学于文、约之以礼的路径;而在知行观上,则深受张载躬行礼教思想的影响,主张在礼乐中陶养而进于道。他虽然不满意于张载"德性之知不萌于见闻之知"的说法,主张二者可兼行,但却仍反对阳明"知行合一""以知为行"的思想,强调"格物"即"穷理","先知后行",以"知"指导"行"。在当时天下之言不归王阳明,则归湛若水的心学潮流中,吕柟却站在朱子理学的立场,博采诸家,以穷理实践为主,力斥阳明"良知"说之非,强调"博文约礼,归过辅仁",笃实躬行,反对空疏学风,力救时弊,具有鲜明的实学倾向。黄宗羲曾评价云:"关学世有渊源,皆以躬行礼教为本,而泾野先生实集其大成","时先生讲席,几与阳明氏中分其盛,一时笃行自好之士,多出先生之门"(《明儒学案·师说》)。

吕柟之后,明代关学勃兴之势日盛,且进入总成阶段。在这一时期,自明中期而崛起的心学迅速发展,王学末流的空疏之弊也在关中蔓衍。最早把王阳明心学传入关中的学者是曾在绍兴为官的阳明弟子南大吉,此后关中又出现众多倡扬王学的学者。与此同时,关中清算心学末流空疏学风的理论也应运而生。

第一节 薛敬之的"识心"说

薛敬之(1435—1508),字显思,号思菴,陕西渭南(今陕西渭南)人,是明代中期关中大儒。冯从吾谓其学"以'存心'为宗旨,以'求静'力行为功夫"(《思菴野录序》,《少墟集》卷一三),"识心""存心"的心学最能体现薛敬之的学术思想特色。

一、薛敬之的生平与思想倾向

薛敬之从小就喜欢读书,十一岁便能属文赋诗。一次,因见图像上圣贤深衣幅巾,便如法穿戴,此举虽贻人笑谈,但仍不为所动。① 由于其"言动必称古道、则先贤"(《思菴薛先生》,《关学编》卷三),遂于景泰七年(1456)被选入渭南县学诸生。他"居止端严,不同流俗",所以学宫中师生以及乡人都感到骇异,以为迂怪,屡屡讥笑之,但薛敬之并不为之动色,因而被称为"薛道学"(《思菴薛先生》,《关学编》卷三),此时他年仅十六岁。后曾应乡试十二次,虽然每次都受到提学的赏识,但却未能中举。在此期间,他曾远赴兰州从学于周小泉(名蕙,字廷芳),他"从周先生学,常鸡鸣而起,候门开,洒扫设坐。及至,则跪以请教"(《思菴薛先生》,《关学编》卷三)。师事两月而返,从此便"以道自任",并常言说:"学必希圣,犹食者求饱,行者赴家。食而不饱则馁以死,行无赴家则老无归宿所矣。"(马理《思菴薛先生行实·明渭南思菴薛先生入陕西会城乡贤祠记》)成化二年(1466),薛敬之由县岁贡而入太学。太学生见其言貌,听其论学,惊叹"关西复生横渠"(《思菴薛先生行实·薛先生墓志铭》,《思菴野录》附录),学生"接其言论,咸为叹服,一时与陈白沙并称,由是名动京师"(《关学编》卷三)。

成化二十一年(1485),薛敬之谒选山西应州(今山西应县)知州。他在应州颇有德政,尝能关切民生,重视教育,遂使民风大为改观。重要的是他非

---

① 参见马理、张治道等撰《思菴薛先生行实·明渭南思菴薛先生入陕西会城乡贤祠记》,《思菴野录》附录(清咸丰刻本)。

常重视儒家思想的教育,曾数至应州学宫,为诸生讲孔孟之道,发明心性之旨,"由是应人士始知身心性命之学"(《关学编》卷三)。可见,薛敬之在应州传播的是儒家性命之学,而非当时士人所熟习的科举应试之学。弘治九年(1496),薛敬之升任浙江金华府同知。在金华任官两年而致仕。正德元年(1506),进阶为朝列大夫。正德三年(1508)卒,年七十四。

薛敬之"嗜道若饴,老而弥笃"(《关学编》卷三),一生手不释卷,虽七十多岁,亦好学如初。他"好静坐思索,凡有所得,如横渠法,即以札记"。著有《思菴野录》《道学基统》《洙泗言学录》《尔雅便音》《田畴百咏集》《归来稿》及《定心》《性说》《礼记通考》《易簣》《金华乡贤祠志》等。① 其《礼记通考》,《千顷堂书目》卷二著录:"薛敬之《礼记集传》。"据马理言,薛敬之曾认为《礼记》因非孔子所删定,所以繁芜杂乱,需要进行辨别注释后才可传于后世,于是参互考证十年,三易其稿而成《礼记集传》。至于《易簣》则尚未定稿。② 薛敬之的著作虽比较多,但大都未能刊行,加之历经数次地震,因而多散佚不存。③ 今所见仅有《思菴野录》一书,共三卷④,并附有薛敬之《应州儒学明伦堂上梁文》一篇,《应州八景》诗八首,以及《思菴薛先生行实》。此书是薛敬之于静中每有所得而所记之语的汇编,包含了他对宇宙天地、太极阴阳、心性与治道等问题的思考,以及对孔孟之学、汉儒、程朱理学等评论与说明,其中尤以讲论发明心、气和"存心"工夫内容为多。

薛敬之的门人不多,其中最著名者即高陵吕柟。冯从吾在《思菴野录序》中说:"吾关中理学自横渠后,必推重高陵吕文简公(柟),而文简公之学又得之先生(即薛敬之)。关学渊源良有所自。"可见,薛敬之是明代中期把关学推

---

① 冯从吾《关学编》所记薛敬之著作盖本之于吕柟所撰《薛先生墓志铭》,并不完全。今参考马理、张治道等所撰《思菴薛先生行实·明渭南思菴薛先生入陕西会城乡贤祠记》和郭玺的《思菴野录序》补充。
② 参见马理、张治道撰《思菴薛先生行实·明渭南思菴薛先生入陕西会城乡贤祠记》,《思菴野录》附录。
③ [明]冯从吾《薛思菴先生野录序》,见《思菴野录》清咸丰刻本。
④ 按,《思菴野录》最早由薛敬之门人郭玺(字信卿)于弘治六年(1493)所辑,当时并未刊刻。后由薛敬之之孙薛祖学刻于四川内江知县任上,有正德十二年(1517)东川刘春序,未详卷数。万历年间,薛敬之六世孙薛楹遍搜遗编,亦仅得《野录》三卷,文一篇,诗八首,由冯从吾校订,刊刻于万历三十七年(1609),有孙丕扬、冯从吾、邹元标等人的序,即今所见本。清咸丰元年(1851)渭南人武鸿模重样。

向峰巅的一位关键性学人。

至于薛敬之的学术思想倾向,从现存本《思菴野录》来看,他对程朱之学甚为推崇,如其曰:

> 二程之书,五经之户牖,百子之门庭。希圣希贤不由此,则无以开其源;博古通今不由此,则无以尽其美。学者读之,须一一体贴得过,都从思惟中来,方久当自有得,不置之闲常话说也。(《思菴野录》卷中)

> 不读朱子《全集》,无以知此老在当时为道扶持之艰难。不读朱子《四书》,又无以知此老为天下立教、见道之精粹,真孔孟后一大成之儒。(《思菴野录》卷上)

> 诸儒说心,未有朱子《大学或问》发明正心之传最为剖析,摆脱分晓,令人痛豁。(《思菴野录》卷上)

薛敬之之所以推重程朱之学,是因为他认为程朱之书是通往孔孟之学的门户,能够开发人的心智,他说:

> 观孔孟之书不观程朱之书,无以开发心机。观程朱之书不观孔孟之书,无以建立大本。孔孟之书乃程朱书之室,程朱之书为孔孟书之门。(《思菴野录》卷中)

可见,在薛敬之看来,孔孟之学乃是真正的大本,是故,"学者不可一日不读《论语》,一读之便消融多少渣滓"(《思菴野录》卷上)。"读《孟子》之书,自觉底胸次与天地一般气象"(《思菴野录》卷中)。但要想登堂入室而步入圣域,则必须从读程朱之书、学程朱之学开始,所谓"希圣希贤不由此,则无以开其源;博古通今不由此,则无以尽其美"(《思菴野录》卷中)。薛敬之之所以特别提及孔孟,并强调程朱与孔孟的联系,主要是针对当时士人只把程朱之书当作口耳记诵、求取功名的学问,而不能"反求诸己",不能在自己身心上做工夫的浮躁之风,所以,强调躬行实践以体贴圣贤之言才是薛敬之的真实目的所在。他说:

> 为学不从心地做工夫,则却无领要,纵然力研强记,不过卤莽灭裂,成甚气质,况可望德业之过人。(《思菴野录》卷中)

> 心学工夫自别是一段气力。(《思菴野录》卷上)

> 圣贤千言万语,须体贴向自己身心上,方觉有味,若不如此,只是做一场话说。(《思菴野录》卷上)

由此可知,薛敬之之学是以程朱为入德之门,又特别强调自孔孟以来的心性问题。但因为他重视学有"自得"和实际的道德践履,所以他又对程朱之学做了一些修正,而非完全本之不变。

二、理气观:"独理不成,独气不就"

黄宗羲说:"先生之论,特详于理气。"(《河东学案》上,《明儒学案》卷七)对于理气,朱子有较详的论述。朱子总体上认为理气是一种"相即不离亦不杂"的关系,理为形而上者,气为形而下者,形上、形下截然二分。如朱子说:"所谓理与气,此决是二物。但在物上看,则二物浑沦,不可分开各在一处,然不害二物之各为一物也;若在理上看,则虽未有物而已有物之理,然亦但有其理而已,未尝实有是物也。"(《答刘叔文》,《朱文公文集》卷四六)又谓:"天下未有无理之气,亦未有无气之理。"(《理气上·太极天地上》,《朱子语类》卷一)但是从本原上说,"有是理便有是气,但理是本"(《朱子语类》卷一)。朱子之所以严分理气,是因为其面对现实的气化世界与道德理想之间的差异和冲突,认为欲保住理想的超越性,必须高悬理于气之上。所以朱子在存有论上便强调理本气末,认为即使没有气,理也可以独立存在。他说:

> 未有天地之先,毕竟也只是理。有此理,便有此天地;若无此理,便亦无天地,无人无物,都无该载了!有理便有气流行,发育万物。(《理气上·太极天地上》,《朱子语类》卷一)

> (理气)本无先后之可言。然必欲推其所从来,则须说先有是理。(《朱子语类》卷一)

如此一来,在理气关系上,理是本,理是"只存有不活动"的超越的形而上者,它静态的律导着人的行为,而活动又只能落在气上。薛敬之继承了朱子这种理气不离、而理为本的说法,也认为理与气是不离亦不杂的。他说:

> 理却不会动静,说动静非气则不可。(《思庵野录》卷中)

> 某看《太极图》,虽说理亦不曾离了气。先儒解"太极"二字最好,谓"象数未形而其理已具之称,形器已具而其理无朕之目"。"象数未形"一句说了理,"形器已具"一句却是说了气。恁着理气何曾断隔了。(同上注)

薛敬之对理气动静的认识与朱子所论大体一致。朱子认为，理不可以动静言，理之所以会动静是因为其"附着""挂搭"在气之上："然理又非别为一物，即存乎是气之中；无是气，则是理亦无挂搭处。"(《朱子语类》卷一)气与理的关系如同人之乘马，由此可见理与气之不同。不过，相对于朱子侧重理气二分、理本气末，强调理的本原性、独立性来说，薛敬之更强调理气的相即不离，即所谓"独理不成，独气不就"，强调理对气更具有一种价值上的超越性和优先性，即所谓"理足以驭气"(《思菴野录》卷上)。他说：

> 理无气何所附，气无理何所依，独理不成，独气不就，然理与气二之则不是。(《思菴野录》卷中)

> 或谓太极以天地万物之前而言者，非也。亦有谓以天地万物之后而言者，亦非也。朱子曰：太极者，象数未形而其理以兆之称，形气已具而其理无朕之目。须合此而后方知"太极"字之义，岂可以天地万物之前后为言。(《思菴野录》卷上)

> 天地间凡有盛衰强弱者，皆气也，而理无盛衰强弱之异。先儒谓"至诚贯金石"，则理足以驭气矣。(《思菴野录》卷上)

在薛敬之看来，理气虽然有分别，但理并不是一个在气之上或之外的抽象之理，不能把理与气截然分开来，甚至以为理能够离开气而独立存在，所以他反对以天地万物之前后来言太极，而是太极与万物是一体不可分的。他说：

> "太极"与"大业"相承，而意亦相属。太极言者，以两仪、四象、八卦，吉凶而寓乎其中，统体言之也；大业言者，以两仪、四象、八卦，吉凶而散诸万事，各分而言之也。太极统体大业，大业各具乎太极，始终言之也。(《思菴野录》卷上)

认为"太极"皆寓于阴阳、四象、八卦等"大业"之中，而"大业"又各具太极。此与朱子的"理一分殊"极为相似。也就是说，太极之理就存乎气之中，"理与气二之则不是"。薛敬之更强调的是理气的相即不离，这种对朱子理气关系的修正可以说与明代朱子学的发展相一致。薛敬之进一步指出：

> 凡有物则有气，有气则有理，必须气而后著，若无气则无物，却说个甚么理。(《思菴野录》卷下)

在朱子理气二分的模式下,现实的气化世界和宇宙万物的价值,是由理来加以规定的。也就是说,宇宙万物之所以真实、之所以有存在的价值,是因为理显于气之上。若气不显理,那么现实世界也就失去了它的真实性和价值意涵。而薛敬之则反过来说,强调理的真实性应该是在气的活动作用中被加以证实,故谓"有气则有理",理"必须气而后著",即作为形而上的天理是不能离开形而下的形色器物和人伦实践的,只有在形色器物和人伦实践之中,理才能得以为真实,"若无气则无物,却说个甚么理"。而理也必须具体落实于气,随着气的活动作用而不断彰显自己、实现自己。他还把这种理气观与张载的《西铭》联系起来,说:"《太极》本说理,却有气;《西铭》本说气,却有理。"(《思菴野录》卷中)认为周敦颐的《太极图说》虽言理而又有气在;《西铭》虽说气而又有理在。薛敬之的理气观,从一个侧面体现了他躬行礼教、注重实践的关学特色。

三、心性论:"心者,理之天,善之渊","心之驭气"

相对于理气关系,薛敬之更注重心的问题。邹元标(号南皋,1551—1624)说:"近世儒好言心,《野录》数千言,反复参究,曰:'尧此心,桀亦此心,只是几不审。'"(《薛思菴先生野录序》)不过,邹元标所说的"近世儒",盖指王阳明倡良知学以来之儒者,特别是就阳明后学而言。而薛敬之之言心,则早在阳明倡道之前①,其意义自然有所不同,详见后述。他亦说:

> 学者始学切须要先识得此心是何物,此气是何物。心主得气是如何,气役动心是如何,方好着力进里面去。(《思菴野录》卷上)

这里,薛敬之强调必须是"心主得气",而不能使"气役动心",也就是要以道德本心制约情欲之气。又谓:"千古圣贤非是天生底,只是明得此心分晓。"(《思菴野录》卷上)又说:"学者第一要心存,心一有不存,便与道畔。"(冯从吾《思菴先生野录序》)可见,心学是薛敬之之学的特色和重点所在。不过,值得注意的是,虽然薛敬之在理气观上对朱子做了一定程度的修正,强调理

---

① 思菴卒年,即正德戊辰三年(1508),王阳明才在贵州龙场"大悟格物致知之旨",奠定阳明心学的基本格调。参见王守仁:《王阳明全集》卷三三《年谱一》,吴光等编校,上海古籍出版社1992年版,第1228页。

气相即不离,同时又以气说心,但基本上还是秉持理气二分、气心二分的,而他在心性本体论上却未做明确的区分,而认为心性为一,心即是理即是性(善)。薛敬之说:

> 心者,理之天,善之渊也。养心者,则天明渊澄而理与善莫不浑然发外矣。(《思菴野录》卷上)

> 言心虽在万事上见,而本然之体已具言。太极虽在万物上见,而未形之性已涵,故曰:心为太极。(《思菴野录》卷中)

朱子在理气二分的架构下,亦分心性为二,把心看作是"气之灵""气之精爽",认为,"灵处只是心,不是性。性只是理。"(《性理二·性情心意等名义》,《朱子语类》卷五)也就是说,心是属于气的,心只是一实然的形气之心,与性不同。性是理,心则不涵具仁义之实理,它只能横向的摄知众理,而不是性理本身。换言之,心只有认知的功能而无道德性,亦不能成为吾人道德实践活动生生不已的形上根源。朱子的这种理气、心性二分在道德上无法说明道德实践之"自由"何以可能,亦无法说明孟子由"尽心—知性—知天"之可能。因为,现实的气化世界是服从一"理"的世界,而这个理又是外在、超越于气的。是故,在现实世界中找不到作为道德实践之理想的"自由",也即"意志自由"。如此,道德实践必然是一种"他律",即孟子所谓的"义袭取之",非"自律"的行为。而薛敬之则认为,如果心不涵具仁义礼智之理,则"色取仁而行违",孟子所讲的"睟面盎背"的气象也就无从得见。所以他指出,心即是"理之天,善之渊",与"太极"同义,故谓之"心为太极"。这样,薛敬之讲的心的涵义显然不同于朱子所论之心了。其"心"即孟子所言之道德本心,是内在而固有的,是自发、自律、自定方向的道德本心。此心即吾人之性,人秉此心此性之创造性以贞定万物,赋予其意义,而人亦可由"万物皆备于我"以及"尽心知性知天"而天道性命通贯为一,故薛敬之说:

> 孟子谓立命者,然命之立,还自尽心上来。尽心便知性,知性便知天,知天便知命之所以然。修身但以充此心,不贰以守此心,命于是立,岂在天而不在我哉。(《思菴野录》卷上)

薛敬之对心的这种认识既是来自于他对儒学经典的深思体味,又与其生活的时代背景有关。薛敬之所处时代,传统的程朱理学正处于困境之中,大多数士人以习举业为重,拘泥于传统传注,所谓格物穷理也只是以记诵书本知识为主,而非朱子于应事接物之中去体验探究天理道德。薛敬之则主张:"读书而不自得,终为皮肤之学,是犹及宫墙而不入,未知百官宗庙之富且美也。"(《思菴野录》卷中)"圣贤千言万语,须体贴向自己身心上,方觉有味,若不如此,只是做一场话说。"(《思菴野录》卷上)可见,薛敬之虽然学宗程朱,对程朱等人亦至为推崇,但并不完全一一本之,而是强调读书要自得,必须将圣贤之言"体贴向自己身心上",也就是要求义理要得之于心,以反身内求。另一面,当时有陈白沙(陈献章,字公甫,号石斋,1428—1500)教人"从静坐中养出个端倪来"(《与贺克恭黄门》,《陈献章集》卷二),使为学工夫由外转向内,转为向心中求理。薛敬之处于这种转变的思想背景下,强调学者应把学问工夫的重心放在自己身心上来,认为圣贤并非天生,而只是"明得此心分晓",更主张心就是天理至善的来源。这种认识在当时自然与众不同,可谓是与陈白沙的江门心学同为已渐趋僵化的思想界打开了一个崭新的局面,同时亦为关学添加了新的思想活力,故冯从吾称,当是时薛敬之"与陈白沙并称"而名高京师(参见《思菴薛先生》,《关学编》卷三)。不过,由于种种原因,薛敬之之学相对于白沙来说,处于隐而不显之地位。

但我们也应该看到,薛敬之的心性论并没有完全摆脱程朱之学的理气二分模式,这主要表现在他对心与气的认识上。虽然对薛敬之来说,心的涵义已不同于朱子以气说心,但心与气仍然有分。其曰:

> 一身皆是气,惟心无气。随气而为浮沉出入者,是心也。人皆是气,气中灵底便是心,故朱子曰:"心者,气之精爽。"(《思菴野录》卷上)

> 心乘气以管摄万物,而自为气之主,犹天地乘气以生养万物而亦自为气之主。(《思菴野录》卷上)

> 心有所守则气自无不制,气无不制者,心之驭气也。无制者,气之驭心也。(《思菴野录》卷上)

薛敬之在这里把"气中灵底""气之精爽"理解为气之中的理,将其与气区别开来,所以说"一身皆是气,惟心无气",并认为心与气是一种"乘"或"驭"的关系。可以说,薛敬之的这种心气关系是直接承继其理气关系而来,只不过是把天理转化为内在的心而已,但因其在理气观上仍属于一种二分的模式,所以心与气也不即是一,这就与阳明心学有所不同。王阳明是以良知或心来统一理气,其曰:"夫良知一也,以其妙用而言谓之神,以其流行而言谓之气,以其凝聚而言为之精。"(《传习录中·答陆原静书》,《王阳明全集》卷二)因此,可以说薛敬之的心气关系其实就是理气关系在人物心性上的延续。对薛敬之来说,气总是承担着一种"负面"的价值和意义。他说:

> 人之骄吝乃气浮使然,知道者自无此状。(《思菴野录》卷中)

> 学者切须要节气。气但不节,则近名外慕之心生,而遂流荡忘返,无所存主,其何以读天下之书,论天下之事,而欲有以达古人之地哉。(《思菴野录》卷上)

因此,气是需要节制的,如果不节气、制气,就会生近名外慕之心,"遂流荡忘返,无所存主",更无法达至圣贤的理想境界,此则是"气之驭心""气役动心"。如果能节气、制气,使心有所守,能为气之主,"理定则自不为气所浮扬"(《思菴野录》卷上),此即是"心乘气""心之驭气"。薛敬之在心性论上强调节气、制气的思想,很可能承自横渠的"变化气质"说。尽管气是需要克制的对象,但心性却不能无气:

> 心乘气,气表容,如心有喜怒而容仪为之变态,如物之生枯而春秋为之,谓非气乎。(《思菴野录》卷中)

> 性离却气不得,犹水离却土不得。水非土无以为,性非气无以著,一而已矣。(《思菴野录》卷下)

> 阴阳,气也,离那质不得。刚柔,质也,离那气不得。仁义,性也,离那气质不得。未有无气之质,未有无质之气,亦未有无气质之性。(《思菴野录》卷中)

这里,薛敬之并非以理欲之对立来论心与气、性与气,而是强调仁义之心之性必须藉由气的运动变化才能得以彰显、实现自身。也就是说,气是心性之理的具体落实处。若无气,则性之善、心之仁义就无从得见,而只能成为一抽象之理。所以说"性离却气不得","性非气无以著","未有无气质之性"。由此可知,对薛敬之来说,心气、性气理想的关系应该是一种体用关系,即"心乘气,气表容",心(性理)贯注于气之中,为气之主宰,气则显发、安顿吾心之理。如此,则所发之情皆为正情,所遇之物皆能各得其正。

由以上可知,薛敬之的心性说与程朱、陆王之学是有一定差别的。他不区别心性,并以心为天理至善处,而非程朱所论实然的心气之心。但他又分心气为二,把气下降为形而下的层面而与心有别。这样,就使心的活动义与创造性不显。落实在道德修养层面,工夫的重心就势必转至以静存涵养为主,不过又不排斥人的道德实践。

四、"存心"的工夫论

冯从吾对薛敬之的为学宗旨与工夫论曾有一个判准,谓:"先生(思菴)之学,以存心为宗旨,以求静力行为工夫。自少至老,斤斤矩矱,不少屑越。"(《薛思菴先生野录序》)冯从吾的这一说法应该是极为恰当和准确的。由于薛敬之以心为理为善之根源,为"统属吾身而为万事之根本"(《思菴野录》卷中)者,因此其工夫论之重心便必然落在心上。他说:"为学不从心地做工夫,则却无领要,纵然力研强记,不过卤莽灭裂,成甚气质,况可望德业之过人。"(《思菴野录》卷中)

但薛敬之的心学工夫论与阳明心学不同。对阳明学来说,工夫之重点在于扩充人的良知本心,从不断展开的道德实践活动中来体证道德本体,最终使良知昭灵明觉,如"赤日当空而万象毕照"(《姚江学案》,《明儒学案》卷一〇),当下主客合一、心物合一,呈现出一个天理流行的境界。阳明后学中的一些人更是主张"全体放下",当下即是,所谓:"工夫不屑凑泊,即以不屑凑泊为工夫。胸次茫无畔岸,便以不依畔岸为胸次。解缆放船,顺风张棹,无之非是。"(《泰州学案三》,《明儒学案》卷三四)然而,薛敬之却不像阳明那样去做一个道德理想主义、乐观主义者。他是从现实层面的道德体会去看,认为气禀是驳杂的,人心也会夹杂物欲之私,人性常常陷于气质私欲之中,人的行为亦常常不中理。但与朱子强调穷理或制欲不同,薛敬之的道德修养工夫之重点在于"存心"。他认为,"存得一分心在,见得一分理在","心一存,则海水之不波。不存,则沙苑之扬漠"(《思菴野录》卷上)。故他指出:

> 学者第一要心存,心一有不存,便与道畔。(《思菴野录》卷上)
> 心惟不可一时放下,放下便是天地间隔,却与天地不相似。(《思菴野录》卷中)
> 心放下便是出,所出所不能主事而即役于物,遂丧矣。尧舜所谓人心惟危者也,况统属吾身而为万事之根本哉。故学者欲之于道,不可一毫一息放下心也。一毫放则一事不济,一息放则一时或旷,如此便与理违,谓之造圣贤之域者远矣。(《思菴野录》卷中)

在这里,薛敬之强调心不可一时一刻放下,一放下便与道相背离。此种背离则导致"与天地不相似",这将如何进入圣贤之域？因而"学者第一要心存"。薛敬之这种"存心"工夫显然与孟子所说的"先立乎其大者,则其小者弗能夺也"(《孟子·告子上》)的"存心"工夫相通,而与朱子的"主敬穷理"不同,颇近似于陆王心学。他又指出,"仁只是心,求仁非一方也。但心有所存主处便是求仁。观诸孔门问答可见,师之教,弟子之学,都只是寻讨个正当底心,心外无余事"(《思菴野录》卷上)。心即是仁,"仁只是心",是"统属吾身而为万事之根本",故求仁并非是向外在事物上去求,所谓"求仁非一方也",而是向心上求,心有所存所主处即是求仁,所以说"心外无余事","天下岂有性外之物"(《思菴野录》卷中)。因此,薛敬之认为孔门之教之学,都只是要让人存心。那么,如何"存心"呢？他指出:

> 存心只是收敛谨严在腔子里面来,不令片时放去外边。久久成熟,自然觉有长进处。(《思菴野录》卷上)
>
> 人心一静而万理咸集,静非知天之要乎？(《思菴野录》卷上)
>
> 静中气味恨无人识得。静,理窟也,一探之,有无限义味出来。(《思菴野录》卷中)

在薛敬之看来,"存心"主要来自于静中的涵养。这原本也是宋明理学传统的工夫论形式,即所谓"静中体验未发气象"。但朱子本人对"体验未发"的工夫不甚契合,而且又担心学者静坐太久会产生喜静厌动的倾向,从而流入佛老,所以他提出一个"敬"字,用"敬"来贯通动静。后世的程朱学者便很少言"静",以为说到"静"就等同于佛老之寂灭、空无。在这种思想氛围下,薛敬之却重视静中的涵养,认为"静"即是"理窟",可谓与朱子大异其趣,也可见静中涵养作为理学的一种主要工夫一直潜存着,并在此时逐渐被重新重视和彰显起来。薛敬之曾自述其静中体验所得,说:

> 吾于无事时敛襟危坐,自觉进道有着力处,何也？但坐便掷去私欲,不容毫发町畦之立。(《思菴野录》卷中)
>
> 静中如正在天理浑融处,殊甚痛快,勿令纤毫欲来扰动。一有欲来,便截断了,恰如澄泉之流而一土壅住。学者不可不知此界限。(《思菴野录》卷中)

因而,薛敬之也喜欢于天理浑融处、理气浑然处指示学者,如他说:"理气不可见,即于阶前雀跃观之便是,诚不可掩,如斯夫气象。"(《思菴野录》卷中)"邵子云:'不作风波于世上,自无冰炭道胸中。'是一团浑然天理气象,人与己无间。"(《思菴野录》卷下)不过,与理学在喜怒哀乐未发之前去观此未发气象有所不同的是,薛敬之的静中涵养更多的是指向一种心的收敛与谨严,即"勿令纤毫欲来扰动",也就是不使心随气而浮沉出入,流荡忘返,无所存主。当然,这里面也包含了去欲的工夫,所谓"扫去一分尘垢则光静一分田地,人之于欲也亦然"(《思菴野录》卷上)。可见,薛敬之的这种静中存养也不同于陈白沙于静坐中见"此心之体隐然呈露,常若有物"(《复赵提学佥宪》,《陈献章集》卷二),以及后来阳明心学对良知本心的"神秘体验"[①]。

正因为薛敬之的静中工夫主要是指心的一种收敛,而不是以纯粹的冥思玄想去体悟道德本体,感受万物一体。所以他并不排斥外在的道德实践,而是积极主张在应事接物中去省察探究天理,进行道德实践以尽伦成物。他说:

> 事至物来,切不可视为外诱,最正是学者着工夫田地,便要审察个的当,应答将去,亦格物之一端。(《思菴野录》卷中)

> 存养省察、格物致知,本学者一串物事,若存养底不到则无以为基,而照管万事关钥须省察,格物致知绩有头项,自无紊乱。存养非省察不得,省察非致知格物亦不得。唯存养,然后逐一做去,自有条理,久当必有脱洒处。(《思菴野录》卷中)

由此可知,薛敬之的静中涵养是在不废动中省察与格物穷理,是融合了朱子讲的居敬与格物之工夫,反映了关学重实践的特色。故薛敬之对朱子以"敬"来代替"静"甚为推许,"看宋时学者切重个静字,只缘到朱子时节却转换个敬,比静字入道又径捷,深得为学之方"(《思菴野录》卷中)。又谓:"涵养非敬不可,涵养只是从容中和底气象。"(《思菴野录》卷下)其实对薛敬之来说,敬与静并无本质的区别,只不过"敬"更能体现儒家健动不已、生生不息的性格,而这和其他重视实际的道德实践相一致。因此在薛敬之看来,"敬"亦只是使心不为气所动所累,即不让物欲遮蔽心,此也就是"存心",不使"心放"。他说:"敬只是个约束此心,不令疏放远去底法子。"(《思菴野录》卷中)又谓:"出门如见大宾,使民如承大祭,只是使人不令放下心。若心一放下,便

[①] 陈来:《有无之境——王阳明哲学的精神》,人民出版社1991年版,第390—413页。

不如此。不放下心便是敬,敬便心存,即是不放下也。"(《思菴野录》卷中)

当然,不管什么样的工夫,都不能仅仅停留于言语之上,而是要身体力行之,薛敬之说:

> 学不难,力行惟艰。行之不力,则学亦不坚。(《思菴野录》卷上)

> 读书不在多,贵在知要。知要不在言,要在力行。(《思菴野录》卷上)

对于薛敬之以"存心"为要的工夫论,晚明的阳明学者邹元标有一个很好的评价,其曰:"今之学主于一切放下,先生(薛敬之)主于收敛谨严。由一切放下,心体未透,即流于猖狂。由收敛谨严,虽未必心融神解,然不失先儒矩矱,而可以挽末流开来学。"(《薛思菴先生野录序》)虽然,邹元标是站在阳明学的立场上,针对的是晚明当时那种荡越情识,猖狂无忌惮的学风而论,但同时也说明了薛敬之之学的价值和意义。

其实,薛敬之所重心学亦与张载的"大其心"相通,又不失关学躬行礼教、注重实践的特色。他的"嗜道如饴",对其师周蕙"躬行孝弟""凡事皆持敬"的推崇以及以"横渠法"读书体悟的精神,都可看出与张载关学的内在关联。

第二节 吕柟"恪守程朱",会通关闽,笃实践履

吕柟(1479—1542),字仲木,号泾野,陕西高陵人,学者称之为泾野先生,是明代中期关学的代表人物,黄宗羲说:"关学世有渊源,皆以躬行礼教为本,而泾野先生实集其大成。"(《明儒学案·师说》)晚清关中学者贺瑞麟(复斋,1824—1893)也说:"有明一代,吾关中理学所称最纯者高陵泾野吕先生而已。"(《泾野子内篇》,附录三)在后人眼中,吕柟与晚明长安的冯从吾(字仲好,号少墟,1557—1627)分别代表了明代关学发展的两个阶段,当时江右著名的王学学者邹元标(南皋,1551—1624)就说:"横渠之后,明有仲木,今有仲好,可称鼎足。"(《少墟冯先生集序》,《冯恭定公全书》)在理学上,吕柟以程朱为宗,继承张载关学读经重礼、重视气节的宗风,并将先秦孔孟的仁学与宋明理学的"万物一体"精神相结合,开创出了一条"真知实践、甘贫改过"的学问之路。

第七章 明代关学之中兴

一、吕柟的生平与思想渊源

(一)吕柟的生平与著作

明宪宗成化十五年(1479),吕柟出生于陕西的高陵县,其家从南宋理宗时就在高陵定居①,其后世代为高陵人。七岁左右时,吕柟跟随邑人周尚礼(字节之,1436—1508)受《小学》之教。十二岁时进入县学,受教于县学教谕高俦(龙湾,1449—1521)和邑人孙昂(廷举,1467—1505),跟随二人学习《尚书》。弘治十年(1497),因受到当时陕西提学副使杨一清(邃庵,1454—1530)的赏识,吕柟进入西安正学书院读书,杨一清称:"康(康海)之文辞,马(马理)、吕(吕柟)之经学,皆天下士也。"(《谿田马先生》,《关学编》卷四)第二年,吕柟在长安开元寺偶遇因事来长安的薛敬之,遂拜其为师,这是吕柟求学过程中最重要的一件事,他从薛敬之那里继承了河东薛瑄之学,从此奠定了其朱子学的为学宗旨。

弘治十四年(1501),吕柟考中举人,次年会试落第。正德三年(1508),吕柟再次参加会试,这一次不仅会试及第,而且高中状元,被授予翰林院修撰,为经筵讲官。②当时权宦刘瑾打算以同乡身份前往祝贺,但被吕柟拒绝,刘瑾于是怀恨在心。两年后,即正德五年(1510),吕柟上疏请明武宗亲临政事、听经筵讲官讲论经史,不料惹怒刘瑾,吕柟遂借机称病归乡。回到家中才几个月,刘瑾就被朝廷诛杀,受其牵累而被下狱、降职和免官的陕西籍缙绅有很多,而吕柟则因其气节而免受牵连。正德七年(1512),因受王廷相(浚川,1474—1544)等人的举荐,吕柟被重新起用,官复原职。但这次他在北京任职的时间并不长,正德九年(1514),因病再次辞官回乡。

从正德九年至嘉靖元年(1522)的这段时间里,吕柟一直在高陵居家讲学,曾先后讲于东郭别墅和东林书屋。嘉靖元年,吕柟被即位不久的明世宗起用,仍官翰林院修撰,并进入史馆纂修《武宗实录》。然而在嘉靖三年

---

① 吕柟在《新昌吕氏家乘序》中自称:"柟亦齐吕之苗裔也。求其先止于宋理宗朝,其前无据也,访诸蓝田四吕氏之里,其族湮无闻也。"见《泾野先生文集》卷一三,明嘉靖三十四年于德昌刻本。

② 吕柟以《尚书》中会试第六名,廷试时擢为第一,赐状元及第。

(1523)时,吕柟又因上疏涉及"大礼"而入狱,随即被贬为山西解州(今运城)判官。来到解州后,由于受到知州林元叙(南江,? —1525)和后来的巡盐御史初杲(字启昭)的重视,且在林氏因病卒于官后,曾一度摄行州政。此间吕柟实行了一系列的惠民之政,并积极推进当地士风民俗的改变。关于吕柟在解州之事迹,马理(谿田,1474—1555)在其《墓志铭》中写道:

> 至解,值解守殁,公视篆,为理后事甚悉。乃首省穷民,以赎刑帛絮及米肉给之,又审丁徭重于他邑,力白当路均之。于时解及四方髦士从游者众,乃即废寺建解梁书院,祀往开来于中。又令诸父老讲行太祖皇帝教文及蓝田《吕氏乡约》《文公家礼》。又以《小学》之道养蒙于中。有孝子、义士、节妇,咸遵奉诏旨,题表其门。复求子夏之后,训诸学宫。建温公之祠而校序其集。筑堤以护盐池,疏渠以兴水利,桑麻以导蚕绩。于是士民各安其业,有古新民之遗风焉。(《南京礼部右侍郎泾野吕先生墓志铭》,《泾野子内篇》附录三)

任职解州是吕柟一段非常有意义的人生经历。在此期间,他能体恤民情,轻徭薄赋,劝课农桑,兴修水利,发展生产。同时,还广开教化,建解梁书院,被人赞为"政举化行,俗用丕变"(《关学编》卷四)。因吕柟政绩显著,御史卢焕等以"王佐之才"累荐。嘉靖六年(1527)冬,吕柟由解州转官南京吏部考功郎中,临行时,解州"士民数千哭送至黄河岸边"。吕柟渡过黄河,"犹闻对岸哭声琅琅",他情不自禁吟诗曰:"试听黄河东岸哭,为官何必要封侯!"[1]吕柟调走后,解州人士感念他的恩德,立碑以记其政绩,并塑像以寄托思念。

吕柟在解州期间还先后完成了《解州志》《义勇武安王集》《司马文正公集略》《文潞公集》和《周子抄释》《张子抄释》《二程子抄释》的撰写以及《四书集注》《汉文选》《唐文粹》《宋文鉴》《纪事本末》等书的校刻刊行,从而有力地推动了当地文化的发展和理学思想的传播。

此后数年间,吕柟与湛若水(甘泉,1466—1560)及王阳明弟子邹守益(东廓,1491—1562)一同在南京为官讲学,其讲学"风动江南,环向而听者前后几千余人"(《泾野吕先生》,《关学编》卷四)。黄宗羲说:"九载南都,与湛甘泉、邹东廓共主讲席,东南学者,尽出其门。"(《河东学案下》,《明儒学案》卷

---

① [清]徐开任辑,《明名臣言行录》卷五一(清康熙刻本)。

第七章　明代关学之中兴

八)除了与诸生讲学之外,吕柟有时亦会参加湛若水在南京新泉书院举行的讲会,特别是与邹守益曾就知行先后、格物穷理、戒慎恐惧等问题进行了多次辩论,他在《别东郭子邹氏序》中说道:

> 予与东郭邹氏之在南都也三年矣,每以居室之远,会不能数,然会必讲学,讲必各执所见,十二三不合焉。初会于予第,东郭曰:"行即是知。譬如登楼,不至其上,则不见楼上所有之物。"予应之曰:"苟目不见楼梯,将何所于加足,以至其上哉?"东郭亦不以为然……间有从予游者亦谒东郭氏,东郭子诲之曰:"知即是行。人能致良知焉,则非义袭而取也。"予曰:"此说固然,然必知义之所在而后可集耳。"东郭且行,恐予犹懵然于是也,过予复论之,其爱厚之心甚盛也。然予终不能解,惟以前说宛转开陈,遂讲及执一之学、喜同恶异之弊,累数千言而后已。(《泾野先生文集》卷七)

从嘉靖六年到嘉靖十四年(1535)夏,吕柟一直在南京为官讲学,历任吏部考功郎中、尚宝司卿和太常寺少卿,其讲学之地则先后有柳湾精舍、鹫峰东所和太常南所等。嘉靖十四年,吕柟升任北京国子监祭酒。在国子监,吕柟作《监规发明》,以约束诸生,并强调对礼乐的学习,让国子监生"每月习礼二次,每日歌《诗》一次"(《泾野子内篇》卷二四),于是"国子诸生自是知所检束,而弦歌之声、礼让之俗洋洋于京师首善之地矣"(《泾野先生传》,《方山薛先生全集》卷二四),"两厅六堂诸属皆观法清慎,诸生皆以德行道义相先,而礼乐并行,声容俱美"(《通议大夫南京礼部右侍郎泾野吕公柟行状》,《泾野子内篇》附录三)。不过第二年,吕柟就又由国子监祭酒升为南京礼部右侍郎,再次来到南京,并继续在礼部北所讲学。嘉靖十八年(1539),时年六十一岁的吕柟致仕回乡,结束了他长期在外为官讲学的生涯。

回到家乡高陵后,吕柟又建北泉精舍讲学,同时还完成了《周易说翼》《高陵县志》等书的撰写。嘉靖二十一年(1542),吕柟因病去世,时年六十四岁。吕柟因其德才卓著,在他死后,"高陵人为罢市者三日","解州及四方学者闻之,皆设位,持心丧"(《吕柟传》,《明史》卷二八二),连世宗皇帝亦为之停止朝事一天,以示哀悼。

吕柟著述丰富,主要有《泾野子内篇》《四书因问》《泾野先生五经说》(包括《周易说翼》《尚书说要》《毛诗说序》《春秋说志》《礼问》)《泾野先生文集》《泾野先生别集》《十四游记》《高陵县志》《解州志》以及《宋四子抄释》等。

在吕柟众多的门人中,著名的关中弟子有吕潜(槐轩,1517—1578)、张节(石谷,1503—1582)、李挺(字正立)等人。

(二)吕柟的思想渊源

从理学来看,吕柟之学由薛敬之而上溯河东薛瑄。《明史·吕柟传》说:"柟受业渭南薛敬之,接河东薛瑄之传,学以穷理实践为主。"《四库全书总目提要》卷一七六亦曰:"柟之学出薛敬之,敬之之学出于薛瑄,授受有源,故大旨不失醇正。"故黄宗羲将吕柟列入"河东学案"中。

具体来说,由于薛瑄在明初思想界的巨大影响以及作为北方理学的主要代表,因此他在山西河津的讲学吸引了本地及周边陕西、河南、山东等地的不少学者前来问学,而陕西的韩城与薛瑄所在的河津仅一水(黄河)之隔,交通往来比较便利,这就为关中学者入晋和河东之学在关中的传播创造了有利条件,故薛瑄的陕西籍弟子较其他外地居多①,其中,最著名的有凤翔的张杰(默斋,1421—1472)、咸宁的张鼎(大器,1431—1495)和韩城的王盛(号竹室)等。正是通过这些陕西学者,薛瑄之学成为明代前中期关学最主要的思想资源。黄宗羲在《明儒学案》中说:"关学大概宗薛氏,三原又其别派也。"(《三原学案》,《明儒学案》卷九)清代四库馆臣也说:"明世关西讲学,其初皆本于薛瑄。"(《四库全书总目提要》卷六三)

在薛瑄的这些关中弟子中,张鼎的名气最大。张鼎曾花费数年时间搜辑和校正薛瑄的文集,并刊刻成书,对薛瑄著作的保存和流传做出了较大贡献。在思想上,张鼎"终身恪守师说,不敢少有逾越",有"理学传自文清公,高名可并太华峰"之誉(《大器张先生》,《关学编》卷三)。不过,由于张鼎一生仕途比较顺利,大部分时间都是在外地为官,故他对薛瑄之学在关中地区的传播所起的作用不如张杰。张杰在家乡用"五经"教授学生,名重一时,学者称为"五经先生"。当道欲聘其为城固县教谕,张杰则以从游者甚众,不能远及他方而拒绝,他说:

> 古之学者从事于性情,而文辞所以达其意。今之学者专务文辞,反

---

① 王盛在《薛文清公书院记》中录有同门74人,其中来自山西39人,陕西17人,河南6人,山东4人,其他地方8人。见[明]薛瑄:《行实录》卷三,《薛瑄全集》,山西人民出版社1990年版,第1656—1658页。

有以累其性情。某今年五十有一矣,方知求之于此,以寻古人向上之学,虽得其门,未造其域,汲汲皇皇,恐虚此生。尝自念僻处一方,独学无友,每欲远游质正高明,奈有寒疾不可以出。况乡党小子相从颇众,岂能远及他方耶!(《张默斋先生·文录》,《关学宗传》卷一〇)

而在教授诸生之余,张杰还经常与兰州的段坚(容思,1419—1484)、安邑的李昶和秦州(在今天水)的周蕙(号小泉)等人往来讲学。段坚除与张杰等人一起讲学外,还曾问学于薛瑄在洛阳的弟子阎禹锡与白良辅,"以溯文清之旨",故其虽不是薛瑄及门弟子,却有"文清之统,惟公是廓"(《河东学案上》,《明儒学案》卷七)之名,属于私淑有得者。周蕙之学则由段坚导入进门,但二人属于亦师亦友的关系,何景明(大复,1483—1521)说:"先生于容思先生,其始若张横渠之于范仲淹,其后若蔡元定之于朱紫阳也。"(《小泉周先生》,《关学编》卷三)起初蔡元定欲拜朱熹为师,朱熹叩问其学,认为"此吾老友也,不当在弟子列"(《西山蔡氏学案》,《宋元学案》卷六二)。这也就是说,周蕙之学入门虽由段坚,但却不在段坚门人之列。除段坚之外,周蕙又受学于薛瑄门人李昶,"得薛文清公之传,功密存省,造入真纯,遂为一时远迩学者之宗"(《小泉周先生》,《关学编》卷三)。而周蕙在西安游学时,则培养了渭南的薛敬之(思菴,1435—1508)、咸宁的李锦(介庵,1436—1486)和秦州的王爵(字锡之)等著名关中学者,遂开创了河东之学在明前中期关中发展的盛况。

从以上所述可以看出,吕柟之学的思想渊源即:薛瑄—李昶、段坚(私淑)—周蕙—薛敬之。虽然吕柟之学出自河东,但薛瑄之学对其影响亦随着时代的推移和思想的发展在逐渐减弱,黄宗羲说:"先生之学,以格物为穷理,及先知而后行,皆是儒生所习闻。而先生所谓穷理,不是泛常不切于身,只在语默作止处验之;所谓知者,即从闻见之知以通德性之知,但事事不放过耳。"(《河东学案下》,《明儒学案》卷八)尽管吕柟在学问宗旨上仍然标榜以程朱为宗,在工夫修养上也恪守着程朱的"主敬穷理"说,但他对朱子的理气观却作出了较大改变。也就是说,吕柟虽称宗程朱,但却不偏执,对朱子学亦有微词,对其他诸家亦能兼其所长。故清末关学大儒贺瑞麟说:

> 先生资禀温粹,涵养深醇,学问淹通,践履笃实。有曹月川、吴康斋之诚确而业则广,有陈白沙、王阳明之高明而见不偏,有明儒者薛、胡而外当首屈一指,此学者所共知也。盖先生之道,不可谓非濂、洛、关、闽之道;先生之学,不可谓非濂、洛、关、闽之学。宋四子书,先生尝钞释之矣。

尝谓先生诸书及是篇,窃见于朱子每多微词,故非后世所能深知。(《泾野子内篇序》)

意谓吕柟温厚淳朴,涵养深醇,有曹端、吴与弼之诚而"业则广";有陈焕章、王阳明之"高明"但又"见不偏"。是自明儒薛文清(瑄)、胡居仁(敬斋)之外首屈一指的学者,是真正承传濂、洛、关、闽之道的学者。贺瑞麟的评价确为的论。

二、吕柟的理学思想

(一)"理气非二物"

我们知道,在理气论上,朱子主张"理气二分",他说:

所谓理与气,此决是二物。但在物上看,则二物浑沦,不可分开各在一处,然不害二物之各为一物也;若在理上看,则虽未有物而已有物之理,然亦但有其理而已,未尝实有是物也。大凡看此等处须认得分明,又兼始终,方是不错。(《答刘叔文》,《晦庵先生朱文公文集》卷四六)

然以意度之,则疑此气是依傍这理行。及此气之聚,则理亦在焉。盖气则能凝结造作,理却无情意,无计度,无造作。只此气凝聚处,理便在其中。且如天地间人物草木禽兽,其生也,莫不有种,定不会无种子白地生出一个物事,这个都是气。若理,则只是个净洁空阔底世界,无形迹,他却不会造作;气则能酝酿凝聚生物也。但有此气,则理便在其中。(《朱子语类》卷一)

这就是说,理与气虽然相即不离,理需要靠气来呈现自身,而气也需要靠理的主宰和规范才不至于走偏,但理始终只是存在于气之中的另一个实体,"所谓理与气,此决是二物"。朱子的"理气二分"尽管凸显了理的绝对性与必然性,使理作为超越的存在而不至于沦为气化世界中的一物,然而,它却造成了人性中理与欲的对立,造成历史文化上义与利、王与霸的对立,并直接导致了道德实践上的离气求理。因为"理气二分"蕴含着这样一种可能,即只要把握了作为道德实践根据的形上之理,就自然能够做到"众物之表里精粗无不到,而吾心之全体大用无不明"(《四书章句集注·大学章句》),这就使得一些学者忽略实际的工夫修养而专讲形上之天理。为了纠正此种学风,使学问重新回到工夫实践上,于是元代以来一些朱子学者开始对朱子的理气观进行了修正,由强调"理气二分"转向主张"理在气中""理气一物"①,这一思想发展趋势也体现在明初的薛瑄那里。薛瑄指出:

> 窃谓理气不可分先后。盖未有天地之先,天地之形虽未成,而所以为天地之气,则浑浑乎未尝间断止息,而理涵乎气之中也。及动而生阳,而天始分,则理乘是气之动而具于天之中;静而生阴,而地始分,则理乘是气之静而具于地之中。分天分地,而理无不在;一动一静,而理无不存,以至化生万物,万物生生而变化无穷。理气二者盖无须臾之相离也,又安可分孰先孰后哉?(《读书录》卷三)

这就是说,在天地没有形成之前,构成天地的气就已经存在了,而理即含于气之中,如果非要讲未有天地之先,那么不仅有理,同时也有气。总之,从未有天地之先到天地形成、万物化生,理与气始终不相离,"理只在气中,决不可分先后"(《读书录》卷四)。虽然在薛瑄那里,理始终是形而上的存在,与气不离不杂,就像"理如月光,气如飞鸟"一样,用后来罗钦顺(整庵,1465—1547)的话来说就是:"文清之于理气,亦始终认为二物"(《困知记》卷下)。但薛瑄坚持"理在气中",强调理只有在具体的事物上才能显现自身,这就为道德实践提供了保障。薛瑄在理气观上的这一转向和对工夫实践的强调进一步影响了吕柟:

> 问:张子说"合虚与气,有性之名"。曰:"观合字,似还分理气为二,亦有病。终不如孔孟言性之善,如说'天命之谓性',何等是好!理气非二物,若无此气,理却安在何处?故《易》言'一阴一阳之谓道'。"(《泾野子内篇》卷一三)

这是吕柟与其弟子在讨论理气关系时的一段对话。吕柟认为张载"合虚与气"的说法有分理气为二的嫌疑,而在他看来,《易》言"一阴一阳之谓道",便已经说明了理气非二物,因为"一阴一阳"就是气在运动变化过程中所呈现出来的条理性,而这是气自身所固有的,也就是"道"。可见,理并不是存在于气

---

① 相关内容可参见陈来:《元明理学的"去实体化"转向及其理论后果》一文,收入《诠释与重建:王船山的哲学精神》,北京大学出版社2004年版,第394—419页。

之外或气之中的另一物,而是气本身具有的条理、规律,因此可以说理只是气之理,故曰"理气非二物,若无此气,理却安在何处"。吕柟又说:

> 天命只是个气,非气则理无所寻着,言气则理自在其中,如"形色天性也"即是,如耳目手足是气,则有聪明持行之性。(《四书因问》卷二)

天所命只是气,而理就在气之中,例如有耳目手足,便有聪明持行,聪明持行并不是耳目手足之外的另一物,而只是气自身所具有之理,或者说是气之性。正是基于"理气非二物"的主张,吕柟反对宋儒将人性分为"义理之性"(性)与"气质之性"(气),他说:

> 盖性何处寻?只在气上求,但有本体与役于气之别耳,非谓性自性,气自气也。彼恻隐是性发出来的,情也;能恻隐,便是气做出来,使无是气,则无是恻隐矣。先儒喻气犹舟也,性犹人也,气载乎性,犹舟之载乎人,则分性气为二矣。试看人于今,何性不从气发出来?(《泾野子内篇》卷一二)

在这里,吕柟指出先儒将气与性比喻成舟与人的关系,认为"气载乎性,犹舟之载乎人",其实是错误的,这是把性与气看作是"二物",认为性自性,气自气,是两个绝然不同的实体。实际上,气之流行而有条理即是性,如果失其条理,便不能称之为性,因此,性也只是气自身所具有的条理,气之外无性。

> 先生曰:"圣贤每每说性命来,诸生看还是一个,是两个?"章诏曰:"自天赋与为命,自人禀受为性。"先生曰:"此正是《易》'一阴一阳之谓道'一般。子思说自天命便谓之性,还只是一个。朱子谓'气以成形而理亦赋',还未尽善。天与人以阴阳五行之气,理便在里面了,说个亦字不得。"陈德文因问:"夫子说性相近处,是兼气质说否?"先生曰:"说兼亦不是,却是两个了。夫子此语与子思元是一般。夫子说性元来是善的,本相近,但后来加著习染,便远了。子思说性元是打命上来的,须臾离了便不是。但子思是恐人不识性之来历,故原之于初。夫子因人堕于习染了,故究之于后。语意有正反之不同耳。"(《泾野子内篇》卷一六)

正如"一阴一阳之谓道"一样,吕柟反对宋儒把孔子的"性相近"看作是兼气质而言,指出如果说是"兼",那就意味着孔子是以性气为二物,重在言"气质之性"。在吕柟看来,孔子与孟子、子思对人性的认识是一致的,即都认为性只是气之理,性气只是一物,故宋儒将人性分为"义理之性"与"气质之性"是不对的,"天命之性,非气质何处求,如何分得"(《泾野子内篇》卷二一)。总之,"性、神皆在气中,只一物耳。故养成浩然之气,性命皆得"(《张子抄释》卷二)。

从以上所述可以看到,吕柟对理气和性气关系的认识已不同于朱子,发生了一个彻底的转变,转向以气为首出的气学了。吕柟思想上的这一转向对明代关学的发展影响重大,因为在此之前,明代许多关学学者基本上都还坚持着朱子的"理气二分",如薛敬之主张:"一身皆是气,惟心无气。随气而为浮沉出入者,是心也。"(《思菴野录》卷上)虽然薛敬之对心气关系的认识比较独特,但他仍把心与气看作是两个不同的东西,这其实还是朱子"理气二分"的思维模式。然而到了吕柟这里,理气已彻底变成"一物",关中的朱子学终于发展出以气为本的气学来。其次,由于吕柟的气本论立场,使他对形而上的思辨缺乏兴趣,而把学问的重心放在日用常行上,推崇躬行实践,坚持"'致曲'工夫便是'明诚'尽头"(《泾野子内篇》卷九)。但这同时也影响了其思想的进一步发展,故吕柟的弟子虽然众多,"一时笃行自好之士,多出先生之门"(《明儒学案·师说》),然没有一个能在理论上将其思想推向前行者,其大部分弟子都像吕潜一样,"凡一言一动,率以泾野为法"(《槐轩吕先生》,《关学编(附续编)》卷四)。因此在吕柟以及同时代的马理、南大吉(瑞泉,1487—1541)、韩邦奇(苑洛,1479—1555)等人去世后,关学经历一个低潮,直到晚明万历年间冯从吾在关中书院的讲学才使得关学得以再次振兴。

(二)"君子贵行不贵言"

吕柟重气的思想,促使他的学问重心转向了日常的工夫实践,其学是以"尚行"为主要特点。晚明东林学者高攀龙(景逸,1562—1626)说:"薛文清、吕泾野语录中无甚透悟语,后人或浅视之,岂知其大正在此。他自幼未尝一毫有染,只平平常常,脚踏实地做去,彻始彻终,无一差错,既不迷,何必言悟?所谓悟者,乃为迷者而言也。"(《东林学案一》,《明儒学案》卷五八)

除了有来自本体论上"理气非二物"的思想影响之外,吕柟对躬行实践的强调也与当时的学风有关。吕柟生活的时代,程朱理学日渐支离,而且因与科举考试结合在一起,使得士人学子常常以辞章训诂和口耳记诵为学,而此时阳明学虽然盛行天下,对朱子学产生的弊端能够有所纠正,但它本身的不足也日益显露出来,一些阳明后学往往只重视对良知本体的体证从而脱略工夫实践,正如《明儒学案》中所说:"异时阳明先生讲良知之学,本以重躬行,而学者误之,反遗行而言知"(《明儒学案·师说》)。正是基于此种学风现状,吕柟提出了"君子贵行不贵言"(《泾野子内篇》卷一)的口号,强调学者更应在躬行实践上用力。对此,刘宗周(蕺山,1578—1645)评论说,阳明学"得先生尚行之旨以救之,可谓一发千钧"(《明儒学案·师说》)。

从工夫论上来看,吕柟的"君子贵行不贵言",主要体现在其主张涵养省察与格物穷理并行不悖以及"致曲"的工夫上。

首先,就涵养省察来说,朱子认为:"'戒慎'一节,当分为两事,'戒慎不睹,恐惧不闻',如言'听于无声,视于无形',是防之于未然,以全其体;'慎独',是察之于将然,以审其几"(《朱子语类》卷六二)。这是以戒慎恐惧为涵养之事,而慎独则为省察之事。同时,在朱子看来,戒惧与慎独、涵养与省察是分属于两边的工夫,前者为"未有事时",是"存天理之本然",后者则是已思虑即"已有形迹了",是"遏人欲于将萌"。虽然当时已有学生认为这种分别过于分析,认为"能存天理了,则下面慎独,似多了一截",但朱子则说:"虽是存得天理,临发时也须点检,这便是他密处。若只说存天理了,更不慎独,却是只用致中,不用致和了"(《朱子语类》卷六二)。戒慎恐惧与慎独同时并进尽管体现了朱子工夫的细密,但其背后却是理气二元论的思维模式,故有致中、致和的区别。而吕柟在理气论上已摆脱了朱子的"理气二分",因此在工夫上,他也认为戒慎恐惧与慎独只是一个工夫,并非朱子说的"两事"。

> 康恕问:"戒慎恐惧是静存,慎独是动察否?"先生曰:"只是一个工夫。静所以主动,动所以合静。不睹不闻,静矣;而戒慎恐惧便惺惺,此便属动了。如大《易》'闲邪存诚'一般,闲邪则诚便存。故存养、省察,工夫只是一个,更分不得。"(《泾野子内篇》卷一五)

> 大器问:"戒慎恐惧与省察,只是个慎独工夫否?"先生曰:"王介庵先生尝言戒慎恐惧及慎独是一个工夫。王虎谷先生曰:'某只作两个工夫做。'然予尝以问刘近山先生,近山先生曰:'才说一个工夫,便是不曾用工。'然以今日吾辈各求于心,静坐体验,才省察便涵养,才闲邪便存诚,才克己便复礼,实非有两事也,岂不是一个工夫?不然,则天下有二独矣。"(《四书因问》卷二)

吕柟指出,《易》言"闲邪存诚",不是说"闲邪"之外还有一个"存诚"的工夫,而是"闲邪则诚便存"。同样,能存天理,便能遏人欲,能遏人欲,便能存天理,并不是在"存天理"外另有一个"遏人欲"的工夫,因此不能把戒慎恐惧与慎独当做存天理、遏人欲两件事来看,存养与省察只是一个工夫。既然存养、省察不可分,那么工夫应该在何处做?吕柟说:"才省察是天理,便要扩充;是人欲,便要遏塞。戒慎是人己不交,耳不闻声,目不见形时候,于念虑未萌处著工,便是慎独工夫,亦无两样。"(《泾野子内篇》卷二二)从这里可以看出,吕柟并不是要否定戒慎恐惧,而是反对朱子将工夫分析得过于支离,因此无论是戒慎恐惧还是慎独,只要能切实用功,都可以至于博厚高明。不过,相较之下,吕柟更倾向于"慎独"的工夫,他说:

> 子思推原学问大根本在"慎独",故"致中和"便能"位育天地"。万物原同一气来历,圣人自有中和,学者必先慎独,而后有此。(《泾野子内篇》卷九)

> 学者切要工夫只在克己。克己之要,须自家密察此心,一有偏处即力制之,务有以通天下之志。故曰"一日克己复礼,天下归仁"。(《泾野子内篇》卷一五)

其次,在主张戒慎恐惧与慎独只是一个工夫的同时,吕柟又继承了朱子涵养省察与格物致知当两面夹进,不偏一边的思想。朱子说:"涵养、穷索,二者不可废一,如车两轮,如鸟双翼"(《朱子语类》卷九)。吕柟也指出:"夫格物是知,必须意诚心正,然后见之躬行,不是一格物便能了尽天下事。"(《泾野子内篇》卷二二)又说:

> 做慎独工夫,亦先须讲究。如《大学》定静安虑,必先知止。王材曰:"故格物致知而后可以诚意,故'诚意章'才言君子必慎其独,若不先知何者为善所当为,何者为恶所当去,则何以慎其独也。"先生曰:"是。正是我辈如今要讲得明白,明日临事庶乎不差。"(《四书因问》卷二)

虽然吕柟认为,在进行戒惧慎独、正心诚意这样的心性修养之前,必先格物穷理,若不预先知道何者为善,何者为恶,也就无法戒惧、慎独,只有在认识了何者是天理,何者是人欲的前提下,才能"是天理便做将去,是人欲即便斩断"(《泾野子内篇》卷一六)。但格物毕竟属"知",还必须将"知"落实下去,见之躬行方可,"不是一格物便能了尽天下事"。这就说明心性的修养与知识的学习是相辅相成、同时并进的。

再次,对于"致曲"的强调。吕柟认为:"君子之学,致曲为要。"(《赠别林秀卿语》,《泾野先生文集》卷三三)"致曲"作为工夫则出自《中庸》,《中庸》曰:

> 唯天下至诚,为能尽其性;能尽其性,则能尽人之性;能尽人之性,则能尽物之性;能尽物之性,则可以赞天地之化育;可以赞天地之化育,则可以与天地参矣。其次致曲,曲能有诚,诚则形,形则著,著则明,明则动,动则变,变则化,唯天下至诚为能化。

根据朱子的解释,"天下至诚"指的是圣人之德,"其次致曲"则是指学者以至贤人的工夫。前者是"自诚明",属"不勉而中,不思而得,从容中道"的圣人之事;后者则是"自明诚",属"择善而固执之"的学者和贤人之事。至于如何"致曲",朱子指出:"致,推致也。曲,一偏也",故"致曲"就是"自其善端发见之偏,而悉推致之,以各造其极也"(《四书章句集注·中庸章句》),如"恻隐、羞恶、是非、辞逊四端,随人所禀,发出来各有偏重处,是一偏之善"(《朱子语类》卷六四),"致曲"便是就这些善端发见之偏处而推致之,由"一曲"而至于"全体"。吕柟继承了朱子的这一思想,也把"至诚"与"致曲"看作是分属"自诚明"与"自明诚"之事。这从以下资料可以看出来:

> 问《中庸》。先生曰:"看来只是个诚明。故'唯天下至诚',申'自诚明谓之性'。'其次致曲',申'自明诚谓之教'。'至诚''前知',言'诚则明'也。'诚者自成',言'明则诚'也。'至诚无息'以下,申言至诚之赞化育、参天地也。'大哉圣人'以下,申致曲之功夫也。能有如是功夫,则亦能赞化育矣。故下遂言三重,能斯道者,其惟孔子乎!故遂言孔子,孔子诚明者也。其下'至圣''至诚',皆言诚明之事。然必本之以下学,故遂言下学。"(《泾野子内篇》卷一一)

不过,尽管吕柟认为孔子属于诚明者,但孔子之"至圣""至诚"也是本之于下学,或者说是从下学上达而来的。换言之,在吕柟看来,"至诚"描述的只是一种境界,说的是工夫的果地,而在达到这种境界、果地之前,必须要经过艰苦的下学工夫,所以当学生问"至诚尽性"时,吕柟则回答道:"尽性即尽其心之尽,此以前戒惧、慎独、格致、诚正工夫都已尽了,所谓'穷理尽性以至命'亦此,乃是致中和,天地位。"(《四书因问》卷二)这就是说,要做到"至诚尽性",必先有戒惧、慎独、格致、诚正的工夫方能如此。正如"观喜怒哀乐未发气象"一样,不是一味默坐澄心就能观的,而是要有戒慎恐惧的工夫,换言之,喜怒哀乐未发气象不是通过静坐就能获得的,必须要经过平日的工夫修养才能够真正体验到"未发气象",吕柟说:

> 若说喜怒哀乐前求个气象,便不是。须是先用过戒惧的工夫,然后见得喜怒哀乐未发之中。若平日不曾用过工夫来,怎么便见得这"中"的气象?(《泾野子内篇》卷一六)

> 应德问:"观喜怒哀乐未发之前气象,如何观?"先生曰:"只是虚静之时,观字属知属动,只是心上觉得。然其前只好做戒慎恐惧工夫,就可观也。"(《泾野子内篇》卷一一)

然而,对"致曲"的解释,吕柟则与朱子有所不同,他说:

> 君子之学,致曲为要。夫曲也者,委曲转折之处也。夫天体物而不遗,仁体事而无不在,故周旋中规,折旋中矩者,非专饰于外也。今夫仲路,信人也,至使千乘之国不用其盟;曾子,孝人也,至论其所以事亲者,止在对酒食有无之间。然求其致曲之功,无宿诺,请所与,则甚浅近耳。此孔子每欲无言,而高谈雄辩者离道之远也。是故言行合一之谓学,内外无二之谓道。(《赠别林秀卿语》,《泾野先生文集》卷三三)

对朱子来说,"曲"是指相对于性之"全体"(仁义礼智)而言的"偏",故"致曲"是就善端发见之处来做工夫,但吕柟却将"曲"解释为:"夫曲也者,委曲转折之处也。"这样,"曲"的意义便变成"细微、周全"之意,也就是从细微处着手做工夫,如子路之信,能使千乘之国不信其盟而信其一言,其致曲之功只是"无宿诺";曾子之孝,体现在回答酒食有无之间,其致曲之功也只是"请所与"①。总之,在吕柟看来,"致曲"不仅仅只是从善端发见处来做工夫,更要在平日的一言一行、一举一动上着手用功,所以他说:"凡事致其委曲,纤悉合当处,才是工夫,无处无之也。"(《泾野子内篇》卷九)又说:

> "致曲"工夫比"集义"还精密,譬如曾子说孝,其行孝便是义;说到斩一木、杀一禽,不以其时,非孝也,便是"致曲"。孟子说"集义"到行有不慊于心则馁,乃是曲之不致。譬如才方饮茶,长的不肯先,幼的不敢不后,不相错乱,其让的意思溢然,便是"致曲"。若一茶之间忽略了,便不

---

① 曾子"请所与"事见《孟子·离娄上》。

是"致曲"。(《四书因问》卷二)

"致曲"工夫不仅是无处无之的,就像孟子说的"必有事焉"一样,而且在吕柟看来,"'致曲'工夫就便是'明诚'尽头",而非只是为了体证形上天理。

(三)"以仁为学"

除了传统的理气、心性和工夫之外,有关"仁"的讨论也是吕柟思想中的一个重要内容。总的来说,吕柟的仁学体现了对孔子之"仁"与张载"民胞物与"和程颢"万物一体"精神的继承与发展。

首先,在吕柟看来,"圣人之学,只是一个仁"(《泾野子内篇》卷八),"孔门教人,只是求仁"(《泾野子内篇》卷一六)。"仁是圣门教人第一义,故今之学者必先学仁"(《泾野子内篇》卷二〇)。因此对以成圣为目标的学者来说,必先以仁为学,否则就会偏离大道而终身无所成。不过,吕柟强调的以仁为学并不是一时一事之仁,他所讲的"仁"有一个核心精神贯穿在里面,那就是"万物一体"。他说:

> 凡看《论语》,且须要识得圣贤气象。若天地之所以为天地,只是一个至公至仁。如深山穷谷中,草木未尝不生,如虎、豹、犀、象也生,麟、凤、龟、龙也生。圣人与之为一,如有一夫不得其所,与天地不相似。观夫舜欲并生,虽顽谗之人也要化他,并生与两间,要与我一般,此其心何如也!(《泾野子内篇》卷一九)

即是说,天地之所以为天地,就在于其至公至仁,如即使是深山穷谷,也有草木生长,又如世间既有麒麟、凤凰之类的灵兽,也有老虎、豹子之类的猛兽,既有松柏、灵芝,也有菌蓬、荆棘。凡此种种,都是天之至公至仁的体现,而这同时也就是圣人的品德。圣人与天为一,天的至公至仁就体现为圣人的"并生"之心,亦即要使天下万物各得其所,并生于天地之间,哪怕是"顽谗之人"也要像大舜一样去教化他,"如有一夫不得其所,便与天地不相似"。可见,吕柟的这一思想其实即是宋儒的"民胞物与"和"万物一体"精神的体现,所以他说:"这个'仁'字是天地生生之理。吾之心原与天地万物为一体,第人为私意所蔽,遂将此仁背去了。诚能好仁,则必视天下犹一家,万民犹一人,心中自然广大"(《四书因问》卷三)。"仁"是天地生生之理,因此,"以仁为学"就不仅只是个体自身的成就和满足,而是要视"天下犹一家,万民犹一人",使万物各得其所,就是要做到"天下之人疾痛疴痒与我相关,一民饥曰我饥之也,一民寒曰我寒之也"(《泾野子内篇》卷二七),唯有如此,才能做到与天地同体。

因此在吕柟看来,"仁"不仅是人的本质,而且也是为学和为政的基础。他认为,舜之所以好问好察,就是因为他有一颗仁心,想要天下之人都能安居乐业,并向从事耕稼、制陶、打鱼的人请教方法,而不以圣人自居。而孔子之所以发愤忘食、颜子之所以好学,也都是因为他们有舜一样的心肠,故好古敏求,"以能问于不能,以多问于寡"(《论语·泰伯》)。但是现在的学者却不肯好问,自满自足,就在于没有为仁之心,故吕柟说:"学者到怠惰放肆,总是不仁,仁则自是不息。"(《泾野子内篇》卷一一)有仁心,就会好学好问,而好学好问则是为了实现"仁",可见仁和智是互相为用的。更何况今日是士子学者,他日便可能出仕为官,就可以将仁智用在造福一方百姓乃至天下上,"见那鳏寡孤独无告穷民,皆要使之各得其所"(《泾野子内篇》卷二七)。如果没有仁心,或者不预先培养仁心,那么即使见到鳏寡孤独不得其所,也会视为与己无关,所以仁心也是为政的基础。吕柟说:

> 圣人见天下陷溺荼毒,性未复,生未遂,皇皇然要出去救他。盖其民胞物与之心,视天下疾痛疴痒与己相关,故如此。学者须要有这样心肠。若他人之汲汲于仕者,盖为富贵利禄计耳,故曰"同行异情"。(《泾野子内篇》卷二七)

从以上我们可以看出,吕柟讲的"万物一体"之仁与张载、程颢通过"穷神知化"的理性思考或直觉体验而得来的"仁"有所不同[①],比较偏向于现实的政治关怀,也因此更多地表现为具体的行动,故吕柟的仁学可以说是先秦儒家的博施济众与宋儒"民胞物与"和"万物一体"精神境界的结合。

其次,在吕柟看来,我们之所以能够"以天地万物为一体",其原因就在于"天人一气"。他说:

> 吾与天地本同一气,吾之言即是天言,吾之行即是天行,与天原无二理,故与天地一般大。(《泾野子内篇》卷一九)

> 诸君求仁,须要见得天地万物皆与我同一气,一木一草不得其所,此心亦不安始得。(《泾野子内篇》卷二二)

---

① 参见陈来:《宋明理学》,三联书店2011年版,第91页。

> 己之与人,均受天地之气以生,其血脉本相通也。人惟私意一生,是以人自为人,己自为己,元初之相通者始判然二之矣。(《泾野子内篇》卷二二)

这就是说,吾人与天地万物都是一气化生,故其血脉相通,"吾之言即是天言,吾之行即是天行",而吾人之心也原本与天地之心一样广大,没有远近、物我、彼此之分,懂得这一点,再经过长期的工夫修养,就能够做到"一草一木不得其所,此心亦不安",从而恢复本有的天地气象,做到与天地万物同体。这样,吕柟就通过"天人一气"的方法为自己的仁学找到了一个宇宙论上的根据,这是对孔子仁学的一个发展,也是对张载气论的继承。

既然吾人与天地万物本是一体,那么为何现在却有了间隔?吕柟指出,这是由于气禀、习染和私欲等造成的。他说:"天始生人,这心肠元来人人都是有的。只为生来或是气禀欠些,或是习染杂些,把这心肠都失了,只是个块然血肉之躯,与仁相隔远着。所以要把这气习变易尽了,才得与这仁通。"(《泾野子内篇》卷二〇)又说:"彼人之心,元与天地一般大,只为有己便窒碍了。"(《泾野子内篇》卷二七)气禀、习染再加上声色、货利、富贵、势力等私欲就是导致人自为人,己自为己,不能"以天下为一家,视中国犹一人"的原因,因此我们还需要后天的工夫来去除这些影响。

再次,对于学仁之工夫,吕柟比较注重"克己"与"孝悌"等日常的道德伦理实践。他说:"学者切要工夫只在克己。克己之要,须自家密察此心,一有偏处即力制之,务有以通天下之志。故曰'一日克己复礼,天下归仁'。"(《泾野子内篇》卷一五)"克己"就是要去除己私,能"克己"便可以做到"无我","无我"则胸襟自然广大,就可以像天一样无不覆,地一样无不载,就能位育万物。他认为在孔门中惟有颜子能够"克己"并且做到"其心三月不违仁"(《论语·雍也》)。除了"克己"之外,学仁还要以躬行孝悌为本,吕柟说:

> 然学仁从哪里起?只于孝弟上起。孝弟则九族敦睦以此,百姓昭明以此,于变时雍,鸟兽鱼鳖之咸若者以此。孝弟便是个根,因而仁民爱物之枝叶花萼油然而生,不能已也。(《泾野子内篇》卷二一)

> 孔门之学,只是一个仁,其本只是孝弟。君子为仁,必欲使天下之民各得其所,使天下之物各遂其生,而后快于心,此非仁乎?然无孝弟于先,则性真自伐,和顺自沮,推之民,必犯上,推之物,必至作乱而伤害,犹

蠹其木而沮枝叶之茂也。(《赠王左卿语》,《泾野先生文集》卷三三)

吕柟指出,孝悌就好像根一样,而仁民爱物则是枝叶花萼,能在平时生活中切实做到孝悌,那么自然能够仁民爱物,所以说孝悌是为仁之本。如果说"克己"是一种内在的德性修养,那么"孝弟"便是一种体现于外的道德行为。因此,学仁是一种向内、向外同时用力的过程。他指出,在工夫论上,"宋人则专言性命,谓之道学,指行事为粗迹,不知何也?"他则主张"心事合一,体用一源","用功不必山林"(《吕泾野先生语录》),主张人应该在事事中穷理,"从下学做起","即事即学,即学即事",这正验证了他所坚持的"穷理"不"泛常切于身",而是要"在语默作止处验之","但事事不放过耳"(《吕泾野先生语录》)的切己力行工夫。黄宗羲评价吕柟说:"先生之学,以格物为穷理。及先知而后行,皆是儒生所习闻。而先生所穷之理,不是泛常不切于身,只在语默作止处验之,所谓者,即从闻见之知,以通德性之知,但事事不放过耳。"(《河东学案下》,《明儒学案》卷八)不过,《四库全书总目提要》卷九三儒家类《泾野子内篇提要》中,在肯定吕柟"其践履最为笃实"的同时,又指出吕柟"尝斥王守仁言良知之非,以为圣人教人,未尝规规一方。今不论资禀造诣,刻数字以必人之从,不亦偏乎!"认为吕柟对王门良知之说的批评有所"偏",并指出其思想"不失河津之渊源矣",这显然是站在王学立场上的一种意见。

最后,吕柟认为,真正做到以仁为心,心中便会生意常常流动,无有窒碍,就能够体会到古人说的那种鸢飞鱼跃的乐趣,从而"荣显也不见得荣显,寂寞也不见得寂寞,只见得我这里面是这样美,是这样大,是这样富,是这样贵,外面那些富贵,那些势力,那些功名,都如浮云一般"。然而,"事必经历过,然后知之真也"(《泾野子内篇》卷二七)。学者首先要在工夫上用力,最后方能达到如此境界。

三、吕柟思想的关学特征

(一)以礼为教

吕柟的思想中,除了有程朱理学、河东薛瑄之学以及孔孟仁学的影响之外,又有鲜明的关学特征。①

"以礼为教"是张载关学的一个突出特点。明末大儒刘宗周说:"关学世有渊源,皆以躬行礼教为本。"(《明儒学案·师说》)清初的张履祥(杨园,1611—1674)说:"关中之教,以知礼成性为先。盖学礼则功夫有准的,身心有所持守,自初学以至成德,彻上彻下,一以贯之而已。"(《与何商隐》,《杨园先生全集》卷五)诚然如此,明代关学学者多重视礼教,如明前中期凤翔的张杰被时人称为:"以五经教授,明心学于狂澜既倒之余;以四礼率人,挽风化于颓靡不振之秋。"(《默斋张先生》,《关学编》卷三)而三原学派的创始人王承裕"自始学好礼,终身由之,故教人以礼为先。凡弟子家冠婚丧祭,必令率礼而行"(《平川王先生》,《关学编》卷三),并刊布蓝田《吕氏乡约乡仪》等书来教化乡人。王承裕弟子马理亦"执礼如横渠"(《谿田马先生》,《关学编》卷四),而吕柟更是明代关学"躬行礼教"的代表人物。

吕柟认为,学者"当先学礼"(《泾野子内篇》卷一〇)。他说:"教汝辈学礼,犹堤防之于水。若人无礼以堤防其身,则满腔一团私意纵横四出矣。"(《泾野子内篇》卷七)学礼、执礼即是从义,则工夫有准的,身心有所持守,而"邪僻之心无自而入"(《礼问》卷二),故动静都应当用礼来规范。此外,在《泾野子内篇》与《礼问》中记录了大量有关冠、婚、丧、祭诸礼的讨论,足见吕柟对礼的重视。其次,礼能够经世。吕柟说:"夫《周礼》行,天下无穷民。"(《泾野子内篇》卷一)并认为《仪礼》是"先王经世之书",要求学者要讲而习之。虽然吕柟强调学礼、守礼,但他并不认为在任何时候、任何情况下都应执礼不变,在他看来,礼贵在合宜,"夫礼因人情时事而为之节文者也,不可只按着旧本"(《泾野子内篇》卷一四)。

不仅在理论上注重对礼的探讨,在日常生活中吕柟也非常重视礼的实践。如在山西解州为官时,曾选民间俊秀子弟入解梁书院歌诗习礼,并让弟子乡人于每月朔望讲读《会典》诸礼,还在当地推行《吕氏乡约》和《朱子家礼》,"凡冠、婚、丧、祭,俾皆尊闻行知"。而在北京国子监任祭酒时,亦让诸生"每月习礼二次,每日歌《诗》一次"。

吕柟对礼的重视深深影响了其周边及后来的关中学者,如其弟吕栖(字

---

① 关于张载关学学风的研究,可参考刘学智:《冯从吾与关学学风》,《中国哲学史》2002年第3期;林乐昌:《张载关学学风特质论:兼论张载关学学风的现代意义》,《陕西师范大学学报》2002年第3期。

仲止)从师于马理的仪式,在当时京师成为典范。而吕柟的门人吕潜"尤严于礼,诸冠、婚、丧、祭,咸遵文公惟谨,即置冠与祭器,式必如古人,或以为迂,弗恤也","又率乡人行乡约,人多化之"(《槐轩吕先生》,《关学编(附续编)》卷四)。

不过,吕柟等明代关学学者虽然继承了张载"躬行礼教"的学风,但二者之间还是有一定差别的。对张载来说,学礼、行礼是与"成性"的工夫论联系在一起的,其目的是"变化气质",即"知礼"与"成性"是一个动态联系的整体。而对吕柟来说,学礼、行礼更多强调的是对礼制、礼仪的遵守和践行,它们与"变化气质""成性"已没有直接的联系了。

(二)"经学者,士子之堤防"

重视经学的学习,是张载之学的另一个重要特征,也是关学的一个传统学风。张载对读书的重要性和意义有许多论述,但他并不认为读书就是毫无目的的泛观博览,他对读什么书、如何读书是有着明确态度的。概言之,张载认为史书、文集、文选之类用处不大,可以少看,而佛道典籍则全无是处,"不看亦无害"。学者应当将精力集中于《诗》《礼》《易》《春秋》《书》,"少一不得",而且要反复地看,当然,《论语》《孟子》作为了解圣人之学的最切要之书,更要涵泳[①]。张载对经学的重视,如同他的"以礼为教"一样,也深深影响了后来的关学学者。[②] 从明前中期的张杰到三原学派的王恕、王承裕父子,从吕柟、马理、韩邦奇、杨爵到晚明的王之士,无不重视经学的学习并有相关的研究著作,与马理一样,吕柟也对"五经"进行了注释和解说,其著作主要有《周易说翼》《尚书说要》《毛诗说序》《春秋说志》和《礼问》等。

首先,在吕柟看来,"五经"与"四书"并无高下之分,它们都是圣人之道的体现,因此都应该作为学者学习的对象。吕柟甚至还把"五经"看作是纠正当时士风的良药,他说:"士习易于趋卑,犹水之易于就下,何也?盖各就其性

[①] 参见张载:《经学理窟·义理》,《张载集》,第 272、276、278 页。
[②] 明代关学学者对经学的重视,不只是为了科举制义,而更在于求道、修身,就像吕柟说的:"夫士之治经,凡以为学也,为学凡以求道也,求道凡以修身也。"(吕柟:《送费振伯语》,《泾野先生文集》卷三三)而且关中学者也多强调举业与德业是统一的,如吕柟就指出,举业中即寓德业:"试观所读经书,及应举三场文字,何者非圣贤精切之蕴,仁义道德之言!试以是体验而躬行之,至终其身不易,德业在是矣。"(吕柟《泾野子内篇》卷一〇)

之所近，以为所好而进耳。是故高者耽玄，卑者溺俗，治词者忘物，荣名者废实，喻利者损义。此五者，多士之病也。其药石皆具于'六经'。是故经学者，士子之隄坊也。"(《赠张惟静提学序》,《泾野先生文集》卷七）可见吕柟对经学的重视。

其次，吕柟认为，《诗》《书》《礼》《易》《春秋》中所言的"道"主要是就人事来说的。其中，《礼》是最切于日用的。《易》则专言正心、修身、齐家、治国的道理，而非后世所说的卜筮之学，专讲吉凶祸福，因为"《易》之理只是变易以生物，故君子变易以生民"(《泾野子内篇》卷一三）。至于《春秋》所记录的日蚀、雨雹、水旱、霜雪等，也都是为了说明人世间的道理，而不是纯粹在讲天地变化，所谓"言人即言天，言天即言人"(《泾野子内篇》卷三），离开人事而求之于渺茫的天道、鬼神，并不是圣人的本意。因此在吕柟看来，"五经"都是尽时务之书，只是读经者不知道而已，才会被人讥笑为不懂时务、只好谈经的腐儒。如果人们一旦懂得了经书中所言的道理，就必然不敢轻视经书乃至背叛经书。

再次，针对当时学者用读经来获取科举功名，或者议论经书的不是，而另创新奇之说，不肯按经书所言之理来修身、实践的学风，吕柟说："今之乱经者又多矣。以权者假，以术者贼，以功利者叛，以辞赋者荒，以章句者支，以记诵者浅，以静虚者玄，以俗者卑，以名者袭，故治经求之于心而放之于行者鲜矣。"(《送崔开州序》，《泾野先生文集》卷二）。针对这些现象，吕柟提出学者应该"以明经为重""以守经为贵"。他说：

> 夫士之治经，凡以为学也，为学凡以求道也，求道凡以修身也，周汉之士大抵然耳，故曰："经明则行修，士醇则政良。"乃若后世之士则弗然，议论新奇，或出先儒之上，顾其躬行反不逮于前修。是故君子以行为先，以言为后，以明经为重，议经为轻……虽然，学以守经为贵，而博取之功亦不可缺；道以砥行为先，而与比之义亦不可废。(《送费振伯语》，《泾野先生文集》卷三三）

即是说，读经、治经的目的是为学、求道、修身和治国，经书就是这一切的根据，因此学者要"以明经为重"，先通晓经中的义理，然后再将这些义理用之于道德修养和天下治理上，所谓"经明则行修，士醇则政良"，"经书是平天下粱肉，未有舍经而能致治者"(《泾野子内篇》卷七）。而不能在没有真正理解和把握书中道理的情况下就乱发议论，标新立异，也不能只停留在口耳记诵上，而忘了读经的根本目的,所以说"君子以行为先,以言为后,以明经为重,议经为轻"。当然,明经、守经并不意味着就是要固守经说不变,或者是不用读其他的书了,而是"博取之功亦不可缺""与比之义亦不可废",即要博学多闻和懂得变通。吕柟说:"且学圣人,须师其意,不必泥其迹"(《泾野子内篇》卷一九)。所以,《礼》贵在合宜,《诗》则主于兴,而《易》与《春秋》"当外言而求意"(《答王端溪子德徵书》,《泾野先生文集》卷二○),否则虽多又有什么用。

最后,读经与躬行并不是两件互不相干之事。在吕柟看来,读经与修行如同车之两轮、鸟之双翼,是相互作用、相辅相成的,他指出:"看经要体认玩索,得之于心,见之于行才是。若只读了,却是记诵之学,虽多亦奚以为。"(《泾野子内篇》卷二七)因此阅读经书只是为学的第一步,还要体认躬行,见诸实践,不能认为读书就是指读了多少书,况且,"道以砥行为先",义理的探究不比力行更具优先性。

(三)崇尚气节

黄宗羲说:"关学大概宗薛氏,三原又其别派也。其门下多以气节著,风土之厚,而又加之学问者也。"(《三原学案》,《明儒学案》卷九)三原学派学者马理、雒昂(号三谷)与张原(玉坡,1473—1524)等人皆因"议大礼"而遭受廷杖,雒、张二人并因此丧生。包括三原学派在内的关学学者多以气节闻名,如朝邑的韩邦奇、渭南的南大吉以及富平的杨爵等人皆重视气节,尤其是杨爵,他因上疏获罪而被廷杖下狱,在狱中前后被羁押七年之久,冯从吾称其:"险夷如一,初终不贰,磨砺精光,展拓胸次,其所涵养者诚深,以故鼎镬汤火,百折不回,完名全节,铿铕一代,不偶也。彼世之浅衷寡蓄,耽耽以气节自多者,视先生当愧死矣。"(《斛山杨先生》,《关学编(附续编)》卷四)

同样,"崇尚气节"这一关学特征在吕柟身上也有突出的体现。吕柟状元及第后,不仅拒绝权宦刘瑾的祝贺,事后亦不相往来,遂赢得了一些正直士大夫的敬重,如后来王廷相上疏武宗请起用吕柟时就称:"当瑾贼擅政,朝士侧目之时……惟本官(吕柟)不顾时忌,乃敢求归。逆探初心,似难尽知;据今形迹,实亦可取。"(《请起用修撰吕柟疏》,《王廷相集》卷一)非唯不交刘瑾,吕柟一生为官,从不结交权贵,居家之时,"镇守阉廖馈以豚米,却之。廖素张甚,乃戒使者曰:'凡过高陵毋扰,有吕公在也'。"(《泾野吕先生》,《关学编》卷四)其声名如此,即使"门庭萧然,无异寒素",也怡然自得。

吕柟对气节的重视,反映在思想上,则主要体现在其"甘贫"之说中。吕柟说:"圣贤之道,虽千言万语不能尽,切于今日之急务者,惟有二焉,一曰改过,二曰甘贫。"(《赠邓汝献掌教政和序》,《泾野先生文集》卷八)吕柟之所以重视"甘贫",就是因为其与学者的气节操守有关,他说:"'人但伺候权倖之门,便是丧其所守。'是以教人自甘贫做工,立定根脚自不移。"(《泾野子内篇》卷七)又说:

> 吾人只是贫富二字打搅,故胸中常不快活。试尝验之:自朝至暮,自夜达旦,其所戚戚者此贫此富也;自少自壮,自壮至老,其所戚戚者此贫此富也。君臣之相要,贫富二字要之也;父子之相欺,贫富二字欺之也;兄弟之相戕,贫富二字戕之也。纵使求而得之,尚不可为,况求之未必得耶!(《泾野子内篇》卷二二)

在吕柟看来,贫与富是当时学者面对的一个最大问题,许多人终生都只是为了追求富贵利禄。而正因为学者不能安于贫贱,不仅常会犯错误,而且还会丢失操守,丧失气节,所以吕柟认为,能甘贫即能安于义,他说:"能甘贫,则凡一切浮云外物,举不足为累矣。"(《泾野子内篇》卷一〇)又说:

> 南轩"无所为而为"之言极精,舜、跖之分,正在于此。推之家国存亡、天下理乱,罔不由之。如尚义者在位,则所用皆义人,所行皆义政,天下无不治矣。尚利者在位,其弊可胜言哉!然其初要在谨独,但于一言之发,一事之动,一财之临,就当审处,不可有一毫适己自便之心,久之自然纯熟,可以造于无所为而为矣。昔舜"饭糗茹草,若将终身",正见义不见利之大节。学者能甘贫俭约,不为利所动,自无往而非义。(《泾野子内篇》卷一二)

吕柟指出,舜之"饭糗茹草也,若将终身焉",正是见义不见利,学者若能甘贫,不为利所动,自然能够做到无往而非义。总之,在吕柟看来,气节的培养与一个人能否"甘贫"有极大关系,而汉儒之所以多气节,就在于其能甘贫。他说:"如管宁、茅容、孔明,皆圣门之徒也。管宁终身戴一破帽,信贯金石。是以汉儒多气节。故常谓诸生'当自甘贫做'。"(《泾野子内篇》卷七)而且,"安贫"就是近道:

> 顾问:"'庶乎屡空',是安贫又能近道否?"先生曰:"说安贫近道则可,说安贫又能近道则不可。盖贫之在人,亦最难处,如日用常行、饮食

衣服,少有不足,则便歉然于中,于此都能安得,却非见大心泰者不能,便是道了。至如子贡是个明敏的人,却又不能受命而货殖焉。"(《四书因问》卷四)

总而言之,吕柟的思想受张载思想的影响很大,从本体论上的理气关系到工夫论上的"变化气质",再到读经重礼、崇尚气节的学风,都可以在张载那里找到渊源。

最后需要指出的是,明清以来,关中学者都将吕柟看作是明代关学的一个标志性人物,如晚明冯从吾说:"论者谓关中之学自横渠张子后,惟先生为集大成云。"(《泾野吕先生》,《关学编》卷四)光绪《三原县新志》又说:"关学自横渠后,在明惟高陵吕泾野为最著,而豁田则媲美泾野。"(光绪《三原县新志》卷六)此外,其他学者也多把吕柟看作是代表明代关学发展的一个高峰,如本文前面提到的晚明江右学者邹元标就说:"横渠之后,明有仲木,今有仲好,可称鼎足。"由此可知吕柟之学在明代关学史上的重要地位。不过,从理论上说,吕柟的创新性尚不够鲜明,正如刘宗贤所说:"以吕柟为代表的'关中之学',在思想上尽守朱熹的门户而没有什么新发展,所以他们作为一个以朱学为旗帜的学派来说,传到后来,更渐渐失去了生气。"[①]这也正是关学在此后出现心学动向的一个重要原因。

第三节 关中心学之传:南大吉的学术思想

南大吉(1487—1541),字元善,号瑞泉,陕西渭南(今陕西渭南)人,明代关学重要学者之一。因王阳明曾为其座主而称门生。他在浙江绍兴任知府时,又与王阳明有过一段特殊的交往关系,故而深受阳明心学之影响,归乡后又在关中传播其学,因此可以说南大吉是将王学传入关中之第一人,关学的学术走向亦在此后逐渐发生了变化。王阳明说:"关中自古多豪杰……然自横渠之后,此学不讲,或亦与四方无异矣。自此关中之士有所振发兴起,进其

---

① 参见刘蔚华、赵宗正主编:《中国儒家学术思想史》,山东教育出版1996年版,第1232页。

文艺于道德之归,变其气节为圣贤之学,将必自吾元善昆季始也。"(《答南元善》）[①]王阳明这里所说虽旨在对南大吉以鼓励,但也反映出他对此后关学未来走向的关注。冯从吾说:"文成公门人虽盛,而世传其学者,东南则称安成邹氏,西北则称渭上南氏。"（《越中述传序》）此将南大吉与邹守益并列为阳明之学在西北、东南的重要传人,以此可见南大吉在明代关学发展史中的地位。

一、南大吉的生平及与王阳明的交往

关于南大吉的生平事迹,《明史》未见记载。冯从吾《关学编》卷四《瑞泉南先生》、黄宗羲《明儒学案》卷二九《北方王门学案》对其有简略的传记。此外张骥《关学宗传》卷二一《南瑞泉先生》、焦竑《国朝献征录》卷八五《绍兴府知府南大吉传》、清乾隆《渭南县志》卷七等也有较简略之纪传,然其中内容多抄自冯从吾《关学编》。此外《王阳明全集》及其他文献也有一些零散的资料。据以上文献及《瑞泉南伯子集·后记》中南逢吉所撰《纪年》,知南大吉生于明成化二十三年(1487)冬十月,卒于明嘉靖二十年(1541)秋八月,享年五十有五。

南大吉幼而聪敏,稍长后,乃读书为文。尝赋诗言怀,有"谁谓予婴小?忽焉十五龄。独念前贤训,尧舜皆可并"之诗句。说明他在幼年时就已树立了宏大的志向。弱冠,即以古文辞章鸣于世。入仕后,尚友讲学,并"渐弃辞章之习,而有志于圣道"(《关学编》卷四),孜孜以求于圣贤之学。南大吉为明武宗正德五年(1510)举人,于明武宗正德六年(1511)进士及第。

关于南大吉的为官经历,《明儒学案》仅记"授户部主事,历员外郎、郎中,出守绍兴府",冯从吾《关学编》所记大体相同,寥寥数句,语焉不详。而《瑞泉南伯子集·附录》中收录其《纪年》《墓志铭》《墓表》,《渭南县志》中有其叙传,述其事迹甚详。对于其早年的经历和业绩,清李维祯《南郡守家传》概括地说:

> 前后司御马天津仓者一,司下粮厅漕储者一,司保定边储者一,司京

[①] 本节所引王阳明文,皆出自吴光等编校:《王阳明全集》,上海古籍出版社1992年版。以下引该书只注篇名。

> 坊草场者一。会计严审，诸猾不得侵牟。尝犒师云中、上郡，师交口诵其廉惠。而在本科独久部，事无大小，有所兴罢，尚书壹是属公草奏，明解朝章，亢直敢言，所条上便宜，若督漕大臣岁赴京师会议，至今应用之。萧皇帝即位，赐七十二宿卫士，金中贵人意在掊尅，公持不可。诸冒京营卒食粮者，汰斥强半，更煽蜚语撼公，不为动。或遗火焚所司草场，计公当坐，尚书廉得状，卒不能夺也。

这里既言其官职所任，又述及为政之清廉和持正之定力。

南大吉为官多年，其重要一任，是在知绍兴府事时。其到该任的具体时间，史载不详。《关学编》记"嘉靖癸未知绍兴"，即明世宗嘉靖二年（1523）知绍兴府。王阳明所写《送南元善入觐序》是在"乙酉"年，即嘉靖四年（1525），是年南大吉"入觐"后不久即离任，其在绍兴府知事至少有三年。又据南逢吉所撰《纪年》，确知南大吉于嘉靖二年二月升浙江绍兴府知府，而离任时间则在嘉靖五年（丙戌），前后在越确实为三年。在这几年里，南大吉不仅政绩卓著，而且与王阳明密切交往，其思想也发生了心学化转向。据王阳明《送南元善入觐序》所记，越地数十年来，"巨奸元憝，窟据根盘，良牧相寻，未之能去；政积事隳，俗因隳靡"，"凶恶贪残，禁不得行；而狡伪淫侈，游惰苟安之徒，亦皆拂戾失常"，种种恶行肆虐，风气日渐衰败，以致"相与斐斐缉缉，构谗腾诽；城狐社鼠之奸，又从而党比翕张之，谤遂大行"。在这种情况下，南大吉"持之弥坚，行之弥决"，励精图治。他坚信"民亦非无是非之心"，并决心从讲学入手，"启之以身心之学"。经过他的努力，不仅"民之谤者亦渐消沮"，且"各邑之士亦渐以动，日有所觉而月有所悟"，越地风气乃为之剧变，南大吉因此而受到当地士人的广泛认可，老百姓称他为"严父""慈母""真吾师也"。

南大吉接受阳明心学也经历了一个过程。南大吉在思想上曾宗程朱，接受阳明心学之后，"慨然悼末学之支离，将进之以圣贤之道。"（王阳明：《稽山书院尊经阁记》）即反省程朱格物穷理支离之学，方对阳明心学渐有所悟。南大吉与王阳明的相遇甚早。正德六年（1511）南大吉参加京城会试，主考官正好是王阳明，他登殿试二甲进士第，故以王阳明为座主而有门生之称。此时他尚未接受王阳明的心学。据清乾隆《绍兴府志》记："当是时王文成公讲明理学，大吉初以会试举主称门生，犹未能信，久之乃深悟，痛悔执贽请益。"而其思想之转变可能发生在嘉靖二年（1523）知绍兴时。时"王文成公倡道东南，讲致良知之学"（《关学编》卷四），南大吉为会稽郡守，他对王阳明非常敬慕,时常问学请益,对其学问亦逐渐接受进而笃信之,此时他已开始转向阳明心学。当他看到王阳明弟子日渐增多,讲学之处有所不容时,特意整修稽山书院,以为讲学之所,《瑞泉南伯子集·附录·纪年》中有"(甲申三)夏四月重起稽山书院,聚阖府学官,弟子高等著功,令给日需,躬教之学"的记载,可知此书院之成在嘉靖三年(1524)四月。书院成,"于是萧谬、杨汝荣、杨绍芳等来自湖广,杨仕鸣、薛宗铠、黄梦星等来自广东,王艮、孟源、周冲等来自直隶,何秦、黄弘纲等来自南赣,刘邦采、刘文敏等来自安福,魏良政、魏良器等来自新建,曾忭来自泰和。宫刹卑隘,至不能容。盖环坐而听者三百余人。"(《年谱》三,《王阳明补编》卷四)又在书院后建"尊经阁",强调"经正,则庶民兴;庶民兴,斯无邪慝矣"(王阳明《稽山书院尊经阁记》)。黄宗羲《明儒学案》卷二九《北方王门学案下》记载,南大吉"知绍兴府,文成方倡道东南,四方负笈来学者,至于寺观不容……辟稽山书院,身亲讲习,而文成之门人益进"。可见南大吉为阳明学的光大曾起过积极的推动作用。

重要的是,南大吉对王阳明的《传习录》推尊有加,对其文尝"朝观而夕玩,口诵而心求",并对其良知之说"自信之笃"。认为《传习录》所阐发的"道","置之而塞乎天地,溥之而横乎四海,施诸后世,无朝夕人心之所同然者也"(《传习录序》),遂命其弟南逢吉(字元贞)"校续而重刻之",以传诸天下。嘉靖三年(1524)十月,南逢吉校续《传习录》,刻于浙江绍兴,分上下两册。上册即《初刻传习录》,此即由薛侃首刻于虔之书,凡三卷,亦即今本《传习录》之上卷。下册为王阳明论学的书信八篇,并附"示弟立志说"和"训蒙大意"。南大吉所续刻即今本《传习录》之中卷。南大吉续刻《传习录》,是在极为困难的情况下进行的。因当时朝廷贬抑王学,南大吉为了"以身明道",顶着极大压力,校订并续刻该书,颇有功于王学。故《传习录》中卷钱德洪《题记》称:"元善当时汹汹,乃能以身明斯道。卒至遭奸被斥,油油然惟以此生得闻斯学为庆,而绝有有纤芥愤郁不平之气。斯录之刻,人见其有助于同志甚大,而不知其处时之甚艰也。"(《传习录中·题记》,《王阳明全集》卷二)

嘉靖四年(1525),南大吉治越期间,一次路过阳明居处进而问政,阳明直谓"政在亲民",继之言及"亲民"与"明德""至善"的关系。王阳明《亲民堂记》(乙酉)记录了这次问政谈话的内容。从这次谈话来看,王阳明为南大吉所谈之主要精神是:为政的根本在于"亲民",而所以"亲民"则在于"明明德";明德与亲民是统一的,"明明德必在于亲民,而亲民乃所以明其明德也。

故曰一也"；而"至善也者,明德亲民之极则"。阳明不仅论述了三者一体的关系,同时指出,"天命之性,粹然至善。其灵昭不昧者,皆其至善之发见,是皆明德之本体,而所谓良知者也。至善之发见,是而是焉,非而非焉,固吾心天然自有之则,而不容有所拟议加损于其间也。"即以"至善"为"明德之本体",为"良知"。而"良知"则是"吾心天然自有之则",对此既不可加,亦不可损。这次谈话对南大吉启发很大,他豁然明白了王学简易之理,理解了"天地万物为一体"之旨,于是乃喟然叹道:"甚哉！大人之学若是其简易也。吾乃今知天地万物之一体矣！吾乃今知天下之为一家、中国之为一人矣！'一夫不被其泽,若己推而内诸沟中',伊尹其先得我心之同然乎！"南大吉并于此年匾其莅政之堂为"亲民堂",并且解释说"吾以亲民为职者也,吾务亲吾之民以求明吾之明德也夫！"(《亲民堂记》(乙酉),《王阳明全集》卷七《文录四》)

嘉靖五年(1526)南大吉"入觐"之时,因当朝厌恶王阳明心学,他受到牵累,加之其性格刚正,与当朝权贵亦多有不合,随之而被贬黜,从绍兴知府任上罢官回乡。据史载,嘉靖五年(1526)二月,南大吉与家人离开绍兴在杭州住了几天,王阳明特意前往杭州送行,两人相会于杭州胜果寺,继之,南氏启程回家,至秋七月到达渭南故乡。回乡后他并未沮丧,而在乡间继续其问道讲学之事。次年四月,他给王阳明写了一封信。阳明从南大吉来信中看到,他虽有此遭遇,但仍"勤勤恳恳,惟以得闻道为喜,急问学为事,恐卒不得为圣人为忧,亹亹千数百言,略无一字及于得丧荣辱之间。"(《答南元善》)阳明乃慨叹南大吉真为"朝闻夕死之志者",并很快复信。王阳明在信中指出,面对人生挫折,往往有三种不同的人生态度:一种是"高抗通脱之士",这样的人有超远的心态和境界,能"捐富贵,轻利害,弃爵禄,决然长往而不顾者"。第二种为避世之徒,他们或"好于外道诡异之说",或"投情于诗酒山水技艺之乐",或"发于意气","溺于嗜好"者。第三种就是"有道之士",此类士人能"见其良知之昭明灵觉,廓然于太虚而同体",故"无一物能为太虚之障碍",从而达到不"慕富贵",不"忧贫贱",对诸如"欣戚得丧,爱憎取舍"之类,皆能超然其外。阳明当然欣赏第三种态度,并肯定南大吉之为人为学,亦鼓励他为圣贤之学的光大做出贡献,谓横渠之后,"有所振发兴起,变气节为圣贤之学,将必自吾元善昆季始也"。

南大吉与王阳明交往时间虽不长,但却相知颇深。二人不仅情感甚笃,志趣相投,而且王阳明对南大吉的思想影响极其深刻,从一定意义上说,这改变了南大吉的学术路向,同时也在一定程度上影响了此后关学的学术走向。

南大吉不负阳明及诸友厚望,回乡后"益以道自任,寻温旧学不辍"(《关学编》卷四)。有诗曰:"归来三秦地,坠绪何茫茫?前访周公迹,后窃横渠芳。"(《关学编》卷四)透露出他将沿着先儒足迹,承继关学传统,在关中以弘扬圣道为己任的决心。为此,他在家乡渭北筑湭西书院,以迎四方来学之士,实现了他所说"愿言偕数子,教学此相将"(《关学编》)的宏愿。南氏《秋晓发秦村复诸生讲约》诗中,有"四十苟无闻,皓首竟何称"(明天启《渭南县志》卷一五,《瑞泉南伯子集》卷四有存目)句,说明南大吉归乡之后不久,即已与诸生讲学。其先后讲学之所有启善寺、湭西书院等。启善寺在南大吉所居之市里,湭西书院或称湭西草堂,在渭南城西,于嘉靖八年(1527)夏四月建成(《封城志古迹湭西草堂》,明天启南轩续编《渭南县志·封城志》卷二)。南逢吉《纪年》谓此时"诸生来,学者益众",此后十余年,南大吉一直坚守讲学于书院,"日夕勉励以求无负我尊师之教"(《寄王阳明先生书》,《瑞泉南伯子集》卷一九),遂使当年"以道自任"的志向得以实现。

南大吉的著作,据《关学编》记载有《绍兴志》《渭南志》《瑞泉集》等。但多散佚,今《瑞泉集》仅存残本。

南大吉卒后,其弟南逢吉、其侄南轩承继南大吉的事业,继续讲学于姜泉书院等,而在南氏兄弟的门人中,较著者有薛腾蛟(字时化,号南岗)、王麟(字季灵)、裴贞(字一卿,号灵阴)等人。此外,与之交往较密的学者有康海、吕柟、马理、韩邦奇、韩邦靖、杨爵等,基本上都是关中人,其中尤以吕柟、马理、韩邦奇受其影响为大。

二、南大吉的心学思想

作为阳明的门生,南大吉不仅为光大王学尽力,其亦深悟阳明良知之旨,并饬躬励行,忠实践履之。冯从吾说:"盖先生(大吉)之学以致良知为宗旨,以慎独改过为致知工夫,饬躬励行,惇伦叙理,非世儒矜解悟而略检押者可比。故至今称王公高第弟子,必称渭南元善云。"(《关学编·瑞泉南先生》)关于南大吉的思想资料存世者较少,这里仅依据所能搜集到的文献,对其思想特征略述如下。

其一,"以致良知为宗旨"。南大吉在嘉靖三年十月所写《传习录序》中强调,天下之人"勿以《录》求《录》也,而以我求《录》也,则吾心之本体自见,而凡斯《录》之言,皆其心之所固有,而无复可疑者矣。"(《传习录序》)其所说"以我求《录》","吾心之本体自见",以及认为阳明《录》中所阐发之思想"皆其心之所固有"等,说明南大吉对阳明的"良知,心之本体"(《传习录·答陆原静书》),以及"心外无事,心外无理,故心外无学"(《紫阳书院集序》)等思想深有所悟,且"自信之笃"(《传习录序》)。此后,他对早年所学始有反省,并视朱子格物穷理之学为"支离",而优入王学之"圣道",故阳明说他"慨然悼末学之支离",而"将进之以圣贤之道"(《稽山书院尊经阁记(乙酉)》)。南大吉虽身肩政事,敷政于民,但仍孜孜以求圣贤之道,时时就阳明处请益。阳明于嘉靖四年(1525)在写给邹守益(字谦之)的信中称赞到:"南元善益信此学,日觉有进。"(《文录二·与邹谦之(二)》)

南大吉后对王阳明的致良知说不仅接受了,而且深信不疑。他于嘉靖三年给马汝骥(1493~1543,字仲房,号西玄)的信中说:

> 夫王先生之学,天下方疑而非议之,而某辄敢笃信而诚服之者,非所以附势而取悦也,非为其所惑也,非喜其异而然也,反而求之,窃有以见夫吾心本如是,道本如是,学本如是,而不可以他求也。(《寄马西玄仲房书(甲申)》)

他强调,对阳明学"辄敢笃信而诚服之",不是别的原因,而是"吾心本如是,道本如是,学本如是"。在该信中,南大吉进一步发挥阳明的思想,提到"心之良知本一"的观点,说:

> 是故纷至沓来,因心衡虑,反诸吾身,征诸吾民,夫然后始见夫是心之良知本一也。以其运于天而言谓之命,以其赋于人而言谓之性,以其率而行之谓之道,以其修而诚之谓之教,以其推而及之于四海谓之治,以其成而重之于万世谓之功。皆是心也,天下之所同也,学所以明此也,仕所以行此也。故吾心于事苟无欺蔽,行之而自觉其是,于物苟无私累,处之而自得其安,则必自以为快矣。吾心既快,求之天下而同然,人心亦未有不快之者。是故毁誉不能摇,祸福不能怵,无入而不自得也。夫然后知学与仕本一事,而非两途也。夫然后知学固学也,仕亦学也。夫然后知向之所谓学者词艺焉耳,于吾心何益?于吾民何补?而今之号为豪杰者,皆溺于其中而莫之知也。是故某也离群远处,碌碌犹如昔日而不至

坠溺之甚者,赖有阳明王先生为之依归云尔。(《寄马西玄仲房书(甲申)》)

在南大吉看来,命、性、道、教、治、功等,皆不外于吾心,反之,"吾心于事苟无欺蔽",心无私累,则处之"自得其安",结果必"自以为快",所以学与仕、心与物皆一而不二。而离开心所谓的"学","于心何益"? 这正是世人溺于其中而不知其处的原因,他自己过去也是坠溺其间,幸有阳明方使精神有了依归。故冯从吾概括南大吉其学"以致良知为宗旨",确为的论。正因为此,黄宗羲《明儒学案》将他列入"北方王门学案"。

其二,"以慎独改过为致知工夫"。南大吉在为政之任上,能时时反省自己,颇有"自悔之真"。嘉靖三年(1524)正月,南大吉与阳明曾有过一次关于自悔其"为政多过"与良知的对话:

郡守南大吉以座主称门生,然性豪旷不拘小节,先生与论学有悟,乃告先生曰:"大吉临政多过,先生何无一言?"先生曰:"何过?"大吉历数其事。先生曰:"吾言之矣。"大吉曰:"何?"曰:"吾不言,何以知之?"曰:"良知。"先生曰:"良知非我常言而何?"大吉笑谢而去。居数日,复自数过加密,且曰:"与其过后悔改,曷若预言不犯为佳也。"先生曰:"人言不如自悔之真。"大吉笑谢而去。居数日,复自数过益密,且曰:"身过可勉,心过奈何?"先生曰:"昔镜未开,可得藏垢;今镜明矣,一尘之落,自难住脚。此正入圣之机也,勉之!"(《王阳明补编》卷四《年谱》三)

这是一段精彩的对话。从这段对话可以看出,南大吉能经常审慎反思其为政过失,并以慎独改过为其为学致知之工夫。同时,阳明亦通过南大吉有"自悔之真"而证明"良知"人人本具,只要"镜明"已开,则良知自现。南大吉在阳明的点拨下明白了"入圣之机"在于保持心之"镜明",以了悟本有的"良知"。正因为此,南大吉才不为功名利禄所动,不为贫贱忧戚所移,能把贫贱、忧戚、得丧等置之度外,其心"惟以得闻道为喜,急问学为事"。即使在受到朝廷贬官的巨大打击后给阳明"千数百言"的信中,竟"略无一字及于得丧荣辱之间"。

其三,"相忘于道化"的境界追求。南大吉说:"道也者,人物之所由以生者也。是故人之生也,得其秀而最灵,以言乎性则中矣,以言乎情则和矣,以言乎万物则备矣,由圣人至于途人一也。"(《传习录序》)在南大吉看来,天地之间,有大道存焉。人与物虽皆由道而生,而惟人得其秀。人皆有其性与情,性、情又以"中和"为最佳境界。在大道行于天下之古代,人之性、情皆能守"中和"之道,于是天下之人则"相忘于道化之中"。到这种"道化"的境界,邪恶不再产生,人们皆能"率性以由之,修道以诚之",圣人也都"恭己"而"无为"。显然,使心与大道为一,正是南大吉追求的"视天地万物无一而非我"的天人合一境界。相反,如果道不行于天下,则天下之人"相交于物化之中",人们就会"失其性而不知求,舍其道而不知修",醉心于物欲和功名利禄的追求,甚至"日入于禽兽之归而莫之知",于是就必然"邪慝兴"。他认为圣贤之言其目的就在于"明道"。只要能以大道示诸天下,则"庶民兴""邪慝息""万物序""天地官"。但是,真正的圣贤之言是什么?在南大吉看来,此乃"求其是""求其明"之言。这种"是"与"明"乃是"天下之公是","天下之公明",而不是那种"固执闻见"的"自是"、门户之见的"自明"之言。那种出于"己""意"之"自是""自明"之言,则其"言愈多而愈支"。南大吉显然要说明的是,只有能使"吾心之本体自见"的阳明心学,才是最直捷明快的简易之言,这与他推崇阳明心学的主张相一致。南大吉追求"道化"境界,告诫人们要警惕陷于"物化"之中。南大吉追求"道化"境界而批评"物化"倾向的努力,对于由于价值观混乱而导致的物欲泛滥、人性扭曲、极端功利主义肆虐的社会,无疑有着重要的警示和启迪作用。

三、明代关学学术走向与南大吉

南大吉早卒于吕柟一年(1541),应视为与吕柟并世的关学学者。吕柟其基本倾向是宗程朱的,虽然他也受到心学的影响,但从现有资料来看,这种影响还不能说与南大吉有直接关系。吕柟于嘉靖三年(1524)被贬谪解州,任解州判官三年。嘉靖六年迁南京,转任吏部考功郎中。他在南方结识了邹守益、湛若水等,并与之论学。这一时期正好是南大吉在绍兴知府任上并有机会从阳明学之时期。也就是说,他们二人同时受到心学的影响,只是南大吉自觉地接受了心学,而吕柟则仍恪守程朱,其受心学的影响甚微且是不自觉的,即使有影响,也可能主要来自南方的邹守益和湛若水。而南大吉作为关中学者,无疑受过张载思想的影响。如他在嘉靖五年(1526)返归故里后,仍立志"前访周公迹,后窃横渠芳"就是例证。但是,由于他是阳明的门生,对阳明良知之学深有领悟,且"自信之笃",回归后就在关中传其学。冯从吾《关学编》谈及他在关中传扬阳明学的情况,说:"先生既归,益以道自任,寻温旧学不辍。以书抵其侣马西玄诸君,阐明致良知之学。构湭西书院,以教四方来学之士。"这对关学学者和关学心性化走向是有较大影响的。故《关学续编·柏景伟小识》在回顾关中学术演变之历程时说:"关中沦于金、元,许鲁斋衍朱子之绪,一时奉天、高陵诸儒与相唱和,皆朱子学也。明则段容思起于皋兰,吕泾野振于高陵,先后王平川、韩苑洛,其学又微别,而阳明崛起东南,渭南南元善传其说以归,是为关中有王学之始。"这里明显道出了关学发展经历了由张载之学而洛闽程朱之学而阳明之学转向的历程。其向心学的转向则始于南大吉。当然关中学者追随阳明先生的,非南大吉一人。除南大吉之外,还有其弟南逢吉(字元贞)。逢吉受南大吉之命续录《传习录》,对心学亦颇有领悟。《传习录拾遗》记有南逢吉曾向王阳明请教《答徐成之书》中有关"尊德性"和"道问学"关系的问答。阳明给他解释了"尊德性"和"道问学"绝"非有二事",二者是统一的:"不是尊德性之外,别有道问学之功;道问学之外,别有尊德性之事也。"南逢吉由此遂了悟"存心"即"道问学"的道理。①冯从吾《越中述传序》谓:"昔王文成公讲学东南,从游者几半天下,而吾关中则有南元善、元贞二先生云,故文成公之言曰:'关中自横渠后,振发兴起将必自元善昆季始。'"由于南氏兄弟的努力,心学方得以在关中传播,并对关学学术发生了重要的影响。南大吉之后,还有一位关中同州人尚班爵(字宗周),"亦从王文成公学"(《关学编》卷四)。但是关于此人在关中传播心学的具体情况,文献不足,难以考究。不过,南大吉的后裔对阳明学的传播尚有稽可考。据冯从吾《越中述传序》载:自大吉传阳明之学以来,"代有闻人,元善先生三子俱蜚声庠校",但因其皆早亡,影响不大。其弟南逢吉有子南轩,世称阳谷先生。"阳谷公不过自致其良知,而在挽近世,实大有神乎风化矣"。看来,南大吉虽然是将王学在关中传扬的第一人,但当时王学在关中的影响尚有限。王阳明所说"自此关中之士有所振发兴起,进其文艺于道德之归,变其气节为圣贤之学,将必自吾元善昆季始也"(《答南元善》),是对南大吉抱有厚望,而非已成事实。心学在关中略成气候,当是在南大吉身后。

南大吉卒后六年冯从吾(1557—1627,号少墟)出生。冯从吾生活的明万

---

① 见《王阳明集补编》卷一,《补录》。

历、天启年间,阳明心学已经广泛传播,不过此时王学末流的空疏之弊也已明显暴露出来。冯从吾既接受了阳明的致良知之说,同时又在新的历史条件下从儒佛之辨、心性之辨入手,自觉地担负起在关中清算王学末流空疏学风之弊影响的历史任务。冯从吾之后,清初李二曲更以"悔过自新""明体适用"的心学义趣和躬行实践、崇尚气节的关学宗风,促进了关学与心学的融会,使关学融入明清之际的实学思潮中。这是关学在继与洛学、闽学融会之后,发生的又一次思想转向。南大吉在这次思想转向中所起的作用不可低估。[①]

---

① 参阅刘学智:《南大吉与王阳明——兼谈阳明心学对关学的影响》,载《中国哲学史》2010年第3期。

第八章　晚明关学及其特征

南宋以降,书院讲学之风颇盛。但当时所讲者,以伊洛之学为主。明代中期阳明学兴起,于正德、嘉靖年间及其后,书院讲学之风亦盛,而其多讲阳明心学。时南方有湛若水"与阳明平分讲席"[①],而在北方则有关学学者吕柟仍坚守程朱,且其讲学"几与阳明氏中分其盛"(《明儒学案·师说》)。至万历年间,张居正当国,痛恨讲学,立意毁弃书院,其败后书院之风又起,以冯从吾与邹元标在京城所建首善书院、无锡的东林书院影响较大。晚明之时,朝纲不振,加之阉党弄权,时"书院学者主持清议,遂益见多忤而取祸",如东林党祸,即与此相关。钱穆说:"余观明、清之际,学者流风余韵,犹往往沿东林。"[②]

在南大吉将阳明学传入关中之后约数十年,王学十分兴盛。活动于明万历、天启年间的关学大儒冯从吾(1557-1627,号少墟),其学恪守程朱,又颇受王学影响,尤服膺"致良知"之说。他虽曾立于朝,然却尝"与东林诸君子声气相应",又与邹元标(南皋)、高攀龙(景逸)交往甚笃,遂能"统程、朱、陆、王而一之,集关学之大成"(柏景伟《重刻关学编序》)。其思想"全要在本原处透彻,未发处得力,而于日用常行,却要事事点检,以求合其本体。此与静而存养,动而省察之说,无有二也。"(《甘泉学案》五,《明儒学案》卷四一)冯从吾一生学术颇重于辨析儒佛同异以及儒学正学与俗儒之别,并对晚明儒佛在道体、心性、人性善恶等重大理论问题上做了系统而深入的辨析。冯从吾尤以讲学著称,为了"醒世道,正人心",他视讲学如生命,为争取讲学的阵地和权利几乎抗争了大半生。时人有"关中杨伯起、张横渠、吕泾野三先生后,惟先生一人"(王心敬:《关学续编》卷一)之称,而在坚守气节操守方面更为三秦士人之楷模。

时在关中与冯从吾同师事许孚远(敬庵)且在学术上齐名者,是凤翔人张舜典,"二公生同时,东西相望,相与往复辩论,倡明斯道。学者景从,一时称

---

①② 钱穆:《中国近三百年学术史》,商务印书馆1997年版,第9页。

极盛焉。"(《鸡山语要序》)冯、张之讲学、学识皆在关中有较大影响,故史有"东冯西张"之誉,但在思想上,冯从吾"恪守伊川、晦庵矩矱",亦服膺阳明"致良知"之说;而张舜典"则学主明道,以为学圣人之学,而不知以本体为工夫,最易蹈义袭支离之弊",可见其学更倾向于阳明心学,而与冯少墟"微别"(参见王心敬:《关学续编》卷一)。

生于明末而活跃于清初的学者,有王弘撰等。王弘撰"以文章博雅,名动天下"(《而时王先生》附传,李元春《关学续编》),其以诗文与气节著称于清初,晚年归心于理学。王弘撰一生大部分时间生活于清初,按常规应将其归于清初关学,然因其父邻华公是明末冯从吾的门生,他本人又受到家学的极大影响,故从师承关系上考量,将其暂录于明末。其所著偏重于诗文,唯《正学隅见述》则旨在讲义理之学,不过他的思想倾向不尽一致,其"辨'格物',主朱子;辨'太极',主陆子"(《而时王先生》附传,李元春《关学续编》)。显然有融合朱、王的倾向,颇近少墟。史称其"学粹天人性命,克绍濂洛关闽"(王晫《今世说》)。

从总体上讲,晚明学术呈现出程朱、陆王之学此消彼长的争论态势,关学也正是在这一进程中,在与程朱、陆王之学的深度融合中,进行着自身的理论探索,关学躬行礼教、崇真尚实、崇尚气节的宗风依然保持着。时冯从吾、张舜典双峙并起,共同推进了明代关学的总成,并开启有清一代新的学风,其中又以冯从吾最为突出,受其影响较大者,为李二曲等。

第一节　冯从吾的学术思想及其特征

冯从吾是明代关学的集大成者,晚明"醇儒"①,一生"艰于仕进,生平笃志圣贤之学,四方从学者千余,人称'关西夫子'"(刘得炘《关学编》序)。其学时"与邹元标、高攀龙鼎足相映"(《少墟先生行实》,载《冯少墟续集》卷五)。刘宗周(蕺山,1578—1645)也说:"冯先生,今之大儒也,倡道关西,有横渠之风而学术醇正似之。"②若从张载之后关学的发展来看,冯从吾无疑代

---

① 李颙评价少墟之学说:"近代理学书,《读书》《居业》二录外,惟《冯少墟集》为最醇。"见李颙《二曲集》卷一六《答吴浚长第二书》,中华书局1996年版。
② [明]刘宗周:《都门语录序》,《冯恭定公全书》续集卷一,清光绪二十二年刻本。

表了关学发展的又一个高峰。清初关中大儒李颙(二曲,1627—1705)也说:
"关学一脉,张子开先,泾野(吕柟)接武,至先生(冯从吾)而集其成,宗风赖以大振。"①冯从吾倾心于理学,立志传承关中道脉。然其学能会通诸家,不立门户。在冯从吾的思想中,既有张载关学的印迹,又有对程朱理学的继承,同时又可以看出关学向心性实学转化的动向。这既反映出理学在明末的自我反思与自我完善,也反映出理学在明末到了自我总结和自我批判的阶段。可以看出,冯从吾身上具有一种鲜明的清算心学末流虚浮之弊的担当意识和强烈的学术责任心。冯从吾之所以有如此重要的地位和影响,主要不在于其思想理论上的创新,而在于他对晚明学风时弊的针砭以及在此基础上走出一条自己的学问之路和所形成的独特的学术风格。

一、冯从吾——"关西夫子",铮铮铁骨

冯从吾,字仲好,号少墟,谥恭定。嘉靖三十六年(1557)十一月二十三日生于陕西长安,卒于天启七年(1627)二月十二日,享年七十一岁。冯从吾主要生活在明神宗万历和明熹宗天启年间,晚张载五百余年。作为促成关学在明季复兴的重要学人,在他身上体现出关中学者特有的鲜明气质:生活简朴,行事严谨,性格耿直、率真,刚正不阿,个性突出。冯从吾家中除了书,可以说是空徒四壁。姜士昌曾目睹冯从吾生活简朴、倾心理学的情形,感慨地说:"尝诣公斋中,图书四壁,泊如也,予慨焉。"②

冯从吾一生仕途多舛,后辞官庄居。晚年以讲学为主,不喜交游,平日里深居静摄,心境淡定从容。他曾自述其生活态度:"居会城人事委琐,不得已僻静庄居,非会讲不入城市,多病之躯颇得静摄之效,至于贱日,一切宴会交际概从谢绝。晨兴,惟焚香告天以祝圣天子万寿;晚,同二三同志在书院中烹茶以当杯酒,歌诗以当音乐,淡中滋味最觉深长。若张筵设乐,征逐叫号于酒肉场中,不惟心非其好,力亦不能给也。"(《答杨晋庵都谏》,《冯恭定公全书》卷一五,以下凡引该书只注篇名)冯从吾为官时间虽然不长,但是他忧国奉公,勇于担当,为人耿直,不畏权贵,终因直谏犯上而罢归。林下之居,诚实谦

---

① [清]李颙:《二曲集》,中华书局1996年版,第181页。
② [明]冯从吾:《冯恭定公全书》首卷,光绪本。

恭,崇真尚简,救正心学,以讲学行其道。在朝,他是声震天下的诤臣;在野,他是声蜚邻省的"关西夫子"。

(一)少年为学

冯从吾出生于儒学士大夫之家,自小有着良好的家庭教育环境。《冯氏族谱》中记载,其父名友,字益卿,别号兑泉。精通儒门典籍,崇尚理学,学宗阳明,颇有造诣。由于成长于翰墨之家,耳濡目染,少年即知书识礼。他对心学的兴趣,来自其父的影响。王心敬《关学续编》记载:"先生九岁,通议公(冯友)手书王文成公'个个人心有仲尼'诗,命习字,即命学其为人,先生便矍矍有愿学志。"(卷一)其父启发他心向理学,这对他此后的人生道路产生了重要影响。另,冯从吾早年也受到其外祖父刘玺(字廷节,别号一轩)的极大影响。刘玺为陕西宜川人,后徙长安,"教授诸生,人争师事之,关中以理学名者多出其门。冯从吾少时即得刘玺口授'五经',昕夕诲育,竟传其学"(李元春:《关学续编·宜川刘先生》)。

冯从吾少年不幸,九岁丧父,十三岁丧母,但并没有为命运所屈服,而是不忘父亲的遗愿,发愤学习,立志于圣贤之学。之后,冯从吾入塾就读,拜长安萧九卿为启蒙师,开始较正规地学习理学。十四岁就读沈豸先生,受《毛诗》。他自谓"萧先生,余启蒙师。沈先生,余受经师也。"(《萧沈二先生传》,《冯少墟集》卷一七)萧、沈二先生平生俱以敬谨自持,以严毅教人,端方正直,他们的学风对冯从吾产生了深刻的影响。

弱冠之年,冯从吾承父荫被选入太学,在此他阅读了大量儒家经典,遂初涉圣域。回归乡里后,适逢许孚远(敬庵)任关中督学,开正学书院,冯从吾与蓝田王之士(秦关)一起受聘讲学于此。《关学续编》卷一记载:"比归,德清许敬庵公督学关中,开正学书院,拔志趋向上士讲明正学。闻先生名,延之。与蓝田秦关王公讲切关、洛宗旨,识力之卓荦,大为敬庵器重。"许孚远笃信阳明良知之学,冯从吾敬重许孚远,乃归其门下,与王秦关等关中学者在正学书院讲学、论道,他们讲学的主要内容正是对"良知"之学的阐发、彰明。在相互的交流与切磋中,冯从吾对理学、心学的理解越来越切近宗旨,得到许孚远的极大赏识。

(二)初入仕途

万历十六年(1588),冯从吾三十二岁,举于乡。次年进士及第,被选为翰林院庶吉士,应馆课。董其昌在《序少墟先生集》中说:"仲好冷面骨人也,尝端居晏坐,茹淡寘营文字之饮,鲜所征逐。吾党爱周望之简易,而惮仲好之矜庄,不敢以狎进,私戏之曰'此食生猪肉者'。谓其有意于两庑之间也。"冯从吾为人俊毅严肃,从不参与酒令,在同事的眼里,他是一位不太随和的人,往往对他敬而远之。入仕后,冯从吾初在礼部任职,据《行实》记载:"入朝者多饭中贵家,先生独携茶饼往。所到必以理学书一二册自随。"(《行实》,《冯少墟续集》卷五)①其特立独行的超迈气象,可见一斑。

万历十九年(1591)八月,冯从吾由庶吉士改任山西道御史。明万历朝,宦官专权跋扈,许多朝臣都想方设法逢迎巴结,而冯从吾一身正气,不徇私情,与朋友往来,常以书卷相送,被誉为"御史秀才"。有些官吏上下勾结,违法乱纪,冯从吾发现后即上疏,尽力整肃法纪。如礼科都给事中胡汝宁倾邪狡猾,仗势妄为,冯从吾上疏弹劾,并说服了神宗皇帝将胡汝宁"调外"。此次对胡汝宁弹劾的成功,使其名声大振。冯从吾在御史任内,京畿闹灾荒,官府设粥棚救济。冯从吾巡城时发现无人吃粥,于是亲自尝粥,见粥饭色污味苦,即予以追究。原来主事将好粮贪污,用霉粮掉包。经冯从吾揭发后,赃官们方收敛行迹。

明神宗中年后深居宫中,沉湎酒色,荒于朝政。万历二十年(1592)正月十三日,冯从吾冒死上《请修朝政疏》,疏中说神宗"借静摄之名,以少掩其晏安之非","困于曲糵之御而欢饮长夜","倦于窈窕之娱而晏眠终日",指斥"皇上每晚必饮,每饮必醉,每醉必怒。酒酣之后,左右近侍一言稍违,即毙杖下。"犀利的言辞使神宗皇帝大怒,传旨欲廷杖之,幸逢仁圣太后寿辰(长秋节),加之大臣们的再三苦求,才幸免于难。从此,冯从吾冒死直谏之声震于天下,但是此次直谏,也为他以后的政治生涯埋下了隐患。《请修朝政疏》及其后政治上的一再受挫,迫使冯从吾转变人生路向,不久即请告回乡。

万历二十三年(1595),冯从吾又被起用,出任河南道监察御史。在任期间革除积弊,清理国税,打击贪赃舞弊之徒,洁己惠商。不久,遇神宗皇帝黜放两京言官,冯从吾因前疏触及皇帝过失,亦在削籍归里之列,复还关中。此次回乡后,冯从吾彻底灰心,林居二十六年,"一字不干公府,绝口不谈时事"

---

① 本节所引《冯少墟集》《冯少墟续集》文,皆见于清光绪二十二年刻本《冯恭定公全书》。

(《少墟冯先生行实》，《冯少墟续集》卷五）。专事读书、讲学、著书。为官的失败，却是学术的幸运。期间，他写了大量的著作，如《辨学录》《疑思录》《订士篇》等，在学术上做出了很大的贡献。光宗改元（泰昌元年，1620），复起用他为符卿、囧卿、廷尉，但因其兄病丧而未能成行，这次算是召而未起。

（三）晚年为官及讲学生涯

天启元年（1621）秋，冯从吾应诏赴京，任左副都御史，此年他已65岁。其实，此次他赴京的主要目的不在于为官，而在于复振京师讲学之风。邹元标说："冯子以学行其道者也，毁誉祸福，老夫愿与共之！于是十三道奏建首善书院。"（王心敬：《关学续编》卷一）在他们的共同努力下，天启二年（1622）秋，首善书院建成于京城宣武门外。

冯从吾在京期间，还以御史之职积极整饬朝纲。他"遇可言处，则明目张胆，纠弹不避，以一身彰宇宙之公道"（王心敬：《关学续编》卷一）。面对晚明朝廷的颓势，他知其不可为而为之，不计毁誉，与群小作对。冯从吾的纠弹不避终于引来弄权奸臣的嫉恨，他们不遗余力地请求朝廷禁学。为了争取讲学的权利，冯从吾上《辨讲学疏》，力陈讲学之重要，努力守护这一片仅存的净土。他认为讲学可以明学统、维道统，保证士人阶层有尊严地生存；可以教化人心，引导社会风气；可以成就儒者圣贤人格的内圣理想等等。然而讲学并未得到明熹宗的支持，不久，冯从吾请告归乡。

天启三年（1623），冯从吾回到故里，终日杜门著书，仍不废讲学。天启六年（1626）七十寿辰时，他赋诗言志，题为《七十自寿》，诗曰："万事纵灰冷，一念毋陵夷。太华有青松，商山有紫芝。物且耐岁寒，人肯为时移。点检生平事，一步未敢亏。"（《冯少墟续集》卷三）时在"易簀之际，整容端坐，尤惓惓以讲学做人为训，绝不及身后一事"（《冯少墟续集》卷三）。是年，魏忠贤操纵熹宗，下令毁天下书院，大肆屠杀东林党人。魏党派乔应甲抚陕西，乔对冯从吾日夜窘辱，书院亦被毁，孔子像被置于城角一隅，当时"先生痛如切肤"，自此一病不起。天启七年（1627）二月十二日，冯从吾终于在忧愤中去世。崇祯二年（1629），皇室降旨为冯从吾昭雪复官，追赠太子太保，赠一品文官诰，谥恭定。《附品题要言》曰"不懈为德曰恭，守礼执义曰定"（《行实》，《冯少墟续集》卷五），还冯从吾以客观公正的评价。

冯从吾去世后，学者们深为痛悼，自发集资在西安西门外修建了少墟书院,并刊印了他的文集以示纪念。后人还为他建祠、立碑、造像,以示敬仰。

(四)冯从吾的著述

冯从吾一生虽多次为官,但皆时间短暂,他的主要精力用在讲学、著述上。《行实》记载,他的著述"甚富",据清《长安县志》著录有:《关学编》四卷,《元儒考略》四卷,《冯氏族谱》一卷,《冯氏家乘》一卷,《陕西通志》三十五卷,《关中四先生要语录》四卷,《学翼》二卷,《疑思录》二卷,《冯恭定公集》二十二卷及《续集》四卷,还有一些著作已佚。现存著作被收入《冯恭定公全书》,该书有康熙癸丑年(1673)陕西巡按洪琮组织冯氏世孙重校重刻本(《冯少墟集》二十二卷,与《续集》五卷合编,名《冯恭定公全书》)①。

需要提及的是,冯从吾所撰《关学编》,在关学史上具有重要的意义。有关关学的历史文献,此前尚没有被专门整理过。元骆天骧所修《类编长安志》中,没有关于关学的专门文献记载。明吕柟、马理所编纂的《陕西通志》,只是把有关学人列入《乡贤传》中,且分散在各府志中。可见,"关学"虽然由张载创立,但其学脉在其卒后并不甚明晰,其所标识的学派特色抑或地域性特征,都没有被明晰地揭示出来。冯从吾所撰《关学编》,则以"宋元明"时期的关中理学为道脉,建立了一个自张载始至明代王之士(秦关)的较为清晰的关学谱系,既凸显了张载作为关学创立者和思想奠基者的学术史地位,也突出了张载之后(宋元明时期)关学在关中发展和演变的地域性学术史特征。这对于保存和彰显该时期"关中理学"这一地域性学术流派有重要的意义。"关学"的概念虽然在此前也曾出现过,但广泛被使用则是在冯从吾的《关学编》之后,可见其对后世的影响。此外,他所撰《元儒考略》,也有重要的史料价值。虽然四库馆臣对其有些微词,但还是肯定该书可以"略见一代儒林之梗概,存之亦足资考证。物有以少见珍者,此之谓欤!"(《四库全书总目提要》卷五八)

二、冯从吾的学术思想

明朝中后期,阳明心学逐步取代朱子学而占据主导地位。然而,王门后

---

① 《关学文库》中由刘学智、孙学功点校整理的《冯从吾集》,收录有《冯少墟集》二十二卷,《冯少墟续集》六卷,并辑有《附编》《附录》等,西北大学出版社 2015 年 1 月出版。

学却把心学引向浮虚空疏一路。于是以顾宪成、高攀龙等为代表的东林学派,反对阳明后学只在先天良知上用功而背离王学笃实工夫的倾向。冯从吾与东林学派处于同一时代,有着较为密切的学术交往和共通的问题意识。受此影响,冯从吾以弘扬"圣学"为己任,自觉地担当起挽救学术之偏的时代责任。冯从吾在《七十自寿》诗中说:"谁哉我之师?人心有仲尼。考亭严主敬,姚江致良知。惺惺葆此念,勿复惑多歧。"(《冯少墟续集》卷三)这可看作是他对自己所处时代学术进路的概括,也是对自己心路历程的回顾。"谁哉我之师?人心有仲尼",他的哲学追根究底自然是归宗孔孟之道,他推崇的心性之学深受孔孟的影响。"考亭严主敬,姚江致良知",这是他对当时学术发展两个进路的概括,也反映了他对朱熹的穷理尽性、涵养主敬,和王阳明的"致良知"说都予以接受,且"惺惺葆此念",牢记在心,并力加会通。冯从吾的思想虽然具有会通朱、王的特点,但心学的影响似更大一些。明清之际的关中学者王弘撰在《山史》初集卷二《冯恭定》中说:"冯恭定之学,恪守程、朱之训,可谓纯而正矣。"同时又引证冯从吾自己的话说:"阳明先生'致良知'三字,泄千载圣学之秘,有功于吾道甚大。"说明他确实接受了阳明的心学。不过,他对阳明学说又有诸多指正,如他肯定了"阳明四句教"中的"有善有恶意之动"等三句,却批评其首句"无善无恶心之体"的说法。《入乡贤祠传》评价冯从吾:"其学虽自王氏入,终亦微救无善无恶之病。"他坚信阳明的良知说,但对王门后学提出的良知现在、良知现成诸说使心学或流于玄虚,或流于狂禅,使之不能起到匡正世道人心的作用的情况深为痛切。他发扬关学敦本尚实、躬行礼教、崇正辟邪的宗风,"一禀孔、孟,以心性为本体,以诚敬为功夫,以万物一体为度量,以从心不逾为极则,崇正辟邪,秦俗丕变"(《行实》,《冯少墟续集》卷三),自觉担当起纠心学之偏的学术责任。

(一)心性之辨

在冯从吾之前,明代的关学承元儒之绪,基本上以程朱为宗,恪守"主敬穷理"之学,同时亦继承了张载"以礼为教"、重视读经和躬行实践的学风,如承传河东之学的薛瑄一系,就注重经学的学习与躬行礼教。随后的三原学派以及薛敬之、吕柟等关中大儒,在"居敬穷理"之外亦莫不重视读经习礼。《关学编》所说马理"执礼如横渠,其论学归准于程朱"(《关学编》卷四),也适合于说明明代中期其他几位关学学者的思想特点。虽然这一时期,逐渐兴起的阳明学也给关中学术带来了一定的影响和冲击,如南大吉、南逢吉兄弟在渭南传播阳明学,但其影响主要限于渭南一域,并没有成为关学的主流,而且南氏兄弟之学结合了关学重礼教、重实践躬行的思想,颇具关学特征。故张骥在《关学宗传》中说南大吉"以致良知为宗旨,以慎独、改过为致知工夫,饬躬励行,惇伦叙理,非世儒矜解悟而略检押者比"(卷二一《南瑞泉先生》)。而吕柟、马理、杨爵等关中学者则对阳明学采取了拒绝或排斥的态度,如吕柟批评王阳明提倡的"知行合一"和"格物"说是要用"行"来取代"知",从而取消"知"在儒家传统中的地位。杨爵则对"无善无恶心之体"一说提出质疑①,而马理更是指斥阳明学是"曹溪余裔"(《谿田文集》卷四)。总之,作为正德、嘉靖年间关学的主要代表,他们对程朱学的尊崇和对阳明学的排斥,无疑影响了此后数十年间关学的发展,如稍后的吕潜(槐轩,1517—1578)和郭郛(蒙泉,1518—1605)等较具影响力的学者就仍然强调主敬、持礼。这种情况一直到万历时期冯从吾出现后才得以有较大改变。

冯从吾之学从王学入门是时代使然。虽然"嘉、隆而后,笃信程、朱,不迁异说者,无复几人矣"(《儒林传序》,《明史》卷二八二),但冯从吾因受阳明后学许孚远的影响,他对王阳明的良知说颇为笃信。邹元标说:"公(冯从吾)学虽有宗,然于新建亦极笃信,曰:'致良知三字泄千载圣学之秘,有功吾道甚大。'"(《少墟冯先生集序》)说他"学虽有宗",指其学立于程朱;"笃信新建",是说他接受了阳明的"致良知"说。正是由于这种思想渊源,冯从吾认为,往圣相传的学问就是心性之学,他也称之为"心学",他说:"窃谓圣贤之学,心学也。心之不养而徒事于枝叶间,抑末矣。"(《丁未冬稿序》)又说:"自古圣贤学问,总只在心上用功,不然即终日孳孳,总属枝叶。"(《辨学录》)既然学问是以心性为主,那么道德修养的根本也就在于涵养心体,以恢复本心之明或本性之善,因此冯从吾对与心性修养没有直接关系的"格物穷理"和见闻之知很少讨论,在他看来,"良知是本体,居敬穷理诸说皆是致良知工夫"(《别李子高言》,《冯少墟集》卷一六)。

因此,在心性论上,冯从吾首先辨析心性的概念及其关系。他所说的"心"是"仁义之心",亦即道德本心。在《疑思录》中,他说:"仁,人心也。仁

---

① 参见米文科:《明代关学与阳明学之关系略论》,《孔子研究》2011年第6期,第49—57页。

者以天地万物为一体,此真心也。"(《疑思录》卷三,《冯少墟集》卷二)此心即孟子所谓的本心,亦即"乍见孺子入井"时的恻隐之心,是宋儒所谓"仁者以天地万物为一体"之"真心"。冯从吾还说:

> 不忍觳觫之一念,乃途人所共有者。孟子以为是心足以王,何也?盖桓文之事虽是煊赫一时,原不从此不忍一念中流出。故曰以力假仁。夫不忍之心乃途人所共有者,岂以桓文而独无?自有而自假之,亦足悲矣。阳明先生曰:抛却自家无尽藏,沿门持钵效贫儿。(《读孟子上》,《疑思录》卷五)

冯从吾认为道德本心是人所共有的,而贪图煊赫一时霸功之人,不知向内追问自己的本心,反而外向假借仁义,利用所谓的"仁义"成就自己的霸业,此"足悲矣"。

对于"性",冯从吾认为,性既是义理之性,又有气质之性的意味,他说:"圣贤学问全在知性,有义理之性,有气质之性。""孟子以气质中之义理,断人性之皆善"(《太华书院语录》,《冯少墟集》卷九)。冯从吾同时吸收了朱熹心性一体、心统性情的观点,他在《复性堂记》中说:

> 人之一身止有此心,性在何处不知。心所具之生理为性,非心外别有性可对言也。性不可见而见之于情,如孩提知爱,稍长知敬,情也。而必有所以能知爱、能知敬者,性也。然其所以能知爱、能知敬者,又孰为之,天也。故曰天命之谓性,天命之以能爱之性,而后能知爱。天命之以能敬之性,而后能知敬。惟其性善,故其情善,亦惟其情善,故知其性之善耳。不然性不可见,又安所据而曰善邪?性情本一物,特因寂感而异其名。而先儒有情其性,性其情说。(《复性堂记》,《冯少墟集》卷一五)

他指出,心与性是统一的,"非心外别有性"。天命为性,性亦为心之理,性之表现为情,心、性、情也是统一的,"惟其性善,故其情善","情其性,性其情"。他关于心即性、性即理的说法显与程朱思想相通,而所说"情其性,性其情",性善故情亦善,此又与先儒韩愈思想大体一致,而与李翱的"性善情邪"说则相左。

其次,冯从吾主张"要之以体为主",强调"本体"的重要性。他说:"圣贤论学,虽有自用言者,有自体言者,而要之以体为主,盖得其体,则其用自然得力,但不言用则其体又不可见。其或谆谆言用者,盖欲人由用以识体耳。"

(《答涂镜源中丞》,《冯少墟集》卷一五)他主张"以体为主"基础上的体用统一观。他认为本体是源头,学问的关键是明其本体,本原处一明,一切皆迎刃而解,说:"学问之道全要在本原处透彻,未发处得力。本原处一透,未发处得力,则发皆中节,取之左右自逢其原,诸凡事为自是停当。不然纵事事点检,终有不凑泊处。"(《关中书院语录》,《冯少墟集》卷一二)他所说的本体就是心,就是性。冯从吾所说心性本体,与天相通,具体体现就是儒家倡导的伦理纲常,因而他认为这是实有的,是"天生来自然有的",同时,它又是"不离日用常行","即平即奇,即显即微",很平易地发生作用,所以说"无思无为,不学不虑"。他认为这种"无"是用,是一种"不涉见闻,而又不离见闻"的境界,与佛教的本体之"无"截然有异。他说:

> 父子有亲,君臣有义,夫妇有别,长幼有序,朋友有信,五个有字都是天生来自然有的……惟其都是天生来自然有的,何假思为,故曰无思无为;何假学虑,故曰不学不虑。曰无思无为,不学不虑,恰似精微奥妙;曰有亲有义,有别有序,有信有义,又何等平易明显!即平即奇,即显即微,不离日用常行内,直造先天未画前,此吾儒之所谓有无,非异端之所谓无也。(《辨学录》,《冯少墟集》卷一)

冯从吾力辨理学本体与佛老本体之异,指出儒家(理学)作为宇宙最高本体的"道",就是孔孟之道,就是太极,就是理。而"佛氏说空说无",则以空无为其本体。二者虽然都说到"无",但"无"的含义是不同的。冯从吾说:"吾儒所谓无是无其迹,佛氏所谓无是无其理",即"吾儒"所理解的"无"不是本体的无,而仅指"无其迹",作为宇宙本体的"理"则是真实存在的。而佛教所说的"无"则否定本体"理"的真实存在。事实上,道体实有而遍在,但当至静无感时,我们对道体无睹无闻,道体在我们的知觉范围之外,这种在"不睹不闻"中的存在,恰恰是超越知觉的,但不能误认为无知无觉时,道体就不存在。有的儒者之所以把实有的宇宙本体"理"混同于佛教的空无,就在于他们误解了《易》所说的太极"无思无为""无声无臭"的意思。他认为,《易》所说太极,乃是"天地间自然的道理",因天地间万物乃自然发生,自然成长,故其本体是"无思无为"的。也就是说,太极实有,其用无为,有万物运行之道,但其表现则无声无臭。而对于王学末流将此"无思无为"的"理"混同于佛教的"无",冯从吾一语揭穿,说他们"讲的虽是吾儒的话头,其实堕于佛氏之见而不自知矣"(《辨学录》,《冯少墟集》卷一)。

再次,冯从吾强调"至善性体"为"根"。他认为本体之有,是为了说明心体是"有善",心存善根。冯从吾坚守孟子的性善论,主张人性本善。在《订士篇》中,他说:

> 君子所性,仁义理智根于心;惟根于心,所以能生色,可见根之一字最要紧。世间诸凡作用,如事功节义之类,都只是枝叶;枝叶有遇有不遇,而惟此根,乃是人人有的,故曰人性皆善。(《冯少墟集》卷四)

他认为,人善的本性表现为"四德",而"四德"乃"根于心",他特别强调"根"字的重要,用"根"与枝叶的关系比喻性体与道德的关系,有此"根"才会在"事功节义"中表现出德性,这是对孟子所说性善论之坚守和创造性的发挥。同时他指出,至善既是性体的本质规定,也是人格修养的最高境界。

> 夫性学难言久矣,如知爱知敬,此良知也,然必有所以能知爱知敬者,此性体也。至善之性体,盖自父母初生时天已命之,岂待孩提稍长而后有知爱知敬?(《答涂镜源中丞》,《冯少墟集》卷一五)

在冯从吾看来,人性皆善、知爱知敬是天性如此,是人的良知。而人之所以有此良知,是因为人性本善,所以,善之良知即为性体。此至善性体是"天已命之",生来本有。冯从吾认为性善既是先天本有的,其表现也当是自然而然的,不容人力安排,只率性而为。知爱知敬之心、恻隐觳觫之心,都是良心自然不容己处,是不思而得、不勉而中的本然之性。故谓:"且谓之至善,见人性皆善,吾德本明而吾明之,原是吾性自然不容己事,不是分外求明。"(《疑思录》,《冯少墟集》卷二)有人问什么是"不思而得,不勉而中"?他回答说:"孩提知爱,稍长知敬,见孺子而怵惕,睹亲骸而颡泚,不忍觳觫之牛,不屑呼蹴之食,此等去处不知由思而得,由勉而中否?尧舜其心至今在,个个人心有仲尼,正在此处。"(《疑思录》,《冯少墟集》卷二)

冯从吾进一步用至善性体批判了五霸的"假仁义"和老庄的"绝仁弃义"。他在《池阳语录》中说:

> 人性原来皆善,至善者,性体也,止于至善,则当下直合性体矣。五霸不知性体至善,故使仁使义;二氏不知性体至善,故绝仁弃义;告子不知性体至善,故有杞柳、湍水之议。若知性体至善,学问止于至善,则五霸自不消去假,二氏自不能绝弃,告子纷纷之议亦自悟其非矣。(《冯少墟集》卷一一)

在冯从吾看来,至善也是人道德修养的最高境界,《大学》的知止,就是"知止于至善也"(《答涂镜源中丞》,《冯少墟集》卷一五)。离此境界,如五霸"使仁使义",如佛老"绝仁弃义",都是不知"性体至善"。冯从吾抓住"至善性体"这个核心,所以对其他妄说的批评就能一针见血。其结论就是:"至善为本体,以知止为工夫。"(《答杨原忠运长》,《冯少墟集》卷一五)

冯从吾学问上的这种心性化转向,不仅体现在其本体论和工夫论上,还表现在他对张载以来关学代代相沿的礼教传统的认识上。在冯从吾之前,明代关中学者主要是从对礼仪制度的探讨和践行来发扬张载礼学的。而相对于吕柟、马理等人所重视的对礼制实践的讨论,冯从吾更感兴趣的却是其背后的价值根源,他说:"礼仪三百,威仪三千,皆吾心自有之节文,非外假也。以其所自有而非外假也,故曰复。"(《疑思录》,《冯少墟集》卷三)又说:"'求'字不是在外边纪纲法度上求,只是在自家心上痛痒相关、一体不容已处求。于此处求,则纪纲法度一一皆从一体不容已处流出。"(《疑思录》,《冯少墟集》卷三)可见,人的"一念不容已"之心就是社会礼仪制度的价值之源,如果舍弃吾人的心性而只追求对外在礼文的遵从,就会将礼形式化,造成体(本心)与用(礼)的割裂,从而导致道德实践缺乏必要的动力,故冯从吾说:"圣道在心不在迹。"(《东游稿序》,《冯少墟集》卷一三)将心与迹之辨看作是判断道德价值根源的关键所在。于是,从明初段坚以来关学一直恪守的程朱之学,到冯从吾那里出现了重大的转向,即以"主静"为中心的心性涵养开始代替"格物穷理",以价值溯源的方式开始代替对外在礼文的探讨。这样,关学发展到冯从吾这里,逐渐转入心性之学的领域。

(二)儒佛之辨

在冯从吾的思想中,儒佛之辨是一个非常重要的内容。晚明之时,王学末流玄虚之风盛行,正如刘宗周所说:"今天下争言良知矣,及其弊也,猖狂者参之以情识,而一是皆良;超洁者荡之以玄虚,而夷良于贼,亦用知之过也。"[①]而这种学风在冯从吾看来,主要是由佛老特别是佛氏之学引起的,因此他认为讲学就是要继承张载"为天地立心,为生民立命,为往圣继绝学,为万世开太平"之训以"衍道脉而维道运"(《疑思录》,《冯少墟集》卷三),努力

---

① [明]刘宗周:《刘宗周全集》第 2 册,浙江古籍出版社 2007 年版,第 278 页。

"倡明正学,提醒人心,激发忠义,指示迷途"(《都门语录》,《冯少墟续集》卷一),故他竭力辩难佛老,把儒佛之辨看作是为学的第一步。

冯从吾儒佛之辨的特色,在于努力辨明本体源头。他说:"学者崇儒辟佛,当先辨宗旨。若宗旨不明,而徒晓晓于枝叶之间,吾恐其说愈长而其蔽愈不可解也。"(《辨学录》,《冯少墟集》卷一)又说:"佛氏差处全在宗旨,宗旨一差,无所不差,故曰不可不辨也。"(同上注)所以冯从吾认为,如果像以往那样从削发出家"弃伦遗世"来责难佛氏,即使是庸愚之人也都知道佛氏不对,根本不用再花力气去辩;如果从下学与上达、渐修与顿悟、经世宰物与明心见性、用与体来分辨儒佛,即"以上达归佛,以下学归儒;以顿悟归佛,以渐修归儒;以明心见性归佛,以经世宰物归儒",那就非但不能真正认识儒佛的根本区别,反而还会产生轻儒重佛的弊病,以为"佛氏上达,吾儒下学,佛氏得上一截,少下一截功夫","佛氏居其精,而吾儒居其粗"(同上注)。冯从吾认为这是极其错误的,"如此是夫子下学儒而上达佛也,是佛反出其上,而夫子由下学方能至也,可乎?修而不悟,岂曰真修……经世宰物而不出于心性,安所称王道?"(同上注)因而冯从吾的儒佛之辨就是要从本体源头上来破除佛氏之妄。

对于道体,冯从吾指出,儒家讲的道体就是理,理在天地是太极,在人是五伦,在物是则,所以是"有"。另一方面,由于这个"理"是天地间自然的道理,是人心所固有的,超越"思为"的,故又可以说"无"即"无思无为""无声无臭",这里的"无"是指"无其迹"。而佛氏则不同,佛氏是以空无为本体,其"无"则是指"无其理"(同上注)。可见,二者在本体论上显然有别,儒家以本体为有,佛氏以本体为无,而有无的本质区别就在于理的有无,因此在冯从吾看来,"理"就是辨别儒与佛(老)的根本。而儒佛在本体上的不同可谓是毫厘千里之差,因为正是本体上"理"的有无,才会在作用上产生德业与利欲的巨大差异,他说:

> 吾儒所谓未发,全在理上说,所以一切作用都是在"理"字上作用去,所以有不容已的功夫、不容已的事业,喜怒哀乐自然中节,天地万物自然一体。佛氏所谓真空,不在理上说,所以一切作用都是在"欲"字上作用去,所以著不得一毫功夫,做不得一毫事业,喜怒哀乐全不中节,天地万物全不相干。佛氏真空指的是欲之根,吾儒未发指的是理之根。根宗处止差毫厘,作用处便谬千里,如此又何论流弊哉!(《辨学录》,《冯少墟

集》卷一）

对于心性，冯从吾也是从"理"之有无上辨明儒佛的。他认为，性是心之生理，性虽然不是由闻见、积累而有，但儒家所说的性是从理上来说的，并非专以知觉运动之体为性，如果离开理而说性，就会一任知觉运动而堕于气质情欲之中。佛氏则不然，其专以能知觉运动为性，随气质情欲作用，而丢掉了"理"这个本体，其所明之"心"也只是"人心"，故冯从吾说："彼（指佛氏）所云性，乃气质之性，生之谓性之性；吾（指儒）所云性，乃义理之性，性善之性。彼所云一点灵明，指人心人欲说，与吾儒所云一点灵明，所云良知，指道心天理说，全然不同。"（同上注）所以冯从吾把天理、人欲之辨看作是儒佛心性之分，进而指出："佛氏所谓直指人心，指的是人心；所谓见性成佛，见的是气质之性；所谓真空，空的是道心、义理之性。"（同上注）在此基础上，他又对那种根据"性只是一个性"来反对用义理和气质分辨儒佛的观点，指出虽说理与气、性与气质不可分离，"气质乃所以载此理，岂舍气质而于别处讨义理哉"，但舍理言气，舍性言气质，就必然会以人欲为性，因此，"性原只是一个，但言义理则该气质，言气质则遗理，故曰：'气质之性，君子有弗性焉。'此辟佛之说也。"（同上注）从这里可以看出，冯从吾的人性论与宋儒将人性分为义理之性与气质之性的说法有所不同，他否定以气质为性。

对于冯从吾的儒佛之辨，当时的李维桢（翼轩，1547—1626）曾评价说，"宋时辨释学者，惟周程张朱"，"本朝惟罗文庄《困知记》"，而"今得仲好羽翼之"（《辨学录序》，《冯少墟集》卷一），将其视为周、程、张、朱以及罗钦顺（整庵，1465—1547）之后辟佛老的领军人物之一。冯从吾儒佛之辨的一个突出特点，就是始终从本体源头上来辨，不在细枝末节上纠缠。而且，正如前面所指出的，冯从吾辩难佛老的主要目的，是为了救正晚明王学末流玄虚之风，应该说，他的这种努力在一定程度上起到了拔本塞源的作用，故而李维桢有此评价。但其不足之处也是显而易见的：其一，忽视了"三教合一"是宋明以来思想发展的基本趋势，而一味拒斥佛教。唐宋以后，三教在思想上的融合互补已不可逆转，到了明代中后期，无论是思想主张还是社会现实，三教融合都可以说达到了高峰，正如清人所说："盖心学盛行之时，无不讲三教归一者也。"（《四库全书总目提要》卷一三二）随着三教融合的不断深化，儒家也在思想上进一步吸收佛老之学，如对其"无"的智慧和对生死等问题的关注，并将其转化为自己的问题论域，从而使儒学在本体论、境界论及民间化等方面得到更深入的发展。而冯从吾不仅对各种提倡三教融合的说法加以反对,而且对佛教采取极端排斥的态度,甚至把佛教视为"邪教",并强调其讲学的一个主要目的就是要"撑持正道,潜消邪谋"(《都门语录》,《冯少墟续集》卷一)。显然,这一做法有失公允。其二,冯从吾对佛教思想的批评过于简单化。这可能是因为冯从吾缺少宋儒那种早年"出入佛老"的经历,故难以对佛教有较深入的了解,如佛教所说的"心"就是一个很复杂的问题,意义多重,而冯从吾却把佛教的"心"说成只是与"道心"相对立的"人心",这就有失简单和笼统。又如,他认为佛教所说的性是"气质之性",与告子的"生之谓性"相同,从而把天理、人欲之辨看作是儒佛心性之分;又认为佛教所讲的"空",空的只是道心、义理之性等等,这就使其儒佛之辨在一定程度上缺乏理论针对性。① 当然,之所以会出现这些偏颇,除了以上原因外,还在于冯从吾救世心切,如黄宗羲(梨洲,1610—1695)在《明儒学案》中评价其"气质之性"的说法时说:"先生救世苦心,太将气质说坏耳。"② 不过,从总体上说,冯从吾的儒佛之辨对于纠正晚明学风之失不无补偏救弊的作用,特别是他从儒佛之辨出发,坚持孟子的性善论,对当时流行的"无善无恶"说进行了积极有效的批判。

(三)"无善无恶"之辨

"无善无恶"说是中晚明思想界关注的一个重要论题。自王阳明提出"无善无恶心之体"后,学者便围绕"无善无恶"展开了广泛而持久的讨论。在晚明万历时期,具有较大影响的辩论就有许孚远与周汝登的"九谛"与"九解"之辨,顾宪成与管志道之辨。其后,又有刘宗周、黄宗羲师徒与陶奭龄之间的辩论。作为东林同调与许孚远弟子的冯从吾,一方面认为王阳明的"致良知"说是"直指圣学真脉,且大撤晚宋以来学术支离之障"(《答张居白大行》,《冯少墟集》卷一五);另一方面也对"无善无恶"之说进行了批评,认为"近世学者,病支离者什一,病猖狂者什九,皆起于为'无善无恶'之说所误,良可浩叹"(《答杨原忠运长》,《冯少墟集》卷一五)。不过,不同的是,许孚远与周汝登之间的辩论,就其性质来看,仍属于儒家内部的一次争论,而许氏的论点也主要集中在善、恶是一对对立的范畴,不容混淆,以及以"无善无恶"为

---

① 参见王美凤:《从冯从吾"儒佛之辨"看晚明关学之佛学观》,《西北大学学报》2010年第2期。

② [明]黄宗羲:《明儒学案》(修订本),中华书局2008年版,第982页。

宗,就会与"为善去恶"的儒家传统发生矛盾,并因此否定道德实践的先天根据等①。而在冯从吾那里,批评的立足点虽然仍在孟子的"性善论"上,性质却转向了儒佛异端之辨,认为提倡"无善无恶"说是"翻孟子性善之案,堕告子无善无不善,佛氏无净无垢之病,令佞佛者至今借为口实"(《答张居白大行》,《冯少墟集》卷一五)。

对此,冯从吾从各种角度进行了论证,以说明"无善无恶"之说是错误的。第一,从良知之"知"字的涵义进行分析,冯从吾指出良知之"知"是就心体之灵明来说的,而"其灵明处就是善,其所以能知善知恶处就是善,则心体之有善无恶可知也"(《答黄武皋侍御》,《冯少墟集》卷一五)。第二,从"为善去恶"的道德实践来看,必须讲"有善无恶者心之体"才可以,因为只有这样才是"为善者为其心体所本有,去恶者去其心体所本无,上知可以本体为工夫,而下学亦可以工夫合本体,庶得致良知之本旨";而如果说"无善无恶",就成了"去恶固去心体所本无,而为善非为其心体所本有"(《答黄武皋侍御》,《冯少墟集》卷一五),则工夫与本体不相合,就会以人性为仁义,陷入告子"义外"之病。第三,从"未发之中"来看,冯从吾指出,"中"就是善,就是至善之性体、天命之性,如果说"无善无恶心之体",那么同样也可以说"无中无不中者心之体",这在冯从吾看来,是毫无道理的,也是说不通的,故他认为"无善无恶"之说的错误,又可以从子思的"未发之中"一句得到证明。第四,以明镜为喻,针对"照妍照媸者镜之明,无妍无媸者镜之体。若以有善无恶为心之体,亦可以有妍无媸为镜之体"的说法,冯从吾指出"镜之能照妍媸处就是明镜之明处,就是善,非专以妍为善也。"(《答黄武皋侍御》,《冯少墟集》卷一)故"无善无恶"之说是错误的。第五,从自身的体验来说,冯从吾对理学中的静坐工夫深有体会,讲学之余,经常会闭关静坐,他也曾多次自述静坐后的体验,如曰:"每静极则此心湛然,如皓月当空,了无一物。"(《答涂镜源中丞》,《冯少墟集》卷一五)又说:"坐久静极,不惟妄念不起,抑且真念未萌,心体惟觉湛然,当下更无纷扰。"(《答黄武皋侍御》,《冯少墟集》卷一五)对这种"心体惟觉湛然"的情况,冯从吾认为这就是心体有善无恶的证验,故"无善无恶"说的错误又可以从自身静坐的体验中得到确证。第六,冯从吾从传统的

---

① 参见姚才刚:《许孚远哲学思想初探》,《中国哲学史》2008年第1期,第97—98页。

人禽之辨出发,指出"善"是人之所以异于禽兽的地方。人能够知善知恶,也能够致良知,而禽兽则不能知,更不能致,这是因为"人之心体有善无恶,而物之心体无善无恶耳",故"天命之气质,人与物同;天命之性体,人与物异,故人率人之性,便能知爱知敬,便谓之道;物率物之性,止能知饮知食,便不知饮食之道矣"(《答黄武皋侍御》,《冯少墟集》卷一五)。以上便是冯从吾对"无善无恶"说比较具体、集中的批评,另外还有一些批评散见于其《辨学录》中。

总之,冯从吾在批判"无善无恶"之说时,虽然强调心之本体乃是"有善无恶"的,但他并没有像其师许孚远一样把善恶看作是一对对立的范畴,因为以善恶为相对范畴的话,善固然是先天的,而恶亦不得不为先天的,如此一来就是对孟子性善论的否定。而如果不以恶为先天的,那就成了在经验界中说善恶,从"上达"这方面来说,就不如王阳明讲"无善无恶"来得高明。显然,冯从吾看到了以上的两难困境,故他在坚持心体是"有善无恶"的同时,又一再强调这个"善"字就是《大学》所讲的"至善",《中庸》的"天命之性""未发之中",而不是与恶相对的善。但如果我们也将阳明学讲的"无善无恶"看作是为了避免把作为道德本体的良知理解为经验层面上与恶相对的善,而以"无"来凸显良知本体为"存有论意义上的至善"①的话,那么从这一点来说,冯从吾主张的心体"有善无恶"与阳明学的"无善无恶"在内涵上其实是一致的,二者殊途同归。

当然,冯从吾并不认可王阳明的这一说法,因为在他看来,"无善无恶"的"无"就是指绝对的"无",如果从经验层面来说,这即意味着现实中的人性可以表现为善,也可以表现为恶,这样便会落入告子的"无善无不善"的套路;如果从本体层面来说,就是以心性为"空无",就会堕入佛氏"无净无垢"之说。总之,不管从哪一方面来说,都是对儒家性善论的否定。所以,冯从吾强调,论本体则"全说不得无"(《辨学录》,《冯少墟集》卷一),孟子的"四端"之心已证明了这一点。况且在冯从吾看来,主张心体"无善无恶"是造成当时学者"猖狂"之风的主要原因,而这也正是他反对"无善无恶"说的另一个原因所在。

但如果认为王阳明主张"无善无恶"的另一个意涵是指境界上的无执无

---

① 彭国翔:《良知学的展开——王龙溪与中晚明的阳明学》,三联书店2005年版,第409页。

著,强调的是良知本体的流行发用是自然而然的,也就是不要有意为善,那么,冯从吾事实上也不反对这一点。他说:

> 问:"无善无恶、有无善之善之说,彼欲以'无'字药有其善、有意为善'有'字之病,非不得已也。"曰:"'有'之一字,病痛诚无穷,如有诗文者,以诗文自高;有功名者,以功名自高;有气节者,又以气节自高,傲世凌物,令人难近。或以为名之心为善,或以为利之心为善,或又以以善服人之心为善,假公济私,令人难测。如此皆是有其善、有意为善之病。不知一有其善,便不是善,故曰'丧厥善'。一有意为善,便不是为善,故曰'虽善亦私'。至于丧,至于私,则善于何有如此?是其病正在无善也,而又误以无药无,岂不益助其病,而速之亡乎?且心之本体原有善无恶,而误为无善以药人之病。夫医先自误也,其如药人何?"(《辨学录》,《冯少墟集》卷一)

在这段引文中,问者正是针对"无善无恶"说在境界和工夫实践上的意义来提问的,而冯从吾的回答也指出了以为名之心为善、以为利之心为善和以以善服人之心为善都属于"有其善""有意为善",都不是真正的善,也不是在为善。但他又进一步指出,产生这种有意为善的病根就在于把本体看作是"无善无恶"的。冯从吾说:"山下出泉,本源原清,渐流渐远,有清有浊,谓有浊而清名始立则可,谓流之清对浊而言则可,谓水之源无清无浊则不可,谓流之清为清之清,源之清为无清之清则不可,知此则本体无善无恶之说,有善之善、有无善之善之说,是非不待辨而决矣。"(《辨学录》,《冯少墟集》卷一)可见,冯从吾虽然反对在工夫实践上的有意为善,但他又认为造成这种现象的原因就在于"无善无恶"说,故附带着亦否定了王学"无善无恶"说在境界论上的意涵,不承认其能够使人们避免有意为善之病,因为对于本体是说不得"无"的,本体只是"有善无恶",否定这一点,就是佛氏的"空无"之旨。

尽管冯从吾的"无善无恶"之辨较之许孚远或顾宪成等人或许并没有多少新见解而超乎其上,也不一定就能真正理解"无善无恶"说的意涵,但他的批评,对纠正"无善无恶"说带来的学风之弊还是有重要意义的,东林学者钱一本(启新,1539—1617)说:"无善无恶之说,近时为顾叔时(顾宪成)、顾季时(顾允成)、冯仲好(冯从吾)明白排决不已,不至蔓延为害。"[①]

---

① [明]黄宗羲:《明儒学案》(修订本),中华书局1985年版,第1379页。

(四)本体与工夫合一

"本体"与"工夫"是中晚明思想话语中一对常见的范畴,正如王畿(龙溪,1498—1583)所说:"自先师(王阳明)提出本体、工夫,人人皆能谈本体、说工夫。"①本体与工夫也是冯从吾哲学思想中的一个主要论题。不过,冯从吾之所以关注本体与工夫,乃是出于对晚明思想的认识和忧虑,他说:

> 近世学术多歧,议论不一,起于本体、工夫辨之不甚清楚。……若论工夫不合本体,则泛然用工夫必失之支离缠绕;论本体而不用工夫,则悬空谈体必失之捷径猖狂,其于圣学终隔燕越矣。(《答杨原忠运长》,《冯少墟集》卷一五)

在冯从吾看来,晚明之世学术多歧、议论不一,其原因就在于不能正确把握本体与工夫的关系,"学者往往舍工夫而专谈赤子之心,则失之玄虚;舍赤子之心而专谈工夫,则失之支离,心学几为晦蚀"(《桃冈日录序》,《冯少墟集》卷一三)。也就是说,对于本体与工夫,人们往往是偏执于其中的一端,或舍工夫而言本体,从而使本体陷于空虚,甚至产生随任情识之弊;或舍本体而用工夫,从而忽略对本体的透悟,造成工夫陷于支离。而要改变这一现状,冯从吾认为就必须正确认识本体与工夫的关系,将二者统一起来,他说:"识得本体,然后可做工夫;做得工夫,然后可复本体,此圣学所以为妙。"(《疑思录》,《冯少墟集》卷二)所谓"识得本体,然后可做工夫",即是说工夫与本体必须相应一致,亦即工夫必须合于本体。这种合于本体的工夫,王阳明称之为"本体工夫",他说:"功夫不离本体。本体原无内外,只为后来作功夫的分了内外,失其本体了。如今正要讲明功夫不要有内外,乃是本体功夫。"②"本体工夫"就是指本体与工夫相即不离,如此,工夫才是直达性天的关键性工夫,否则就是以工夫为义外而泛然用功,其结果便是支离。

然而,"识得本体"毕竟只是工夫的根据与起点,此时人们还做不到时时是此心,良知也随时有可能异化,故还需要加以修持保任,用冯从吾的话来说就是要"做得工夫,然后可复本体",也就是王阳明讲的"合着本体的,是工

---

① [明]王畿:《王畿集》,凤凰出版社2007年版,第3页。
② [明]王守仁:《王阳明全集》,上海古籍出版社1992年版,第92页。

夫;做得工夫的,方识本体"①。可见,本体与工夫是互为其根、相资为用的,也只有在"识得本体"与"做得工夫"的动态辩证发展过程中,才能实现二者的合一,展示出本体与工夫合一的全部意蕴。

懂得了本体与工夫的一致性后,冯从吾指出,学者还要认识到本体与工夫之间的区别,他说:

> 如论本体,则天命之性、率性之道,众人与圣人同;论功夫,则至诚尽性,其次致曲,圣贤与众人异。论本体,则人性皆善,不借闻见,不假思议,不费纤毫功力,当下便是,此天命率性自然而然者也;论功夫,则不惟其次致曲,废闻见思议功力不得,即至诚尽性亦废闻见思议功力不能,此戒慎恐惧不得不然者也……可见论本体,即无思无为、何思何虑,非玄语也,众人之所以与圣人同者此也;若论功夫,则惟精惟一、好问好察、博文约礼、忘食忘忧,即圣人且不能废,矧学者哉?(《答杨原忠运长》,《冯少墟集》卷一五)

这也就是说,以本体而论,所谓天命之性、率性之道以及人之性善,圣人与众人是没有区别的;若以工夫而论,两者之间则有深浅之别。但即使如此,圣人也须好问好察、博文约礼。更何况本体中有寂感之别,工夫中有安勉之分,所以不能将本体与工夫混淆起来,一味去说"圣学不借闻见,不假思议,不费纤毫功力",在冯从吾看来,这虽未尝不对,但却误人不浅,因此必须弄清本体与工夫的区别,并从此体验,那就会"愈体验愈浑融,愈浑融愈体验"(《答杨原忠运长》,《冯少墟集》卷一五),从而达到无寂无感、无安无勉的境界,工夫就自然可以与本体合一了。

不过,冯从吾虽然主张本体工夫合一,但另一方面,他也看到晚明王学过于追求对本体的体证而脱略工夫实践,从而陷于猖狂无忌惮的弊病,于是又强调工夫的重要性,强调实修。对于工夫,冯从吾认为除了要在日用常行上"事事点检"外,更应该以心为主,从"一念未起"和"一念方动"时入手,他说:

> 道体原是圆满,不分动静。静时乃道之根本,方动时乃道之机括,动时乃道之发用。学者必静时根本处得力,方动机括处点检,动时发用处停当,一切合道,然后谓之不离。然必在静时根本处预先得力,方动机括

---

① [明]王守仁:《王阳明全集》,上海古籍出版社1992年版,第1167页。

处再一点检,然后动时发用处才得停当,故特举不睹不闻与独处言之,此先天之学,而后天自不待言。(《答杨原忠运长》,《冯少墟集》卷一五)

在这里,冯从吾说的静时的工夫是指戒慎恐惧、静坐和"体验未发气象"等,而方动时的工夫则是指慎独、诚意。也就是提倡存养与省察同时进行,不偏一边。不过,由于静时是道之根本,动时是道之机括和发用,所以如果能在根本处得力,时时保持心体的湛然虚明,那么方动处就自然能够点检,其发用也就自然能够停当,"随其所遇,不必一一推勘,而纲常伦理自然尽道,喜怒哀乐自然中节,视听言动自然合礼"(《关中书院语录》,《冯少墟集》卷一二),一切都会合于道。故较之于方动时的省察点检来说,冯从吾更重视静时的存养,他说:"学问之道,全要在本原处透彻、未发处得力……不然,纵事事点检,终有不凑泊处。"(《关中书院语录》,《冯少墟集》卷一二)

对于"真修""实修",冯从吾在给高攀龙(景逸,1562—1626)的信中说:"学问源头,全在悟性,而戒慎恐惧,是性体之真精神;规矩准绳,是性体之真条理。于此少有出入,终是参悟未透。今日讲学,要内存戒慎恐惧,外守规矩准绳。如此才是真悟,才是真修。"(《答高景逸同年》,《冯少墟集》卷一五)据此,冯从吾以王阳明"欲识浑沦无斧凿,须从规矩出方圆"之诗来说明要在一言一动上无不合于规矩准绳,才真能致良知,才是透悟本源之学,所以李二曲说:"晦庵之后,又堕于支离葛藤,故阳明出而救之以致良知,令人当下有得。及其久也,易至于谈本体而略工夫,于是东林顾、高诸公及关中冯少墟出而救之以敬修止善。"①当然,由于强调本体与工夫合一,故冯从吾所说的工夫,是合于本体的工夫,亦即是本体的工夫,其一方面是工夫,另一方面又是本体的呈现和落实,总之,不会陷入泛然用功、支离缠绕之中。而为了使工夫成为本体的工夫,冯从吾又非常强调对本体的透悟,他经常引用王阳明的"不离日用常行内,直造先天未画前"来说明透悟本体的重要性,而在他所写的诗中亦可见到这一点,所谓:"日用平常自有天,如何此外觅空玄。请看鱼跃鸢飞趣,多少真机在眼前。"(《自省吟》,《冯少墟集》卷一七)因此,在具体的工夫上,冯从吾虽然提倡静时的存养和动时的省察不能偏废,但相较二者,他还是更重视未发时的涵养与体认,如他说:

夫喜怒哀乐中节固也,若必待已发而后求中节;子臣弟友尽道固也,

---

① [清]李颙:《二曲集》,第76页。

若必待既感而后求尽道,则晚矣。故必当一念方动之时而慎之,而后能中节尽道也,此慎独之说也,故曰"其要只在谨独"。虽然,又必待念起而后慎之,则亦晚矣。故必当一念未起之时而慎之,而后能中节尽道也,此戒慎不睹、恐惧不闻之说也,故曰"静中看喜怒哀乐未发气象"。(《关中书院记》,《冯少墟集》卷一五)

可见,无论是日用事为上的点检,还是"一念方动"时的慎独,都不是最根本的工夫,最根本的工夫应该是在"一念未起"时做,即通过平日的戒慎恐惧来保持此心"常惺惺"与念"常亹亹",如此就能够做到发而皆中节,一切与道相合。除了戒慎恐惧工夫之外,冯从吾还特别重视在静中体验"喜怒哀乐未发气象",并把"静坐"称为"吾儒养心要诀"(《答杨原忠运长》,《冯少墟集》卷一五),而他自己也时常加以体验。由此,或许可以了解到冯从吾为何将圣贤之学看作是心性的学问而重视对心体的透悟了。

冯从吾与东林顾宪成、高攀龙诸君子同声相应、同气相求,对晚明思想学术之失有着共同的忧虑,并都力求对其补偏救弊,寻找一条新的为学道路。在此问题意识下,会通程朱、陆王,或者说在朱子学与阳明学之间找到一个平衡点,就成了冯从吾与东林学者努力的方向。然而,对顾、高二人来说,尽管朱子与王阳明之学各有短长,但相较之下还是朱子的学问对世道人心更能发挥正面的导向作用,如顾宪成就说:"阳明先生开发有余,收束不足。当士人桎梏于训诂词章间,骤而闻良知之说,一时心目俱醒,恍若拨云雾而见白日,岂不大快!然而此窍一凿,混沌几亡,往往凭虚见而弄精魂,任自然而藐兢业,陵夷至今,议论益玄,习尚益下,高之放荡而不经,卑之顽钝而无耻,仁人君子又相顾裴回,喟然太息,以为倡始者殆亦不能无遗虑焉而追惜之,此其所以逊元公也。"(《小心斋札记》卷三)

也正因为此,东林之学在主张会通朱、王的同时,遂显示出向朱子学回归的趋势,日本学者冈田武彦即称"东林学是经由王学而产生的新朱子学"[①]。相较之下,冯从吾对朱、王之学的调和主要着眼于本体与工夫的合一上,在这种"合一"的框架下,朱子、阳明之学被重新整合为一,而无所偏重,正如他所说的:"人性皆善,而不学则不能明善而复自初。以性善为本体,以主静、主

[①] [日]冈田武彦撰,吴光等译:《王阳明与明末儒学》,上海古籍出版社2000年版,第356页。

敬、穷理、致知为工夫,则善明而性善之初可复,性复则诸说皆筌蹄矣。"(《郑溪书院志序》,《冯少墟集》卷一三)在这里,学问的主旨只是一个,即通过主静、居敬、穷理、静坐、体认天理、看喜怒哀乐未发气象等工夫来恢复先天至善的本体,其中并无门户派别之分。这就使阳明学与朱子学在"本体工夫合一"下更趋于一致。

三、冯从吾的讲学活动及讲学思想

晚明关学的复兴与冯从吾重视讲学有密切关系。在冯从吾之前,以王承裕为代表的弘道书院讲学和以吕柟、马理、南大吉等人为代表的关中讲学,共同促进了关学在正德、嘉靖年间的兴盛。然而自嘉靖后期开始,随着这些著名理学家的相继离世,关中讲学也逐渐沉寂下去,数十年间无较大的讲学活动。万历初年的马自强(乾庵,1513—1578)曾说:"关中成、弘间人才济济称盛。自嘉靖来渐衰,至于今日,则寥落而孤弱极矣。"①而这种"寥落""孤弱"的状况从万历十三年(1585)开始逐渐得到改变。

这一年,尚未出仕的冯从吾参加了许孚远主持的西安正学书院的讲学,与蓝田王之士"讲切关、洛宗旨"(《关学续编》卷一)。万历十七年(1589),冯从吾考中进士,后授御史职。但到万历二十年(1592),冯从吾就告病回乡,与友人萧辉之等在西安城南的宝庆寺讲学。除了中间一次短暂的出仕经历外,冯从吾在宝庆寺的讲学一直持续到万历二十六年(1598)。后因为身体的原因,他开始闭关养病,不再参加讲会,并藉此机会钻研学问,考辨学术源流。直到九年后即万历三十四年(1606),才又重新复出讲学,仍讲于宝庆寺。由于前来学习和听讲的人越来越多,讲学的规模也越来越大,以至宝庆寺容纳不下,于是西安府的官员遂于万历三十七年(1609)在宝庆寺东面为冯从吾修建了关中书院。关中书院创建后,很快就发展成为与无锡顾宪成、高攀龙主讲的东林书院、吉水邹元标主讲的江右书院、南直余懋衡(少原)主讲的徽州书院齐名的书院,四方从学者多达千余人,冯从吾也因此被称为"关西夫子",而关学也由此迎来了又一个发展高峰。除了在关中书院讲学外,冯从吾还多

---

① [明]马自强:《与孙侍御》,《马文庄公文集选》卷一〇,四库禁毁书丛刊补编,第66册。

次前往周边地区讲学,如华阴、三原等地。冯从吾在关中书院的讲学一直持续到天启元年(1621),这年,冯从吾应诏赴京。第二年,又与邹元标在京师共建首善书院,邀集诸同志倡明斯道。当年十一月,冯从吾奉旨归里,途中又讲学于伊洛之间。回到家乡后,杜门著书,不废讲学,直到天启六年(1626)关中书院被毁,明代关中讲学也随之陷入低潮。此后,关中"讲会绝响,六十年来提倡无人,士自词章记诵之外,不复知理学为何事"(李颙《鸡山语要引》,见张舜典《鸡山语要》)。

概括来说,冯从吾的讲学思想可以分以下四个方面:

首先,关于讲学之渊源及其重要性。冯从吾非常重视讲学,将其视为如穿衣吃饭一样重要。他认为,"学之当讲,犹饥之当食,寒之当衣"(《都门语录》,《冯少墟续集》卷一),不可缺少。他考察了讲学的渊源和历程,指出:"讲学创自孔子而盛于孟子,故孟子以作《春秋》辟杨、墨为一治。至孟子没,而异端蜂起,列国纷争,祸乱相寻,千有余年,良可浩叹。至宋儒出,而始有以接孟氏之传,然中兴于宋,而禁于宋。"(《辩讲学疏》,《冯少墟续集》卷四)就是说,讲学之事早在春秋战国时已经有了,后来宋儒接续孟子而更重视讲学,此风一直影响到明代,如"先臣守仁,当兵事倥偬,不废讲学",可见讲学在古今一直被看成是很重要的事。对于宋之讲学,后人有所谓"论建多而成效少"的指责,冯从吾认为,这其实是元人写进《宋史》中的话,其实质"盖指当时庙堂之上言也,如新法和议之类",没想到有人把这莫须有的罪名加到讲学儒者的头上,以"借口归咎于理学诸儒",这实在是"诸儒之冤"!甚至还有人把宋的衰亡归于当时诸儒讲学,对此冯从吾断然予以反驳,说:"宋之不竞,以禁讲学故,非以讲学故也。"(《辩讲学疏》,《冯少墟续集》卷四)他严正地指出:"开天辟地,在此讲学;旋乾转坤,在此讲学;致君泽民,在此讲学;拨乱返治,在此讲学;用正变邪,在此讲学,学者不可作屑小事看。"(《都门语录》,《冯少墟续集》卷一)他认为,当时社会内忧外患、世风日下、异教泛滥,正是纲纪毁坏、君臣不义、父子无亲导致的结果,在这种情况下讲学更有必要且更为重要。"况今外患未定,邪教猖獗,正当讲学以提醒人心,激发忠义。"(《辩讲学疏》,《冯少墟续集》卷四)在他看来,"讲学者,正讲明其父子君臣之义,提醒其忠君爱国之心,正今日要紧第一着也。"(《都门语录》,《冯少墟续集》卷一)当时朝野一些人认为眼下国家多故,哪还顾得上讲学。冯从吾则认为,正以其天下多故,更要讲学,这样才能明圣学,正人心,扶世教。可见,冯从吾在讲学上立场坚定,这是他乐此不疲地创办关中书院、首善书院的思想基础和精神动力。

对于冯从吾所谓"宋之不竞,以禁讲学故,非以讲学故也"的说法,四库馆臣则提出了不同的看法,说:

> 至于谓宋之不竞,由禁讲学,尤为牵合。考宋之党禁,始于宁宗庆元二年八月,弛于嘉泰二年二月,中间不过六七年耳。至于宝庆以后,周程张邵,并从祀孔子庙庭,紫阳东莱之流,并邀褒赠,理宗得谥为理,实由于是。盖道学大盛者四五十年,而宋乃亡焉。史传具存,可以覆案,安得以德祐之祸,归咎于庆元之禁乎!(《冯少墟集提要》,《四库全书总目提要》卷一七二)

四库馆臣认为,冯从吾所谓宋以禁讲学而致衰亡的说法"尤为牵合",并考证说,宋之党禁仅六七年,理学兴起后还得到朝廷的提倡,遂兴盛四五十年,之后方有宋之衰亡。故不能把宋亡归之为庆元之禁。这一说法是有根据的。冯从吾因救世心切,故对讲学之事颇为执著,不过在方法上如四库馆臣所说,其说"颇为固执"(同上注),这种固执主要体现在他的上疏中,即《辩讲学疏》和《请修朝政疏》,"惟此两疏,意虽善而未计其流弊。"四库馆臣所言颇为中肯。

其次,讲学以明道。在冯从吾看来,"吾儒讲学所以明道也"(《辨学录跋》,《冯少墟集》卷一),他认为张载的"为天地立心,为生民立命,为往圣继绝学,为万世开太平"就指出了这一重要性,即通过讲学来"明道",以"衍道脉而维道运"。他说:"夫道一而已矣,是说道脉;天下之生久矣,一治一乱,是说道运。道运有隆有替,道脉无古无今。吾辈今日讲学,正所以衍道脉而维道运也,岂是得已!"(《疑思录五》,《冯少墟集》卷二)冯从吾所要明的"道"自然是指尧舜、孔孟之道,这一点很重要,因为"亘古亘今,只有此一条大路,离此便是邪径"。在他看来,历史上如周公、颜子、孟子、韩愈、范仲淹、周敦颐、二程、张载、朱子、岳飞、文天祥等人便是由此大路而行,而曹操、王莽、司马懿、冯道、张邦昌、章惇、蔡京、秦桧、韩侂胄等人则是从邪径而行。二者虽然都有吉有凶,但在冯从吾看来,前者是"凶亦为吉,死亦犹生",后者是"吉亦为凶,生不如死"(《都门语录》,《冯少墟续集》卷一),可见,路径一错,危害不小,而讲学就是为了辨此路径,明此大道,而非泛然讲论。而冯从吾所说的道,正是指儒家纲常伦理之道,他指出讲学虽千言万语,其核心内容不外乎

"父子有亲、君臣有义、夫妇有别、长幼有序、朋友有信"等(参见《都门语录自序》,《冯少墟续集》卷一)。

再次,讲学以修身。冯从吾认为讲学可以修养身心,培养气节。他发挥《大学》中"自天子以至庶人,壹是皆以修身为本"之义,指出天下事各有职分,不能越俎代庖,而道德修养则连越俎都不能说,因为这是人人都有份的,故无论富贵穷达都应该讲学,通过讲明圣贤道理来帮助自己提升道德修养。在他看来,讲学非另教别人,也关涉自己学习提高,关乎自我修身。他说:"讲学不专是教人,实是自家请教于人,若曰专是教人,是讲教,非讲学也,教只是学中事。"(《都门语录》,《冯少墟续集》卷一)另外,讲学对气节的培养也非常重要,如同样看起来是气节表表,但有些人能够完名全节,有些人最后却败名丧节,之所以如此,冯从吾认为这是因为前者的气节是从学问中涵养出来的,属"义理之刚",如孟子之养"浩然之气";而后者则不懂得用学问来涵养,故其气节只是一种"血气之刚",自然不能长久,如北宫黝、孟施舍之"养勇"。因而冯从吾指出,只有从学问涵养中来的气节才是真气节,而讲学就是要讲明学问以培养气节,使气节都从义理上来,而不是来自气质。但也有人提出父子君臣之义、忠君爱国之心原是人人本有的,又何必讲?针对这一质疑,冯从吾指出:"如是人人没有的,真不该讲,如磨砖求明,磨之何益?如原是人人有的,只被功名势利埋没了,岂可不讲?讲之者,正讲明其所本有,提醒其所本有者也,如磨镜求明,磨何可无?"(《都门语录》,《冯少墟续集》卷一)当然,讲学以修身,其关键还在于讲完之后要躬行,冯从吾说:"讲学而不躬行,不如不讲。"(同上注)又说:"讲学全要砥节励行,切不可同流合污,以蹈乡原之弊。"(同上注)

最后,讲学以行道。对冯从吾来说,讲学不仅是为了明道、修身,同时也是一种行道的方法,他说:"与人讲学,是亦行其道也,不专在仕途才行得道。"(同上注)可见,冯从吾所说的"行道",已不是北宋程颐、文彦博等人主张的"得君行道",他强调的是"独行其道","行其道是讲学,独不是离过人独做,只是不靠君相之命,不靠师友之倡率,各人独自个要做,故曰独耳。"(《都门语录》,《冯少墟续集》卷一)因此,"独"就是要有高度自觉的社会担当意识,敢于承担,充分发挥自身的能动作用。其"行道"不是靠君相之命,也不是通过做官来实现。重要的是,冯从吾所强调的讲学以行道,不是那种政治意义上的治国平天下,这可以从其对讲学所做的规定中看出。早在宝庆寺讲学时，冯从吾就在《学会约》中规定：

> 会期每月三会，初一、十一、廿一，以中午为期。……会期讲论毋及朝廷利害、边报差除，毋及官长贤否、政事得失，毋及各人家门私事、与众人所作过失及词讼请托等事、褒狎戏谑等语。其言当以纲常伦理为主，其书当以《四书》《五经》《性理》《通鉴》《小学》《近思录》为主，其相与当以崇真尚简为主，务戒空谈，敦实行，以共任斯道。（《(宝庆寺)学会约》，《冯少墟集》卷六）

为了使前来听讲的农工商贾之人也知道讲的究竟是什么，冯从吾还用更简单的语言对《学会约》作了说明，他说："千讲万讲，不过要大家做好人、存好心、行好事，三句尽之矣。因录旧对一联：做个好人，心正身安魂梦稳；行些善事，天知地鉴鬼神钦。"（《谕俗》，《冯少墟续集》卷六）另外，冯从吾晚年在京师讲学时也规定，讲会之日，"不谈朝政、不谈私事、不谈仙佛，千言万语，总之不出父子有亲、君臣有义、夫妇有别、长幼有序、朋友有信五句，及高皇圣谕'孝顺父母、尊敬长上、和睦乡里、教训子孙、各安生理、毋作非为'六言。"（《都门语录自序》，《冯少墟续集》卷一）

从这些会约和规定中可以看出，冯从吾讲学的主要内容是儒家纲常伦理，前来听讲的除了士大夫之外，还有普通的农工商贾，因而其讲学带有一定的社会性、民间性和实践性的特点。而他所说的讲学以行道，其实也就是要通过对儒家纲常伦理包括明太祖圣谕的宣扬来在民间建设一个和谐有序的社会，但这种建设不是从上而下，而是由下而上进行的一种自觉自发的行动。由此可以说，冯从吾的讲学其实也是一种"经世"之学。当然，他之所以选择这样一种方式来"行道""经世"，显然与晚明严酷的政治环境有关，虽其在讲学中禁止议论朝政和政事得失等，与东林学派有所不同，但他主张"本体工夫合一"、反对"无善无恶"以及强调静悟自得、提倡体认躬行和批评佛老等，则与东林顾、高相近，正所谓"同声相应，同气相求"者（邹元标《答冯少墟侍御》，《愿学集》卷二）。

尽管从哲学思辨的角度来看，冯从吾在理论上似无多少创新之处，但正如当时赵南星（1550—1627）所说："先生（冯从吾）所讲者，平淡而融彻。平淡者，圣人之正学也；融彻者，其体会真也。"（范鄗鼎《冯少墟集》，载《广理学备考》）而高攀龙也说："知学者甚难，知正学者更难，知学而能通达世务，不至以学害世者尤难。非老年丈（指冯从吾），吾谁与归？"（《答少墟四》，高攀龙《高子遗书》卷八上)并称赞冯从吾之学"极正、极透","砥柱狂澜,此道不坠,赖有此也"(《答方本庵二》,高攀龙《高子遗书》卷八下)。从中可见冯从吾对晚明学术思想的影响,而他对明代关学心性化的完成以及在针砭时弊的基础上所走出的"本体工夫合一"之路,也深刻地影响了清初的关学。

四、冯从吾的实学学风

这里所说学风乃广义的学风,既关涉冯从吾新的问题意识和学术方向、学术精神的转向,亦涉及其形之于外的为学态度、精神气质、人格境界以及当时学坛的风气。① 冯从吾之学风,概言之,即主张敦本尚实、崇真尚简,反对追末务虚、饰伪空谈;主张崇正辟邪,力斥异端邪说;主张学术有"主",贵有"自得",反对支离与空泛;尚不苟之节操,重躬行之实践等等。

(一)"敦本尚实",斥浮虚以倡实学

明代中叶,心学极盛。然言心学者,浙东一系,以王龙溪为代表,倡先天正心说,力阐良知现成,因其重本体而略工夫,遂渐蹈于"猖狂无忌惮"之浮虚一偏;江右一系,以邹守益、罗洪先等为代表,纠正龙溪之偏,主体用不二,遂以归寂主静之修养工夫补其说。至晚明,王学末流直向猖狂无忌惮一路发展,使朱子格物穷理之学日渐遮蔽。于是有顾宪成、高攀龙等东林一系,反对阳明后学只在先天良知上用力,背离王门笃实工夫的倾向,于是起而调和朱、王,兼重先天良知与后天工夫,以正明末学术之失。冯从吾与东林学派以弘扬"圣学"为己任,自觉地担当起挽救学术之偏的时代责任,成为晚明中国西部"痛惩末世废修言悟,课虚妨实之病"(姜士昌《冯少墟先生集序》,《冯少墟集》卷首)的代表。冯从吾为关中书院所书"允执堂屏"谓:

> 纲常伦理要尽道,天地万物要一体,仕止久速要当可,喜怒哀乐要中节,辞受取与要不苟,视听言动要合礼。存此谓之道心,悖此谓之人心。惟精,精此者也;惟一,一此者也。此之谓允执厥中,此之谓尽性至命之实学。(《行实》,《冯少墟集》卷五)

---

① 参见林乐昌:《张载答范育书三通与关学学风之特质》,载《中国哲学史》2002年第1期。

此段文字所贯穿的对本体与工夫、修与悟、价值与境界、道体与礼法之体用一如、相融不二关系的理解,以及"尽性至命"的道德取向,是把握其哲学思想和实学学风之关键。从中可看出,他以朱子格物致知之工夫弥补王学末流忽略工夫而纯任本体的致思方向。

冯从吾如东林学者一样,痛切地指出王学末流堕于猖狂无忌惮之偏,同时也指出其弱于本体而泛论工夫之失,他说:

近世学者,多驰骛于虚见,而概以规矩准绳为循迹,其弊使人猖狂,自恣流于小人而无忌惮,此关系人心世道……(《答逯确斋给事》,《冯少墟集》卷一五)

世之学者,止知本体之一物不容,而不知本体之万物皆备,此所以各堕于虚无之说,而无实地之可据,令人猖狂而自恣也。"(《关中书院语录》,《冯少墟集》卷一二)

冯从吾认为,当时学者或只重工夫不论本体,而陷于支离;或悬空谈本体不著修养工夫,遂陷于"猖狂",其源盖"起于本体工夫,辨之不甚清楚",他强调本体与工夫合一,认为"若论工夫而不合本体,则泛然用功,必失之支离缠绕;论本体而不论工夫,则悬空谈体,必失之猖狂"(《论学书》,见《明儒学案·甘泉学案》)。此说拈出阳明后学纯任本体而忽略工夫之空疏病根,遂将朱子学的"格物穷理"与阳明的"致良知"结合起来,认为"吾儒之学,以至善为本体,以知止为工夫……必格物而后能知止也"。如果弃格物于不顾,而"别求知止之方,此异端悬空顿悟之学,非吾儒之旨也"(同上注)。以朱子"格物"来矫正阳明后学之先天良知说,是晚明学风由虚而返实之动向在冯从吾身上之体现。

当时学风浮虚的又一表现,是不事讲学,或虽讲学,却是"讲非学之言"。所谓"非学之言",即或"谈玄说空"之言,或不能"收心静养"、绝"一切声色货利"之言,或"看书作文时务"不能在"潜心体验"处"发挥道理"之言,等等,其核心是"非吾儒进德修业之学"(《池阳语录》,《冯少墟集》卷一一)。"非学之言"正是冯从吾对当时讲学风气的概括。冯从吾将矫正此学术风气视为自己的学术责任。他说:"战国时,杨墨之言盈天下,得孟子辞而辟之;从汉至宋,佛老之言盈天下,得程朱辞而辟之;至于今日,非学之言盈天下,倘有辞而辟之如孟子、程朱其人乎?余窃愿为之执鞭。"(《宝庆语录》,《冯少墟集》卷七)为了不至于"以学术杀天下后世",冯从吾认为还应从讲学开始,而讲学应"以修德为下手处"(《学会约》,《冯少墟集》卷六),"格物即是讲学,不可谈玄说空"(《明儒学案·甘泉学案》之《疑思录》)。当时有些学者怀疑讲学能否医治玄虚之病,冯从吾说:"药玄虚之病者,在躬行二字,既学者多讲玄虚,正当讲躬行以药之可也。而反云学不必讲,何哉?"(《宝庆语录》,《冯少墟集》卷七)认为讲学亦须躬行。

为了端正学术风气,冯从吾先从正乡学开始。丙申岁(万历二十四年)秋,冯从吾与诸君子立会讲学于长安宝庆寺,制订了后来在关中影响深远的《学会约》。翌年十二月(1597),冯从吾又主持制订了《关中士夫会约》。值得注意的是,在《学会约》中不仅明确规定了"其言当以纲常伦理为主"的讲学内容,还特别提出了树立"崇真尚简为主,务戒空谭,敦实行"的实学学风的问题。所谓"空谭",在冯从吾看来,"谈空论无"者为空谭,虽言但"不躬行"者亦为空谭;好议他人而自己不实行者为空谭,"好对人夸自家"但自己又"不躬行者"亦为空谭。"敦实行",方可"戒空谭"。所以冯从吾讲学,总是"以躬行相劝勉",并发出"呜呼!为学不在多言,顾力行耳"的呼唤(《学会约·附答问二则》,《冯少墟集》卷五),并强调:"学者须要脚根踏得定,彻头彻尾,才得有成。"(《池阳语录》,《冯少墟集》卷一一)戒虚华,不浮躁,戒空谭,敦实行,是冯从吾《学会约》中最切实处,他自己亦能以身作则。故王心敬说:"其于一切翰苑浮华征逐,概谢绝不为。"(《关学续编·少墟先生》)

当时一些学者流于"空谭"而不"实行",还有一个原因,就是学问常常不得要领,不能抓住根本,陷于支离。冯从吾认为这亦与不能"敦本"的学风有关。他认为关键是要追"圣学之本",探"圣学之源";认为此"本"不是别的,就是理学。时关中有所谓"四绝"的说法,即王端毅之"事功",杨斛山之"节义",吕泾野之"理学",李空同之"文章"。冯从吾惟认为"理学"为根本,说:"夫事功、节义、理学、文章,虽君子所并重,然三者皆其作用,理学则其根本也。根本处得力,其作用自别。"(《渭滨别言赠毕东郊侍郎》,《冯少墟集》卷一六)然理学之"本"又是什么?按冯从吾的理解,就是"以心性为本体,以学问为功夫"。所以他抓住孟子的"善"、《中庸》的"诚""未发"、程朱的"理"、阳明的"良知"等核心概念,力加琢磨。在他看来,"圣贤学问总在心上用功,不然即终日孳孳,属枝叶耳"(李维桢《辨学录序》,《冯少墟集》卷一),"若丢过此心,不去'精一',而徒欲喜怒哀乐中节,视听言动合礼,此真舍本而务末"(《关中书院语录》,《冯少墟集》卷一二)。总之,"敦本"才不至于"务末",从而方见提纲挈领之功;"尚实"才不至于"悬空",从而与佛老之玄虚立异,使"吾儒修德之学"见著实效。

(二)学"有主"、贵"自得",方能"深造以道"

冯从吾认为,有些人本原不明,其与学无自主、不贵"自得"、不勇于"造道"的虚浮风气有关。反对"空虚"和"支离",强调"自得""造道",是冯从吾最用力处。

首先,冯从吾强调学贵"有主"。他说:"学问功夫全要晓得头脑主意。"(《关中书院语录》,《冯少墟集》卷一二)所谓有"主意",一是要有"主见",就是要坚持主见,一般不为外在的因素所左右。正如洪翼圣评价冯从吾《善利图》时说:"学问最患不痛不痒,两头牵制",而冯从吾"学问则一切两断,切骨入髓"(《善利图说序》之《附柬》,《冯少墟集》卷八)。二是学要"有主"。冯从吾说:"学问晓得主意,才好用功夫……不晓得主意,则功夫亦徒用矣。此空虚之学与支离之学,皆圣道不载也。"(《关中书院语录》,《冯少墟集》卷一二)故杨鹤在《辨学录序》中称冯从吾之学为"有主之学"。三是为学要知本,明确"宗旨",抓住核心。冯从吾反复告诫诸生,吾儒之学以"心性为本",而心性之学,又以"诚敬"为本,而最终则归于性体之"至善"。故毕懋康说:"窃观先生学贵有主,不贰以二,不参以三,用贵实践,掺贵祗敕,不为虚恢偷纵者所借托,夫有主则历千变而不惑,实践则究必到而不可欺。"(《冯少墟先生集序》,《冯少墟集》卷首)

其次,学"有主"须建立在"自得"和"深于造道"的基础上。强调学"有主"不是要固执己见,而是通过"自得"而"造道"。其实张载学凡数变,阳明悔"二十年错用其心",也是学术"有主"的另一种表现,若"无主",则只能人云亦云矣,无所谓修正和悔悟自己。冯从吾始终将"有主"作为自己学术的自觉意识,"自得"是其在对孟子思想发挥的基础上,针对当时学风之弊而提出来的。孟子说:"君子深造之以道,欲其自得之也。"(《孟子·离娄下》)此"自得",是指经过自己深入学习理解所得的独到体悟。"造道"是学术的灵魂,"自得"是学术的境界,"学不到自得,终是支离,终不能取之左右逢其原。"(《关中书院语录》,《冯少墟集》卷一二)关于"自得""有主"与"造道"的关系,冯从吾说:"学问功夫全要晓得头脑主意,深造以道,主意全为自得。博学详说,主意全为反约。博学详说,正是解深造以道,反约正是解自得,以自得为主意,以深造以道为功夫,以左右逢源为自得之妙,此孟子生平学问大得力处。"(《关中书院语录》,《冯少墟集》卷一二)即"深造以道"要在"博学详说"的基础上"反约",而"反约"才会有"自得","自得"方可有"主意"。冯从吾所以能自成一家,在于他能处理好博与约的关系。他对一些人不能"详博"而动辄要"自成一家"的浮躁风气提出了批评,并说"论学譬如为文,必融会贯通乎百家,然后能自成一家。若只守定一家,恐孤陋不能成家矣。"(《宝庆语录》,《冯少墟集》卷七)然博学还须反约,冯从吾对历史上诸儒思想在理解时皆能由博而约,抓住要领,如他认为孔门标一"仁"字,孟子标以"仁义",曾子标以"慎独",子思标以"诚""未发",宋代诸儒标"天理"二字,朱熹标"主敬穷理",阳明标"致良知"等等,但从道体来说,这些都是相通的:"论道体,则千古之门户无二论。"(参见《宝庆语录》,《冯少墟集》卷七)此所以能将儒家一以贯之的道体一语道破,没有博学反约之功是难以达到的。因其学多"率出己意",故能"自得",由"自得"而学"有主",故其讲学"不立异,亦不蹈常,不事玄虚,亦不涉卑近,要以抒所自得,敷明宗旨,说详反约"(《善利图说》,《冯少墟集》卷八)。正因为此,冯从吾颇为诸生所推崇,认为是横渠、泾野诸夫子之后"一人而已"(崔凤翥《恭定冯少墟先生传》,《冯少墟集》卷首)。

(三)崇正辟邪,力变风气

对于学问,不为异端邪说所迫挟,敢于坚持正义正见,是每一位学者应有的学术良心;面对不良的学风、士风、乡风,敢于抵御与抗争,是每一位学者应有的道德责任。可以说,在这方面冯从吾堪为晚明关中之楷模,极有功于"圣学"。故《冯少墟行实》谓:"崇正辟邪,秦风丕变,海内道学一振。"

"崇正辟邪"是冯从吾在道德责任心趋使下认定的学术态度。他在为自己所作的《自赞》中,明确表白:"佛老是距,邹鲁吾师。"可见,其所崇之"正",核心是"以心性为本体,以诚敬为功夫"的"孔曾思孟、周程张朱"之儒学。所辟之"邪",有"二氏"异端之说,有时儒"沦于空谈说寂"之"流弊",有学界不端之风气等,"其于岩端是非之界,则辨之不遗余力"(王心敬:《关学续编·少墟冯先生》)。然此并非冯从吾"好辨",实出于"不得已"。当时"淫辞邪说,荧惑天下",冯从吾"欲正人心",必须"就其蔽锢关切之所在而剖决挽回之"(李维桢《辨学录序》,《冯少墟集》)。其所著《辨学录》,所辨多为儒学与释道之异,其目的在于明"吾儒之正传",故能对"凡世儒所易惑处,辄为道破",而不至于使"佛氏之流弊"以"塞其源"(涂宗睿《辨学录序》,《冯少墟集》卷一)。他认为,当时人心种种之迷惑,"皆起于学之不明,学之不明,起于心性之不明"。王阳明认为儒与"二氏"并无"二见","二氏之用皆我之用","圣人与天地民物同体,儒佛老庄皆吾之用"①。因此,在心性问题上,他认为禅之"明心见性"与儒之"尽性至命"相通。其后学如王龙溪则径任先天本体,而略于后天省察克己之功,使王学日渐流于空疏,这也许是冯从吾于晚明力辨佛儒的重要原因之一。他多次论本体与工夫相即不离,批评时儒"空虚之学",显然有学风上的针对性。

"崇俭德以敦素风",也是冯从吾所致力的重要方面,他尝把讲学与端正士风民俗联系起来,多为秦地士风之日下而慨叹。其与学风相关的乡风之最典型者,如:相互"争讥""诋毁",不能"成人之美";"怕人责备",是非不分,不能坚持正义;喜议论他人之非;讨论学术,或自以为是,或自足自满,或不能"虚己下人","过于激辨"等等。对于秦人不能成人美之俗,冯从吾深有感触,他说:"世间最有功德事,莫大于成人之美。南人每见人行一好事,大家必称赞之,羽翼之,务底于成。秦俗则争讥笑之,诋毁之,务底于败,如此则师复受其益,而弟子多受其损。"师弟之间,要相互尊重,成人之美,而不要相互诋毁,否则只能两败俱伤。冯从吾还举一例来说明:"王阳明、吕泾野皆我明之真儒也。阳明门人几半海内,而泾野则否。虽于二公无损,却于关辅无光。"(《正俗俗言》,《冯少墟续集》卷二)冯从吾深忧秦地此种士风之弊,遂在《关中士夫会约》中规定:"彼此争构,吾辈所无。傥万一有之,大家务要尽心劝和,勿令因小忿以伤大体。"并希望大家"出入相友,守望相助,疾病相扶",以形成良好的士风乡俗。而对待学界友人的过失,冯从吾又能采取宽容的态度,他说"人非圣贤,孰能无过",如对待君子、小人的态度和方法,主张要因不同情况而异:"论交与,当亲君子而远小人;论度量,当敬君子而容小人;论学术,当法君子而化小人。"(《池阳语录》,《冯少墟集》卷一一)他最反对不负责任地背后议论,"朋友中背后多议人过失,当面反不肯尽言","此非独朋友之过,或亦彼此未尝开心见诚"。于是他在《学会约》中,以"过失相规"四字相约。对于论辩,冯从吾强调"务要平心易气,虚己下人。即有不合,亦当再加详玩,不可自以为是,过于激辨"。而"以自是为自信,主意一定,无复商量",

---

① [明]王守仁:《王阳明全集·年谱》,上海古籍出版社1992年版,第1289页。

此"近世学者多坐此病",冯从吾告诫"吾辈当共戒之"(《学会约》,《冯少墟集》卷六)。正如陈继儒所说:"凡向来讲学之流弊,士大夫积习之膏肓,悉从公道眼觑破,亲手拈出病根,已净然后与之粱肉。"(《冯小墟先生集叙》,《冯少墟集》卷首)

此外,提倡"崇真尚简"也是冯从吾力变风气的一个重要方面。《学会约》规定"会中一切交际,俱当谢绝,此正崇真尚简处",即要求学者正常的交往应该是纯真的、朴实的,而非饰伪造作的,此即"崇真";杜绝种种奢靡之举和交往中的种种繁冗礼俗,此即"尚简"。所订《关中士夫会约》中所列诸条,多是对交往之礼节加以限定或重审,其中大都朴实无华,切实可行。其字里行间流露着冯从吾对那种非出于自然真情的饰伪、矫揉造作之风的切肤之痛。该《约》后来"传之四海,慕为盛举"。总之,"崇俭敦素""敦本尚实""维风善俗",为冯从吾针对晚明虚浮风气所提出的补偏救弊之方,也是其所倡实学学风的重要体现。

(四)践履严明,不易节操

躬行实践,崇尚气节,是关学的宗风。冯从吾承继张载关学躬行实践、经世致用之传统,"以出处辞受一介不易为风节"。尝谓"为学不在多言,顾力行如何耳"(《学会约·附答问二则》),如果"能言而行不逮,此正学之所禁也"(《讲学说》,《冯少墟集》卷一四)。其所说"躬行",既指对国计民生要关切,又指道德践履要笃实,同时包括做人要有不易之节操,从中可看出冯从吾的精神气质和人格境界。

"生平所学,惟毋自欺,实践妙悟,卓有深识。诚不忍人心世道之江河,慨然以兴起挽回为己任。"(《行实》,《冯少墟续集》卷五)冯从吾以自己的行动实践了这一宗旨。明神宗时所上《请修朝政疏》就是明证。冯从吾目睹熹宗即位后"内则旱荒盗贼,连绵纠结",士大夫却"日惟植利结党为汲汲",甚至"各自结党,互相排陷,不知和衷共济之道",于是毅然"挺身而出,冀以直道大义挽回其间"。凡遇可说话的机会,决不退让,总能"以一身彰宇宙之公道"(同上注)。在当时的情况下,虽然如此呼唤是微弱的,但冯从吾仍在做不懈的努力。从冯从吾身上,我们不难看出一脉相承之关学躬行实践、经世致用的实学传统和学风,以及坚持正义、刚直不阿的节操。陈继儒评价说:冯从吾"终日讲学,而若未尝讲学;终日聚徒,而若未尝聚徒。不分门别户,不插标树羽,不走时局,不握朝权,不招射的,逍遥环墙之中,超然免于言论之外,非践履严明、涵养精洁,何以有此!"(《冯少墟先生集叙》,《冯少墟集》首卷)确实,没有严明的道德节操,没有"精洁"的涵养工夫,诚难达此学术境界。总之,从冯从吾的学术之路,可以窥见晚明关学的实学特征以及中国学术向实学转化的动向。

第二节　张舜典:"明德""致曲","洞源达本"

张舜典(约 1555—1626)①,字心虞,号鸡山,陕西凤翔(今陕西凤翔)人。明季著名的关学学者,曾师从许孚远(1535—1604,号敬庵)。与冯从吾为莫逆之交,并同时以讲学、学识闻名关中,时有"东冯西张"之称。清初李二曲说:"凤翔张鸡山先生,明季理学真儒也。深造自得,洞彻大原,与长安冯少墟先生同时倡道,同为远迩学者所宗,横渠、泾野而后,关学为之一振。"(《题张鸡山先生语要》,《二曲集》卷一九)许孙荃(生洲,1640—1688)也说:"有明关学,继文简公(即吕柟)而起者,长安则有冯少墟先生,岐阳则有张鸡山先生。二公生同时,东西相望,相与往复辩论,倡明斯道。学者景从,一时称极盛焉。"(《鸡山语要序》)可见与冯从吾一样,张舜典对晚明关中讲学与理学的复兴起了较大的推动作用。然而,由于现存关于张舜典的资料较少,加之其官阶卑微,致使学术界对其关注程度远逊于冯从吾。

一、张舜典的生平与著作

张舜典的生卒年不详,王心敬《关学续编》谓其"年七十三,以疾卒",并

---

① 王心敬《关学续编》载,张舜典"年七十三,以疾卒。"《二曲先生年谱》卷二、《(乾隆)重修凤翔府志》卷六皆记其"卒年七十有二"。《明史》卷二二记:天启三年(1623)"魏忠贤提督东厂",自此厂卫之毒流满天下。张舜典即因"耳闻心忧,遂复上疏,恳恳以劝圣学、远宦寺为言",触怒了魏忠贤为首的阉党而被罢官。另,从张舜典《鸡山语要》一书所收冯从吾天启丙寅年(1626)撰写的《七十自寿》诗看,张舜典此时尚在世。丙寅年(1626)关中书院被毁,冯从吾亦遭阉党迫害,遂一病不起,后于次年逝世。张舜典、冯从吾两人平生过往甚密,然现存史料未见两人互为对方留下有祭文。综上推断,张舜典与冯从吾可能是相继过世的,张舜典约生于公元 1555 年,卒于 1626 年前后,享年七十二岁。

谓天启改元后曾任兵部武选员外,他抗疏力辞。由此可知,他大致生活于明神宗万历至熹宗天启年间。自诸生时曾前往江南从学于湛门高足许孚远,并与江右学者邹元标(1551—1624,号南皋)、顾宪成(1550—1612,别号泾阳)等相交论学。后返乡,恰逢冯从吾"以侍御告归,讲学长安",二人在关中书院"深与订交",并"时时商证道术离合异同之故,称莫逆焉"(王心敬:《关学续编》)。万历三十三年(1605),张舜典造访冯从吾,从吾留之精舍,"日为辨难,每至夜分,喜而忘倦",张舜典每"稍发其端,少墟则大阐其蕴,辨虚实、有无、邪正、几微之介,昭然如明鉴之烛"。其后,冯从吾把二人所论辨之内容加以整理,"次第成篇,共八十一章",这就是他的《辨学录》。张舜典在述及其学术历程时说:"余少有志于学,中间亦为异教所溺者数年,近始悟而反之,乃知吾道至足,亦至精也。"在与冯从吾讨论切磋之后,"其开我之迷,而鼓我之趋者,益诚不浅矣"(张舜典《辨学录跋》,《冯少墟集》卷一)。可见,他的学术思想曾受到冯从吾的极大影响。

张舜典一生为官职微,却心系百姓,以行仁政为己任。为开州学正时,"挺立师道,与诸生朝夕提究《四书》《五经》外,多濂、洛、关、闽之书,不以举业为先。或有以非急为言者,先生喟然曰:'误天下人才者,八股也!且八股,士自为之,学博何容以重误人才者督之误乎?况学者苟知圣学为急,即皋夔事业皆将黾勉企及,何由区区八股不加力造耶?'一时举以配安定、苏湖之教焉。"为鄢陵令时,"悉心民瘼,农桑教养,无微不举,至民间养生送死之具,皆备而贮之,以待贫乏。"(王心敬:《关学续编》)"又本明道识仁之旨,建弘仁书院,与诸生讲学,置经史数千卷藏之院中,以培实用。"(张骥:《关学宗传》卷二七)在万历二十年左右,明朝展开了三次重大的军事行动:平定宁夏哱拜叛乱、东征御倭援朝与平定播州杨应龙叛乱。而据记载,早在战事发生之前,张舜典"独制军器若干,皆令精坚,藏之库。或讶其故,先生曰:'行当有用。'去无几,边事急,果征军器于州县。他州县皆仓皇莫应,独鄢陵以预备故,不劳费而应命,精好又独为他邑冠,邑人始服先生之先识焉。"(王心敬:《关学续编》)张舜典因在当地有所作为,造福乡里,深受鄢陵百姓的爱戴。由此也可看出,张舜典并非顾宪成所批评的那种"水间林下,三三两两相与讲求性命,切磨道义,念头不在世道上"(顾宪成:《小心斋札记》卷一一)的晚明士人。

此后,张舜典又被举荐升为彰德府同知,但他因"佐贰于时事无可措手,而随俗则又心耻尸素"之故,"斩然告致仕归"(王心敬:《关学续编》)。张舜典为官高洁,不以仕进为目的。辞官回乡后,即家为塾,讲学不倦,"从游者常数百人。先生与之究极学旨,不问寒暑"(张骥:《关学宗传》卷二七)。是时,冯从吾正在西安关中书院讲学,"而先生则主盟岐阳,而从游亦众,一时有'东冯西张'之称。学者尊之,不敢轩轾焉"(王心敬:《关学续编》)。

天启元年(1621),新登基的明熹宗朱由校整日沉浸于工匠制作,大权旁落而无所顾惜,任由宦官魏忠贤把持朝政,朝野腐败黑暗。以至张舜典在迁升兵部武选员外时,抗疏力辞"奉旨张舜典前来供职郎官"(王心敬:《关学续编》);且"上疏恳恳以劝圣学远宦寺"(张骥:《关学宗传》卷二七)。张舜典亦因此阉党所忌恨,见时不可为,遂远离政治,整日以著书讲学为事,直至七十三岁病殁。张舜典与冯从吾相继去世后,明代关学也逐渐趋于没落,李二曲说:"两先生殁,而讲会绝响,六十年来,提倡无人,士自辞章记诵之外,不复知理学为何事,两先生为何人。间有知冯先生者,不过依稀知其为冯侍御、冯司空,有遗书。先生(张舜典)位卑而地僻,并其姓字亦多茫然,人与书泯灭不传。"(张骥:《关学宗传》卷二七)

张舜典晚年著有《致曲言》《明德集》二书。据张舜典自序,《致曲言》成书于万历三十六年(1608),而《明德集》的成书时间则不详。然而,自明末以降,关中连年战火不断,而张舜典又因"位卑而地僻,并其姓字亦多茫然"等原因,至清代康熙时其人其书已"泯而不传"。康熙戊辰年间(1688),陕西学宪许孙荃(1640—1688,字生洲)从李二曲处得知张舜典其人,"肃然起仰,退而躬诣先生故里,建坊表章",并访其后裔,得《致曲言》《明德集》二书,交与李二曲修订编撰,李二曲于是"摘其确且粹者",合编为一书,题为《鸡山语要》(参见张骥:《关学宗传》卷二七)。民国二十四年(1935),宋联奎等人从邵力子手中得到《鸡山语要》抄本,将其收入其主持刊印的《关中丛书》之中。

由李二曲序文可知,现存《致曲言》是二曲节录其"确且粹者"而成,显非原书全貌。而对于《致曲言》的撰写情况,张舜典在《自序》中说:"或于谈论间,或于读书间,或于清夜静坐间,偶有一得,恐复遗忘,辄笔记之,僭窃为致曲之助。"由此可推知,是书为张舜典平日为学修道、致曲之功的心得笔记。而《明德集》则由两部分组成:第一部分是大旨总论,包括"首叙宗旨""论明德体用及功夫深造""明德体大而用广"三节;第二部分包括张舜典与其他学人的论学书信,以及对一些关学前贤的立传评价。又因张舜典"与少墟同受知于提学许公孚远,交亦最契",且"能近取譬,以资印证",故于《明德集》中

"颇采《冯少墟集》中语"(《题张鸡山先生语要》,《二曲集》卷一九)。

值得注意的是,从《冯恭定公全书》中还可以得知,张舜典曾经编撰过《明道先生集抄》和《濂洛文抄》,惜两书现已亡佚。

二、张舜典的理学思想

张舜典著作虽少,但字字珠玑,论学精到,具有很强的思想性和理论性,彰显出他一心渴望回归原始儒家中正之道,迫切希望解决当时学风混乱、大道泯灭之弊的努力和贡献。以下拟从张舜典面对的时代学术弊病、思想主旨等方面加以阐述:

(一)揭橥时代学术之弊

据《鸡山语要》李二曲、许孙荃《序》等论述来看,张舜典乃是针对晚明儒学发展中的弊端而著述的。其所揭弊端大致有三:

其一,妄之弊。明代晚期,许多儒家学者"高谈性命,虚无惝恍,不肯实用其力"(《鸡山语要·序》),甚至"阴拾乾竺之唾余,阳饰吾儒之面目"(《鸡山语要·致曲言》),搞阳儒阴释,其所言心性乃非儒家心性之说,或流入佛老,或空疏狂妄。

其二,愚之弊。亦有一类学者"仰视圣贤以为神灵天纵,非下学所可庶几,遂甘于逊谢而不能强致其功"(《鸡山语要·序》),从而误入徇世之学,"误以富贵为功名,误以辞章为道德","生今安今不复敢望再见前古之治",愚昧迂腐,"经世之学为所卑"(《鸡山语要·致曲言》)。

其三,门户之弊。除上述两类弊病之外,另有一些学者"耻循先民绳墨,傲然自筑宫墙,标宗立门,执片语以自信"。事实上此类学者所论,"是者,盖亦不外濂洛关闽之馀绪;非者,又非吾儒之说也"(《鸡山语要·致曲言》)。因此,儒家中正之说又为其所乱,"驯致芜没不彰矣"(《鸡山语要·序》)。

对上述弊病,张舜典有清晰的认识,并试图回归儒家原典,立足于时代学术发展的前沿,赋予原典新的阐释,以补救当时儒学之弊。

(二)思想主旨

张舜典的《鸡山语要》虽然篇幅不大,却宗旨明确,针对性较强。从其思想内容来看,张舜典主要关注的是个体心性的修养,主张以"明德"为宗,以"致曲"为工夫,强调修悟兼至、顿渐齐有,具有会通程朱、陆王的倾向,与冯从吾的"本体工夫合一"之说比较接近。从《致曲言》《明德集》的内容来看,张舜典立足的儒家原典主要是《大学》与《中庸》。在张舜典看来,"《大学》乃孔门遗书,而初学入德之门也"(《鸡山语要·明德集》)。并认为《大学》具有"次第详密""以学言略于本体以俟自悟""渐悟渐修,不欲速助长"等特点,故可为"初学入德之门"(《鸡山语要·跋》)。《中庸》具有"直截易简""合天人而言之""以道言直露本体以求深造""顿渐齐有,而修悟兼至"等特点(《鸡山语要·明德集》)。可见其《致曲言》侧重发明《中庸》,而《明德集》则侧重发明《大学》。

张舜典认为,"明德是体,明明德是功"(《鸡山语要·明德集》)。此正标明其思想的主旨。《致曲言》《明德集》也大体上是围绕这一主旨来展开论述的。

1. 以"明德"标宗

张舜典关于以明德为本体的阐述,主要体现在以下方面:

首先,张舜典何以以"明德"标宗?一方面,他认为"明德"是千圣之学统,儒家经典多以"明德"为学。在《明德集》"首叙宗旨"中,他明确地指出以"明德"标宗的缘由:

> 稽古论学之旨多矣,而此独以明德标宗,何也?盖天之明命即人之明德,乾以易知,坤以简能,易简至德,非明德而何?故《书》曰"克明峻德",《诗》曰"予怀明德,有觉德行",《易》曰"君子以自昭明德",曰"通神明之德",又曰"天地之道,贞观者也;日月之道,贞明者也。天下之动,贞夫一者也。"《大学》首提宗以立教,曰"明明德",又曰"古之欲明明德于天下者",此今所以论学以明明德标宗,不杂别旨,非意之也,述千圣之学统也。(《鸡山语要·明德集》)

在张舜典看来,以"明德"标宗的目的是"述千圣之学统",承续儒家道脉。他认为,"明德"是"易简至德""天之明命",《尚书》《诗经》《大学》亦皆强调"明德",但是都没有以"明德"标宗,只有《大学》首先以此"提宗以立教"。另一方面,张舜典从人心来说明"明德"即是孔子讲的"仁"、孟子讲的"性善"、《中庸》讲的"中和"等,以此来证明"明德"就是先秦的孔孟之学。他说:

> 试观于人心，孩提之不学不虑，圣人之不勉不思，炯炯一念而无念，昭昭于心目之间，蔽之不能昧，扰之不能乱，减之无所损，增之无所益，与天地合德而日月合明，通乎昼夜之道而知，非明德而何？曰知仁、曰中和、曰至诚、曰至善、曰一贯、曰浩然之气，皆此明德之异名耳。（《鸡山语要·明德集》）

在他看来，先秦学者所言"知仁""中和""至诚""至善""一贯""浩然之气"等，不过"皆此明德之异名耳"，可见，"明德"是先秦孔孟之学的核心。不过，虽然孔子、孟子以及众多的儒家经典都以"明德"为学，后人却还是纷纷各立宗旨，如主张"主静""识仁定性""先立乎其大""心之精神为圣""自然""致良知""修身知止"等等，不一而足。在张舜典看来，这些主张尽管是各有所见，各有所得，但"终不若尊圣经、论圣学，祖述归一之有据也"（《鸡山语要·明德集》），因此他将"明德"作为自己的学问宗旨。

除此之外，张舜典之所以以"明德"为宗，还有重要的实际意义。他说："立此明德为宗，使人有所归依，有所向趋，心不妄用，意不他适，功不杂施，单刀直往，不生疑虑，不执一偏，简而易，直而自然，不虚伪，不变易，为可进修途，不迷也。"（《鸡山语要·明德集》）张舜典此处所言，指向那些辞章记诵与举业功名之学，当然也包括佛老在内。张舜典曾说过："大丈夫生于人世间，要当以辅世长民自任，若徒以诗文自好，以求声华，不过是妆点世道，下之取科第、得富贵，无所建立，乃搪塞世界耳。"（《鸡山语要·致曲言》）故他认为，"圣贤教人只在心上用功，以了此性分内事"，但如今之人，"全不在心上用功，好将圣贤言语逞其意见，千解万解，著书传之于世，不过求得虚名，于自己身心毫无补益，真可谓举世愦愦矣"（《鸡山语要·致曲言》）。而事实上，李二曲对张舜典的表彰也主要在这一方面，认为张舜典对性理之学的强调可以使学者"勃然思奋于辞章记诵之外，知所从事"，"而关学坠绪可以复振"（《题张鸡山先生语要》，《二曲集》卷一九）。

其次，关于"明德"本体的涵义及特征。何谓"明德"？张舜典指出：

> 德谓心之良能，明谓心之良知，一体而二名。是明德者，本性之尊称，即本性之实际也，非从外来，乃自有之自然，天然不待学习，不烦拟议。……在圣不增，在凡不减，大行不加，穷居不损，夭寿不贰，分定故也。放之则弥六合，卷之则退藏于密，统之为明德，分之为仁义礼智。"天生烝民，有物有则"，此明德即天则也。……天命命此也，率性性此

也,修道道此也,诚身诚此也,明善明此也。(《鸡山语要·明德集》)

可见,张舜典所说的"明德",就是人的道德本心或本性,亦即良知良能的统一,所谓"'德'谓心之良能,'明'谓心之良知,一体而二名"(《鸡山语要·明德集》),二者不可分。"明德"显然被视为仁义礼智等德性的统称。因此,"明德"既是一种道德理性,又能够外显为具体的道德行为。扩而充之,"明德"更是天地万物的本性,是"天则","四维上下往古来今,无不皆是明德之流贯","以天地万物为一体,则亦以位天地育万物为大用"(《鸡山语要·明德集》)。所以,"天命命此","率性性此","修道道此","诚身诚此","明善明此"。可见,张舜典所说的"明德"就是人的道德本心或本性,亦即良知良能的统一,所谓"明谓自明明物,明尽遍照;即明为德,惟德本明;一性之妙耳"(《鸡山语要·明德集》)。因此,"明德"既是一种道德理性,又能够外显为具体的道德行为。张舜典在说明了"明德"就是人们的道德本心、本性的前提下,他在《明德集》中又对作为道德本体的"明德"进行了描述,如他说:

明德在心,随物而照,照本无物,其体不动,清净无染,无体之体,是谓真体。目视而明,耳听而聪,口言而从,心思而睿,皆德性之发越。通身是眼,通身则明,四维上下,往古来今,无不皆是明德之流贯,此外无剩物,无别事。

明德无内无外,无人无己,无远无近,无声无色,无可无不可,无名无字,若执一以求之,则不得。

人人具有此一点灵明,湛若虚空,遍一切处,而一切处不能为彼障碍。无伪妄,无变易,寂而能照,感而遂通,清水朗鉴不足以喻其体,命之曰明德。

能摄能照,无体无质,犹如水火,明德之谓也。

张舜典对"明德"本体的这些描述,就像阳明后学在反复阐明"良知"是不学不虑的先天道德本体一样,事实上,许多讲心性之学的理学家尝对"本体"进行过种种描述,如李二曲就用"虚明寂定"来形容良知本体,认为良知本体是"虚若太空,明若秋月,寂若夜半,定若山岳"(《学髓》,《二曲集》卷二)。又说:"心体本虚,物物而不物于物,廓然大公,物来顺应。如是则虽酬酢万变,而此中寂然莹然,未尝与之俱驰。"(《四书反身录·大学》,《二曲集》卷二九)既然"本体"如此玄妙,那么如何去认识和把握"本体"呢?张舜典指出,要靠"悟"。他说:"明德……以言语文字求之则不得,离言语文字求之亦不得,以见闻知觉求之则不得,离见闻知觉求之亦不得,默而识之,始露端倪。"(《鸡山语要·明德集》)又说:"默而识之,是圣门妙悟之方,惟颜子能之,不落闻见知识里面。"(《鸡山语要·致曲言》)"明德在心而无心,在意而无意,在知而无知,在物而无物。无见于天下国家,而明至于天下国家;无有于天地万物,而明通于天地万物。即之则无,而体之则有,所谓口欲言而辞丧,心欲缘而虑亡,惟善悟者得之。"(《鸡山语要·明德集》)虽然对"明德"本体的把握需要靠悟,但所谓"理则当下便是,而事非一蹴可成"(《鸡山语要·明德集》),要成就德性,还需要长期艰苦的功夫,也就是要修悟兼至,顿渐皆有。即是说,虽然每个人生来都具有"明德",但因受到气禀、物欲和习染的影响,而将本有的"明德"给遮蔽了,故还需要后天的功夫来"复其初"。

最后,张舜典进而对"复其初"做了说明。他说:

> 此明德无论圣凡,无人不具。第自有生以来,为气禀所拘,物欲所蔽,习染所污,则不能清明光辉以复其初。贪嗜欲,求富贵,慕功名,务别学,如醉如梦,如痴如狂,而明德安在哉?学者须明之以复其初。(《鸡山语要·明德集》)

> 夫道有本源,学有极致,未能深造而逢原,终属半路行人。……则道有精微,学有归宿可知也。然非明德之外别有高深之谈,即明之极明而复其原初是也。若少有一毫夹杂,少有一毫渗漏,少有一毫安排,少有一毫未化,则于明德犹隔罗縠,而于至善犹为未止。(《鸡山语要·明德集》)

这是说,学问的"归宿"就是要"复性",以使"明德"能够重新"清明光辉",而所谓"王道"和经世致用,也只是"复性"之后本心的一种扩展。张舜典说:"明德以新民,非明新之外别有至善,性之德也,合内外之道也。于格致诚正密其功,于慎独持其要,于未发见其本,于发而中节妙其施,此复性之大旨,千圣之秘密藏乎!"(《鸡山语要·明德集》)

与张舜典相比较,朱熹认为"明德"指"心",其所说心有三个特点:一是虚灵不昧;二是心具众理;三是心能应接事物。就人得乎天的本心而言,是光明不昧的,这就是明德。明德之"明"即是心知的功能,也是德性的状态。而张舜典对"明""德"解释为"明谓自明明物,明尽遍照;即明为德,惟德本明;一性之妙耳"(《鸡山语要·明德集》)。"自明明物,明尽遍照"即是指心知的功能,"即明为德,惟德本明"即是德行的状态。明德又是天之命我,至善所存,但由于人生而后有气质的偏重,人欲的蒙蔽,使得本来光明的心变成昏昧的心,本来的光明就被遮蔽了。"明明德"就是用明的工夫,除去气质的影响,恢复心本体之光明。可见,张舜典较之朱熹,将"明明德"更加心性化了。

2. 致曲的功夫

张舜典又提出"致曲之功"(《致曲言》),即以"致曲"为修养路径,将其作为"明明德"的功夫。

其实,"复性"之功夫,就是张舜典的"致曲"学说。张舜典所谓"曲",就是"微也,隐也,委也,尽也,一偏也。曲而能诚如火之始燃,泉之始达也。"具体来说,"不忍于觳觫怵惕于入井,不受不屑于嘑蹴,皆曲之发,诚之端也",而"于此致之,则为仁义,于此致之,则为至诚"(《鸡山语要·致曲言自序》)。可见,张舜典此处所讲的"致曲",其实就是孟子说的"扩充":"凡有四端于我者,知皆扩而充之矣,若火之始然,泉之始达。"(《孟子·公孙丑上》)也就是后来朱子在《四书章句集注·中庸章句》中所强调的"致,推致也;曲,一偏也",而"致曲"就是"自其善端发见之偏,而悉推致之,以各造其极也"。许孙荃也指出,张舜典之"致曲"是"因其固有之良而扩其所拘,去其所蔽,优游渐渍,涵濡而长养之,由一端以至全体,由偶发以至常存"(《鸡山语要序》)。不过,对张舜典来说,扩充"四端"只是"致曲"的一种功夫,而"慎独"则是"致曲"的另一种功夫,他说:"要明明德,须要消除妄念及执着。若妄念不除,则情欲日深;执着不化,则固蔽成病。总之,一是不学之过,一是偏见之累。过此二关,则心体清明,寂而常照,日用寻常无不在此觉中。"(《鸡山语要·明德集》)而要消除妄念,最重要的就是能够"慎独",张舜典说:"学者要无入而不自得,须是安分慎独,盖心无妄念,则自空净脱洒。"(《鸡山语要·致曲言》)

其实,相对于扩充善端来说,张舜典更重视"慎独",他说:

> 圣学工夫只是慎独。独不止人所不知不见,虽鬼神亦窥测不破。慎独即是惟精惟一之旨,即独之廓然便是中,中之发便是和。此等工夫不倚见闻,不靠知识。肫肫其仁,渊渊其渊,浩浩其天,故曰:"立天下之大本,知天地之化育,夫焉有所倚?"至诚诚之,同此一般机窍,天人初无二理。(《鸡山语要·致曲言》)

圣学切要肯綮之处无过知微慎独,其中精义有不容言,要在深信深

造,方得其妙。(《鸡山语要·明德集》)

在张舜典看来,"慎独"是主体的一种道德自觉,属于道德自律,与那种依靠知识闻见、随事点检的"义袭"行为决然不同,更不是一种空疏的学问,所以他说:"慎独是存心养性之口诀,不堕空,不滞有。"(《鸡山语要·致曲言》)具体来说,即:

其一,"致曲之功"即"明明德"的必然性和可能性。张舜典紧扣《中庸》提出:"圣诚而已矣,然有诚者,有诚之者,天人之殊也。天道为不思不勉非所易及,其次则致曲而已。"(《鸡山语要·致曲言》)在张舜典看来,"学利困勉,致曲之人也;学问思辨笃行,致曲之功也。"(同上注)即"致曲"是学利困勉之人通过学问思辨笃行等方式企及成圣的努力。它的必然性和可能性在于人人具有"明德"本体,但"为气禀所拘,物欲所拘,习染所污",致使明德昏昧,不能实现自我。所以人应当不断地修习,消除妄念和执着,使"心体清明,寂而常照",在觉醒中复其本然之性。也就是说,人与"明德"本体既有统一性,又有差异性,所以"明明德",以曲至诚是人追求终极价值的必然途径。

其二,以"慎独"为修养的不二法门。《大学》《中庸》开宗明义提出"慎独"思想。《大学》第六章云:"所谓诚其意,毋自欺也。如恶恶臭,如好好色,此之谓自谦,故君子必慎其独也。"《中庸》首章云:"故君子戒慎乎其所不睹,恐惧乎其所不闻,莫见乎隐,莫显乎微,故君子慎其独也。"从字面意思上看,慎独并不难理解,指人们在闲居独处之时,最容易任情恣意,出现不合乎道的行为,因此,作为君子,须警惕独处之时。后世学者大都以此为依据,阐发自己的学说。从学术史发展来看,慎独最初是被作为道德修养论的,后来则被提升到本体论的高度。"慎独"概念发展到宋明理学,程颢将其与"天理"联系起来,把它纳入理学体系之中。朱熹通过把"独"释为"人所不知而己所独知之地",引申出由独知之地,谨察善恶之几,穷究理之微小者以求其所当然的修养方式,从而使慎独观念成为理学一重要术语。到了王阳明处,将"慎独"与"独知"联系起来,成为戒慎乎不睹不闻而己所独知这一知之明觉,是内向自觉与外向推致在实践活动中的统一。张舜典则认为"慎独"工夫"不倚见闻,不靠知识",他以虞廷"十六字心传"之"惟精惟一"和《中庸》的"中和"解"慎独",即以持守道心、中和、诚来解"慎独",此颇为独特。

其三,"即本体以为功夫,由功夫以复本体"(《鸡山语要·明德集》)的本体工夫论,贯穿于张舜典的整个思想体系中。本体工夫论"是为了适应自宋朝开始的封建社会后期加强封建统治的需要,把体用范畴运用到认识论和道德修养领域,与心性学说相结合的产物。"①它发展到王阳明时,则成为心学的基本理论结构。王阳明把致良知功夫分为两个层次,一是自然致之,一是勉强致之。前者是积极的,即"本体即工夫";后者是消极的,即"以工夫复本体"。它们构成工夫论的不同层次,相资为用,不可偏废。但这也意味着王学内部的理论紧张。本体的先天预设与工夫的后天性之间有着明显的不对等、不平衡关系。围绕着如何化解这种理论紧张,王学发生了分化。从"四句教"的首句和"流行""自然"说出发,形成其本体系统;而从"四句教"后三句和"收敛""主宰"说出发又可引发出工夫系统。这两种截然相反的趋势使王学内部分裂为两大系统七个派别,本体系统内部分为绝对、虚无和日用三派,工夫系统内部分为主意、主静、主敬和主事四派。②但是,"无善无恶"和"有善有恶"、"流行"和"收敛"、"自然"和"主宰"之间又有相统一的一面,所以在两大系统进一步发展以后,两者之间又开始出现融合倾向。张舜典正是处于这种学术大环境之中,他主张本体和工夫合一,提出"即本体以为工夫,由工夫以复本体"。同时,加重工夫的分量,认为"明德虽在心上,却要身上体认,方见明德之实"。"明德"是"即之则无,而体之则有"(《鸡山语要·明德集》)的,所谓"体"就是"洗心斋明"和"自省""慎独"的统一。虽人人本具明德,但"本具明德而未尝明德者凡夫也,未即明德而求至明德者贤人也,具足明德而无不明德者圣人也"(《鸡山语要·明德集》),能否明明德成为划分人之等级的标准和依据。

总之,"明德"本体与"明明德"工夫并不是割裂的不同层面的两个异质的东西,而是相即相辅的统一体,"明德"是"慎独"何以可能的内在缘由,"慎独"是"明德"如何"复其初"的外在功夫,不可偏废一方,必须相依而进。故后人评价云:"《明德集》发明体用一源之旨为悉,《致曲言》中间多发明即工夫以全本体之旨,而实发明即本体为工夫之旨。"(王心敬:《关学续编》)

综上,从总体上看,张舜典的思想呈现出力图融合居敬穷理、恪守工夫的程朱理学和当下致良知、直指本体的阳明心学的努力。其目的,一方面是面对王学末流的空疏学风,另一方面是针对追名逐利的科举之学,深刻反思宋以降的理学发展,试图兼取两家之所长,来解决当下的理论困境与社会问题,

---

①② 屠承先:《明末清初本体工夫论的融合与终结》,《哲学研究》,2001年第5期。

以重振儒家道脉,这是张舜典所试图解决的思想难题,也正是张舜典思想的立足点和切入处。

三、张舜典在关学史上的地位

关于张舜典的史料记载较为匮乏,现存著作亦不完整,因此我们对他思想的了解尚很有限。仅据现有的资料,我们亦可看出,张舜典是继吕柟之后,与冯从吾一起推动关学进入总成阶段的学者,在明代关学发展史上具有重要的地位。

首先,就学术思想来看,张舜典与冯从吾一起推动了明末关学的总成。冯从吾与张舜典师出同门,且为莫逆之交,思想颇为契合,但仍有不同之处。据王心敬《关学续编》载:"少墟恪守伊川、晦庵矩矱,先生则学主明道,以为学圣人之学,而不知以本体为工夫,最易蹈义袭支离之弊,与冯先生意见微别。然先生心重冯先生之规严矩方,而非同执各意见,冯先生亦重先生之透体通彻,而不类剖藩决篱。"虽然二人思想倾向"微别",但是均曾师从许孚远。作为湛门高徒的许孚远主张将心性合二为一,又主张将心性一分为二,尤其彰显了"性"的本体地位,以防止专任灵明。日本学者冈田武彦认为,许孚远和冯从吾等都强调湛学中的朱子学内容,突出性理,以救正王门现成派的流弊。① 而张舜典在继承许孚远重工夫的理论特色的基础上,更偏重于透悟本体,以《大学》和《中庸》为发轫,兼取程、朱、陆、王,试图以简易而不空疏、重修而不支离的方式重振儒学。故李二曲评价张舜典学说为"集中多洞源达本之谈,发关学所未发"。(《答许学宪》,《二曲集》卷一七)与冯从吾相较,二人思想同中有异,互为补充。虽在后世,张舜典的影响稍逊于冯从吾,但在是时,其人其学不仅推动了关学理论的深化,促使关学进入总成阶段,而且开有清一代关学学风。故后世李二曲称其为"近代真儒,关中先觉"(《答许学宪》,《二曲集》卷一七)。

其次,挺立关学道统,为关学学者立传。与冯从吾一样,张舜典也十分重视记载和表彰关学前贤的生平事迹及论学语要。在《明德集》中,张舜典为吕

---

① [日]冈田武彦撰,吴光等译:《王阳明与明末儒学》,上海古籍出版社2000年版,第260页。

大忠、吕大钧、吕大临、范巽之、张杰、段坚、南大吉、郭郛、吕潜等宋明关学学者立传。其所立传，虽与冯从吾《关学编》中记载多有重合，且记载或简或详，但毕竟和《关学编》一样，属于较早的关学史著作，其挺立关学道统的心迹可鉴。张舜典在为冯从吾《关学编》所写的《序》中说："吾乡居天下之西北脊，坤灵淑粹之气自吾乡发，是以庖羲画卦，西伯演易，姬公制礼，而千万世之道源学术自此衍且广矣。"（《关学编后序》，《冯少墟集》卷二二）寥寥数句，勾勒出关中之地道学之渊源，也从一个侧面彰显了其对关中理学传承的强烈责任感。

第三节　王弘撰："学粹天人性命，克绍濂洛关闽"

王弘撰（1622—1702），又作宏撰，字无异。陕西华阴（今陕西华阴）人。活动于明末清初。明诸生，南京兵部侍郎王之良（字虞卿，又字邻华）第五子。生于明天启二年（1622），卒于清康熙四十一年（1702），享年八十一岁。他一生博学多才，有"博物君子"之称。在陕西与"关中三李"（李颙、李柏和李因笃）齐名，时人号为"四夫子"。惜王心敬《关学续编》未为其立传，而李元春《关学续编》则在其兄王宏学传《而时王先生》中附其简略的记载。

一、王弘撰的生平与著作

王弘撰之父邻华公，是明关中大儒冯从吾的门生。以天启五年（1625）进士任佥都御史。王弘撰十三岁随父居京，后其父迁南赣巡抚，又随而往之。在这期间，他主要以学习诗文为主。除邻华公授以《左氏春秋》外，复聘临川周师教读。据称，他"学而不倦"，不久即"尤秀而有文"。这为他后来"以文章博雅，名动天下"，打下了坚实的基础。同在这一时期，他开始关心时政。当他看到大明政权日渐腐朽，岌岌可危之时，曾参酌历史，撰写《法戒录》以资明朝统治者鉴戒。崇祯十六年（1643），邻华公自南赣迁南京兵部侍郎，殁于途。自此，王弘撰回到了故乡华阴。该年十月，李自成大军入关中，他挺身入营劝降。翌年春，李自成军攻北京，明亡。此时，他竭力营救为大明捐躯的亡友的遗孤，因而被时人誉为"公孙杵臼再生"。

明亡之后,王弘撰隐居华阴,闭户读书,以文会友,广交关中名流。对于这一时期内的生活,他自撰的对联"诵诗书执礼之言,交直谅多闻之友"(《好学》,《山志》初集卷三)可以为之写照。由于他博学多才而且"崇气节",不久即名齐"三李",为关中士人所崇,甚至"时以得一言为荣"(《遗逸传二》,《清史稿》卷五〇一)。正是由于他的声名日高,渐为外界人士所知,康熙二年(1663),谓"秦人慕经学,重处士,持清义"的顾炎武,一到陕西即往华阴与王弘撰订交,并对其有"好学不倦,笃与朋友,吾不如王弘撰"的称誉。康熙五年(1666),视王弘撰为"博物君子"的王士禛曾两次造访未遇。康熙十七年(1678),他以博学鸿儒被迫征往京师,但抱病寓居昊天寺,"不谒权贵"。然而当时学界名流魏象枢、王士禛、施闰章、汤斌、魏僖、阎若璩、孙枝蔚、李念慈和徐嘉炎等人,多往与之商讨学问或唱和诗文,其影响可想而知。

不过,王弘撰并不是一位幽闭书斋的学者,他十分关心政治,尤对大明王朝一往情深。明亡后他挥不去故国之思,曾分别于康熙八年(1669)、康熙十六年(1677),两度往昌平马鹿山下祭告。他还曾于二十九岁至七十五岁间北走燕赵,四游江南,为复兴亡明于清朝未定之时而奔波。在数次的游历过程中,他先后与戴廷栻、陈上年、陈大年、叶封、孔尚任和戴务旃等人结交,故其门人谓"先生足迹遍天下,交游多遗逸"。《清史稿》亦评价说:"弘撰交游遍天下,甲申后,奔走结纳,尤著志节。"可知其大半生为复明而游历。康熙三十五年(1696),第四次南游归来的王弘撰已是七十五岁的老人,面对"三藩"平定后愈加稳固的清王朝,在无可奈何之下,闭户读《易》,不问世事,直至康熙四十一年(1702)春去世,享年八十一岁。

王弘撰虽然一生长期游历不定,但这并没有影响他取得丰硕的学术成就。他在诗文、书法、金石、古书画收藏与鉴赏以及理学等方面都有较高的造诣。他的诗歌清新自然,古文简洁有法。清初散文大家汪琬称其"得史迁遗意",说他的文章"议论驰骋,今古悉有据依"(吴修编《昭代名人尺牍小传》),李元春则说他"以文章博雅,名动天下"(《关学续编》之《王宏学传》附传),这并非过誉之言。他的文集中多有序、跋之作,阎若璩就曾乞序于王弘撰,其在清初文坛的地位可见一斑。他的书法也独秀一枝,《鹤征前录》称其"书法逼真右军"。当时,他的书法作品"凡碑版志铭,或撰或书,为当世所推"(窦镇辑《国朝书画家笔录》卷一)。《清史稿》又说他"藏古书画,金石最富"。他的文集中古书画题识不少,明代大书画家文徵明的裔孙文点,就曾邀请王弘撰为文徵明的遗画作题跋。

其实,王弘撰更是一位理学家。由于他的理学成就较诗文和书法成名较晚,所以他作为理学家的身份往往为其文名所淹。王弘撰四十九岁时开始自觉地研读理学著作,用他自己的话说,就是"吾晚而始归正学",故李元春在《关学续编》中说他"晚年亦讲义理之学"。王弘撰从事理学研究的时间主要集中在康熙九年(1670)至康熙十九年(1680)的十年之间。时间虽然不长,但他的理学成就依然可观。这主要表现在康熙十五年(1676)其理学专著《正学隅见述》的完成。康熙十六年(1677),他曾往频阳与李颙有过关于理学一些问题的辩论,又于康熙十七年(1678)在北京昊天寺有过关于理学的答问,这可以看作是其理学思想的成熟。关于其理学成就,清人王晫《今世说》称他"学粹天人性命,克绍濂洛关闽",清人陈僖甚至认为"汉儒惟董仲舒有儒者气象,先生庶几近之"(陈僖:《北行日札序》)。可见,当时在关中,他的理学成就是相当突出的。同时,王弘撰对《易经》亦有深入的研究,并有这方面的专著《周易筮述》问世。据载,时在太原的傅山就曾托人向他请教过《易》方面的问题,故而一些史传著作称王弘撰"精于《易》"或"邃于《易》"。

王弘撰的著作主要有:《周易筮述》八卷,《周易图说述》四卷,《正学隅见述》一卷,《山志》十二卷,《砥斋集》十二卷,《北行日札》一卷,《西归日札》一卷和《待庵日札》一卷,今俱传于世。

二、王弘撰及其理学思想

(一)王弘撰的思想渊源

尽管王弘撰于四十九岁时始"抱雕虫之悔"而转向理学研究,但仍形成了自己的理学思想。如果推究其理学思想的渊源,不外家学渊源、政治情怀和学友砥砺三个方面。试析如下:

1. 家学渊源

王弘撰的家学渊源,可以说在很大程度上是嗣承父兄之业。他的父亲邻华公早年亲炙于关中大儒冯少墟,并得其旨归,俨然醇儒。与其父同时的学人,遂有"古之圣人,吾不得而见之矣!如王司马不谓之今之圣人,不得思兴及此"(《庭训》,《山志》初集卷一)的说法。王司马即是对其父的尊称。其父进身仕途,尝能以儒治事。巡抚南赣期间,时人有"前有文成,后有虞卿,得两王公"(李元春:《关学续编》卷二)的口碑,将邻华公与王阳明相提并论,足见邻华公在理学上的造诣。尽管邻华公卒时,弘撰年仅二十一,然而"先司马为学,尊考亭,尤重实践"(《庭训》,《山志》初集卷一)的理学宗风,却深深影响了王弘撰,以至他每一思及便"不胜泫然"。在诸兄之中对王弘撰影响最大者,莫过于其长兄王宏学和三兄王宏嘉,因他"少与兄宏学、宏嘉互相师友"(蔡冠洛《清代七百名人传》)。王宏学号石渠,又号而时,与其父一样,也是一位崇学笃行的理学家。《关学续编》中的《而时王先生》即为其传略。王弘撰认为他的这位伯兄,"为学执节"亦"以考亭为师"。顺治十七年(1660),王宏学去世后七日,王弘撰恸然为文说:"大兄天资醇厚,好学笃行。少从我父游冯恭定之门,履规蹈矩,惟濂洛关闽是程。"(《祭伯兄石渠先生文》,《砥斋集》卷一)可以看出,他所痛惜的不仅是其兄的去世,更是作为理学家的长兄的去世。如果说长兄的去世留给王弘撰的是伤恸和惋惜的话,那么三兄王宏嘉的去世留给他的则是更多的痛惜和悔恨。王宏嘉,号云隐,时人称为云隐先生,也是一位"学守兼励"的理学家,他于王弘撰四十八岁那年十月溘然辞世。王宏嘉的去世使王弘撰悲痛欲绝,"几于不起"。以理学名家的父兄一一凋零,这不能不引起王弘撰的深思。他痛定思痛,于元旦自焚诗稿,并摈弃"雕虫之技"之好,始读理学著作即《周子全书》。这就是他所说的"吾近五十始知归正学"。他为何一入手即读周濂溪的著作?对于这一点,王弘撰做了这样的解释:"自孟子之后,传孔子之道者,惟宋之周子为最,二程皆师焉。"(《周子全书序》,《砥斋集》卷一下)同时,他又有"羽翼圣经,惟程、朱足以当之"(《羽翼圣经》,《山志》初集卷五)之说。这似乎可以说明,他之所以转向理学即先读周子之书,目的在于希望能直接从程朱学派的源头切入。他自言"予素信朱子如神明蓍察",且其著作《周易筮述》就是尊朱子所谓"《易》"为卜筮之书"而阐发卜筮之义。《正学隅见述》中之"格物说"也恪守朱子之注。康熙十六年(1677),他往频阳与李二曲论战时,就直标"弘撰愚鲁之资,固守考亭之训"的学旨。能看得出,他是在有意识地继承其父兄"学宗考亭"的学术路向。

2. 政治情怀

王弘撰虽然一生大半生活于清朝,却心怀故明,自始至终以大明遗民自居。这样的政治立场在很大程度上决定了他的理学取向。他认为明朝失去天下,"非失之君也,失之臣,而尤失之大臣",其原因在于他们"望不足重,才不足称"。而大臣们的无德无才又和当时的学术紧密相关。据《正学隅见述》载,当李因笃认为"先朝天下之乱由于学术不正,其首祸乃王阳明"时,王弘撰虽"嫌其言太过",却仍坚持认为李因笃的看法"持世明教亦卓论也"。这就是说,他承认明朝的灭亡与王学有关。这一观点,还可以从他对李贽及其学术的评价得到印证,如他认为李贽的著作除了《易因说》可观外,其他的著作都是"故作畸论",甚至认为李贽"盖一无忌惮之小人也",是"盛世之妖孽,士林之梼杌"(《李贽》,《山志》初集卷四)。认为其学术是"倡异端以坏人心,肆淫行以兆国乱"(同上注),可见其对于王学亡国说持之颇坚。在他看来,"本之于禅"的王学末流竟日袖手静坐,空谈性命,丝毫无补于世。他们既疏于工夫论,又忽于经世致用,由此造成士大夫辈的无德无才,并最终导致了明朝的灭亡。由此,他不禁感叹:"士而有志于正学,则又乌可不凛然知警也哉!"在这种观念支配下,加之当时天下理学哗然从朱,所以他也就很自然地要弃王从朱了。

3. 学侣砥砺

《清史稿》说王弘撰"交游遍天下",实非夸张之说。王弘撰与当时诸多学人有交往,其中不乏理学家,尤以关中理学学者居多,如王建常、刘懿宗、李二曲和李因笃等人,都与之有密切交往。此外,昆山顾炎武、睢州汤斌也与王弘撰常往来,特别与顾炎武交情甚笃。在王弘撰交往的这些理学家之中,除李二曲外,几乎都倾向于朱子学,有的还在倡朱子学的同时力排王学。与王弘撰为"同心之友"的王建常,不但为学尊朱子,且"力攻金溪之学"。他时常与王弘撰"论学相切磨",称王弘撰"粹然儒者"。而"其学一以考亭为师"的刘懿宗,也得到王弘撰的赞赏,尝坦言"仆之所谓不及者也"。斥王学祸乱"先朝天下"的李因笃,王弘撰更是"以弟蓄之",二人为学相互砥砺,"期以千秋"。与这些学宗朱子的学者切磋学问的同时,王弘撰也与"意主文安方成之说"的李颙以学问相商,他们二人曾就理学问题相互辩难于频阳。毋庸置疑,这些理学家对王弘撰理学思想的形成具有重要的促进作用。

(二)王弘撰的理学思想

王弘撰晚年归心于理学,研究有年,但最终并没有构建起自己的理学体系,故其有关理学的论述相对较少。然其所著《正学隅见述》则主讲义理之学,其"辨'格物',主朱子;辨'太极',主陆子"(《而时王先生》附传,李元春《关学续编》)。为了能概见王弘撰的理学思想,这里以其两次理学论辩为主要线索来叙述。

1. 北都答问

康熙十七年(1678),王弘撰被清政府以博学鸿儒征召到京城。他拒绝入试,抱病寓居于城南的昊天寺。在此期间,他就门人耿蔚起关于理气、动静方面的问题,进行了答复。此见于《北行日札》中的《答问示耿门人蔚起》。

首先,"理气合一"说。

> 问:何为太极?
> 曰:太极是理。理气合一,浑沦无朕,名曰太极。道家以无极为理,太极为气,故谬。
> 问:理气先后?
> 曰:理不可与气言先后。言后,则后是理;言先,则先是理。言理,理在;不言理,理亦在。如云理能生气,是不明也。
>
> (《答问示耿门人蔚起》,《北行日札》)

王弘撰关于"理气合一"之说,又见于其所著《山志》二集卷四《理气合一》。援引如下:

> 或问予理气合一之说,曰:盈天地之间皆理也。理本实,而其位则虚。即如天地间有润下之理,水得之。然有水而润下之理见,即无水润下之理亦自在。是润下之理水得之,非有水而始有润下之理也。有炎上之理,火得之。然有火而炎上之理见,即无火而炎上之理亦自在。是炎上之理火得之,非有火而始有炎上之理也。有仁义之理人得之,然有人而仁义之理见,即无人而仁义之理亦自在。是仁义之理人得之,非有人而始有仁义之理也。人有是身,即载是理,所谓性也。本之固有,非由外铄,本之自然,非属勉强。人于动静之间,率其固有自然之理而见之。云为不失其则,则理得而气充,性尽而形践矣。所谓理气合一之道,如斯而已。要知理气合一之说,是以理之用言,非以体言。合一亦是以工夫言,如以体,则理气本一,何得云合?

王弘撰认为,若从存有层面来看,"理气本一",即理和气的实然存在是"浑沦"一体,密不可分的。从这一视域分析,"理与气不能言先后",因为二者作为"浑沦"一体的存在是同时的。理对气而言,并非有时间上的先后。所以他反对"理能生气"说。因为若坚持"理能生气",就不得不承认在时间上理先于气而存在。在他看来,"天地之间理而已"(《答员子进问焦京之易》,《西归日札》),"盈天地之间皆理也","理"才是宇宙间真正的本体,而非"气"。他指出,"理本实,而其位则虚",理是真实的存在,尽管人们须通过气才能认识理,但并不是说没有气,理就不存在。在他看来,理是"自在"的,无论人们对理认识与否,理都是永恒自在的。"言理,理在;不言理,理亦在"(《答问示耿门人蔚起》,《北行日札》)。可见,王弘撰持理本论,而非理气二元论。

在王弘撰看来,这一本体"理"落实在现实层面有两种截然不同的形式,即所谓的"仁义之理"和"庶物之则",前者近似于今天所谓的伦理,后者则与物理一词的指谓相近。对"盖人伦者,庶物之则也"的观点,他不赞成把作为事实判断的庶物之则与作为价值判断的人伦之理混同,而坚持"庶物有庶物之则,人伦有人伦之则"(《频阳札记》,《砥斋集》卷四)。不过,他又认为二者的本体依据是同一的"理",即所谓"庶物人伦皆此一理"。由于承认二者遵循同一个理,所以,在王弘撰看来,二者又有相通性。他认为"人有是身,即载是理,所谓性也",即本体之"理"通过人表现出来的伦理称之为"性"。在他看来,"夫人性本善,物欲是性之所无"(《论格物》,《山志》初集卷六),即性是至善无恶的。而对于"物欲",则不能将其等同于恶,他非常赞成罗钦顺对"欲望"的看法。罗氏认为"欲望"的存在有其正当性,因为"夫人之欲,固出于天"。且人的"欲望"之中"有必然而不容已,且有当然而不可易者"。

通过上述分析可知,王弘撰持理本论,这一本体的"理"落实到实然层面,于物表现为物理,于人既表现为伦理,也表现为人之生理。值得注意的是,理气合一还有工夫论域的指向,即其所谓的"合一亦是从工夫言"。其大意即现实的自我向本真自我的回归,即道德本性的自我实现,要通过"践形"以"尽性"。

其次,关于"动静合一"说。

> 问:太极是理,理何以能动静? 曰:动静是理,不是理能动静。
> 天下之理不离动静之端,静者道心也,动者人心也,心一而已。静故微,动故危。精一执中,由功夫以还本体,动静合一矣。动静合一,非佛氏之所谓空,老氏之所谓虚也。诚也,寂然不动;存诚也,感而遂通天下之故。诚则明矣。(《答问示耿门人蔚起》,《北行日札》)

王弘撰将对动静的阐释与道心、人心紧密地结合起来。道心与人心是理学的重要范畴,道心是指自我体验的道德本心,人心则指感性的自然本能、物质欲望等个人意识。王弘撰所说的道心、人心基本上也是在这一意义上使用的。按照王弘撰的"动静合一"说,"静者道心也,动者人心",因为"道心惟微",所以说"静故微";又因为"人心惟危",故"动故危"。"惟精惟一",精者、一者都是指至善的人性本体,而"执中"则是就功夫而言的。所以王弘撰说"由功夫以还本体,动静合一矣"。这种与道心、人心相结合的"动静"观,既不同于佛教的"空",亦非道教的"虚",而是儒家的"诚"与"明",静则"存诚","动"则感通天下而"明"。王弘撰认为,动静背后的本体是"理",但不是"理能动静"。如果联系到他关于人性问题的认识,就十分清楚。他说:"夫人性本善,物欲是性之所无。"(《论格物》,《山志》初集卷六)即人的内在本性就是人的道德性,这一本性是纯善无欲的,原因就在于"人有是身即载是理,所谓性也",因此性即是理。不过,他说的"心"是不同于性的,因为"人心主形气",所以"人心一动有善有恶"。所以,他坚持以理为本,就是要持守善的道德本性,并主张通过修养来抑制和遏止由于"心动"而导致的恶。所以其心性论的目的是要人们守静存诚以显道心,最终落脚到保持善的道德本心的修养工夫上来。

再看王弘撰所说的"欲":

> 夫人之有欲,固出于天,盖有必然而不容已,且有当然而不可易者。于其所不容已者,而皆合乎当然之则,夫安往而非善乎?惟其恣情纵欲而不知反,斯为恶尔。先儒多以去人欲、遏人欲为言,盖所以防其流者不得不严,但语意似乎偏重。夫欲与喜怒哀乐皆性之所有者,喜怒哀乐又可去乎?(《罗文庄论欲》,《山志》初集卷六)

王弘撰认为,"人之有欲,固出于天",欲望带有某种客观必然性。他同意罗钦顺关于欲的看法,认为将欲望"不可直作恶",因为欲望也是天理之固有,出于天之性,这就肯定了欲有存在的合理性、正当性,主张只要欲望合乎"当然之理"就不能禁锢。宋儒所以说"去人欲、遏人欲",其实只是为了防止其放纵所以"不得不严"。他对宋儒说的"存理灭欲"给予了同情的理解。但他认为,欲表现出来时必须"合乎当然之则",而不能"恣情纵欲",否则就会转化为恶。这可以看出,王弘撰所说的"动静合一",就是将"人心"转化为"道心",以彰显固有的道德本性。

2. 频阳论争

康熙十六年（1677）九月十九日，王弘撰往频阳（今陕西富平），吊朱延璟（字山辉）之丧。被时任频阳令的郭传芳邀入城，遂即与当时正寓居频阳的李颙就"格物"说与"博约"说展开了辩论。双方辩论书信原文见于《砥斋集》卷四中的《频阳札记》。

关于"格物"之争。

这次论学是由二曲直接引起的。二曲通过郭传芳读到了王弘撰有关"格物"的论说。对王弘撰认"格物"为"即物穷理"，不赞同将其释为"格去物欲"之说，遂著《论格物》一文与之辩论。二曲坚信"格物"即"格去物欲"，在他看来，"物欲既格，而后渐及于物理"。不然，"纵博尽羲皇以来所有之书，辨尽羲皇以来所有之物，总之是骛外逐末"，并批评："欲物物而究之，入门之初，纷纭胶葛，堕于迷魂阵。此是玩物，非格物。"（《大学》，《四书反身录》）王弘撰对二曲"以'格物''物'字为'物欲'"的看法难以接受，他援引《周易》之"知周乎万物""远取诸物"，《孟子》"明庶物"和《大学》"物有本末"等，一面通过儒家经典文献来反驳，一面进行理论上的说明。王弘撰说：

> 夫人性本善，物欲是性之所无，人欲修身须先穷究此理，〔是格物〕见得分明，何者是理，何者是欲，〔是致知〕而后存其理去其欲。〔是诚意〕欲既去理自存，而养之、充之，〔是正心〕以至见于言动之际，为之饰文。〔是修身〕此自然之序，必不可易者。今劈头便说格去物欲，是直从诚意说起。夫物欲既格，意已诚矣，如何知至后又说诚意？况未曾穷理，则于理欲之辨尚未尽明晰，如何便格？且如此说，自格物以至于平天下，总无穷理之学，将圣人所谓"博文"，所谓"多闻择善"，所谓"学问思辨"，所谓"好古敏求"之功，俱属无有。为《大学》者只格去一物欲，空空洞洞而已。（《论格物》，《山志（初集）》卷六）

王弘撰反对将"格物"界定为"格去物欲"的观点，认为这既在理论上难以自圆其说，也不合乎原始文献的思维逻辑。从理论上说，"格去物欲"应当是"诚意"的内涵，而非"格物"的内涵。而"诚意"指谓"存其理去其欲"，此说与"格去物欲"意义相近。而"格物"则探究的是"人性本善，物欲是性之所无"的问题。王弘撰以自己对"格物"的界定来考察以"格物"为"格去物欲"的说法，认为此说是前后矛盾的，一是理论不通，因为在他看来，"物欲既格，意已诚矣，如何知至后又说诚意？"二是逻辑不通，既然"未曾穷理，则于理欲之辨尚未尽明晰,如何便格?"如果把"格物"理解为"格去物欲",在实践中就必然忽略"博文""多闻择善""学问思辨""好古敏求"等修养"之功",使工夫陷入"空空洞洞",有悖于先儒扎实的践履精神,并且有将实践者引向"空疏不学,而高谈性命者"(《朱子晚年之悔论》,《砥斋集》卷三)的危险境地。基于以上认识,王弘撰反对"格物"为"格去物欲"的说法。在他看来,自司马光"有格去物欲之解",而后陆象山"益倡为异说",此说"不惟悖程朱之训,亦且显违孔曾之教"(《正学隅见述》)。

不过,王弘撰对此有自己的解释。他认为"格物"指谓的是"夫人性本善,物欲是性之所无"。其"格物"说的主张,是要求道德践履主体对自我内在至善本性的体察,实现道德的自觉,其目的并不是要探究外在事物自身的物理。所以,他说"格物者,以吾心格之,非求知于外也"(《正学隅见述》)。既如此,他又为何认为"格物"应以朱子"即物穷理"的解释为准,并说"格物之说,古今聚讼,细思之,终当以朱子之说为正"(《正学隅见述》)?原因在于,王弘撰认为"格物"的"物字兼物我而言"(《正学隅见述》)。于是,要实现道德自觉,就既要"格"自我,还要"格"事物,前者是道德主体自我的省察,后者即对外在事物的体认。但问题是为什么道德自觉需要探究道德主体之外的事物呢?根本的原因在于,在王弘撰看来,无论是伦理,还是物理,其贯穿的都是本体之"理"。此"理"落实到现实层面上来,其表现就是"仁义之理"和"庶物之则"。所以,他指出"庶物、人伦皆此一理"。依此来看,探究"庶物之则",也能够体识"仁义之理"。他甚至认为"求诸内者,必资于外",也就是说内在的道德修养,必须取资于外在的物理探究。基于此,他说:"致知者,万无去闻见之功之理,故必说格物见外之不可废也。"因此,他对陆象山所讥朱熹为"支离事业"的修养工夫却加以肯定,说:"予谓学者,为学有道,当即自所为支离者始,斯不失为圣人之徒也。不然,其不流于异端者几希。"(《朱子晚年之悔论》,《砥斋集》卷三)这样,王弘撰在理论上也就陷入了如同王阳明批评朱熹的"格物致知"与"诚意正心"难以贯通的误区:"天下之物如何格得?……纵格得草木来,如何反诚得自家意?"(《传习录》下)王弘撰对朱子的坚守总是与对阳明心学的排斥联系在一起的。

关于"博约"之辨。

博文与约礼,亦属于道德修养的工夫论范畴。博文,相当于随时随事察识心中之理;约礼,则近似于直接培养内在的道德心性。王弘撰与二曲关于博文与约礼之间的辩论,其实质是他们格物之辩的进一步延伸。二曲认为王弘撰的修养工夫是"先博文而后约礼",即先于事事物物上穷理,待穷得物理之后,才反观自己本有的心性。所以,他批评王弘撰"见闻虽多,终究无以成性",并认为这样的学问只不过是"俗学"而已。对二曲的指责,王弘撰强调自己虽持博文而后约礼,但并非只博文而不约礼,因为约礼就在博文之中。并认为自己的修养方法"本末不遗,始终有序",即在察识物理过程的同时体察内在的性理,"欲存养须省察,愈省察愈存养"(《博文约礼》,《山志》初集卷五)。这就是他所谓的"格物"以"致知"。

王弘撰与二曲之所以在这个问题上争论不休,其直接原因在于他们修养工夫的路径不同,而更根本的原因在于二者本体论的不同。王弘撰是理本论者,天理广布无处不在,在人即为性理或伦理,在物即为物理。而二曲受王学影响很深,认为理只在本心之中。由于本体论的不同,双方修养工夫亦有差异。王弘撰认为,要想把握理之全体大用,就必须既向外格物穷理,又向内体验道德本性,故博文与约礼兼而为之。而对二曲来说,理只在自家本心之中,所以只需向内省察而无须外务,这样其重于约礼而轻视博文就可以理解了。

"频阳之争"可以看作是关学内部朱学与王学之间的学术争辩。不过,二者在为学宗旨上虽有所不同,并不意味着学术的决然对立。同为关学学者,他们在思想上有诸多共同之处。王弘撰反对王学末流的"空谈心性"而疏于实际,二曲亦明确反对其"谈本体而略工夫"的流弊。王弘撰持"学所以正人心"(《〈正学汇语〉序》,《待庵日札》),二曲亦主"人心邪正,由学术之明晦"。这显然与关学笃实践履、崇真务实的宗风相关联。

三、王弘撰在关学史上的地位

王弘撰虽非以理学见重于关中,但综观他的思想及学风,会发现他不单学宗张载,且在传承关学方面,亦特征鲜明。

(一)崇真务实的学风

明末清初的学人,大多将明亡之因归咎于阳明末流的空疏之弊,故往往尊朱而斥王,其对王学的批判也常失之偏激。甚者,对宋明以来的整个理学进行质疑和否定。王弘撰则与之不同,他虽亦抱有亡明之痛,也反对王学末

流的空疏,但受关学切实务用学风的熏陶,他在学术问题上秉持一种崇真务实、实事求是的学风。他说:

> 吾辈为学,当以平心静气为第一义,凡读书论人当求其实。为吾所最尊之人,或有一失,不必为之掩;为吾所深排之人,或有一得,不可因之废。揆之以理,度之以心,唯求其实而已,唯求其是之有可以徵者而已。(《羽翼圣经》,《山志》初集卷五)

其"求其实"的学风包括两个方面:从主观方面讲,要"心平气和";从客观方面讲,就是要有理有据。正是基于这一实事求是的学风,他对各种学术及学派的看法都比较客观公正。这不单表现在对理学内部学派的看法上,还表现在对理学之外的佛、老、杨、墨以及西学的态度上。

王弘撰的理学总体上似尊朱子,但对朱子之学亦有诸多修正。在本体论上,他虽主理本论,但不同意朱子的"理生气"之说。他亦未接受朱子对"无极而太极"的解说,表示其解"诚不敢以心所未安而徒剿袭雷同,以蹈自欺欺人之为也"(《正学隅见述》)。此批评不为不严厉。在工夫论方面,他虽持朱子格物之训,但又认为冯少墟的格物说"尤为明切"。由此可见,王弘撰并非"固守考亭之训"。而对于王阳明,尽管王弘撰认为他"学从禅入,多涉于偏",但仍坚持其学"实有志于圣道",并认为阳明学之偏"实始于陈白沙"(《论格物》,《山志》初集卷五)。王学在其后发展至王畿辈则已"离经叛道",待传至李贽则几乎变成邪教了。这里他显然又在有意为其开脱。他对王阳明的为人不无钦佩之意,直言"论人物文成于所谓'三不朽'者殆兼之焉,自是一代儒臣冠冕"(《正学隅见述》)。对那些批判王学并连带否定王阳明道德、事功和文章的言论,他认为"排挤太甚",并称之为"刻薄诬罔之言"(同上)。足见,王弘撰在思想方法上比较公允,极少偏激,总能够客观地、"平心静气"地看待人与事。

王弘撰对佛、道二教的态度是"不尊其教"但"敬其人",并认为佛老之书"自可以修身养性之助",所以他主张像朱子那样"于二氏之言,不尽弃绝"。这是因为,他认为佛教"与吾儒异",主要是由于"国俗各殊"造成的。佛陀本人乃是"西域有道之人",其在当时也是"贤于众人"的,所以应"辟其道而敬其人"。他认为孔子既曾问礼于老聃,故老氏其人其学亦应如是对待。同时,他对中国佛教思想的认识也相当客观。当有学者认为"儒之精者似禅"时,他将其纠正为"禅之精者似儒"(《二氏》,《山志》初集卷四)。他认为"华言译梵语"的时候,曾经过当时深濡儒家文化的学者"润饰",所以表面上看起来是在译佛经,其实是在用儒家的思想解释佛学思想。就这一点来看不但客观,且亦相当深刻。

王弘撰对杨、墨之学的态度,依然相当客观。他认为杨、墨之学产生的原因是"恶于当世士习",杨、墨是为了"自拔于流俗之中",故"思有以易天下"而立其说,并称誉二人都是"一时之杰"。尽管认为杨、墨之说"矫枉过正","有害于世道人心",但仍坚持"今日如有真能为杨、墨之学者,得不以为出群之介士,而迈俗之通才"(《杨墨》,《山志》初集卷二)。

需要说明的是,当时西学已经传入,在许多人对西学力加排斥之时,他则对西学采取了极为客观和宽容的态度,如说:

> 昔子斗先生尝为予述,西洋人言月体不圆,如黄金堆月中,黑者即其凹处。天河如云气者,皆小星昴,不止七星。盖以所造远镜验之也。大抵西洋之学,专奉耶稣,于二氏外别立宗旨,其与吾儒悖,均也。然天文奇器,则独有长。(《西洋》,《山志》初集卷一)

这是他从明宗室朱子斗处了解到的西学。虽然他对西方"专奉耶稣"不以为然,但对其自然科学知识和器械设备,则是充分肯定并予以褒扬的。

当然,作为饱受儒家文化熏陶的传统知识分子,儒家的学说及孔子在他心中具有至高无上且无可替代的地位。所以他又力持"生为中国之人,自当以中国之圣为师"(《二氏》,《山志》初集卷四)的传统立场。

实事求是不仅是王弘撰评判事物的准绳,也是他著书立说所遵循的标准,《山志》可以看作是这方面的代表之作。该书以札记为条例,其中不乏考证之作。虽不能说其为考据之专著,但至少可以看作是他从事于考据之学的尝试。毋庸讳言,《山志》一书,考证失误之处亦不少,这一点《四库全书总目提要》已指出,此不赘言。康熙二十六年(1687),阎若璩的《古文尚书疏证》第四卷撰成,曾"一寄华山顶王弘撰"审阅,亦可反映出阎氏对王弘撰在经学方面成就的尊重。

(二)经世致用的作风

经世致用是关学一以贯之的学风,自从张载倡导"躬行实践"以来,关中理学家对这一学风代有传承。早在康熙五年(1666)王弘撰执掌关中书院之时,就曾训导诸生:"生今之世,读古之书,进不倍(背)于王制,退无负于圣贤,此士品也。"(《关中书院会文姓氏碑》,《砥斋集》卷四)其学以致用之主张可见一斑。

梁任公有"时'经世学派'之昌,由于诸大师之志存匡复"①的说法,若按此说,王弘撰北走燕赵,四下江南,为了明朝的匡复数十年奔走"结纳",其经世精神和作风堪为经世之学的楷模。尽管王弘撰一生不与清廷合作,尝游隐于政治之外,但当他触及地方官治的混乱和生民的疾苦时,仍禁不住为清统治者献策。这主要体现在他的延安之行中。他在延安发现该地"腴田为豪强兼并,或官核侵夺"(《延安屯田议》,《砥斋集》卷三),而瘠田荒芜得不到治理的严重问题后,遂提出了屯田的具体方法,即主张在当地有司与驻守军官的组织下,军民合作耕田,每军配牛一头,田地若干亩。军民按照分配的任务,各司其职,各务其役。对于劳动成果的分配,先缴纳皇粮,所剩成果,军民按照一定比例再次分配。他认为这样做的结果,就当前利益看,可以"富国";就长远利益看,乃是"百世之利"。当他发现延安一带"布帛之价贵于西安数倍"这一现象时,便立即思考如何让百姓和国家富足之道,具体建议:

> 今于每一州县,各发织纺之具以为式,令本地有司依造若干副,散于本地,民间一厘一副或二副,又觅一二能织纺之人为师,督其学习,责任有司。以学习能成者,计其多少以定其殿最。谕令有司督责里长,课其勤怠,加之赏罚。初或见为迂阔难行,不过一年之间彼且享其利,益争自为之,将有利而不能止者矣。(《延安织纺议》,《砥斋集》卷三)

可见他考虑之详细,筹划之缜密。他认为,只要当地有司与民众依此而为之,必然会实现他已计算好的喜人收获:"延安所属州县四万五千余,足户不下三女子,约略计之三四一十二万矣。以一十二万之众为织纺之事,不特家有余衣,亦所以广生财之道也。"(同上注)据此,可对王弘撰经世致用的作风领其大略。

---

① 梁启超:《清代学术概论》,上海古籍出版社1998年版,第28页。

第四节　明代关学与异地学人的交往和思想互动

关学的发展离不开所处时代的学术背景和思想环境,也离不开与异地学者之间的交往与互动,关学学者正是在与异地学者的思想碰撞中不断完善自我,从而为关学的后续发展提供了动力,同时也使关学能够及时对思想界的变化做出相应的调整和回应。本节将以吕柟、杨爵和冯从吾等人为例来探讨关学与阳明学、湛学以及东林学派之间的思想关系。

一、吕柟与邹守益的论学

随着阳明学在明代中期的兴起和传播,地处西北的关学也不可避免地受到了冲击,并由此一改往日以程朱学为宗的局面而出现了分化。一方面,以王阳明弟子南大吉、南逢吉兄弟为代表的关中学者,开始在渭南一带大力传播阳明学;另一方面,以马理、吕柟、杨爵等人为代表的关中朱子学者又对阳明学采取了排斥的态度,并与阳明后学就"知行合一""无善无恶"等问题展开了辩论,其中尤以吕柟与邹守益、杨爵与钱德洪之间的论辩最为典型。

与同时代的其他关学学者相比,吕柟可说是与阳明学者接触最多的学人。除王阳明本人外,吕柟还与其弟子徐爱(横山,1487—1517)、邹守益(东廓,1491—1562)、欧阳德(南野,1496—1554)、钱德洪(绪山,1496—1575)、罗洪先(念庵,1504—1564)、穆孔晖(玄庵,1479—1539)、南大吉(瑞泉,1487—1541)、蔡宗兖(我斋,1474—?)、周冲(静庵,1485—1532)、黄省曾(五岳,1490—1540)、石简(玉溪,1487—?)等以及二代弟子如薛应旂(方山,1500—1574)、易宽(栗夫,1494—?)等人相识并有交往。

关于吕柟与王阳明的交往,据吕柟在《赠玉溪石氏序》中说:

> 昔者予之守史官也,阳明王子方在铨部,得数过从说《论语》,心甚善之。后阳明子迁南太仆及鸿胪,而予再以病起。当是时,穆伯潜为司业于南监,寇子惇为府丞于应天,尝寄书于二君,曰:"阳明子讲学能发二程之意,可数会晤也。"(《泾野先生文集》卷六)

从这段文字可以看到,吕柟曾与王阳明一起讨论过《论语》,在当时的吕柟看来,王阳明对《论语》的理解是"能发二程之意",故"心甚善之"。甚至在王阳明转官南京后,他还写信给也在南京为官的好友穆孔晖与寇天叙(涂水,1480—1533),劝其一同前往王阳明那里聚论讲学,如在《与穆司业伯潜书》中,吕柟说:"王伯安讲学亦精,足得程氏之意,可与寇子数去聚论,不可缓视之也。"(同上书,卷二〇)又,在《与寇大理子惇书》中也说:"王伯安讲学近精,亦得程氏之意,幸与穆子数去聚论乎!"(同上书,卷二〇)不过,吕柟何以认为王阳明讲学能得程氏之意,二人关于《论语》又讨论过一些什么,现在已经不得而知,而今所能够知道的,是后来随着时间的推移,吕柟对王阳明的学问产生了疑问,他说:

> 比予再告且谪,而阳明子官益尊,道益广,讲传其说者日益众,然视予初论于史官者颇异焉,于是日思见阳明子以质疑而未获也。及改官南来,而阳明逝矣。(《赠玉溪石氏序》,同上书,卷六)

由于二人各自仕途的不同,吕柟一直没有机会再当面向王阳明请教,直到王阳明去世,这对吕柟来说不能不说是一大憾事。不过,吕柟的疑惑后来在王阳明的著名弟子邹守益那里得到了回应。

邹守益,字谦之,号东廓,江西安福人,属江右王门学人。黄宗羲说:"阳明一生精神,俱在江右。"又说:"阳明之没,不失其传者,不得不以先生为宗子也。"(《江右王门学案一》,《明儒学案》卷一六)邹守益是与吕柟交往最多、在一起讲学次数也最多的阳明学者,可以说,吕柟对阳明学的认识主要是通过与邹守益的辩论而体现出来的。

吕柟与邹守益之间的交往始于嘉靖二年(1523)。是年,久居家乡的邹守益被朝廷重新起用,出任翰林院编修,而此时吕柟则为翰林院修撰,两人从此相识。嘉靖三年(1524)四月至五月,邹守益与吕柟因上疏言事语涉"大礼",先后被下锦衣卫狱,直至当年七月,吕柟被贬为山西解州(今山西运城)判官,而邹守益则降为广德州(今安徽广德)判官。二人的再次重逢则是在三年后的嘉靖六年(1527),这一年冬,吕柟与邹守益又相继回到南京任职。而从嘉靖六年冬至嘉靖十年(1531)四月的这段时间里,吕柟和邹守益一起与湛若水在南京讲学,使得南都讲学之风大盛。《明儒学案》所谓"(吕柟)九载南都,与湛若水、邹守益共主讲席,东南学者,尽出其门"(《河东学案》下,《明儒学案》卷八)说的就是这段时间他们的活动。在南京期间,吕柟与邹守益就"知行合一"与"修己以敬"等问题多次展开过辩论,而焦点则集中在知行关系

上。邹守益主王阳明的"知行合一"说,而吕柟主朱子的"知先行后"说,二者相争不下。吕柟在《别东郭子邹氏序》中说:

> 予与东郭邹氏之在南都也三年矣,每以居室之远,会不能数,然会必讲学,讲必各执所见,十二三不合焉。初会于予第,东郭曰:"行即是知。譬如登楼,不至其上,则不见楼上所有之物。"予应之曰:"苟目不见楼梯,将何所于加足,以至其上哉?"东郭亦不以为然。他日,同适太学,雪中行已过长安街北矣,东郭曰:"今之太学,非行安能知哉?"予指前皂曰:"非斯人先知适太学之路以引马,予与子几何不出聚宝门外乎?"盖自是所讲数类此。乃东郭又以学、问、思、辨以为笃行,于"知及之"亦然也。予曰:"'非知之艰,行之惟艰',非有商傅说之言乎?世之先生长者,恐人徒知而不能行,至于立论过激,以为行然后真知耳,非谓以知便是行也。是故格物致知、明善知天皆属知;诚正修齐、存心养性皆属行。但行必由知而入,知至必能行耳。"……间有从予游者亦谒东郭氏,东郭子诲之曰:"知即是行。人能致良知焉,则非义袭而取也。"予曰:"此说固然,然必知义之所在而后可集耳。"(《泾野先生文集》卷七)

又:

> 先生曰:"君尝谓知便是行,向日登楼,云不至楼上,则不见楼上之物。"东郭子曰:"非谓知便是行,但知便要行耳。如知戒慎就要戒慎,如知恐惧就要恐惧,知行不相离之谓也。"先生曰:"若如此说,则格致固在戒慎之先矣,故必先知而后行也。"东郭子曰:"圣人原未曾说知,只是说行,行得方算得知。譬如做枱,须是做了枱,才晓得枱;譬如做衣服,须是做了,才晓得衣服。若不曾做,如何晓得?此所以必行得方算作知。"先生曰:"谓行了然后算作知亦是。但做衣服,若不先问袷多少尺寸,领多少尺寸,袷是如何缝,领是如何缝,却不错做了也?必先逐一问知过,然后方能晓得缝做,此却是要知先也。"东郭子犹未然。(《泾野子内篇》卷一三)

"知行合一"本是王阳明针对朱子的"知先行后"提出来的一个命题。在当时,朱子学中的这一"知先行后"说导致了严重的知而不行的弊端,故王阳明说:"'知行合一'之说,专为近世学者分知行为两事,必欲先用知之之功而后行,遂致终身不行,故不得已而为此补偏救弊之言。"(《与道通书》,《王阳明全集》卷三二)又说:"今人却就将知行分作两件去做,以为必先知了然后能行,我如今且去讲习讨论做知的工夫,待知得真了方去做行的工夫,故遂终身不行,亦遂终身不知。此不是小病痛,其来已非一日矣。某今说个知行合一,正是对病的药。又不是某凿空杜撰,知行本体元是如此。"(《传习录上》)不过,尽管王阳明讲"知行合一",认为"知行本体元是如此",但实际上强调的却是行。他说:"我今说个知行合一,正要人晓得一念发动处,便即是行了。发动处有不善,就将这不善的念克倒了。须要彻根彻底,不使那一念不善潜伏在胸中。此是我立言宗旨。"(《传习录下》)又说:"未有知而不行者,知而不行只是未知。"(《传习录上》)

而从吕柟与邹守益的辩论来看,守益讲"非谓知便是行,但知便要行耳。如知戒慎就要戒慎,如知恐惧就要恐惧",以及"行即是知""知即是行""行得方算作知"等都可以说是坚持了王阳明"知行合一"说的含义。而吕柟则认为邹守益的说法其实是以行为知,亦即用行来取代知,虽是补偏救弊之言,但却未免"立论过激,以为行然后真知"。在吕柟看来,知与行虽然不能截然分开,但二者却有分,且一定是知先而行后,即所谓"知者行之始,行者知之随,犹形影然,又犹目视而足移然","须知得何者是天理,何者是人欲。不然,戒慎恐惧个甚么?盖知皆为行,不知则不能行也。"(《泾野子内篇》卷一五)

正是基于双方对知行先后的这种认识,吕柟在与邹守益讨论其他问题时,往往是"各执所见,十二三不合焉",如对《中庸》说的"博学之,审问之,慎思之,明辨之",邹守益认为学、问、思、辨都是行,他说:"圣人教人,只是一个行。如'博学之,审问之,慎思之,明辨之',皆是行也。笃行之者,行此数者不已是也,就如'笃恭而天下平'之'笃'。"(《泾野子内篇》卷一三)邹守益的意思显然是指若着实去做学问思辨的工夫,则学问思辨便是行,从而避免了将知与行割裂开来。而吕柟则认为,"博学之"与"笃行之"是对待而言的,就好像"好学"与"力行"一样,二者分属于不同的范畴,不能笼统将知与行合而为一,甚至以行为知,他说:"圣人言学字,有专以知言者,有兼知行言者。如'学而时习之'之'学'字,则兼言之;若博学之对笃行之而言,分明只是知,如何是行?如'好学近乎智,力行近乎仁'亦如是。此'笃恭'之'笃',如云到博厚而无一毫人欲之私之类;若'笃行'之'笃',即笃志努力之类,如何相比得?夫博学分明是格物致知的工夫,如何是行?"(同上)正是将博学理解为格物致知的工夫,所以吕柟也反对阳明学将"格物"解释成"正物",指出:"格物还只是穷理,若做正物,我却不能识也。"(同上)又说:"格物之义,自伏羲以来未之有改也,仰观天文,俯察地理,远求诸物,近取诸身。其观察求取,即是穷格之义。格式之格,恐不是孔子立言之意。"(《泾野子内篇》卷一九)

除了知行关系外,吕柟与邹守益还就"修己以敬"展开了辩论。"修己以敬"是邹守益的良知学的主要观点,在其著作中可以看到大量关于"敬"的论述。如他说:"圣门之教,只在修己以敬。敬也者,良知之精明而不杂以私欲也。故出门使民,造次颠沛,参前倚衡,无往非戒惧之流行,方是须臾不离。"(《简吕泾野宗伯》,《邹守益集》卷一〇)黄宗羲也指出:"先生之学,得力于敬。"(《江右王门学案一》,《明儒学案》卷一六)关于"修己以敬",吕柟与邹守益的辩论见之如下:

> 东郭子曰:"圣贤论学,只是一个意思,如'修己以敬'一句尽之矣。如曰'戒慎乎其所不睹,恐惧乎其所不闻',此敬也;如曰'出门如见大宾,使民如承大祭',亦敬也;如曰'战战兢兢,如临深渊,如履薄冰',亦敬也。我看起来,只是一个'修己以敬'工夫。"先生曰:"'修己以敬'固是,然其中还有格物致知、诚意正心许多的工夫。此一言是浑沦的说,不能便尽得。"东郭子曰:"然则'修己以敬'可包得'格物致知''诚意正心'否?"先生曰:"也包得。然必格物致知,然后能知戒慎恐惧。"东郭子曰:"这却不是。人能修己以敬,则以之格物而物格,以之致知而知致,以之诚意而意诚,不是先格物致知,而后能戒慎恐惧也。"先生曰:"'修己以敬'如云以敬修己也,修字中却有工夫。如用敬以格物致知,用敬以诚意正心。"
>
> 东郭子曰:"人子果有敬存于中,则外面自有许多的事。且如敬以搔之,敬以扶持之,皆由有敬于中,故能如此。"先生曰:"敬抑搔,敬扶持,是用敬抑搔,用敬扶持也。"东郭子曰:"用字却不是。孝子之有深爱者必有和气,有和气者必有愉色,有愉色必有婉容,自然能得许多节目。"先生曰:"深爱言却好,然未能如此者,必敬搔、敬扶持之,却是学。"(《泾野子内篇》卷一三)

从这两段话中我们可以看到,吕柟之所以不同意邹守益的"修己以敬"说,关键在于二人对"敬"的理解不同。一般来说,程朱理学所说的"敬"主要是指身心的收敛、谨畏、惺惺、主一和整齐严肃。① 因此,"敬"对朱子学者来说只是一种态度、一种涵养,并不能取代其他的如格物穷理、诚意正心等工夫,而这正是吕柟所坚持的。但邹守益所说的"敬"却并非是一种态度或涵养,而是本体与工夫合一,亦即"敬也者,良知之精明而不杂以私欲也","敬也者,此心之纯乎天理而不杂以人欲也"(《简复马问庵督学》,《邹守益集》卷一〇)。这也就是说,"敬"即是良知本体的呈现。同时,"敬"也是工夫,即戒慎恐惧。对于邹守益的"敬",黄宗羲的说法或许能更好地帮助我们理解,他说:

> 吾性体行于日用伦物之中,不分动静,不舍昼夜,无有停机。流行之合宜处谓之善,其障蔽而壅塞处谓之不善。盖一忘戒惧则障蔽而壅塞矣,但令无往非戒惧之流行,即是性体之流行矣。离却戒慎恐惧,无从觅性;离却性,亦无从觅日用伦物也。(《江右王门学案一》,《明儒学案》卷一六)

正因为两人对"敬"的理解存在较大不同,故吕柟认为,"修己以敬"只是"用敬修己""以敬修己",如用"敬"来格物致知,用"敬"来诚意正心等。而邹守益则认为,"修己以敬"就是良知之自我呈现,或以良知为主宰,所谓"心有主宰,便是敬,便是礼;心无主宰,便是不敬,便是非礼"(《简方时勉》,《邹守益集》卷九),故只要能"敬存于中",自然就会格物致知、诚意正心、温清定省、出告返面和出入扶持等,就像"孝子之有深爱者必有和气,有和气者必有愉色,有愉色必有婉容,自然能得许多节目"。而这显然是吕柟所不能同意的,因此两人一直到最后分别也没有取得一致的看法。嘉靖十年(1531)四月,邹守益因考绩北上,临行前前往吕柟居住的鹫峰东所论学,"将达旦始寝"(《答程君修书》,《泾野先生文集》卷二一),终不能解,但吕柟"惟以前说宛转开陈,遂讲及执一之学、喜同恶异之弊,累数千言而后已"(《别东郭子邹氏序》,同上书,卷七)。而吕柟在写给好友马理的信中也说:"东郭执守师说,牢不可破。近与屡辩之,殆少然诺,恐亦未肯尽从也。"(《答豁田书》,同上书,卷二一)

不过,尽管在学问上相争不下,但吕柟却十分称赞邹守益的为人,称其:"言论虽如此,而行实不诡于古人。"(《答马豁田书》,同上书,卷二一)并且,

---

① 陈来:《宋明理学》,三联书店2011年版,第194页。

吕柟也并没有因学问不合而执门户之见,相反,他对阳明学还给予一定的肯定和维护。如吕柟指出,"阳明之学,痛世俗词章之繁,病仕途势利之争,乃穷本究源,因近及远,而曰行即知也,知本良也,亦何尝不是乎","自夫俗儒而言,忘其良知而又不知以行之为急也,其弊至于戕民而病国,则阳明之学又可少乎哉"(《仰止亭记》,同上书,卷七)。另外,在嘉靖二年举行的会考中,因朝廷不喜王学,故会试策问以心学为题,有阴辟阳明之意,而作为副考官的吕柟在阅完欧阳德之卷后,认为当置之于前列,但却因主考官的反对而未果。①总之,从这些事中可以看出吕柟虽学主程朱,但却没有后来的门户偏见,这一点是需要肯定的。

二、杨爵与阳明学者的论学

除了吕柟之外,杨爵亦与许多阳明学者相识,其中有罗洪先、邹守益、钱德洪、刘魁(晴川,? —1552)和周怡(讷谿,1506—1569)等人,特别是与后三人在一起相处时间较久。不过,杨爵与这些阳明学者的往来与讲学比较特殊,大多时间是在狱中。嘉靖二十年(1541),杨爵因上疏获罪而被下狱,从此前后被羁押达七年之久,于是狱中就成了杨爵讲学与著述的场所。杨爵在狱中首先迎来的是钱德洪。他在其所作的《处困记》中记载说:

> 嘉靖二十年二月初四日,余以河南道监察御史上封事,有罪,次日下锦衣卫镇抚司。……及冬初,刑部员外郎钱子洪甫以事下狱。钱子,余同志旧友也,相见甚欢。数相语,皆崇德切要工夫,未尝以困苦废忠告,盖恐为有道者笑也。居旬余日,钱子送御史台拟罪,余愿有以为别。钱子曰:"静中收摄精神,勿使游放,则心体湛一,高明广大可驯致矣。古人作圣之功,其在此乎。"别未久,钱子复以前事来狱中。(《杨忠介集》卷二)

从杨爵的记述中可以看到,钱德洪曾教杨爵以"静中收摄精神"之学,以

---

① 此事见吕柟《赠南野欧阳子考绩序》,文中记述说:"昔予校文癸未会试,尝见欧阳子试卷矣,叹其弘博醇实,当冠《易》房也。然欧阳子学于阳明王子,其为文策,多本师说。当是时,主考者方病其师说也,予谓其本房曰:'是岂可以此而后斯人哉?'其本房执诤,终不获前列,一时遇阅其卷者皆惜之。"(《泾野先生文集》卷一○)。

此来体认良知本体,保持心体的湛一。显然,钱德洪教给杨爵的是他所认为的根本之学,即所谓"古人作圣之功,其在此乎",虽然不知学宗程朱的杨爵是如何回应的,但他后来又曾就《礼记·乐记》所说的"感于物而动"①一句向钱德洪质疑过,而钱德洪的回答亦是要杨爵在静中体认良知本体,致力于本根之学。他说:

> 感物而动之动,即动于欲之动,非动静之动也。动静二字之义,有对举而言者,亦有偏举一字而二义备者。周子主静之静,是兼动静而言也。其自注曰:"无欲故静。"夫无欲故静,是有欲即动也,动则失其至静之体矣。《记》曰:"人生而静,天之性也。"即静一言,已尽夫性体寂感之理。感于物而动,是动则失其至静之体,涉于欲也。故程子曰:"人生而静以上不容说,才说性,便已不是性矣。"谓求其性于既动之后,非性之真也。故静之一言,实千古圣学之渊微,然非精凝湛寂、自得于神领独悟之中者,未易以言说穷也。②(《杨忠介集》卷二)

钱德洪指出,良知乃是至静之体,但他所说的"静"并非是与动相对的"静",而是兼动静二者而言的。也就是说,良知虽是至静之体,但却自能流行发用,故言静而动即在其中。钱德洪认为,周敦颐的"主静"之静、《乐记》的"人生而静"之静都是如此,都是兼动静、寂感而言的。但"感于物而动"的动却并非是指良知的发用流行,亦即动静之动,而是动于欲之动,因此不能求性于感物而动之后,此时性体已失其本来之真,而是要求之于既动之前,在良知本体上做功夫。

而继钱德洪之后,杨爵又相继迎来了两位讲友。嘉靖二十一年(1542),王阳明弟子刘魁因上疏奏谏嘉靖帝停建"雷殿"而下狱。第二年(1543)六月,吏科给事中周怡也因上疏忤旨被下狱。周怡师事邹守益、王龙溪,属王阳明的再传弟子。这样,几人在狱中相互论学,乐以忘忧,正如杨爵在《次绪山怀友韵》中所说,"二年得与子相亲,不意知为困裹身"(《杨忠介集》卷一○)。而与钱德洪一样,刘魁也告知杨爵应致力于良知根本之学,在本体上做功夫。他在《次杨斛山钱绪山论学韵二首》中说:"万物备于我,然惟强恕行。水流原不息,鉴照自能明。昏塞非常性,开通尽此生。功夫能致一,本体即澄清。"

---

① 《礼记·乐记》曰:"人生而静,天之性也;感于物而动,性之欲也。"
② 钱明编校整理:《徐爱、钱德洪、董沄集》,凤凰出版社 2007 年版,第 157 页。

又说:"学问无他道,惟求德性尊。岂无枝叶茂,须是本根存。内外合非合,知行分未分。圣狂惟一念,吾亦复相敦。"(《附录》,《杨忠介集》卷五)

除了教杨爵以静坐体认良知本体、致力于根本之学外,杨爵与钱德洪等人的论学还涉及当时流行的"无善无恶"说。对于"无善无恶",杨爵的具体观点现在已无从知晓,但从他写给钱德洪的信中可以看出,他对此是存疑的,如钱德洪在回信中说:"以兄之高明,少离成说,精研此体于湛寂之地,必有超然独悟,沛决江河,而莫之能御者矣。如以辞而已矣,则如兄所举数条,前人论说既详,信而无疑矣,又何必为是殊方之论,以起纷纷之辨耶?"①而针对杨爵的疑问,钱德洪则主要从心灵境界的角度加以阐释,力证"无善无恶"说与孟子"性善"论不相违背。钱德洪说:

> 人之心体一也,指名曰"善"可也,曰"至善无恶"亦可也,曰"无善无恶"亦可也。曰"善",曰"至善",人皆信而无疑矣,又为"无善无恶"之说者何哉?至善之体,恶固非其所有,善亦不得而有也。至善之体,虚灵也,犹目之明、耳之聪也。虚灵之体,不可先有乎善,犹明之不可先有乎色,听之不可先有乎声也。目无一色,故能尽万物之色;耳无一声,故能尽万物之声;心无一善,故能尽天下万事之善。今之论至善者,乃索之于事事物物之中,先求其所谓定理者,以为应事宰物之则,是虚灵之内先有乎善也。虚灵之内先有乎善,是耳未听而先有乎声,目未视而先有乎色也。塞其聪明之用,而窒其虚灵之体,非至善之谓矣。今人乍见孺子入井,皆有怵惕恻隐之心,怵惕恻隐是谓善矣。然未见孺子之前,先加讲求之功,预有此善以为之则耶?抑虚灵触发,其机自不容已耶?……虚灵之蔽,不但邪思恶念,虽至美之念,先横于中,积而不化,已落将迎意必之私,而非时止时行之用矣。……此心不可先有乎一善,是至善之极,虽谓之无善亦可也。故先师曰"无善无恶者心之体",是对后世格物穷理之学为先有乎善者立言也。(《杨忠介集·附录》卷三)

钱德洪指出,所谓"无善无恶"并非是说心体中既没有善,也没有恶,只是一空寂之物,而是指"至善之体,恶固非其所有,善亦不得而有也"。也就是说,心体乃是至善之体,而作为至善之体,应该始终保持一种虚灵的状态,既不能被邪思恶念所遮蔽,也不能预先横立一个"善"在里面,亦即所谓"定

---

① 钱明编校整理:《徐爱、钱德洪、董沄集》,凤凰出版社2007年版,第155页。

理",以此作为应事宰物之则。就像目之明、耳之聪,不可先有乎色或先有乎声一样,如果虚灵之内先有个"善",就是耳未听而先有乎声,目未视而先有乎色,反而会"塞其聪明之用,而窒其虚灵之体",成为一种义袭之学。因此只有保持心体虚灵,亦即"心无一善",方能尽天下万事之善,如同"目无一色,故能尽万物之色;耳无一声,故能尽万物之声"。可见,钱德洪所说的"无善无恶"并非是从道德意义上来讲的,而是指心灵的一种境界,无执无著。因此不能把"无善无恶"等同于告子的性无善恶说,视为是孟子的对立面。

但不管钱德洪和刘魁、周怡等人怎么用良知学去影响杨爵,作为学宗朱子、传承关学躬行实践学风的杨爵显然并没有完全接受,《四库全书总目提要》即说,杨爵虽"与罗洪先、钱德洪诸人游,以讲学相勖。然德洪等源出姚江,务阐良知之说,爵则以躬行实践为先。"(《四库全书总目提要》卷一百七十二《杨忠介集》十三卷"条)双方在学问上依然存在一定差别。①

尽管在学问上不能完全相合,但是杨爵与钱德洪、刘魁及周怡却能一起共患难、同生死,情谊日渐深厚。钱德洪于第二年即嘉靖二十一年(1542)获释,而刘、周二人则与杨爵一起直到嘉靖二十四年(1545)八月才放归回乡,而在回乡途中,"犹相与取道潞水,讲学舟中,逾临清始别归"(《斛山杨先生》,《关学编》卷四)。然而三人回到家中没多久,朝廷"复逮三人狱",一直到嘉靖二十六年(1547)十一月才放归为民。二年后,杨爵去世,刘魁与周怡还相约一起前往富平祭拜,未料成行时,刘魁去世(1552),周怡遂独自前往富平拜杨爵之墓。

三、冯从吾与东林学派

冯从吾是晚明时期关学的主要代表,其主讲的关中书院不仅在陕西,乃至在全国都具有重要的地位,而东林学派在晚明的影响力更不必说。因此通

---

① 在对待阳明学的问题上,马理也表现出自己强烈的倾向,他在《上罗整庵先生书》中极力维护程朱之说,并严厉地批评了王阳明的良知学,认为王阳明所讲的"良知"其实只是一种时有时无、表现为善的知觉,而非性体本身。如果以它为道德行为的根据,那就是禅宗说的"作用是性"。另外,马理还批评了阳明学对"悟"的重视,认为这导致了当时学者脱略工夫实践的弊病(见《谿田文集》卷四)。虽然马理对阳明学的态度较之吕柟和杨爵更为严苛,但他们的朱子学立场却是一致的。

过冯从吾与东林学派的交往与思想互动,我们可以更好地了解晚明思想界的动态以及这个时期关学的发展。

冯从吾从学于湛若水的再传弟子许孚远,许孚远亦笃信王阳明的良知学,属于调和湛、王的学者。但是,在"无善无恶"问题上,许孚远则持批评态度,并与王门后学周汝登进行了辩难。另外,在本体与工夫的关系上,许孚远主张二者的合一,但他又强调由工夫而复本体,或者说工夫即本体,并且偏向于通过静坐、戒慎恐惧来体认本体。① 可以说,许孚远的这些思想或多或少地影响了冯从吾的学问倾向,并成为冯从吾作为东林同调的基础。

在东林学派中,冯从吾与高攀龙的交往比较密切。万历十七年(1589),冯从吾与高攀龙同时考中进士,二人从此相识。此后由于仕途不同,虽然聚少离多,但二人仍时常书信往来,讨论学问,还互相将自己的著作赠送对方。后来,冯从吾与邹元标在京师创建首善书院讲学时,高攀龙也参与其中。

从现存二人书信来看,冯从吾与高攀龙曾就"性善"、工夫等问题进行过讨论,从中可以看到双方在这些问题上的共识,以及冯从吾与高攀龙之间的相互影响。

首先,关于"性善",高攀龙在《答少墟二》中说:

> 善即生生之易也,有善而后有性,学者不明善,故不知性也。夫善,洋洋乎盈眸而是矣,不明此,则耳目心志一无着落处,其所学者伪而已矣。然其机窍,在于心入身来,故能寻上去,下学而上达也。大集中阐发已无余蕴,虽以弟鄙浅之说有所印,而此中人士遂知所归,今世有老年丈,斯道之大幸也。(《高子遗书》卷八上)

冯从吾与高攀龙在这里对"性善"的讨论,并不是简单地重复孟子的性善之旨,而是针对晚明流行的王学的"无善无恶"说。王学的这一学说在当时产生了诸多弊端,如在理论上流于玄虚,而在实践上则抛弃一切道德规范和社会责任。正如顾宪成所指出的:

> 见以为心之本体原是无善无恶也,合下便成一个空;见以为无善无恶只是心之不著于有也,合下便成一个混。空则一切解脱,无复挂碍,高

---

① 关于许孚远这些思想的具体内容,可参见[日]冈田武彦撰、吴光等译:《王阳明与明末儒学》,上海古籍出版社 2000 年版,第 262—269 页。

明者入而悦之……混则一切含糊,无复拣择,圆融者便而趋之。(《小心斋札记》卷一八)

其结果便是:"以仁义为桎梏,以礼法为土苴,以日用为缘尘,以操持为把捉,以随事省察为逐境,以讼悔迁改为轮回,以下学上达为落阶,以砥节砺行、独立不惧为意气用事者矣。""以任情为率性,以随俗袭非为中庸,以阉然媚世为万物一体,以枉寻直尺为舍其身济天下,以委曲迁就为无可无不可,以猖狂无忌为不好名,以临难苟免为圣人无死地,以顽钝无耻为不动心矣。"(同上)我们先不论这些"后果"是否就一定是"无善无恶"说造成的,关键在于,为了端正学风和人心,顾宪成以孟子的性善论对"无善无恶"说展开的批评在当时确实引起了时人的关注,王门后学管志道就曾与之反复论争辩难,而高攀龙等东林学者也给予了有力的支持。高攀龙指出:

曰无善无恶,夫谓无恶,可矣;谓无善,何也?善者,性也。无善是无性也。吾以善为性,彼以善为外也。(《许敬庵先生语要序》,《高子遗书》卷九上)

夫性,善而已矣。何以证性善也?今人钦钦焉,目明、耳聪、手恭、足重、心空空,而无适于斯时也。彻内外,非天乎?天非性乎?性非善乎?以其为人之本色,无纤毫欠缺,无纤毫污染,而谓之善也。循是而动,不违其则之谓道。故学者莫难于见其本色,见本色斯见性矣。(《曹真予先生仰节堂集序》,《高子遗书》卷九上)

高攀龙的这两段话与他写给冯从吾的信意思一样,都是从"天命之性"来言"性善",从而反对王学的"无善无恶"说。同样,冯从吾虽然对王阳明的良知学极为笃信,认为"致良知""直指圣学真脉,且大撤晚宋以来学术支离之障"(《答张居白大行》,《冯恭定公全书》卷一五),但他对"无善无恶"说亦持鲜明的批评态度,认为"近世学者,病支离者什一,病猖狂者什九,皆起于为无善无恶之说所误"(《答杨原忠运长》,《冯恭定公全书》卷一五)。而冯从吾与高攀龙的批评其立论基本相同,都是从"天命之性"来言"性善",强调这个"善"不是与恶相对待的善。另外,冯从吾还认为,"无善无恶"的"无"就是指绝对的"无",而若以心之本体为"无",就是告子说的"生之谓性"、佛氏说的"空"。他也不同意王门后学从境界的角度用无执无著来说明"无善无恶是谓至善",如上文钱德洪对"无善无恶"的说明。在冯从吾看来,造成道德实践中的"有意为善"现象恰恰就在于人们把心体看作是"无善无恶"的,更何况,不执著于善并不代表恶就不存在。① 总之,冯从吾与东林学派对"无善无恶"说的批评在端正学风等方面起到了一定的作用,如《明儒学案》所说:"无善无恶之说,近时为顾叔时、顾季时、冯仲好明白排决不已,不至蔓延为害。"(《东林学案一》,《明儒学案》卷五八)

其次,在工夫问题上,冯从吾也与高攀龙进行了讨论。他在写给高攀龙的信中说:

> 学问源头全在悟性,而戒慎恐惧是性体之真精神,规矩准绳是性体之真条理,于此少有出入,终是参悟未透。今日讲学要内存戒慎恐惧,外守规矩准绳,如此才是真悟,才是真修,才是真潇洒受用,不知老年丈以为是否?(《答高景逸同年》,《冯恭定公全书》卷一五)

显然,冯从吾在这里强调的是工夫对于本体的重要性,强调只有内存戒慎恐惧,外守规矩准绳才是真悟,才是真修,否则就是悬空谈体、玩弄光景。当然,冯从吾在这里所说的工夫不是离开本体的工夫,正如他说的,学问的根本在于"悟性",而工夫则是围绕性体而展开的,二者是合一的,所谓"识得本体,然后可做工夫;做得工夫,然后可复本体,此圣学所以为妙"(《疑思录二》,《冯恭定公全书》卷二)。冯从吾之所以主张本体与工夫合一,主要在于他认为,"近世学术多歧,议论不一,起于本体、工夫辨之不甚清楚。……若论工夫不合本体,则泛然用工夫必失之支离缠绕;论本体而不用工夫,则悬空谈体必失之捷径猖狂,其于圣学终隔燕越矣"(《答杨原忠运长》,《冯恭定公全书》卷一五)。而要改变这一现状,在冯从吾看来,就必须正确认识本体与工夫的关系,不能偏执于其中的一端,否则不是流于猖狂无忌,就是造成工夫支离。

对于冯从吾对工夫的强调,高攀龙是持肯定态度的。他说:

> 手教云"内存戒慎恐惧,外守规矩准绳",两语当终身行之。又云"戒慎恐惧是性体真精神,规矩准绳是性体真条理",此透性语也。人未知性,谓此为桎梏;若透性,方知此是真安乐。盖天然自有之中,绝无安

---

① 冯从吾对"无善无恶"说的批评,具体内容参见刘学智、米文科:《关学大儒冯从吾哲学思想论述》,载《地方文化研究》2013年第6期。

排造作者也,非穷参不悟,非悟不彻。性体不彻,未有知吾圣人之矩为天生自然者,又何怪其欲扫除此矩哉!圣人之学所以异于释氏者,穷理而已,穷理则性为圣人之性,不穷理则性为释氏之性。性岂有二哉?所从入之端殊也。南方风气劣于关中百倍,弟之力量劣于年丈万倍,反观此性,无欠无余,上视圣贤,不差毫发,所以不忍自弃者以此。(《答少墟三》,《高子遗书》卷八上)

这里,高攀龙不仅称赞了冯从吾对工夫的认识是"透性语",应当"终身行之",而且还进一步指出是否做工夫是圣人之学与释氏之学的本质区别,所谓"穷理则性为圣人之性,不穷理则性为释氏之性"。尽管高攀龙与冯从吾在具体如何做工夫上可能有所不同,如高攀龙非常重视格物,他说:"学必由格物而入。"(《语》,《高子遗书》卷一)而冯从吾则更重视那种静存动察的工夫,主张在"一念未起"和"一念方动"之同时做工夫(《关中书院记》,冯恭定公全书》卷一五),但两人都试图通过对工夫的强调来纠正阳明心学空谈本体的弊端。正如后来李颙说的:"晦庵之后,又堕于支离葛藤,故阳明出而救之以'致良知',令人当下有得。及其久也,易至于谈本体而略工夫,于是东林顾、高诸公,及关中冯少墟出而救之以'敬修止善'。"(《南行述》,《二曲集》卷一〇)

除了强调工夫之外,高攀龙对冯从吾的本体与工夫合一说亦赞同认肯。他在《冯少墟先生集序》中说:

耳目手足者形也,视听持行者色也,聪明恭重者性也,本来如是,复还其如是之谓工夫也。修而不悟者,徇末而迷本;悟而不彻者,认物以为则。故善言工夫者,惟恐言本体者之妨其修;善言本体者,惟恐言工夫者之妨其悟。不知欲修者正须求之本体,欲悟者正须求之工夫,无本体无工夫,无工夫无本体也。仲好之集,至明至备,至正至中,非修而悟,悟而修者不能,真圣人之学也。(《高子遗书》卷九上)

高攀龙所谓"无本体无工夫,无工夫无本体也"显然表达了与冯从吾说的"识得本体,然后可做工夫;做得工夫,然后可复本体"同样的意涵。总之,高攀龙对冯从吾的学行是相当敬佩的,除称赞冯从吾之学"真圣人之学也",又说:"海内学术大略见之,惟老年丈是圣学正脉。"(《高子遗书未刻稿·柬冯少墟年兄五》)"知学者甚难,知正学者更难,知学而能通达世务不至以学害世者尤难,非老年丈,吾谁与归?"(《答少墟四》,《高子遗书》卷八上)对冯从吾的著作更是"日奉左右,以为严师"(《高子遗书未刻稿·柬冯少墟年兄二》),从中可见冯从吾之影响以及高攀龙对其推崇之情。

除了与高攀龙等东林学者共同用"本体工夫合一"之学来救正晚明学术之失和端正世道人心外,冯从吾还与江右王学学者邹元标于天启二年(1622)在京师共建首善书院讲学,冯从吾、邹元标、高攀龙、刘宗周和杨东明等著名学者一并参与讲会,从而使讲学成为晚明思想界的一大盛事。

冯从吾之外,蓝田的王之士和凤翔的张舜典曾游学江南,结交众多名儒,如张舜典与许孚远、邹元标、顾宪成以及高攀龙亦相识,高攀龙对张舜典重视工夫修养的为学方向非常称赞,称之为"确然圣脉无疑"(《答张鸡山》,《高子遗书》卷八上)。于此可见晚明关学在当时学术思想界的地位。

第九章　清代关学：反思、承传、坚守与转型（上）

第一节　清代关学的源流特征

清初,关学展现了诸多的时代气息。明清更迭,士人在感叹"天崩地坼""神州陆沉"的社会巨变的同时,长期形成的强烈的民族情绪迫使他们从社会、思想等各个方面反思明亡的惨痛教训。展现在社会层面,就是许多人面对无法改易的时局,仍坚持高蹈的士人情怀和民族气节,对新王朝采取了抵抗或不合作的态度,他们或以身殉国,或遁迹山林,或讲学乡间。展现在思想层面,就是许多人积极对以往学术思想进行反思和总结,无论是明王朝所推崇的官方哲学——程朱理学,还是自明代中期以来逐渐兴盛的陆王心学,以及清初转而对程朱理学的倡扬,都成为当时学术界反思的对象。辨析理学、心学,处理二者的关系,成为学者们普遍关注的问题。而在这一时期,关学学者对社会变迁的历史感受与认识、对理学与心学的吸收与取舍,也直接影响到关学学术的走向和关学学风的变化。

清代关学学术,大致可以分为三个时期：前期以李颙及其弟子的学术为主流,主之以陆王心学,又会通朱陆王薛诸家。同时又有王建常,开关中恪守程朱一路。中期以李元春、贺瑞麟为代表,仍恪守程朱理学。清末民初传统理学受到冲击,以柏景伟、刘古愚、牛兆濂等为代表,既有向心学的回归,又有程朱之学和近代新学的融合,体现出中国这一特定社会转型期思想游移和多元的时代特征。

清代前期的关学特征：立足陆王,会通朱陆王薛。李颙（1627—1705,字中孚,号二曲。后世多以其号称,下文根据叙述需要亦多以"二曲"之号表之）及其弟子代表了这一思想走向。其学术思想的特征表现在：其一,承继了晚明以来以冯从吾为首的关学心学化走向,同时又受清初官方提倡程朱理学的影响,主张"无朱、陆,无王、薛,惟是之从"（路孝愉《重印二曲集序》,《李颙集》附录)的态度,一面宗法陆王,同时又吸取程朱之长,对于二者采取"去两短,集两长"的态度和方法,实则是立足王学,会通朱陆王薛。其二,早年提出"悔过自新"说,其学"以尽性为指归,以悔过自新为心课,以静坐体认喜怒哀乐未发气象为知性之方,以读《六经》《四子》及诸儒之言、反身体验为穷理入门之要"(王心敬:《泾周新创二曲先生祠记》,《丰川续集》卷二五),坚持阳明心学的工夫论进路。其三,中年后提出"明体适用"说,把道德修养论与经世致用思想相结合,提出"明道存心以为体,经世宰物以为用",即以"识心见性"为本、为先,然后推之于"开物成务,康济群生"。这种始于反身求己,归之于实践、经世的思想,也把心学、理学与关学重实践的特质有效地统一起来,对关学的复兴确大有裨益,故全祖望称其"上接关学六百年之统"(全祖望:《二曲先生窆石文》,《鲒埼亭集》卷一三)。

清初,朝廷也是延承元明以儒学教化治国的政策,推行科举考试,以程朱理学家的注解作为取士标准,程朱理学处于官方学术的主导地位,这直接影响到整个清初的国家意识。在关中,虽然李颙、王心敬等具有强烈心学倾向的学者当时影响较大,但是与之同时,也出现了王建常、李因笃等有明显朱子学倾向的理学家。虽然他们的影响逊于前者,但是在他们的诗文中也透露出诸多理学见解,不仅表达了对生逢国变的忧思,也痛斥朱子学的空疏无用,同时透露出他们积极吸收心学和他学资源,以补救朱子学之失的努力。可见,清初的关学学者,无论学宗陆王,还是倾向程朱,都融入到时代的潮流之中。

王建常(1615—1701,字仲复,号复斋),同州(今陕西大荔)人。"生平确守《孝经》始于立身之义",亦以尚志守节著称,其在学术上承继冯从吾的传统,"于吾儒、二氏之分辨之,尤不遗余力"(王心敬:《关学续编》卷一)。李元春谓:"其学以主敬存诚为功,穷理守道为务。"(李元春:《关学续编·复斋王先生》)同治十一年(1872),学使吴大澂奏请从祀,其疏谓:"王建常恪守程朱,躬行实践,与盩厔李中孚同时,而学问之纯粹过之,精切严整,直接明儒胡居仁。又当阳明学盛之时,力排异说,笃信洛、闽,其功不在本朝陆陇其之下。"只是因为僻处一隅,加之他不求名誉,故名不显于世,"然二百年来,秦士大夫知有程、朱、薛(瑄)、胡(居仁)之学,皆建常笃守之功。"甚至认为王建常"实为宋以后关中第一大儒"(李元春:《书关学续编王复斋先生传后》,引吴大澂《奏请从祀疏》)。此说或许有溢美之嫌,但他在李颙推重心学之时,确坚守程朱,开清代关学宗主程朱之一路。也许正因此,学宗程朱的吴大澂认为他相较于李颙,其"学问之纯粹过之"。贺瑞麟尝将王建常与陆陇其(稼书)做比较,认为二者思想相近,说:"先生与稼书虽其出处之异,南北之隔,不及一见,而道无或殊。"(《书复斋录卷目后》,《清麓文集》卷一)吴大澂也认为,复斋之学"与陆陇其《学术辨》不谋而合"。澄城张秉直谓其"主敬似胡敬斋,存养似薛敬轩,其言平正纯粹,温厚和平,亦似敬轩"(吴大澂《奏请从祀疏》)。可见,当时王建常之学的影响,其学问体系之精之纯足可与李颙媲美。

牛兆濂述及清代关学学术时说:"吾友张元勋果斋言:'有清三百年,关中学风莫盛于朝邑,复斋王先生粹然程、朱,不求闻达,世罕知者。'"(《杨克斋先生墓志铭》,《蓝川文钞》卷一二)此时朝邑之学以王建常(复斋)、党湛(两一)、张珥(敦庵)等为代表,他们笃信程朱,又受张载关学的极大影响,躬行实践,笃雅谦恭,其引领的朝邑风气之醇"本甲三辅"(王心敬:《关学续编》卷一)。可以看出,他们渐渐偏离二曲学宗陆王的方向,以推崇程朱之理学为要。

此一时期,还有与李颙并称为"关中三李"的李因笃和李柏。清初至康、乾之时,关中学者"尤以三李为尊"(《关中三李年谱·吴怀清自序》)。贺瑞麟说:"二曲先生、富平天生(因笃)先生及郿县雪木(李柏)先生,并称'关中三李'云。二曲理学,天生文学,雪木高隐,成就虽各不同,要其根本之地,未尝不一。"(《清麓文集·祠堂记》)①其学虽均以昌明关学为己任,然又各有异趣。二曲宗姚江"致良知"之说,颇重理学;李因笃则"恪宗考亭",崇尚程朱,潜心经学,又善文学;而李柏则以"必学古人"立志,更著诗文。李因笃称李柏"学业文章,诚足羽翼六经,发蒙振聩"。李柏既有济世之志,亦形隐逸之态,曾隐遁太白山十余年,自称"太白山人"。他颇推崇张载,曾访横渠张子祠。其躬行礼教,尤重孝道,"事母至孝,备历难辛,而色养不衰"(《国史·儒林传》)。母卒,亦如二曲庐墓三年。生平大半归隐,追求旷达,尤尚气节。富平李因笃(天生)发愤读六经及濂、洛、关、闽诸大儒之书,其思想"恪守考亭,不参异见"。时二曲倡良知之说,关中士人多从之游,李因笃虽与二曲友善,但仍各尊所闻,"不为同异之说"。然在躬行礼教、崇尚气节方面,俨然一如张

---

① 史所谓"关中三李",说法不一。《眉县志》以李柏"与李因笃、李颙称'关中三李'"。王葵園《关中人物考略》云:"李因笃与李中孚及李柏称'关中三李'。或曰三李有叔则(楷)无中孚(颙)"。而《凤翔府志·儒林》称李柏"与朝邑李楷、富平李因笃齐名,称'关中三李'"。学界一般以李颙、李因笃、李柏为"关中三李",本书认同此说。

载、二曲。虽博学但更高尚其志,故隐归乡里,"山居奉母,布褐是甘",不与世俗同流。关中"三李"都有一种隐逸的情怀,不过这种"隐"与道家的"遁世"之隐异趣,应属有"造道之深,操志之洁"的儒者之"隐"。

在清代中后期,随着清廷统治的巩固及汉化政策的有效推行,尤其是大量儒家典籍的重新编纂和推广,程朱理学的主导地位被日益提升和巩固,于是关学旨趣也发生了与当时的思潮相适应的转向,朱子学逐渐取代了王学。此时涌现出了张秉直、孙景烈、李元春等为代表的学者,而尤以李元春为代表。

张秉直(1695—1761,号萝谷)之学"于《六经》独重《四书》,《四书》尤重《论语》",恪守朱子,以《四书》及小学为根本,尝谓"朱子,孔子之真传也,学孔子者宜学朱子;小学,朱子教人人之书也,学朱子不读小学,亦不得其门而入矣。"曾往谒二曲的高足王心敬。"其为学以穷理为始,以知命为要"(贺瑞麟:《关学续编》)。孙景烈(1706—1782,号酉峰先生),其学宗朱子,恪守《四书集注》,"教人专心小学、四子书。讲四子书,又恪守考亭注"(李元春:《关学续编》),同时,亦不废陆、王,认为阳明之学虽"稍偏",但"偏在正学之中,不在正学之外"。孙景烈一生注重讲学,"先后主讲兰山、明道、关中诸书院,而关中书院为最久"。相较于张秉直、孙景烈,李元春的学术影响更大。李元春(1769—1854,号时斋)为推动关学不遗余力,曾撰有《关学续编》。李元春笃信朱子学,曾明言"予学宗朱子"(《重刻戴大昌驳四书改错序》,《桐阁文钞》卷四)。理学和心学在明代中期以后一度曾势成水火,李元春虽认为二派之争均不无所偏,但仍坚定地站在朱学的立场上批评心学。对于李颙这样的关中大儒,李元春亦因其讲象山心学、阳明良知而颇有微词。其弟子贺瑞麟谓:"自少讲学即主程、朱,于心学良知之说辟之甚力"(贺瑞麟:《李桐阁先生墓表》,《清麓文集》卷二三)。此外,李元春也是一位杰出的文献学家,曾整理《关中道脉四种书》《关中两朝文钞》《关中两朝诗钞》和《关中两朝赋钞》等关学文献,对关学研究有重要的作用。李元春毕生以讲学著述为务,主要授徒于关中,造诣颇深。王会昌、王维戊等均为门下高足,然能传其学者当推三原贺瑞麟。

时到晚清,贺瑞麟(1824—1893,号复斋)继承李元春,然其学较之李元春更为宏大。贺瑞麟弟子牛兆濂评价他说:"信《小学》《四书》如神明,遵横渠熟读成诵之说,严为己为人之辨,于心术隐微之际,反躬克己,学如不及。其日用伦常,自洒扫应对,以至冠婚丧祭,造次必以礼法,俾先王遗教,彬彬然见诸实行。"(《贺复斋先生墓表》,《蓝川文钞续》卷四)其学以程朱为准,又以倡导张载礼教为己任,延讲古礼,教化风俗。同时,又力斥陆王,指责王阳明"良知"学说为阳儒阴释,乱真害道。又批判汉学与举业,认为二者均有害于圣道。贺瑞麟一生讲学甚久,故成就尤众。牛兆濂在回顾近百年来的关学学术史时,引其友张元勋(果斋)的话,认为近百年来,关学承王建常学宗程朱之绪,"桐阁李先生继之,损斋、清麓两先生实出其门。清麓三续关学,殿以损斋先生,其四续之后劲欤!"是说李元春继王建常之学,仍恪守程朱理学,贺瑞麟(清麓)、杨树椿(损斋)等亦继程朱之学。同时又承继冯从吾、王心敬写关学史的传统,继王心敬、李元春之后三续《关学编》,以损斋为所收七人中最后一位,严格遵守了冯从吾《关学编》的编纂体例,理清了清代关学发展的脉络,可见其在关学史上的地位。其弟子有蓝田牛兆濂、兴平马鉴源、华阴王守恭、泾阳柏堃等,而能承传其学且有影响者为蓝田牛兆濂。

在清末民初时期,中国社会出现了巨大的动荡,民族矛盾、阶级矛盾相互交织,社会矛盾更为错综复杂。在这种情况下,要求变革也成为时代的最强音,中国社会进入新的转型期。于是,在思想界也出现传统理学与新学之间的冲突与交涉,关学也出现了向心学回归的新动向。该时期关学以刘光蕡、柏景伟、牛兆濂影响为最大。

刘光蕡(1843—1903,号古愚)生平致力于教育,主讲于泾干书院、味经书院、崇实书院、烟霞草堂、甘肃大学堂等。维新运动之初,他在陕西积极响应康有为、梁启超变法,并派弟子陈涛、邢廷荚等前往北京、上海,与康有为商讨国事,一时有"南康北刘"之称。关于刘光蕡的学术思想,康有为认为:"以良知不昧为基,以利用前民为施,笃行而广知,学古而审时,至诚而集虚,劬躬而焦思,忧中国之危,惧大教之凌夷而救之,以是教其徒,号于世,五升之饭不饱,不敢忘忧天下,昧昧吾思之,则咸阳之刘古愚先生有之。"(《烟霞草堂文集序》)刘光蕡推姚江,会通洛、闽,其学以"内不欺心,外能经世"为宗。虽取阳明本诸良知之说,但归于经世务、通经致用。并灌输新法新器,欲使官吏兵农工商各明其学,实行其事,藉此富民强国。注重经世致用,强调学以致用。他"每治一学,辄欲施之实用,非是则舍弗治。"(李岳瑞:《关中刘古愚先生墓表》)他所谓的实学,非限于农事、兵谋等,而是深受西学影响,关注于科学器械及民主政治等。刘光蕡一生潜心于教育,桃李满天下,其门下既有戊戌变

第九章 清代关学:反思、承传、坚守与转型(上)

法中的维新志士李岳瑞,又有辛亥革命的功臣于右任;既有水利学家李仪祉,又有报刊大家张季鸾。刘光蕡对近代陕西影响颇大且深远,以至于后世学贯中西的吴宓在"追溯师承渊源"时,感叹说"则于古愚太夫子不敢不首致其诚敬"。

柏景伟(1831—1891),字子俊,号沣西,晚年又号忍庵,陕西长安人。他自谓早年失学,"三十后,始获读刘念台先生书"(柏景伟:《重刻关学编序》)。咸丰五年(1855)举于乡,后曾被选为定边县训导。左宗棠等曾先后论荐他,但是都未实际赴任,以后基本上以讲学为志。在思想上主张:"学以恕为本,以强为用。强恕而行,则望于人者薄,而责于己者厚。"(《柏子俊先生》,《关学宗传》卷五六)张骥评价说:"先生之学外似陈同甫、王伯厚,而内则以刘念台慎独实践为宗,不居道学之名,教人敦品励行,虽严立风裁而爱才如命,学者宗之。"(《关学宗传》卷五五)晚年主讲于关中、泾干、味经各大书院。在清末社会动荡的情况下,其学渐趋陆王,又颇重实用。学陆王以求变,重实用以求实。柏景伟虽长刘古愚十余岁,但却是志同道合的朋友。他曾与刘古愚一起筹办"求友斋",亲撰《求友斋课启》。他眼见西夷日强,深感祸患已深,传统科举取士的学习内容难以挽回危局,非"实学""新学"无以自强,故在"课启"中,将研学范围扩展至经史、道学、政事、天文、地理、掌故、算法、时务等方面,使教育有了新学的气息,遂影响关中士风为之一变。为振兴关学,在他的努力下重建冯恭定公祠,并刊《关学编》,序而行之。受新学影响,在家乡沣西一带创办"长安牛痘局",为儿童接种牛痘三四十年,保障了长安西部和鄠县、咸阳一带孩童的健康,此为长安历史上较早的民办公助慈善事业。其门下最知名者,为醴泉宋伯鲁。

牛兆濂(1876—1937)是传统关学最后一位大儒。牛兆濂字梦周,号蓝川,陕西蓝田人。曾从学于清末关学大儒柏景伟和贺瑞麟。一生甘贫守道,淡泊名利,不求仕进,而专志于圣贤之学。他把主要精力投入于讲学活动,曾任陕西师范学堂总教习,先后在鲁斋书院、正谊书院、芸阁学舍等任主讲。其学受贺瑞麟"程、朱是孔、孟嫡派,合于程、朱,即合于孔、孟;不合于程、朱,即不合于孔、孟"(《记清麓问学本末》,《蓝川文钞》卷九)的思想影响,系统潜研程朱理学,并终身坚守程朱的学术立场。同时他又承继张载关学躬行礼教、经世致用的实学传统,从传统的儒家民本思想出发,关注民生,关切国家的命运和前途,曾参与了诸如赈灾、禁烟等诸多社会公益活动。辛亥革命爆发后,在陕甘革命军面临巨大的困境之时,曾成功地调解了一次清军与革命军的军事冲突,救千万生灵于水火。"九一八事变"爆发后,面对"当事者尚不能破除意见,以坐视吾国之亡"的政治局势,呼吁国、共两党和各民主党派消除政见,共同抗日。1937年"卢沟桥事变"爆发,中华民族面临亡国危险之时,牛兆濂在忧愤中辞世。牛兆濂还遵循其师贺瑞麟"《乡约》法最关风化,务各力行"(《记清麓问学本末》,《蓝川文钞》卷九)的教诲,曾广泛搜集蓝田吕氏遗书,编订《吕氏遗书辑略》,以高扬关学传统,并在乡间倡导和推行《乡约》,易风易俗,以求挽救世道人心。

在清末民初中国社会发生重大转型的历史条件下,牛兆濂一直持守他认定的学术使命、高洁志操,不以功名为务,毅然接过了贺瑞麟(复斋)、薛于瑛(仁斋)、杨树椿(损斋)即"关中三学正"倡道西北、以讲学挽救世风人心的神圣使命而矢志不渝,实"克集诸先生之大成而未坠也"(李铭诚《先师牛蓝川先生行状》,《蓝川文钞》附录)。成为清末民初在关中有巨大影响的理学家、教育家和社会活动家。张骥在《关学宗传》中说:"茫茫绝绪,继续何人?吾寓关中,留心关学……所闻则有高陵白悟斋,蓝田牛梦周,恪守西麓之传,皆关学之晨星硕果。"张元勋在《牛蓝川先生行状》中亦谓:"力维先师门户,远接紫阳之绪,近恢清麓之传","孔孟、程朱之学日再中天,先生洎清麓后第一功臣也。"所谓近代关学中之"晨星硕果""洎清麓后第一功臣"等语,都是对牛兆濂毕生功绩和在关学史上学术地位的颂扬和肯定。其弟子良多,影响较大者有李铭诚等。

本章以下各节将主要对李颙、王建常、王心敬、李柏、李因笃、李元春、贺瑞麟以及刘古愚、柏景伟、牛兆濂的理学思想做以概括地分析和介绍。

第二节 李二曲:心学义趣,关学学风

李颙(1627—1705),字中孚,陕西盩厔(今陕西周至)人。盩厔之名,由来有自:"山曲曰盩,水曲曰厔",故颙自署曰"二曲野夫""二曲隐者",学者称"二曲先生"。生于明天启七年(1627)正月,卒于清康熙四十四年(1705),享年79岁。二曲"坚苦力学,无师而成"(顾炎武:《广师》,《亭林文集》卷六),"其言以躬行实践为基,反本穷源为要"(许孙荃:《四书反身录·序》,《二曲

集》卷二九),亦被学者誉为清初"关中巨儒"。

一、李二曲的生平

李二曲先世没有显达之人,其祖上已不可考。其父李可从(1587—1642),字信吾,平素喜论兵,以勇力著闻乡里,人称"李壮士"。明崇祯十四年(1641),追随西安郡丞孙兆禄,随陕西督师汪乔年出征河南,讨伐李自成。结果出师不利,次年二月,全军覆没于襄城。其时,二曲年十六岁。其母彭氏(1599—1665,盩厔人)见识卓著,深明大义,对李二曲的求学有关键性的影响。

李二曲幼年家境贫寒,直至九岁才进入小学,从师发蒙。入学时即表现出其颖悟的一面,读《三字经》时即问学长:"性既本善,如何又说相近?"但不久生病辍学,后随其舅父学习《大学》《中庸》,然旧疾时常发作,为学亦作辍不常。父亲去世后,家境更是窘迫。母亲为人纺织,"得米则杂以糠秕野蔬,并日而食",而李二曲"坚苦力学","拾薪菜蔬之暇,手不释卷"。邑中藏书丰富者知其好学,也允其随意借读。李二曲由是而得广泛涉猎,几乎是无书不观,短短几年,"博通典籍",年十七时,得《冯少墟先生集》读之,"恍然悟圣学渊源,乃一意究心经史,求其要领。"(王心敬:《二曲李先生》,《关学续编》卷一)至二十四岁时,乡人都以"夫子"推之。顺治十六年(1659),临安(今浙江临安)骆锺麟(1625—1677)赴任盩厔邑宰,闻李二曲名即登门拜访,并"事以师礼"。此后对李二曲关照备至,并具文遍告诸衙,称扬李二曲的学问、人品,此时二曲年方三十三。随着二曲的声名播扬,影响渐大,不少学者远趋其门受学。

康熙八年(1669)九月,二曲四十二岁,送骆锺麟外迁并首次出游。与骆锺麟别于长乐坡,遂游骊山,后乘便东游太华山,再应邀赴同州(今陕西大荔一带)讲学访友。四十四岁时,二曲为访求其父遗骨而辗转到了襄城,襄城士大夫为高其义为之举祀置冢,每年祀焉。康熙十四年(1675)八月,因三藩乱起,为避兵祸,二曲举家迁居富平,直到康熙十八年(1679)秋,方返归故里,在此一住就是四年。①

如同冯从吾,李二曲亦热心于讲学。康熙九年(1670),应常州(今江苏常州)知府骆锺麟邀请至常州所辖各地讲学,历时三个多月,引起当地轰动,"注籍及门者,至四千人,一时故老,咸咤为百年未有之盛"(王心敬:《二曲李先生》,《关学续编》卷一)。康熙十二年(1673),陕西制军鄂善修复关中书院,二曲受邀主讲于关中书院,听者达数千人。是年二曲四十七岁。

由于李二曲声名远播,康熙十二年,陕甘总督鄂善以"一代真儒"向朝廷荐举李二曲,二曲以疾固辞。康熙十七年(1678),兵部主政房廷祯又以"大儒宜备顾问"荐举,抚军亦以"博学鸿辞"荐,朝廷催迫紧急,守令至门,敦逼上道,他仍以疾称,卧病终不赴。但地方官员不肯罢休,命人强行将二曲从富平抬至西安,欲其赴任,二曲遂以绝食抗拒,并对追随的门人一一遗嘱,滴水不入口者五昼夜。地方官见势不可强,只好作罢。康熙四十二年(1703),康熙帝西巡,欲召见,李二曲仍以疾固辞,康熙帝无奈而以"高年有疾,不必相强"准许,并赐御书"操志高洁"匾额,制《金山诗》一幅赐之。康熙只索二曲著作《二曲集》《四书反身录》而返。

据王心敬《关学续编》载,二曲生于"前明天启丁卯正月二十五日","岁乙酉,年七十八岁,四月十五日以疾卒。"即生于明天启七年(1627),卒于清康熙四十四年(1705),由此推知他享年 79 岁。王心敬谓其"年七十八岁",误。二曲恰在冯从吾去世那一年出生,似乎注定了他将接续冯从吾的道统,这是一个有趣的历史巧合。

二、李二曲的学术思想及其特征

清初学术承明末之势,王学由盛而渐衰。由于王学流于空疏,本已为明末学人所不满,而明朝的亡国之痛使这种情绪愈加强化,一些爱国之士遂对空谈心性的心学力加指斥。清统治者在建国之初,以尊崇汉文化而试图笼络汉族士人,在这种思想背景下,清廷选择了孔子的儒家学说。顺治时国子监即要求满汉生员习读儒家经书,并以程朱的解释为准则。到康熙帝亲政后,

---

① 《清史稿》卷四八〇《李颙传》谓:颙"晚年寓富平",误。据吴怀清《二曲先生年谱》,是年二曲四十九岁,尚在中年。

第九章　清代关学：反思、承传、坚守与转型（上）

明确提倡程朱理学，曾命大学士李光地将明代编修的《性理大全》加以修改，别成《性理精义》一书。又将朱熹的论著编为《朱子大全》，康熙帝亲自作序。经清初诸帝的提倡，程朱理学成为风靡一时的官方学术。在王学失势、朱子学再起之时，理学营垒中的一些人，或出于王而非王，或由王而返朱，于是曾有过的朱陆之争，再次成为热门话题。不过，"顺治及康熙初叶的三四十年间，主持学术坛坫风会者，却依旧是王学大师。这便是以孙夏峰为代表的北学，以黄梨洲为代表的南学和以李二曲为代表的关学，故而当时有并世三大儒之称。"①二曲虽在思想上仍尊崇陆王心学，不过面对当时的朱王之争，他采取了客观公正的学术态度。

二曲曾述及明代中期以来王学兴盛之状况，说"当嘉、隆间"，凡"天下言学者，不归王则归湛"（《体用全学》，《二曲集》卷七）。到了清代，清廷则更推重朱子学，王学受到排斥。但在这种情况下，二曲则仍坚持对陆王心学的认同，认为"陆之教人，一洗支离锢蔽之陋，在儒者中最为儆切"。同时他又不排斥朱子学，说"朱之教人，循循有序"，"中正平实，极便初学"（《靖江语要》，《二曲集》卷四），主张二者各有所长，不可偏废，说："姚江、考亭之旨，不至偏废，下学上达，一以贯之"，主张二者"两相资则两相成，两相辟则两相病"（《富平答问》，《二曲集》卷一五）。他认为程朱之学的可取之处在于其细密的切实工夫，而这正好能弥补陆王心学在下学工夫方面的不足。在二曲看来，陆王之学固然是明心见性之学，不过"陆王矫枉救弊，其言犹药中大黄、巴豆，疏人胸中积滞，实未可概施之虚怯之人也"，而朱子之论则是"言言平实，大中至正，粹乎无瑕，宛然洙泗家法"。对于长久以来的程朱派与陆王派之争，在厘定了两派的差别之后，他坚定地认为二者并非相互排斥，而是互补的关系。二曲的态度不是"骑墙"，而是实事求是，"惟是之从"，取其所长，去其所短。如王心敬在《关学续编》中所说："其生平论学，无朱、陆，无王、薛，惟是之从。"并引二曲的话说："朱子自谓某之学主于道问学，子静之学于尊德性。自今当去两短，集两长。"（《二曲李先生》，《关学续编》卷一）正因为有此态度与方法，故其"所学不畸重一偏，落近儒门户之习"（同上）。二曲这种客观的学术态度，在当时朝廷推崇朱子学，王学受到冷落和排斥的学术背景下，是难能可贵的。由此，二曲对理学与心学之争的认识，也就站在了历史的制

---

① 陈祖武：《清代学术源流》，北京师范大学出版社2012年版，第116页。

高点上。

之所以有此明确的态度和合理的方法,与二曲对儒学史及当下学术现状的客观认识有关。他曾从儒学史的角度,述及由孟氏而宋儒而阳明,至东林顾(宪成)、高(攀龙)及关中冯(从吾)等人对王学末流的清算,再谈至当时"吾人通病",从而指出了"振廉耻""兴纲常""救世济时"为"当务之急"。二曲说:

> 孟氏之后,学术堕于训诂词章,故宋儒出而救之以主敬穷理。晦庵之后又堕于支离葛藤,故阳明出而救之以致良知。及其久也,易至于谈本体而略工夫,于是东林顾、高诸公及关中冯少墟出,而救之以敬修止善,若夫今日,吾人通病在于昧义命,鲜羞恶,而礼义廉耻之大闲多荡而不可问。苟有真正大君子,深心世道,志切拯救者,所宜力扶义命,力振廉耻,使义命明而廉耻兴,则大闲藉以不逾,纲常赖以不毁,乃所以救世而济时也。当务之急,莫切于此。"(《南行述》,《二曲集》卷一〇)

他认为,程朱之学至此已"堕于支离",阳明之"致良知"却有补偏救弊之功,但王学末流又空谈本体而略于工夫,故当务之急是"力扶义命,力振廉耻",由此既不能重蹈程朱"支离葛藤"之旧辙,也不能舍弃王学本体之说,而在于以程朱的"主敬穷理"补王学末流"空疏虚寂"之偏,以完善阳明"致良知"之本体说。二曲从宋儒以来理学与心学之分野及其特征的分析入手,进而指出了理学与心学互补互动以救时弊之必要,他说:

> 周、程、张、朱、薛、胡、罗、吕、顾、高、冯、辛乃孔门曾、卜流派,其为学也,则古称先,笃信圣人;陆、吴、陈、王、心斋、龙溪、近溪、海门乃邹孟学派,其为学也,反己自认,不靠见闻亦不离见闻。吾儒学术有此两派,犹异端禅家之有南能北秀,各有所见,各有所得,合并归一,学斯无偏。(《富平答问》附《授受纪要》,《二曲集》卷一五)

此说法大体展示了宋以降儒家之学脉暨理学与心学之分野,指出前者颇重古人遗训,而后者则主"反己自认",反求诸己,二者"各有所见,各有所得",只有"合并归一",则可"学斯不偏"。不过,质言之,二曲更推崇陆王心学。他在评论陆九渊《象山集》时说:

> 先生在宋儒中,横发直指,一洗诸儒之陋,议论剀爽,令人当下心豁目明,简易直捷,孟氏之后仅见。(《体用全学》,《二曲集》卷七)

而对阳明的"致良知"说，他更加推崇：

> 先生始拈"致良知"三字，以泄千载不传之秘，一言之下，令人洞彻本面，愚夫愚妇咸可循之以入道，此万世功也。（《体用全书》，《二曲集》卷七）

> 若夫良知之说，虽与程朱少异，然得此提唱人，始知契大原敦大本，自识性灵自见本面，夫然后主敬穷理存养省察方有着落。（《李二曲集录要》卷二）

他认为，阳明之"致良知"比程朱之"主敬穷理"更重要、更根本。如果诚如程朱末流"惟以闻见渊博、辨订精密为学问之极"，那么，"劳罔一生而究无关乎性灵"（《富平答问》，《二曲集》卷一五）。他甚至认为，"晦庵之学"不过使人"茫昧一生而已"（《书牍上·答张敦庵》，《二曲集》卷一六），指出其支离之病误人不浅。值得注意的是，二曲实际上指出了如阳明所曾揭破的程朱理学"析心与理为二"，把"格物穷理"与"诚意正心"分割为二之弊。他认为，只有"识得本体"，才"好做工夫"；"做好工夫，方算本体"。也就是说，"尊德性不容不道问学，道问学乃所以尊德性"（《李二曲集录要》卷二），说明二曲一面反对把学术非本体化，同时也反对那种完全实用化的取向。重要的是，以"良知为学问"方可做"头脑自身主人"，否则，只讲"主敬穷理"，那"主敬是谁主敬？穷理是谁穷理？"难怪二曲称阳明的"良知"之说是"直指人心一念独知之微"，"令人洞悟本性，简易痛快，大有功于世教"（《富平答问》，《二曲集》卷一五），是"千载绝学也"（《李二曲集录要》卷二）。只是他没有把程朱与陆王绝对对立起来，主张"致良知"又不可舍弃"格物"工夫，而应由考亭格物工夫入手方可上达"良知"本体。

如前所述，在清初王学渐衰、朱子学复起，人们起而反省"清谈误国"的学术背景下，"朱、陆、薛、王之辨，纷然盈庭"（王心敬：《二曲集序》），二曲正是在当时人们针砭时弊的情况下，立足陆王，会通程朱，其"自得"之处乃在于"悔过自新""明体适用"说的提出。需要说明的是，"悔过自新""明体适用"是在"明学术""醒人心"的使命意识下的学术目标，这与二曲早年"经世"思想不大吻合。说明二曲在思想上经历了一个从"究心经济"到倡导"醒人心"的心性实学转变的心路历程。清人吴怀清在《关中三李年谱·二曲先生年谱》中，记述了二曲在顺治十二年（1655）二十九岁时，开始"究心经济"的抱负,自谓"天地民物,本吾一体,痛痒不容不关。以学须开物成务,康济时艰。史迁谓'儒者博而寡要',元人《进宋史表》称'议论多而成功少',斯言切中书生通弊。"这里显然把"开物成务,康济时艰"作为人生之要务,"于是参酌经世之宜,时务急著"。尊二曲先生为师的骆钟麟在所撰《匡时要务序》中说:"先生甫弱冠,即以康济为心,尝著《帝学宏纲》《经筵僭拟》《经世蠡测》《时务急著》诸书,其中天德王道,悲天悯人,凡政体所关,靡不规画。"(《二曲集》卷一二)这一政治抱负可能与他在明亡的背景下不愿与清廷合作,力图复明的政治理想相联系。但是随着清廷政权的稳固,其复明的理想破灭,同时又看到社会精神生活弊病丛生,于是他从一度消沉的状态中走出来,转向了"明学术""醒人心"的社会教化之路。林乐昌认为这一转向发生在李二曲三十一岁时,并指出这与他此时的一次精神体验有关。① 顺治十四年(1657)夏秋之交,二曲"患病静摄,深有感于'默坐澄心'之说,于是一味切己自反,以心观心。久之,觉灵机天趣,流盎满前,彻首彻尾,本自光明。太息曰:'学所以明性而已,性明则见道,道见则心化,心化则物理俱融。跃鱼飞鸢,莫非天机;易简广大,本无欠缺;守约施博,无俟外索。若专靠闻见为活计,凭耳目作把柄,犹种树而不培根,枝枝叶叶外头寻,惑也久矣。'自是屏去一切,时时返观默识,涵养本源。"(吴怀清:《李二曲年谱》)后来他在《圣学指南小引》中说:"余初茫不知学,泛滥于群籍,汲汲以撰述辩订为事,自励励人,以为学在是矣。三十以后,始悟其非,深悔从前自误误人,罪何可言?自此,鞭辟著里,与同人以返观默识相切砥,虽居恒不废群籍,而内外本末之辨,则析之甚明,不敢以有用之精神,为无用之汲汲矣。"(《题跋》,《二曲集》卷一九)从直接关切政治的"经世"(复明),到"泛滥于群籍,汲汲以撰述辩订为事"的"茫不知学",再经过"切己自反""涵养本源"的体验,由此"性明而见道",方彻悟本源,进入形上的体悟。这可能是二曲提出"悔过自新"的重要思想基础。但是,如果到此止步,其"鞭辟著里"之功越深,可能离开现实会越远,这充其量只能达到独善其身,而不可能达至经世致用之目的。后来,到二曲"明体适用"思想的提出,才使其理论达到成熟和完善的程度。

清初的时局,如黄宗羲所疾呼的"天崩地解",知识界忧心忡忡,李二曲更

---

① 参见林乐昌:《论李二曲对宋明理学的总结》,载《中共宁波市委党校学报》2012年第1期。

为之痛心疾首,他大声疾呼,凡"深心世道,志切拯救者,所宜力扶义命,力振廉耻",强调"救世而济时"是"当务之急"(《南行述》,《二曲集》卷一〇),他提出的救世之方,其一就是"悔过自新"说。

《二曲集序》说,二曲"以'悔过自新'一语,为学者入德之门"。《南行述》谓二曲"其学以静为基,以敬为要,以返己体认为宗,以悔过自新为日用实际"(见《二曲集》卷一〇),即是说,"悔过自新"在二曲的思想中有重要的地位。何谓"悔过自新"?二曲认为,此所"悔"之"过"既有"身过"即种种恶行,也有"心过",即为学的种种歧见。"悔过"包括思过与改过两个方面。"新"为复、反的过程。二曲说:"性,吾自性也;德,吾自得也。我固有之,曷言乎新?新者,复其故之谓也,譬如日之在天,夕而沉,朝而升,光体不增不损,今无异作,故能常新。若于本体之外,欲有所增加以为新,是喜新好异者之为,而非圣人之所谓新矣。"(《悔过自新说》,《二曲集》卷一)显然,"悔过自新"就是主张在伦常日用间自反省察、反身内求,以存心复性、直探本原的作圣工夫,其与阳明的"格物正心""为善去恶""致良知"一脉相承,同时又以唐宋以来的人性说(佛之"净""染"、李翱之"性善情邪"、宋儒之"天地之性"与"气质之性")为渊源。二曲说:"此性本与天地同其大,此性灵本与日月合其明,本至善无恶,至粹无瑕,人多为气质所蔽,情欲所牵,习俗所囿,时势所移,旋失厥初。"(《悔过自新说》,见《二曲集》卷一)。人的这种由"气质所蔽,情欲所牵,习俗所囿,时势所移"所造成的"过",在二曲看来并不是人性之罪,而是由于人将善的本性"轻弃"了。所以他说:"此岂性之罪也哉?然虽沦于小人禽兽之域,而其本性之与天地合德、日月合明者,固未始不廓然朗然而常在也;顾人自信不及,故轻弃之耳。"(同上)既然人性本善,只是为情欲所蔽、情欲所牵、习俗所囿、时势所移而将善"轻弃",故需要有一个"悔过自新"的作圣工夫,所以他说:"苟留心此学,必须于起心动念处潜体密验,苟有一念未纯于理即是过,即当悔而去之",其具体过程就是"必且先检身过,次检心过,悔其前非,断其后续,亦期至于无一念之不纯,无一息之稍懈而后已。"(同上)这与阳明所谓使"此心纯乎天理,而无一毫人欲之私"(《语录二》,《王阳明全集》卷二),必须通过"痛加刮磨一番"(《答黄宗贤应原忠》,《王阳明集》卷四)的"省身克己之功"的说法相通,也与张载的天地之性与气质之性说以及"变化气质"的思想相通。二曲所说的"身过""心过",出自南大吉向王阳明求学时所使用的概念。南大吉曾问阳明:"身过可免,心过奈何?"阳明回答:"昔镜未开,可得藏垢;今镜明矣,一点之落,自难住脚。此正入圣之机也。勉之!"(《悔过自新说》,《二曲集》卷一)勉励南大吉能了悟"心过"而悔改之,才是"入圣之机"。二曲所说"自新"即"悔过",二者是一而二、二而一的关系,它强调的是通过人的主体能动性进行"复性""反本"的工夫。他认为就工夫而言,"古今名儒倡道救世者非一":"或以'主敬穷理'标宗,或以'先立乎大'标宗,或以'心之精神为圣'标宗,或以'自然'标宗,或以'复性'标宗,或以'致良知'标宗,或以'随处体认'标宗,或以'止修'标宗,或以'知止'标宗,或以'明德'标宗。虽各家宗旨不同,要之总不出'悔过自新'四字。"(《悔过自新说》,《二曲集》卷一)就是说,朱熹讲"主敬穷理"、陆九渊讲"先立乎其大"、薛瑄讲"复性"、王阳明讲"致良知"、湛若水讲"随处体认"等等,其实质皆不离"悔过自新"四字。可见,二曲试图以"悔过自新"说去消解程朱、陆王等心性修养论方面实际存在的差异,不过他确实抓住了理学修养工夫论的核心和根本。

如果再仔细分析就会发现,二曲的"悔过自新"说受佛教禅宗及阳明心学影响更大一些。二曲说:"悔过之学,可以语中才,即可以语上士。上士之于过也,知其过皆由于吾心,直取其根源,划除之己耳,故其为力也易。若中才则必功积之久,静极而明生,而后可以惩忿窒欲,故其为力也难,然至于悟,则一也。"(《鳌屋李氏家传》,《二曲集》卷二五)在这里,二曲提出了"悔过自新"的两种不同途径:一是类似于佛教的渐修渐悟的"证悟";一是类似于佛教禅宗所说的顿悟顿修的"解悟"。在二曲看来,由于人们所禀受的气质不同,内省和体证的能力也就存在着差异,"上士"明白"过"皆"由于吾心",于是可以"直取其根源",直截从心入手,其工夫简易便捷;而"中才"则需要"功积之久"的体证参悟,只有当静默潜修到一定程度才能"惩忿窒欲",才能认识"过"的根源,故其所做工夫"其为力也难",不过最终都可以达到"悟"。对此种情况,二曲概括地说:"盖上根之人,顿悟顿修,名为解悟;中才之人,渐修渐悟,名为证悟。吾人但期于悟,无期于顿可矣。"(《悔过自新说》,《二曲集》卷一)在二曲看来,我们希望的是最终能"悟",至于"顿悟"就不刻求了。由"悟"而"自新"的过程和目标就是"存心复性",这就与理学家所津津乐道的伦理要求完全一致了。

不过,正如陈祖武所指出的,"存心复性"说是作为对陆王心学认识论的"还原",无论是从理论上还是从实践上看,"都不能说是一种前进,而应当说

第九章 清代关学:反思、承传、坚守与转型(上)

是李颙早年经世思想的消极蜕变"。原因在于以此寻觅救世的途径,"其结果只能是缘木求鱼,丝毫无助于康济时艰",最终只能走向独善其身。所以,"存心复性"说"标志着李颙的'悔过自新'说已经走到了尽头"①。而从一定的意义上说,李二曲提出的"明体适用"说方可以把心性修养与经世宰物结合起来,从而弥补前说之不足。

"明体适用"说的提出,是二曲思想成熟的重要标志。他认为"道学即儒学",而"儒者之学,明体适用之学也"(《盩厔答问》,《二曲集》卷一四)。此说本是针对考亭"外心以言学"而发,犹阳明斥朱熹"外心以求理"。他说:"孔子曰'学而时习之',孟子曰'学问之道无他,求其放心而已矣',若外心而言学,不是世俗口耳章句博名谋利之学,便是迂儒徇末忘本、支离皮毛之学。"(《授受纪要》,《二曲集》卷一五)他主张为学不能"舍却自己身心切务",要在身心上用功,若"假令考尽古今名物,辩尽古今疑误,究于自己身心有何干涉?"(《书牍上·答顾宁人》,《二曲集》卷一六)这其实就是强调要"明体"。从某种意义上说,也是对一度有人只强调功利性的实用、实效而"不究虚理"的纠偏。何谓"明体"?二曲说:"明德是体,明明德是明体。"(《二曲先生读四书说》,《二曲集》卷二九)其所说"明德"与阳明之"良知"原无分别,他所说的"体"就是阳明的"心体"亦即良知。他说:"曰明德,曰良知,一而二,二而一也。"(同上注)

何为"适用"?二曲说:"亲民是用,明明德于天下作新民是适用。"(《二曲先生读四书说》,《二曲集》卷二九)亦即他所说的经世宰物、康济群生。他特别反对那种"纸上道学"和仅仅滞于寻章摘句而不切世务之徒,强调"应将经世事宜,实实体究,务求有用",如果只"寻章摘句,以文字求知,章句之外,凡生民之休戚,兵赋之机宜,礼乐之兴废,风化之淳漓,漠不关心,一登仕途,所学非所用,所用非所学,无惑?"(《论语》,《四书反身录》卷三)所以他主张要在"明体"的基础上"适用",通过"适用"以"明体",二者虽功能含义不同,但却是统一而不可分的,所以他常将其并列连用,如说:"儒者之学,明体适用之学也。"又说:"穷理致知,反之于内,则识心见性,实修实证;达之于外,则开物成务,康济群生,夫是之谓'明体适用'。"(《盩厔答问》,《二曲集》卷一四)显然,"明体适用"正是被儒家一直视为目标的"内圣外王"的更具时代性的

---

① 陈祖武:《清代学术源流》,北京师范大学出版社2012年版,第124页。

表述。它主要包括两个方面的内容,一是"识心见性,实修实证",此为"反之于内"之功;二是"开物成务,康济群生",此为"达之于外"之实。他反对将二者割裂,说"明体而不适用,便是腐儒;适用而不明体,便是霸儒";"既不明体也不适用""便是俗儒"(《二曲先生读四书说》,《二曲集》卷二九)。不过,虽然他自称"内外本末必一齐俱到",其实二者还是有先后轻重次第之别的,即"先内而后外,由本以及末"(《论语》,《四书反身录》卷六)。也就是说,"明体"与"适用"二者不可等量齐观,"明体"处于价值优先的地位,强调"为学先要识本"(《靖江语要》,《二曲集》卷四),这个本就是"明体",只有先"明体"才能确立人精神价值的基础和方向,才能为人们的精神生活确立核心的价值。从这个意义上说,"明体"本身就有"经世"的意义。但只"明体"而不"适用"则可能陷于玄虚,所以必须"适用",才能使之落到实处,真正起到经国济世的作用。所以他反对"拈体或不及用,语用则遗夫体"即将二者割裂的做法,主张只有"明道存心以为体,经世宰物以为用,则体为真体,用为实用……苟内不足以明道存心,外不足以经世宰物,则体为虚体,用为无用。"(《答顾宁人先生》,《二曲集》卷一六)

从其"悔过自新"与"明体适用"来看,二曲受到阳明心学极大的影响,无怪乎清人赵兆熙称二曲"生平宗旨本于姚江之致良知而不悖乎!"(《李二曲集录要·序》)杨瑀亦谓二曲"其学多推许阳明子之言也"(《南行述》,见《二曲集》卷一〇),近世学者梁启超亦将李二曲视为清初"王学后劲",这些说法皆颇为切实。不过,如前所述,二曲虽摈弃宋儒"支离"之说,但不仅不排斥程朱,且十分推重,尤不遗程朱之为学工夫。清末民初关学大儒牛兆濂说:"二曲极力推重朱子,非专主王学者可比。唐镜海《学案》列入'守道',不为无见,以视孙(奇逢)、黄(宗羲),有过之无不及,岂颜(元)、李(塨)之比乎!"(《覆郭希仁》,《蓝川文钞》卷五)就是说,二曲不同于那些专主王学者,而是宗阳明而不遗朱子,其目的与思想核心就是守道。所以,从守道的目的出发来窥视二曲,立足王学,会通朱王,正是二曲学术思想的重要特征。

关于二曲"悔过自新"与"明体适用"说提出的先后及时间,陈祖武在《清代学术源流》一书中有较翔实的考证。他不赞同"悔过自新"与"明体适用"二说为同时提出的"旧说",而主张"悔过自新"早于"明体适用"说,从"悔过自新"到"明体适用"的提出经历了一个不断深化的过程。经过考证,他以《盩厔答问》的刊行为界标,认为涉及"明体适用"的有关著述,"显然是李颙讲学同州、揭橥《体用全学》《读书次第》的康熙八年。这时,距'悔过自新'说的提出,已经相去十余年。"①从史料看陈先生所言是对的。二曲赴同州讲学是在康熙七年、八年间,七年四月,同州学者白焕彩(字含章)和王化泰(字省庵)肃致礼币,遣党克材到盩厔(今周至)迎接二曲东行同州、蒲城讲学。二曲接受了邀请。其门人赵之俊将这次讲学见闻整理为《东行述》。康熙八年(1669)九月,骆锺麟量移常州,二曲送别并首次出游,因与同游发明"洗心藏密"之旨甚悉,后乘便东游太华。张敦庵闻二曲至,遂迎至同州,朝夕亲炙,并录其答语为《体用全学》。也就是在这一时期,二曲形成了"明体适用"的思想,此较"悔过自新"说要晚了近十年。

二曲为了把"明体适用"思想贯彻下去,还专列"体用全学"的诸多书籍,以备阅读和教育弟子。在《明体》类,列出《象山集》《阳明集》《龙溪集》《近溪集》《慈湖集》《白沙集》,并谓此类为"明体中之明体也";又列《二程全书》《朱子语类大全》《朱子文集大全》《吴康斋集》《薛敬轩读书录》《胡敬斋集》罗整庵《困知记》《吕泾野语录》《冯少墟集》等为"明体中之工夫也。"可以看出,二曲所说的"明体"既包括明心性之体,也包括修养工夫在内。此外还列诸多相关的备考书籍,如《邹东廓集》《王心斋集》《钱绪山集》等。而在《适用》类则专列:《文献通考》《吕氏实政录》《衡门芹》《经世石画》《经世絜要》《武备志》《经世八编》《资治通鉴纲目大全》《大明会典》《历代名臣奏议》《律令》《农政全书》《水利全书》《泰西水法》《地理险要》等书。这些书籍涉及政治、经济、法律、军事、农政、水利、地理等方面,并指出这类书"咸经济所关,宜一一潜心"(《体用全学》,《二曲集》卷七)。二曲要求阅读这些书籍,其目的在于尽力克服晚明以来的空疏学风,引导众人关切现实世务,以康济群生。从以上所列"适用"类书籍看,其中有徐光启的《农政全书》、吴中的《水利全书》和意大利传教士熊三拔著《泰西水法》等,说明二曲关注自然科学和科学技术,此时他已受到西学的影响。

总体上说,"颙之学本于姚江"(《四库全书总目提要》卷三七),即二曲学术思想的特点是以阳明心学为基的,同时又不遗程朱,试图以宋儒之"主敬穷理""涵养省察"为之补充,以期"内外本末必一齐俱到",然其主干和实质则是阳明心学。不过,在学风上二曲受张载及其关学传统的深刻影响。所谓二

---

① 陈祖武:《清代学术源流》,北京师范大学出版社2012年版,第126页。

曲"折衷朱王"等说是不确切的。二曲乃是以王学辅之以朱子而兴儒,以兴儒来清算清初王学末流空疏之弊的。在关中这一重礼教修持、躬行实践、切用务实而少玄虚、弱思辨的地域文化背景下,能有二曲以心学思辨为之补充,应该说是清初关学学术史上一个值得关注的现象。

三、李二曲与关学

首先,关于二曲与张载关学的关系。全祖望在《二曲先生窆石文》中称,二曲"上接关学六百年之统",这一说法是有道理的。过去人们往往把张载的关学归结为气说,以为凡偏离了气学就是离开了张载的关学。故因二曲少言气学,即认为二曲未承继关学之学统。其实,张载的学说如前所述其内容是非常丰富的,既有关于"太虚即气""气化为道"的宇宙论思想,亦有源于《孟子》《中庸》以"诚"为核心的心性说;特别是既有对孟子"性本善"的继承和修正的"天地之性"与"气质之性"以及"变化气质"说,还有与《周礼》之"礼"、《大学》的"格物致知"相联系的"躬行礼教"思想以及源于《孟子》的"仁政"、《礼记·礼运》"大同"诸说相糅合而成的"民胞物与"的《西铭》境界说等等,总体上他更关注的是"性与天道"问题,这些都曾受到二程、朱子的认肯和高扬,并对理学的形成和发展发生了重大影响。张载提出的诸多命题尝为理学家所承传或发挥。由于张载的这些思想在此后的发展中为程朱或吸收或发挥,所以后世关学学者多以承传濂、洛、关、闽之理学的形式,使关学继续得以传承和弘扬,并不断使关学与程朱理学、陆王心学得以融合。前已述及,关、洛形成之初,关学学者少有门户之见,故时人尝谓"讲切关、洛宗旨"。即使到明代,吕柟、冯从吾等人虽在学理上发生了或宗程朱或宗陆王的思想偏向,但由张载确立的"天人一本""体用不二"的关学宗旨,"躬行礼教""经世致用"、崇真务实的实学学风,其《西铭》的境界以及崇尚气节等宗风,都在关学学者身上一以贯之或显或隐地得以体现。吕柟、冯从吾之后,关学一个时期曾陷于一蹶不振,而至清初,李二曲"倡正学"于关中,讲学术于大江南北,通过彰明关中学者吕柟(泾野)、冯从吾(少墟)、张舜典(鸡山),而再次使关学立足海内。如清人柏景伟所说,冯恭定公之后,"二曲、丰川(王心敬)超然卓立,而说近陆王;桐阁(李元春)博大刚毅,而确守程朱……窃尝论之,同此性命,同此身心,同此伦常,同此家国天下,道未尝异,学何可异也?"(柏景伟:

《重刻关学编序》）可见二曲思想与张载关学在根本点上是相通的。至于思想倾向上的差异，其个中原因也许是他们所面对的历史条件和要解决的历史任务不同所致：张载是要在当时佛老兴盛的情况下清算其"虚无"之谬，并纠正汉唐诸儒"天人二本"之蔽，而二曲则要在明末王学末流空疏之风泛滥的情况下清算其"空谈性命"之弊。不过他们都以反对体用不一、知行分裂为目的，都有着"存心复性"的伦理要求。这样，二曲遂以"悔过自新""明体适用"的理论旨趣，标示着清代关学会通朱王的一个新时期的到来。

其次，二曲在关学史上的地位。张载之后，关学虽历经变迁，但其传承不绝如缕。至明代，先有被黄宗羲称为关学"别派"的三原之学引领风骚，与之大约同时，又有受河东之学影响的薛敬之、吕柟崛起关中。李因笃说："嘉靖末，姚江实本鹅湖，树帜良知，彼天资既高，危言骇俗，又负大勋于当代，据建瓴之势，号召其徒，开者如饮酒中狂，趋之惟恐不及。而吾秦高陵、三原为经生领袖，独恪守传注不变。于斯时也，关学甲海内。"（《重修宋张诚公横渠夫子祠记》，《受祺堂文集》卷三）薛、吕虽恪守程朱之学，但又宗张载宗风，从而使关学于此时为之一振。迄明万历、天启年间，"盖统程、朱、陆、王而一之，集关学之大成者，则冯恭定公也。"（柏景伟：《重刻关学编序》）但是，关学道脉之传，"自前冯少墟先生后，寥寥绝响"（王心敬：《二曲李先生》，《关学续编》卷一），"六十年来，提倡无人"（《答许学宪第五书》），《二曲集》卷一七）。此时李二曲"起自孤寒，特振宗风"（王心敬：《二曲李先生》，《关学续编》卷一）。自明儒冯少墟先生之后，"特振宗风者，惟吾二曲夫子一人而已"（路孝愉：《重印二曲集序》）。然二曲之振兴远较少墟之时"倍处其难"，一是因为明清之际，社会动荡，思想失去准绳，王学末流空疏之风愈衍愈烈，程朱之学因王学的冲击也一度衰落，虽清廷努力振兴理学，但真正要发挥作用尚需时日。二是张载关学虽曾与濂、洛、闽学一起大行于世，但是此后的数百年，张载关学却为程朱陆王所掩。吕柟、冯从吾或学守程朱，或学近陆王，使张载关学隐而未彰。二曲处于此一时代，需要在此复杂的学术格局中提炼宗旨，寻找出路，以实现自己早年确立的"明学术、正人心"的目标，谈何容易！不过，虽然二曲"学不由师"，但他"以昌明关学为己任"（《二曲先生窆石文》，《鲒埼亭集》卷一二），"坚苦力学"，以至于"未冠即能卓然志道据德，中年以还，指示来学，谆谆揭'改过自新'为心课，'尽性无欲'为究竟，以'反身'为读书要领，'名节'为卫道藩篱，则于圣学宗传，益觉切近精实。虽颜、孟、周、程复起,无以易也。"(王心敬:《二曲李先生》,《关学续编》卷一)王心敬将其与颜、孟、周、程并称,或有溢美之嫌,然在关学史上的地位,大概不离其实。二曲不仅在国内学界被视为清初"三大儒"之一,而且是上承冯从吾,下启王心敬、李元春等重振关学的重要学人。霍松轩说:"横渠以后,元如萧维斗,明如周小泉,毅然奋于西北,降而如马(理)、吕(柟)、韩(邦奇)、杨(爵),降而如少墟,又降而如本朝李二曲、王仲复,数之几难更,仆皆非无所感也。"(《关中道脉四种书序》)清代惟二曲为关学的领军人物。

再次,二曲的讲学实践。"李二曲'匡时要务,惟在讲学'"(霍松轩:《关中道脉四种书序》)。他对关学复兴的贡献,更多体现在他主持关中书院的教学理念和教学活动中。其一,二曲对讲学的起因、目的、任务和紧迫性有清醒地认识,他说:"天下之大根本,人心而已矣;天下之大肯綮,提醒天下之人心而已矣。是故天下之治乱,由人心之邪正;人心之邪正,由学术之晦明。"(全祖望:《二曲先生窆石文》引《论学》)他是从当时学术不明、人心不正的现实出发,决心以"明学术,醒人心"为己任,说:"治乱生于人心,人心不正则致治无由,学术不明则人心不正,故今日急务莫先于明学术,以提醒天下之人心。"(吴怀清:《李二曲年谱》)他认识到当时讲学的紧迫和重要,遂提出:"然欲醒人心,惟在明学术,此在今日为匡时第一要务。"(《匡时要务》,《二曲集》卷一二)进而指出:"立人达人,全在讲学;移风易俗,全在讲学;拨乱返治,全在讲学;旋乾转坤,全在讲学。"(《匡时要务》,《二曲集》卷一二)其二,他充分利用关中书院这一阵地,尽力恢复关学的讲学传统。关中书院为冯从吾于万历三十七年(1609)所建,至冯从吾晚年罹禁毁之厄,加之以后连年战乱,一蹶不振。直到康熙年间,清廷为兴教化方对书院进行过两度修复。李二曲为了实现"明学术、正人心"的目标,四处奔走,多方呼吁,关中书院的讲学活动再次得以恢复。康熙十二年五月,李二曲应陕甘总督鄂善之聘,出任关中书院讲席。开讲之日,鄂善并陕西巡抚阿席熙等各级官员以及"德绅名贤、进士举贡、文学子衿,环阶席而侍,听者几千人"(惠龥嗣:《二曲先生历年纪略》)。关中书院终于恢复了冯从吾当年讲学时的盛况,时人感叹说:"自少墟后,讲会久已绝响,得先生起而振之,力破天荒,默维纲常,一发千钧。"(同上注)在任讲席期间,二曲还撰写了《关中书院会约》。在《会约》的序言中,二曲曾述及立《会约》之起因,说:"关中书院自少墟冯先生而后,学会久已绝响。今上台加意兴复,此当今第一美举,世道人心之幸也。诸同志川至云集,相与切劂,虽以颙之不肖,亦获滥厕会末,振颓起懦,叨益良多。众谓会不可以无规,促颙揭其概,谊不得固辞,谨条列于后。"(《关中书院会约》,《二曲集》卷一三)也就是说,他是在众同志的敦促之下,欣然应允,遂为书院的日常活动制定了《会约》,其中包括十条《会约》和八条《学程》等规则,对书院讲学的时间、礼仪、讲学的目的、内容和方法等都做了明确的规定。如谈及讲学的内容,说:"先辈讲学大儒,品是圣贤,学是理学,故不妨对人讲理学,劝人学圣贤。"他本人亦"惟愿十二时中,念念切己自反,以改过为入门,自新为实际"(《关中书院会约》,《二曲集》卷一三)。并具体讲到会讲之书当如"康斋《日录》、泾野《语录》、文清《读书录》、阳明《传习录》"等,指出这些书籍"所论之言,毋越身心性命、纲常伦理"(同上注)。其中既有宣讲程朱之学的,如泾野《语录》、文清《读书录》,亦有讲阳明心学的,如《传习录》等。他曾批评一度流行于学界的辞章记诵之风,指出应该"不泥章句,不堕训诂,毅然以好学自命者,则又舍目前进步之实,往往辨名物,徇象数,穷幽索大,妄意高深。"可见他对于那些一味热衷名物考证、章句训诂等"妄意高深"的所谓学问置之不顾,且强调对此"宜深以为戒,要在切问近思,一味著里"(同上注)。他期望的是承传和恢复关学讲道学的传统,只是他所说的道学,更多的立足于王学,强调的是"切己自反""悔过自新"等心学要旨。这在当时王学已经衰落、官方大力提倡朱子学的背景下,显得不太合时宜,所以很容易招来诽议。王弘撰曾提及二曲讲学所遇到的情况,说:"中孚据坐高谈,诸生问难,遂有不平之言。"又谈及郝得中说,对于二曲"予亦雅重之,但讲学非易事,嫉忌悔吝之来,将必繇此"(《李中孚》,《山志》初集卷三)。这些"不平之言""嫉忌悔吝"反映了当时社会上对二曲讲学持有异议,这也决定了他的讲学不可能持久。后来果真如此,其讲学仅持续了三个月即因种种原因而离去。虽然讲学受挫,但他重振关学、讲明理学的决心仍矢志不移,其"明学术,正人心"的心愿一如其初。他在多年后写给陕西学宪许孙荃的信中,仍强调讲学,"此明学术所以为匡时救世第一务也",在《又答许学宪》中说:"伏愿使君凡至会所下学之日,勿拘挈签讲书故事,一以理学为多士倡。诸生中有器宇不凡、识度明爽、议论精简、发挥入理者,假以颜色,优以礼貌。仍令校官及地方各举所知,明注某生理学有名、某生材堪经济,详列所长,众论佥同。俟试士毕,问以学术,策以时务,观其所答优劣,拔录而面察之。"(《二曲集》卷一七)显然他对讲学之事仍非常关注,并力加指导,尤强调"一以理学为多士倡"。其三,值得注意的是,二曲对自张载以来关学史上学人的典籍非常看重,强调:"关中理学书,可以进呈者将以进呈,味众人之所弗味,阐众人之所弗阐,使理学一脉不至落寞。"这里说的"理学一脉"即指关学,强调使其"不至落寞",并很具体地列出应进讲读之书,且有评论:

> 横渠书无未刻秘本,其板行之书,《西铭》《正蒙》列于性理;他若《理窟》《易说》《文集》之精确者,散见《性理》,已经前代表章,无容再赘。横渠之后,诸儒著述,惟吕泾野、冯少墟足以继响。虽未洞本彻源,上达性天,而下学绳墨,确有发挥。吕之遗书,如《四书因问》《史约》《文集》,未免散漫,惟《语录》议论笃朴,切于日用;冯之《全集》与薛文清《读书录》相表里。冯与东林顾泾阳、高景逸同时鼎足倡道,领袖斯文。顾、高学固醇正,然其遗集中间散作,犹未脱文字气习;兼多闲议论、闲应酬,往往越俎而谈,旁及世故,识者不无遗憾。冯则词无枝叶,语不旁涉,精确痛快,豁人心目。如欲进呈,无过是书及《泾野语录》,抑区区尤有商焉。(《又答许学宪》,《二曲集》卷一七)

这几乎把张载及其后吕、冯等关学大儒的重要著述尽皆提及,并主张对这些关中理学著作"味众人之所弗味,阐众人之所弗阐",尤其对吕柟的《泾野语录》及冯从吾的著作更是推崇备至。陈祖武谓二曲所讲理学传统,"既非张载的一元气本论,也非吕柟、冯从吾等人所强调的'笃志好礼'的关学传统"[①],实际似非一概如此,显然二曲所讲的包括张载以来的关学传统在内。

此外,二曲的许多著述都是他当时讲学的记述,其主要著作《二曲集》是其门人王心敬所编,"皆其讲学教授之语,或出自著,或门弟子所辑,凡十六种",包括《悔过自新说》《学髓》《两庠汇语》《靖江语要》《锡山语要》《传心录》《体用全学》《读书次第》《东行述》《南行述》《东林书院会语》《匡时要务》《关中书院会约》《盩厔答问》《富平答问》《观感录》等。其中的《体用全学》《匡时要务》《关中书院会约》《盩厔答问》《南行述》等,记述了二曲的"悔过自新""明体适用"等重要思想,这对此后关中学人影响重大。

最后,从关学史上看,自冯少墟之后影响最大者当是李二曲。清人柏景伟认为,明末"集关学之大成者,则冯恭定公也",之后则有"二曲、丰川超卓特立,而说近陆王"(柏景伟:《重刻关学编序》)。李二曲"以绝学为关西师

---

① 陈祖武:《清代学术源流》,北京师范大学出版社2012年版,第131页。

表",影响了关中一大批学者,他不尚功名,而一意圣贤之学。据王心敬、李元春《关学续编》载,从二曲学者,东至朝邑,南到洛邑,西至凤翔的关中广大地区,都有人慕名而来。自康熙十九年(1680)到康熙四十四年(1705)二曲去世,这二十五年中,二曲教授了王心敬、王吉相、马相九等弟子,这些弟子积极推动了二曲思想学说在关中乃至全国的传播。二曲著述《四书反身录》与《二曲集》也分别由时任陕西督学的著名诗人许孙荃和学使高嵩侣、司寇郑重捐俸刊刻,这些都进一步促进了二曲思想学说的传播。在他的弟子中,影响最大的是王心敬(字尔缉,号丰川。另有专节述之),其母"念俗学不足为,使离家就学于二曲先生",又恐"兼习举业有妨正学",遂去举业"而一意圣贤之务"(周元鼎《续传·丰川王先生》)。他从学二曲十年,终成二曲先生高足。二曲的《四书反身录》《二曲集》皆为心敬所编。王吉相(字天如),邠州(今陕西彬县)人。康熙十五年(1676)进士,在生活上"非礼不行"。已选庶常,但觉得若"学不见道,何容以未信之身,立朝事主?"于是告归,受业于二曲之门。二曲"授以知行合一之旨",他竟能"躬行力践,期于必至"(《关学续编》卷一),真能做到"行己有耻"。又,李彦珣(字重五),三原(今陕西三原)人。他"于二曲先生,以宗属事如胞兄,凡砥德进道之训,一一循奉惟谨。"二曲赞扬他"重五孝友性成,晚年尤笃信好学,吾党矜贵之品也!"还有位弟子叫罗魁(字仲修),咸宁(今西安市)人,亦受业于二曲先生之门,因其尊闻行知,即以选取拔教谕麟游。他在那里"修学宫,振学规,梓布圣谕,旌表节孝,诸生中极贫者往往节口赈恤之",真正做到为民一方。文佩(字鸣廷),平凉府泾州(今属甘肃平凉)人。他"性嗜正学",二十五岁时即徒步五百里到周至,"纳贽二曲先生门"。卒业后遂倡率同志四十余人成立"正学会",商量如何能求证和宣传二曲的为学宗旨。为了有一个集会之地,他们共同努力在家乡住地旁建起了师祠,确定了以每月朔望之日会讲规约,"凡数十年不替"。这对弘扬二曲的为学宗旨,端正世道人心、改善民风民俗起到了重要作用(参见李元春《关学续编》)。此外,还有马相九、白焕彩、王化泰等人,对传承二曲之学亦不遗余力。李元春在《关学续编·相九生传》中说:

> 李二曲先生以绝学为关西师表,先生(相九——引者注)慕之,因与族祖懔若枺暨州耆宿白焕彩含章、李文伯士瑛、蒲城王省庵化泰,延二曲于同,北面问学。于是郡绅王思若四服、李淮安子燮、张敦庵珥,皆踵接先生,事之尤殷。《二曲集》《体用全学》《读书次第》及《学髓》各编,皆

先生与诸同学所手录。

这里提及从先生学者有马秝土(字相九)、白含章(字焕彩)、李士琎(字文伯)、蒲城王化泰(号省庵)、王四服(字思若)、张珥(号敦庵)等。马相九是马二岑之子,同州(今陕西大荔)人,他有家学,"中年纳贽二曲先生门,益向学守礼"。恪守礼教,故二曲尝赞扬他说:"使世皆秝土,朝廷刑罚可使尽措。即理学家规矩准绳,亦可无事谆谆矣!"(王心敬:《关学续编》卷一)白焕彩也是同州人,他曾邀诸同志一起,讲明正学。晚年还与蒲城王化泰车迎二曲于周至,"集同志日会家塾,前后凡两度为之,宾客满堂"。李士琎亦同州人,他年齿大于二曲近一倍,二曲先生被其乡诸公邀请至同州讲学,因闻其所讲性命之旨,遂"首先纳贽",向其求学。王化泰是蒲城(陕西蒲城)人,尝"讲明忠孝性命之学",经常与同州白焕彩、党湛、马相九等"以学术相切砥"。后在年已古稀之时,不远数百里赴周至访二曲先生,"求质所学"。他甚至还欲"纳贽门墙",二曲以"其年高几倍固辞"。张珥(号敦庵)亦同州人,他为人好正学,尚德行,言行动止,非礼不为。康熙八年(1669),二曲为其乡恭迎至白斋,敦庵年比二曲大一倍,他则凡"有所请益,必跪而受教",尽管二曲力辞,但他仍然如之。蔡启允(字绍元)天水(今甘肃天水)人。他"日惟耽玩濂、洛、关、闽诸书",后来闻二曲先生之风,"乃执贽门墙"。张承烈(字尔晋)自己因"少无师承",认为耽误了人生二十年,遂教育其长子张志坦"笃向正学",于是他"率之受业二曲先生门"(王心敬:《关学续编》卷一)。二曲的诸多著作如《二曲集》《体用全学》《读书次第》及《学髓》等,都是马相九等"与诸同学所手录"。

从以上所述可知,二曲之学在关中影响巨大,其弟子遍及关中,甚至还有天水、平凉等地的学生。特别要提及的是,二曲弟子中如党湛、白焕彩、张珥、李士琎、马相九等都是同州人,足见当时在二曲影响下同州学风之纯正、风俗之质朴。如王心敬所说:"同州则风气之醇,本甲三辅",又说:"故一时同、蒲诸邑,流风广被,人士往往向往理学,惟恐或后,有宋道学之盛,不能过也。"(王心敬:《关学续编》卷一)

第三节　王建常"主敬存诚""穷理守道"的理学思想

王建常是明清之际关学重要学人,与冯少墟、李二曲并称为"关中三先生"(《关中三先生要语录》,载李元春《关中道脉四种书》)。王建常尝以明末逸民自居,自三十岁便敛迹渭滨,闭户不出,然其自性笃朴,又高尚其志而锐意圣学,故在读书潜修上颇为用力。既"凡六经、子、史、濂、洛、关、闽之书,无不详究"(《关学续编·复斋王先生》),又"博览乎往古近今之事"(《书经要义序》)。其学识与气节颇得时人、后生钦服和赞誉,称"宋有横渠,明有苑洛,今有仲复"(《大学直解序》)。知其学者更叹有"明三百年,敬轩(薛瑄)、敬斋(胡居仁)后,无其伦比"(《复斋录·卷目》)。至晚年造诣更为精粹,尤名震关中,王弘撰谓"关西高蹈,当推独步"(《王仲复》,《山志》卷三),时人甚至誉其为"宋以后关中第一大儒"(《关学续编·复斋王先生》)。此说或有溢美之嫌,但王建常为明清之际关学重镇,则是客观的事实。其著述颇富,"皆足阐明圣学,羽翼经传"(《关学续编·复斋王先生》),只是由于他隐不求名,其著述亦"日以湮晦"(《复斋录·卷目》),未能得到广泛流传,但丝毫无损于他在关学史上的地位。

一、王建常生平要略与著述

王建常[①],初名建侯,后改为建常,字仲复,号复斋,学者称其渭野先生,陕西朝邑(今陕西大荔)人。《复斋录》卷五王建常谓:"癸酉季冬望日,书与复斋寒窗下(时年七十有九)。"癸酉即康熙三十二年(1693),可推知其生于明万历四十三年(1615)。又据清康乃心所撰《王贞文先生遗事》,谓仲复先王弘撰一年逝世,由此可知王建常卒于康熙四十年(1701),享年八十七岁。

王建常二十岁时为诸生,当时学使汪乔年岁试,取得第一,食饩。甲申年约三十岁时,正逢明清代革,身临天下大变之势,王建常却坚守"国之与亡,忠

[①]《续修四库全书总提要》《贩书偶记续编》《中国丛书综录》《贩书偶记》收录其著作《大学直解》《书经要义》时,将作者王建常音误为王建尝。参见钱海岳《南明史·艺文志》,中华书局2006年版,第499、527页。

臣不事二君,烈女不事二夫"(《复斋录》卷二)的节操。当他自知力不可为时,遂挂冠杜门,不复应试而放弃仕途,以尚志守节之逸民自任。从此"痛念苍湘梧水之惨,敝蹝衣冠,独守清门,广览百家之书,穷究四子之学"(《大学直解序》)。

王建常晚年学术造诣已至精粹,又颇有潇洒儒士风度。同里张枏(字让伯)登第进士后,仍诣门求学,王建常以"其志安一去赶上横渠"(《复斋录》卷六),始纳其为受业弟子。临终自书墓志铭,曰:"存心养性,独有志于往圣;守分安贫,幸不辱吾身。"(《复斋录》卷六)同治十一年(1872),学使吴大澂奏请从祀,此奏虽未奉行,却可见复斋先生学问与品节之影响(参见李元春:《关学续编·复斋王先生》)。另有文献记载:"光绪二年(1876),清初理学家陆世仪从祀孔庙。同年,陕西理学名儒王建常从祀文庙。"①

王建常著述严谨,从无夸多斗靡、大相背驰之言,亦不特重笔札、剞劂之事。据李元春《关学续编》等所记,其著作有《大学直解》一卷、《两论辑说》十卷、《诗经汇编》五卷、《尚书要义》六卷、《春秋要义》四卷、《太极图集解》一卷、《律吕图说》二卷、《四礼慎行》一卷、《思诚录》一卷、《小学句读》六卷、《复斋录》六卷、《复斋别录》一卷、《复斋日记》二卷、《余稿》六卷,共十四种。目前仅存《尚书要义》(即《书经要义》)六卷、《大学直解》二卷、《太极图集解》一卷、《小学句读记》六卷、《律吕图说》二卷、《复斋录》六卷、《复斋余稿》二卷等七种。

二、王建常的理学思想

明代阳明心学盛行,当时名儒巨公,"多不脱姚江之藩篱"(《复斋录·卷目》)。而到明、清之际,王学则因自身流弊及"阳儒阴释"而有惑世之嫌,日益遭受众多质疑与批判。此时身处关中一隅的王建常,则锐意圣学,躬行实践;仰慕张子,恪守程、朱,发明薛、胡,斥驳陆、王,力排释、老。其学"以主敬存诚为功,穷理守道为务"(李元春:《关学续编·复斋王先生》),精切严整,绝无驳杂。其虽重"真隐高蹈",却以卓识定力辨明守固而造诣精醇。学者李元春尝谓:"仲复才不及二曲,其学之醇细有主在二曲之上。"(《关中三先生

---

① 张昭君:《清代理学史》下,广东教育出版社2007年版,第495页。

要语录序》,《关中道脉四种书》)其在理本论、心性论和工夫论方面颇有发明。

(一)"道体气用","未有天地之先,毕竟先有此理"

在理气之辨上,王建常继承并发挥了程朱一脉的理学思想。理、气范畴源自先秦文献,且均含歧义。将二者结合对举以言宇宙万类生成变化之原理,则始于北宋关中大儒张载,并成为后世理学家讨论的重要范畴。不过张载所谓理,则从属于气,为气运行变化之秩序与律则。程朱虽承继张载气凝聚生物之说,又在气之上安置了一个最高的理,理是形而上者,气是形而下者,气从属于理。但其理、气之间暗藏张力,一方面强调理气不相离,另一方面又申言理气不相杂。王建常之学"以考亭为师"(《山志》卷三),故而坚持并发挥程、朱思想,在理本气末的思想框架下,探天地之本原,明人物之生死、成毁,察鬼神、魂魄之究竟。

首先,他系统发挥了程朱理本气末的思想。他认为,天地之间,"有此理便有此气"(《复斋录》卷二),他在论及太极与阴阳的关系时,把理视为形而上者,气为形而下者,说"若以为止是阴阳,阴阳却是形而下者"(《太极图集解》)。就是说,理与气不是并行的,而是有精粗、体用、本末之别的,所以他进而说:"太极为精,阴阳为粗;太极为本,阴阳为末。"(同上注)又说"道,其体也,阴阳,其用也。"(《书经要义》)显然他是以太极之理为宇宙的根本,而以阴阳之气为用、为末。他进一步分析了理与气的特性及其关系,说:"虚主理言,灵兼气言。然气本于理,故惟虚会灵。"(《复斋录》卷一)即理的表现为虚,而气的表现为灵,但二者不仅相依而且"气本于理",况且正因为理有虚的特性,所以气才会有灵的特性。王建常也讨论了道与理、道与气的关系问题,指出道就是支配气的那个"恒而不变"的理,至于气化则必须依道而行,即所谓"化待道而后立"(《书经要义》);同时,"道"必须由气"化"而发见,从而清楚地表达了道本气用、理本气末的思想。王建常在《太极图集解》中明确指出:"太极生阴阳,阴阳化生五行,进而阴阳、五行衮合以生万物。"其中,太极即"天地万物之理",并明确指出,"未有天地之先,毕竟先有此理"。显然,太极或理先于天地而为万物之本,此皆承继了朱熹的理气观。

其次,王建常具体分析了气化与天地、人物、鬼神、魂魄的关系。王建常继承张子的气本论,把人类、万物、鬼神、魂魄都看作气化流行的结果。在他看来,"人与天地,只是这一个气"(《复斋录》卷五),即天、地、人、物皆由气构成。而此气就是无限、普遍、运行不息的元气。正是此气使天地常在、人物不灭。他说:"天地每成一番混沌,所不死者,有元气焉。元气,只是阴阳之气。当天地混沌,人消物尽时,只有这个气,衮来衮去,绵绵不息。是至静之中,亦未尝无动也。所以复能生天生地,生人生物,重新开辟一番也。"(《复斋录》卷五),此即天地万类创化不已之气化论。具体而言,在宇宙创化中,气生万物之进程分三阶段:最初在天地之先,为一气之运行流衍。进而分化为阴阳二气,曰"迹"、曰"良能"。"迹"是就天地造化之"流行著见"而言,"良能"则就其"自然如此流行"而言(《复斋录》卷五)。第三阶段,为阴阳二气化生万物。阴阳二气循环运转,常行不已,相依相合,人物便由是而生,即"二气游行,万物化生"(《复斋录》卷五)。相对地说,这又从张载的气聚散论退回到汉代的元气生成论。

他认为,鬼神、魂魄也是在气化流行中形成的。魂魄之说,古已有之。《淮南子》曾从天地之气以言魂魄:"天气为魂,地气为魄。"或借神之阴阳以言:"魂,人之阳神;魄,人之阴神也。"(高诱注)郑玄则以气及人的官能来说明:"嘘吸出入者,气也。耳目之精明为魄,气则魂之谓也。"(《论语注》)此后,朱熹借神鬼而辨气与魄,说:"气也者,神之盛也,莫不有魄。魄也者,鬼之盛也。"(《四书或问》,《中庸集略》卷上)依朱子之意,人初受形体,精气凝聚,其中有灵者为魄,有神者即为魂,魂魄结合而有生命体,两者离散,则魂游为神,魄降为鬼。王建常顺承朱子的相关思想,认为魂魄随人之成形而俱生,"故人在胎中初成形时,只是一点水,这便是魄。其中有些暖气,会动弹,便是魂。魂属阳,魄属阴。"(《复斋录》卷五)在他看来,魂魄仍以气为质,并以阴阳之气相分别。人生之初先为水,水主阴,即先有阴气,水中有温暖之气即为阳气。因此,魂魄亦有先后之别,可谓"先有魄,而后有魂"(《复斋录》卷五)。也就是说,鬼神是气之阴阳、屈伸变化之所为:"凡气之伸者,皆属阳,为神;凡气之屈者,皆属阴,为鬼也。"(《复斋录》卷五)这样,鬼神就并非是某种神秘的物什,不过是气之流行而已。于是,在人之生死问题上,所谓人死为鬼其实不过是指魂魄之聚散、升降变化:"人生魂凝魄聚,来而伸也,故为神;死则魂升魄降,往而屈也,故为鬼。若只以生言之,则魂为神阳也,魄为鬼阴也;只以死言之,则以魂之升者为神,魄之降者为鬼。"(《复斋录》卷四)这显然是沿着张载所谓"鬼神者,二气之良能也"(《正蒙·太和篇》)的思路,进一步从气论的角度对鬼神、魂魄等所作出的具体阐发。

如果从动静来说,他认为魂魄又有所不同:"魂主发,魄主存;魂有为,魄有守。魂日长一日,魄合下便定。能思量运用都是魂,能聪明强记都是魄。"(《复斋录》卷四)他突出了人的质体(魄)的基础性以及精神(魂)的灵性和能动性。他认为,如果从动静观来看,魂魄的常变、职能、功用则判然两分。如就人的呼吸、视听、行止而言,魂魄有着明显的分别:"呼吸、活动属魂,而鼻之知臭、口之知味却是魄;视听、聪明属魄,而耳目之中皆有暖气,却是魂。"(《复斋录》卷五)魂魄虽然在表现形式上有别,但他认为,二者有着相互依存的统一性,即所谓"有这魄,便有这魂;无这魂,则魄亦不能自存"(《复斋录》卷一)。王建常从气论来解释人的生成和人不同于物的突出特性,并看到了精神与质体的不可相分性,事实上承认了人的精神(魂)对于质体(魄)的依赖关系,这是有见地的看法。

再次,在解释宇宙间万物的差异时,王建常则又以气有精粗、清浊、偏正、通塞之分来说明。他说:"若物虽亦得天地之气以为体,得天地之理以为性,然气得其偏塞,则理亦因而间去声隔,所以其心壅蔽昏昧,而不可以言明德。是则人与物之大分所由判也。而章句言'气禀所拘',却是就人类中又分别出个清浊美恶来。"(《复斋录》卷四)在他看来,人虽禀天地之气以为体,得天理之正以为性,但气有"偏塞""清浊"等差异,所以,理在不同的物上也就有了"声隔",其心也就有了"壅蔽昏昧",有了"壅蔽昏昧"也就谈不上"明德",因此首先要有人与物之分判。他认为在万物之中,"灵以气言,万物中的气之灵者惟人"(《书经要义》),故惟有人能发挥"明德"之主体性与创造性。而圣人在人群中又得其气之最灵,"故先知先觉,首出庶物,而为元后于天下"(《书经要义》)。可见,人类中圣凡、清浊、美丑之别,皆源于人之气禀相异。显然,他所说的气化、气禀之说,已经饱含了深刻的价值意蕴。

最后,王建常以气化流行中常与变之辩证统一为据,教人知祭祖之可能性、真实性与必要性。按照他的说法,元气于聚散、消息、升降、动静之际,时时创化不已,生生无穷。然天地只是一元之气,那么就人来说:"气之在人身者,自少而壮而老。虽有不同,要之,只是元来一个气而已。祖考当初原从这气生出来,而今虽已消散,而天地之根于理而日生者,固浩然而无穷,便是他那个,亦浩然而无穷也。"(《复斋录》卷五)既然一人自少至老、一族自祖先至子孙亦皆为此一元之气,子孙便能感召祖先之气。但此感召并非无条件,即子孙必须抱以诚敬之心,方可"感召得他气聚在此"(《复斋录》卷五)。由此以来,其气化论便为祭祀祖先与亲人确立了某种客观、真实而又合情合理的依据,从而使祭祀行为成为一种自然与文化合一、事实与价值合一、必然与应然合一的人文活动。这是对儒家敬祖、祭祖活动颇为合情合理的理论说明。

然而,王建常虽以气化论解释天地万物、神鬼、魂魄的生成变化,但却坚信此气化不过是理之发用流行而已。说明他受到程朱关于"道为形而上者,气为形而下者"的深刻影响。在清初心学尚有较大影响的关中地区,王建常自觉而坚定地恪守朱熹的理本论,还是颇有学术个性和特点的。

(二)"性者,心之体","情者,心之用"

从中国哲学的融通性价值思维来讲,宇宙本体论往往与价值论相统一。中国古人往往"借'天道'以明'人道'"①,抑或如张岱年先生所言,中国人强调天人合一,从而认为"宇宙本根实与心性相通,研究宇宙亦即是研究自己"②。也就是说,中国哲学总是以宇宙生成论或宇宙本体论为形上根基来探究性命或心性问题的。王建常同样没有脱离这一思路,即"从宇宙本体说明人的存在,把人提升到宇宙本体的高度,从而确立人的本质、地位和价值"③。

王建常服膺二程之说,视心与命、性、理相通为一,尤其推崇伊川的"性即理"思想,这是他的心性之学的实质和宗旨。他认为此说不仅能揭示人性的本质,而且能体证人性本善。所以他在论才性之辩时说:"才之清浊出于气,故有善有不善;性出于天,天即理也,故无不善。"(《复斋录》卷一)就是说,性的本质"理"及其形上的根源"天",保证了人性本来即善。心属气而比性微有迹,而禀受精爽之气的"心"的最大特点就是"虚灵二字"。具体而言,"虚是体,灵是用"(《复斋录》卷一)。由于"心"源于天,所以此心"谓之明德"而虚灵不昧。"惟虚,故具众理,是性是体;惟灵,故应万事,是情是用。不昧,只是申言其明也。"(《大学直解》)他顺承张子与朱子兼理气以说明心性的传统,进一步指出,心性皆不离理气,即"性从理来,不离气;知觉从气来,不离理"(《复斋录》卷一),这句话似乎是张载所谓"合性与知觉,有心之名"的理

---

① 赵馥洁:《中国传统哲学价值论》,人民出版社2009年版,第4页。
② 张岱年:《中国哲学大纲》,中国社会科学出版社1982年版,第8—9页。
③ 蒙培元:《理学范畴系统》,人民出版社1989年版,第174页。

学注脚。

王建常特别阐发了张子"心统性情"之义。他认为此说发前圣所未发,而且开后儒言说心、性、情之规模,"有功于圣门最大"。他进而发挥朱子的相关思想来辨析心、性、情之关系。依其之见,"心统性情"有统体、统摄二义。前者凸显了心的涵盖性,即以体用言,"性者,心之体也;情者,心之用也"(《复斋录》卷一);后者则确立了心的主宰性。心主宰性情又可兼动静,故他又说,"未动为性,已动为情,心则贯乎动静而无不在焉"(《复斋录》卷一)。若无此主宰,则静中性易昏,动时情又易流于不善。

王建常强调心、性有序。他发挥朱子"当先说心"之义,坚持必先说心才能教人识得性、情之"总脑"以及道理之存着处。否则,"若先说性,却似性中别有一个心"(《复斋录》卷一)。在他看来,张载"心统性情"之义可谓放之四海而皆准的真理,认为如不识此义,则不知心、性、情,"更说甚么道理"(《复斋录》卷一)。由此也可以看出他对关学思想的承传和发展。

(三)"以主敬存诚为功"的工夫论

在心性论上,王建常认为人性本善而圆满自足,只要发挥人的善性,就能实现成贤成圣的人格理想。但他也看到,人性在其扩充过程中会遭遇种种困难,这就需要发挥人的主体性,通过缜密的修养工夫以保证本心不昧、善性不染。所以他提出并毕生切实躬行的存养、主敬、静坐、窒欲、持志、格物致知、省察慎独、涵养、诚意、养气、践形等一系列葆养心性以成就理想人格之修养方法,形成了一套既与儒家学统一脉相传又兼具个性特色的修养工夫论。

1. 存养

王建常以存养为首要工夫。他强调以存心养性、切己涵养的工夫变化气质,以公心、道心或天心对治私心、人心,并从多方面阐发其必要性。第一,存心则立本。心是为人乃至成圣之本,"若心地上差错,便是根本不立"(《复斋录》卷一);存心就是为做人乃至成圣奠立根基,可谓是人生历程的出发点。故对人而言,万万不可无心,"人才说无心,便流于异"(《复斋录》卷一)。第二,存心最艰难。王建常认为,孔子所谓"操则存,舍则亡"(《孟子·告子章句上》)即说明人存心之艰难。因此,"见得这是个最难把捉底物事,不可顷刻而失其养也"(《复斋录》卷一)。存心虽难,但"心须教由自家"(《复斋录》卷一),终究是自家事,亦由自己做主,而非由外在他人或他因决定。这即是存心的可能性。第三,存心方能穷理。君子必须穷理,而穷理必先问学。王建常坚信,问学又必先存心持志,只有"存养得心常在这里,方好读书穷理"(《复斋录》卷一)。也只有通过存养心性工夫,才能使所学所穷得以内化而自得,成为"自家底物事"(《复斋录》卷一)。第四,存心能成万用。王建常认为,孔子所谓"克己复礼",《大学》中的"格物、致知、诚意、正心、修身、齐家、治国、平天下"八条目,《中庸》的"赞化育,参天地"等,皆是此心之妙用。因此他颇为赞赏北溪所谓存心则可"为尧舜""参天地""格鬼神"、达万里之远、知千古人性之变、贯金石、通幽微的思想,称其乃发明人心妙用之"极言"。第五,存心可全性命之正。王建常发明朱子所谓心乃"人之神明,所以具众理而应万事"(《四书章句集注·孟子·尽心上》)之旨,指出人心先天便具众理,且有"应万事"之大用,从而为人之生命存在及其活动的根本与主宰,并强调只要确保心不外迁,便可"全其性命之正"而得以"永年"(《书经要义》)。第六,存养方能致知。王建常非常重视致知,谓"敬与知是先立底根脚"(《复斋录》卷二),但又强调存养是贯彻致知之前提,且为固守既知之保障,即"未知之前须先存养此心,方能致知;既知之后,又要存养,方能不失"(《复斋录》卷一)。

王建常进而提出了具体的存养心性之道。第一,读书能收心。在他看来,读书与存养相得益彰。一方面,只有存心才有可能自觉地潜心读书;另一方面,读书又有助于收心、养心,正所谓"心存方会读书,读书亦可以收摄此心"(《复斋录》卷一)。第二,"九容"①"九思"②是存养之方。众所周知,儒士有"九容""九思",二者皆为历代儒者修身养性所重之践形工夫。王建常以其为存养之道,说:"九德是变化气质之方,九容、九思是存养心性之方。"(《复斋录》卷一)第三,存养必须窒欲。依王建常之见,在心性存养问题上,儒家向来注重制欲,正可谓"寡欲则心有所养"(《复斋录》卷一)。所以孔子言"窒欲",孟子言"寡欲",周子曰"无欲",但他强调无和寡都以窒为根本,故"学者以'窒欲'为要"(《复斋录》卷一),方能成就存养之功。第四,存养需持公。儒家标举公心、道心或天心以制"欲",即私欲、私心、名利心。程、朱甄

---

① 九容,见于《礼记·玉藻》:"足容重,手容恭,目容端,口容止,声容静,头容直,气容肃,立容德,色容庄。"

② 九思,见于《论语·季氏》孔子曰:"君子有九思:视思明,听视聪,色思温,貌思恭,言思忠,事思敬,疑思问,忿思难,见得思义。"

别"仁"与"公",把"公"作为实现仁的工夫,且是"克己工夫极至处"(《朱子语类》卷六),王建常对此十分看重。他明知在现实生活世界,往往"人心不同如面,只是私心",但他并不否认天下人在心性上具有共性或通性,更不怀疑人能自觉克治私欲,反而更坚信"公则一,私则万殊",而"同则便是天心"(《复斋录》卷一)。可见在一定意义上,王建常把存心等同于秉持、存养公心。第五,存养要密而不拘。王建常深知人心操存舍亡,只在于主体工夫的疏密之际。他相信,人只要能操存公心、道心,就能将私心、人心"遏绝之,使其不行"(《复斋录》卷二)。反之,人必为私心主宰,致使私欲泛滥而危害无边。因此,他发挥朱子之说,强调存养须密,但也"不可拘迫"。第六,存养必须省察慎独。存养心性必省察善恶之念,以慎独工夫谨防恶念、培养善念,即"看一日内,善念之起几何,恶念之起几何。其恶念之起,即从而除去之;善念之起,即从而培养之。这便是省察,是'克己复礼'"(《复斋录》卷一)。在动静之际,静而存养以立其本,动而省察以胜其私。尤其是要实现存养的理想境界"致中和",就"非常存戒惧慎独工夫不可"(《复斋录》卷一)。可见,存养与省察慎独实不可分,亦不可偏失。第七,存养须恒常不断。王建常不仅看到存养工夫的重要性,而且强调其恒常性。可以说,惟存养最为切要,必须常存常养,"不可斯须间断"(《复斋录》卷一)。王建常赞叹张子与朱子在此问题上说得"极好","发明亲切,最宜深玩"(《复斋录》卷一)。

2. 主敬

王建常认为,"主敬"工夫实为存养之道的根柢。可以说,几乎种种具体的存养之功皆由"主敬"来保证。他曾梦见朱子语其"养之,养之",而梦中程朱问答之间又"大约不外一个'敬'字"(《复斋录》卷一),可见,"主敬"乃是王建常从程朱思想深处所体悟到的修养工夫。

首先,王建常继承和发挥程朱一脉所主之"居敬"工夫。"居敬"是程朱工夫论之根荄。朱子曾言:"为学之道,莫先于穷理;穷理之要,必在于读书;读书之法,莫贵于循序而致精;而致精之本,则又在于居敬而持志。"(《甲寅行宫便殿奏札二》,《朱文公文集》卷一四)受朱子影响,王建常以"敬"为存养之道与传承圣学之核心工夫,他说:"敬者,所以提撕此心,使常惺惺,乃心之主宰而圣学所以贯动静、彻始终者也。"(《复斋录》卷一)。依其之见,主敬为存养心性之"根脚",即所谓"为学莫先于存心,而存心莫要于主敬"(《复斋录》卷一)。而且存养、省察固然紧要,但毕竟各有所重,最终皆须"主敬"来落实。他说:"存养是调护本原,省察消除病患,二者皆当以敬为主。"(《复斋录》卷一)存养工夫实质上就是操存人心而葆养心性,使人之生命存在及活动有所主宰,但在具体落实过程中,动静之间,惟有"敬"才是心自做主宰处。所以,他在强调存养工夫须臾不可无敬时说:"一息不敬,心便出入。"

其次,王建常把主敬工夫视为圣门第一义。他肯定存养的根本是要人持守心之本体。同时,他也承认"心之本体自是个虚灵不昧底,只缘意乱欲汩,便昏了"(《复斋录》卷一)。但他更相信"敬则闲邪存诚"(《复斋录》卷一),把诚敬视为防治乱意、汩欲昏惑人心的良方。只要以持敬功夫"闲邪存诚""主一无适",就能诚意而窒欲,进而自能存心养性,使灵明知觉独照如初。他叹惜秦汉以后,只有朱子才将"敬"字予以贴切发明,可谓有功于圣门甚伟。

王建常称道并发挥了朱子以"主一无适"解"主敬"之义。在他看来,"程子所以学到圣处者,也只是个主一无适"(《复斋录》卷一)。为了辨明"敬"字的真实本义,王建常力排种种误解,坚信人只要能做到"主一无适",收摄、操存本心而自作主宰,使其不放失,就是敬,即张南轩所谓"心在焉,则谓之敬"(《复斋录》卷一)。主敬之所以为存养工夫之根脚而最为紧要,也就在于其与心体之发用偕行不乖,"心体通有无,该动静"(《复斋录》卷一),故主敬工夫能兼内外而贯动静。否则,便"非圣贤存养之道"(《复斋录》卷一)。

3. 静坐

王建常视静坐为又一重要存养之道。他指出,"心下热闹,即看道理不出"(《复斋录》卷一),所以君子存养之道虽首重主敬,但也要辅之以静坐,以便针对性地克治人心之躁动。其实,这也是训练或强化主敬工夫之方,甚至就是"主一无适"的主体精神状态的外现。在他看来,通过静坐修养,既能操存本心,使其"湛然在此,不教乱,不困顿"(《复斋录》卷一),也有助于穷理应事。王建常认为,静坐就是要静心而知止,"诚其心"而不妄动。这就要"内欲不萌"(《程氏易传》卷三)以防汩欲昏蒙本心,又要"外诱不入"以抵制、化解外物纷扰而"无以动其心"(《朱子语类》卷一四)。若能动静一贯,即所谓"静固静,动亦静也"(《明儒学案》卷一四),就能进驻存养的最高境界——"明镜止水"(《鲁斋遗书》卷一)的圣人境界。在这里,人心"如明镜止水,物来不乱,物去不留"(《复斋录》卷一)。当然,他也承认,常人须自觉通过静坐、居敬等工夫,勉力而为才有可能达到此境,圣人则自然而然,无须勉强。

看得出,王建常虽"以主敬存诚为功,穷理守道为务"(《关学续编》),但又视心为"一体之主""万事之纲",并强调"学者先须就心上做工夫"(《复斋录》卷一)。显然王建常力图把程朱的主敬论和陆王心学融合为一体,正因为此,他在工夫论上几乎涉及先儒所重的各种修养工夫。

总之,王建常之学丰实而醇细,严整而精切。除了上文所述,他在人生论、德治论、历史观、经学、易学、实学、教育和天文历法等领域或论域都多有建树。其基于道统观念和正统意识,对释、老学说乃至陆王心学之批判,亦颇为用力。

从王建常的本体论、心性论来看,在他的思想中真正实现了将张载关学与程朱理学的融通。在自然观上,他重视"气"的思想,认为万物皆一气之流行;本体论上,他视天地万物为一体,并把宇宙本体与道德价值相贯通;在心性论上,他坚守孟子至张载以来一直坚持的性本善论,并把张载的"变化气质""心统性情"突出地加以阐发;在工夫论上突出了"存心""诚敬""涵养""践形"等,这些都是张载和程朱一贯重视和强调的。而他身上所体现的躬行实践、崇尚气节的特征,更与关学宗风一脉相承。可以说在清初关学学者中,学宗程朱,又力求融通张、程、朱之学,王建常是一面旗帜。

第四节　山林之间,卓然一家:李柏的学术思想

一、李柏生平及著作

李柏(1630-1700),字雪木,本名如泌,自号白山逸人,晚号太白山人。先世为汉中褒城人,七世祖时迁至陕西眉县曾家寨,遂为眉县人。其父李可教,母王氏。李柏九岁失怙,稍长"读《小学》,曰:'道在是矣。'遂尽焚所习帖括,而日诵古书。"即以闻道为先,而不以科举为是,且立志学习古人,尝谓"愿学古人",周围远近之人"皆以为痴"(钱仪古《太白山人传》,《衍石斋记事稿》卷七)。他屡避童试,二十四岁时,学使田心耕亲自来动员,李柏迫于母命,补博士弟子员。母逝后,李柏遂隐居太白山中,潜心理学,博采诸子百家数十年。康熙十六年(1677)他四十八岁时,清廷又延举贡生入太学,李柏怆然曰:"前为吾师吾母应此役,今岁且近暮矣,亟还故家,犹以为迟,尚又奚恋

耶?"(王心敬:《太白山人雪木李先生墓碣》)遂辞谢不就,直至七十一岁去世。

李柏生平多隐居山林村舍,安贫乐道。虽然世逢"兵盗赋役,旁午萧条,四壁饥寒","尝一日两粥,或半月无盐"(《可以集叙》,《槲叶集》卷二),但是他"性能安贫,且好读书,好与客谈山林,好看剑,好吟诗作文,好蒲团静坐,好临水把钓,故终日乐有余,而未尝有戚戚不足之意"(《可以集叙》,《槲叶集》卷二)。"尝往来太白山中数十年,卧明月,嚼冰雪,读书乐道,屏绝荣利"(王步瀛《重刻〈槲叶集〉序》,《槲叶集》)。又以孔颜为榜样,"蔬菜曲肱,乐在其中,箪食瓢饮,不改其乐"(《可以集叙》,《槲叶集》卷二)。也常以山中景物为性情依仿,"渔樵以我为师,猿鹿以我为友,清风以我为故交,明月以我为知己,此山家之荣于某,足矣!"(《寄赵静斋》,《槲叶集》卷三)许生洲曾谈及他至横渠镇时造访李柏,"见其葛巾草服,如野鹤闲云,所居容膝,仅蔽风雨,而图书万卷,四壁纵横,进歌《草虫》,退咏《白驹》,于是见其人矣"(许生洲《槲叶集叙》,见吴怀清《关中三李年谱》卷五)。清贫而又精神充足,甘苦而又洒脱飘逸,确如野鹤闲云,悠然自得。

李柏喜好游览各地名胜,交游名流雅士。王心敬谓李柏:"凡闻西凤名胜地,与老成耆德,辄徒步走访,虽祁寒大暑,跸踵而不辞。太白山者,终南万里第一险阻,寒远之山也,必一年一游。至山巅,对天池,必徘徊浩气,久而后去。"(王心敬《太白山人雪木李先生墓碣》,《李柏集》附刊)李柏的足迹广涉陕西眉县、周至、长安、岐山、武功、商县、耀县、蓝田、勉县、汉中、城固、洋县、襃城等地,甚至在康熙二十九年(1690)六十一岁时,还应好友茹紫庭的邀请,南游汉阳、江夏、洞庭、长沙、衡山、隆中、苍梧、南浦、下邳、商山、襄阳、函谷关等地。归后,有《湘中草》(即《南游草》)诗集问世。李柏所交往之人多是当时的名流(包括一些地方官员),除与之并誉为"关中三李"的李颙、李因笃外,尚有焦卧云、茹紫庭、禅师憨休、道长任长年、冯海鲲、赵静斋等人。许多人视与李柏交友为尚,诸如当时学者王于京因无缘结交李柏而内疚自责,说:"自恨腐草朽木之质,终非教泽所得加也。"(王于京《太白山人〈槲叶集〉叙》,《槲叶集》)时任眉县知县的骆文也赞叹说:"嗟乎!于山见太华之高,于水见黄河之大且深,于人得见太尉而后可以无憾。今余之获与先生游也,其亦可以无憾矣乎!"(骆文《槲叶集序》,《槲叶集》)可见,李柏以其"高风逸韵,风动关中",使"贤守宰往往折节交下风"(王心敬《太白山人雪木李先生墓碣》,

《李柏集》附刊)。

李柏平生做了大量的诗文,受到后人较高的评价。王心敬谓其诗文"率出自胸臆,不蹈袭前人。诗则自成一家,而声韵与彭泽相近"(王心敬《太白山人雪木李先生墓碣》,《李柏集》附刊)。沈锡荣认为"其为文独出机杼,自成一家"(沈锡荣《重刻太白山人〈槲叶集〉序》)。在《槲叶集》中自题:"山中无纸,采幽岩之肥绿,沥心血之余液,积久盈筐,遂为集名。"(钱仪古《太白山人传》,《衎石斋记事稿》卷七)据说,李柏曾将诗文书于山中槲叶之上,故名。现存《槲叶集》五卷,有清康熙五十七年(1718)、光绪十九年(1893)、宣统三年(1911)、民国二年(1913)、民国三十二年(1943)等刊本。《南游草》一卷(后附补遗、附刊各一卷),附于清康熙五十七年、民国二年等刊本后,也有民国二年单行本。

李柏所著《槲叶集》在当时颇有影响。康熙帝很欣赏他的诗文,但不满他与朝廷不合作的态度和叛逆的思想倾向,所以令将《槲叶集》只供皇室阅读,严禁外传,这也许是《四库全书》未收录该书的原因之一吧。另外,王心敬虽然给李柏写了《墓碣》,但是李柏却没有进入王心敬、李元春的《关学续编》中。这个中原因,一方面,可能是李柏主要成就在文学,按照《关学编》"不载独行,不载气节,不载隐逸,而独载理学诸先生"(张舜典:《关学编后序》)的标准,他当不在视野之内。另一方面,也许是由于他"志洁行芳,皎然绝俗","奇服诡行,任情放诞"(王步瀛《重刻槲叶集序》,《槲叶集》),与时世的儒者形象不合的缘故。对他未被入关学之列这一点,宣统年间即有学者高赓恩提出质疑,谓其:"学业文章,诚足'羽翼六经,发蒙振聩',李天生亦称之,夫何异于为儒耶?而世之论者,若谓其不专习程朱之书,刻程朱之集,袭程朱之语录,而为书攻其稍异于程朱者,以张吾道之门户,遂不许为名儒,而屏之关学之外,盖有不可解者矣。"(高赓恩《重刻雪木李先生〈槲叶集〉序》,《李柏集》)在他看来,李柏虽重诗文,但确是一位"羽翼六经"的儒者。高赓恩的质疑不无道理。

二、李柏的思想渊源

李柏"生平手不释卷,于书无所不读"(沈锡荣:《重刻太白山人〈槲叶集〉序》),所作《槲叶集》的内容丰富而驳杂。从表面看,《槲叶集》没有形成明晰

的思想体系,但若仔细分析,不难窥知李柏思想亦有一以贯之的思想宗旨。大体说来,即:

其一,"惟守关闽之学为宗旨"。清人沈锡荣认为,李柏之学"贯串百家而惟守关、闽之学为宗旨"。高赓恩又说:"先生(李柏)之为儒,将与李天生(李因笃)、王山史(王弘撰)诸先生,皆大为表章于正学缺微之日,此关学再起之一机也。"(高赓恩《重刻雪木李先生〈槲叶集〉序》,《李柏集》)可见,在前人看来,李柏为学多受程朱理学及关学的影响,其学有补正学缺微、重启清代关学的意义与价值。这从其为学历程也可以看得出来。早年即立欲学古人之志,方读《小学》,即已初悟圣道。后隐居终南山,"潜心理学,典坟邱索,诸子百家,博采贯通"(《洋县志》)。平生博涉理学著作,刻苦抄录与研读,曾与友人说:"朱子节钞录毕,余诸理学集,徐容借阅。"(《答永叔先生》,《槲叶集》卷三)也是因为此,李因笃誉之"学业文章,诚足羽翼六经,发蒙振聩"(王于京《太白山人〈槲叶集〉叙》,《李柏集》)。同时,李柏又躬行礼教,尽力弘扬儒家道德伦理,在《槲叶集》中载有大量弘扬忠义、表彰孝道、赞扬名教的诗文。

其二,学宗理学,博采释、道。高赓恩曾评价李柏说:"世之论者若谓其不专习程朱之书,刻程朱之集,袭程朱之语录,而为书攻其稍异于程朱者,以张吾道之门户,遂不许为名儒。"(高赓恩:《重刻雪木李先生〈槲叶集〉序》,《李柏集》)李柏的这种"另类"性格,在当时确实引起人们对他学术归属的异议。不过,高赓恩认为,李柏之学虽然旁涉百家,不专守程朱,但仍不失为一代名儒。清儒贺瑞麟在《清麓文集祠堂记》中论之尤详,说:"至集(指《槲叶集》——引者)中疏、启(记)诸篇未能严绝二氏,亦一时应酬之作,不足为先生累,而实非有佞佛之意也。"贺氏虽间有维护李柏的儒家立场,但是他也不得不承认李柏思想中存有不少释、道的思想。不过他认为,这种对佛老的吸收是时代之使然,与那种"佞佛"的态度不可同日而语。在《槲叶集》中,可以看到李柏与和尚憨休、普安、实法,与道士任长年等佛道人士都有交往,并写下大量的诗文。诸如《幽居》诗云:"箧有藏书两三卷,《黄庭》《周易》与《南华》。"(《幽居》,《槲叶集》卷四)可以看出李柏曾将道教的《黄庭经》《南华经》视为常备阅读的书籍。在与憨休的交往中,二人讨论儒佛义理相通的问题,往往是"柏闻其说,豁然有解"(《重修大兴善寺大佛殿碑记》,《槲叶集》卷二)。在《重修吾老洞庙碑》中,李柏认为孔子、老子均为天下万世师,并写下诸如"天下一巢也,万物一鸠也"(《鸠巢》,《槲叶集》卷三),"我梦蜂鸟,蜂鸟亦梦我"(《游凤郡东湖序》,《槲叶集》卷二)等具有浓厚庄学色彩的诗文,甚至认为韩信身亡之过,"罪不在读《庄子》"(《过樊河论》,《槲叶集》卷一)。对于身处唐宋以来儒释道"三教合一"文化背景下的李柏来说,其对释道的吸收在当时其实不足为怪。只是与其他理学家表面上声称排斥"二氏",而实际上自觉或不自觉地吸收佛道思想的表现不同,李柏在坚守儒家圣学立场的同时,还公然与"二氏"之徒交往并对其思想采取包容的态度,因而引起人们对其学术倾向的异议。不过,这在一定程度上反映出他与张载以来关学"力辟佛老"的关学传统有异。

其三,受传统隐逸思想的影响。隐逸是传统士人选择的一种生活方式。面对明清易代的巨变,李柏选择了归隐山林。他说:"宇宙事业有两:曰山林,曰庙廊。庙廊非吾事也。"(《寄张素石》,《槲叶集》卷三)"柏,山林而儒服者。"(《重修大兴善寺大佛殿碑记》,《槲叶集》卷二)"儒者得志为宰相,不得志为隐相。"(《赠医者》,《槲叶集》卷一)在诗文中,李柏多处对陶渊明进行褒扬,认为"渊明,晋人,志在为晋,耻食宋禄。"(《驳王维与魏居士书》,《槲叶集》卷一)并说:"天下有道则见,无道则隐;邦有道则仕,邦无道则可卷而怀之。六则因乎时也。"(《六则》,《槲叶集》卷五)这些言论充分展示了传统隐逸思想对李柏的深刻影响,也可以看出他是一位典型的"儒家的隐者"。

三、李柏与关学

(一)道统论

在先秦《论语》《易传》《孟子》《大学》《中庸》等典籍中,儒家的道统思想已经萌生,并且溯源至伏羲、神农、黄帝、周文王、周武王等人。唐代韩愈正式提出了"尧、舜、禹、汤、文、武、周公、孔、孟"的道统体系,开启了后世宋明诸儒道统论的先河。宋明时期,道统论众说纷呈,诸如宋初石介、孙复在韩愈道统论的基础上,又把荀子、扬雄、王通、韩愈等加以吸收。张载则列以伏羲、神农、黄帝、尧、舜、禹、汤、武王、伊尹、周公、孔子相传。程朱理学往往又以周敦颐、二程、朱子附之,陆王心学则直承孟子。至明末清初,对道统论的诠释更为驳杂。李柏的道统思想既展现了时代的特点,又具有典型的关学特征。他在《重修周公庙募缘疏》中说：

> 道生天，天生尧舜，尧舜以所得于天之道，传之禹汤文武，禹汤文武传之周公，周公传之孔子，则是周公之道上承尧舜而下启孔子者也。(《重修周公庙募缘疏》，《槲叶集》卷三)

> 以关西论，生乎(周)公之前者，如伏羲、神农、仓颉、岐伯、伊尹，诸所行之道，孰承之？公承之也。生乎(周)公之后者，如横渠、容思、小泉、默斋、泾野、少墟，诸所闻之道，孰启之？公启之也。(《重修周公庙募缘疏》，《槲叶集》卷三)

李柏大致建构了两种道统体系：一种继承传统说法，以尧、舜、禹、汤、文、武、周公、孔子为发端的古代道统体系；一种是以关西地域论说以伏羲、神农、仓颉、岐伯、周公、伊尹、横渠、容思、小泉、默斋、泾野、少墟为道统的体系。这两种体系中，所谓的"道"，一方面指圣人贤相宪章文武的治道，另一方面也包含着希圣成贤的学道。如何去甄定这两种体系的合理性与神圣性？李柏则继承了前人通过从道统传人身份和心传的角度加以论述的方法给予说明。

首先，在道统传人身份的甄定上，李柏继承了关学的地域特点和文治武功并举的思想，他的道统论，在尧、舜、禹、汤、文、武、周公、孔子之外，凸显了伏羲、神农、仓颉、岐伯、伊尹、张载(横渠)、段坚(容思)、周蕙(小泉)、张杰(默斋)、吕柟(泾野)、冯从吾(少墟)等人。就其所列关西道统谱系而言，除段坚与周蕙、张杰存在师承关系，吕柟师薛瑄(文清)弟子薛敬之之外，其他人基本上没有什么直接的师承关系。李柏之所以将道统谱系上溯伏羲、神农二皇，下至冯从吾，其目的一方面说明关学道统与传统的儒家道统相合；另一方面，更要说明关西儒学自张载而可向前追溯至伏羲、神农，故其道脉源远流长。

其次，李柏继承和发展了儒家道统心传的特点。《古文尚书·大禹谟》："人心惟危，道心惟微。惟精惟一，允执厥中。"这被称为虞廷"十六字心传"。此"心传"在历代诠释中，往往把"中"道思想与"心"相联系，诸如朱子传人蔡沈云："人心易私而难公，故危；道心难明而易昧，故微。惟能精以察之，而不杂形气之私；一以守之，而纯乎义理之正。道心常为之主，而人心听命焉。则危者安，微者著，动静云为，自无过不及之差，而信能执其中矣。""中"道不仅作为儒家"无过无不及"的生活处世原则和方法，在这里还上升为儒家道统观的重要内容。以为持守道心，主宰人心，也就遵循了"纯乎义理之正"的天理，此即是"执其中"。他一方面将孔孟仁学附以"心体"的意蕴,另一方面也突出道统心心相传的特点。然而,在李柏的诠释中,则将理学、心学的诠释加以综合。他说:

> 三皇无文字,五帝所读何书?然开物成务,为书契以来文章之祖。后世人君,亦有丙夜观书,博通典籍者,至有疆域日蹙,身危国乱,何也?其所学非帝王之学也。帝王之学只是虞廷十六字。(《语录》,《槲叶集》卷三)

> 予谓学者当惜一呼一吸,吸不根天,一呼不还于天,非事天也,以心与天有间断歇绝也。微有歇绝,则人欲入之矣。如童子击球,甲棒起,乙棒入,危于斯也,故曰:人心惟危,道心惟微。(《语录》,《槲叶集》卷三)

李柏认为,"虞廷十六字"是三皇五帝开物成务,帝王治理天下之学,希圣成贤之道。而"道生天,天生尧舜,尧舜以所得于天之道"(《夸父追日论》,《槲叶集》卷一)。显然,李柏将"虞廷十六字"的内容转换为效法圣人,奉天行道方面。同时,李柏又认为"法天之学不在语言文字"(《语录》,《槲叶集》卷三),而在于是否能将"天心"(道心)与"人心"合一。这也和他所说的"天之心,人之心也","万古此天心,万古此人心也。是一非二,无须臾离"(《夸父追日论》,《槲叶集》卷一)等一脉相承。可见,李柏一方面吸收理学思想,把天道义理视为神圣的准则和圣人效法之道。另一方面也能对作为帝王之学的"虞廷十六字"所以能以心相传、永恒不变的原因做出解释,即效仿古今圣人、帝王做到天心与人心合一不二,就是同一道统的继承者。

(二)天道论

李柏对天道的论述主要集中于《说天字》《升水石辩》《洞庭》《元气》等篇中,涉及"无极""太极""太一""太虚""虚空""阴阳""元气"等哲学范畴,因其论述较为简单,所以其天道思想也就显得有些隐晦。此略析如下:

1. 太极本体论

李柏在论述天道论时,吸收了周敦颐《太极图说》有关无极与太极的论述,认为:"无极而太极,太极动而生阳。阳,乾道也。"(《说天字》,《槲叶集》卷三)李柏在引文中,直接引用"无极而太极",显然是承认了朱子"非太极之外,复有无极"(朱熹:《太极图说解》)以及"太极之本无极而有其体"(《答陆子静六》,《朱文公文集》卷三六)之说,即以太极为宇宙的最高本体。但是李

柏在论述太极时,又往往用太虚加以置换,并提出了"太虚归于无极"说。他说:

> 若以天地为一身,则万物皆吾所有,何言贫富贵贱?若以性命还阴阳,太虚归于无极,则无始以前无终以后皆吾寿,何有修短生死?(《语录》,《槲叶集》卷三)

> 海诚大矣,然海在天之内,天在虚空之内,虚空在太虚之内,吾不知无始以前无终以后可以大名者,果何归也。(《南游草·洞庭》)

"太虚"较早出于《庄子·知北游》:"外不观乎宇宙,内不知乎大初,是以不过乎昆仑,不游乎太虚。"成玄英疏:"太虚是深玄之理。"①《黄帝四经·道原》也有"恒先之初,洞同太虚,虚同为一,恒一而止,湿湿梦梦,未有明晦。"晋人孙绰《游天台赋》又云:"太虚辽廓而无阂,运自然之妙有,融而为川渎,结而为山阜。"李善注:"太虚,谓天也。"②以上所说太虚多是指无限的虚空而言。张载那里,太虚具有本体的意义。李柏受到张载的思想影响,他所说的"太虚归于无极",其意义就是,太虚是无限的,不仅当下事物归于太虚,宇宙在"无始以前"和"无终以后"两个方向上都是无限的。显然李柏认为,太虚既是宇宙混沌未分、无形无象的原初状态,又是现实世界和人存在的根据。

再看"无极"。"无极"较早出现于《老子》:"知其白,守其黑,为天下式,常德不忒,复归于无极。"《列子·汤问》也云:"物之终始,初无极矣。"可见,无极早先被认为是宇宙未分的最高阶段。李柏说"太虚归于无极",就是要以"无极"对太虚作出本原性的界定。"无极"表征着太虚无形无象且具有超越性与无限涵容性的特征。李柏说"太虚"是着重于宇宙的无形无象和本体的涵容性、根源性,而说太极则是从宇宙创生的角度言说。李柏又说:

> 子(辩客)独不闻周子之说乎?太极动而生阳,静而生阴。以阴阳立天之道,以刚柔立地之道。《皇极经世》谓:日月星辰尽乎天,阴阳是也。水火土石尽乎地,刚柔是也。太柔为水,少刚为石。由是言之,石,静物也,而刚立应乎阳,静中有动也。水,动物也,而柔应乎阴,动中有静也。故曰一动一静,互为其根,而水之与石,盖亦相得而有合者。子必因水石

---

① 郭庆藩:《庄子集释》,中华书局1961年版,第759页。
② [梁]萧统编,[唐]李善注:《文选》,上海古籍出版社1986年版,第494页。

之形,岐动静之理,是欲破太极而两之,不伦甚矣。(《升水石辩》,《槲叶集》卷三)

周敦颐谓:"无极而太极,太极动而生阳,动极而静;静而生阴,静极复动。一动一静,互为其根。分阴分阳,两仪立焉。阴变阳合,而生水、火、木、金、土。五气顺布,四时行焉。五行一阴阳也,阴阳一太极也,太极本无极也。"李柏认为,作为本体的太极就存在于阴阳动静之中,"欲破太极而两之,不伦甚矣"。虽然水石从表面上有刚柔、动静之分,但也是太极的展现,本体是不可分割的。如佛教华严宗所说,"一一事中,理皆全遍,非是分遍,何以故?以彼真理不可分故。"(澄观:《华严法界玄镜》)李柏所说似也有这个意思。李柏说:

无极而太极,太极动而生阳。阳,乾道也。乾为天,故乾卦三画皆"一"。天字之上画即乾之一画,天字二画即乾之中画也,天字中涵人字即乾之下一画,左右对待而分立者也。且《河图》:天一地二。天字上横二画,地数也。一字而蕴三才之义者也,故曰:"天得一以清,地得一以宁,侯王得一以为天下宗。"(《说天字》,《槲叶集》卷三)

士人之士,太一之太,元炁之元,与夫三、四、五、六、七、八、九、十奇偶之数,皆天之变化错综而生成者。天,一而已。(《说天字》,《槲叶集》卷三)

《周易·彖传上》:"大哉乾元,万物资始,乃统天,云行雨施,品物流行。"在儒家早期的宇宙论中,乾元本是万物初始的本根,代表的是天刚健的本性。而在李柏天道论中,天性就是太极本体,对天的解释也是对太极本体的认识。"天"一字蕴天地人三才之义,实际上是天地人三才均蕴涵着一太极,故是"一"。孔颖达《周易正义·系辞上》云:"太极谓天地未分之前,元气混而为一,即是太初、太一。故《老子》云:'道生一',即此太极是也。"可见,李柏所说的"太一""元炁"本指"太极"。而他说的士人之"士"、太一之"太"、元炁之"元",实际上是从展现本体妙用的角度论说的:奇偶之数虽象征万物的变化,但都离不开"一"本体。这种思想与《周易·系辞下》中"天下之动,贞夫一者也"的思想相通,万物虽纷扰变化,但其所遵循的都是易道至简之理。可以看出,李柏这种把儒家义理与道家思想相结合的"太极是一"思想,与朱子的"太极即理"有相似之处。

2. 太极元气论

李柏在突出太极本体义的同时,也继承了传统的元气论,来建构他的宇宙论。他说:

> 太极浑以涵三分,阴阳判于鸿蒙。浊亭物以潜渊兮,清乎孳而翔空。(《白燕赋》,《槲叶集》卷一)

> 有浑浑噩噩,窅窅冥冥,视之而无形,听之而无声,扣之而无物,辨之而无色。无色而色天下之色,无声而声天下之声,无形而形天下之形,无物而物天下之物者,元气也。(《元气》,《槲叶集》卷一)

"太极浑以涵三",这种说法类似《汉书·律历志》所说"太极元气,函三为一"。刘牧说:"太极者一气也,天地未分之前,元气混而为一。"(刘牧:《易数钩隐图》)太极元气为混沌未分之气,宇宙万物虽在生化过程中表现不同,但都是一气所演化。李柏继承了这种太极元气论,认为无形无物无色无声、浑浑噩噩、窅窅冥冥的元气,正是太极本初的混沌状态,即"一"。"阴阳判于鸿蒙"则和老子所谓"一生二,二生三"相类似。一为太极元气(太一),二为阴阳二气,三即鸿蒙,即冲和之气。"浊亭物以潜渊兮,清乎孳而翔空",即是对阳升阴降,阳曜阴凝且互为其根、不断交替循环而生化万物过程的形象揭示。这也说明李柏没有完全摆脱宇宙生成论的影响。

综上所述,李柏继承发展了传统的太极本体义、太极元气说,对天道进行了本体论和宇宙论的双重建构。值得注意的是,李柏诗文中有两句话值得玩味,一是:"予抆泪叹曰:天乎,地乎,气耶?使百姓至此极者,谁耶?杀人者,李自成也。"(《抬头》,《槲叶集》卷五)另一句是:"天理存,轻清阳气,天之生机。"(《语录》,《槲叶集》卷三)虽然这两句话论述极为简略,但也表明李柏视天地人为一气之贯通,一气之理即是"天理",表明他试图把理学的天理论与气论融为一体,把本体论与价值论融为一体,并以之作为社会价值的最后根据,这与程朱理学的哲学理路十分相合。

(三)天人关系论

关于天人关系的阐释是李柏思想的重要内容,这些集中反映在《说天字》《夸父逐日论》《日喻》《语录》等篇章中。由于李柏的理学受心学、佛道等不同思想的影响,他对天人关系的论述也呈现出一种兼容并取、统天人而为一的特点。试分述如下。

1. 天人不离说

东汉许慎《说文解字》释"一大为天",仅从字形对"天"作出解释。在李柏看来是"此不知天者也,以其离而说天也","义孤而辞单,得天之半"(《说天》,《槲叶集》卷二)。李柏关注的是"天"本身所包含的义理,其对"天"的训释也基于此。他说:

> 说天不说人,则天不全;说人不说天,则人不生。仓圣作字,取义至精至深,后人粗浅释之,不知圣人之心也,是谓迷天而亡道。迷天则人不法天,亡道则人不入教,臣作乱而子为贼,三纲解而五伦斁,职此之故耳。圣人忧天下后世,即一字亦寓明道立教之义,故作天字,即以人字结构,谓无人则非天,无天则非人。(《说天字》,《槲叶集》卷二)

李柏认为,仓颉造字着重于"天"字的内涵和义理,强调天人不离义。他认为,就人类社会秩序而言,三纲五伦不仅是君臣、父子、兄弟、夫妇、朋友之间关系的形式规范,更重要的是这些纲常伦理之中包含着仁、义、礼、智、信等道德内涵。如果取消了这些道德规范赖以依存的天道根源,不仅使三纲五伦丧失根基而解斁,同时也使"天"自身沦落为自然之天,从而迷天亡道且失教。所以李柏认为,"说天不说人,则天不全;说人不说天,则人不生","无人则非天,无天则非人","天"字在其造字之初就寓含天人不离之义。为了甄定这种天人不离义,李柏进一步从易道本体的角度加以诠释,他说:

> 无极而太极,太极动而生阳。阳,乾道也。乾为天,故乾卦三画皆"一"。天字之上画即乾之一画,天字二画即乾之中画也,天字中涵人字即乾之下一画,左右对待而分立者也。……推三才而广其名曰天皇、地皇、人皇;曰天统地,地统人;曰:天极地极人极,人原不离乎天地也。故人字象形,一头两脚,有冠天履地之义;故人身荷天之一,则为大人。大人头上戴一,则为天人,犹海不离水,地不离土,松不离木,凤不离鸟之类也;故士人之士,太一之太,元炁之元,与夫三、四、五、六、七、八、九、十奇偶之数皆天之变化错综而生成者也,天,一而已。孔子曰:"吾道一以贯之。"老子曰:"知其一,万事毕。"故学不主一者,离天者也。(《说天字》,《槲叶集》卷二)

在传统儒家思想里"易"道通天人。诸如《郭店楚简·语丛一》:"《易》所以会天道、人道也。"《周易·系辞下》:"《易》之为书,广大悉备,有天道焉,有地道焉,有人道焉。"《说卦》更为明确云:"昔圣人之作《易》也,将以顺性命之理,是以立天之道,曰阴与阳;立地之道,曰柔与刚;立人之道,曰仁与义,兼三才而两之。"以阴和阳说天道,以刚和柔说地道,以仁和义说人道,把天、地、人统一于这种广大悉备的易道。李柏吸收周敦颐"无极而太极"的同时,更侧重发挥《周易·系辞下》中"天下之动,贞夫一者也"的思想,认为万物虽纷扰变化,但所遵循的易道至简之理是一样的。这一涵义成为李柏诠释天字的基础。奇偶之数虽喻指天地的生成变化,但不离"至一"本体。"松不离木,凤不离鸟之类",此还包含着一般存在于个别之中,个别不能脱离一般的辩证思想。总之,"天,一而已",天道与人道,均是一本体的显现,故天道即人道。

2. "事天静一"说

"天"中包含"至一"的本体,如何从现实中天人相分的格局来诠释这种不离的本体?李柏又认为:

> 圣人事天静一之学,曰敬天,曰法天,曰希天,曰承天,曰顺天,曰则天,曰畏天,曰钦天,曰知天,曰应天,曰达天,曰崇天,曰荷天,曰父天,曰律天,曰戴天,曰乐天,此以人合天者也。曰天人,曰天民,曰与天为徒,曰与天为一,曰天人合,发此以天合人者也。以天合人者,以天合天者也;以人合天者,以人合人者也。以人合人,则至易;以天合天,则至简。易简而天道全矣,地道尽矣,人道备矣,故《易》曰:"圣人与天地合其德,先天而天弗违,后天而奉天时。"(《说天字》,《槲叶集》卷二)

即李柏认为,遵循天之涵义,"事天静一之学"须从两个方面入手:一是"以人合天",即"敬天""法天""希天""承天""顺天""则天""畏天""钦天""知天""应天""达天""崇天""荷天""父天""律天""戴天""乐天";一是"以天合人",即"天人""天民""与天为徒""与天为一""天人合"。前者从人出发,以易知得天道;后者从天出发,以简能得地道。在这一意义上,"以人合天"与"以天合人"是相合为"一",天地之德即人道的准则,所以说"天道全矣,地道尽矣,人道备矣"。李柏进而说:"生死有命,富贵在天,天主张我之说也。趋吉避凶,君子立命,我主张天之说也。信天以天为主,信我以我为主,此功夫须从戒慎不睹不闻时参入。若只在训诂文字中讨生活,边见偏闻济得甚事?究之七情横发,妄念恣睢,其好恶未有不同于凡夫俗子者也。"(《与冯海鲲先生书》,《槲叶集》卷三)"天主张我之说",法天乐命;"我主张天之说",涵养工夫。本体与工夫相即不离。他又说:"人为三才之一,故天非大而人非小,惟圣人能法天。人能希圣,则凡人亦可法天也。"(《语录》,《槲叶集》卷三)表面上看,似乎天与人是对等的,实际上,在其天人一体思想中,李柏突出的是人的地位,圣人之学也是通过范围天地,探究天人关系而明人道。这与张载所说的"儒者则因明致诚,因诚致明,故天人合一,致学可以成圣,得天而未始遗人"(《正蒙·乾称》)的思路一脉相通。

3. 天心人心说

天心人心说是李柏从"心"上对天人关系的进一步深入论述,他认为,"天人一也。天之日,天之心;天之心,人之心"(《夸父追日论》,《槲叶集》卷一)。"天之日,人之心。"(《日喻》,《槲叶集》卷三)"有万古此天心,万古此人心也。是一非二,无须臾离。"(《夸父追日论》,《槲叶集》卷一)李柏在把心视为天人合一契合处的同时,也使心附着了抽象性、永恒性的本体意蕴。但是,李柏没有深入从本体上阐发心,在其思想深处仍潜藏着程朱的理。他在阐发夸父追日失败的原因时说:

> 从人心逐天心,以心逐心也。以心逐心,何不及之?有万古此天心,万古此人心也。是一非二,无须臾离。一人逐之,一人不死。天下万世人人逐之,人人不死。夸父死,夸父不善逐日也。古之善逐日者,曰自强不息,曰不显不临,曰学有缉熙于光明,曰兹在,曰惜寸阴,曰惜分阴。不行跬步,不出门庭……夸父用身不用心,心死身能存乎?所以愈逐愈远而渴死崌谷也,非日疾而夸父迟也,心不至也。(《夸父追日论》,《槲叶集》卷一)

夸父之死在于不以心逐日,不以人的精神逐日,而是以身逐日,"身未死而心先死,未有心死而身不死也。"有形之身,不可以长生久存,夸父不解此意,愈逐愈远,渴死崌谷。古之善逐日者,是以心逐日,以人心合天心,即发挥人主体精神以自强不息,"学有缉熙于光明"等等,这种以突出人的主体精神之心来乐天知命的思想,与张载"大其心"的观点相通。张载说:"世人之心,止于闻见之狭。圣人尽性,不以见闻梏其心,其视天下无一物非我,孟子谓尽心则知性知天以此。天大无外,故有外之心不足以合天心。"(《正蒙·大心》)张载把人的认识分为"见闻之知""德性之知"。"见闻之知"止于世人的经验所见所闻,执著于耳目感官之身物;"德性之知"立足于道德价值和心性修养,尽心知性知天,消除物我的界限,将主体精神提高到天人一体的境界,天大无外,人心与天心合一。这种德性之知,展现在李柏的思想中就是以人心统摄外物,达到对德性之道、天人之道的悟解。

4. 天地父母说

除上述论说外,李柏在《槲叶集》中又指出:

> 天地之无情也。孰知天地者,最宽之父母,而我者最爱游戏之小儿也。父母之于小儿,一饱之后,听其游于东邻西邻,而未尝区区拘摄也。(《游凤郡东湖序》,《槲叶集》卷二)

> 吾欲把空中露洗我莲花心,不使染于淤泥,以待天地大父母收拾归去,则我之吉梦大觉长享快乐,永绝疑惧,如是之游获大利益。(《游凤郡东湖序》,《槲叶集》卷二)

从以上引文可以看出,李柏把天地视为父母,"我"视为"小儿"。这种以天地父母来诠释天人关系的说法,在张载《西铭》中也有类似的表述:"乾称父,坤称母;予兹藐焉,乃混然中处。故天地之塞,吾其体;天地之帅,吾其性。民,吾同胞;物,吾与也。"张载以德性之知、"大其心"提高个体的精神境界,使人心合乎天道。从这种个体精神与宇宙相合的境界看,吾性即天地之性,吾体即天地之体,天地是我的父母,民众是我的同胞兄弟。宇宙大化流行赋予个体道德的崇高与自足,个体生命属于宇宙,天人一体。有了这种精神境界,富贵贫贱,穷达利害,生死寿夭等皆变得微不足道。李柏继承了这一思想,以天地为宽慈父母,"我者最爱游戏之小儿",生于世上,追求的是一种至上的"莲花心"。这种"莲花心",恰是宇宙仁民爱物、清净无染的崇高精神的体现,在这一境界中,天地万物均与吾性相通,贫富贵贱、修短生死亦不足道矣!

(四)三教合一论

李柏改变了关学学者大都排斥佛、道的倾向,而主张三教合一,这是李柏思想的重要特点之一。《槲叶集》中存有《说天字》《少白山真武殿记》《重修吾老洞庙碑》《重修大兴善寺大佛殿碑记》等篇,其中多展示出其三教合一的思想。试析如下:

1. "教有三种而天则一阳"

李柏在《重修大兴善寺大佛殿碑记》中,提出"教有三种而天则一阳"(《槲叶集》卷二)的观点,这与其《说天字》中的思想相关。李柏认为"天,一而已。"(《说天字》,《槲叶集》卷二)"天"一字涵天地人三才为一体,贯通不离。这种理解实际上着眼于本体的角度,"一"既为万物本原,也存于万物之中。他说:"一字而蕴三才之义者也,故曰天得一以清,地得一以宁,王侯得一以为天下宗。"(《说天字》,《槲叶集》卷二)在老子思想中,"一"贯通天地人,与"道"相通。不过,李柏的立足点不再是《老子》的"一"之"道",而是基于"天,一而已"之"天"蕴含的"至一"本体义,且更倾向于《周易·系辞下》所云"天下之动,贞夫一也"之"至一"。这种本体意蕴上的"一",和太极是相通的。太极一体,化生万物,体用不离,显微无间。从这一角度看,儒释道无论是"以人合天",还是"以天合人",都是"事天静一"之学,都遵循"至一"本体。故李柏说:"天有三光,治有三统,教有三种……故教有三而天则一阳。"(《重修大兴善寺大佛殿碑记》,《槲叶集》卷二)

2. "三教圣人皆以空为欛柄"

李柏在《憨休禅师敲空遗响叙》中,提出"三教圣人皆以空为欛柄者"的观点。所谓"欛柄",喻指门径。李柏不仅认为三教可一,而且认为三教会通有一个门径,就是大乘佛教空宗所说的"空"。他说:

予闻师言,惊然曰:"空之时义大矣。三教圣人皆以空为欛柄者。是故孔子曰:空空如也。空,无知也。老子曰:空无所空。空,无物也。佛曰:万法归空。空,无法也。无法而与诸大菩萨、阿罗汉、一切比丘尼千二百人或说《四十二章》,或说《圆觉》,或说《妙法莲花》,所说皆法也。有说即不空也。然因问有说,说已即空,亦犹有敲即响,响绝即空。孔子讲《六经》,说《鲁论》;老子说《道德》,皆因敲有响,响绝即空。执以为空,空能生响,空不空也。以为不空,敲罢响绝。不空,空也。空,不空。空是一,一是二,孰辨之耶?"(《憨休禅师敲空遗响叙》,《槲叶集》卷二)

作为大乘佛教空宗理论的核心范畴之一的"空",其本义是建立在因缘和合基础上,对诸法实相(本性)的揭示,也是对佛教追求的离欲清净的寂静涅槃境界的描述。佛教认为,万物相有性空,其意义是要说明万物虚幻不实。在李柏看来,三教虽皆言"空",然而,"孔子讲《六经》,说《鲁论》;老子说《道德》";佛说《四十二章》《圆觉》《妙法莲花》等经又皆是说"有"。"空""有"的关系若"响"与"空"的关系,"有敲即响,响绝即空"。三教圣人说经说法虽着眼于"空",但均以"有"展示,说罢又复归于空,故云"不空,空也。空,不空。空是一,一是二"。总之,李柏以空作为儒道释三教的共同门径,即是以"空"来会通儒释道三教的。李柏之所以能以佛教的"空"贯通三教,是因为他对佛教理论比较熟悉。诸如他在《南游草·过熊耳山空相寺》中云:"空空空相寺,相空玩法通。不空不是法,是法空不空。"《东湖》中云:"水能涵月相,月能印水空,水月两不碍,人天如是同。"(《东湖》,《槲叶集》卷四)前者反映出他对般若学之空的熟稔,后者反映出对华严事理圆融理论的体悟。值得注意的是,李柏没有从佛教基本的因缘、中道理论来解释和发挥"空"义,其因在于李柏认为"空之时义大矣哉"(《憨休禅师敲空遗响叙》),李柏注重的是通过对应"时"之义的新诠释,会通三教,而不是拘泥于佛教固有教义。

3. "教有三种,道归一致"

李柏立于儒,浸于道,游于佛,从存心、治化之道方面阐述其三教观。

首先,从存心上看,李柏在《重修大兴善寺大佛殿碑记》中记述:

> (憨休曰:)其存心也,儒曰爱人,佛曰慈悲;儒曰戒慎恐惧、毋自欺,佛曰念起即是觉、以智慧剑斩断葛藤。其成功也,儒曰不勉而中,不思而得;佛曰出有入无法轮常转,自在无边。所谓教有三种,道归一致也。柏闻其说,豁然有解,因并书之。(《槲叶集》卷二)

无论是儒家仁爱说,还是佛家慈悲说;无论是儒家的戒慎恐惧、毋自欺,还是佛教念起即是觉、以智慧断妄念;无论是儒家"不勉而中,不思而得"的中道之法,还是佛教"出有入无法轮常转,自在无边"的禅观涅槃修行,都是从存心和精神修养上入手。所谓"教有三种,道归一致",皆不离存心、修养(证悟)之道。李柏又说:"先儒曰:个个人心有仲尼,则亦个个人心有真武,不可像也。不可像而求诸像,是土木黄金之真武,而非真真武,何也? 真真武在人心方寸之内,而不在深山长林,土木黄金也。"(《创建少白山真武殿记》,《槲叶集》卷二)土木黄金之真武像,非真真武;真正对人们有所帮助的仲尼、真武是从内心中寻取,显然儒道在回归内在心性方面是一致的。不过,在李柏思想里,心虽能会通三教,由于人心和天心不离,人心仍本于天心,所以天道才是会通三教的最后根源。

其次,从治化之道上看,三教也是"道归一致"的。在《重修吾老洞庙碑》中,李柏记述:

> 柏曰:世儒辟黄老道家流,专祀老子,其义云何? 曰:道家师老子耳。柏曰:不然。孔子为天下万世师。以予观老子,则亦天下万世师也。孔子尝赞尧舜禹汤文武周公为圣人,犹未离乎人也。及见老子,退而叹曰:其犹龙乎! 盖尊礼推服之至也。道流徒以长生清虚学老子,见其一节而

遗其全体也。老子之道,三皇五帝修身治国平天下之道。孔子之道,二帝三王修身治国平天下之道。圣人因时变化道,非有二也。……故曰孔子为天下万世师,老子亦天下万世师也。(《重修吾老洞庙碑》,《槲叶集》卷二)

李柏认为,治国平天下的治化之道与清虚隐逸之学二者为儒道所共有,"圣人因时变化道,非有二也"。孔子、老子之学修齐治平,而皆为天下万世师。然而,由于长期以来世俗的道流之徒不明此理,专注于学习老子的清虚"一节"之学,未能从"全体"着眼而忽略了老子的尊礼制、治国平天下的治化大道。李柏对道家政治思想的阐发,是一个重要的理论创造。

(五) 为学修养论

以为学为核心的道德修养论是李柏关学思想中的重要部分,既继承前人,又有自己独特的发展。

1. 关于"为学"

李柏为学的思想体现在以下三方面:

其一,为学的目的是"求入于圣贤之域"(《劝学通录叙》,《槲叶集》卷二),圣贤的人格品行是李柏为学、劝学的重要目标。李柏诗文中多次把老子、佛陀等都视为圣人,但是李柏更注重和突出儒家圣人的教化功能和教化形象。他说:"圣人之学,敬而已矣。尧舜敬而帝,禹汤文武敬而王,孔子敬而圣,颜曾思孟周程张朱敬而贤。"(《敬庵说》,《槲叶集》卷二)"孔孟以道德仁义教天下,传万世"(《得失篇》,《槲叶集》卷一),即体现了圣人的教化功能。在他看来,"入圣"是"穷天下亘万世第一等事"(《劝学通录叙》,《槲叶集》卷二)。

其二,李柏认为,为学至圣是可能的。从为学资质上看,李柏认为人的"赋性维均,当初原无分别,秉质各异,后来斯有参差"(《拟山中开义馆教授题词》,《槲叶集》卷三)。每个人的天赋禀性原初并无多少差别,而由于气质之性的不同导致了各自的差异。他认为,为学之道、希圣希贤之道,于天子、庶人都是平等的,关键看能否做到好学、勤学古代经籍,看能否做好出处隐见、吉凶动静等应变之事。李柏说:"《诗》《书》学问之能变凡人为圣贤,为豪杰也,岂惟一人一时为然?人人好学,人人可为圣贤;天下万世人好学,即万世人皆可为圣贤。"(《前劝学篇》,《槲叶集》卷一)李柏举例说:"宁越,田间之农夫也;庄蹻,楚之大盗也;段干木,晋之大驵也;子张,鲁之鄙家也;徐庶,汉之杀人者也;周处,晋之射虎者也;周小泉,皋兰屯军也;王心斋,海滨盐丁也,皆能亲师友,折节读书,改过迁善,为忠臣、孝子、大儒、志士,成名于天下后世。"(《前劝学篇》,《槲叶集》卷一)在他看来,每个人只要通过为学,皆可以入圣贤之域。

其三,李柏强调为学应注重笃实践行。针对时下之世风,李柏曾提出严厉的批评:

> 今之学者儒服儒冠,行非圣贤之行,言非《诗》《书》之言,不如云气、鱼鸟感阴阳山水而变化者,何也?物欲害之也。(《后劝学篇》,《槲叶集》卷一)

> 如以训诂辞章为学,而志在干禄,始而徼幸得荣,继而苞苴取辱,此犹白獭嗜鲻,鲖鱼嗜牛。至于亡身不悔,斯人也鲁,飞潜动植物类之不如,安望其能为圣贤豪杰耶?(《前劝学篇》,《槲叶集》卷一)

当时所谓的儒者,或为物欲所左右,或志在干禄,或追逐训诂辞章,此名为学习《诗》《书》之教,实则"仅得其类,应形似而已"(《后劝学篇》,《槲叶集》卷一),违离圣贤一以贯之的宗旨。他认为,为学之道在于能远去物欲,体悟圣贤之言,践履圣贤之行,"久而左右逢源,晬面盎背,即尧舜可学而至"(《后劝学篇》,《槲叶集》卷一)。

2. 关于"主敬"的修养工夫

李柏强调"主敬"对于圣学的重要性,说"敬也者,圣学之要领也"。李柏认为:"自古帝王圣贤之所由出,道德事业气节文章之所由成,纯臣良相之所由贞,未有不主敬者也。故曰圣人之学,敬而已矣。然则,后之学圣人者,岂有他哉?敬而已矣。"(《敬庵说》,《槲叶集》卷二)在这里,李柏在强调"敬"的重要性时,没有将其局限于个人身心涵养的范围之内,而是吸收《大学》"修齐治平"的外王之道,将其与古圣圣贤的文治武功结合起来,将"主敬"贯穿于修养工夫、教化社会、治理国家之道中,强调处处时时躬行持守。

李柏进而把主敬说与慎独的修养工夫联系起来,说:

> 遍乾坤皆金玉宝器,人对面不识是不明也,故智为第一。识得是宝,则必用力取之,非勇莫取也,故勇次之。取斯得之,则必守而勿失,非仁莫守也,故仁又次之。何谓守而勿失?曰主敬。何谓主敬?曰:戒慎乎

其所不睹,恐惧于其所不闻。(《语录》,《槲叶集》卷三)

智、仁、勇是儒家的"三达德"。"仁者不忧,智者不惑,勇者不惧"也是儒家修养工夫力求达到的境界。在李柏看来,欲成就"三达德"必须做到"主敬"。其主敬的一个重要表现就是"慎独"。《中庸》说:"戒慎乎其所不睹,恐惧乎其所不闻。莫见乎隐,莫显乎微,故君子慎其独也。"此说的本义是在强调个体的道德自觉,宋明诸儒对此大加发挥,如朱子一方面从心之"未发""已发"区别戒慎与慎独,认为戒慎出于意念未起之时的提撕警觉、收敛谨畏,慎独则是意念生起后的持守主一;另一方面从防微杜渐的角度加以发挥,主为以小见大,见微知著。李柏继承并发挥了这一思想,说:

杜渐于微。《易》言:履霜。绳钜木断,水凿石伤;鼠牙之穿,颓尔垣墙,凡百君子念兹莫忘。(《日喻》,《槲叶集》卷三)

凡人成功难,隳功易。有过易,无过难。一过掩百功易,百功掩一过难。见其难而阻之,过也;见其易而忽之,亦过也。盖入于过则出于功,出于功则入于过,理不易也。……一丝而青黄其色,一途而南北其步。危莫危于斯也,微莫微于斯也,故曰慎独要也。(《续功过格》,《槲叶集》卷三)

他认为,隐微细微之事虽未成形,但已慢慢滋长,发展到明显之处,绳钜木断,水凿石穿,颓尔垣墙的现象均可出现。危难源于微小之事,失败藏于隐微之中。落实于人的身心修养上就要"慎独",即要时时心存敬畏之心,事虽小不可不谨慎对待。以人的某一过错掩盖其诸多功绩是比较容易的,但是要以人的诸多功绩掩盖其某一过错却是很难的。所以,某一细小的过错往往会导致大的危难,因此人一定要尽可能做到"慎独"。

四、李柏的社会政治思想

作为明清之际社会变动中的思想家,李柏对社会、政治的变迁有着切身的认识。作为明末遗民,他一面力求为持守个人气节做出合理的解释,一面把明清易代置于整个历史的发展中去看待。其社会政治思想多是随感而发,涉及面较广,兹从以下几方面略述之。

(一)经权论

经权论是儒家阐发义理原则与具体实践关系的重要理论。李柏继承和发展了这种思想,他说:"经,常也。权,变也。""程子曰:'权者,圣人之大用。而亦常人之大用也。'盖圣人用权,可以济世;常人用权,可以济身。"(《用权》,《槲叶集》卷一)经是儒家不变之义理,也是应遵循的基本原则;权是时措之宜,即依据变化的情况做出的权变。李柏说:

> 惟仁者为能守经,惟智者为能用权。何也?仁者乐山,山主静,静与经合;智者乐水,水主动,动与权应。仁智有相成之术,经权有互用之时。虽然,不可不辨也。有深仁者,必有大智,用权而权在经内;有私智者,先之以小仁,用权而权在经外。权在经内,放南巢而非篡也,诛独夫而非弑也;权在经外,假周公而新室兴也,托文王而汉祚斩也。盖汤武遵经用权,公在天下,道行万世。曹莽叛经任权,利归一家,贼在天下。此用权公私之辨也。夫岂无专经弃权者乎?曰:"有之。"尾生守桥下之信,子莫坚执中之操,不惟弃权,并弃经矣。(《用权》,《槲叶集》卷一)

这段关于经与权关系的精彩论述,叹为观止。更重要的意义在于,李柏把儒家的仁、智思想与经权观相联系。他认为仁为不变的义理,智则左右着权变,仁智相成也就是经权相结合。但是,用权又存在公私之别,作为大仁大智者以公心用权,经权实为一体的不同方面,"用权而权在经内";而小仁私智者,则是以私心用权,过度使用权,权在经外。权在经内可以利天下,道行万世;权在经外则仅利归一家,祸及天下。在论述中,作为具有强烈实践精神的李柏,既强调经的重要性,也看到"权"的重要性,反对腐儒经生不切实际的妄谈。

(二)德治论

李柏继承了儒家德治的思想,并根据社会历史的变化对德治的意义作了阐发。李柏认为,按照德治的要求,统治者必须先主敬修身以蓄德。他在《大宝篇》中说:

> 昔者圣帝明王之守宝也,尧以钦明安安,舜以恭己无为,禹以惜寸阴,汤以圣敬日跻,文以缉熙敬止,武以敬胜义胜。其操存人人殊,而归

于主敬,则一也。客默然从之,忽爽然谢曰:"吾今而知帝王之道在守宝,守宝之学在主敬。(《大宝篇》,《槲叶集》卷一)

在他看来,过去的圣帝明王虽然治国的方法有异,但都能以"主敬"为自己修身的原则,而修身则是治国的前提。李柏认为,"帝王之道在守宝,守宝之学在主敬"。而从历史上看,凡违背德治、戕害天下者,最终都要消亡。他说:

> 盖五霸七雄之术可以杀天下,乱天下,以侯王而争一时之天下;孔孟之道则生天下,治天下,以匹夫而教万世之天下。以德、以力,用心不同,故得失亦异也。(《得失篇》,《槲叶集》卷一)

> 盖七雄之杀人,类纣;而五霸之用术,如曹(曹瞒),均欲以战伐攻取得天下,旋踵即亡。惟孔孟以道德仁义教天下,传万世。所谓舟车所至,人力所通,天之所覆,地之所载,日月所照,霜露所坠,凡有血气者,莫不尊亲。此孔孟之天下也。(《得失篇》,《槲叶集》卷一)

李柏认为,"惟孔孟以道德仁义教天下",只有遵循孔孟以仁义之道来治国的原则,国家才能长治久安。李柏也是以此来反思明王朝因离德而亡国的教训的:

> 近世嘉靖天启以来,笃实君子在草野,虚文小人满朝廷,上欺其君,下虐其民。民不堪命,聚而为盗。盗满天下,由盗满朝廷也。卒之,六龙失御,社稷丘墟,秦关燕城,无一可守,则王公之设险安在乎?茅元仪曰:疆场之小盗易灭,庙廊之大盗难除。王者能使庙廊无盗,则省会无盗,则郡邑闾里亦无盗,是筑天下人心为函谷也,又何设险守国之足云。(《南游草·过函谷关》)

在他看来,保护国家真正的堤防是要通过德治来建立的,是通过"筑天下人心"之堤来实现的,而不在于"设险守国"。明王朝不以德治国,不能仁爱百姓,其失败是必然的。可见,李柏的历史观是以儒家的德治思想为基础的。

五、李柏在关学史上的地位及影响

李柏作为清初隐匿山林的儒者,其生前殁后在关学史上都曾发生过较大的影响。主要表现在:

(一)"道继横渠"

在关学史上,关于李柏的地位曾有过不同的看法。清代学者高赓恩曾对学界未将李柏"许为名儒,而屏之关学之外"提出质疑(参见高赓恩《重刻雪木李先生〈槲叶集〉序》),这涉及关学史上对李柏的定位问题。李柏之学旁涉百家,故世人常未许其为名儒,甚至王心敬、李元春的《关学续编》皆不载。也许李柏力体孔颜,游心释老的奇节异行,在某种程度上掩盖或冲淡了其作为理学家的身份,再加之很久以来,"二曲(李颙)、天生(李因笃)著书久显于世,先生(李柏)《槲叶集》往往求之不得,是以二曲、天生后生犹多能举其名姓,至先生则知之少矣。"(贺麟瑞:《清麓文集祠堂记》)这大概是导致李柏长久以来其学不显的重要原因。但是,事实上他在关学史上有重要的地位,这也是许多学者所认肯的。清三原学人刘绍攽在《九畹文集》中说:"(李柏)乃入太白山,十年成大儒。"《凤翔府志·儒林》:"贯穿百家,勃窣理窟,与朝邑李楷、富平李因笃齐名,称'关中三李'。"王于京在《太白山人〈槲叶集〉叙》中引李因笃说:"行伯中孚李先生,行仲雪木李先生,学业文章,诚足羽翼六经,发蒙振聩。"沈锡荣在《重刻太白山人〈槲叶集〉序》中说:"生平手不释卷,于书无所不读,贯穿百家,而惟守关、闽之学为宗旨。"其所说"惟守关、闽之学为宗旨",足见其不仅是一位理学家,而且其学与张载关学有直接的关联。李柏作为理学家的身份,随着《槲叶集》的重刊,至清中后期日益被甄定。光绪十九年(1893),郿县知县毛鸿仪创修"雪木祠",其所题匾额为"道继横渠",明确肯定了他作为关学大儒的历史地位。

(二)继承关学躬行礼教、崇尚气节的宗风

宋联奎等在《关中丛书·跋》中说:"清初,自康熙迄乾隆,秦以名儒、隐逸、鸿博荐者至十三人,三李之名最卓,而其学之津逮于后来者尤大,盖自三李以道德、气节闻天下,诸儒慕之,均重操行,熏陶所及,遍于乡国。"李柏虽以隐逸为尚,但心存济世之志,颇推崇张载,曾访横渠张子祠。李柏躬行礼教,尤重孝道,"事母至孝,备历难辛,而色养不衰"(《国史·儒林传》)。母卒,庐墓三年。作《鬼孝子传》,认为:"孝,人道也,经也,常也。""至孝之人,天性纯粹蕴结不散,寒烟冷魄,总难磨灭。"且多篇文章为遵守礼教节操的忠臣烈妇作传或讴歌。所著《槲叶集》,被人称为"皆大为表章于正学缺微之日,此关

学再起之一机也"（高赓恩《重刻雪木李先生〈槲叶集〉序》，《槲叶集》）。李柏生平隐居求志，崇尚气节。遇事光明磊落，"不投时好处"，"若时下之龌龊委琐之态，二三巧诈之态，则毫厘不以缁"，从不奴颜婢膝，更恶种种媚态，"虽贵人前，必伸其意之欲言"。文如其人，其文总是"率出自胸臆，不蹈袭前人"（王心敬《太白山人雪木李先生墓碣》，《槲叶集》）。"先生学道得力，抗节孤高，足维名教。视世之撄情华朊无初终易操者，固高出万万。"（王步瀛：《重刻〈槲叶集〉序》，《槲叶集》），人谓其"石骨木颜"（钱仪吉《太白山人传》）。可见，李柏"志洁行芳，皎然绝俗"，与自张载以来关学重躬行实践、崇尚气节的宗风一脉相承。

总之，李柏学守关、洛宗旨，又受心学影响；以儒为本，游心佛道，山林之间，卓然一家；既有济世之志，又有隐逸情怀；能躬行礼教，又崇尚气节，这些都与李二曲的思想相当接近。以诗文表达理学的思想也是李柏的一个重要特点。他是清初关学史上一位非常有个性的学人。

第五节　李因笃的理学思想

明清之际，关中人文颇盛，其有隐逸之心（时称"关中隐逸"）又不忘经世济民者，代不乏人。而当时雅重"尤以三李为尊"（《吴怀清自序》，《关学编》）。三李之一的李因笃（1631—1692）是清初关中的著名学者和诗人，其"以文学名海内，而慷慨有豪侠气"（井岳秀：《〈关中三李年谱〉序》），其"发横渠以礼教人之指"，重于躬行，崇尚气节，在当时思想界和文学界都产生了较大的影响。

一、李因笃的生平及著作

李因笃字天生，更字孔德，又字子德，陕西富平人。祖上山西洪洞县，后于金元之际避乱而来关中，遂为富平县人。生于明崇祯四年（1631），卒于康熙三十一年（1692），享年62岁。其父孝贞先生，乃冯从吾的门生，英年早逝，李因笃由母亲抚养成人。

五岁时，李因笃随外祖父田时需于私塾读《四书》及《孝经》《尚书》等，皆能过目成诵。十一岁应童子试,为乡邑第一,十三岁致力于举子之业,开始了与诗友交游。十七岁时,遍游长安,仿杜甫而作《秋兴》八首,时人皆赞。二十八岁时,受聘至陈上年家为塾师,后因陈上年擢为雁门署,遂至雁门,期间"益发愤读《六经》及濂、洛、关、闽诸大儒书",其诗文名播海内。康熙二年(1663),李因笃在代州与顾炎武共游五台,定终生之交。傅山、屈大均、朱彝尊等人皆慕其旷世之才,纷纷来访,"自有名士以来,以布衣声动四方,未有如公之盛者也"。康熙六年(1667),他离开雁门归家。次年,代顾炎武伸冤,救其于山东济南狱中,"于是义声振天下"。

康熙十一年(1672)春,入高钦如幕府为幕僚,后又避地凤翔、延安,所至之地监司守令,皆倚公如长城。康熙十七年(1678),李因笃会顾炎武于李颙家中,时朝廷多人举荐,因笃以母病力辞。康熙十八年(1679)春,诏试博学鸿儒,李因笃名列一等第七,受命撰修《明史》。夏五月,诏授检讨职,后多次乞养归家,皆不被采纳,遂上《乞归养疏》而归。康熙二十三年(1684)春,李因笃应董公之聘,主讲于关中书院,是年,其母去世。次年,与李柏等会讲于朝阳书院。时"先生首发横渠以礼教人之指,细论有守有为之义,而断之于审几,以著思诚之体。"

康熙二十八年(1689)春,患疾,语言謇涩,行则须杖。然依旧终日凭几读书,改正旧稿。康熙三十一年(1692)冬,其疾日渐加重,在谆谆告诫子孙之后,瞑目而逝。

李因笃一生酷爱读书,学识渊博,虽学宗朱熹,主审几思诚,但深受张横渠关学的影响,论学重经贯史,教人强调约之以礼,贵躬身践行。他一生笔耕不辍,长于文字表达。不仅于理学思想上有所建树,还工于诗,精通古音训,著述甚丰。其著作有《春秋说》《诗说》,《汉诗评》五卷,《汉诗音注》五卷,《古今韵考》,《受祺堂诗集》十五卷,《受祺堂文集》四卷,《续刻受祺堂文集》四卷等,编有《会讲录》。

二、李因笃的学术思想及其特征

(一)经学即理学的学术观

江藩在《宋学渊源记》中说:"李因笃其学以朱子学为宗,时二曲提倡良知,关中人士皆从之游。二曲与因笃交最密,晚年移家富平,时相过从。各尊所闻,不为同异之说,君子不党,其二子之谓乎?"(《宋学渊源记·李因笃传》)事实上,李因笃不只是表面上谈论理学,他对理学有着非常深刻的见解和明确的立场。康熙十四年(1675),富平令郭传芳迎李颙避兵乱而移家富平,李因笃撰《隐士庄拟山堂记》,称李颙倡明圣贤之学,"笃实之征,光辉莫掩"(《受祺堂文集》卷三),对李颙的理学思想及其实践表示推崇和敬仰。

李因笃在经学研究方面造诣甚高,清初散文家汪琬与人论师道书时尝谓:"当代未尝无可师之人,其经学修明者,吾得二人焉,曰顾子宁人,李子天生。"说明李因笃当时在经学方面已与顾炎武齐名。顾炎武亦在《抄书自序》中说:"天生今通经之士,其学盖自为人而进乎为己者也。"从表面上看,似乎他推崇程朱理学,实际上他继承关学传统,弘扬张载以礼教人思想,大力倡导经世致用之风。主张人既要洁身自守,又要有所作为。他向友人讲述自己的学术研究时说,用了整整十年功夫研究《朱子全集》,希望把朱熹的思想与《四书》联系,并找出它们之间的关联及其与现实的关系,尽管有人嘲笑,但他不为所动,认为下这种功夫是值得的。王士祯曾称天生"博学强记,《十三经注疏》尤极贯穿"(《谈艺》,《池北偶谈》卷一一)。乾隆时,沈德潜称"天生邃于经学"(《李因笃小传》,《国朝诗别裁》卷一一)。屈大均记"丙午山史携入西安,与天生相见,再拜定交,时天生方编《九经大全》"(《翁山文外·崇周游记》)。丙午为康熙五年,时李因笃三十六岁,已对经学有较深的钻研。

身处明清变革时期的李因笃,同当时众多有识之士一样,对明亡之因进行了反思。他认为,明朝灭亡的根本原因在于经学研究的主观学风,及由此导致的士大夫忽视经世致用的浮躁风气。此在其为王弘撰所写的《正学隅见序》中有充分的体现。李因笃认为,程朱理学使儒学之内圣与外王合为一体,其贡献是值得肯定的,相对于汉唐儒者而言,理学更注重内在精神品格的养成,但对国计民生的根本大法却注意不够。陆王心学主尊德性,忽视道问学,只能导致世风虚浮,无益于国家。

因此,李因笃认为,研究经学的目的是通晓治国之道,这样才有裨于国计民生。据此,他在自己的著作中总是结合现实、针砭时弊、陈献良策,例如,对以科贡之法还是以选举之法选拔人才这一问题,他的看法是"天下必无无弊之法,善用之可也"。李因笃在《与孙少宰》中说:

窃观当世儒者,亦有留心斯道,高谈孔、朱如某某其人。然皆摭拾语录,妄称性命之旨,而绝不知从事经学。自因笃论之,断未有不深于经学,而能以理学名世者也,汉唐诸儒岂无天资卓迈、出处较然者,而终不得列理学一席,非经学之不纯故乎?"(《与孙少宰》,《续刻受祺堂文集》卷三)

显然,在他看来,经学即理学。根据对经学与理学关系的这一理解,他认为,汉唐诸儒尽管"天资卓迈,出处较然"者甚多,但终不得称为理学,原因在于其重衍经学末纶;而宋儒朱熹之所以称为理学大师,原因在于其学能以经学为本。如其《四书集注》"尽善尽美,无可遗议"(同上注)。李因笃提出理学以经学为本,正是要弘扬通经致用、求真务实的学术价值观,以区别和扭转某些理学家空谈心性、脱离实际、不讲实用的空疏学风,李因笃明确指出当时儒者受此空虚学风影响所导致的严重弊端。如此看来,借用推崇经学来提倡经世致用的实学,是清初大儒扭转学术方向的一种重要举措。顾炎武也明确提出"古之所谓理学,经学也"(《与施愚山书》,《亭林文集》卷八),又说:"古今安得别有所谓理学者?经学即理学也。自有舍经学以言理学者,而邪说以起。不知舍经学则其所谓理学者,禅学也。"(全祖望:《亭林先生神道表》,《鲒埼亭集》卷一二)李因笃的观点与顾炎武一致,体现了他与顾炎武相近的实学学风。

为了开创研究经学的求实学风,他和顾炎武一样,颇重音韵学的研究。认为:"读九经自考文始,考文自知音始,以至诸子百家之书,亦莫不然。"(《亭林文集·答李子德书》)由于共同的学术追求,李因笃与顾炎武结下了深厚的友谊,他们共同科学而合理地考证了音韵学的发展,这从一个侧面对当时浮虚的学风、世风起到了一定的匡正作用。

(二)务求实用的社会政治观

李因笃不但在经学观上倡导求实,而且在社会实践中充分贯彻了求实的精神。《受祺堂文集》卷一至卷二有策论十三篇,他写漕运、郊祀、圣学、荒政、治河、天文、历法、史法、盐政、钱法、乐律、屯田、用人等文章,都是考证源流、针砭时弊、引古筹今的经世致用之作。故而,李因笃能直接面对现实问题,对于关系国家命脉的政治、经济、军事等内容均有研究。显然他秉持了张载关学的笃实传统,"语学而及政,论政而及礼乐兵刑之学"(《二程粹言卷上》,《二程集》),体现着鲜明的求实之风。无论是漕运、郊祀、荒政、治河,还是盐政、历法、用人等,每一个问题都从历史出发,根据时代特点,提出合乎时宜的解决办法。

在他的《受祺堂文集》中,策论几占篇幅的一半。在十三篇策论中,其《漕运》《圣学》《荒政》《治河》《史法》《盐政》《钱法》《屯田》《用人》等九篇即为治国兴邦之论。在这些文章中,既无逢迎之词,又无粉饰之言,而是指出源流得失,提出挽救治理之法。

《圣学》篇中说:"今天下之弊极矣,其患在奢,其风自上。愚谓公侯之家,世禄之胄,一马之饰,费之数千,一食之须,费之数百,以至宠赂公行,恬不知愧,害将有不胜计者。令非不严禁之,然骄奢之源不杜,货贿之流不息,而欲清其源,则必自上始也。"这是对当时奢靡之风上行下效之弊的深刻揭露。

在《史法》篇中,李因笃对传统史学进行了反思。他认为司马迁具有良史之才,具有史学的求真意识。他认为《史记·五帝本纪》所述轩辕、颛顼、帝喾之事,皆依据《世本》,而尧舜则专用《尚书》,比起其他史著来,要可靠得多。又如,对于刘邦父母,司马迁不像班固那样曲加渲染,而是秉笔直书、实事求是。此外,他还具体讨论了如何作史书的问题。"作史前要旨有二:曰简才,曰厄事。"前者指选择人才,根据各人的特点承担相应的写史任务。后者指像司马光撰《资治通鉴》一样,先搜集数据,广采异同,以时间为纲,编成长编。除此之外,他对于史书的体裁、文采、凡例等都作了具体的论述,要通过他所讲的"辩体""尚质""阙疑""治例""原赞""专任"等六个方面的准备,"当此时能留心史法,先择其二,并谋其六,俾重且大者以次举行,则史其庶几乎。"(《史法》,《受祺堂文集》卷一)这样方可完成一部真正的史学著作。他的期望在于"世之有志史事者谨守先王之戒,而无徒托诸空名,则黄、虞、周、汉以来之大典,二十一家之源流,当不至今日而中绝也。"(同上)李因笃此处所提到之"二旨六法",在中国史学史上具有重要地位,对于史论产生了积极的影响。

他在《漕运》篇中提出"汉武官多徒役众,故恒苦不给,官多而不切于用,宜汰冗员,徒役众而无益于事,宜汰冗卒,则食粟者少,而民力可以日舒。由是观之,国计之赢缩,在用之奢俭"的主张,这对于通过改革以缓解社会矛盾有重要的借鉴意义。

在《用人》篇中说:"周汉以来,取人以人,唐宋以后,取人以言。夫君子不以言取人,自孔子已有是说矣。今夫天下忠孝廉节利害臧否之故,能言之不必能行之也,况且不能言之乎?"显然他主张要"以人取人"而不要"以言取人"。他又说:"夫资格者,弊之所由集也,先王创为一代之法,以新天下之耳目,而后至言为资格,以阻贤才登进之路。"反对在用人上重资格而轻人才的倾向,主张破格选用人才。

在《盐政》篇中谓:"古者开创之初,类薄取于民,而其用常足。及其后,加赋数十百倍,而其用益困。国之贫富,在上之俭奢。故夫圣主在上,躬行俭德,尝使其下之不易竭,而后之有可加,是计之一时,且享之数世矣。"主张"薄取于民""躬行俭德",反对铺张浪费,提倡勤俭节约。

另外,他在《治河》篇里讲如何疏通河道,防止水患,扩大灌溉;在《钱法》篇里讲如何发行贷币,发展贸易,平抑市价,增加财政收入;在《荒政》篇中讲要以丰补歉,防止灾荒;在《屯田》篇里讲军队如何开荒种田,寓兵于农,减少国家开支,减轻人民负担;在《漕运》篇里讲到运输、建仓、开渠、垦田、屯粮等等,都充分地体现出李因笃求真务实、经世致用的思想,与顾炎武所说"六经之旨与当世之务应该结合"的主张不谋而合。

(三)崇尚气节

李因笃曾发奋读六经及濂、洛、关、闽诸儒著作,其思想"恪守考亭,不参异见"。时二曲倡良知之说,关中士人多从之游。李因笃虽与二曲友善,但仍各尊所闻,"不为同异之说"。然在躬行礼教、崇尚气节方面,一如张载、二曲。博学尚志,故隐归乡里,"山居奉母,布褐是甘",不与世俗同流。康熙十七年(1678),清廷为延揽人才,缓和与汉族士人的民族矛盾,广开博学鸿儒科,诏举文行兼优之士。内阁学士项景襄、李无馥,大理少卿张云翼等以"学问渊通、文藻瑰丽"荐举李因笃,因笃以母老家贫为由,力辞不就。然而,康熙早闻其名,称他与秀水朱彝尊、慈溪姜宸英、无锡严绳孙为"四布衣","必欲致之"。地方官吏奉旨催促,李因笃不从,以死抗拒,后在母亲的规劝下,于秋季方涕泣登程。

康熙十八年(1679)三月一日,李因笃扶病考试,皇上拔之前列,名列一等第七,授翰林院检讨,受命纂修《明史》。李因笃自抵都以至授职后,以母老孤丁,无所依托为由,屡次具呈上疏,先后上疏陈情三十七次。《告终养疏》其文情词恳切,可与"李令伯(李密)《陈情表》同擅千古","其文可追班马,为我朝第一篇文章"。康熙"鉴其诚,许之,不以违制也",遂准许他的请求。出都之日,京师士大夫数百人为其送行,朱彝尊"祖饯于慈仁寺","挥泪而别"。龚鼎孳为其题写"西京文章领袖"六字赠行(参见吴怀清:《关中三李年谱》卷七)。当时他与周至李二曲、华阴王弘撰(山史)、三原孙豹人(枝蔚),被王渔洋(士禛)誉为"卓然自挺于颓俗之表""超然尘埃之表",不受清廷笼络的"关中四君子"。(王弘撰:《外大吏》,《山志二集》卷五)江藩在《宋学渊源记》中述及"亭林在山左被诬陷,因笃走三千里,至日下泣诉当事而脱其难"之事,称其"平生尚气节,急人之难"。

康熙二十年(1681)冬十二月,顾炎武在山西曲沃病倒,他以信告诉李因笃,因笃即"遣使奉候"。岂料次年春节,顾炎武在宴请宾朋后的一天,因上马失足,旋即去世。噩耗传至富平,李因笃痛苦欲绝,遂挥泪写了《哭顾亭林先生一百韵》,深表其对友人顾炎武的悲痛与怀念之情。

(四)正论关学

李因笃在《与曹太守》中云:"云岩(今陕西宜川,张载曾任云岩令)首创关学,淳修峻节,为敝乡三代之后一人。"(《续刻受祺堂文集》卷三)对关学的创立者张载给予很高的评价。后又在《重修宋诚公横渠夫子祠记》中说:"关学之兴,肇端张子,文武周公而后,吾西土言圣人之道者,莫之能先也。"对张载力创关学之功大加表彰。"诚公为二程中表尊行,首撤皋比,力相推挽。徽国继起,遂集大成。盖自是内圣外王结合为一。天下之言学者,论地则四,论人则五,四海之广,千百世而遥,较然于此心此理之同,循循知所依归。"(《重修宋诚公横渠夫子祠记》,《受祺堂文集》卷三)张载所创之关学与周敦颐所创之濂学、二程所创之洛学及朱熹所创之闽学相砥砺,广泛流传天下。他又结合当时思想状况,对明代关学史发展的状况作了简要的勾勒和阐发,可谓的当之论。他说:

> 嘉靖末,姚江实本鹅湖,树帜良知。彼天资既高,危言骇俗,又负大勋于当代,据建瓴之势,号召其徒,闻者如饮酒中狂,趋之唯恐不及。……而吾秦高陵、三原独恪守传注不变。于斯时也,关学甲海内,嗣则孙恭介、温恭毅皆比老畯服田,弗敢畔于先畴,而耰耨之功,长安冯恭定公尤著。溯其原委,以诚公为不祧之祖,诸贤各自绳其小宗。(《重修宋诚公横渠夫子祠记》,《受祺堂文集》卷三)

在王学盛行的背景下,关中学者能祖述张载之说,恪守不变,确为难能可贵。他对关学的理解恐已不仅仅局限于张载的道学,已具有关学学术史的视角。如其所言:"关中之学,经术则高陵、三原,辞赋则北地、武功。起衰正始,震动当世。"(《朱大参山辉先生墓志铭》)然此种关于关学的说法,盖亦未超出道统化的学术发展格局。"茹明府苍岐之三载,筑学宫,既成,于是即其西偏创朝阳书院,祀宋张诚公堂上。而设皋比,讲学其间。"(《创建朝阳书院序》,《受祺堂文集》卷二)将张载作为"关西夫子"祀于书院和祠堂,鼓励地方后学,促进地方教育事业发展,成为明清时期关中文化的一个重要现象。

总之,李因笃思想既注重经世致用的价值追求,又崇尚有类隐逸的气节。这两种观念,一方面体现了明清之际的实学学术取向,另一方面也继承了关学学者崇尚气节的传统。关学自张载创建以来,学术思想几经变化,但重于躬行、崇尚气节的宗风却代代相传。故言关学之道统,非仅以"气本"等学理论之,亦应注意其所尚与风格,这或许也是我们探讨关学源流的一个重要途径。赵馥洁先生在《关学精神论》一书中亦云:"经世致用、开物成务的实学精神,是关学800余年来培育的优良学风,它不但在宋明理学中独具特色,也在整个中国的思想史、学术史上放射着光彩。"李因笃虽然在关学思想史上没有产生较大的影响,一般史传所表彰的多为其文学,对其思想状况往往掩而不彰,这对全面把握李因笃难免失之于偏颇。事实上,在明清学术转变的大背景下,李因笃既重视对王学末流蹈于空疏的纠偏,又秉承关学宗风——注重躬行、崇尚气节,为关学在清初的发展起到了重要的推动作用。

第六节 王心敬:"继横渠道统,承二曲心传"

王心敬,字尔缉,学者称丰川先生,陕西鄠县(今户县)人。生于清顺治十三年(1656),卒于乾隆三年(1738),清代著名理学家,是被誉为清初海内"三大儒"之一的关中理学大师李颙的嫡传弟子。

一、王心敬的生平及著述

王心敬出生于贫寒之家,十岁时其父去世。其母李氏一边力持家务,一边代夫教子。王心敬少时大抵从学于其邑王鄯(字汉侯),"追随杖履",侍学十数年,当时所习主要是科举时文。他学习刻苦,成绩优异,十八岁入庠,十九岁食饩,二十岁后已"文名藉甚"。然二十二三岁时,"稍稍涉猎经史群籍",便对"孔、曾、思、孟之学"产生了浓厚的兴趣,立志"为丈夫",并有舍科举之念。对他的这一想法,其母李夫人不但未加反对,且欣然支持。并劝勉云:"人生要当以圣贤为期,科第固所藉以进身,德业尤所本以立身;苟德业不足,即幸掇巍科,跻膴仕,非所愿也。"(《母教》,《二曲集》卷一六)在其母的鼓励下,丰川"遍访当世明贤,择为师资"。

康熙二十一年(1682),王心敬"遂弃诸生之业",专门从学于二曲。据说他"朝夕执侍,一意暗修"(《二曲年谱》,《关中三李年谱》卷二),再兼他"心若青天白日,品犹野鹤,气魄宏毅"(《又答张澹庵》,《二曲集》卷一六),二曲觉得他"可望以任重致远",对他犹"甚注意"。所以,当二曲别筑垩室独处之日,"时人罕接其面",而丰川却能够"朝夕侍侧",独聆教诲。如斯侍学二曲近十年,后因母老侍养辞归。

"学既成,归家侍养,日理经史,自濂、洛、关、闽,以至河、会、姚、泾之学,折衷至当,不分门户。"(《丰川王先生》,《关学宗传》卷三九)为了深化学术,广益乡间,他与同门在其邑创建了二曲书院。该书院除邀请二曲前往讲学之外,还邀当时学人于此切磋学问。此外,则闭户读书,一心潜修,即所谓"终日默坐"。由于他"学问淹博,有康济之志"(江藩《宋学渊源记》),不几年其名即为时人所传。时任陕西提督学正的朱栻(字若瞻,号可亭),也屈庐造访,随后一些儒学官僚相与问讯,渐"名扬海内"。康熙四十五年(1706),贵州巡抚陈诜(字叔大,号实斋)修建阳明书院成,邀丰川往之讲学,他以母亲年高,不离侍养而辞。翌年,福建巡抚、当时的儒学名臣张伯行(字孝先,号敬庵)建成鳌峰书院,邀丰川往讲学,亦以母老侍养而辞。康熙四十八年(1709),陈诜改任湖广巡抚,又邀请丰川讲学于当地的江汉书院,丰川遂于十二月往之。据史载,于江汉书院讲学之日,当地"荐绅庠序执经北面者,履满余庭"。康熙五十三年(1714),张伯行(敬庵)改任江苏巡抚,再邀丰川讲学于当地的紫阳书院,五月丰川携次子王功前往。当时,该书院理学一尊朱子,诸生大多以辟王为尊朱,丰川"力与之争",乃使当地"士风丕变"。然当任湖广总督的额伦特以"山林隐逸"之名,荐丰川于朝时,丰川以疾力辞,遂从吴门返回陕西。为了避免清廷注意,从此闭户读书,不再外出。

康熙五十五年(1716),额伦特征集其在江汉书院讲学的讲义及往来论学信札等，编次后梓行，即《丰川全集正编》《丰川全集续编》与《丰川全集外编》。然雍正二年（1724）和乾隆元年（1736），清廷又分别以《明史》分纂之任和"孝廉方正"之名再次征召，丰川均以双耳失聪、年老体衰而谢辞。在闭户读书期间，他曾于六十九岁开始，遍注儒家五经，即我们今天所见到的《丰川易说》《丰川诗说》《春秋原经》《尚书质疑》和《礼记汇编》。

然而王心敬并不是"一心只读圣贤书，两耳不闻窗外事"之辈，凡事关国计民生者，他无不关注。他所著的《论选举》《区田法》《井利法》《兵饷》等文，"皆可起而行"。额伦特率军平藏时，王心敬与之书信往来，多与参谋，以至于"夜来独喜得佳梦，应是今秋喇藏平"。

因其关心国事民生，故见重于当朝。雍正八年（1730），其次子王功陛见，雍正皇帝嘉之曰"名儒子，故不凡"。果毅亲王过秦，亦殷勤问候。乾隆元年（1736），蒲城某士廷试，相国、大学士鄂尔泰有"丰川安否"之问，可见其当时声望之高。乾隆三年（1738）三月，丰川卒，入《国史·儒林传》。乾隆十一年（1746），陕西巡抚陈宏谋题请丰川入鄠县乡贤祠，即受祭祀。

王心敬著作颇丰，除遍注五经外，杂著亦甚多。其主要著作有：《丰川易说》十卷、《丰川诗说》二十卷、《尚书质疑》八卷、《春秋原经》十六卷、《礼记汇编》八卷、《关学编》六卷、《丰川全集正编》二十八卷、《丰川全集续编》二十二卷、《丰川全集外编》五卷和《丰川续集》三十四卷，以上著作除自结集和单本形式流传于世外，还被当时和以后所修的四库类丛书所收录。其中《四库全书》文渊阁本著录《丰川易说》，《四库全书存目丛书》收录有：《丰川古今尚书质疑》《丰川诗说》《丰川礼记汇编》《四礼宁俭编》《丰川全集正编》《丰川全集续编》《丰川续集》以及《关学编》（续编），《续修四库全书》收录有《关学编》（续编）。另外，《关中丛书》收有《丰川杂著》《皇朝经世文》，在《关中两朝诗文钞》中亦收有丰川部分诗文。

二、王心敬的理学渊源

王心敬理学思想的来源，追溯起来主要有以下两个方面：

（一）对二曲学说的师承

康熙十八年（1679）八月，李二曲从富平归里，十月，王心敬即"访当世名贤,以择为师资"负笈来拜。当他"熟察"二曲"学术人品"之后,便"纳贽"从学。二曲教给他的是以"洞本彻源,真透性灵"来"作世间快活大自在人"。丰川闻教必躬,白日存省,"夜来独自检点",力求守住那"憧憧往来"的神秘意境。即使别师归家,亦坚持"半日读书,半日静坐"(《上二曲夫子》,《丰川全集正编》卷一六)。如此学习近十年的功夫,终得以"绍二曲夫子之学"。王心敬从二曲处所学主要有三:一是倾向于心学的理学思想。二曲教人体认天理,自识本心,这一点王心敬是心知肚明的,他直言其师"教人体认大体亲切"。他自己也一本师旨,不但自己静坐体验"未发前气象",而且"有人问学,曰'反求诸己而已'"(江藩:《宋学渊源记》)。二是向原始儒学还原的为学方法。面对朱王之争的学术现状,徒与之相争是解决不了根本问题的。为了从理论上予以澄清,二曲选择了以心学为基础回归原始儒家的学术探索之路。对此王心敬非常明白,他说"先师晚年谆谆折衷此学,每欲一消门户之偏私,归会孔孟之大全"(《与泾洲诸同门》,《丰川全集正编》卷一六)。正是基于这一认识,当他面对争讼日益激烈的门户之见时,便很自然的走上了这条学术道路。三是消解朱、王之争的学术使命。明末清初理学内部的朱、王之争,不但经久不息,且愈演愈烈,以至发展到"学者讳言陆、王"的地步(参见周元鼎:《关学续传·丰川王先生》),然而这一争执的结果是整个理学的色调日渐黯淡。对此二曲忧心忡忡,遂以复兴儒学为己任,对关学的振兴更表现出舍我其谁的气概。王心敬体会到其师"以身卫道"且"以一身任纲常名教之重"的凌云壮志和良苦用心,也毅然以此为己任。当其子王功劝他"或宜讳言之,以息纷纷之争"时,他竟然怒斥:"小子何言鄙也!"并说:"违平日素心,取悦世儒,心何安乎!"(周元鼎:《关学续传·丰川王先生》)

(二)学术现状的影响

王心敬所处的时代,正是理学上朱、王相争最为激烈之时。当时的争论已非学术上的争鸣,而是争讼,甚至于人身攻击。王心敬将这一时期的理学界称之为"聚讼之场"。其实,称为争讼也不是很准确,因为争讼应是双方平等之争论诉讼,当时朱学已受到清廷的宠爱,一时学者趋之若鹜,阵营甚为壮观,而王学门庭已相当冷落,学术界几近朱学联军对王学孤旅的讨伐。这一学术旋风自然也刮到了关学内部,使作为"王学后劲"的二曲及其学说受到了当时朱子辈学人的质疑甚至"讥弹"。如果说王心敬对"先师之骨未寒而道以裂"仅是"伤之"的话,那么他对那些给其师二曲"概加以近禅之罪"(《侍侧偶记》,《丰川全集续编》卷七)的朱学之辈,则是极为厌恶,甚至于痛恨。他视当时的学术之争为"煽为门户标榜之恶习",将那些争讼者称之为"一辈浮薄不根之人",甚至贬之为"一辈妄人"。而从这些争讼者对儒学地位及世道人心所造成的负面影响来看,他认为"此人之罪浮于洪水猛兽倍蓰矣"(《示及门》,《丰川全集续集》卷一)。缘于对当时理学学术现状的担忧,也出于维护"师门宗传"以复兴"孔门宗传"的需要,他对造成这一争讼局面的原因进行了深刻的剖析,最终找到了其人文历史的根源,这就是他所说的"宇宙有二大缺陷事"。概括来说:其一表现在对儒家经典文献的诠释上,两千年来,学者们"附会穿凿,以讹传讹",最终导致"孔孟宗传"淡化甚至丧失。在他看来,这主要是由于以训诂的方式诠经所造成的弊端,责任主要在于汉儒。其二表现在对儒家典籍义理的接受上,这主要在于各家仅得义理之一偏,而"无当于会极、归极",即没有融会贯通。"各从其性之所近以入",即从个人的偏好去选择吸收,此方面的责任主要在宋儒。正是由于这"宇宙二大憾事",以致学界当时各自"据为门庭",从而"邹鲁之源"不能昭明。也正是基于这样的认识,他将其师二曲还原儒学的为学方式推进了一步,即不单要回归到《四书》,而且要追溯到《五经》。这正是他何以要在七十岁高龄之时,开始遍注《五经》的原因。

三、王心敬的理学思想分析

王心敬的理学是以《大学》的"明新止善"来标帜的,故清代学者阮元有"心敬论学以明新止善为归"(阮元:《儒林集传录存》)之说。但从王心敬理学思想的内涵来看,此说尚不尽然。其实,他所标榜的"明新止善",本质上说是指"全体大用,真知实行"(《示及门》,《丰川续集》卷一),只不过他是借《大学》"明新止善"的形式来宣扬其"全体大用,真知实行"的理学宗旨罢了。

"全体大用,真知实行"作为王心敬的理学宗旨,同时也是其理学思想的核心。从他的阐释来看,其既含"本体",又包括"工夫";既涉"体",又含"用"。他所说的"本体",指的是道德本体,属于心性论范畴;所谓的"工夫",是指道德修养工夫,属于工夫论范畴。然而,沿心性论和工夫论范畴上溯下推:欲明道德之源,不能不谈及天道观;要知道德修养的结果,不可不论及境界说,这是理学家思维表现在逻辑上的共同特点。下面以天道观、心性论、工夫论和境界说等逻辑之序,分析其理学思想。

(一)"人物之同生于天"的天道观

就宇宙论方面来看,王心敬持理、气化生万物之说。他认为,天地间万事万物都是"阴阳耦合而成"(《易说》卷一),或者说"乾坤合而后万物生"(同上注),这里的"阴阳"和"乾坤"均指阴阳二气。不过,气在王心敬的理学思想中仅是构成万事万物的质料,同时也只是"天道"或"天理"使之然的表现,即所谓道使"气通而行变化耳"。并且万物之所以为万物本身,并非取决于气,而是决定于天道,因为"天道变化万物,使之生理各得"(同上注)。但要注意的是,这里的"乾道"或"天道"赋予万物的"道"或"理",仅是指"所以然"之理,即自然规律,也就是他所说的"生理",在这一点上,人与万事万物是相同的。

从气与理("生理")的角度来看,自然"人物之同生于天"(《又随处体认天理解》,《丰川全集正编》卷二四),但人与万物毕竟不同。从构成人与物的质料——气来看,"人全得气之清纯"而"物得其偏浊",可见,人与物虽都由阴阳二气构成,但具体地说则又有异。从人与物所秉之理来看,"天理者即天独厚于人,而钟之以别于万物者也",这里的"天理"应当指的是"所当然"之理,即道德法则。也就是说,人与物虽都禀受天理,但万物仅得其物理,即自然规律;而人不但得物理,且得其伦理,也就是人伦道德。所以,人生来就肩负有尽"人合天之学"以"自成其为人"的使命。但是,这一赋予人与万物的总的"天理",它的归宿在哪里?王心敬的答案是:天理在"心"里。在他看来,"心外无理"(《语录》,《丰川全集正编》卷二),"心外无道"(《语录》,《丰川全集正编》卷四)。又说"夫天理也,心具理者也"(《示及门》,《丰川续集》卷一),"天理"也只是心中之理。而此心中之"理"的内涵,"就主宰处言,谓理也"(《侍侧纪闻》,《丰川续编》四),而"心者身之主宰"(《证心录》,《丰川全集正编》卷一二),这样一来,王心敬所说的"理"从本质上说就是心。另外,即使万事万物所具有的"所以然"之理即物理,也无不备于"吾心",如他所说的"外吾心原无所谓物理"(《姑苏论学》,《丰川续编》卷二)。因为在他看来,万物所具有的物理,只不过是"吾心处置事物自然恰好之天则也"(同上注),此足见心学对王心敬思想之深刻影响。

(二)"性体心用"的心性论

理学的一大特点就在于,从宇宙本体论入手来说明人的本性。王心敬虽然是以心学立论的,但是他同时认为天地万物都由气构成,人也不例外,所以他也与二程一样,认为"论性不论气不备,论气不论性不明"(《侍侧纪闻三》,《丰川全集正编》卷七),主张把性与气结合起来讨论"性",认识人"性"问题。他发现"合气与性以言性,则有善不能无恶";"指理之渊源以言性,则本无恶而惟有善也"(同上)。即是说,从人性的来源"天理"来看,"人性本善无恶"(《示及门》,《丰川续集》卷一),这样的"性",就是人的道德本性,这一本性是天独赋予人的,即"天地生人,只赋之以至善无恶之性"(《示功勋》,《丰川续集》卷一三)。王心敬此处所说的"性"乃是道德本性,是从形而上的层面上说的。但仅从宇宙论的单维视角来看,天虽独赋予人以"天理"即"所当然"之理,但同时由于人与物一样,也是由"气"构成的,人也有物所有的"所以然"之理。从这一点上说,人所禀受的"性"是"有善不能无恶"的。可见,王心敬这里所说的"性"是从形而下的层面所说的"生之谓性"。对于人的道德本性,他称之为"德性";而对于人生而有之的物理、生理的性,他称之为"气质之性"。

值得注意的是,王心敬所说的"气质之性"虽有善有恶,但并不是一种善恶混合论。关于"德性"与"气质之性"之间的关系。王心敬从认识论的角度予以说明:

> 所谓德性用事者,亦是从心之悟时言之耳,其实即此气质之性之悟,初非气质之性之外,另有德性也。所谓气质用事者,亦是从此心之迷时言之耳,其实即此德性之迷,初非德性之外,另有气质之性也。(《侍侧纪闻》,《丰川续编》卷四)

经他这么一番解释,"气质之性"与"德性"的区别仅是由"心"之"迷""悟"所致,即心"迷"时"气质用事";心"悟"时,"德性用事"。德性与气质之性是统一的,非德性之外,另有气质之性。二者的转化也仅由心之迷悟来决定,这里他强调了"心"的重要性,说明他受到了佛禅的极大影响。

我们再来分析王心敬所说的"心"。他认为,"心者身之主宰",所以"心正不正","人禽于此分也"。在这个意义上,他所说的心与本性、天理本质上是同一的,因为在他看来,"性,心之体也;天,心之原也。同条共贯,一体而相成也"(《侍侧纪闻二》,《丰川全集正编》卷六)。就是说,道德本性是心之本体,而心的这一本体即来源于天理。又说:"道是人之本性,本性人人自有。"(《关学宗传》卷三九)即人性与天道同一。他对心性关系的全面表述是"性是心之本体;心是性之大用"(《性敬同归之义》,《丰川续集》卷一),即性体而心用,这样性无不善,心却是有善也有恶的,因为心是形气之物,禀有生理之性,故生而带有"情欲",于是就有了"人心""道心"之别。然而"心一也,自其本天、本人言,而人心、道心分"(《虞书·大禹谟》,《尚书质疑》卷八)。看来,心只是一个,之所以有人心、道心之分,原是二者所"本"不同,本之于天理即是"道心";本之于人欲即是"人心"。而从人自身而言,就是要努力将"人心"转化为"道心",以"大用"返回"本体"。就天人关系来看,就是以"人心"合"天理"。可见,"心"这一范畴在王心敬理学中有重要地位,人性实现全在一"心",所以他认为"学问以养心为本"(《课程》,《丰川全集正编》卷一四)。

(三)"持敬"与"知行合一"的工夫论

王心敬认为,人心根本是道德本心,但是此"心"如何落实则涉及工夫论的问题。这方面,他认为,"全体必兼大用,真体必兼实功。"(周元鼎:《关学续传·丰川王先生》)这一实功,最终就落脚到知行观。他说:"'知行'二字为初学言,与工夫条目不容不为二。要之体本同归,用亦兼到,硬分固失,偏至亦非也。"(《示及门》,《丰川续集》卷一)很明显,在王心敬的思想中,知行本身就是修养工夫。具体说来,"知即知此心之理;行即行此知之心"(《答淮安周翼皇庶常》,《丰川续集》卷一五)。即"知"就是体认自心本有的道德本性,并不是获得知识;"行"是践履自心固有的道德本性,并不是要通过实践而获得经验认识。知行完全是道德修养的工夫,因而知行就有了这样的关系:

> 就知行之异同言之,知者所以明此理,行者所以践此理。就知行之同体言之,知之笃实处即行,行之精明处即知。一而二,二而一。(《侍侧纪闻二》,《丰川全集正编》卷六)

> 知是知此行,行是行此知,所谓体本同归也。能时时真知,即是力行;往往力行,即是真知。(周元鼎:《关学续传·丰川王先生》)

显然,他原原本本地接受了阳明的"知行合一"论。在他看来,对自心本性的体认的"知"与对这一本性践履的"行"是"一而二,二而一"的。从其心性论角度看,即体认到本性至善时,则化"人心"为"道心",以"大用"返"本体",这时的心也自然是至善无恶之心,道德本性已当下落实,这就是他所谓的"知行合一"。

而就修养工夫而言,王心敬认为关键是"敬""义"二字,其"用功之要则敬义夹持,知行并进"(周元鼎:《关学续传·丰川王先生》)。他认为,"尽宇宙名理的根宗,总不外一'性'字;尽六经四子、千圣万贤发明学术的脉络,总不出一'敬'字"(《性敬同归之义》,《丰川续集》卷一),此足见其对"敬"的重视。王心敬对敬的内涵有这样的解释,"敬是本心上自然的一点"(《伊川程先生》,《丰川续集》卷四),或"敬是性本来之灵觉"(《性敬同归之义》,《丰川续集》卷一)。而作为工夫,"言敬则必归收敛","收敛是初学下手边事"(周元鼎:《关学续传·丰川王先生》)。他进而用儒家原典文献来说明"敬"。他认为,"敬"既是《周易》的"自强不息",也是《尚书》的"无逸所作",还是《孟子》的"必有事焉而勿正,心勿忘,勿助长也"。就前二说来看,敬就是自我勉强、勉励;就后一说来看,敬当是心的自然流露,是人自觉的行为。他又从"敬"与"义","敬"与"心"和"敬"与"性"等方面来论"敬"。就"敬"与"心"的关系来看,王心敬认为"心一也,不乱之谓静,不懈之谓敬"(《侍侧纪闻一》,《丰川全集正编》卷五),又说"心之精神是谓敬"(《侍侧纪闻二》,《丰川全集正编》卷六)。这就是说,敬是本心的一种状态。就敬与性的关系说,"敬是性之真精神",王心敬由此进一步论述到:

> 就体统论道、论学,则性为道体,敬为学功。就血脉论性、论敬,则性即敬体,敬即性功。(《性敬同归之义》,《丰川续集》卷一)

这里对敬与性的关系从两个层面来分析,即就体统来看,性属于道体,敬则属于"学功"。他曾说:"道是人之本性,本性人人自有",即性是道体。敬则需要后天的学习,属于"学功";而从性与敬的内在联系上说,性是敬之体,敬是性之用。再结合他所说"敬是吾性本来不昧之灵觉"可知,敬是性的自觉,亦即德性的本然呈现。再结合前述敬有勉强、勉励意义来说,其所谓的"敬",从工夫论上说,其一是收敛、勉强;其二是呈现、自然。前者乃是人为了实现道德本性的自觉追求,后者即为道德本性实现后的自然呈现。由此可见,王心敬所说的"敬"的工夫,并不只是外在的行为,而是内在的功用。

"敬"在道德修养上的具体体现,即王心敬所说的"持敬"。怎样"持敬",王心敬提出"持敬之要":"为学之道,固要于持敬,然敬亦不可太涉拘束,太涉矜持。只要此心不昧,不为私欲牵引,即本体工夫俱在于是。"(《侍侧纪闻》,《丰川续编》卷四)可见,这一修养工夫十分简便,既无须"拘束",亦无须"矜持",因为"盖心之体,本来无怠慢放肆者也"(《侍侧纪闻》,《丰川续编》卷四),所以只要保持住这个"不昧"之心,不要让它"为私欲牵引"就可以了。显然,他所说的这一持敬的修养工夫,核心是保持"心本正"而已,即"识正理、存正心、行正事"(《关学宗传》卷三九)。王心敬的修养工夫是建立在他的性体心用说的基础上的。性与心的体用关系,决定了性至善无恶而心有善有恶,这样修养就主要不是修性而是修心。他从性与心、性与敬的体用关系,就逻辑地得出心与敬的同一,这样持敬就是持心,持心也就是持敬。持敬修养的具体落实就是"静坐",他说"学道宁专靠静坐",因为"静中却易见真心"。正缘于此,他对当时学者所谓"以静坐收心为流入禅寂"的说法深为不满,他认为静坐乃是孔门之旨,孟子所传乃儒家之本旨。

王心敬进一步把"持敬"的修养工夫落实到人伦日用中。他认为,"伦常纲纪,正吾尽性之实事;男女饮食,正吾尽性之实地;仁义忠信,正吾尽性之实工"(《语录》,《丰川全集正编》卷一),也就是说,"持敬"修养工夫其外在的表现,就是言行举止必须落实到日常的人伦日用、礼仪规范上,而并非仅仅是静坐收心。故当有人问,如何"存心脱俗"时,他答道:"岂有脱俗之人!即我先师孔子亦俗中人耳!"(《答孔淑》,《续集》卷一五)他深知儒家是以入世为用的,所以正心于人伦日用之间,尽性于日常生活之中,就是持敬的修养。

(四)"体天为心"的境界说

质言之,理学家所表述的境界说,是主体精神经过自我反思、自我体验而达到的一种超越,即和宇宙本体合一的绝对的本体状态。具体到王心敬的学说中,即他所谓的"体天为心",也就是经过一定"持敬"工夫的修养,对于源之于天理的心中至善本性的当下体验。之所以能够获得这样的体验,乃是由于修养工夫的娴熟,即他所说的"工夫至此,久而且熟矣"(《答问录》,《丰川续集》卷三)。王心敬在谈到"持敬"的修养工夫时,将"敬"说成是本体之心的作用。从境界的角度看,就是当修养工夫达到"体天为心"时的一种内在的体验。"持敬",本质上说就是"正心",使"人心"转化为"道心",由心之用呈现心之体即性,也就是实现本身所固有的道德本性,这样就实现了以"心"合"理"。

在他看来,"体天为心"的彻透地步应当是生死无扰本心。当主体体验达到此一时刻时,便得意时不喜,失意时不忧,一切利害得失都"不撄我素定之天然",以至于生死夭寿之间,亦不"忧惶贰心"。且以生死为"存顺没宁",所谓"浩然来者完之全之,浩然还诸天地耳"(《入门之要》,《丰川全集正编》卷一四)。如此看来,王心敬的精神境界可谓高矣深矣!由此本心才是人自身及宇宙间万事万物的根据,而且源于"天理"的本心是永恒的,所以守住本心勿失,才是最根本最重要的事情,只有坚守本心,人与万物俱得之矣。因而利害生死,无损本心,至善之天理永存不灭。故而利害漠然处之,生死置之度外。

通过以上分析,可知王心敬的理学思想从本体论上看是心本论,他认为心外无理,理都在心中;从心性论上来看,他持性体心用说,本性至善无恶,心有善有恶;从工夫论上看,他主张"持敬"的修养方法,然而实质上即是正心;从境界看,他提出了"体天为心"的说法,不但要体贴到物我本为一体,而且要置生死于度外。

我们再看看他关于"全体大用,真知实行"的理学宗旨。他所说的"体"是指"性",即道德本性;"用"是指"心",既有道心亦有人心;"工夫"乃指"持敬",实质就是正心。这样看来,"全体大用"就是对其理学的心性论思想的高度概括。而"真知实行","知"则是对本身内有的道德本性的体认;"行"是对这一道德本性的落实,所以,"真知实行"就是他工夫论思想的提炼。这样,王心敬所标帜的"全体大用,真知实行"的理学宗旨,本质上说就是体认并落实心中的道德本性。只不过这一宗旨强调"本体不离工夫,工夫不离本体",也就是强调:道德本性必须落实或体现到具体的修养工夫上,力免空谈心性;修养工夫必须指向或回归到真实的道德本性上,力避旁务徒劳。前者以补救王学之空疏,后者以补救朱学之支离。因为他十分清楚"专尊陆王而轻排程朱,是不知工夫外原无本体","若专尊程朱而轻排陆王,是不知本体外原无工夫"(《寄无锡顾杨诸君》,《丰川续集》卷一四)。可见,他之所以以"全体大用,真知实行"标帜其理学宗旨,现实目的就是为了解决当时的程朱、陆王之争,消解当时的门户之见。之所以借《大学》的"明新止善"来阐发,乃是为了避免给已经纷争的门户之中再立一门户而已。

不过,王心敬之现实目的虽然是解决门户之争,但他的理学思想并不是程朱、陆王之学的简单调停或折中。他虽以原儒的方式阐发其理学思想,并倡导学以尊奉孔孟为宗,学以《大学》为准绳,但他的思想也并非还原到先秦的儒家思想。他的理学思想总体来看是归属于陆王心学而非程朱理学,只不过在修养工夫上假程朱之"主敬穷理"以补救陆王"空疏虚寂"之偏罢了;又由于他受关学"经世致用"宗风的熏陶,所以"持敬"的修养工夫向外推出实用、事功之说,从而使其学说带有浓厚的实学意味。其后关中学人周元鼎也认为丰川之学"似得之王阳明"(《王丰川先生》,《关学编》卷六)。然而刘师培则认为,丰川之学属于朱学,其云"及顾炎武流寓华阴,以躬行礼教之说倡导其民,故受学于颙者,若王尔缉之流,均改宗紫阳。"(刘师培:《近儒学术统系论》,《左盦外集》卷九)其立论的根据是由于顾炎武来华阴"以躬行礼教之说"教导的结果。但就王心敬的理学旨趣看,属于王学而不属于朱子学。至于丰川从朱之因,谓因顾炎武"以躬行礼教之说倡导其民"纯属侈谈。更让人费解的是,"躬行礼教"本为关学学风,自张载于北宋开派以来,关中学人代为传承。对于这一关学宗风,关中人士又何必仰赖顾氏之"倡导"呢?当然,丰川之学虽主于王学,然其修养工夫确有汲取朱学之处,这也是事实。

四、王心敬在关学史上的地位

王心敬深得其师李二曲之学髓,在他的学问功夫里,复王学以振儒学、崇实学以兴关学是统一的,"关之外,斗之南",景慕先生,"与东南学者相应相求",他在关学史上占有重要地位。

(一)深得二曲学髓,复王学以振儒学

王心敬的理学思想是对其师二曲学说的继承和发展,这不单表现在理学旨趣、理学思想、为学方法上,也表现在学术态度、学术使命上,且这一继承和发展是自觉地实现的。其亲炙二曲之时,能够"服膺师训","尊所闻而行所知"。后辞师归里也是"家师若见问,斋坐学心忘"。二曲逝世后,他依然坚守二曲学旨,"欲使师门宗传留得一二分真面目",并时时怀有"不能光昭"二曲之学的"大罪",足见他对二曲之学的自觉恪守和维护。非但如此,他还呼吁二曲的门人弟子要"谊同一家",对"师门宗传遵而循之"(《与泾洲诸同门书》,《丰川全集正编》卷一六)。另外,他对二曲著作的辑录、编次,更是不遗余力,今《二曲集》中其记录、题识之作比比皆是。

王心敬对二曲"谆谆以存心养性为说"(《侍侧偶记》,《丰川续编》卷七)

的理学旨趣一意恪守,同时也对其还原儒学的为学方法力守不遗。面对当时朱王学说的剧烈争执,他将二曲返归原始儒学的方法推进了一步。如果说二曲主要是以解说《四书》回归到孔孟旨归的话,那么王心敬则是通过注解《五经》以回归二帝三王之道。然而,这也仅是从现象层面看,本质地说他是运用这一方法对二曲王学旨趣的继承和发展。因为他将王学思想追溯到了孟子,尝谓"吾愿学孟子"。面对朱王之争,他一面高举《大学》"明新止善"的令牌于时人,一面却紧握"愿学孟子"的座右铭于己。他这一矛盾做法不能不令人置疑,他的次子王功就曾大惑不解地问:"学宗《大学》之宗传,其愿学孟子,何也?"丰川对他的回答是坦诚的:"盖我愿学孟子者,心心相印。而论学宗《大学》者,则溯源宗本,抑又斟酌方药之时宜耳!"(《姑苏纪略》,《丰川续编》卷三)显然,孟子之学才是王心敬心悦诚服并向往的学问。至于学宗《大学》只不过是他斟酌时宜之举,亦即为了解决朱王之争才标宗的。自言"生平学孟子之道"的王心敬,具体学孟子的就是"孟子之'立大体''致良知'"。在他看来"立大体为吾道首重之条理,而致良知亦吾道应有之脉络"(同上)。可见,王心敬之所以"愿学孟子",且"一生守孟子家法而不敢变"(《与门人刘绍宗》,《丰川续集》卷一六)的实质即是学尊王学,而从其直接来源看,则无不是守二曲学说之旨趣。正是缘于此,他讲学"从不辟陆王"。为了使王心敬不犯"斥朱遵王"的学术时忌,他的门人弟子劝他"讳言陆王",他对此不"怆然"则"蹙然",这都是他为学一守二曲王学旨趣的力证。王心敬不单是对这一王学旨趣的继承,更重要的是他以"学孟子之道"的原儒方式将这一学说进一步发展,并使其在朱学伐王的硝烟中继续传播。

  王心敬继承二曲原儒的方式,回归孔孟旨趣,最终的目的是要复兴儒学。因为儒学内部的朱王之争,已使儒家"大道隐"去,且已现"门户争而大道裂"的端倪。二曲晚年"每欲一消门户之偏"而使儒家道学"大明于斯世","为心良苦,为虑良深",这俱为王心敬所亲闻。所以他毅然抱定了兴儒崇道的宏愿,且要"光昭"其师之"令绪"。二曲去世后,他更是肩负起对"千古道脉护而持之"的学术使命,为了振兴儒学,他以讲学"明道"为己任,设教于江苏、湖北。其讲学之盛,有学者认为"不啻于卜子之在西河,而程朱之于洛于闽也"(陆奎勋:《序》,《春秋原经》),足见其弘道之力。除此之外,他对其师二曲"经济实学"等思想也继承不遗,故清代学者江藩在论述二曲之学时,于其众多弟子当中独称"率弟子王心敬传其学"(江藩:《宋学渊源记》)。

(二)祖承横渠宗风,崇实学以兴关学

王心敬的理学虽属于王学一系,但与王学末流的空疏之学不类,推崇"崇本尚实"学风。他曾明确地指出"学问无实用,纵讲到精微奥妙处,亦只空谈"(《侍侧偶记》,《丰川续集》卷七),并认为学而"无济世之学""宪世之道",则"君子耻之",这可以看作是他经世致用的为学主张。

对于关学的开山祖张载,尽管王心敬对其学术与著作不无看法,认为其为学造诣"如初出之月,托体虽高,光明未普"(《横渠先生》,《丰川续集》卷五);其著作则是"意屡偏而言多窒"。但对这位不祧之祖"躬行实践"作风等方面之继承几乎一秉无余。具体说来,即对横渠重礼教,辟佛老,重生民等一一继承。

王心敬对礼的重视,则直接接绪于横渠,他明白"横渠学宗,要于知礼成性,而教关中学者必以习礼为先"(《答问录》,《丰川续集》卷二),因而他对礼特别重视,认为礼"真宇宙之纲维"(《礼记汇编·自序》)。在他看来"道"与"礼"是一致的,"道者浑沦之礼,礼者条理之道"(《侍侧纪闻四》,《丰川全集正编》卷八),所以"学道""修道"之人必须言行守礼。若认为"礼为烦琐拘牵",则其所学所修之道,不过是"道非其道"。不仅学道修道者必须言行准之以礼,而且凡为人者都应当遵而守之,因为"礼所以别人禽"(《三礼赘言》,《丰川全集正编》卷三)。正鉴于此,王心敬对礼尤其重视,不但严立家礼,而且编次儒家《三礼》。故其著作中多有关于礼的撰述,如《丰川家礼》《四礼宁俭篇》《礼记汇编》等。

以儒家学说为正宗,并以弘扬儒家学术为己任的丰川,对佛、道二学亦持批判的态度。察其反对的原因以及反对的方法主要有二:一是从学术层面看,佛、道之学妨害儒学。因为在他看来,佛、道为学本旨与儒家截然相反。他说"吾儒之道原是经世之道",故尚"实";而"二氏之道原是出世之道",故尚"虚"。尚"实","所尚者仁义礼智,忠孝节烈";尚"虚","所尚者虚无空寂,清静超然",因而佛、道之学"乱圣道"。其反对佛、道的根本方法是大力宣扬儒家学说,并真正以儒家学说治世。即他所说的"若吾道真明若昼日",且使"鳏寡孤独疲癃残疾,皆得其所养而不至失所",这样则"邪慝渐息"。二是从社会生产层面来看,僧道数众影响国家生产。他认为作为"外教门"的佛、道,"失正不经,徒耗民财"(《京师百善之治》,《丰川续集》卷二〇),这些追求清闲的僧道们,"游手蠹食民间力耕之粟",都是"圣化之累",主张应以政策法令加以禁止。

关注民生可以说也是关学学派的一大学风,这在王心敬的思想中表现得尤为突出。雍正元年(1723),他给当时吏部尚书朱轼的信中明确表述了这一思想,即"治天下之道,以赡养生民为第一义"(《寄朱可亭》,《丰川续集》卷一九)。正因他持有生民至上的立场,使得他对政治、官治的评价皆以民众的利益为出发点。一个地方官员有无政绩,要看他有"安民之意否";朝廷善不善理财,要以"利民为本务"来判断。而且在他看来,天下最大的祸害,"莫甚于殃民",其表现出的民本思想是十分可贵的。正因为秉有重民的思想,所以他非常关心农田水利等事宜。所著《区田法》《甫田法》《井利说》等,均是他为民谋福利的代表之作。据说这些著作成了当时和后来陕西巡抚们治理农事的宝典。

虽然王心敬一生未从政,且三次不应清廷之召,但这并不意味着他不关心政事。恰恰相反,他秉承了横渠学术、政术不二的观点,对政事极为关注。他认为"道学正治理之本源也"(《又寄朱可亭先生》,《丰川续集》卷一九),故每有官宦虚心问策,他详为之筹划。他在八十一岁高龄之时,还"独以比日读邸抄",且"每睹新政宜人"则"起坐欢欣",其对政治之关注可想而知矣!

王心敬倡导关学之时,曾有一位学宪送其对联一副,云"继横渠道统,承二曲心传"(《谢学宪陆俨庭先生匾联书》,《丰川全集正编》卷二〇),对此联,王心敬谦虚地自言"非敢所当",其实这是对他一生所学与所传之学问即二曲之心学旨趣,横渠之实学宗风的准确概括。充分肯定了王心敬在关学史上的思想特征和地位。

其实,王心敬的学术影响及学术传人,并非仅囿于关中。当时"关之外,斗之南"皆"景慕先生"及其学术,这点与其师二曲可相媲美。故清代学者唐鉴曾说:"关中之学,二曲倡之,丰川继起而振之,与东南学者相应相求。"(《鄠县王先生》,唐鉴《国朝学案》卷一〇)可见,丰川在清代理学界的地位是举足轻重的。

第十章 清代关学:反思、承传、坚守与转型(下)

第一节 清代后期:李元春对程朱理学之坚守

一、李元春的生平与著作

李元春,陕西朝邑(今大荔)人,字仲仁,又字又育,号时斋,生于清乾隆三十四年(1769),卒于清咸丰四年(1854),享年八十六岁。李元春幼时家贫,其父以诸生游贾楚中,元春母子相依为命,几无以为生。李元春一日过里塾,闻诵书之声,归告其母欲读书,母喜,遣其入学,然犹半日读书,半日负薪。李元春自入学后,日夜勤苦,于书无所不读,又以父母望之切,不废举业。嘉庆三年(1798)中举,任大理寺评事,继后九上春官不第,遂绝意仕进,归家教授,曾先后主讲于潼川、华原等书院。

李元春虽居家不仕,然颇留心世务。其邑中如换仓、坐运诸事日久生弊,民所不堪,元春屡上书当道求革之,又尝率所居十六村联为一社,议立社约,举行保甲,以御盗贼。道光二十六年(1846),关中亢旱,李元春捐谷赈给村民,又著救荒策数万言,上书当道,大致村各护村,社各护社,族各护族,邑人赖以存活者甚众。朝邑县南乡滨渭诸村常以滩地构讼,李元春为清经界,立簿存县,以息争讼,又为邑立文会,以维持风教。故张骥说:"(元春)先生虽不仕,然极留心世务,如邑中坐运换仓诸弊及联村保甲诸法,皆兴革宜民。"(《关学宗传》卷五一)元春晚年筑桐阁学舍,居家授徒,其教生徒虽不废举业,但以圣贤之学为依归,故门下多士,造就颇众,学者称桐阁先生。八十六岁卒,卒后两年,陕西巡抚吴振棫奏请入祀乡贤祠。清光绪元年(1875),陕甘学政吴大澂奏请宣付国史馆,列入《儒林传》。

李元春著作甚富,据吴大澂所奏,计有《四书简题课解》《诸经绪说》《经传摭余》《春秋三传注疏说》《诸史闲论》《诸子杂断》《诸集拣批》《群书摘旨》《读书搜纂》《图书拣要》《拾雅》《数记典故》《左氏兵法》《纲目大战录》《百里治略》《循吏传》《朝邑县志》《潼川书院志》《华原书院志》《刍荛私语》《四礼辨俗》《丧礼补议》《劝乡时家》《教家约言》《闲居镜语》《授徒闲笔》《益闻散录》《桐窗呓语》《病床日札》《学荟性理论》《余生录》《夕照编》《余晖录》《花笔草》《聿既稿》《检身册》《慰懊小简》《文集》《诗集》、制义共百数十卷，所选有七种古文。又编辑过《关中两朝诗文钞》《西河古文》《西河诗录》《制义通选》等多种。此外，李元春还为朝邑刘氏主编过《青照堂丛书》，计收书八十九种，二百三十二卷。

二、李元春的理学思想渊源

李元春是清代中后期关学的代表人物之一，但其学术思想与张载之关学在学理体系上则直接继承的不多。据吴大澂所奏，李元春"年十四，得明儒薛瑄《读书录》，自此立志学圣贤，遍求程朱文集、语录，熟读精思"，于此可见李元春的思想其直接的渊源则自薛瑄河东之学。薛瑄宗程朱之学，曾言："自考亭以还，斯道已大明，无烦著作，直须躬行耳。"（《明史·薛瑄传》）说明薛氏之学志在躬行实践朱子理学而少有创新。不过，薛瑄非常推崇周敦颐和张载，《明儒学案》称其："以复性为宗，濂、洛为鹄，所著《读书录》大概为《太极图说》《西铭》《正蒙》之义疏。"（《河东学案上》，《明儒学案》卷七）可见薛瑄之学与张载关学有直接的关联。明代河东学派在山西、陕西、河南、甘肃等地传播甚广。《河东学案》载薛瑄后学十四人，其中陕西就有张鼎、张杰、薛敬之、李锦、吕柟、吕潜、张节、李挺、郭郛等九人，占到一半还多，可见其在陕西影响之大。李元春正是生活于这一学术背景下。

李元春受薛瑄河东之学的影响，在思想上恪守朱子学，批判王学和汉学不遗余力。李元春曾明言"予学宗朱子"（《重刻戴大昌驳四书改错序》，《桐阁文钞》卷四），其《祭朱子文》曰："先生道本尼山，功阐邹峄，自汉、晋以来正学若周、程，非先生亦谁与绍，即元、明而后真儒如许、薛，非先生又谁为开？郑、贾经说犹病其细，陆、王良知自形其偏。眎先贤之遗泽，知婺源独长，由后此而问流，冀泗水堪泝。"从这段文字看，他对朱子学推崇备至，对其在儒学和宋明理学发展中的地位做了高度的评价。因此当学生请其为邠州王吉相（天

第十章　清代关学:反思、承传、坚守与转型(下)

如)《四书心解》作序时,他表示为难,说:"予之学,朱子之学也,先生学二曲者也。二曲讲象山心学、阳明良知。"(《四书心解序》,《桐阁文钞》卷四)理学和心学在明代中期以后势成水火,李元春虽然也认为二派之争均不无所偏,但同样坚定地站在朱学的立场上批评心学。即使像李二曲这样的关中大儒,李元春也因其讲象山心学、阳明良知而颇有微词。其弟子贺瑞麟亦称其"自少讲学即主程、朱,于心学良知之说辟之甚力"(贺瑞麟:《李桐阁先生墓表》,《清麓文集》卷二三)。

时清代学术界另一有重要影响的派别是汉学,汉学注重名物训诂和考证,与宋学注重阐发经典义理的学术路径不同。汉学兴起的直接原因本是为了矫正心学末流空疏之弊,但汉学学者往往将朱学、陆学、王学等一概目之为宋学而加以批判,如毛奇龄的《四书改错》便直接将矛头对准了朱熹的《四书集注》,几乎对朱熹的每条注释都加以驳斥。对此,李元春直称之为"悖谬",以为"乱经败道莫此为甚,真人心世运之忧也"(《重刻戴大昌驳四书改错序》,《桐阁文钞》卷四)。在李元春看来,朱子并不是不讲考据,只不过朱子是为了阐发儒家经典之微言大义而进行考据,是以义理为本而以考据为末;今人则是为了考据而考据,重考据而遗义理,其结果只能是舍本求末,使儒家经典之义理支离破碎。但李元春虽然学宗程朱,在某些具体问题上却并不盲从,他曾说:"吾学宗朱子,见人驳朱子者辄恶之。然于朱子有驳之是者,亦未尝不以为然,不但此也,己所见或与朱子不合,亦未尝不辨之。又不但于朱子有然,于己说后之驳前者且不一而足。惟存一公心,然后可以论人,亦然后可以使人论己。"(《余生录》,《桐阁先生文钞》卷一二《附语录钞》)其《诸经绪说》《经传摭余》等书对朱熹关于经典的解释都有所驳正,其所著《四礼辨俗》等书虽大体上遵循朱子《家礼》,但亦有所损益修订。

李元春对于朱、张之异,往往以朱释张,加以调和。作为关学学者,李元春对张载极为推崇,认为张载是"儒者中豪杰"。其《性理十三论》一共论述了太极本无极论、主静立人极论、诚诵诚复论、几善恶论、太虚即气无无论、乾父坤母论、为天地立心论、性合内外论、名实一无论、性即理论、学始不欺暗室论、知行先后轻重论、动止语默皆行论等十三个命题。这些命题有程朱常讲的,也有很多是出自张载的,但凡朱、张不同的地方,他往往以朱释张,加以调和。此一学术方法肇始于朱熹本人,他编辑《近思录》和《伊洛渊源录》,已经将张载整合进濂、洛、闽这一理学系统中了。朱、张之异主要表现在理气关系上，朱熹认为理在气先，而"理"在张载那里并不是一个核心概念，张载说得更多的是太虚与气的关系。在张载那里，太虚与气的关系又不同于程朱所谓的理、气关系。张载认为，太虚与气处在同一层次，二者只有存在状态的不同，谈不上谁先谁后的问题。张载曾经说过"太虚无形，气之本体"的话，张岱年先生早就指出过："张载所谓'本体'，不同于西方哲学中所谓'本体'，而只是本来状况的意义。"①张载所谓的"知太虚即气则无无"，也就是"知太虚不离气故无无"之意，即在常人看来不存在任何东西的地方，张载却认为充满了太虚之气，只有这样才能说"无无"。明代韩邦奇曾经据张载之说对周敦颐、二程和朱熹的理气关系说进行过批评，但李元春则说："韩苑洛以张子言谓濂溪、伊川、紫阳置气言理为非，予久不敢然其言。"（《桐阁性理十三论》，《清麓丛书》本）并且指出："太和谓道，太虚即气则'无无'，与太极、无极之语，惟知道者能合观之。"（同上）周敦颐《太极图说》的著名命题"无极而太极"，后来被二程和朱熹解释为"无形而有理""有理而后有气"，与张载的"太虚即气"所持的立场有着根本的不同。但李元春则认为，周、张言气、言理皆本于《易》，即皆本于孔子，并没有什么实质性的不同。他认为，张载所谓的"太虚不能无气"即不能无理，"知太虚即气则无无"即"气之微似无而实有理"（同上），换言之，即认为张载哲学体系里的"太虚"就是程、朱体系里的"理"，因此，濂、洛、关、闽无异旨，是儒家一脉相承的正统。这一说法显然不切实际。此外，李元春也受到关学重视礼教、学以致用学风的影响。其一生遵行礼教，至老不衰，所著《四礼辨俗》《丧礼补议》等书皆参酌古今可行之礼，大加提倡，力矫世俗浮华之风。作为儒生的他，还留心军事，编辑过《纲目大战录》《左氏兵法》等军事著作，当鸦片战争之际，他还写过《拟上制英夷策》等文章。

三、李元春对程朱理学的坚守

儒学的内容可以概括为内圣外王之道，宋明理学偏于内圣，其内容又可以用本体与工夫二词概括之。宋明理学所说的本体与西方哲学本体论之本体有别，具体到内圣之学，本体即人之所以能成圣的根据，宋明理学对这一本

---

① 张岱年：《关于张载的思想和著作》，载《张载集》，中华书局1978年版，第3页。

体的探讨主要表现为心性论。所谓工夫者,即人如何通过道德修养而成圣的途径,宋明理学对它的探讨着重为工夫论。这里拟从本体和工夫两个方面对李元春的理学思想加以分析。

在心性论上,理学和心学最著名的命题分别是"性即理"和"心即性",这两个命题也是理学和心学或者说朱学和王学的分水岭。李元春作为一个崇奉朱学的学者,自然坚持"性即理"之说,他说:"在天曰理,天予人曰命,人受之曰性,性之动为情。性,体也;情,用也;皆统于心者也。"(《释性》,《桐阁文钞》卷一)从这段话可以看出,李元春对性、情、命、理这四个理学中的关键概念的定义与程朱并无大的差别。性即理,二者本质上是一致的,差别只在于在人不在人而已。性就人而言,人生之初所禀受者既有理又有气,为何只能说性即理,不能说性即气呢?张载曾经提出过天地之性和气质之性这样一对概念来解释这一问题,但张载也指出只有天地之性才是人之本性,气质之性不是人真正的本性。李元春则从理气先后的角度作了回答,他说:"世无无本之物,而世又何本?理而已矣。理生气先而入为主,圣人定之以中正仁义,则五常之理皆圣人定之,即皆圣人名之,圣之心即天地之心也。理无形,气有形,故虽合而不杂。无形故静,合气则有感而动。合清明之气,则善似无而实有,在中浑然,发则各以类应,本亦无不善,此固有莫知其然而然者。从其先入为主者言之,故曰'性即理'。"(《桐阁性理十三论》,《清麓丛书》本)他认为,人生之初也是先有理而后有气,先有理故理先入而为主,这就是我们只能说"性即理"而不能说"性即气"的原因,但这个解释显然是比较牵强的。

性善论一直是儒家人性论的主流,但清代汉学家往往以孔子"罕言性"和"五经"不言性为根据批评性善论。对此,李元春进行了反驳。他指出,孟子性善之说本于子思,子思之说本于孔子,孔子之言本于《尚书》,是儒家前后相承的一贯之旨。孔子之所以"罕言性"而孟子大讲性善,是因为性善之论在孔子时代是大家公认的,诸子对此无异辞,故孔子不必说。而到了孟子所处的战国时期,告子性无善恶之论引起诸多纷争,故孟子不得不标明性善之说以与之抗衡。孟子以后,讲性善论讲得最明白的莫过于宋儒,特别是程子所云"性即理"一语,更是从形而上的角度为性善论作了论证。李元春对性善论的论证在思路上显然参照了韩愈的儒家道统之说,而不拘泥于字句的考证。

李元春理学思想的重点在工夫论上。

首先,他批评王学,但对于王学所常讲的良知、心学并不反对。他之所以不满于王学,主要不在本体之论而在工夫论上。他说:"良知不误,阳明讲良知偏重前截轻后截耳。《大学》圣经一章,其学之全功即足以正之。"(《夕照编》青照堂丛书本)阳明讲良知本于孟子,李元春并不反对,所谓"阳明讲良知偏前截轻后截",实质上是肯定阳明的良知之学于本体上不误,其误正在于不知道如何复其本体,即在工夫论上有缺陷。这一缺陷在阳明那里并不明显,因为"金溪、姚江本由学悟得",即是通过艰苦的修证工夫而来的。但这一缺陷在阳明后学那里越来越凸显出来,他们对本体的认知往往是通过讲论而不是通过艰苦的修证工夫洞见本体。王门后学中最流行的现成良知派的代表人物王畿曾言:"若必以现在良知与尧舜不同,必待工夫修证而后可得,则未免于矫枉之过。"(《松原晤语》,《龙溪全集》卷二)既然每个人的现在良知与尧舜无有不同,那么依其行去,所为也就和尧舜无有不同。阳明的弟子钱德洪曾言阳明"教亦三变",其第一阶段的"教法"是知行合一。阳明提知行合一说的本意在批判知行分离、知而不行的现象,但知行合一既可以合到知上,也可以合到行上。也就是说,在知行合一的前提下,阳明可以说"不行不足以谓之知",阳明后学也可以说"知即行"。王门后学后来发生分歧,这是重要原因之一,其中现成良知一派正是从把行合到知上讲,以为知即是行:知自己的良知和尧舜无有不同,则自己的行为就与尧舜无有不同。在这一逻辑中,学问和道德修养的工夫已经失去了存在的余地。清初学者颜元曾批评王门后学"无事袖手谈心性,临危一死报君王",这一批评指出了王学的空疏不学之弊,这也是李元春对王学的不满意之处。

其次,李元春提出要以"学"对治王学的"不学"之弊。他指出:

金溪、姚江本由学悟得,心悟良知,后来反见得学轻耳,是高明之过也。不学而言心、言良知以自高,吾恐其徒欺人矣。(《病床日札》,青照堂丛书本)

言心、言良知本皆不谬,但其见偏,功夫因俱误,皆只见得气之后半截,于此过用其力耳。(《余生录》,《桐阁先生文钞》卷一二《附语录钞》)

以良知该良能,二曲说得最明,此自无失,其失处亦在专守良知。良知固无终蔽时,然自有蔽时矣,蔽则非积学何由彻。(《病床日札》)

在本体层面上,常人的良知和尧舜并无差别。但常人之所以为常人而尧舜之所以为尧舜的原因在于,常人的良知"自有蔽时",其用就不能如尧舜之良知流行无碍,但一旦去蔽,则又和尧舜之良知没有区别。如何去蔽呢?只能通过"学"。李元春所谓"学"包罗很广,既包括儒家的义理之学,也包括记诵、考据、词章之学,甚至还包括被视为俗学的科举之学。他认为:"道学不以《四书》为主,讲《四书》不从制义入手,终是粗。"(《夕照编》,青照堂丛书本)他在潼川书院时曾立教规十条,其第三条曰:"读书以经为主,史为辅,旁及诸子百家,不特制义也。"(《潼川书院志》,《桐阁杂著四种》)正是基于此,李元春非常重视文献的整理。他曾编辑过《关中两朝文钞》《关中两朝诗钞》和《关中两朝赋钞》《西河古文录》《西河制义录》《纲目大战录》《左氏兵法》等文献,这些文献涉及史学、子学和军事、地理等多个方面,对于研究陕西地方文化有重要的参考价值,从中可以看出关学崇尚实学的学风在他身上的突出体现。

再次,李元春坚持程朱一派的"主敬""存诚",批评王学偏于虚寂的修养方法。李元春明确说:"朱子之学主于敬,吾生平得力亦只此一字。"(《余生录》)并批评王学:"金溪、姚江讲心学,何尝不得要,但专言心便有异端寂守意。"(《闲居镜语》)"主敬"由程伊川提出,经由朱子之手,其内容趋于完备。"主敬"的主要内容有:其一,"主敬"和"格物"紧密相连,人间是由事、物组成的世界,所以"主敬"意味着学者时时刻刻都要作转化身心的工作;其二,"敬"贯动静,意味着"主敬"是一种行为的修行方式,而不仅仅是意识的修行方式;其三,"主敬"因为必须经由"格物""穷理"的过程,这样日积月累乃克有成,所以它一定是"渐教"的法门。与朱学的"主敬"相比,王学更倾向于"主静",江右王门的代表人物聂双江、罗念庵更明确提出"归寂""守静"之说。与"主敬"相比,"主静"更偏重于内在意识的转化,不免有重内遗外之嫌。李元春指出:"复性之事不外立身、尽伦两大端。立身、尽伦不过慎言、敏行两大端。复性之功则曰知行并进,存省效致,而其要惟在主敬、存诚、行恕而已。持此数端读圣贤之书,为圣贤之学,庶不患散而无统矣。"(《闲居镜语》)这一段话可以说是他工夫论的总纲,"立身"指个人内在的道德修养,"尽伦"指个人对人伦关系的处理。故张骥评论说:"其学恪守程、朱,以诚敬为本,而要于有恒。读书观理,以为行之端;处事审理,以验知之素。本末兼该,内外交养,威仪容止,至老如一人。问何以养之,曰:'寡欲而已'。"(《关学宗传》卷五一)

最后,李元春继承关学崇尚礼教的学风,重视礼的学习和践履。关学创始人张载曾经"以礼为教",提出过"礼者滋养人德性"(《经学理窟·学大原》)即以礼立仁的观点,这一学风在后世得到传承。在李元春的工夫论中,守礼、行礼是"主敬"的要求。"主敬"必有所"敬",所"敬"的即作为规范法则的"礼"或"理",所以"主敬"的外在表现即对礼的践履。李元春不仅以礼为修身之具,也以其为救世之法。《论语》中林放问礼之本,孔子大加赞赏,曰:"礼,与其奢也,宁俭;丧,与其易也,宁戚。"(《论语·八佾》)李元春继承孔子礼学的这一精神,批评时人在行礼过程中重外遗内,重末轻本,使礼流于形式的现象。他指出这种现象不但违背了儒家之礼的基本精神,而且使世俗之人竞为奢侈,乃衰世之征。时人之奢侈又莫过于大办丧事,他认为古人衣衾棺椁之制,礼皆太繁,尽可不用。今人在这些地方超越古人甚是无谓,不如尽诚。除此之外,世俗奢侈还表现在日常用度之上,如吸水烟、观戏、赌博等,这些花费不但对人无益而且败坏身心,有伤风俗。在他看来,勤、俭二字既是修身之途,又是治家之本,还是治官之方。世俗之弊大半由于不能俭:普通民众习于奢侈,则至于败家;士人习于奢侈,则不能讲求身心性命之学;为官者习于奢侈而不能俭,则俸不足,俸不足则必贪墨。对此,李元春提出以"国奢示俭,国俭示礼"对治之,实际上,俭与不俭以礼为准。李元春一生守礼甚谨,至老不衰,不仅教家人以礼,教生徒以礼,亦以礼规劝朋友。其礼学在大节上谨遵古人,在小节上则不无损益。他说:"冠履衣服之式变易无常,君子岂必随时,总以敦朴为尚。"(《四礼辨俗》青照堂丛书本)又说:"礼,时为大。即先王之礼有未尽者,亦有尚缺者,有于今不宜者。大礼制自朝廷,其细微处则在知礼之君子。"(《四礼辨俗》,青照堂丛书本)其礼学著作有《四礼辨俗》《丧礼补议》等,既对当世冠、婚、丧、祭之礼的荒废进行了批判,又根据实际情况对其进行了修订,使之更适合时人遵行。

李元春曾言:"杨、墨、佛、老吾斥之,记诵、词章、考据吾为之,而一以朱子之明其理而履其事为宗,又不入于良知之家,庶几乎与圣学相近矣。"(《学术是非论》,《桐阁文钞》卷一)这句话可以视为他对自己学术立场的总体概括。从中我们可以看出,李元春总体信奉的是朱子学,但对清代流行的汉学在方法上又不无借鉴吸收,而其对经、史、子、集无不涉猎,又表现出鲜明的通经致用的实学倾向。

第二节 贺瑞麟:"惟程朱是守",承横渠宗风

贺瑞麟(1824—1893)是清末继李元春之后关学的重要代表人物。他恪守程朱之学,力辟陆王,尽力阐发濂、洛、关、闽宗旨,更著躬行实践。对于当时学术有关程朱与陆王之辩,对于理学诸多问题如理气、心性、动静、太极无极等,辨之尤详,特点鲜明。其学术虽未开风气之先,但在清末关学已陷低沉的情况下,颇有重振之功。他的努力对于该时期关中学风的改变有较大的影响。

一、贺瑞麟生平与著述

贺瑞麟字角生,号复斋,因讲学清麓精舍,人称清麓先生。其祖上为陕西渭南坳底村人。康熙十九年(1680)迁三原响留堡,是为三原(今陕西三原)人。其父含章,字贞堂,曾经商且精通医术,有子五人,贺瑞麟最小。道光四年(1824)正月十八日,贺瑞麟生于三原响留堡,光绪十九年(1893)卒,享年七十岁。

贺瑞麟十一岁读私塾,十七岁时补博士弟子,竟能"别学术辨异同,爱四书"。受父之命学于同邑孝廉王次伯之门,潜心道学,不专事举业。后又得薛文清公《读书录》,认真研读。道光二十三年(1843),二十岁的贺瑞麟即科试第一,四年后,听说朝邑李元春(时斋)讲程朱理学,遂"越数百里执弟子礼"。李元春早已听闻有关贺瑞麟的德行事迹,相见后发现其"果不凡"(《贺复斋先生行状》)。在李元春门下,他"于周、程、张、朱书无不悉心究极,益愤志圣贤之学"(张骥:《关学宗传》卷五四),尝与杨树椿(损斋)、王铁峰等切磋学术,遂绝仕进之意,潜心理学,"决然一志于道"(《贺复斋先生行状》)。

贺瑞麟曾述及自己的心路历程,谓其先也曾"不废举业",但后来厌恶了它,懂得了要学"为己"之学,以求圣贤,至于如何读书也是逐渐了悟了的。他曾"泛滥诸讲学之书,卒不得其门而入",进而发现"书愈多讲愈烦而心愈无主",后经师友的启示,方明白应从《小学》读起。于是他"退而求之《小学》《近思录》,始稍有以窥程、朱之学,真得孔、孟以来相传之心法"。经过进一步学习,他方能"屏去世俗之陋习,而一惟程、朱是守,不敢有他途之趋"。其

学"必以居敬穷理为纲要"(《答原坦斋太守书》,《清麓文集》卷八),遂走上了正学之路。此后他致力于讲学和著述,先后讲学于学古书院和正谊书院。同治四年(1865),在讲学于学古书院时,他专门制订了《学约》《学要》各六条。如在《学要》中规定:"审途以严义利之辨,立志以大明新之规,居敬以密存察之功,穷理以究是非之极,反身以致克复之实,明统以正道学之宗。"(《贺复斋先生行状》)五十岁后先后讲学于宏道书院、正谊书院、鲁斋书院等。晚年学术活动基本上以讲学、著述和刊刻整理书籍为主。光绪十七年(1891),督学柯逢时举经明行修之士,瑞麟衰然居首,奉旨赏加五品衔。光绪十九年(1893)正月,诸亲友欲为其贺生日,他谢绝了,说:"古无生日之说,程子曰:'人无父母,生日当倍悲痛,更安忍置酒张乐以为乐。'近世奢靡,往往于是日宴会杂沓,宾客满座,殊失礼意。"他盼咐生日之事"大不可也,慎勿徒劳"(《贺复斋先生行状》)。是年九月四日,不幸病逝。《贺复斋先生行状》评价贺瑞麟:"先生赋质浑然天成,心意皎洁如秋水霁月,度量恢弘如大河长江,其竖志则壁立万仞,振俗则砥柱中流,光明正大刚方严毅。"

贺瑞麟一生志于学,勤于著述。其主要著述和刊刻书籍的活动如下:

续《关学编》。王心敬说:"关学有编,创自前代冯少墟先生。"该编"实始宋之横渠,终明之秦关(王之士),皆关中产也。"后王心敬又"取自少墟至今,搜罗闻见,辑而编之",成《关学续编》。清李元春再续《关学续编》。时至晚清,曾任味经书院山长的柏景伟(1831—1891,号沣西)欲再续写《关学编》,但因疾未成而请贺瑞麟再续。贺瑞麟于光绪十九年(1893),也就是在他垂暮之年,将生平所向的七位理学名士续写入《关学续编》。贺瑞麟所选录的七位理学家,首推刘鸣珂,字伯容,蒲城人,"自少有志圣贤之学,大抵以正心诚意为指归,其于天人、理欲、王霸、儒释之分,辨之极精;阗然自修,不求人知"。王承烈,字逊功,号复庵,泾阳人。张萝谷,名秉直,澄城人,"其学以穷理为始,知命为要"。史复斋,名调,字勺五,华阴人,其"立志以圣贤为师"。还有朝邑人李元春,学者称桐阁先生,"其学恪守程朱,以诚敬为本,而笃于躬行"。郑冶亭,名士范,字伯法,凤翔人,其"生而明敏笃诚,甫成童,潜心正学,躬行实践。"杨树椿,字仁甫,号损斋,朝邑人。"其为学坚实刻苦,默契精思,养深而纯,守严而固。"(参见贺瑞麟:《关学续编》)从贺瑞麟选入《关学续编》的学者来看,鲜明地体现出他的学术倾向,即恪守程朱,而对多染于陆王的学者却未提及。

刊刻理学丛书。为了弘扬儒家之"正学",贺瑞麟一生陆续刊刻了一部大型丛书即《清麓丛书》,其中仅程朱及其弟子的著作就收录了四十余种,朱熹的主要著作大都囊括其中,有:《朱子语类》一百四十卷、《近思录》十四卷、《朱子大全文集》一百卷、《清麓续集》五卷、《清麓别集》七卷。此外还有周敦颐、程颐、张载等人的全书,还搜集了许多先儒的绝学孤本。

关学文献整理。他整理刊刻的关学著作有:王建常的《小学句读》《复斋录》,李颙的《垩室录感》,李因笃的《仪小经》,张秉直的《治平大略》《开知录》,李元春的《桐阁性理十三论》等。

著书立说。其主要著作有:《读书录要》《清麓文集》《清麓答问》等。此外还有《诲儿编》《三原县新志》《三水县志》《蒙养书》等。

二、贺瑞麟的理学思想及其特征

贺瑞麟生活的时代正值清道光至光绪年间,这一时期清廷已由盛而趋衰。思想上虽仍以程朱理学为旨归,不过此时被科举之风所袭,人们津津于辞章利禄之学,导致功利之心泛滥,人心不古。所以正人心亦成为当时正直之士的当务之急。贺瑞麟曾述及当时的思想态势和学术之弊,并表达了自己勇于担当"以变末俗"的心愿:

> 且道学为世诟病久矣,心学重虚寂,汉学专考据,孔、孟、程、朱之说几不伸于天下。至其最下辞章利禄之习,殆如洪流滔滔,狂澜莫挽。一闻道学之名,则群非众忌无所不至。不知士而学道,犹商居货贿农业稼穑也。朱子曰:"此学不明,天下事决无可为之理。"张宣公曰:"大抵后世致君泽民之事业不见于天下,皆吾儒讲学不精之罪。"今大人悯士子锢蔽举业,不知古人政教合一之旨、体用兼赅之学,而欲一振兴之。俾有志之士拔出流俗,切劘道义,端士习,明圣学,莫后日起支撑斯世,诚可谓急先务者。谓宜求之道高德备之儒,方可熏蒸转移以变末俗,而麟岂其人哉!(《复冯展云中丞书》,《清麓文集》卷九)

贺瑞麟认为,当时的道学存在诸多"诟病"之处,如心学重虚寂,汉学重考据,导致孔孟程朱之理学不能行之天下。再加上辞章利禄之习的泛滥,道学更是陷入困境,有的人甚至一听到"道学"之名称,就"群非众忌"。学界所以沦落于此,皆因"吾儒讲学之不精"所致,也与人们不知"古人政教合一之旨、体用兼赅之学"有关。为振兴道学,必须有有志之士以"拔出流俗,切劚道义,端士习,明圣学"为"先务"。所以必须选求道高德备之儒经过艰苦努力方可"以变末俗"。贺瑞麟认为自己应该担负起这一重担。从贺瑞麟的努力中,我们可以窥测其学术思想,主要是:

(一)尊信程朱而力辟陆王

贺瑞麟称他在二十八岁时,已"谨守程、朱主敬穷理之训"十余年(《贺复斋先生行状》),也就是说他在十七八岁时已坚定了谨守程朱的信念。此后经过学习益发不可改易,"一惟程、朱是守"(《上刘霞仙中丞书》,《清麓文集》卷七)。他的这一信念是建立在他对学术思想历史变迁认识的基础上的。他考察了明代以来学术思想的发展概况,强调畅明朱子之道的必要性,说:

> 朱子之道,孔、孟以来相传之道也。明初崇尚朱学,人心正而风俗厚,厥后异说浸淫熏染,而国运随之亦衰。我朝正学复明,朱子之书满天下,读者往往不惟其实之求,则诚哉知德者鲜,而圣贤之道不著也。然则上焉,守孔孟之心法,不杂以空虚偏谬之说;而下焉,深以荡检逾闲为可耻,乞墦登垄为可羞,则莫若明朱子之道。(《程朱二先生行状序》,《清麓文集》卷一)

他认为,明初尚朱子学,故人心正而风俗厚,以后异说泛滥,国运日衰。到清初,虽然朱子学重新复明,但是读书人却并不能求其实,故圣贤之道并未真正得以彰明。所以他认为,要不杂空虚偏谬之说,必须守孔孟之心法;要做到"以荡检逾闲为可耻,乞墦登垄为可羞",则必须申明朱子之道,进一步强调在当时情况下恪守朱子之道的必要性。

贺瑞麟给朱子之学以极高的地位。他认为朱子的著作是为"千古学孔子者立之标准",故"盖求孔子必自求朱子始"(《朱子行状总论简注序》,《清麓文集》卷二),又说:"朱子祖述孔、孟,宪章周、程,道学一脉至是大明。生平著述无非发圣贤之蕴奥,开后学于无穷。而其指示亲切,为初学入德之门、造道之方,则尤莫要于明诚敬义之训。"(《朱子白鹿洞赋跋甲子》,《清麓文集》卷五)指出朱子学的要义就是"明诚敬义",这正是初学入德之门。他进而指出,朱子"为学"之大要在于:"立志以定其本,居敬以持其志,穷理以致其知,反身以践其实,此四者朱子为学之大纲也。"(《笃志录序》,《清麓文集》卷一)贺瑞麟把这四点概括为"用功之大要",即"立志也,居敬也,穷理也,反身也。"(《书张振之所录朱子文编后》,《清麓文集》卷一)他认为这既是为学之要,也是教学之纲。朱子于此四者,"固已以身立极",只要循着这个思路去读书,就可以把握"朱学之路脉",然后读其全书"则当愈觉完密畅达而无所遗矣"(同上注)。他坚定地认为,只要按照朱子的路走下去,就不会有错:"窃谓千古学术孔、孟、程、朱已立定铁案,吾辈只随他脚下盘旋,方不错走了路。"(《答蒋少园书》,《清麓文集》卷七)可见,贺瑞麟是一位坚定的朱子学者。

正因为此,贺瑞麟对陆王之心学辟之不遗余力。在清代的关学学者中,李二曲虽宗陆王心学,但对朱子尚持公允的态度,在陆王程朱的关系上,主张二者"各有所见,各有所得",只有"合并归一",则可"学斯不偏"。并尽可能地对其认同的部分加以吸收。其弟子王心敬也能够兼容会通朱王。而自李元春以至贺瑞麟则一改这一包容的态度,他们恪守程朱,力辟陆王。

首先,他对"近世"有学者不分门户而混淆学术的做法提出批评,并指出这表面上看是混淆诸家,实则是"阴主"陆王。他说:"近世论学例以不分门户,为说搅金银铜铁为一器,是程、朱亦是陆、王,而实阴主陆、王且或并不知陆、王也。世道人心之忧,何时而已乎?"(《书晋儒备考后》,《清麓文集》卷二)出于对世道人心的忧虑,他正本清源,从儒家的道统说起,指出阳明心学脱离道统:

> 尧传舜,舜传禹,禹传汤,汤传文、武、周公,文、武、周公传之孔子,孔子传之孟子。孟子时杨、墨交作,圣人之道不明,孟子惧焉,息邪距诐,大声疾呼,辞而辟之。向使世无孟子,几何而不为禽兽也!自是以后,火于秦,黄老于汉,佛于魏、晋、隋、唐,则所谓弥近理而大乱真者又甚。周、张、二程子出,而异说顿息,厥功伟矣。然高者流虚无,下者溺卑陋,顿悟功利之习浸淫于人心者,犹未有以摧陷而廓清之也。子朱子挺生南服,卓然以先知先觉之资为孔、孟、周、程之嫡嗣,阐圣学之门庭,立后儒之标的。道统之传,真不啻拨云雾而见青天,虽百世守之可也。乃明中叶,阳明王氏复创为良知之说,簧鼓天下,阳儒而阴释。一时学者靡然从风,荡弃礼法,蔑视伦常,诐淫邪遁,变幻百出,学术坏而国运随之,其为害道可胜言哉。(《重刻三鱼塘文集序》,《清麓文集》卷二)

贺瑞麟在给陆陇其所写的书序中,从孟子的儒家道统说起,再述儒家之道"火于秦,黄老于汉,佛于魏、晋、隋、唐"的历史命运,进而言及周、程、张等北宋诸子继道统、息异说之功。他认为,此后则出现"高者流虚无,下者溺卑陋,顿悟功利之习浸淫于人心"的情况,遂偏离了儒家的道统。此时朱子学兴起,"阐圣学之门庭,立后儒之标的",颇有"拨云雾而见青天"之效。至明中叶,阳明心学兴起,其"阳儒而阴释"的良知之说"簧鼓天下",但学者不辨是非,靡然向风,以至于"荡弃礼法,蔑视伦常,诐淫邪遁,变幻百出",由此导致学术坏、国运衰。他明确指出阳明学不仅偏离道统而且是"害道"之学。到清朝理学昌明,朱子学再兴,一批大儒继起,形势才发生了逆转。并对清初陆陇其传朱子学之功大加赞扬,甚至认为:"学者欲求尧、舜、孔、孟以来相传之道,必自朱子始。欲求朱子之道,必自先生(陆稼书)始。"他特别强调要辨程朱与陆王之是非,不可混淆,如说:"吾人为学以辨别是非为第一义。麟亦尝怪前辈立身行己,卓有可观,其学亦自谓守程、朱之正脉,而往往于陆、王之徒犹为恕词,不能峻拒力辟。"对于名为守程朱正脉又恕容陆王而不"力辟"者,贺瑞麟是不以为然的。他认为在理学与心学的是非问题上,"岂容一毫之假借?"否则会"贻误于天下后世"(《答林宗洛书》,《清麓文集》卷六),他进而说,"学术要辨明路途,不可一毫差异。"他说:

> 今只当以程、朱为法不必重述斥驳陆、王之言,以陷于有意轻议古人之失则可。若谓程、朱、陆、王同一孔、孟之徒,程、朱可师,陆、王亦可师,此亦恐失之包罗和会,将来陆、王之意多而程、朱之意少,匪惟不见程、朱真渊源,亦自未识陆、王的宗派矣。学术一毫假借不得,毫厘之差千里之谬,苟不辨明则工夫入手一差,终身莫救。(《答原坦斋太守书》,《清麓文集》卷八)

他认为,如果不分是非的既师程朱又师陆王,则"恐失之包罗和会",其结果就可能既不识程朱之真正渊源,也没弄清陆王的真实面目,所以学术没有一丝一毫之假借可言,否则"毫厘之差千里之谬"。就其为学的下手处而言,他指出,"程、朱而后,凡属纯儒,无不于《小学》《近思录》二书笃信而深好之,以为下手工夫。"(《答党西崖书》,《清麓文集》卷六)而对于"其余偏杂甚或阳儒阴释"者则应一概斥之,阳明心学当然在所斥之列。

其次,他对于心学在学理上也有许多的批评。他所以对陆王心学持上述激烈的批评态度,在于他认为其虽学圣道,但其学有偏而道未纯。他说:"程、朱、陆、王皆学圣人之道者也,然先儒辨之不啻详矣。况陆、王又非可以孟子例比,盖学稍有偏即道有未纯。"(《重刻文庙通考序》,《清麓文集》卷二)此所说"学稍有偏"和"道有未纯",是对陆王心学的比较直接的批评。其具体的批评,也可从《答余葵阶太守书》中看出,他认为阳明信古本《大学》,以"致知"为"致良知",又"因辑《朱子晚年定论》以见其与己说合,而谓朱子亦尝有自诳诳人之语,盖破朱子格致之意"。由此他指出:"大抵阳明但欲迁就己意,于朱子一生学问甘苦未尝深究,又信古本《大学》所谓紧要处已不同耳,则其诬朱子也。"(《清麓文集》卷八)我们知道,《大学》中有两部分内容,一部分提出了"明明德""新民""止于至善"即三纲领和"格物""致知""正心""诚意""修身""齐家""治国""平天下"所谓八条目。第二部分是对上面"三纲领""八条目"的解释,前者称为"经",后者称为"传"。不过《大学》在传的部分似在"逐条"解释经的内容,却惟独缺少对"格物在致知""诚意在正心"的解释和论证。而且对"诚意在正心"的论证也没按照原先的次序来进行。朱熹发现了这一点,认为古本所以没有出现对"格物致知"的解释是由于"阙文"造成的,对"诚意正心"的解释没有放在应有位置,是由于"错简"造成的。于是朱子在《大学章句》中就作了一个"补格物致知传",以弥补阙文造成的不连贯。王阳明对朱子的做法很不赞成,他相信《大学》古本既无阙文,也无错简,说:"《大学》古本乃孔门相传旧本耳,朱子疑其有所脱误而改正补辑之,在某则谓其本无脱误,释从其旧而已。"(《答罗整庵少宰》,《阳明全书》卷二)王阳明这样做其目的是要甩掉朱子的补传及对"格物"的解释,以便把格物纳入心学的体系。在贺瑞麟看来,王阳明完全是为了"欲迁就己意",认为他对朱子的批评是"诬朱子也"。由此他批评阳明之书"聪明者读之容易坏却知见。愚谓《晚年定论》颠倒是非尤害事,是将愚天下后世之人而涂其耳目也而可乎!"(《答余葵阶太守书》,《清麓文集》卷八)《朱子晚年定论》是王阳明的一篇重要著作,认为朱子和陆九渊的思想有相通之处,此即著名的"朱陆早异晚同"论。对这一说法,明末清初的顾炎武亦有批评,认为:"颠倒早晚,以弥缝陆学而不顾矫诬朱子,诳误后学之深。"贺瑞麟也认为王阳明的《朱子晚年定论》是"颠倒是非尤害事",是"愚天下后世之人",足见其对阳明心学成见之深。正因为此,他对染指陆王的学者亦力加排斥。一次他路过平阳至洪洞,见到范鄗鼎(彪西)碑,便与杨仁甫(损斋)论及"彪西《广理学备考》与黄梨洲《明儒学案》、孙夏峰《理学宗传》皆不满人意,以其不能纯宗朱子,故多不当于人心"(张元勋:《清麓年谱》,民国十一年刻本)。可见其倾向之强烈。

(二)护正学以辟佛老

贺瑞麟承继了张载关学力辟佛老的传统,其目的在于维护孔孟以来之

"正学"。贺瑞麟说:"人事之修在于讲明正学",而"所谓正学者,亦不外《四书》《六经》之旨,孔、孟、程、朱之言。"(《答张清寰书》,《清麓文集》卷一一)又说:"学术治道皆未可一毫夹杂,周、程、张、朱固无愧于德行之科。"(《答蒋少园书》,《清麓文集》卷七)可以看出,贺瑞麟是要坚守从孔孟以至周程张朱以来的道统的。相反,"若外此而讲学,夹杂二氏之说,则惑世诬民充塞仁义,更有甚于杨、墨"。也就是说,讲学只能讲正学,而决不可夹杂"二氏"之说,否则就是"惑世诬民充塞仁义"。在他看来,"伪教者,二氏之说也",既然是"伪教",那么程朱辟佛老与孟子辟杨墨,其意义就是相同的,都是为了救世:"孟子辟杨、墨,程朱辟佛老,孟子、程朱岂不欲救世哉!"(《答张清寰书》,《清麓文集》卷一一)

贺瑞麟批评佛教,也触及到佛教的核心理论。如他批评了佛教的天堂地狱说。他说:

> 邪说害正今为尤甚,虽贤者不免。或曰:释氏地狱之说,皆是为下根之人设此怖,令为善。明道先生曰:"至诚贯天地,人尚有不化,岂有立伪教而人可化乎?"今之刻《感应篇》《敬信录》皆此类,尊兄但当拒之以不信,切不可为彼动也。此种意见须与扫除净尽,若尚留一二分在胸中作梗,少间便会诱引,却不知不觉令人眼邪口歪去,甚可怕也。(《与寇允臣书》,《清麓文集》卷六)

他认为,佛教是"邪说",其一即是所讲的"地狱之说",此说其实是为恐吓"下根之人"而令其为善的说教而已,并不具有真理性。但是,如程明道所说,"至诚"之学贯通天地,也难以起到化民心的作用,此"伪教""邪说"难道可化人乎?比如道教的《感应篇》《敬信录》之类的伪书,是绝对不可能起到教化人心的作用的。他强调对此绝不可相信,且要"扫除净尽",否则让其存留于心中,会引诱人"眼邪口歪",故"甚可怕也"。这一思想与孔孟周程张朱反对邪说伪教的思想完全一致。其二他似乎意识到"地狱说"的理论基础是灵魂说,所以他进一步批判佛教的灵魂说。他说:"近世邪教只养个虚灵之心,谓之灵魂,却说有天堂死后须归去,都是诳人语也。"(《答人问虚灵不昧死后归于何处》,《清麓文集》卷八)至于有没有灵魂一说,他认为,"气虽有聚散而其理不随死而亡,盖性者万物之所同得,非有我之得私也。此理亦仍归之于天耳。"人是禀气而生,生死只是气之聚散,人性与万物之性有相同之处,盖皆是一气之流行。不过万物之理是绝对的,理不会随着人死而灭。但这绝不同于佛教所说的灵魂不灭,"非如佛氏所云,犹有精灵不亡者在也"。"虚灵不昧只是理与气合,惟圣人能全之",圣人能做到"理与气合",就一般众人而言,因受"气拘物蔽","早失了虚灵不昧之全体",所以不可能做到灵魂不灭。这一说法虽然有缺陷,但是他不赞成佛教的灵魂不灭论,这就触及到佛教的根本教义。由此,他赞成二程所说的应该禁断佛寺,说:"昔程子云'去寺观则天下治'。方今兵燹之余,世道民风蠹坏已极,如此快举,亦天下复治之一大机括也。"(《复吕曼叔观察书》,《清麓文集》卷七)认为禁佛寺可以正人心,是天下大治的一个重要举措。

(三)哲学思想:理气、静敬、心性之辨

1. 在理气关系上,贺瑞麟认为,"气如卒徒,理如元帅"

贺瑞麟在与林宗洛等人的书信中,讨论了理与气的关系。林宗洛认为,"水之出没乃阴气之聚散,聚则为水,散仍为气"。贺瑞麟不同意这一"水化归气"说,指出:

> 盖天地间有聚必有散,有育必有化,此气也。所以然者,理为之也。理不可见,因气之流行而见。水既化矣,更要推说到化后如何,不知说个甚么。如尊兄言气聚为水,水散为气,是水亦气也。气散而仍为气,则是天地间只是这些气,一任为聚为散,而不见其生生不息之妙。(《答林宗洛书》,《清麓文集》卷六)

意即天地间有聚有散、有育有化,这虽然都表现为气的运动变化,其中贯穿的"所以然者"则是"理"。理本身看不见摸不着,但却是实存的,它可以通过气化之流行来呈现。如果仅仅看到气之聚散变化而不能意会其间的"生生不息之妙"即理,那就可能堕入"释氏所谓一大轮回"的误区。出于这样的认识,他对张载所说的"太虚不能不聚而为万物,万物不能不散而为太虚"的说法提出异议,他说:"盖聚则生散则尽,物理之自然。岂又散去为太虚,太虚亦不待万物散而为也。而形溃反原之说,程子早不取焉。"即是说,万物聚则生散则尽,这是"物理之自然",但说又散去为太虚则不合适,因为太虚是不待物散而成为太虚的。对于张载这种"形溃反原"说,程子早已不采取了,并引朱子所说"大钧播物一去便休,岂有散而复聚之说"来反驳。其实,张载是从本原与物之具体形态的关系上说的,从本原上说,太虚之气是本,万物只是气聚而未散的状态。贺瑞麟与程朱都是从形而下的角度理解太虚与气的关系。他们

认为有一个真正绝对的东西,这只能是"理"。而在张载那里,理只是气运动变化的条理,不具有形而上的意义。可见,在理气关系上,贺瑞麟坚守程朱的立场。

朱熹对于理气关系有过诸多论述,其中主要有:理先气后,理本气末和"理一分殊"等观点。他认为理是绝对的形而上的本体,说:"未有天地之先,毕竟是先有此理","有是理后生是气"。同时他也认为理气不离,说:"天下未有无理之气,亦未有无气之理。"(《朱子语类》卷一)理气"常相依而未尝相离"(《朱子语类》卷九四),主张理气不离而又不相杂。其代表性的说法如:"天地之间,有理有气。理也者,形而上之道也;气也者,形而下之器也。生物之具也。"(《答黄道夫》,《清麓文集》卷八五)还说:"以本体言之,则有理然后有是气。"(《孟子或问》卷三)总之,朱熹认为理为本而气为末,理气不相离而又不相杂。理与万物是"理一分殊"的关系。贺瑞麟承继了这一观点并有所发挥。他说:

> 天地间无一物无气,即无一物无理;无一物无阴阳,即无一物无太极。(《清麓日记》卷三)

> 朱子说"理气不相离,而不相杂",说得最精密。罗整庵说"理气合一"未免伤混。如气只是浑浑沦沦一团气,然其中却自有许多条理,彻上彻下丝丝不乱,便是理如草木到春上便都发生出来,这是气。然桃不生杏,杏不生桃便是理;如每年春而夏而秋而冬而复春,这是气。然而万古千秋,却无一年颠倒、乖钟便是理。气如卒徒,理如元帅。天地之间只这一气莽莽荡荡,若不是理做主宰,安得不胡乱起来?然理却在气中,初非别为一物,所谓一而二,二而一者也。(《清麓遗语》卷一)

贺瑞麟要表达的是:其一,接受朱子天地间有理有气,"理气不相离,而不相杂"的观点,理是事物内在的必然性。其二,理统率气,是气的主宰。说"气如卒徒,理如元帅";其三,理在气中,理气相即不离,理气是一而二、二而一的体用统一关系。这些充分表明他对程朱理气关系的坚守。进而,他也认为理在事中,理与事也是不相离亦不相杂的关系。他说:"事理不相离,下学人事自然上达天理。人事外无天理,下学无上达,然非才一下学而便能上达也。但实做下学工夫久自知耳。"(《清麓遗语》卷一)

贺瑞麟对程朱"理一分殊"也有新的发挥。"理一分殊"最早是因杨时怀疑张载《西铭》有混于墨子兼爱之说，程颐对此作了辨析，说"《西铭》明理一而分殊，墨氏则二本而无分。分殊之蔽，私胜而失仁；无分之罪，兼爱而无义。"程颐这一说法，表明《西铭》明万物一理，而理散落在不同事物上则有不同的表象，但万物之理则是理一的完整地显现。也就是说，《西铭》的万物一体说并不排斥社会个体对不同对象应承担的道德义务，同时也包含着一般的道德原则可以表现为不同的具体规范之意。反过来说，不同的具体规范中也都蕴涵着普遍的道德原则。对此朱子也有发挥，说："天地之间，理一而已。然乾道成男，坤道成女，二气交感，化生万物，则其大小之分、亲疏之等，至于十百千万而不能齐也。……盖以乾为父，以坤为母，有生之类无物不然，所谓理一也。而人物之生，血脉之属，各亲其亲，各子其子，则其分亦安得而不殊哉。"意即天地间只有一个理，称"理一"，而宇宙间的万物千差万别，乾父坤母、大小亲疏，虽其形态各异，这不过都是"理一"的显现，这叫"分殊"之理。这也是说，社会关系中的每一个人对他人都应该承担相应的道德义务，其体现的道德原则是一致的，这是"理一"；但这种道德义务的实现在不同的对象那里其表现则有所不同，如仁爱原则在实现时则有亲疏的不同，这叫"分殊"。贺瑞麟也承继了这一思想，并说："张子《西铭》道理与墨氏兼爱绝不同，惟明辨深察而本乎天理之公，无一毫人欲之私，则天德王道全矣。"（《清麓日记》卷二）意即张载《西铭》中所表现出的是天理，天理是不夹杂丝毫人欲的；墨子讲的兼爱，则把事物混作一团，抹杀了儒家亲亲有等的原则，不符合人伦天常，亦有损于圣道。他特别强调"理一"与"分殊"二者不可偏废，他说：

> 知理一而不知分殊，则所谓理一者，亦只是见得笼统含混，非真知也。朱子所谓必析之极其精而不乱，然后合之尽其大而无余。曾子所以随事精察而力行，然后闻"一贯"之传也。（《清麓日记》卷三）

贺瑞麟指出，"理一分殊"不可偏废，知"理一"而不知"分殊"，就会陷于含混；知"分殊"而不知"理一"，就会忘记根本的道德原则。他举例说："仁是理一，义是分殊。忠是理一，恕是分殊"，"中理一也，和分殊也"（《清麓日记》卷三）。就是说，仁与义、忠与恕、中与和等，都是既不可分而又不可相混同的。仁是基本的道德原则，义则是这一原则在不同事物上的体现，其他亦然。但根本的是不能丢掉、不能忘记道德原则。进而贺瑞麟对"理一分殊"有更明确的论述：

性者何？太极也，诚也，仁义也，中正也，天地之帅也，理也，真而静也，一也，而仁义其大纲也。苟非"致明诚"之功，则不能养性，而"仁义不失扩然而大公者"。仁之所以为体，物来而顺应者；义之所以为用，理一而分殊，仁立而义行焉。中者，仁之著；正者，义之藏，故曰"立人之道，曰仁与义"。仁义得而阴阳刚柔统之矣，性不于是而全乎？然则《太极图说》也，《通书》也，《西铭》也，《定性书》也，《好学论》也，分之则各足，合之则相成，理一源而并包，功递说而益切。入德之门，造道之域，又何俟乎他求哉？朱子之注解者至矣、尽矣。（《朱子五书又序》，《清麓文集》卷二）

他把理学的一些重要概念加以整合，认为所谓太极、诚、仁义、中正、天地之帅等，都是"理一"，其中体现的根本的道德原则就是仁义。"仁之所以为体，物来而顺应者；义之所以为用，理一而分殊。"仁体义用，义是分殊之理。认为理学家的《太极图说》《通书》《西铭》《定性书》《好学论》等，都是在讲理一分殊的道理，故"分之则各足，合之则相成，理一源而并包"。他认为这些正是学者的"入德之门，造道之域"。

2. 在静与敬的关系上，贺瑞麟认为，"主静即是主敬"

贺瑞麟在与杨仁甫（损斋）的书信中认为，"主静之说虽本之周子"，而"朱子生平论为学工夫皆言主敬，不言主静"，但同时朱子又承认"太极图主静即是主敬"（《重刻朱子约编序》，《清麓文集》卷二）。又说："朱子尝谓主静即是主敬，又曰言静则偏，故程子只言敬，且敬可以该动静，而静不可以该动。"（《杨损斋文钞序》，《清麓文集》卷二）那么"静"与"敬"的关系到底是怎样的？对此，贺瑞麟进行了深入的讨论，并提出了"主敬先本于静"而"敬贯动静，静又动之根。不可逐动而忘静"的观点。他的思路是这样的：从辨吾儒之静与禅家之静的区别入手，认为就"吾儒之静"说，"盖以人生而静，天之性也。源头处本无事，而性不能不发而为情，即不能无动。然情必中节，则动亦要合着源头。如人性本善，一落气质便多不斋。"就是说人性是天之所授，"源头处本无事"，天生来本静。但性必发为情，情则不能不动。动而中节，即动也"要合着源头"即静。这样，出于道德本性的"敬"也就本于静了。但这种静不同于禅家那种静，因为"情感而动"是否中节，是通过人心的活动实现的，他说："盖人心是活的物，心统性情。性真而静，情感是动的，静处是心，动处亦是心。然心既载性，则性亦不是死的静。"真性是静的，但情感而动，动、静处皆是心,"心统性情"。心既然载性,那么"性亦不是死的静"。所以"吾儒"所说静是"静而常动",这是人性本源上的静,而不是过程中的静。他还举例说:"譬之昼夜,昼是动,夜是静。人之寤寐亦然,人于日间固常寤矣,即夜寝亦未有长寐而不寤者。统昼夜计之,则寤多而寐少,但圣人心体湛然,当寤而寤,当寐而寐,寐得安然便是静。""昼是动,夜是静"是从过程上说的,"心体湛然"是从本源上说的。贺瑞麟特别指出,"敬之要,朱子所谓提醒此心动静皆有"。而禅家所说的静是"要死守此心,便是死静,便是死性"。这就把二者的界限严格区别开来了(参见《与杨仁甫书》,《清麓文集》卷六)。而就动静关系而言,贺瑞麟认为:"且静时做工夫与否,亦只在动处验。若自心术性情以至言动,却全无检点,总静时做工夫做得甚。"意思是说,静与动是统一的,静的工夫如何要通过动得以验证,如果性感而情动,"全无检点",没有道德的约束,静的工夫又从何谈起? 所以说:"圣人主静,君子慎动,静时固不可无工夫。今且就居处恭数端实下工夫,静亦在其中矣。"亦即静也是做工夫,"居处恭"就是敬,敬时静亦在其中了。又说:"人无论动静只心常在腔子里便是敬也。"总之,"为学莫先于求仁,而求仁莫要于居敬。敬贯动静,静又动之根。不可逐动而忘静,亦不可恶动而贪静。"故主敬就是主静,敬贯动静,但以静为本,这就是贺瑞麟的动静、静敬观。

不过,贺瑞麟反复强调主敬即是主静,并不是直接将敬说成静。因为如伊川所说的静坐之静,朱子《太极图注》所说之"静","本皆指动静之静",而今日所以"皆是指敬,此盖一味破禅家主静之说",是为了破禅家离开敬的静。其实朱子在《答张钦夫书》中所论"敬""静"有"不同之实",如果把敬说成静,又"未免矫枉过直之失",所以他又"恐敬之流入于禅也"(参阅《辨松阳钞存疑义》,《清麓文集》卷八)。总之,他认为朱子讲主敬即主静,是有特指的,否则就可能把敬混同于禅静了。

3. 在心与理、心与性的关系上,贺瑞麟认为,"理为心之主宰""心载性"。

贺瑞麟没有否认心的作用,指出心是人一身之主宰,但是在心与理的关系上,理又是心之主宰。他说:

> 心为一身之主宰,亦即万事万物之主宰。然所以为之主宰者,以其具是理而已;所谓本然之心是也,则即以理为心之主宰亦可。故曰有主则实理自是实,不然以悠悠荡荡之心,而谓为身与事物之主宰,岂可哉? (《清麓日记》卷三)

他坚定地恪守程朱以"理"为本的思想,而对心学有俨然的戒备,尽管他承认心是人身之主宰,但是理则更高更实,他没有接受"心即理"的观念,他说:"心非理而为理之总会,心亦气而为气之精英。"(《清麓日记》卷三)是说心不同于理,理为心之总汇,心本身并不是理。人心是理与气的结合,可以说"心载理",但理可以来指导心,心才具理。他明确说这不同于心学所谓"心即理",他说:"心具理谓心即理则不可,理非气亦无承载处,认气为理则不是。"(《清麓日记》卷三)他多次谈及心与理的关系,如说:"吾心之主宰只有一个义理,所谓道心为主也。"又说:"心之主宰者,以其具是理而已,所谓本然之心是也,则即以理为心之主宰亦可。"(《清麓日记》卷三)这里所提到的"本然之心"即孟子说的"本心",亦即善的道德本性。不过他认为道德是本于理而不是本于心,这则是他反复强调的。

于是,在心性论上,贺瑞麟就主张"心载性",同时赞成张载"心统性情"的说法。他说:"盖人心是活的物,心统性情。性真而静,感而动;静处是心,动处亦是心。然心既载性,则性亦不是死的静。"(《书答》,《清麓文集》卷一)这是说,性来自天而存诸心,性在本真状态为静,动而为情,动静皆是心,所以心统性情,这里的心统性情实际上是指心主性情,与朱子所说"性是体,情是用,性情皆出于心,故心能统之"(《朱子语类》卷九八)是一致的,这其实是与张载思想不大相同的。不过,朱子所说"心统性情"又与张载有相通的一面,朱熹说:"心主于身,其所以为体者,性也;所以为用者,情也,是以贯乎动静而无不在焉。"(《答何叔京二十九》,《朱文公文集》卷四〇)又说:"性者心之理也,情者心之用也,心者性情之主也。"主张性是心之体,心是情之用,心又总括体用,这其实是张载提出而未加发挥的思想,贺瑞麟的心性观正与之相通。

关于性与情、理与欲的关系。程朱认为心、性为一,皆本于理或天理。程颐在回答心、性、天是否为"一理"时说:"自理言之谓之天,自禀受言之谓之性,自存诸人言之谓之心。"也就是说,性来自天而存诸心,心、性、天是统一的,性禀受于理,所以又说"性即理也,所谓理,性是也"。贺瑞麟沿着程朱理学的思路,进一步提出性理(体)而情用,说:"性是心之理,而情是性之用。"(《清麓日记》卷三)从而明确表达了"性体情用"的观点。这一观点改变了他对唐代李翱所谓"性善情邪"的看法,认为既然性为体,情为性之用,性为善,情当然也就不能被简单地视为恶了。由此进一步,贺瑞麟也就不赞同理学家所说的"存天理,灭人欲"的说法。他在答党清所谓"为人要和平,所以异乎乡原同流合污"的问题时,说:"顺乎天理,酌乎人情是也。乡原同流合污,全不睹天理人情之正,一味苟且循人。焉得谓之和平?"(《清麓答问》卷二)在这里,他提出了"顺乎天理,酌乎人情"的主张。可以看出,经过明末清初有实学倾向的思想家的洗礼,到此时,所谓的"存天理,灭人欲"的说法已经不大为人们所接受了,他将之易为"存理遏欲"(《重刻西铭讲义序》,《清麓文集》卷二),这应视为思想观念上的一次解放和进步。

关于居敬穷理的工夫论。在工夫论上,贺瑞麟恪守程朱的居敬穷理说,他说:

> 至谓居敬穷理工夫未真,非居敬穷理之过也。朱子平生,惟做此二者工夫透,其见于《语类》《文集》极详且备。果依此做去,初时不免把捉,久之自有得力。若舍朱子所说而别寻简要方法,其不陷于陆、王者几希矣。实做居敬穷理工夫,则涵养省察,克治节节,自然俱到,非两不相涉也。(《答孙琴舫书》,《清麓文集》卷一一)

这是说,如果不能做到真正的居敬穷理,那不是工夫本身之过。应该像朱子那样,平生做透工夫,虽然开始时会有些"把捉",久了自会有得。如果离开居敬穷理而别寻简便的方法,就不免会陷入陆、王的空疏。只有居敬穷理,方可涵养省察,达到道德的自觉。贺瑞麟进一步对"居敬穷理"做了新的发挥,说:"居敬则公,穷理则明,明则知直枉也真,公则用举措也当。"意即"居敬"就是要时时提醒身心勿放纵,做事则必公正而严明;"穷理"就是要即物而穷其理,这样事物当然之理,皆会明于心。"居敬"与"穷理"作为判断修为是否得当的重要依据,二者不可偏废。至于如何做到"居敬穷理",他说"细心读书以察理,专心持志以居敬,诚心克己以改过,虚心从善以辅仁"即是。强调要读书讲明义理,专心持志,方可居敬穷理。至于如何做到"主敬",贺瑞麟认为,就主敬之功说,二程只以"主一无适"释之。他说:"然朱子又恐人看得主一无下手处,频频说个'提醒'字。盖一提醒则心便在此,心存自不至昏惑纷扰而敬可言矣。"指出敬就是心要"不纷扰""不昏惑",这就需要"提醒"的功夫。他指出:"提醒之法有二:一是唤起,一是截断。觉得此心颓废懒惰,即便唤起;觉得此心闲思杂虑,即便截断。此四字亦是朱子之意。"在他看来,要做到"居敬穷理",就要把"提醒"与"读书"二者结合起来,不可偏废。他很赞同孙应文"读书穷理之功不可不汲汲"的说法,称"此言最是"。同时他又强调:"然须时时提醒此心。敬为主,则读书穷理愈益精明,而所得方为己物。"

(《答孙应文书》,《清麓文集》卷八)就是说,居敬与穷理相较,主敬更为重要。

进而,贺瑞麟还考察了许多理学的范畴及其关系,并对其做出了新的解释。如他对程子所说"在物为理,处物为义"和"性即理"的含义作了新的思考,认为"盖亲、义、序、别、信者,在物之'理'也。处此五者而各得其宜,则'义'也。""性即理则义在其中"。他认为这里的理与义是体与用的关系。说:"'理义'二字体用之谓也,亲、义、序、别、信为在物之理。所以处之而得其亲、义、序、别、信者,非吾心之仁、义、礼、智、信乎! 然则仁、义、礼、智非义而何? 要之,仁、义、礼、智、信在吾心为性,性即理也。"即以仁、义、礼、智、信为性体,为理;亲、义、序、别、信为性用,为义。这一说法还不多见。(参阅《辨松阳钞存疑义》,《清麓文集》卷八)

三、贺瑞麟与张载关学

贺瑞麟虽然学宗程朱,但他总是把周程张朱一并来高扬的。他多处提及周程张朱之学,而对张载亦极为推尊。他说,在关学史上,"得先生之书而读之,敬其人、尊其道,使关学重振,岂独泾野、苑洛诸先生专美于前",而今还有贺瑞麟自己及关中诸多学人,说"麟又感先生志道精思,未始须臾息,亦未尝须臾忘,一刻尚存,不敢自弃,炳烛余明,窃愿与诸生共勉焉! 与关中学者共勉焉! 与天下志士共勉焉!"他在《张子全书序》中说"余始知学即读是书"。谈及该书对他的影响,他说:

> 抚衷自省,事亲事天之诚有如《西铭》所云乎! 慎言慎动之切有如《东铭》所云乎! 其立志有如"为天地立心,为生民立道,为去圣继绝学,为万世开太平"者乎! 其居敬有如"言有教,动有法,昼有为,宵有得,息有养,瞬有存"者乎! 穷理能"精义入神"乎! 反身能正己感人乎! 出而仕,果有为治必法三代之意乎! 处而教,果有使之"知礼成性,变化气质,学必如圣人而后已"乎! 任道之力,守礼之严,辨学之精,服善之决,以至穷神化之奥,达性天之微,有能一一自信于己者乎! 愧何如也!(《清麓文集》卷二)

这不仅表达了他对张载学术思想的尊重,也内含着张载对自己的极大影响。谓其"事亲事天之诚"受之以《西铭》,其"慎言慎动之切"感之以《东铭》,其"立志"之心受张载"四为"的影响,其对居敬穷理之深入理解,也得之于张载。此外,其法三代之意,"知礼成性,变化气质"之工夫,也是受之于张载。张载"任道之力,守礼之严,辨学之精,服善之决,以至穷神化之奥,达性天之微",这些对他也有极大影响,由此他对自己的学术获得了自信。然而当让其为《张子全书》作序时,他竟感到"愧何如也,又何以序先生之书!"

他指出,"学者少有能如横渠辈用功者,近看横渠用功最亲切,直是可畏。"在关学学人中,"如吕泾野之《张子钞释》、韩苑洛之《正蒙解》、刘近山之《正蒙会稿》、李桐阁之《张子释要》",都表明学者"笃信先生之书"。足见张载关学在明清时期之影响。(参见贺瑞麟:《张子全书序》,《清麓文集》卷二)

贺瑞麟非常推崇张载,将其与周程朱并称,说:"横渠绍孔孟之传,与周、程、朱子主盟斯道",称赞其"任道之勇,造道之淳,学古力行,卓为关中先觉"(《重刻关学编序》,《清麓文集》卷二)。他最推崇的是张载的《西铭》,说:"横渠张先生为吾关中讲学之祖,而《西铭》一篇又先生一生讲学之第一义也。"认为《西铭》经二程、朱子的高扬和解读,"后之儒者于是皆知《西铭》之道之大、功之切,天德王道一以贯之矣!"并认为《西铭》一书"致力最深,说理极透,盖真能实有之者,以故主敬致知、存理遏欲,无非《西铭》工夫。而视天地万物为一体,又其素志之所存。"又认为《西铭》之要在于"顺事没宁之理,忠孝一理,国之忠臣,家之孝子,亦即天下之仁人也"。这里所说其实许多都是用程朱思想来解《西铭》,未必全合乎原意。不过,他说"《西铭》为吾关学之奥","讲义亦本之身心",所谓"言之亲切而有味",则是合乎实际的(以上见《重刻西铭讲义序》,《清麓文集》卷二)。又说:"《西铭》一篇,又关学之枢要,学者无此志向规模,虽读《小学》《大学》亦只成俗儒。盖《西铭》便包《小学》《大学》在内,《小学》之明伦敬身,《大学》之诚意正心修身,即《西铭》后半截工夫。"这些都充分肯定了《西铭》在关学史上提醒人心、明伦敬身的价值和意义。

贺瑞麟不仅对历史上的关学学人大都有过评价,而且对同时代学人的学术贡献也做了充分的肯定,不过,也能反映他对心学的排斥。他评价沣西柏景伟,说:"吾友长安柏君子俊,少喜谈兵,欲有为于天下,大类横渠,其强毅果敢有足以担荷斯道风力,卒之志不得伸。近岁大宪延聘教授关中、味经各书院,三秦之士靡然从之。"对柏的品德大加赞尚,对其影响力充分肯定。谈及学术,说:"惟君生平重事功,勤博览,其论学以不分门户为主,似乎程、朱、陆、王皆可一视,虑开攻诘之习,心良厚矣!"他认为柏景伟有心学倾向,对此颇有微词,认为这种"不辨门户",终将"如失途之客,贸贸焉莫知所之,率然望门投止,其于高大美富,将终不得其门而入矣。"他甚至将其"不分门户"提到"是非颠倒,黑白混淆,道之不明,惧莫甚焉"的高度,足见其辟王学之力(参见《重刻关学编序》,《清麓文集》卷三)。他曾在《答杨仁甫书》中批评"西郡""颇有好学之士","终身便只在二曲脚下盘旋,更不数程、朱,即以乡里之学亦更不数横渠"。指出有一些关学学人,既不学程朱,亦不学张载,却热衷心学,"终生在二曲脚下盘旋"。他引李榕村的话评价二曲说,"以二曲之人而学术不免有差"(《清麓文集》卷六)。他坚定地维护程朱之学,所以对恪守程朱之学的王建常则大加赞扬。牛兆濂评价贺瑞麟说:"信《小学》《四书》如神明,遵横渠熟读成诵之说,严为己为人之辨,于心术隐微之际,反躬克己,学如不及。其日用伦常,自洒扫应对,以至冠婚丧祭,造次必以礼法,俾先王遗教,彬彬然见诸实行。"(《贺复斋先生墓表》,《蓝川文钞续》卷四)此既见其对程朱的推尊,又见其对张载的推崇。

第三节　清代关学与异地学人的交往与思想互动

清代特别是清代前期,关学仍然保持了比较强势的发展,且具有全国性的影响。这一时期关学人物众多,讲学也比较兴盛,与异地学人的联系也较为紧密,他们多次前往他省讲学,其中尤以李二曲与王心敬前后三次的江南之行为代表。在江南,李二曲和王心敬除了讲学之外,还修复了自晚明冯从吾以来关学与东林书院的关系。然而自乾隆以后,关学学者在与异地学者的交往互动方面则逐渐失去了往日的盛况。

一、顾炎武与清初关学学者

在清初关学学者的学术交往圈里,顾炎武无疑是最重要的一位,这不仅在于顾炎武在当时的学术声名,还在于他对清初关学的影响。同样,对顾炎武来说,以李因笃、王弘撰和李颙、王建常为代表的关中学者也具有非凡的意义,以至顾炎武先后五入关中,前后栖居关中三年之久,最后还在华山之下买田构屋,有定居之念。这里主要就顾炎武与李二曲、王弘撰之间的交往和论学做一简略地考察。

(一)关于李二曲与顾炎武

康熙二年(1663),顾炎武由山西第一次进入关中,先后认识了李因笃、王弘撰和李颙,也就是后来他所称赞的"关中三友"。《顾亭林先生年谱》"康熙二年"条记载说:

> 至代州,游五台,与富平李子因笃遇,遂订交。……取道蒲州,入潼关,游西岳太华,过访王山史弘撰于华阴。至西安,游富平,馆李子德家。又西至乾州,十月,过访李处士中孚于周至,遂订交。

在周至,顾炎武与李二曲展开了讨论。二曲认为,时当务之急,应该以德性为先,而不是博物,"顾为之怃然"。

> (康熙二年)十月朔,东吴顾宁人来访。顾博物宏通,学如郑樵,先生(指李二曲)与之从容盘桓,上下古今,靡不遍订。既而叹曰:"尧舜之知,而不遍物,急先务也。吾人当务之急,原自有在,若舍而不务,惟鹜精神于上下古今之间,正昔人所谓'抛却自家无尽藏,沿门持钵效贫儿'也。"顾为之怃然。(《历年纪略》,《李颙集》)

数月后,顾炎武返回山西。虽然顾炎武与李二曲的再一次见面,已是十四年后的康熙十六年(1677),但在这期间,顾、李二人仍保持着书信往来,如康熙十四年(1675)八月,李二曲因躲避战乱而举家迁往富平,顾炎武听说后,写信给李二曲说:"先生龙德而隐,确乎不拔,真吾道所倚为长城,同人所望为山斗者也。今讲学之士,笃信而深造者,惟先生。异日'九畴'之访,'丹书'之受,必有可以赞后王而垂来学者。侧闻卜筑频阳,管幼安复见于兹。"(《历年纪略》,《李颙集》)

康熙十六年九月,顾炎武再次来到关中,并前往拜访了寓居于富平的李二曲,二人"语必达旦",但可惜其谈论了些什么内容因无记录,现在已难以知晓。十一月,顾炎武又返回山西。

康熙十七年(1678)春,顾炎武第三次来关中,居于富平时,与李二曲相互论学。此后,康熙十八年(1679)、康熙二十年(1681)亦两次入关,虽没有与李二曲相见,但书信往来未绝。其中康熙二十年入关,顾炎武在华阴与当地士绅创建朱子祠堂,就曾去信李二曲,征求礼制方面的意见;而李二曲在母亲亡故后亦去信顾炎武,请其为亡母写祭文等。

可以说,顾炎武对李二曲的学行非常推崇,除了上文中所说"今讲学之士,笃信而深造者,惟先生"外,康熙十七年,因纂修《明史》,朝廷下诏特开博学宏儒科,征举海内名儒,李二曲坚辞不赴,顾炎武在《与苏易公》中说:"比者人情浮兢,鲜能自坚,不但同志中人多赴金门之召,而敝门人亦遂不能守其初志。惟李中孚、应嗣寅、魏冰叔与彪翁,可为今日之四皓矣。"又说:"关中惟中孚一人自痛孤贫阙养,誓终身不享富贵,再辞征荐,竟得俞允。"(《亭林文集》卷八)顾炎武还说:"艰苦力学,无师而成,吾不如李中孚。"(《广师》,《亭林文集》卷六)

在李二曲与顾炎武长期的交往中,两人曾就一些学术问题进行了讨论,不过,现在保留下来的只有三封关于"体用"问题的书信,保存在《李颙集》中,其中包括顾炎武的来信。

在顾炎武的第一封书信中,他不同意二曲所说"体用"二字出于佛书的观点。顾炎武列举了《周易》《礼记》等儒家经典中的一些语句来说明"体用"之说其实是来自儒家,"彼之窃我,非我之藉彼也,岂得援儒而入于墨乎"(《答顾宁人先生》,《二曲集》卷一六)。而李二曲在回信中首先指出,《周易》和《礼记》等书,虽然讲"体"讲"用"的地方比较多,但都是就事言事,"拈体或不及用,语用则遗夫体",并没有出现过"体用"并称的情况,"体用"的兼举并称是从佛书开始的,但不是来自西来佛书,而是出自中国佛书,是禅宗的慧能在解释《金刚经》时最先使用这二字的。其次,李二曲指出,尽管"体用"二字出自佛书,但儒家也可以使用,因为这都属于天地间共同的道理,关键要看其所说的"体"是什么、"用"是什么。他说:"如'明道存心以为体,经世宰物以为用',则'体'为真体,'用'为实用。此二字出于儒书固可,即出于佛书亦无不可。苟内不足以明道存心,外不足以经世宰物,则'体'为虚体,'用'为无用。此二字出于佛书固不可,出于儒书亦岂可乎?"(同上注)

在第二封书信中,顾炎武并没有直接肯定或否定李二曲的上述说法,而是说:"'体用'二字,既经传之所有,用之何害?"似乎是保留了自己的看法。另外,顾炎武又就其他三个问题提出了意见:一是认为如"活泼泼地"和"鞭辟近里"之类的词不够典雅纯正,儒家不可用;二是关于"内典"二字的出处,以及认为"内典"一词之意是"内释而外吾儒,犹告子之外义也";三是认为庄子所说的"外物""外生""外天下"即是"驰心虚寂"。针对以上问题,李二曲则在答书中指出:一是"体用"二字兼举并称,不但《六经》中没有,《十三经注疏》中也没有。"体用"二字并称以及用其解经作传则始于朱子。二是"活泼泼地"一词是程颢借用禅宗之语来形容道体的,而"鞭辟近里"则是让人敛华就实,并无不妥。如果非要以"语不雅驯"来进行取舍的话,则"活泼泼地"一词可以不用,但"鞭辟近里"一词"实吾人顶门针、对症药,此则必不可讳",不仅不必忌讳,而且还应该作为学者的座右铭,时常警惕自己。三是指出"内典"二字乃出于南北朝时期,当时梁武帝崇佛,一时士大夫靡然从风,以儒书为"外尽人事",佛书为"内了心性","内典"一词即来源于此,故后世之人多以"内典"来指称佛书。不过,李二曲又强调,佛氏所说的"内"与儒家所说的"内"并不同,"彼之所谓内,可内而不可外。吾儒之所谓内,内焉而圣,外焉而王,纲常藉以维持,乾坤恃以不毁,又岂可同年而语"。四是指出《庄子》书中的"外物""外生""外天下",并非"虚寂"之意,而是指忘形脱累。并认为老庄所说的"虚"与佛氏所说的"虚寂"不同。老庄之"虚"是虚其心,而不是虚其理。佛氏之"虚寂"则是既要虚其心,又要虚其理,"舍其昭昭而返其冥冥,虽则寂然不动,而究不足以开物成务,以通天下之故,此佛氏所以败常乱伦"(同上)。

在第三封书信中,顾炎武再次谈到"体用"二字的出处,一方面指出自己从来不读佛书,也没有见过《金刚经解》之类的佛书;另一方面则否定李二曲说的"体用"并举最早出于慧能,而是来自东汉魏伯阳所著的《周易参同契》一书,慧能和朱子都是借用了魏伯阳的说法,而非朱子借用慧能之说。李二曲在答书中则说,如果只是为了一己之修身,那么读《四书》《五经》和濂洛关闽之书就够了,可以不用读佛书。但如果是要探讨学术异同,了解佛老似是之非,就必须要读佛老之书,只有深入其中,才能认识其非。而对于顾炎武说的"体用"并举出自魏伯阳之书,李二曲则指出,《周易参同契》是道家的修炼之书,佛氏是不会看的,更何况慧能并不识字,其学也不由语言文字,所以"体用"二字不可能是借用《周易参同契》一书。另外,朱子对《周易参同契》的注释也是在完成《四书章句集注》多年之后才开始的,也就是说朱子在注《四书》时就已经使用了"体用"二字,早于注《周易参同契》之前,故朱子也不可能是借用魏伯阳的说法。除此之外,李二曲还指出,《周易参同契》中的"体用"与儒家和佛氏所说的"体用"不同。魏伯阳讲的"体用"是指修炼工夫的次第,而慧能则是用"体用"来说明心性关系,朱子则强调的是本体与作用的关系,以说明儒家乃是全体大用之学。最后,李二曲认为,关于"体用"的争论实在没有多少必要,"此本无大关,辩乎其所不必辩,假令辩尽古今疑误字句,究与自己身心有何干涉"(同上注),此是逐末忘本,即一味考详略、采异同,而忘记身心修养才是根本所在。

以上就是李二曲与顾炎武围绕"体用"问题而展开的讨论,从中可以看到二人在一些学术问题上的差别,特别是李二曲对待考据训诂的态度,与顾炎武强调的"经学即理学"完全不同。李二曲走的仍是传统理学的路子,只不过鉴于晚明学术之失,在重视心性修养的同时,他又非常强调经世致用,从而提出"明体适用"的为学宗旨。而顾炎武则可以说开启了重实际、重实证的新学风,《清史列传》说:"炎武之学,大抵主于敛华就实,凡国家典制、郡邑掌故、天文仪象、河漕兵农之属,莫不穷原究委,考证得失。"(《儒林传下一》,《清史列传》卷六八)不过,也正因为李二曲对"明体适用"的坚持以及对考据训诂的批评,使得他的众多弟子如王心敬、杨屾等人不是注重心性之学,就是发明其"明体适用"之学,在经世致用方面取得显著成绩,从而成为清初关学的一个显著特点。

(二)关于王弘撰与顾炎武

王弘撰在清初的关学学者中以文章博雅著称,是一位博物君子,并精于易学。他曾四次游历江南①,对加强关学与异地学人的交往互动起到了一定作用。而在王弘撰的学友中,顾炎武无疑有着非常重要的地位。王弘撰在其所著的《山志》中记述道:

> 顾亭林,古所谓义士不合于时,以游为隐者也。丰姿不扬,而留心经术。胸中富有日新,不易窥测。下笔为文,直入唐、宋大家之室。至讲明音韵,克传绝绪。他所著《日知录》《金石文字记》《天下郡国利病》诸书,卷帙之积,几于等身。朝野倾慕之。行谊甚高,而与人过严。诗文矜重,心所不欲,虽百计求之,终不可得。或以是致怨,亭林弗顾也。居恒自奉极俭,辞受之际,颇有权衡。四方之游,必以图书自随。手所抄录,皆作蝇头行楷,万字如一。每见予辈或宴饮终日,辄为攒眉,客退必戒曰:"可惜,一日虚度矣。"其勤厉如此。所著《昌平山水记》二卷,巨细咸存,尺

---

① 具体内容参见赵俪生:《顾亭林与王山史》,齐鲁书社1986年版。

第十章 清代关学:反思、承传、坚守与转型(下)

寸不爽,凡亲历对证,三易稿矣,而亭林犹以为未惬。正使博闻强记,或尚有人,而精详不苟,未见其伦也。(《顾亭林》,《山志》初集卷三)

从王弘撰之文不难看出他对顾炎武所知甚深,而顾炎武对王弘撰也极为推崇,说:"好学不倦,笃于朋友,吾不如王山史。"(《广师》,《亭林文集》卷六)

王弘撰与顾亭林的交往始于康熙二年(1663)顾炎武第一次来关中之时,此后两人相交日深,顾亭林每次入关,都要到华阴去拜访王弘撰,有时甚至以王弘撰家为落脚点。康熙十八年(1679)春,顾炎武携子衍生寓居于王弘撰所建的读易庐,与王弘撰朝夕相处,相与论学。王弘撰在写给友人的信中说:

> 自分一丘一壑,可毕余生,而今每为徭赋所迫,不免拮据。唯是与顾亭林先生共数晨夕,得日闻所未闻,差足自娱。而亭林明道正谊,弟实奉若神明著察,不第服膺其问学之精博已也。(《复施愚山侍讲》,《砥斋集》卷八下)

康熙二十一年(1682)顾炎武去世后,王弘撰将"读易庐"改名为"顾庐",以此表示对顾炎武的纪念。李因笃在《题无异先生顾庐三首序》中说:"无异先生初辑是庐,学《易》其中,因以颜之。顾亭林先生至华下借居之。亭林先生既殁,山翁改署今名。李生见而哀之,且多山翁之敦夙好也,为诗纪寔云尔。"(《受祺堂诗集》卷二五)可见王弘撰与顾炎武之间深厚的情谊。

另一方面,王弘撰学问比较博杂,除易学和性理之学之外,还精于金石、书画、史学、音韵等,且他不像李二曲那样把"考详略、采异同"视为是末学,这就与顾炎武在学问上有着较多的相同之处。例如,康熙十九年(1680)春,王弘撰的庶母张氏去世,因张氏艰苦守节五十六年,并将当时仅四岁的王弘撰抚养成人,故王弘撰向顾炎武和王建常等友人征求应该行什么样的丧祭之礼。顾炎武主张要穿丧服,而王建常则认为不应穿丧服,否则与礼不合,并写信给顾炎武,说:"发乎情而不能止乎礼义,非贤者所为。"(《王仲复》,《山志》初集卷三)而顾炎武却认为,王建常之言只是寻常之见,"君子以广大之心而裁物制事,当不尽以仲复之言为然",肯定"今诸母之丧,为位受吊,加于常仪,以报其五十余年之苦节"(《答王山史书》,《亭林文集》卷四)是合理的。顾炎武又回信给王建常,一方面说明张氏守节之情况,另一方面从礼制和史实来证明王弘撰为庶母穿丧服的合理性,并说:"今张氏之卒,无异将为之表其节而报其恩,其可以无服乎哉?……请为之免而布素,既葬而除,敢以质之君

483

子。"(《与王仲复书》,《亭林文集》卷四)最后,王弘撰听从了顾炎武的意见,"加礼綖以从事"(同上注)。

以上关于清初关学学者与顾炎武的交往和思想互动的情况虽然尚不够全面,然亦可从中看到顾炎武"博学于文""行己有耻"的学问理念对清初关学仍具有一定的影响。

二、王心敬与张伯行

王心敬是李二曲的弟子,也是继李二曲之后影响较大的一位关学学者。王心敬与异地学人的交往和思想互动也较多,特别是与江南一带的学者。其中王心敬与当时著名的理学名臣张伯行(敬庵,1651—1725)的交往以及在姑苏时的讲学,可以帮助我们深入了解王心敬的思想和清初关学的某些特点。

康熙四十六年(1707),张伯行出任福建巡抚,曾聘请王心敬入闽讲学,但王心敬因考虑到母亲年老而未能成行,不久其母去世。康熙四十九年(1710),张伯行调任江苏巡抚。张伯行是当时有名的朱子学者,并且朝廷也在大力表彰程朱理学,因此无论是在福建还是在江苏,张伯行都极力推崇、传播和讲授程朱之学。例如,张伯行在江苏任上时,首先修复无锡的东林书院,并与书院诸生反复讨论朱陆异同。继之又在苏州创建紫阳书院(康熙五十二年,1713),大力尊奉程朱。张伯行对程朱理学的笃信,不仅在思想理论上,还表现在他试图用程朱之学来端正当时虚浮的学风,醇正风俗。他说:"尝慨今时之士,喜圆而恶方,好异而厌常,卑者趋于利禄,高者乐为顿悟,计功谋利之心日胜,正谊明道之训不闻,士惟务外,学不知本。"(《答浙江彭学院》,《正谊堂文集》卷六)而要端正学风,在张伯行看来,就要力辟王学,正是王阳明的良知说造成了中晚明以来学风的败坏和世道的沦丧。他说:

> 姚江王氏祖述金溪,而以朱子之学为支离影响,倡立致良知之新说,尽变其成规。知其不足以服天下,则又为《晚年定论》之书,附会牵合,以墨乱儒,天下之谈心学者靡然响应,皆放佚准绳,不知名教中有何事。至启、祯末年,而世道风俗颓败极矣。盖比诸金溪之为祸殆有甚焉。(《正谊堂续集》卷四《性理正宗序》)

张伯行认为,王学之所以造成如此弊端,皆是因其"以知觉言心"(《复徐原功》,《正谊堂文集》卷六),学者守此虚灵之心,任其所为,以至流毒至今。

而程朱则以义理为知觉之主,且加以学问思辨、躬行实践、涵养审察和扩充克治等功夫,因此惟有程朱学才能端正当今学风、挽救世道人心。故张伯行说:"今日尊朱而不辟王,是何异欲亲正人贤士,而复任淫声美色之日濡染于耳目之前,谓可以不拒者拒之也,有是理乎?"(《王学质疑序》,《正谊堂续集》卷四)而且张伯行还认为,学者也不能采取调停程朱、陆王两家之说的态度。

尽管张伯行的学问宗旨如此,但他在任江苏巡抚时,于康熙五十三年(1714)再一次聘请学兼朱王的王心敬前来苏州讲学,这次王心敬没有拒绝。在姑苏讲学时,王心敬受到张伯行的礼遇。但因为受张伯行的影响,当时江南一带学者多尊朱辟王,渐成一种风气。王心敬以其所见,力与之辩,包括他在写给张伯行的几封书信中都表达了自己对尊朱辟王之风的看法。

在《与张仪封先生论尊朱子之学书》中,王心敬一开始就说:

> 日来款承面教,深慰夙怀,然转憾相见之晚也。承惠所注《濂洛关闽书》及《续近思录》二部,应酬匆迫中,时时乘暇展诵。……窃以为今日尊尚朱子,是为万世之道脉揭大宗,匪独崇时尚也。是必统观朱子终身进造之节候,而深原其补偏救弊之苦心。……然后朱子学术之底里揭白日于中天,而学者不至以初年方变之功候反误尊如成宪。即朱子晚岁之深造亦揭白日于中天,千百世下乃昭然所尊尚,而不至迷于所往以遗朱子之心憾。庶几朱子中正圆满之道脉乃明,即我辈表彰朱子之不遗余力亦始能兼其本志耳。(《丰川全集》卷一五)

王心敬这段话的意思是说尊尚朱子之学,就必须要了解朱子一生的学问发展变化,以及其补偏救弊之意,这样就不至于把朱子的早年之说看成是其学问定论,也不会忽略其晚年之遗憾,唯此才能真正揭示朱子之道和正确看待朱子之学,否则就只是一偏之见、门户之见。王心敬认为,朱子早年为学致力于注解各家之书,此是其"路途未定时事,不必深讳,亦何必相非","据此以为辩驳,此尊陆王者之刻薄;若概奉以为宗尚,亦尊朱子者之未知所宜否也"。而朱子中年以后,学问大成,但因看到"程门末流之多失于静虚而类禅也,于是力矫其偏,于道问学处独加详密"。王心敬指出,学者于此处既要知道朱子特重道问学之意,明白这是朱子补偏救弊之举,还要知道朱子确实有偏重道问学之处。到了晚年,朱子看见门人弟子陷溺于辞章训诂、口耳记诵之中,反而忽略身心修养,于是对自己偏重道问学的做法颇为后悔,故又常常向学者指示本体,"欲一返之尊德性、道问学合一之途",然而能够做到这一点的人却非常少了。王心敬进而明确指出,"尊德性"与"道问学"合一才是朱子之本心,"我辈尊尚朱子,自不宜不推原其本心,而偏蹈其所悔之处也"。这也就是说,今日真正要尊尚朱子,就应该将"道问学"与"尊德性"融会贯通起来,于朱王两家各取所长,而不是截然分为两途,重蹈当日之覆辙。

除了提出会通朱王、道问学与尊德性合一的学问主张外,王心敬还在信中劝说张伯行对王学应采取客观公正的态度,不能将其等之异端,并希望张伯行能运用自身的影响力来消除当时思想界普遍存在的朱陆门户之见。他说:

> 故如敬之愚,又窃以为如先生体孔孟四科兼备之义,于陆王也,别其略工夫之短而亦采其言本体之长,固见大道之公,亦即朱子晚岁之本意。即欲严其规范,恐学者流于虚寂,绝口不言陆王,亦不失卫道之正,正不必痛加摈斥,极口诋訾,等之异端之列耳。盖数十年来,一二主盟此学之人摈陆王者甚力,而海内之尊陆王者亦复持之甚坚,而相争益甚。迄于今,不讲学者视此为赘疣,讲学者又成一口舌聚讼之途,而斯道几不可言矣。今先生以名德主盟斯道,且立心欲挽当世于躬行实践之途,固宜消其异而一归之大中至正、无偏无党之域也。……盖陆王之学,其短者不可讳,其长者自不可没也。(《丰川全集》卷一五)

而在《与张仪封先生求证书院记书》中,王心敬亦表达了同样的看法,认为朱子晚年确实有合"道问学"与"尊德性"为一的倾向,这并非是来自王阳明之说。王心敬还进一步指出:

> 朱子惩程门末流之弊,故以主敬穷理力行为要领,而陆子则恐学者溺于文义讲说,而以立大本求放心为宗旨。朱子所主乃切近平实之宗,陆子所见亦提纲挈要之言。虽平实易简之不同,要亦皆有长焉。至于朱子意主于救弊,故其语言间时有偏重问学之意……陆子意主于立本,故其语言间遂时有偏重德性,脱略问学之弊,且其气胜而养疏……凡此皆其意见之不无偏著者,故吾辈今日之尊朱子,正须深明朱子救弊之本心,论陆子亦不必概以不合朱子而尽废其长,吾道乃如平衡耳。(《丰川全集续编》卷一〇)

纵观这两封书信,王心敬在对待朱陆问题上的态度显而易见,就是要融会贯通,不偏一边,反对一味排陆尊朱,陷入门户之争。至于张伯行是如何回复王心敬的,因其书信不存,现在已无从知晓,但显然不是王心敬所希望的。另外,王心敬在姑苏的讲学,其所讲内容也大致与此相同,即极力批评当时盛行的排斥陆王之风气,指出:"以立大本为禅,不善学者将必至于情识口耳、逐末迷本;以致良知为禅,不善学者将必至于支离扰扰、任情冥行。"(《姑苏论学》,《丰川全集续编》卷一)因此要兼取程朱、陆王之长,"以尊德性为道问学之本体,以道问学为尊德性之实用","知尊德性之功原在于道问学,而所以道问学之意亦原是为尊德性。本体加以工夫,工夫不离本体"(《姑苏论学》,《丰川全集续编》卷二),如此才能做到本体工夫一贯不偏。而王心敬之所以主张融会朱王,乃是在于他认为孔孟之学是"全体大用,真体实功"之学,程朱、陆王不是偏重于工夫作用而略本体,就是偏重于本体而略工夫,因此必须兼取二者之所长,方能合于孔孟。王心敬说:"不佞平日窃见得千古圣学,必以合真体实功、全体大用而后中正圆满,不堕一偏。……不佞窃不自量,妄欲各取其长,悉略其偏,一归中正圆满,以求当于孔孟相传天德王道合归一原之旨。"(《姑苏论学》,《丰川全集续编》卷一)正因为如此,王心敬进一步指出,正确的学问路径,应该以《大学》"明新止善"为宗旨,而不是陷入门户之争,偏于一边,他说:"千古圣学,以明体达用为大,故《大学》一书明德立体,新民达用,内圣外王一以贯之,此乃千古不易之学宗也。外此而言学,非疏则偏,流弊必甚。"(同上)

不过,王心敬在姑苏讲学的苦心和努力似乎并没有收到预想的效果,如有学生劝他:"先生不排斥陆王,自是公心,但近来学者多排斥陆王之立大本、致良知为近禅,先生或不宜明言兼取陆王之长。"(同上注)又如王心敬之子王功也回忆说,诸生"有所问必录而记之,然于折中陆王之说容加回护,暇时质其所录于家君,家君于其回护则俱如其原说改正焉。功请曰:'陆王为苏中一二从中丞游者所摈,曷少隐之?'家君怆然曰:'是何言也!'"(《姑苏论学跋》,《丰川全集续编》卷三)而在《寄无锡顾杨诸君》中,王心敬更透露出自己的心情,说道:"甲午姑苏之役,冒暑南驰,而落落随去,真无辞于迂拙。"(《丰川续集》卷一四)并在信中再一次阐发折中程朱、陆王之旨,其用意自是不言而喻。

三、余论

清代前期,关学学者与异地学者的往来互动相当频繁,除了顾炎武和江南学者之外,颜李学派的李塨(恕谷,1659—1733)也曾来关中讲学。李塨所倡导的实学思想同顾炎武提出的"经学即理学""博学于文"和"行己有耻"等观念一样,都对关学学者产生了不小的影响。李塨在《与王崑绳书》中即说:"今岁游秦,李二曲门下士,皆以颜先生之学为然。"(《恕谷后集》卷五)虽然李塨所说未免有些夸大,但颜李之学对二曲弟子的影响应该是存在的。

不过,在王心敬之后,虽然关中地区的讲学活动仍然比较兴盛,但关学与江南一带的学术思想交往逐渐减少,而主要致力于在关中本地的传播和发展,其内容除理学研究外,还开始整理和刊刻关学文献,弘扬关学精神,如对冯从吾的《关学编》进行增补,刊刻《关中道脉四种书》《关中两朝文钞》(李元春)以及编辑刊刻《西京清麓丛书》(贺瑞麟)等。另外,在与江南学术交流减少的同时,关学与甘肃、山西两地学者的交往互动却逐渐加强,如刘绍攽(九畹,1707—1778)和孙景烈(酉峰,1706—1782)曾主讲过甘肃的兰山书院,而王巡泰(零川,1722—1793)则主讲过山西运城等地的书院,贺瑞麟(复斋,1824—1893)与山西学者薛于瑛(仁斋,1807—1878)的学术交往以及清末刘古愚讲学于甘肃兰州大学堂,等等。但不管怎样,关学在与异地学人的思想交往方面已不复中晚明和清初时期的盛况。

第四节 刘光蕡的理学思想(附论柏景伟)

还在贺瑞麟坚定地恪守程朱理学的时候,在关学史上能顺应时代的变迁而尽力挣脱旧学传扬新学的,是咸阳刘光蕡和长安柏景伟等人。

刘光蕡,字焕唐,号古愚,陕西咸阳天阁村人。生于鸦片战争爆发后的清道光二十三年(1843),卒于辛亥革命前的清光绪二十九年(1903),一生都是在中华民族灾难深重的清末度过的。1840年,因鸦片贸易英国殖民者向中国发动了侵略战争,史称鸦片战争。鸦片战争失败后,英殖民者迫使清政府签订了丧权辱国的南京条约。此后又发生了太平天国运动和义和团运动,中国陷入内忧外患的艰难境地。在这种情况下,刘古愚熔铸了强烈的爱国忧民情怀,积极地投身到为解救民族危难而进行的包括变法维新在内的各种社会运动中去。受新思潮的影响,他参与了由康有为、梁启超倡导的变法运动。同时他还创办讲会,筹办工厂,鼓吹河套屯田,进行教育改革等等。变法运动失败后,他在无奈中选择了隐居。尽管如此,他仍在艰苦地寻找救国救民之路,并以极大的热情投入到改善民生和国民教育中去,曾尽力经营义仓,创办教育,试图以教育来唤醒民众,改变风俗。他曾先后讲学于味经、泾干等书院,并致力于刊刻书籍、著书立说的事业。他的一生是波澜壮阔的一生,是锐意进取的一生。因此,张岂之先生认为:"说刘古愚是晚清时期的启蒙者、教育家是一点也不过分的。"①

康有为对刘古愚的思想和行实有一个较全面的概括:"以良知不昧为基,以利用前民为施,笃行而广知,学古而审时,至诚而集虚,劬躬而焦思,忧中国之危,惧大教之凌夷而救之,以是教其徒,号于世,五升之饭不饱,不敢忘忧天下,昧昧吾思之,则咸阳之刘古愚先生有之。"(《烟霞草堂文集序》)其所谓"以良知不昧为基",是说他在思想上笃信王阳明的良知说;"笃行而广知",则言其学达中西古今、经史诸子,且天文历算、西洋科学,无不涉猎;"学古而审时",即言其努力学习经学史学,但又不泥古,不拘时,而能顺应时势,变法图强;"以利用前民为施",则是言其关切民生,经世致用,他所采取的一系列济民赈灾、兴办实业、河套屯田等具体举措就是明证。以上各项都贯穿着他"忧中国之危,惧大教之凌夷而救之"的报国济世情怀。也可以说,刘古愚是清末面对国家危难而清醒地意识到自己历史使命并为之不懈奋斗的为数不多的关学学人之一,被誉为"关学后镇"。

柏景伟(1831—1891)字子俊,陕西长安冯籍村(今长安马王镇冯村)人,咸丰五年(1855)举人,曾选授定边县训导,未赴。同治六年(1867)左宗棠入关镇压回、捻起义,他参与其间为其幕僚。柏景伟较刘古愚年长十余岁,此年始与刘古愚认识,以后成为至交挚友。柏曾主讲味经、关中书院。他们一起办"求友斋",并为"求友斋"拟设课目,又一起刊印图书。"先生讲学,宗阳明'良知'之说而充之以学问,博通经史,熟习本朝掌故,期于坐言起行。其学外似陈同甫、王伯厚,而以刘念台'慎独'实践为归,故不流于空虚泛滥。"当时贺瑞麟在三原讲学,恪守程、朱,乃"与先生声气相应,致相得也"(《刘古愚年谱》②)。晚年在辞去关中书院讲席后,归老冯籍村,筑"沣西草堂"以教授生徒。光绪十七年(1891)辞世,享年61岁。刘古愚为其撰《墓志铭》。其著作

---

① 见任大援、武占江著:《刘古愚评传》序,陕西人民出版社1997年版,第3页。
② 《陕西教育史志研究丛书》之《刘古愚年谱》,陕西旅游出版社1989年版。

后人编为《沣西草堂集》。

下面分四个方面,主要对刘古愚的行实和思想略做介绍和分析,旁及柏景伟的有关事迹和思想。

一、"学古而审时":刘古愚的学术活动与实学思想

刘古愚一生的思想变化,是与中国社会的时运变迁、思想变革紧密联系在一起的。大体可分为三个时期:1876年之前,是他求学与以教育变俗立国的初期,这是其人生的第一个时期;从1876年始接受西学,并着手教育改革,到1899年维新变法失败前后,是他积极参与维新变法,追求国家富强的时期,这是其人生的第二个时期;1899年后,他开始了隐居弘道并致力于教育的时期,这是他人生的第三个时期。

刘古愚早年丧父母,生活惟艰。稍长因避"陕甘回民起义"而辗转逃难于醴泉(今陕西礼泉)、兴平之间,此时他贫困交加,曾以卖面勉强维持生计。同治三年(1865),他因应童子试而成为府学生员,生活稍有安定。也就在此时,刘古愚到西安求学,并从学于关中书院。期间,他得到业师黄彭年(字子寿)的指导,开始系统研习学问,并受到黄彭年实学思想的极大影响。重要的是,他在此时此地结识了两位挚友,这就是同乡李寅和沣西柏景伟。共同的理想和报国志向,使他们建立了深厚的情谊。李寅家境殷实,家教良好。与一般热衷科第的士子不同,他"研究经史,泛览百家,天文地理、农田水利、兵法书画之类",无不涉猎。加之性格豪放,"不徒以文名世",时人评价他"论学以心得为主,不欺为用,破除门户之见,大端近象山、阳明而不改程朱规模"(《翰林院编修李君行略》,《刘古愚文集》卷三)。他家藏书较多,尝以藏书与刘古愚以助其学。刘古愚在求学时受到李寅的极大影响,故自谓"知学自此始"(刘古愚:《李编修行略》,参看《刘古愚年谱》)。柏景伟亦不喜科第,不守帖括,专心于经世致用之学,尤喜谈论时事,性格豪放,颇有侠肝义胆,故在当地颇有名望。当他知悉刘古愚的学识和人品之后,亲赴关中书院拜访,但未见到其人。当时看到刘桌上的日记,读后感叹到:"此吾师也,何友之云!"此后二人遂结交为友(参阅《刘古愚年谱》)。时为同治六年(1867),古愚二十五岁。之后,刘、李、柏三人成为至交,经常聚会,叙发情怀,指点江山,谈论国是,相互启迪,学业共进,眼界亦得以开阔。李寅学宗阳明,服膺"良知说",而

第十章 清代关学：反思、承传、坚守与转型（下）

柏景伟亦以刘宗周的"慎独"说为归，两人都推崇王阳明的心学，这对初学者刘古愚来说其影响自不待言。刘古愚后来的学术视野虽然广阔，但其理学思想核心就是阳明心学。可见，从学关中书院得"一师二友"，是刘古愚学术思想和人生道路上的一个重要的转折，刘也走过了他人生的一个重要阶段，同治九年（1870）二十八岁时，肄业于关中书院。

接受西学、办近代教育、办实业、参与维新运动等，是刘古愚人生的第二阶段。刘古愚身处西北一隅，相较地处东部的学者来说，视野较为狭窄，对当前的时局，对海外发生的变化，知之甚少。他所以能接受西学，与其师黄彭年和李寅有关。一次刘古愚在李寅家看到朱士杰的《四元玉鉴细草》，遂对数学有了初步的了解。黄彭年后来到了北京，入李鸿章幕，并参与编《畿辅通志》。黄与刘"谈及西洋各国与中国事事有关，西洋情事不可不知"，于是他"自此益留心西洋学术、政治。"（《刘古愚年谱》）从1885年起，他与柏景伟一起，在味经书院办"求友斋"，力求聚集并培养陕西学子。味经书院是1873年时陕西学政许振祎创办的，是继关中书院、宏道书院之后规模较大的一个书院。味经书院建成后，曾致力于教学内容和方法的改革，力求改变以入仕应考所授之八股文内容，而主之以实学。许振祎在是年十月所上疏中说："味经之设则要以实学为主，令诸生逐日研究钦定七经及《纲鉴》诸史、《大学衍义》《衍义补》《文献通考》等书，引之识义理，稽古实。"（参看《刘古愚年谱》）看来，当时的所谓实学，不外是传统的经史小学，其目的是纠正无补于世用的八股文教学。首任山长史兆熊制定了严格的规章制度，不久因故辞职，柏景伟任山长。柏上任后严整纪律，书院面貌得以改观，"味经教士，自柏先生来，一振宗风矣"（《刘古愚年谱》）。此后，柏景伟与刘古愚又筹资在味经书院建立了"求友斋"，柏景伟说："以'求友'名斋，盖取析疑赏奇，乐多贤友之义。其课以经学、史学、道学、政学四项为题，而天文、地理、算法、掌故各学附之，至文章、诗赋则书院旧课所有，兹不复及。"可见，"求友斋"以求友为名，表面上看是欲为一些志同道合的朋友提供切磋学问的平台，然其根本的目的则是要"为关辅力挽衰颓"，以使学生"通今博古，讨论必精"，让学生"睹有用之书"，"闻有道之训"，而不要沉溺于"词章"及空疏之学（参见《刘古愚年谱》）。而此一时期，刘古愚还主讲于泾阳泾干书院。"求友斋"办成一年后，柏景伟到关中书院，后由刘古愚掌管味经书院，直到1898年戊戌政变，历时十二年之久。

在"求友斋",刘古愚还担负刊刻书籍的任务。1890年,刘古愚曾与柏景伟一起整理并刊刻了冯从吾的《关学编》。时柏景伟已经重病不起,刘古愚执笔录下了柏景伟口授的《关学编前序》,即今所见《柏景伟小识》①。后来在陕西任学政的柯逢时(字逊庵)为了发展陕西的文化事业,同时也为了解决书籍不足的问题,于1891年,在味经书院成立了刊书处,其目的是把刊书与教育结合起来。刘古愚时为刊书的总负责人,为了保证刊书质量,他规定了详细的校书、刻版流程,要求严格遵守"宁详毋略、宁严毋宽、宁泛博毋固陋"的校书原则,认真核对,务求质量。通过校勘书籍,也训练出一批优秀的人才,其及门弟子陈涛、杨蕙、郭毓章、王含初、张鹏一等,都曾参加了校书的工作,著名学者吴宓就是由刘的门人陈涛培育的优秀学生。

1892年,三秦大地饥荒严重,在有关人员的力荐下,刘古愚担负起陕西咸阳赈灾的重要任务。由于他能关爱民生,胸怀大局,并能做到周密安排、严明管理与合理处置,遂使这次赈灾任务顺利完成,并得到各方的好评。在赈灾结束后,他为了让当地民众提高收入,改善生活状况,还组织大家试种白蜡树。由于自然条件的差异,实验受挫,但是他勇于实践的精神,关切民众疾苦的品格,仍在人们心中留下了深刻的印象。

在味经书院,刘古愚还做了一件对后来维新活动颇有意义的事,这就是创立讲会。刘古愚认为,过去中国人所以不能抵御外侮,其重要原因就是"一盘散沙",不能团结起来。加之知识分子相互轻视,陕西知识界更甚。本来就"多独学无友,孤陋寡闻,执高头讲章之说,自以为是,与世事隔阂",又为了争名逐利而相互诋毁,"闻某人之短而张大其辞,见人之长则必言其短",刘古愚要力克此种陋习,所以他主张集中志同道合的同志创一讲会,以激励人心,团结同志,力变风俗。于是他在创立"时务斋"时,在书院创立了讲会,规定每月初一、十五日定期集会,开展讲学,这与晚明冯从吾讲学所订《学会约》十分相似。随着讲会的发展,1896年,讲会改名为"复邠学会"。讲会的内容多从时势需要出发,密切联系当前实际,内容活泼,切近人们的精神需要,且形式自由,所以影响很大,后来这个讲会在维新运动中起了重要的作用。"复邠学会"较之上海的"新学会"和康有为的"强学会"时间还要早些,可以说是戊戌

---

① 见于刘古愚《烟霞草堂文集》卷二,即《重刻关学编序》。参见陈俊民、徐兴海点校:《关学编》(附续编),中华书局1987年版。

第十章 清代关学:反思、承传、坚守与转型(下)

维新时期最早公开活动的社会团体之一。正是经过味经书院的努力,书院的学生得到思想上的启迪,眼界大开,思想也空前活跃,为维新活动的开展奠定了思想基础,培养了后备人才。

此一时期,刘古愚还举办实业,筹办近代工厂,主张以实业来强国。甲午战后帝国主义强加给中国的一系列不平等条约,深深刺痛了这位爱国才俊,出于"以天下为己任"的社会责任感,他决定排除重重困难,从陕西的实际出发,以股份公司的形式筹集资本,开办工厂。当时他认为筹办织布厂极有利于陕西的经济发展和科技进步,也较为可行。于是他做了一系列的筹备工作,并拟把工厂起名为"陕西保富机器织布局",还著有《创办机器织布说略》,甚至还对工厂的管理机构、营运原则乃至相应的规章制度提出了设想。他曾致书门人李岳瑞(字孟符)说:"洋布一项用机器制造,其利甚丰,而成本不多……陕西近日广出棉花,唯有自设机器织布局,以占先著,拟集股百分,无论官、绅、商、民均准入股。""此事务须竭力办之,成则与大局甚有关系。"(《烟霞草堂文集》卷五)为了筹措资金,学习经验,他专门派陈涛、孙澄海、杨蕙等南下湖北武汉、上海、江浙等地考察学习,还专门上书张之洞,寻求支持。当刘古愚向在外为官的同乡赵舒翘寻求支持时,不料他却是一个不赞成西学、反对维新的人,不仅不予支持,反而"泼冷水",以致办织布厂之事无果而终。尽管此事终辍,但可以看出刘古愚在维新时期力求学习西方先进文化、先进技术以强大中国的胸怀和抱负。刘古愚在当时地处西北偏僻一隅的陕西,身兼新思想宣传和创办实业之二任于一身,是难能可贵的。而所以能在较落后的地区提出这样的设想,做出如此超前的举动,正是以他系统的实学思想为基础的。

刘古愚的实学思想不仅体现在学习西方技术,开办近代工业,也表现在他对中国如何改善武器装备、抵御外敌入侵从而避免亡国之危的思考上。1895年至1896年,他先后写了《壕堑私议》《团练私议》《复三原魏紫汀河套屯田书》等,具体阐述了他的军事思想及抵御外敌之法,其中尤以"壕堑战法""河套屯田"等为代表。所谓"壕堑战法",即以团练的民兵为主体,借助"壕堑"为防御工事,以配合正规军来防御敌人入侵的一种战术。按照他的想法,要防守内地,应以野战为主,动员民众,共同防御。他认为,以往的固守城池的古老方法已不能适应新条件下的战争,而壕堑适用于运动战和游击战,壕堑和团练结合,就可以有效抵御敌人的炮火。

刘古愚对中国正规军队的腐败有深刻的认识,认为要使之真正发挥保卫国土的作用,应该从两方面来加以解决。一是建议开设专门的军事学校,以提高士兵的素质;二是改革军营体制,以提高战斗力。对于改革军营体制,他提出了"河套屯田"的主张。即使士兵"安之田亩,习之训练,教之学校,出作入息,将帅无异,师长优游,十年庶几一战"。之所以要屯田河套,是出于河套战略地位的考虑;而屯田则体现着开发与戍守相结合的原则。

上述举措虽然有一定的意义,但问题的根本则在于改变社会体制。在1898年的戊戌维新运动中刘古愚的满腹报国之情激荡其中。是年9月,康有为的《桂学答问》刻竣,刘古愚特为该书作跋,以赞扬康的维新之举。他以味经书院为中心,一面宣传新思想,一面培养优秀人才。当时陕西的许多维新之士都出自味经书院,如陈涛、张鹏一、李岳瑞等。刘古愚的诸多高足也在1898年维新高潮时身处北京,如陈涛、李岳瑞当时在京做官,遂成为维新运动的核心人物。宋伯鲁利用其职务之便(山东道御史),屡次上书朝廷,要求维新变法。李岳瑞时任总理衙门章京,还在光绪皇帝与康有为之间充当信使,所以他可以便利地进行内外联系。张鹏一和陈涛还曾在1898年3月由北京给刘古愚转来康有为的复信(这是二人唯一的一次书信往来)。

1898年4月28日至7月29日,在中国发生了著名的维新运动。维新派的新政如废科举、兴学堂、办工会商会等连连出台,这使远在陕西的刘古愚备受鼓舞,他迅即以味经书院为平台,集会讨论,宣传新思想,积极支持新政。同时,他还在社会上大力宣传新式的耕作方法,试制纺织机械,促使各项社会改革逐次展开,这样就使以味经书院为中心的陕西维新运动与全国的维新运动联系在一起,并将其推向高潮。刘古愚是陕西维新运动的一面旗帜,在整个运动中起了主导作用。可以看出,关学没有封闭自己,而是不断吸收新的思想观念,结合社会实践丰富和发展着自己的思想。

在维新运动轰轰烈烈进行时,以慈禧太后为首的旧党人物对改革派进行了疯狂地反扑。8月13日,"六君子"喋血北京菜市口,后康有为、梁启超远遁海外,大批维新人士或被关押或被发配。陕西的维新派人士李岳瑞、宋伯鲁也被罢官。维新运动仅百日余便在旧势力的打压下夭折了,史称"百日维新"。朝局的突变顿使刘古愚百感交集,怒发冲冠。8月24日,当时因反对新党而受重用的原陕西同乡赵舒翘(刘曾因他反对办织布厂而与之绝交)联名在京旧党电告抚台魏光焘,称刘古愚为"康党",应即逮捕。有人闻讯劝刘古愚外出避祸,他厉声说道:"国事如此,吾死国难,幸何如之?何言逃也!"仍然镇定自若。在谈"康党"色变的黑色时期,刘古愚却十分平静,表现出铮铮铁骨。当有传言他的门人某某被捉拿时,他说:"如某某果死,余不独生,康党吾承认,愿应罪魁也。"(参看《刘古愚年谱》)对于自己是"康党"他从不讳言,这种为了追求真理而敢于担当的节操,正是自张载以来关学宗风的生动写照。事后方知,刘所以没有被捕,是因为陕西抚台魏光焘在接到赵舒翘的来电后,与陕西总督陶模商议,陶长期在陕西做官,对刘古愚的人品非常了解,遂电告魏说:"我等应保全善类",魏"既得陶公复电,置赵等电于不理。'味经'康党得以无事。"(参看《刘古愚年谱》)总之,这一时期是刘古愚追随康、梁积极进行维新变法的重要时期,是该时期维新派在西北的重要代表人物,故史有"南康北刘"之称。

"百日维新"之后,刘古愚隐居并从事讲学和著述,这是他人生的第三个阶段。

1898年12月,刘古愚辞去味经书院讲席而归里,此后即隐居于醴泉的"烟霞草堂",其学舍称为"复豳学舍"。虽说时势剧变,但并没有使刘古愚灰心,他虽说隐居,其实并没有放弃讲学,讲学之时还在努力著述。在"烟霞草堂"期间,他写了大量的著作,内容涉及理学、政治、经济、军事、教育,以至农业。他虽然隐居,但却声名远扬,四川、甘肃等地纷纷致函邀请他去主持讲学。后来他决定出山,但却没有选择气候宜人、经济富庶的四川,却选择了较为落后和艰苦的甘肃。1903年初,他应甘肃总督崧蕃(字锡侯)的聘请,来到甘肃兰州,打算在这里一展抱负。来甘不久即开始了创建兰州大学堂的工作。大学堂的章程规则皆由刘古愚制订。为了保证教学质量,刘古愚建议在大学堂中先设一延宾馆,"一面挑选肄业之士,一面博采全省齿德隆重、名望夙著者三四十人,聚集其中,讲论教育之法"。即欲通过延宾馆,一面选择生员,一面挑选教师。在课程设置方面,刘古愚强调,由于学生都曾读书习文,所以此时对于华文不过主要是温习,而西文则"全未寓目",故因"时势所迫,不能不略重西文"。而"温习华文,当重经史"。规定:"一温经",其子目有四:伦理、政治、文词、习字;"一阅史",其子目有:事实、典章。就经学而言,他认为伦理、政治最为重要,他说:"故伦理为主政之源,政治即修伦理之道。"学伦理,则可使"人心群于一";修政治,则"人自不敢侮我、詈我,而引与友矣"(参看《刘古愚年谱》)。这些都是很切实的教学举措。他还著有《改设学堂私议》,强调改设学堂的意义,说"学者化民成俗之事,吏治之本源,教士成材,其一端也"。又说:"士之学从民事入,其成材必皆有用之实学,而虚文之弊,可一旦廓清矣。"(《刘古愚年谱》)这些无不体现他富于时代精神的实学思想。

刘古愚把全部身心投入到大学堂的工作中,每天讲授二小时课,下课后还召集那些学业优异者与之谈论。在大学堂总教仅一月,学风丕变。正当他努力实现自己的抱负之时,疾病却悄然而至。1903年8月12日,刘古愚不幸与世长辞,年仅61岁。①

刘古愚生前在繁忙的社会活动和讲学之余,写下大量的著作。民国三年(1914),门生王含初、赵和庭搜集刘古愚的遗著,编成《烟霞草堂文集》十卷,由张鹏一在西安印行。次年门人李岳瑞(孟符)再次编定,由王典章(幼农)在苏州刊行于世。王典章又于1921年在苏州刻成《遗书》十七种,康有为为之序(参看《刘古愚年谱》)。1925年又搜集遗篇,在金陵刊成《遗书续刻》四种。现行《刘古愚先生全书》即由《烟霞草堂文集》《烟霞草堂遗书》《烟霞草堂遗书续刻》组成,由王典章出资刻竣。

陈三立在《刘古愚先生传》中对其经世思想及活动有一个简要的概括:"当是时,中国久积弱,屡被外侮,先生愤慨务经世致用,灌输新学、新法、新器以救之。以此为学,亦以此为教。历主泾阳泾干、味经、崇实诸书院。其法分课编日程,躬与切摩,强聒不舍。门弟子千数人,成就者众,而关中风趋亦为一变矣。"此大体勾画出刘古愚波澜壮阔的一生。

二、"导源姚江,汇通闽洛":刘古愚的理学思想

陈三立言及刘古愚学术思想,说其:"益究汉宋儒者之说,尤取阳明'本诸良知'归于经世。"(陈三立:《刘古愚先生传》,见《烟霞草堂文集》卷首)康有为称他的思想"以良知不昧为基"。这些大致勾勒出其理学思想的特征。

刘古愚的理学思想,主要集中在其所著《大学古义》《孝经本义》《孟子性善备万物图》以及《论语时习录》等文中。

---

① 参阅任大援、武占江:《刘古愚评传》,陕西人民出版社1997年版。

(一)"元"为"气之母"的宇宙论及其困惑

刘古愚没有回避理学家一直探讨的理气关系问题。在理学家那里,张载主张虚气为本,理从属于气,是气的运行规律,王夫之承继了这一观点;朱熹主理气不离,但强调"理本气末"。刘古愚在理气观上坚持了关学的基本立场,承认宇宙间充满的唯一物质实体是气,理不过是气之"文理";理不具有根本性,更不可能创生宇宙万物。他说:

……进而上之为气推求所起之端,此不可谓之理,理是已有形质后自具之文理,气流行时有动静即有条理可寻,故可言理,发端时不可言理。(《孟子性善备万物图说·图说》,《烟霞草堂遗书》)

又认为理是物之则:

气之所至,即流为形,而理为之主也,有物有则也。(同上注)

刘古愚认为理仅是"物之则",否认理为万物之本源,他以气为本源。但是,他又进一步为气探寻本源,他认为这个本源就是"元""太极"等,这些正是所谓"气之母"。这个"元"与早期汉唐诸儒所说的"元气"相关,有本始之义。不过,他又认为,"为气寻出根源即嫌涉虚无",似乎不主张在气之上再找根源,因为他不愿意与佛、老混在一起。说明在气为本源或元为本源的问题上,刘古愚有些犹豫。之所以有此犹豫,是因为他实际上要为社会伦理寻找根据。在宇宙论层面,气可以流动、运化万变的特性可以说明万物的生成,而一旦进入"善""仁"的价值领域,"气"就显得难为其说了,而用"元"就可以解决这一难题,所以他说:"物数累万,理会一元。同归一善,是为天根","在天为元,在人为性"(《孟子性善备万物图》,《烟霞草堂遗书》),由此就很自然地导入社会价值领域了。

(二)建立在"天人合一"基础上的心性论

"天人合一"是张载提出的重要命题,其本来是指在价值论意义上,人善的本性来自天,人只有以自己的道德修养"事天""奉天",通过如孟子所说的"尽心、知性、知天"的内省之路,才能达到"天下无一物非我"的"天人合一"境界。不过,张载的"天人合一"是建立在气论基础上的,说"合虚与气,有性之名"(《正蒙·太和篇》),即认为太虚之气具有的"湛一"本质,就是宇宙的本性,这一本性通过气禀存在于人就是人的本性。人的属性有得之于"湛一"之气的善的本性,张载称此为"天地之性";又有因气凝聚而成形之后具有的"攻取之性"即"口腹于饮食,鼻舌于臭味"等自然属性,张载称此为"气质之性"。"天地之性"无所偏颇,故为"善"的来源;"气质之性"则有偏颇,人的恶即与此有关。所以,张载认为人进行道德修养就是要通过"善反之"以"变化气质"。张载心性论的核心就是"知礼成性,变化气质之道"(《宋史·张载传》)。

刘古愚承继了张载的"天人合一"理路,亦视天地人为一体。他总是把天地人联系在一起来讨论人的伦理道德问题,如他在讨论儒家最重要的道德原则"孝""弟"时,即上究天道,下论人事,最终落实于心性修养。他说:

> 理气性,天之道也;民物亲,人之道也;身心性,己之学也……性无声臭,理无尽藏,性即理也;心载而运之,心亦即理也……气之所至,即流为形,而理为之主,有物有则也。天之生人也,理载气行而聚为形;人之合天也,形修气充而会其理。(《孟子性善备万物图》,《烟霞草堂遗书》)

这是说,理、气、性是属于同一层次,与天道相联,气的流行有理为则,而性亦不离理;万物运化又由"心载",故心亦不离理;天生人,是气聚为形而以理为法则;人所遵守的气之理与天之道是相合的,所以说"人与天合"。这里他也阐发了"天人合一"的思想,而"天人合一"的中介是"性",因为在刘古愚看来,"凡有形即有性",一旦气凝聚成形,其所附之理便成为万物本具之性。就人而言,就成为人性。可见,形物与性是统一的,正如刘古愚所说:"物则备于性,故无一物能遁性外也。"这样,只要尽物之性、尽人之性,就尽天之性,就达到了"天下无一物非我"的境界了。

那么,性无声无臭,何以尽性?刘古愚认为,既然性与心相即不离,如他在下文所说的"惟此方寸,性依为宅",或者说"心为性之郭廓",那么"尽性"就要通过"尽心"来实现。他认为,只要发明本心、致良知,就是尽心。由此,他重点通过"明德""致良知"的道德实践来"尽心""尽性"。

刘古愚"天人合一"的基础是什么?他没有沿着张载以气为基础的理路去继续阐发他以"元"为根本的思想,而是以"元"为本源把气论进一步落实到现实的伦理实践中去,刘古愚说:

> 在天为元,在人为性,训致以学,达天希圣。以人合天,其径何出?

莹然"万善",方寸毕收。惟此方寸,性依为宅。万物纷纭,兹焉取则。以我交物,亲为最先。知能爱敬,孝弟前焉。爱以敬行,情流性定。尽己推己,万类受正。知心昧性,心亦血躯。痛养感触,及身无余。以心运性,理充无间。天下国家,同条共贯。天高父配,物分性联。并世血气,兄弟经肩。事以形接,理缘性有。心运其机,纯王道溥。存忠形恕,孝直弟横。纷纭万类,理范其平。元象微茫,性宗精爽。强绘斯图,大端略肖。物数累万,理会一元。同归一善,是为天根。孔教重仁,人与人偶。墨传兼爱,欲驾儒右。有子舆氏,扇洙泗风。道尊性善,治尚大同。道出于天,是为吾性。物备于我,是为吾用。图孔孟旨,传孔孟心。海风怒撼,用戒儒林。(《孟子性善备万物图·题辞》,《烟霞草堂遗书》)

这里所说"在天为元,在人为性",即天道的根本是"元","元"体现在人则是性。主张通过学习和修养对人性加以"训致",才是达到与天为一的圣人境界。以人合天的途径,就是"方寸毕收",即加强修养,收敛身心。性以心为宅,所以尽管万物森然,都要以心为本。表现在现实的伦理生活中,就是当一个人最初与社会联系之时,就懂得亲其亲。及其长而懂得爱与敬的观念时,就知道最根本的是孝悌的伦理原则。爱体现在敬,情的表现要合乎善的本性。只有做到忠(尽己)和恕(推己),社会才会归于正。故不能"知心昧性",应该"以心运性",即心对于性起主导的作用,这样性的表现才能合乎文理。对于天下国家来说,也是同样的道理。父母、兄弟之间都应该遵循一定的伦理,其根本的伦理就是"忠恕"和"孝弟"。不论宇宙间事物多么繁复,都归于"元"。"元"在社会生活中根本的体现就是"善"。从历史上看,孔子重视"仁",墨子讲"兼爱",曾子阐发孔子的学说,核心是尊"性善"道统,尚"大同"治统。以为善出于天道,即为人的本性。万物皆备于我,是为人之用。进而他指出其所画之图就是要表达孔孟的本旨,传递孔孟的"心",他正是以此来告诫儒林的。可以看出,刘古愚把天道与人性、伦理贯通的思路,与思孟学派建立在心性论基础上的天人合一理路一脉相承,亦与张载的天人合一的思路相通。所以其门人张鹏一说:"师著《孝经本义》《孟子性善备万物图说》,皆发明此'孝''弟'二字之义,上继孔学,下接《西铭》矣。"①

刘古愚在心性论方面更强调"存心"和"推心"。他说"孟子论学以存心

---

① 《刘古愚年谱》,陕西旅游出版社1989年版,第177页引。

为主,论政以推心为主",认为"存心即是忠,推心即是恕",孟子愿学孔子的正在于此。他强调立"本心",而"本心"体现在事上就是"孝弟为最真"。孝悌与忠恕相比,"孝弟是忠恕之事,忠恕是孝弟之心,忠是恕之本,恕是忠之心",此显然是以"尽己"为本,"推己"为心。所以"存心"就是"存此本心"。认为孟子论政,"'同民'二字足以尽之";论学,"'存心'二字足以尽之"。所以,就心与事的关系而言,他认为:"惟能存心,方能同民。盖能同民者,以天地万物与我为一体也。""存心"与"同民"的统一,正表明了"天人一体"的观念。这正是刘古愚对孟子"学问之道无他,求其放心而已"的发明,也是对王阳明"心外无事"的一种发明。① 康有为说刘古愚"以良知不昧为基",确为的评(《烟霞草堂文集序》)。可以说,刘古愚的哲学思想,确是导源姚江,同时又融通关、洛、闽之学的。

(三)"以良知不昧为基"

刘古愚在学术上少有门户之见。他曾与门人王伯明"论朱陆异同",说:人们都"以程朱为孔门正派正途,陆王为异",但是这种异同又是谁来确定的?实际上这种分途之说乃是"私其门户之说",所以讲学"不宜自隘程途"。他认为,"不惟不分程、朱、陆、王",即使"荀、杨、管、商、申、韩、孙、吴、黄老、杂、霸、词章以及农、工、商、贾,为孔教之人",只要能"专心向道,皆能同于圣人"。可以看出,刘古愚的思想具有极大的包容性,只要有利于"圣贤之为",都应该予以尊重,而不应死守门户,固执己见。他甚至认为对于基督教、佛教等都不应该予以排斥,说:"而耶、佛亦可为吾方外之友,如孔子之于老子、楚狂、沮溺等。"还认为"盖九流皆吾道之友"。他研习和推崇阳明心学,三原贺瑞麟仍坚守程朱理学,二者道路不同,但仍能"声气相应,致相得也"。

虽无门户之见,但其思想有立场。在当时流行的诸种思想流派中,他更推崇阳明"良知"说。他曾与门人王含初讨论"致良知"说,认为王阳明是把陈白沙(宪章)的"静中养出端倪"、湛甘泉(若水)的"随处体认天理"皆加以吸收,并"合二家之说,括以'致良知'三字,单传直指,一针见血,使学人闻言立悟,有所执持以循,循于学问之途。故自阳明之说出,海内学人蜂起,名儒辈出。盖自周、程创兴儒教以来,未有若斯之盛也。"认为王阳明的心学"有功

---

① 同上书,第176、178页引《孟子性善万物图说》。

吾教,较之辨明正学,盖不止百倍也"。康有为所说"以良知不昧为基",正抓住了刘古愚思想的核心。对于"良知"和"致良知",刘古愚有自己的理解,他说:"夫良知者何?即世俗所谓良心也。'致良知'者何?即作事不昧良心也。"这样解释,虽然不太精深,不过他认为如此浅显地讲,可以使"蠢愚可晓,妇孺能喻",这与他主张的"讲学宜粗浅不宜精深"的想法相通。

三、"本于经训,深于史学","穷经致用"

刘古愚研究古代学术以经史为主。他在味经书院所设的课程,即非常重视经史的教学。他给"时务斋"列谕诸生的"六事",其中有"求实"一条,说:"空言不敌事实","凡经史中所言之事,皆以为实,而默验之身心,必求其可行,而不贵其能言,则心入于事理之中,言未有不真切者,而文亦精进矣。"(参见《刘古愚年谱》)他著有《孝经本义》,在卷首专门写了"读法十条",其中谈及"孝"的重要性,说"孝"是"尧舜以来所传之大道全体,以此立大用,由此生亘古,今塞宇宙无一人一事所能外"。对于"经"字,他有自己独特的解释,认为此"经"并非"六经"之经。六经之"经"是相对于纬而言,纵为经,横为纬。而孝经之经"乃天下大经之经",而所谓"天下大经"即"人事也"。因为"孝者,人与人相接之始,所以能群之源也,故以孝为六合之经"。其他的可以称为纬,但"孝之理为天地间之经",亦即"天之经"。所以"孝"是"大道之渊源,儒宗论学之宗旨"。既然是"天之经",那么"孝"就不是一般的伦理,而是"能弥纶六合,纲纪万世"的,是"六经之质干,万世之范围",应该从天人合一的角度理解"孝"。如果仅仅拘泥于"孝"一事本身去诠解,"即失其旨"(《孝经本义》,《烟霞草堂遗书》)。这就给作为儒家伦理重要范畴的"孝"确立了形而上的根据,这个根据就是天理。这与理学的思路相通。

他读史不拘泥于旧说,而能坚持自己的独立见解。如在他写给康有为的信中,即表达了一些与众截然不同的观点,他说:

> 窃谓《艺文志》叙九流,其源出于《史记》,太史公《论六家要旨》,而尊道家,此道非汉世黄老之道家,乃《大学》"格致、诚正、修齐、治平"之道。黄帝、尧、舜、禹、汤、文、武、周公相传以至孔子,而其集大成者也。《史记》曰"无为无不为",《艺文志》曰"人君南面无为之术",盖自周衰,君失其教之权,孔子起而修明之,而不得君位以行政,惟以师行其教,论

说不见诸行事,遂与后世之"虚无"无异。……《艺文志》刘子政所作,其原本必以道家为首,与太史公同观。其谓"道家为南面之术,儒家为出于司徒",则道家必尧、舜、禹、汤、文、武、周公之道,孔子所承之流,儒家则正先生所谓守约者。其君子谨身修已,仅为潜修之士,小人则训诂词章,徒夸记诵之勤,正吾孔子之所戒也。歆为枭獍,取其父书而变乱点窜之,此其变乱之确据。盖子政诗守《鲁诗》,学守《穀梁》,书守《洪范》,皆斤斤西京之旧说,而无训诂之习,故能以孔子为道家,而不惑于黄老;以儒为出于司徒,而不流于训诂,其识与太史公同。太史公非崇黄老,则孔子为道家也,明矣。歆欲自尊其邪说,必倡为先黄老而后六经,以抑太史氏,而后改易父书,以儒为首。歆实尊训诂之儒,以抑孔子之道,而名则尊孔子之儒,以抑黄老之道。班氏不察,以为《汉书》,愚矣。(《与康长素先生书》,《烟霞草堂遗书》卷六)

  刘古愚这里说了四层意思:一是太史公所尊乃儒家之大道,通常所谓太史公所尊之道是黄老之道,此说法是不对的。二是刘向在《汉书·艺文志》中所说与太史公的观点相同,也是尊周公、孔子之道。三是所谓太史公先黄老而后六经的说法,是刘歆为抑太史公而"变乱点窜"了的。四是孔子的儒学"不流于训诂",而刘歆则"实尊训诂之儒,以抑孔子之道",后来班固未能深察,以为《汉书》,"愚矣"。这些观点大都是标新立异的。客观地说,司马谈的《论六家之要指》在思想上推崇的是道家,而其所说的道家乃是汉代流行的黄老之学。刘古愚则认为,此道是儒家之道而非黄老之道,这应视为一家之言。由此看来,所谓刘歆"点窜"的说法也就难以成立了。但说刘歆"尊训诂之儒"是对的,刘歆是古文经学家,重训诂是必然的。所以,也就有了"抑孔子之道"之嫌。

  刘古愚虽然重视经学,但更强调通经致用。他在《味经创设时务斋章程》中,强调经学必须与"时"结合,即要使经学的研习不脱离当时社会的生活实践,要"通今",要用之于当时的社会。并指出他所以于味经书院创设"时务斋",其目的就是欲"俾人人心目有当时之务,而以求其补救之术于经史,人人出而有用"。他给味经书院所规定的教学原则,就是要"穷经致用":"味经之设,原期士皆穷经致用,法非不善也,而词章之习,锢蔽已深,专攻制艺者,无论矣。即有研求经史、励志学修者,第知考古而不能通今,明体而不能达用,则亦无异词章之习已。"即强调经学研习不能陷于辞章之习,应该"考古"而

"通今","明体"而"达用"。他认为古人"无不切实用之学",表现在他们都"以时为贵",即主张经学必须与具体的历史条件相结合,否则就是空言。所以古人讲"道大于中,而中以时为贵"。如"《论语》以'时习'始,《乡党》以'时哉'终,孟子称孔子为'圣之时',子思作《中庸》,发明道体,而汉儒以'用'释《中庸》之'用',即道之见诸事也。"研习经史要"通今",论道"见诸事",都是强调"穷经致用",反对无用之空谈。这正是其实学思想在经学研习上的体现。故《公禀》说他:"为学专注实践,归依致用,蚕桑纺织之业、农田水利之议,蒿目关陇,尤所究心。比迹乡贤二曲之励行、丰川之经世,无多让也。"(《公禀》,《烟霞草堂文集·附录》)

四、刘古愚、柏景伟与关学史研究

刘古愚在把自己融入改革维新大潮之时,没有忘记他是一位关中学人。对于张载以来的关学传统不但重视而且大力弘扬。具体表现在以下方面:

躬行礼教。张载"笃志好礼","以躬行礼教为本",这是被冯从吾、黄宗羲所肯定了的。张载的弟子如蓝田"三吕"等,"能守其师说而践履之",都保持了张载的这一传统。吕大钧曾制《吕氏乡约》,以礼制化俗,在后世发生了很大的影响。刘古愚对关学重礼的传统也力加高扬,曾命弟子辑录吕氏兄弟的《三礼佚说》,说:"吕氏先受学张子,后卒业程子之门,尤精于《礼》。《三礼义疏》所引不下二百余条,拟令诸生人执一本,细为查出。"(《渝校勘诸生》,《烟霞草堂文集》卷八)

重视践履。关学这一传统在刘古愚身上有突出的体现,已如上述,此不赘述。

柏景伟的一个重要贡献是刊刻自冯从吾《关学编》至清以来历次整理增订的《关学续编》,包括王心敬、李元春、贺瑞麟的《关学续编》以及周元鼎、刘得炯等人所撰有关关学学人传。冯从吾的《关学编》(原编)仅编至明代的王之士(秦关),所选关学学人共三十三人。后赵廷璧重刻时,刘得炯补入冯少墟、王仲复。清人王心敬在冯从吾《关学编》基础上写了续编。王心敬为了"溯流穷源",乃"复援经据传,编伏羲、泰伯、仲雍、文、武、周公六圣于孔门四子之前,并编伯起杨子于四子之后,合诸少墟原编,以年代为编次焉"。其目的是要使"千百世下,凡生我关中者,读羲、文、武、周之书,诵汉、宋以来诸儒先之传,溯流穷源,可无复望洋之叹"(王心敬:《关学续编序》)。同时补入明自冯从吾以迄清李二曲等七人。之后,周元鼎又续王心敬传于其后。李元春又续之,于宋补游师雄,于明补刘宜川以及清人王零川。贺瑞麟又续编,补入刘鸣珂、王承烈等七人。以上共三种续编。柏景伟在全面考察了冯从吾《关学编》及诸三种续编之后,乃"刊恭定所编关学,而并及丰川、桐阁、复斋之续,凡以恭定之学为吾乡人期也"(《重刻关学编前序》),遂重刻《关学编》,此即清光绪十七年(1891)所刻沣西草堂本。这次重刻其重要的变化,在于把王心敬《续编》中"远及羲、文、周公,下及关西夫子而下,非恭定所编例,去之"。从柏景伟所删内容及其所写的《前序》来看,他对关学概念及关学史的演变有自己独立的理解。一方面,从其对于"非恭定所编例,去之"来看,是要保持关学为"关中理学"的特质。从冯从吾"我关中自古称理学之邦,文、武、周公不可尚已,有宋横渠张先生崛起郿邑,倡明斯学"之说,其所"编例",当不出"关中理学"之畴。故柏景伟将丰川在孔门四圣之前所增伏羲、泰伯、仲雍、文、武、周公六圣以及张载之下不合恭定"编例"者,尽皆去之,说明柏景伟所理解的关学,就是张载以来的"关中理学"。这样就保持了《关学编》作为反映关学思想发展真实面貌的史料汇编的特色,这对后人了解关学流变有重要的指导意义。另一方面,在《重刻关学编前序》中,柏景伟对关学史及与儒学史的关系有一个概括地论述,他认为,"自周公集三代学术","道学之统,自关中始";成、康以后,"世教陵夷",直到春秋之时,儒出东鲁,此时"微言所被,关中为略";至汉唐诸儒出,重于训诂笺注,导致学术"循流而昧源,逐末而忘其本"。故此前之阶段不宜视为关学史来看待。而"自宋横渠张子出,与濂、洛鼎立,独尊礼教",此后方有关学和关学史。关学史不同于一般的儒学史,是儒学在宋代后关中出现的地域性学术流派关学发展演变的历史。此摘引如下:

> 自宋横渠张子出,与濂、洛鼎立,独尊礼教,王而农诸儒谓为尼山的传,可驾濂、洛而上。然道学初起,无所谓门户也,关中人士多及程子之门。宋既南渡,金溪兄弟与朱子并时而生,其说始合终离,而朱子之传特广。关中沦于金、元,许鲁斋衍朱子之绪,一时奉天、高陵诸儒与相唱和,皆朱子学也。明则段容思起于皋兰,吕泾野振于高陵,先后王平川、韩苑洛,其学又微别,而阳明崛起东南,渭南南元善传其说以归,是为关中有王学之始。越数十年,王学特盛。恭定立朝,与东林诸君子声气相应,而

邹南皋、高景逸又其同志,故于天泉证道之语不稍假借,而极服膺"致良知"三字,盖统程、朱、陆、王而一之,集关学之大成者,则冯恭定公也。于是,二曲、丰川超卓特立,而说近陆王;桐阁博大刚毅,而确守程朱。(柏景伟《重刻关学编序》,见《烟霞草堂文集》卷二)

  关学之编始于冯恭定公,王丰川续之,又刻李桐阁,贺复斋所续于后,而先生没已期年矣。先生病急,口授余义例为序于前,俾余序其后,余复何言?然习先生性情行谊,莫余若,而是书之刻,又多商榷。其所以刻,与资之所由来,及平日议论及于是书者,不可无一言于后。先生性伉爽,学以不欺其心为主,嫉恶严人,有小过,不相假借,改之则坦然无间。其有善,识之不忘,逢人称述,士以此畏而爱之,喜岳武穆"君臣之义,本于性生"语,尝谓余曰:"此可括《西铭》之蕴,知父子无性而不知君臣,不能视万物为一体;求忠臣于孝子,义本于仁也。移孝作忠,本仁以为义也。忠孝一源,明新一贯,千古要述,皆充仁以为义,而非有他也。"故论学力除门户之见,而统之以忠孝。光绪丁亥,宪司延先生主讲关中书院。书院为恭定讲学地,先生又生于其乡,乃访恭定祠旧址,扩而新之,旁为少墟书院,以少墟之学迪其乡之士。廉访曾公怀清割俸,属刻是编,而恭定原本无恭定传,乃取丰川所续继之,后之与关学者又不得略焉,则不惟非恭定本,亦非丰川本矣。泾阳王葵心先生以身殉明,大节凛然,与西人天主之说泊三纲者截然不同,然事天之说正西人所借口,乡曲之儒略迹,而识其真者几人。先生常欲去之,书出则仍在焉。其先生病未瞑,亲检与抑,亦人果无愧忠孝,不妨宽以收之与。先生没,无可质证。然学辛归于忠孝,则亘古至今,未有能议其非者,而今之从事西学者,均能知有君父,则算术技巧非必无补于世也。(刘古愚《重刻关学编后序》,《烟霞草堂文集》卷二)

  《重刻关学编序》虽为柏景伟口授,刘古愚代笔,实可视为柏、刘二人对关学史的共同认识。此序以简明的笔法和磅礴的气势,把关学自宋张载以降迄止清李元春近八百年的学派流衍、学术思想特征、关学与异地学派的交往明晰地加以揭示。柏景伟不仅勾勒出关学发展演变的历程,重要的是,提出了一些很有见地的看法。其一,指出道学初起之时,无所谓门户,张载逝世后一些弟子入洛随二程习道,也无所谓"关学洛学化"的问题。其二,"金溪兄弟"(陆氏兄弟)与朱子并时出现,朱陆"始合终离",后发生了绵延持久的"朱陆之争",而至元代朱子学占了上风,得到较广泛的传播。其三,正当朱子学得到广泛传播之时,关中沦陷于金、元少数民族统治,幸有许衡到关中任提学,传播朱子学,于是关学由宗张载转向宗濂洛关闽的理学,一时关中涌现出以杨奂为代表的奉天之学、以杨天德为代表的高陵之学等,但尤推朱子学。其四,关学至明代出现振兴,然其学派纷呈,一是经由段坚所传薛瑄"河东之学"的传衍,此派尊朱子学,由高陵吕柟总其成。而另一支则是以王恕、王承裕(号平川)父子为代表的三原学派的兴起,其学者还有韩邦奇(苑洛)等,此派虽亦尊朱子,然其学又微别。故称"关学别派"。其五,在王阳明心学崛起东南时,关中学者南大吉官于绍兴,随阳明习心学,他北归后在关中传播阳明心学,此为关中有王学之始。其六,王学在关中也发生了实际的影响,冯从吾受心学影响较大,他在南方为官多年,与东林诸子"声气相应",又与江右学者邹元标(南皋)、东林君子高攀龙(景逸)志同道合。但冯从吾虽然服膺阳明"致良知"之学,却对其"王门四句"中的"无善无恶心之体"一句不能苟同。不过冯从吾能把程、朱、陆、王加以融通,遂集明代关学之大成。其七,至清代,朱子学仍受到推崇之时,关中涌现出李二曲、王心敬师徒,他们"超卓特立",而其学说则近于陆、王心学。至清代中期,李元春其学"博大刚毅",思想上仍恪守程朱,可见清代关学经历了由尊陆王而宗程朱的思想进程。后言及欲"刊恭定遗编者之苦心",乃"刊恭定所编关学,而并及丰川、桐阁、复斋之续"。简短数语,使关学学术史历历在目,清晰呈现。

《重刻关学编后序》则是刘古愚为柏景伟刊刻沣西草堂本《关学编》所写的序。序中首先指出《关学编》是自冯从吾初撰到王心敬(丰川)、李元春(桐阁)、贺瑞麟(复斋)不断续撰的过程,在这个过程中后人不断增补后世学者,如王心敬补冯从吾、李二曲等,周元鼎、李元春又予以补充,此后贺瑞麟又增补了李元春。故今之《关学编》已非冯从吾旧本之貌。亦提及柏景伟在编此书时,曾有过对传衍西学及基督学者如何处置的纠结与困惑,曾"欲去之",但终一仍其旧,其中的原因是欲"宽以收之",此可反映出柏景伟对西学仍持宽容的态度。刘古愚语柏景伟之论学,能"力除门户之见,而统之以忠孝",认为即使如西学亦能知君父之义,其"算术技巧"亦是有益于世的。序中所说柏景伟"括《西铭》之蕴,知父子无性而不知君臣,不能视万物为一体",则是说柏景伟与张载关学宗风相承接的关系。

第五节　传统关学最后一位大儒——牛兆濂

面对中国历史大变革时代的到来,关学学者的思想也趋于多元化,既有传统文化的捍卫者,亦不乏仁人志士对于新时代的思考。于右任在《我的青年时期》中说,清末关中学者有两大系,一为三原贺复斋先生瑞麟,为理学家之领袖;一为咸阳刘古愚先生光蕡,为经学家之领袖。刘古愚践行传统与西学结合的新学路子,成为关中新经学的代表,而贺瑞麟"学宗朱子,笃信力行,俨然道貌,尚时悬心目中。"牛兆濂则恪守贺瑞麟的朱子学理路,以程朱的捍卫者而成为清末民初关中一面旗帜。故李元春—贺瑞麟—牛兆濂其学一脉相承,构成了晚清关中理学发展的一条重要线索,牛兆濂亦被尊为"关中大儒"和"横渠以后关中一人"。在传统理学日渐衰微之际,牛兆濂自觉地担负起捍卫传统学术、严辨师说门户的责任,既表现出较鲜明的保守主义立场,同时又在传统理学框架下对时代做出的某种积极回应。其思想中的保守与变通、坚守与顺应,都映射出当时中国社会转型期的矛盾与冲突。然其所保持的经世致用的传统和矢志不渝的节操,则又体现出鲜明的关学特征。可以说,牛兆濂是传统关学最后一位大儒。

一、牛兆濂及其著述

牛兆濂字梦周,号蓝川,陕西蓝田人,生于同治六年(1867),卒于民国二十六年(1937),生平事迹载张元勋(果斋)所作《牛蓝川先生行状》。他是陈忠实小说《白鹿原》中"朱先生"的原型。

牛兆濂幼年颖异,遍读《四书》《五经》等儒家经典。十七岁(1883)补郡庠博士弟子员。十八岁(1884)肄业关中书院。十九岁(1885)补廪膳生。二十一岁(1887)时,沣西大儒柏景伟主讲关中书院,他由此得闻濂洛关闽之学及贺瑞麟(复斋)之名,开始接受程朱理学,同时又受教于李菊圃、黄小鲁等人。次年应乡试,中举人第二十八名。二十七岁(1893),赴三原拜贺瑞麟为师(参见《清麓问学本末》,《蓝川文钞》卷九),由此确立了终生坚守程朱之学的信念。在以后的学术生涯中,他一直奉程朱之学为圭臬,潜心圣贤为己之学,并以此教育弟子。曾先后担任白水彭衙书院山长、陕西师范学堂总教、鲁斋书院主讲、邑劝学总董兼县高小学堂堂长、存古学堂掌教、正谊书院主讲、守谦精舍会讲,并亲手打造了关中地区具有重要影响力的芸阁学舍。

中举后,因父殁母病未赴公车,例当除名,陕西巡抚端方以孝廉奏请朝廷得免,并特赐内阁中书衔,兆濂坚辞不就(见《辞加内阁中书衔禀》,《蓝川文钞》卷七)。他在后来回顾此事时,曾感慨地说:"濂之不能入京,势也。即不削名,亦不能以此干进,则不削犹削也。若弃亲之任,则罪莫大焉。"(《蓝川文钞续》卷五)1908 年,时任陕西巡抚升允荐举他赴京召对经济特科,并赠以路费,牛兆濂则以专攻经史、不懂经济坚辞(见《上邑侯周》《再答升中丞书》《辞经济特科书》《答升中丞书》,《蓝川文钞》卷四)。1918 年,时任陕西督军陈树藩、陕西督军兼省长刘镇华因慕先生名,"先后帅兵弁、具厚币造庐往谒,蓝川饭以脱粟,却其贽币。"康有为至陕,"达官贵人及文人学士莫不欢迎,刘督军遣使请蓝川赴省陪康某,蓝川托疾辞避,不与之接"(《蓝川文钞续·序》)。陕西省主席杨虎城备厚礼请先生出山为顾问,亦作书婉转辞谢(见《辞顾问聘书书》,《蓝川文钞续》卷二)。这些既体现出牛兆濂不慕权贵的品格,也表现了一位理学名士的独立人格和纯真节操。

他虽不喜为官,但当面临国家危难、民众疾苦之事,他又尽力而为,不遗余力。光绪二十四年(1898 年),牛兆濂应邀管理蓝田县里卫局,后主持县赈恤局。时逢陕西灾荒,牛兆濂主持赈灾事务,作呼赈诗数首,遂得江南义赈会捐赠,使民众得以渡过难关。牛兆濂曾为陕西咨议局议员,后被选为常驻议员,对陕西地区赈灾、禁烟等工作贡献颇多。(见《察赈勉诸同志》、《赈局书怀》诗数首,《蓝川文钞》卷一)辛亥革命初期,革命军与清军的罢兵议和事件中,牛兆濂起到了重要作用。辛亥革命爆发后,陕西是最早响应的省份之一。后革命军与清军展开了激烈的战斗,前陕西巡抚升允面对革命军的冲击,其先是逃亡甘肃,后集结军队,反扑西安。危急时刻,革命军出使议和,但首位使者被升允一怒杀之。牛兆濂本不赞成革命,加之他对前清统治者尚保有温情,但此时清帝已经退位,为使百姓免遭涂炭,牛兆濂接受了出使议和的重任。经过他的斡旋调停,最终双方达成议和,罢兵息战,使陕甘民众免除了一场灾难。1926 年,正值军阀割据混战,牛兆濂有感时事,赋诗一首,曰:"大祸中原小祸秦,至微亦足祸乡邻。苍天若念黎民苦,莫教攀阙生伟人",表达了一位传统士大夫忧国忧民的高尚情怀。1933 年,六十七岁的牛兆濂致书时任陕西民政厅长的王幼农,为蓝田县免征烟款大声疾呼(详《致王幼农厅长》,《蓝川文钞续》卷二)。面对日军侵华,已年逾花甲的牛兆濂募集义勇之士五百人,通电全国,誓死抗日,但却于奔赴前线之际被劝回,这是对抗战初期国民政府所谓"抗日"的极大讽刺。牛兆濂说:"当事者们各怀私见,偷生旦夕,""坐视吾国之亡,"这是应"明正其罪"的"卖国之贼"。

卢沟桥事变爆发,牛兆濂忧愤而逝,享年七十一岁。

据张元勋所作《先师牛蓝川先生行状》及其他相关资料,牛兆濂著作有《吕氏遗书辑略》四卷,《芸阁礼记传》十六卷,《读近思录类编》十四卷,《芸阁礼节录要》《秦关拾遗录》《蓝田新志》各若干卷,《蓝川文钞》十二卷,《续钞》六卷。今大多散佚,仅有《蓝川文钞》十二卷,《蓝川文钞续》六卷及部分书札存世,这是目前研究牛兆濂思想的主要材料。

二、牛兆濂的理学思想

牛兆濂虽在贺瑞麟晚年方列门墙,但却在贺氏弟子中最为著名。《蓝川文钞》中保存了牛兆濂回忆拜师清麓的一段情实:

> 光绪癸巳春三月之望,谒复斋先生于朱子祠,是日习乡饮酒礼。礼毕,先生坐讲,谓:"乡约法最关风化,务各力行。"讲讫,会饮歌诗,为先生寿,日暮请出。明日,晨谒先生,于家问学,先生曰:"程朱是孔孟嫡派,合于程朱即合于孔孟,不合于程朱即不合于孔孟。能熟读《近思录》则自见得。"……"大莫大于太极一图,精莫精于《通书》四十章,子其勖诸!"(《记清麓问学本末》,《蓝川文钞》卷九)

是说在朱子祠观摩乡饮酒礼时他见到了清麓先生,清麓强调《乡约》于社会风化、礼俗的重要作用,指出程朱之学是孔孟嫡派,并强调凡不合于程朱的学问即为不合于孔孟的学问。清麓还对《太极图》与周敦颐《通书》的重要性做出说明,认为其至大至精。可以看出,贺瑞麟拳拳服膺于周、程、张、朱构建的道统体系,对陆王之学则抱有很大成见。清麓认为:"夫学为己者也,攻诘不可也,然不辨门户且如失途之客,贸贸然莫知所之,率然望门投止,其于高大美富,将终不得其门而入矣,可乎哉?……学以孔孟为门户者也,程朱是孔孟门户,陆王非孔孟门户。"(贺瑞麟:《关学编·序》)从贺瑞麟处接受的重视礼俗,恪守程朱,严辨道统的观念,对牛兆濂理学思想的形成发生了极大的影响。

(一)牛兆濂的道统门户之辨

清道光以后,汉学式微,程朱理学又有复兴之势,并出现了一批坚定的支持者。如唐鉴、刘廷诏、李元春、贺瑞麟等,他们著书立说,力辟乾嘉以来汉学之失。牛兆濂作为贺瑞麟弟子,持守着这一学术立场,并对汉学之失导致的学术流弊有着清醒的认识,其对清麓门户坚定捍卫的立场也体现在对汉学的批评中。同时,作为程朱理学的信奉者,对理学内部的陆王心学亦表现出严厉的排斥态度。

在《答夏贞立》一书中,牛兆濂引经据典,对夏氏书中批评清麓之处一一加以反驳,尽力维护贺瑞麟的理学地位,并对汉学之弊作出了说明。批评者认为:"喜怒哀乐未发之中,未发是论圣人,只是泛论,众人亦有此,与圣人都一般。"即认为朱子讨论人的未发之中没有区分圣贤与众人,说明在朱子看来,圣贤与众人的未发之大本处是相同的。而清麓所说的于未发之前有众人与圣人的不同,显然在大本处有所不同,这是"清麓不识大本,叛朱子之确据。"(《答夏贞立》,《蓝川文钞》卷五)牛兆濂则反驳道:"今其所记,并非剖析未发之同异,而曰众人自有未发时。玩一'自'字,则其与圣人都一般者,已自了然言下矣。"(同上注)即清麓所讨论的并非圣贤与众人未发处的大本是否相同的问题,而是讨论众人与圣人未发时的状态是否相同及其原因。清麓承认圣人与众人的大本处是相同的,但他强调的是,相同的大本处因何导致了善恶贤愚的不同这一更为根本的问题。牛兆濂引用朱子的话说:"众人有未发时,只是他不曾主静看,不曾知得。"即众人"未发"时被昏浊的气质蒙蔽,被私欲隔断,"未发"之心也只能像顽石那样劈斫不开,"已发"之后也只能是败俗乱礼。圣人则因注重日常涵养,"自其未感,全是未发之中,自其感物而动,全是中节之和",因此方与众人有了本质区别。牛兆濂认为,清麓所讨论关注的是主静、涵养的工夫论,与朱子并无乖违。

批评者认为清麓赞同"伪浊之人,未发之前已失其中,故已发不能和"之说,谓"清麓之所本,不信程、朱而信敬斋,谬种流传,是清麓所守者敬斋,非程、朱矣。学而不失大本,以盲导盲,宜其言之悖也,敬斋决无得于程、朱之学者也。"(同上注)批评者认为清麓之学近于胡居仁(敬斋),且言辞激烈,以至于谩骂和人身攻击。面对对其师清麓之学的批评,牛兆濂则不卑不亢,从《朱子语类》原文找寻佐证,对批评者做了有理有据的回应。他引《朱子语类》卷九五:"寂然不动,众人皆是此心。至感而遂通,惟圣人能之,众人却不然。盖众人虽具此心,未发时已自汩乱了,曾无操存之道存之。道至感发处,如何得会如圣人中节?"这就有力地说明,在众人未发之心的问题上,敬斋、清麓与朱子的观点并无异议。牛兆濂略带讽刺地说:"竟似不知《语类》中有此议论者,其偶忘之耶?抑恶其害己而去其籍耶?原书具在,将谁欺耶?"(同上注)

牛兆濂说,"改易元文,以证成己说,此汉学家之通蔽,非讲程、朱之学者所宜有也",对有人所谓"《清麓文集》多陈言而少心得,……异于程朱之学"的质疑,他回应说:"一留心文词,便有求工、求胜之心",这些都是汉学之害,且"已成心术之病,我辈多年驱策不去者。"(《与张鸿山》,《蓝川文钞》卷五)以为清代汉学之害,正在于其"诋毁程朱,使后生小子日就浮薄,无所忌惮,清谭误国。"(《曙轩黄先生语录书后》,《蓝川文钞续》卷四)

作为程朱理学的坚定信奉者,牛兆濂对待陆王心学也表现出鲜明的批判态度,甚至不给主张调和的折中派以任何空间。有人说,"何必程、朱,何必陆、王,但学孔子可矣。况陆、王易而程、朱难,何必舍易而求难乎!"(《答赵汝笃》,《蓝川文钞续》卷二)牛兆濂认为,"诚以自人而论,则陆、王特出之贤也,岂末学所敢轻议。吾爱之重之,神明敬之,此论人,非论学也。"即就人格而论,陆王都是"特出之贤",若就学问而说,则必须严格辨析,"陆、王有弊,程、朱亦有弊,弊一也。有末流之弊,有立法之弊,程、朱之弊,末流之弊也,陆、王之弊,立法之弊也,可以决其得失矣。"(《答李荟堂》,《蓝川文钞续》卷二)牛兆濂认为,陆、王之弊是在根本问题上犯错,而程朱虽亦有弊,但只是支流末节之弊,由此他认为:"宁学程、朱而未至,犹不失为圣人之徒。若一入功利,便堕落坑堑,其害道也必矣。害道以援天下,谓之有用道学,我未之前闻也。"牛兆濂对清麓所谓"论人宜宽,论学宜严"之说表示赞同并严格遵行之,说:"清麓分门户之学也,隘则路脉真,稍宽则入于歧路矣。后言守其师说,数十年无少异者,正谓此也。"(《答赵汝笃》,《蓝川文钞续》卷二)

在《答李荟堂》一文中,牛兆濂指出李氏有"偏处",此即指李氏在学术上对二曲心学的私袒,进而指出程朱之学与陆王心学的区别:"详足下之意,以为程朱之庸平,不若陆王之新奇也;程朱之中正,不如陆王之神妙也。"(《答李荟堂》,《蓝川文钞续》卷二)对此,他认为:"程朱之所以为程朱,而决非陆王所可比拟者欤!"关键在于他认为程朱"忠厚朴实",故"权谋术数,机械变诈,程朱之所深辟而陆王之所取也"。牛兆濂批评陆王心学之末流最大之弊,在于其"权谋术数,机械变诈"会成为一些人谋取功名利禄的手段;同时又指出程朱理学比较中正、庸平,其作为天下正学,志在匡扶礼教,向往希圣希贤的理想境界,此非谋求事功者之所可比。牛兆濂明确地表示了自己"宁学程朱而未至,犹不失为圣人之徒。若一入功利,便堕落坑堑,其害道也必矣"的朱子学立场。

(二)牛兆濂的理气观和心性说

牛兆濂对程朱一直关注的理气、心性问题都做了探讨,对自孟子以降的儒家性善之论有着较为深刻的认识,并且对始于张载、发扬于程朱的"天地之性与气质之性"有着独到的理解。

他说"孟子以论者因气质之杂,混却了性,特地发明性善之旨"。牛兆濂引用《孟子》语,"人无有不善,水无有不下","若夫为不善,非才之罪也",牢牢地守住儒家的性善论立场。但是由于性善论更多的是从善之一端立论,无法更好地解释现实中恶的存在,对此,牛兆濂给予了解释:"天之降材,不惟性无不善,即气质亦无不善,此自拔本塞源之论,特未分明说到气质一边,使闻者终不能解于有善有不善之疑。所谓论性不论气不备者此也。"(《答张鼎臣问气质之性》,《牛兆濂集》附编)牛兆濂认为,天赋予人之善性毋庸置疑,即便是气质其根本处也都是善的,阳明拔本塞源之论只从天命之性一端说,没有说到气质之性处,因此有了对性分善恶的疑问。而程子的"论性不论气不备"正是为此而说,现实人性必然是既包含了天命之性又含有气质之性的,可谓又同时说出了气质之性一层含义。这也就合理解释了现实人性的恶不是性之本然,而是气质驳杂蒙蔽了善性。至此,孟子的性善论才"昭然如日月中天矣,此程子之有功于孟子者然也"。至于气质,虽然其存在状态有昏明纯驳,但是依据"阴阳一太极、气本于理、理无不善"等理论,说明不善之气也并非是气的本然状态,气从根本处说也应当是善的,"气之本善,如水之本清,特一落行迹,则有时而失其本然,如水之有时而浊,不得谓水之本然也。"这也与大程子谓"水有清浊"的比喻相通。可以说,牛兆濂坚持了儒家性善论,并能够依据程子之言对怀疑者给予恰当解释说明。

"天下国家之本在身,身之主则心也。……欲存天下国家者不可不先存此身,而欲存其身者必自存心始。"(《存心说》,《蓝川文钞续》卷三)牛兆濂认为,古圣前贤对心从不同层面给予了不同的解释,"朱子固曰'心一而已。'孟子言'仁,人心也。'而舜之命禹则曰'人心道心。'又不免分别之,是必有不可不辨者。"

"盖人之所以为心者,气也;所以宰乎气者,理也。气,人心也;理,道心也。气之属,耳目口鼻、四肢之欲是也;理之属,仁义礼智之禀是也。"按照牛兆濂的理解,人心之所以为心,其本质上仍是一团血气,这是就形而下的现象而说。若从形而上的层面把握,主宰心气的必然是理。气构成现象层的人心一面,人的耳目口鼻、四肢以及因此具有的自然生理欲望均由此而来。理则主宰了抽象层的道心一面,人具有的仁义礼智等依据于此。

关于理与气的关系问题。牛兆濂认为,从根本上说,"天下无无气之理",然而修养工夫的目标又确乎"必尽去饮食男女,而求所谓仁义礼智之天理,则离气而言理。"所谓的存心工夫,就是使饮食男女等因气而产生的自然之欲得到合理的安放归置,各当其理。"然则所谓存者,不过于饮食、男女、动静,云为一一处之,各当其理,而人欲之私,不得以一毫参焉。"对于这一目标的理想状态,牛兆濂描述为:"心之所在,即理之所在。夫是之谓在理而不在欲,在内而不在外,在则不亡,存则不放,心有不常存者乎?此修身之要,治平之本也。"

牛兆濂还对两种错误的修心、存心倾向进行了分析:"于此心之外,别有一心以操之,吾恐其互相攫拏,自为纷扰,愈存则愈亡矣。又或屏弃外物,枯守此心,或寄寓形象,强制此心。又或专用心于内,把捉勉强,而不知制外养中之道,虽其用力之失深浅不同,其不能存心则一也。"指出存心工夫并不是要在己心之外另寻一心来操守,那样的后果只会愈加纷扰,愈存则愈亡。存心也不是如佛禅之人舍物出世,枯守一心;也并非要强立一现成形象,强行模仿比照。存心是"制外养中",在处事接物的过程中存养身心,"放之则弥六合,卷之则退藏于密"(朱熹:《中庸章句·序》)。

总之,牛兆濂在对张载及程、朱理学思想维护及对陆、王心学批判的过程中,对理学家长期讨论的性与理、性与气、心与性等理学基本命题逐层予以揭示,对张载、二程、朱子以来的心性论思想进程进行了系统梳理,也表明其理学思想渐趋成熟。但是由于理学此时已趋于没落,所以从一定的意义上说,牛兆濂的这种努力已很不合时宜,所以终为时代所淹没。

(三)牛兆濂的讲学活动及其教育教化思想

牛兆濂认为,今日天下大乱的原因在于根本处坏了,纲常不立,义理不明。"诸君子不忍吾中国之亡汲汲焉,谋有以存之。"(《覆刘守中》,《蓝川文钞》卷五)而教育、教化正是这"谋有以存"的重要实现途径。牛兆濂说:

> 国奚存?存以人。人奚存?存以心。心奚存?存以道。道奚存?存以圣。圣奚存?存以教。教奚存?存以学。学奚存?存以身。有存国之心,不可无存教之学,尤不可无存学之身,斯则所愿与诸君共勉者也。(《覆刘守中》,《蓝川文钞》卷五)

牛兆濂认为,国家存亡在乎人,而以道存心正是人之所以为人之根本,这需要圣贤教化,更需要以身体验学习。其中,"存教之学"与"存学之心"是其关键环节。正因如此,所以他一生大部分时间致力于讲学活动。从庚寅年(1890)开始,他先后在白水彭衙书院等多所书院或学堂担任主讲,其设教近师清麓,远绍程朱,课程一以《小学》《近思录》《四书集注》为主,使孔曾思孟、周程张朱之学在清末的陕西仍被关注。

1890 年,牛兆濂受高陵白五斋之荐,执教于白水彭衙书院。"濂自光绪庚寅奉贽先生之门,旬月中蒙荐,主讲彭衙。越二年。"(《高陵白五斋先生九秩寿言》,《蓝川续钞》卷五)据张元勋所撰《先师牛蓝川先生行状》载:"高陵白五斋先生主关中书院讲席,稔先生贤,荐充白水彭衙书院山长。历二年,诸生多循循雅饬,有苏湖安定之风。"1893 年拜贺复斋为师后,遵循清麓"程朱是孔孟嫡派,合于程朱即合于孔孟,不合于程朱即不合于孔孟。能熟读《近思录》则自见得"的教诲,从此确立了程朱理学的为学方向。

1901 年,在牛兆濂的倡导下,于蓝田四献祠捐资办学,朔望讲习礼约,这便是芸阁学舍的雏形(《午桥陈君行略》,《蓝川文钞》卷一二)。四献祠原是明代成化年间陕西巡抚阮勤为蓝田四吕所建立的专祠,牛兆濂在此基础之上增修拓展,后经不断发展,终于形成享誉关中、名播全国的书院重地。学舍兴盛时学生多达数百人,遍及全国十一省,朝鲜于成龙亦慕名来学,此在当时传为佳话,其影响可见一斑。

1902 年,陕西巡抚升允创办师范学堂,敦请牛兆濂任学堂总教,牛兆濂具书固辞,公牍往返至六七次,后学堂总办毓俊亲赍书币拜访,谓:"省中大宪,同心一志,力尊程、朱,先生以正学之名拭目可俟。"在约定必守先师规矩的前提下,牛兆濂勉强答应出任,不久便因与藩宪不合而辞归乡里。学堂为牛兆濂准备了一年的酬劳,而他只收取了三个月,可见牛兆濂"难进易退"的节操。

1904年,受黄小鲁之托,牛兆濂主讲鲁斋书院。不久,咸宁舒令欲借书院改办学堂,并聘先生为教习,牛兆濂因秉持传统书院式教育理念,对改办新式学堂不予理解,他说:"彼若以官力来,则且夺之矣,吾如彼何哉?若利诱货取则不能。"黄小鲁由鄂来书,劝牛兆濂不必与其争执,于是牛兆濂率领弟子回到芸阁学舍。牛兆濂在答复黄小鲁的书信中有"道之兴废在天而不在人,学之存亡在人而不在地"之语,表达了他对传统书院教育的挚爱以及对留下读书种子的殷切希望。

1909年,应存古学堂高赓恩总教之聘,与张元勋、雷立夫共同执掌教学事宜。高赓恩有"精一"辨与紫垣不合,牛兆濂云:"圣经言简意赅,一个'精'字,一个'一'字,用力处在此,究竟处亦在此。"不久,牛兆濂即因高赓恩不满清麓之学,与张元勋力辞解馆,这表明,清麓先生在牛兆濂看来是不容置疑的,"道不同,不相与谋",这里也能看出牛兆濂严格持守门户的态度(见《与存古高太常辞馆书》《读高太常精一辨》,《蓝川文钞》卷四、卷九)。牛兆濂随即来到爱日学堂,与张元际、张元勋兄弟共讲《论语》。"茂陵张仁斋先生值学绝道丧之日,慨然以孔孟程朱之道与介弟果斋及一二同志结社讲习,以起绝学、明斯道,一时学者翕然宗之。且徧交海内知名之士,相与偕力,以昌宗风。"(《爱日堂记》,《蓝川文钞续》卷三)

1913年,牛兆濂主讲正谊书院。正谊书院在清麓精舍的基础上改建而成。在书院变新式学堂的全国大背景下,正谊书院秉承传统教学方式,以"正其谊不谋其利,明其道不计其功"为宗旨,以程朱理学为讲授内容。牛兆濂终于找到理想的教化之地,连任五年,教授学生无计。也正是在这一时期,牛兆濂组织筹款赎板并重印《清麓丛书》,这是其重传承、兴教育的又一体现。《清麓丛书》本是贺复斋依托刘氏传经堂板(包括当时富户所刻各板)汇集、整理而成的理学类丛书,其内容甚广,包括周、程、张、朱、许、薛、胡、陆等诸子之书,这些著作是理学思想在关中传播的重要载体;另外包括许多陕西先贤著作与近代醇儒文集,是清末关中理学发展水平的集中体现,具有重要的学术价值。贺复斋去世以后,丛书各刻板藏于刘氏诸家中。牛兆濂深知"诸书皆道脉所关,薪传所系,因筹款二千金,将书板一概赎回。"后由其弟子杨仁天、刘允臣"复筹巨款,拟刷印二百部流传各省。自此,先师之学不难大放光明,而周、程、张、朱之传,孔、曾、颜、孟之统,值此晦盲时代得以绝而复续。若非蓝川将版赎回,安得成此巨功!"(《蓝川文钞续·序》)牛兆濂为关学和理学的传播与发展做出的贡献,可谓不朽矣。

1918年,牛兆濂回到芸阁学舍继续讲学生涯,并在此终老。牛兆濂对一手创办的芸阁学舍投入了全部的感情与精力,这其中既包含对蓝田四吕的敬仰之情,又表明对程朱理学的服膺态度,同时也是其教育教化活动的具体实践。在其著作中,有大量关于芸阁学舍的诗文资料,兹不赘述。牛兆濂尝谓"生当斯世,不可无此志,斯世亦何可无此人!"(《覆杨寿昌》,《蓝川文钞》卷五)这足以解释牛兆濂心怀天下,勇于担当,积极投身教育教化事业,终其一生不辍的根本原因。

其次,关于牛兆濂的教育思想。牛兆濂对新式学校兴学而废道、不知兴学之本的原因作了深刻分析。他认为,三代而上以德居位,师统于君,政教合一,故曰:"天降下民,作之君,作之师。"三代以下,虽然有位者不必有德,但是"德之所在,师道立焉。"师作为德之落实处予以确立,故仍可以发挥其德之功能,师与天地君亲同处五尊之位,受到人们的尊重。"师以道自重,人即以重道者亲师,而师弟子之相与即不啻其家人父子焉。"(《刘泉生教泽碑》,《蓝川文钞》卷一二)这也正是古代由于师道确立而善人为多的原因。当今新学倡导者认为,以前师的权力太大,应予以矫正。因此,担负着道德教化使命的人师的权威性丧失,那些"无所固结于其中"的经师为了谋求干禄,也便争着各自贬低。"西面称弟子者,亦遂以梓匠轮舆视之。"师滑落为一种教授专门知识的经师,而非道德教化的担当者,因此也就谈不上尊师重教,"轻薄之风肇于学校,祸即延于天下国家,师道废而君父之道不能独存,夫亦相及之势矣。"(《刘泉生教泽碑》,《蓝川文钞》卷一二)牛兆濂对于当时师之滑落、师道威严之坠落痛心疾首,然而时代之变迁,人心之不古,要改变这一切,他已深感力不从心了。

牛兆濂认为,天下大乱源于人心不古,这肇端于新式学校的轻薄之风。经师由于心中无所固结,毫无人格,趋炎附势,不能发挥道德教化的功能,故而需要有定力的、心中充满儒家圣王理想的有识之士专心以圣学为教,以三代为的,然后大本可正,国家可兴,民族可望。他说:

> 圣学者,所以正人心之本也,人祗为圣贤之学,是以无由知圣贤之功用,故必得真从事于明德、新民之学,而实有诸己者主持学务,率天下士

子一洗词章记诵、科名利禄之陋习,专心致志于圣贤之途。言人必以圣为志,治法必以三代为极,不安小成,不求速效,必期举一世之人心而甄陶之,如此然后可以大正其本,而一切施措方可得言。"(《梁艮斋先生墓表》,《蓝川文钞》卷一二)

他认为"圣学"是正人心之本,故须加强明德、新民之学,方可救世道人心。为此就要"一洗词章记诵、科名利禄之陋习",专心于圣贤之途,方可奏效。

牛兆濂进一步分析当今"新学"祸乱的源头在汉学,而那些新学的倡导者们并不懂得"新学"之何为"新"。他指出:"近世新学之祸,其源倡之汉学,……然吾谓其不识功,并不识新。"在他看来,圣人言新,所谓"温故而知新",舍弃"故"也就无以为"新"。古人常说"苟日新,日日新,又日新"(《大学》),是说德之日进不已才是作圣之功,以之修己治人,则有修齐治平之功。认为所谓的新学导致了"尚利急功、好奇喜功、弁毛礼法、土苴故国而侈谈功业与维新革命",这与传统中所说之"新"是绝不相同的(《庸字说》,《蓝川文钞续》卷三)。牛兆濂对只知新学甚至于不辨东西南北的状况表示担忧,认为新学之害甚大。可以看出,他对新学采取鲜明的贬抑和排斥态度。虽然其救世之心颇切,但在思想上显然已落伍于时代,这也许正是他的悲剧之所在。

(四)牛兆濂的礼学思想

"以礼为教"被视为北宋张载以来关学最重要的品格之一,张载终其一生都在做恢复古礼的努力,而蓝田三吕作为张载弟子,更以"德业相劝,过失相规,礼俗相交,患难相恤"十六字纲领为标志的《吕氏乡约》闻名于世,对传统乡村治理模式产生了深远的影响。关中隆礼重教的传统也因此而得到延续,无论是明代马理、吕柟、南大吉、冯从吾等关学大儒,还是李二曲、李元春、贺瑞麟等清代关学学人,其思想无不具有鲜明的"重礼"特征。

然牛兆濂所处的时代世道混乱,礼俗涣散,他认为其原因在于教化不明而本原浅薄,由此,我辈应担当起此一教化的重任,奋起维护纲常礼教,易风易俗。他说:"今天下大势,涣散极矣。人知有其身,而不知身之所自来,弃孝弟不务,浸至犯上作乱而祸中于天下国家,则教化不明而本原薄也。"(《张氏宗谱序》,《蓝川文钞》卷三)强调"而今纲常扫地,正礼教昌明之几。"(《示仲子清谧》,《蓝川文钞》卷四)正由于此,他自觉担当起兴礼敦化的历史使命:

"自古纲常之坏,天必生一二有耻自重之丈夫,以遯世无闷之志节,起而维持之。"(《茂陵张鸿山再娶亲迎蓝田礼成序》,《蓝川文钞》卷三)

在牛兆濂看来,传统社会之所以能够平稳运行,正是因为礼法教化起到了关键性的作用。礼法教化让人与禽兽区别开来,他说:"夫人之所以自别于禽兽者,舍礼义何以乎!"(同上)认为礼是人之所以为人的标志,"要知人之所以异于禽兽者,祗在这些子。"(《示仲子清谧》,《蓝川文钞》卷四)在他看来,礼是人的伦常日用中不可须臾离却的东西,"无一时、无一处、无一人、无一事可以离得他底。有礼则安,无礼则危;有礼则生,无礼则死。"(同上注)礼对于规范人们行为具有潜移默化的作用。从生到死,礼均为人们提供了合理的制度安排。"丧服之制,衰绖杖履,日月变除,载在礼经,织悉备具。开元以前,历朝遵用,未之有改。厥后虽稍有损益,而大纲究无或异。"(《与李县长·又》,《蓝川文钞》卷五)无论是对个人还是社会,礼在传统社会中具有举足轻重的意义。

牛兆濂对古礼十分熟悉,他曾经就婚礼、丧礼与葬礼等问题与其他学者进行过深入讨论。例如:《妇见舅姑说》是牛兆濂为明礼法而作的一篇文章,其中既包含如所引孟子语"身不行道,不行于妻子;使人不以道,不能行于妻子"的自警,又是对女儿的谆谆劝勉,希望她能够在懂礼、守礼上日益进步。全文内容为新妇首次面见公婆时应该注意的礼仪规范,并引用《昏礼》《内则》以及《周易》渐卦"女归吉"之义,应当说,无论在理论上还是实践层面,该文均具有指导意义。又如:《丧礼问答》是牛兆濂与请教者关于丧礼规范的对谈语录,篇首即提到:"士为四民之首,风化所关……今吾与某子均有风化之责者也。某子之葬其亲也,四方将于是乎观礼,闻所行事,多下问于子,子曷慎诸?"儒家士大夫在化民成俗的过程中具有重要的典范意义,因而责任重大,不可不慎之又慎。《祭姑答问》则是对祭祀姑母的仪节所作的讨论,《答问》以《仪礼·丧服》和《仪礼·不杖期》中关于祭礼的讨论为中心,大量引用郑康成、王肃、敖继公等注家之语,其理论之深刻,说服力之强,可作为牛兆濂对古礼体认的一个缩影。

蓝田《吕氏乡约》作为我国历史上最早出现的成文乡约,对后世乡村治理模式和道德教化产生过重要影响。牛兆濂认为,《乡约》一直是关中地区赖以守护的正俗之本。"横渠张子崛起于千五百年之后,关中学者兴行于礼教,而吕氏兄弟竞爽一门,则盛之尤盛者也。其学行光昭史册,在人耳目,无烦赘叙。而《乡约》一编,则晋伯与和叔居乡善俗之所为,历代着为令甲,为论治者所不废。"(《蓝田吕氏遗书辑略序》,《蓝川文钞》卷三)然而,"吾邑自秦关以乡约正俗,礼教之不明者且四百余年。"(《清廪膳生王生海珊墓志铭》,《蓝川文钞续》卷四)贺瑞麟曾对牛兆濂说:"《乡约》法最关风化,务各力行。"(《记清麓问学本末》,《蓝川文钞》卷九)因此,在先贤先师的启迪之下,牛兆濂认识到当务之急便是复《乡约》。于是他广泛搜集吕氏遗书,复刻《吕氏礼记传》,编订《蓝田吕氏遗书辑略》,并带领芸阁学舍诸生讲习礼仪,并推广至乡党,编订《礼节录要》一书。他在该书序言中如是说:"值礼坏乐崩之日,使乡曲中多一人讲行,则三代犹或可复,未始非风俗人心之厚幸,僭妄固陋之讥所不辞也。"(《礼节录要·序》)身为同乡的牛兆濂自觉担负起了推行乡约、化俗变民的历史使命,对自张载以来关学以礼为教的精神进行了具体实践。正是通过追寻前贤足迹、匡复古礼的实践活动,牛兆濂方将张载"以礼为教"的精神贯彻到社会生活的方方面面,从而使关学八百年来隆礼重教的传统,在清末民初的关中一些地方得以承继和延续。

三、牛兆濂思想体系定位及评价

对于牛兆濂的学术思想应该从两方面来把握,其一,应从清末民初学术思潮发展的总体趋势来观照。牛兆濂的思想是在清末时代巨变的历史大背景下形成的,他对清麓门户的严格捍卫与对程朱理学及陆王心学的严格辨析,多与汉宋之争相交涉。他对新式学堂的拒斥态度,表明他在新学与传统的选择上有着鲜明的立场;对乡约制度的推崇与对纲常沦落现实状况的担忧,表明了他对社会文化走向的选择持保守主义的立场。其二,应从关学发展史的角度来思考。作为关学转型时期的代表人物,牛兆濂以礼化俗,推行乡约,重视气节与践履工夫,推崇张载,赎板刻经,此在接续关学学脉、振兴关学精神方面,确有重要的贡献。

随着科举制度的取消与新式学堂的兴起,作为传统理学有机组成部分的关学亦随之没落。牛兆濂无法扭转这一历史发展的趋势,但他知其不可而为之的精神实为可嘉。那么,牛兆濂是否可以作为关中传统理学终结的标志?或是否可作为关学的殿军?有学者主张将刘古愚视为关学终结的代表人物,因为"关学的终结与其近代转型有关,关学近代转型的实现便意味着其自身的终结。"此说有一定道理,新学是中国思想发展史的新阶段,刘古愚以传统学术与西方文明结合的新学路径实质上终结了关中地区的传统学术,是关中地区学术转型的关键性人物,其地位毋庸置疑。但学术的走向往往是复杂的,在注意到这一倾向的同时,还应看到,牛兆濂作为传统程朱理学派的代表,他为传统学术的生命延续在做着最后的努力,"身任之重,事业之大,斯文之传,其在兹乎!"(《牛蓝川先生遗嘱》)其守死善道的精神为时人所钦佩,同门道友张元勋盛赞"力维先师门户,远接紫阳之续,近恢清麓之传","孔孟程朱之学日再中天,先生洵清麓后第一功臣也。"(《先师牛蓝川先生行状》)张骥《关学宗传·自叙》说:"高陵白悟斋,蓝田牛梦周,恪守西麓之传,皆关学之晨星硕果。"充分肯定其在关学史上的地位及影响。可以说,刘古愚与牛兆濂在关学史上的作用不尽相同,二人分别代表了清末关中学术发展的两个方向,牛兆濂守护传统的作用突出,而刘古愚的转型特征鲜明,二者均对关学的延续有转承之功。

作为关中地区最后一位儒者,牛兆濂是传统关学在清末民初终结的标志,在牛兆濂之后,关中再无大儒出现。他经历了戊戌变法,废除科举,新式学堂,清帝退位,辛亥革命,五四运动,抗日救亡……中国百年以来改变历史进程的大事件在牛兆濂身上均有所影射。特别是伴随着"五四"新文化运动的兴起,西方民主与科学思想已逐渐发生广泛的影响,以西学实现强国之梦的呼声渐趋高涨;与此同时,牛兆濂却以坚守儒家道统的信念,仍恪守程朱理学的立场,主张以理学救国,对西学采取了某种排斥的态度。不过,也可以看出,牛兆濂在传统与现实的冲突中,以传统儒家的民本思想来支撑其对社会种种运动的积极参与,说明他始终没有自觉也没有勇气冲决固有的樊篱,这正是在牛兆濂身上所体现出的时代悲剧。从中我们也可了解在时代转型中关学学人在思想上的纠结和内在冲突。牛兆濂是关学史上没有挣脱传统的最后一位有影响的大儒。

不过,历史的车轮不可逆转,国门洞开,思想及学术必将随着时代的变迁而融合转型,其趋势不可阻挡。张载开出并由历代关学学人不懈努力传承的关学文化精神,亦将在融合转型中代代相传,且将不断焕发出新的活力。诚如朱熹所说:"问渠那得清如许?为有源头活水来。"关学亦将如源头活水而不废江河,其精神将万古长流!

小 识

关学自张载立宗开派,迄清末殆八百余年。张载以千古造道之勇,"穷神化,一天人,立大本,斥异学",不惟建立孟子以迄宋世"未之有也"之宏大思想体系,且以"好古力行,笃志好礼",成一代"关中士人宗师"。当时"关学之盛,不下洛学",蓝田诸吕、武功苏季明、三水范巽之、张芸叟、长安潏水、武功游师雄等,皆立张载门下,接续横渠遗风。然张载殁于临潼,哲人其萎,关学衰微。诸吕、范、苏等,转入程门,惟为传道授业,少有门户之见。虽有与叔守横渠说"甚固",然因其"再传何其寥寥",终不逮程朱之学显达。

而后关中沦于金、元,关学更显寂寥。时有许鲁斋衍朱子之绪,奉天杨奂、高陵杨天德,皆以朱子学交相呼应。关中学者,始由宗横渠而宗关闽濂洛,关学与程朱理学相融并立,复得重振。元末奉元之学稍盛,萧氏维斗、同氏榘庵,"阐关、洛宗旨",既笃程朱主敬穷理,复尚张载礼教躬行。"元儒笃实,不甚近名",此体现于关学学人,尤为鲜明。

明初诸儒,皆朱子门人之支流余裔。其学多衍伊、洛之绪言,探性命之奥旨。明代关中之学,"大抵源出河东、三原"。河东薛瑄之学,经关陇段容思、周小泉而传薛敬之、吕泾野,其学恪守程朱,一时称盛。而泾野博集诸儒之说而直接横渠之传,尤为独步。王恕、王承裕父子开三原之学,宗程、朱以为阶梯,祖孔、颜以为标准,独撼心得,自成一家,故有关学"别派"之称。继有马谿田、韩苑洛、杨斛山、王秦关者,虽学归程朱,而亦尚横渠。谿田"得关、洛真传","论学归准于程、朱",而执礼则诚"如横渠"。苑洛以《易》为宗,论道体乃"独取横渠"。斛山以苑洛、谿田为师,绎四子诸经百家,研精于《易》。秦关笃信好学,尚友千古,立乡约,为会讲,蓝田美俗为之复兴。嘉、隆而后,笃信程朱而不迁异说者,无复几人。明代学术分途,自献章、守仁而始。然江门之学,孤行独诣,其传不远。姚江之学,别立宗旨,影响深远。渭南南元善为官绍兴,服膺文成,刊刻《传习录》,后持心学以归,与弟姜泉讲学湭西,不遗余力,是为关中有王学之始。心学大行之时,其流弊亦愈滋甚。关中"东冯西张",双峙并起,力戒浮虚。少墟讲学,既宗程朱,"使关闽学晦而复明";亦服膺"良知",与南皋、景逸鼎足相映。阐本体工夫合一之旨,严儒佛心性同异之辨,其思想"盖统程朱陆王而一之",遂集明季关学之大成。张舜典"明德""致曲","洞源达本",一改晚明重本体轻工夫之风。

明清鼎革,"天崩地解",学术为天下裂。朱、陆、薛、王之辨,纷然盈庭。时有被誉为"关学后镇"的周至李二曲,本于姚江"致良知"而不悖,会通朱陆薛王而不遗。以"悔过自新"为入德之门,以"明体适用"为学问依归。其嫡传王丰川"继横渠道统,承二曲心传",力排门户之见,合朱、王之学而一之。同时之王复斋,于二曲倡心学之时,以"真隐高蹈"重开关学宗主程朱一路,"以主敬存诚为功,穷理守道为务",其学之醇细,或谓"在二曲之上"。又有太白雪木,寄情山林,卓然一家,既以生命体验孔颜之乐,更游心于儒与释道之间,其特立独行,超然拔世。朝邑李桐阁,博大刚毅,心慕河东文清,学宗关闽濂洛。其嫡传贺清麓承继师风,以程朱为孔孟嫡传,故"惟程朱是守";以陆王背孔孟之旨,力加辟之;承横渠宗风,重躬行实践,不失关学本色。蓝田牛蓝川缵明师说,"远接紫阳之续,近恢清麓之传",其学与桐阁、清麓一脉相承。惜时世巨变,知其不可而为之,恪守诸儒之说而不变,续道统于不绝,为传统关学最后之守护者。而通经致用者,有咸阳刘古愚、长安柏子俊。古愚之学"导源姚江,汇通闽洛",本于良知,归于经世,尤能穷经以致用,故"百日维新",有"南康北刘"之誉。子俊与古愚志同而道合,讲学于关中、泾干,弘道于味经、沣西。讲理学,接西学,通经史,办实业,设"求友斋",置"时务斋",联络同志,以济时艰,为关学转型之旗帜。其所重刻之《关学编》,一以少墟原编之例,整合补缀,终成关学史之全编。其《前序》揭关学史之演变,《后序》显"关学编"之流衍,破除门户之见,揭橥关学本源。阳明谓"关中自古多豪杰",诚哉斯言!

参考文献

古代文献

二 画

《十三经注疏》,［清］阮元,中华书局1980年。
《二程集》,［宋］程颢、程颐著,王孝鱼点校,中华书局2004年。
《二曲集》,［清］李颙著,陈俊民点校,中华书局1996年。

三 画

《三水县志》,［清］葛德新修、孙星衍撰,《故宫珍本丛刊》(79),海南出版社,2001年。
《三原县志》,［清］刘绍攽纂修,清乾隆癸卯木刻本。
《三原县新志》,［清］焦云龙修、贺瑞麟纂,清光绪六年刊本。
《山志》,［清］王弘撰,清乾隆五十三年绍衣堂刻本。
《大学古义》,［清］刘光蕡,《烟霞草堂遗书》本。
《小学句读记》,［清］王建常,清同治七年刊本。
《小心斋札记》,［明］顾宪成,明万历三十六年蔡献臣刻本。
《广理学备考》,［清］范鄗鼎撰、李元春增辑,《青照堂丛书》本。

四 画

《王山史先生年谱》,［清］康乃心等,清光绪二十三年华阴王氏敬义堂刊本。
《王阳明全集》,［明］王守仁撰,吴光等点校,上海古籍出版社1992年。
《王复斋余稿》,［清］王建常,朝邑文会1924年铅印本。
《王端毅公文集》,［明］王恕,明嘉庆十五年乔世宁重刻本。

《王畿集》，[明]王畿，凤凰出版社2007年。
《丰川全集正编》，[清]王心敬，清康熙五十五年刻本。
《丰川全集续编》，[清]王心敬，清康熙五十五年刻本。
《元史》，[明]宋濂等，中华书局1974年。
《历代名臣奏议》，[明]黄淮、杨士奇，台湾学生书局1985年。
《历代名人生卒录》，[清]钱保塘，北京图书馆出版社2002年。
《长安志》，[清]张聪贤修，董曾臣纂，《地方志人物传记资料丛刊》(3)，北京图书馆出版社2000年。
《文献通考·经籍考》，[元]马端临，华东师范大学出版社1985年。
《方苞集》，[清]方苞，上海古籍出版社1983年。
《少保王康僖公文集》，[明]王承裕，[清]李锡龄、王稷辑刻本。
《凤翔县志》，[清]韩镛修纂，清雍正十一年刻本。
《今世说》，[清]王晫，清康熙二十二年霞举堂刻本。
《历代名臣奏议》，[明]黄淮、杨士奇著，上海古籍出版社1989年。

五　画

《正蒙会稿》，[明]刘玑，明正德十五年祝寿五雷堂刻本。
《正蒙集说》，[清]杨方达，清乾隆复初堂刻本。
《正蒙释》，[明]高攀龙集注、徐必达发明，明万历刻本。
《正蒙拾遗》，[明]韩邦奇，清乾隆十六年重刻本。
《正学隅见述》，[清]王弘撰，清光绪二十一年敬义堂刻本。
《古今图书集成》(中国学术类编·礼仪典下七)，陈梦雷，台北鼎文书局1977年。
《古今纪要》，[宋]黄震，《文渊阁四库全书》第384册。
《东莱紫薇师友杂志》，[宋]吕本中，商务印书馆1939年。
《四库全书总目》，[清]永瑢等，中华书局1965年。
《四库全书总目提要》，[清]永瑢、纪昀，海南出版社1999年。
《四书或问》，[宋]朱熹，上海古籍出版社、安徽教育出版社2001年。
《四书讲义》，[清]孙景烈，清乾隆间滋树堂藏版。
《四书心解》，[清]王吉相，清道光二十四年邠州儒学官署刻本。
《四书集疏》，[清]张秉直，清同治十二年刻本。

《四书集疏附正》,[清]张秉直,清同治十二年刻本。

《四续疑年录》,[清]朱昌燕,《疑年录集成》(2),北京图书馆出版社2002年。

《旧闻随笔》,[清]姚永朴,《清代传记丛刊》(019),台湾明文书局1985年。

《仪小经》,[清]李因笃,清光绪十年刘氏传经堂刊本。

《礼记集解》,[清]孙希旦,中华书局1989年。

《永乐大典》,[明]解缙、姚广孝等辑,中华书局1986年。

《冯少墟集》,[明]冯从吾,清康熙癸丑重刻本。

《冯少墟续集》,[明]冯从吾,清康熙癸丑重刻本。

《冯恭定公全书》,[明]冯从吾,清光绪二十二年刻本。

《立政臆解》,[清]刘光蕡,《烟霞草堂遗书》本。

《圣门人物志》,[明]郭子章,明万历二十二年赵彦刻本。

《圣学宗传》,[明]周汝登,明万历三十三年王世韬等刻本。

《司马光日记校注》,李裕民校注,中国社会科学出版社1994年。

六　画

《西安府志》,[清]舒其绅等修、严长明等纂,清乾隆四十四年刊本。

《夷坚志》,[宋]洪迈,中华书局1981年。

《吕氏乡约》,[宋]吕大钧,陕西通志馆印关中丛书本。

《合刻周张两先生全书》,[明]徐必达辑,明万历三十四年徐必达刻本。

《朱子注释濂关三书》,[清]王植辑,清雍正元年刻本。

《朱子语类》,[宋]黎靖德编,中华书局1986年。

《华阴县志》,[清]陆维垣、许光基修,李天修撰,西安艺林印书社1928年铅印本。

《全元文》,李修生主编,江苏古籍出版社1999年。

《全辽金文》,阎凤梧主编,山西古籍出版社2002年。

《全宋文》,曾枣庄、刘琳主编,上海辞书出版社、安徽教育出版社2006年。

《全祖望集汇校集注》,[清]全祖望,朱铸禹汇校集注,上海古籍出版社2000年。

《延安府志》，[明]李宗仁修、杨怀纂，陕西省图书馆、西安古旧书店1962年影印本。

《伊洛渊源录》，[宋]朱熹，《朱子全书》(20)，上海古籍出版社、安徽教育出版2002年。

《刘宗周全集》，[明]刘宗周，浙江古籍出版社2007年。

《关中道脉四种书》，[清]李元春辑，清道光十年刻本。

《关中三李年谱》，[清]吴怀清编著，陈俊民点校，陕西师范大学出版社1992年。

《关中两朝文钞》，[清]李元春，清道光壬辰守朴堂刻本。

《关学宗传》，张骥，陕西教育图书社，1921年排印本。

《关学编(附续编)》，[明]冯从吾著，陈俊民、徐兴海点校，中华书局1987年。

《论语时习录》，[清]刘光蕡，《烟霞草堂遗书》本。

七 画

《李塨年谱》，[清]冯辰、刘调赞，中华书局1988年。

《李觏集》，[宋]李觏，中华书局1981年。

《孝经本义》，[清]刘光蕡，《烟霞草堂遗书》本。

《攻媿集附拾遗》，[宋]楼钥，台北新文丰出版公司1984年。

《还山遗稿》，[元]杨奂著，宋廷佐辑，适园丛书张氏民国刻本。

《杨损斋文钞》，[清]杨树椿，清光绪九年柏经正堂刻本。

《杨文宪公考岁略》，[明]宋廷佐，《北京图书馆馆藏珍本年谱丛刊》(34)1998年。

《杨忠介公集》，[明]杨爵，清光绪十九年张履诚堂木刻本。

《近思录》，[宋]朱熹、吕祖谦，江苏古籍出版社2001年。

《近思录集解》，[宋]叶采，元刻明修本。

《宋人轶事汇编》，[清]丁传靖，中华书局1981年。

《宋大事记讲义》，[宋]吕中，《文渊阁四库全书》本第686册。

《宋元学案》，[清]黄宗羲著、全祖望补，陈金生等点校，中华书局1986年。

《宋元学案补遗》，[清]王梓材、冯云濠，《儒藏》史部(20)，四川大学出版社 2005 年。

《宋文鉴》,[宋]吕祖谦,中华书局 1992 年。

《宋史》,[元]脱脱等,中华书局 1977 年。

《宋会要辑稿》,[清]徐松,中华书局 1957 年。

《宋学渊源记》,[清]江藩,中华书局 1985 年影印本。

《宋朝大诏令集》,[宋]佚名,清抄本。

《宋朝事实》,[宋]李攸,台北文海出版社 1967 年。

《宋儒碑传集》,杨世文选辑,《儒藏》史部(38－40),四川大学出版社 2005 年。

《沣西草堂集》,[清]柏景伟,金陵思过斋 1924 年刻本。

《沣西草堂文集》,[清]柏景伟,清光绪二十六年排印本。

《启蒙意见》,[明]韩邦奇,清乾隆十六年重刻本。

《鸡山语要》,[明]张舜典,陕西通志馆印,《关中丛书》本。

《张载集》,[宋]张载著,章锡琛点校,中华书局 1978 年。

《张子年谱》,[清]武澄,《宋明理学家年谱》第 1 册,北京图书馆出版社 2005 年。

《张子全书》,[宋]张载,清乾隆二十八年张明行修补本。

《张子全书》,[宋]张载撰,林乐昌编校,西北大学出版社 2015 年。

《张子正蒙注》,[清]王夫之,中华书局 1978 年。

八　画

《范文正公年谱》,[宋]楼钥编,范之柔补遗,民国影印本。

《武功县志》,[明]康海撰,[清]孙景烈评注,清光绪十三年张世英刻本。

《直斋书录解题》,[宋]陈振孙,上海古籍出版社 1987 年。

《国朝学案小识》,[清]唐鉴,《清代传记丛刊》(002),台湾明文书局 1985 年。

《国朝诸臣奏议》,[宋]赵汝愚辑,台北文海出版社 1970 年。

《国朝献征录》,[明]焦竑辑,明万历四十四年徐象橒曼山馆刻本。

《明文海》,[清]黄宗羲辑,中华书局 1987 年。

《明史》,[清]张廷玉等,中华书局 1974 年。

《明名臣言行录》,[清]徐开任辑,清康熙刻本。

《明儒学案》,[清]黄宗羲著,沈芝盈点校,中华书局1985年。
《明儒言行录》,[清]沈佳,《四库全书》珍本第3集。
《性理大全》,[明]胡广,山东友谊书社1989年。
《性理三解》,[明]韩邦奇,清嘉庆七年重刻本。
《周易详说》,[清]刘绍攽,清同治十二年刘氏传经堂刻本。
《受祺堂文集》,[清]李因笃,清道光七年杨松林刻本。
《受祺堂文集续集》,[清]李因笃,清道光七年杨松林刻本。
《金石萃编》,[清]王昶,清嘉庆十年刻本。
《邠阳县志》,[清]席奉乾修,孙景烈纂,清乾隆三十四年刻本。
《征信录》,[清]张秉直,清光绪元年李怀堂刻本。
《泾阳县志》,[清]葛晨纂修,清乾隆四十三年刻本。
《泾野子内篇》,[明]吕柟撰,赵瑞民点校,中华书局1992年。
《泾野子先生文集》,[明]吕柟,清道光十二年杨浚生校刊本。
《泾野先生文集》,[明]吕柟,明嘉靖三十四年于德昌刻本。
《泾野先生五经说》,[明]吕柟,《四库存目丛书》本。
《泾野先生五经说》,[明]吕柟,惜阴轩丛书续编本。清道光八年刻本。
《学记臆解》,[清]刘光蕡,《烟霞草堂遗书》本。
《学旨要略》,[清]杨树椿,清同治十二年传经堂刻本。
《孟子性善备万物图解》,[清]刘光蕡,《烟霞草堂遗书》本。
《陕甘味经书院志》,[清]刘光蕡,《烟霞草堂遗书续刻》本。
《陕西乡贤史略》,王瑞卿等撰,民国二十四年(1935)陕西教育厅编审室印本。
《陕西通志》,[明]赵廷瑞修,马理、吕柟纂,董健桥总校点,三秦出版社2006年。
《建炎以来系年要录》,[宋]李心传,台北文海出版社1980年。
《经义考》,[清]朱彝尊,中华书局1998年。

九 画

《胡宏集》,[宋]胡宏,中华书局1987年。
《挥麈三录》,[宋]王明清,《文渊阁四库全书》本第1038册。
《砭身集》,[清]刘鸣珂,清光绪二十八年柏经正堂刻本。

《思菴野录》,[明]薛敬之,清咸丰元年武鸿模重刻本。
《临潼县志》,[清]史传远纂修,清乾隆四十一年刊本。
《律吕图说》,[清]王建常,清乾隆三十九年朝坂集义堂刻本。
《复斋录》,[清]王建常,清光绪元年刘述荆堂刊本。
《重修泾阳县志》,[清]刘懋官修,周斯以纂,清宣统三年铅印本。
《重修兴平县志》,王廷珪修,张元际、冯光裕纂,1923铅印本。
《重辑渭南县志》,[清]何耿绳等纂修,陕西师范大学图书馆1982年影印传钞本。
《皇明名臣言行录》,[明]徐咸,明嘉靖二十八年施渐刻本。
《皇朝文鉴》,[宋]吕祖谦,《四部丛刊初编》影印本。
《郡斋读书志校证》[宋]晁公武撰,孙猛校证,上海古籍出版社1990年。
《亭林文集》,[清]顾炎武,上海涵芬楼藏本。
《养晦堂文集》,[清]刘蓉,清光绪三年思贤讲舍刊本。
《类编长安志》,[元]骆天骧纂,黄永年点校,中华书局1990年。
《滋树堂文集》,[清]孙景烈,清道光十七年酉麓山房刻本。

十　画

《桐阁先生文钞》,[清]李元春,清光绪十年朝邑文会刊本。
《桐阁性理十三论》,[清]李元春,清光绪十七年正谊书院刊本。
《桐阁集》,[清]李元春,清道光年间刊本。
《桐阁拾遗》,[清]李元春,清光绪三十一年刊本。
《砥斋集》,[清]王弘撰,清光绪二十年敬义堂刻本。
《顾亭林先生年谱》,[清]张穆,清道光二十四年刊本。
《损斋文钞》,[清]杨树椿,清光绪癸未年柏经正堂刻本。
《容斋随笔》,[宋]洪迈,上海古籍出版社1996年。
《高陵县志》,[明]吕柟,明嘉靖二十年刊本。
《诸儒学案》,[明]刘元卿,明万历年间刘庆举补修本。
《资治通鉴长编纪事本末》,[宋]杨仲良,台北文海出版社1987年。
《烟霞草堂文集》,[清]刘光蕡,三原王典章民国间吴门刊本。

十一画

《理学宗传》,[清]孙奇逢,清康熙五年刻本。

《萝谷文集》,[清]张秉直,清道光二十三年贫劳堂刻本。
《清史稿艺文志》,[清]章钰等,中华书局1982年。
《清史稿艺文志及补编》,[清]章钰等,中华书局1982年。
《清麓日记》,[清]贺瑞麟,清光绪二十五年刘氏传经堂刻本。
《清麓文集》,[清]贺瑞麟,清光绪二十五年刘氏传经堂刊本。
《清麓文集约钞》,[清]贺瑞麟,潜修学舍1927年刻本。
《清麓年谱》,[清]张元勋,清光绪二十五年刘氏传经堂刊本。
《清麓答问》,[清]贺瑞麟,清光绪三十一年正谊书院刻本。
《清麓遗语》,[清]贺瑞麟,清光绪三十一年正谊书院刊本。
《淳化县志》,[清]万廷树修、洪亮吉等纂,1934年刊本。
《绿绮寮集》,[清]郑士范,清宣统二年周氏正谊堂校刻本。
《续文献通考》,[明]王圻,明万历刊本。
《续刻受祺堂文集》,[清]李因笃,清道光十年关中书院刻本。
《续资治通鉴长编》,[宋]李焘,中华书局1993年。
《续资治通鉴长编拾补》,[清]黄以周等,中华书局2004年。
《续资治通鉴》,[清]毕沅,中华书局1957年。
《续朝邑县志》,[明]王学谟,明万历十二年刻本。
《清史稿》,[清]赵尔巽等,中华书局1977年。

十二画

《滋溪文稿》,[元]苏天爵,中华书局1993年。
《渭南县志》,[清]汪以诚等纂修,乾隆己亥年木刻本。
《道学名臣言行外录》,[宋]李幼武,《宋名臣言行录外集》,清麓丛书本。
《遂初堂书目》,[宋]尤袤,中华书局1985年。
《韩苑洛全集》,[明]韩邦奇,清道光八年重刻,朝邑县西河书院藏版。
《曾国藩全集·诗文》,[清]曾国藩,岳麓书社1986年。

十三画

《蒲城县新志》,[清]李体仁修、王学礼纂,清光绪三十一年刊本。
《槐门文集》,[清]王维戊,清道光十七年刻本。
《蓝川文钞》,[清]牛兆濂,芸阁诸生1924年排印本。

《蓝川文钞续》,[清]牛兆濂,芸阁诸生1924年排印本。
《蓝田志》,[清]胡元焕修、蒋湘南纂,《地方志人物传记资料丛刊》(3),北京图书馆出版社2000年。
《蓝田县志》,[清]吕懋勋等修、袁廷俊等纂,清光绪元年刊本。
《福州府志》,[明]王德、叶溥、张孟敬纂修,海风出版社2001年。

十四画

《疑年录》,[清]钱大昕,《疑年录集成》(1),北京图书馆出版社2002年。
《疑年录汇编》,[清]张惟骧,北京图书馆出版社2002年。
《鲒埼亭文集选注》,[清]全祖望撰,黄云眉点校,齐鲁书社1982年。

十五画以上

《横渠先生年谱》,[清]归曾祁,《儒藏·史部·儒林年谱》(8),四川大学出版社2007年。
《槲叶集》,[清]李柏,1922年李氏重刊本。
《颜元集》,[清]颜元撰,王星贤等点校,中华书局1987年。
《颜习斋先生年谱》,[清]李塨编、王源订,清康熙四十六年刻本。
《潏水集》,[宋]李复,文渊阁《四库全书》本第1121册。
《潏水集》,[宋]李复,陕西文献征辑处1922年铅印本。
《澄城县志》,[清]戴治修,洪亮吉、孙星衍纂,清乾隆四十九年刻本。
《薛仁斋先生遗集》,[清]薛于瑛,《清麓丛书》本。
《儒林传稿》,[清]阮元,清嘉庆刻本。
《儒宗理要》,[清]张能鳞,清顺治年间刻本。
《濂洛关闽书》,[清]张伯行集注,清同治重刻本正谊堂全书本。
《盩厔县志》,[清]杨仪修,王开沃纂,《陕西省图书馆藏稀见地方志丛刊》(3),据乾隆五十年乙巳杨仪重修本。北京图书馆出版社2006年。
《谿田文集》,[明]马理,清道光二十年李锡龄校刻本。
《薛瑄全集》,[明]薛瑄,山西人民出版社1990年。

现代论著

四　画

《王阳明与明末儒学》，[日]冈田武彦撰，吴光等译，上海古籍出版社2000年。

《历代人物年里碑传综表》，姜亮夫，中华书局1959年。

《中国历代乡约》，牛铭实著，中国社会出版社，2005年。

《中国传统哲学价值论》，赵馥洁著，陕西人民出版社1991年。

《中国经学史》，马宗霍著，上海书店1984年影印。

《中国思想史》，韦政通，上海书店2003年。

《中国思想通史》第四卷，侯外庐主编，人民出版社1959年。

《中国儒家学术思想史》，刘蔚华、赵宗正主编，山东教育出版社1996年。

《中国学术思想史论丛》(8)，钱穆，安徽教育出版社2004年。

《中国学术思想编年》，张岂之主编，陕西师范大学出版社2006年。

《中国实学文化导论》，葛荣晋著，中共中央党校出版社2003年。

《中国哲学大纲》，张岱年著，中国社会科学出版社1982年。

《中国哲学史》，冯友兰，中华书局1961年。

《中国哲学史新编》，冯友兰，人民出版社2004年。

《中国丛书综录》，上海图书馆，上海古籍出版社1982年。

《中国丛书综录补正》，阳海清，江苏广陵古籍刻印社1984年。

《中国丛书综录续编》，施廷镛，北京图书馆出版社2003年。

《中国丛书广录》，阳海清，湖北人民出版社1999年。

《中国历代人物年谱考录》，谢巍，中华书局1992年。

《中国历代书目丛刊》第1辑，许逸民、常振国，现代出版社1987年。

《中国历代年谱总目》，杨殿珣，书目文献出版社1980年。

《中国历史人物生卒年表》，吴海林，黑龙江人民出版社1981年。

《中国历史纪年表》(修订本)，方诗铭，上海人民出版社2007年。

《中国近三百年学术史》，梁启超，天津古籍出版社2003年。

《中国近三百年学术史》，钱穆，中国书店1985年。

《牛蓝川先生行状》,张元勋,民国年间排印本。

《气化之道——张载哲学新论》,陕西省哲学学会编,陕西人民教育出版社1992年。

《心体与性体》,牟宗三,上海古籍出版社1999年。

五　画

《正蒙合校集释》,林乐昌集释,中华书局2014年。

《正蒙译注》,喻博文注译,兰州大学出版社1990年版。

《四库全书总目提要补正》,胡玉缙,上海书店1998年。

《四库提要辨证》,余嘉锡,云南人民出版社2004年。

《四库提要订误》,李裕民,书目文献出版社1990年。

《四库提要订误》(增订本),李裕民,中华书局2005年。

《四库辑本别集拾遗》,乐贵明辑,中华书局1983年。

六　画

《有无之境——王阳明哲学的精神》,陈来,人民出版社1991年。

《华阴县志》,米登岳修,张崇善、王之彦撰,1931年铅印本。

《刘古愚年谱》,张鹏一,陕西旅游出版社1989年。

《刘古愚评传》,任大援、武占江,陕西人民出版社1997年。

《关学及其著述》,方光华等,西安出版社2003年。

《孙夏峰李二曲学谱》,谢国桢,商务印书馆1934年。

《吕大临理学思想研究》,陈海红,浙江工商大学出版社2013年。

《朱熹年谱长编》,束景南,华东师范大学出版社2001年。

七　画

《李二曲研究》,林继平,台湾商务印书馆1980年。

《饮冰室合集》,梁启超,中华书局2003年。

《宋明理学史》(上册),侯外庐等主编,人民出版社1987年。

《宋元方志传记索引》,朱士嘉,中华书局1963年。

《宋人传记资料索引》,昌彼得等编、王德毅增订,中华书局1988年。

《宋人传记资料索引补编》,李国玲,四川大学出版社1994年。

《〈宋史〉考证》，顾吉辰，华东理工大学出版社 1994 年。
《宋史艺文志考证》，陈乐素，广东人民出版社 2002 年。
《宋登科记考》，龚延明、祖慧，江苏教育出版社 2005 年。
《宋明理学》，陈来，辽宁教育出版社 1991 年。
《宋学的发展和演变》，漆侠，河北人民出版社 2002 年。
《良知学的展开——王龙溪与中晚明的阳明学》，彭国翔，三联书店 2005 年。
《陈垣学术文化随笔》，陈智超、曾庆瑛编，中国青年出版社 2000 年。
《陈垣学术论文集》，陈垣，中华书局 1980 年。
《张载——中国十一世纪唯物主义哲学家》，张岱年，湖北人民出版社 1956 年。
《张载关学》，姜国柱，陕西人民出版社 2001 年。
《张载关学与实学》，葛荣晋、赵馥洁、赵吉惠主编，西安地图出版社 2000 年。
《张载评传》，龚杰，南京大学出版社 1996 年。
《张载思想研究》，朱建民，文津出版社 1989 年。
《张载思想的哲学诠释》，陈政扬，台湾文史哲出版社 2007 年。
《张载哲学思想及关学学派》，陈俊民，人民出版社 1986 年。
《张载哲学的系统分析》，程宜山，学林出版社 1989 年。

八　画

《现存宋人著述总录》，刘林、沈治宏，巴蜀书社 1995 年。
《贩书偶记》，孙殿起，上海古籍出版社 1999 年。
《明史论丛（二）》，王春瑜主编，中国社会科学出版社 1997 年。
《明泾阳王徵先生年谱》，宋伯胤，陕西师范大学出版社 1990 年。
《明清实学思潮史》，陈鼓应、辛冠洁、葛荣晋，齐鲁书社 1989 年。
《陕西著述志》，李正德，三秦出版社 1996 年。
《陕西乡贤事略》，王儒卿等，陕西省教育厅编审室 1925 年印本。
《易学哲学史》，朱伯崑，北京大学出版社 1988 年。

九　画

《咸宁长安两县续志》，翁柽修、宋联奎纂，1936 年铅印本。

《咸阳碑刻》,李慧、曹发展注考,三秦出版社2003年。
《贺清麓先生年谱》,孙迺琨,1927年刻本。
《洛学源流》,徐远和,齐鲁书社1987年。

十　画

《顾亭林与王山史》,赵俪生,齐鲁书社1986年。
《读易提要》,潘雨廷,上海古籍出版社2006年。
《烟霞草堂从学记》,张季鸾,《烟霞草堂遗书》本。

十一画

《理学范畴系统》,蒙培元,人民出版社1989年。
《虚气相即——张载哲学体系及其定位》,丁为祥,人民出版社2000年。
《清人文集别录》,张舜徽,华中师范大学出版社2004年。
《清人别集总目》,李灵年、杨忠,安徽教育出版社2000年。
《清代人物传稿》,王思治,中华书局1984年。
《清代学术源流》,陈祖武,北京师范大学出版社2012年。
《清代学术概论》,梁启超,上海古籍出版社1998年。
《清代目录提要》,来新夏,齐鲁书社1997年。
《清代各省禁书汇考》,雷梦辰,书目文献出版社1989年。
《清代理学史》,龚书铎主编,广东教育出版社2007年。
《清史稿艺文志补编》,武作成,中华书局1982年。
《清梁质人先生年谱》,汤中,台湾商务印书馆1980年。
《清儒学案新编》,杨向奎,齐鲁书社1994年。
《清麓年谱》,张元勋,1922年刻本。
《续陕西通志稿》,宋伯鲁、宋联奎等纂,1924年刊本。
《续修四库全书总目提要(稿本)》,齐鲁书社1996年。
《续修四库全书》,顾廷龙主编,上海古籍出版社、北京线装书局2000年。

十二画以上

《渭南县志》,杨树民,三秦出版社1987年。
《散原精舍文集》,陈三立,上海古籍出版社2003年。

《蓝田吕氏遗著辑校》,陈俊民,中华书局1993年。

《鄢陵县教育志》,高云周,中州古籍出版社1991年。

《碑林文史资料》,中国人民政治协商会议碑林区委员会文史资料研究委员会编,1987年。

《新编中国哲学史》,劳思光,广西师范大学出版社2005年。

《疑年录辑疑》,余嘉锡,《疑年录集成》(5),北京图书馆出版社2002年。

《澄城县附志》,王怀斌修,赵邦楹纂,1926年铅印本。

后　记

　　2003年,我主持申报了教育部人文社会科学的研究课题《关学思想史》并获得批准,此后我把相当一部分精力用于这一课题,一面收集资料,一面进行专题性研究,相继发表了一些论文。2011年,陕西省人民政府参事室(文史馆)和西北大学出版社共同策划,成功申报了国家新闻出版总署"十二五"重点规划图书出版项目《关学文库》,并将《关学思想史》立项其中。虽然有了一些资料和思想的准备,但一直没有比较整段的时间来撰写书稿。直到2013年夏,在出版社马来社长的催促和支持下,我住进了秦岭深山,在一个小山庄里,开始了《关学思想史》的撰写。山庄地处柞水县营盘镇一个幽深狭长的小山沟高碥沟,那里风景如画,幽静安谧,眼前可见层峦叠嶂,绿树葱葱,芳草萋萋,山庄对面溪水潺潺,特别是那清新的空气沁人肺腑,令人心醉。还别说,这个难得的静谧"仙境",不仅能使人排除一些世俗的干扰,还能激发人的心智,引发人的静思。我每天早上6点半起床,到狭长的山间小道上散步半小时后用早餐,随后开始一天的工作。晚饭后再散步半小时,然后工作到晚上12点或凌晨1点左右休息。日复一日,就这样,在山里度过了难忘的40余天,完成了《关学思想史》宋代部分17万字的书稿,每天平均约撰4000多字,就这样打下了这部书稿的基础。元明清部分因为原先有相当部分专题研究的论文,经过一年多的补充和整合,于2014年7月完成了全部初稿。又经过大半年的修改,到2015年3月方最后完成。记不清具体是哪天完稿的,只记得当写完最后一行字时,我把键盘狠劲地用力一推,身心一松,一下子软瘫在床上……

　　要对绵延八百余年历史的关学史进行系统梳理和研究,写出一部能反映关学思想发展历程的《关学思想史》,就我个人的学术积累和学识来说,确实力不从心,或许还有些狂妄。不过,我以为,虽然目前尚没有一部《关学思想史》著作面世,但前辈和时贤已经做了大量的工作,奠定了良好的基础,特别是陈俊民先生已经对关学史做了开拓性的研究,他的《张载哲学思想及其关学学派》一书,已经简明地勾勒出关学史的大致进程,这对我有重要的启示。

龚杰教授的《张载评传》，虽然集中于张载思想的研究，但也涉及关学史的一些问题。还有一些学人的研究文章也都触及到关学史的研究。这些研究都为我进行《关学思想史》的研究和撰写奠定了良好的基础。也正是有这样的背景，我才敢去尝试着接受这一严峻的挑战。退一步想，只要自己努力了、尽心了，即使失败了，能为后人留下一些理论思维的教训也是值得的。

重要的是，我写这部书稿的力量源泉也是充实的。一方面，是自己为张载及关学学人群体的精神气象和节操风骨所感召。张载那著名的"四为"句常能激发人的使命感，使人油然产生一种"立命""继绝"的心劲，加之其刚毅的气质，"扩前圣所未发"的缜密大气的理论架构，使每一位走近他心灵的人都会受到无形的感染和激励，并产生由衷的敬佩之情！其弟子或后继者如"三吕"、范育、王恕、吕柟、马理、杨爵、韩邦奇、冯从吾、张舜典、李二曲、李柏、贺瑞麟、刘古愚、牛兆濂等人所代表的关学学者群体，为"救时弊""弘正学"、变风俗、扬正气而表现出的那种不畏强权、敢于直言、刚正不阿、坚持真理的精神气质、高尚节操和铮铮风骨，不能不使人为之肃然起敬！出于对张载及关学学人人格的仰慕和对关学史的敬畏，促使我知难而上，去迎接挑战。把他们的思想和气节彰显出来，一直以来是我内心的一个愿望。另一方面，我的精神动力也来自许多我敬重的前辈和好友的真诚的支持、帮助和鼓励。尊敬的张岂之先生一直关心这部书稿的撰写，初稿形成后，先生以88岁高龄忍受着酷暑，认真加以审读，读后在充分肯定的同时，又给予我悉心的指导和热情的帮助，使我增强了自信，明确了方向，为此我感佩不已！赵馥洁先生也是我敬重的良师益友，他在多方面支持我、鼓励我，特别是在我遇到困难而精神有所游移之时，赵先生总是坚毅地站在我的身后，给予我热情的鼓励和精心的指点。在《关学思想史》的写作过程中，先生曾从关学一般理论、基本架构、阶段性特征和学人特殊气质等方面，对我进行指导，与我进行深度地讨论切磋，使我受到深刻的启迪！我的同事和好友林乐昌教授是关学研究方面的专家，他常与我就关学的定义、本体论特征和思想演进的历程等问题进行切磋研讨，他研究的细腻深入，使我深受启发。还有我的挚友石军，他身在民间，心系儒学，尽管一直恪守"述而不作"的信条，但他读书之多之博，着实令人惊叹！而对宋明理学的体悟更让我难望其项背。我们常在一起研习讨论，时而促膝长谈，时而激烈辩论，这样的诤友人生难觅，他的许多见解常常使我眼前为之一亮，深受启发。他常是我的著作的第一位读者，这次书稿初成后他通

后　记

览了一遍,提出了许多中肯的意见和建议。对他,我可以不必言谢,但由衷的感激自不待言!

在书稿的写作过程中,还得到省上有关领导、西北大学出版社的真诚支持和帮助。在书稿撰写期间,原陕西省新闻出版局薛保勤局长、省人民政府参事室(文史馆)徐晔副主任,也曾多次前来亲切看望。他们不仅就《关学思想史》的撰写给予鼓励,还就《关学文库》的编纂做了多方面的悉心指导和部署。2013年夏天,出版社送我到山庄,安排生活,布置工作环境,之后又几次去探望。书稿形成后,马来社长、朱亮硕士还认真审阅书稿,并提出了许多有价值的意见和建议。我常为他们一丝不苟的精神和严肃负责的态度所感动,觉得与他们合作心里非常踏实愉快。我常想,如果这项研究成果不能如愿,将很对不起他们的殷切关照,因而常常心生内疚。

我的朋友和多位研究生同学,给予我真诚的支持和帮助。常新、许宁、王美凤、何睿洁、李明、魏冬、米文科、曹树明、张波、魏涛、刘宗镐、郭胜、刘泉、高华夏等,不仅帮助我收集资料,核对文献,而且他们的一些很有启示的研究成果也为我所借鉴或引用,在此对他们的努力、帮助、支持表示衷心的感谢!我还要感谢西北大学出版社的张萍副总编、马平编审等,对他们的关照和指导,我永远铭记在心。此外,我也要感谢秦润山庄的陈涛经理以及许多训练有素而质朴无华的服务员,我在山庄工作和生活期间,他们为我尽可能地提供周到的服务,使我在那里度过了非常愉快的日子,我非常怀念他们!

感谢我的妻子,是她默默地承担着全部的家务,才使我能安心地去研究和写作。这些年,为了应付繁忙的工作,我亏欠她太多了!

2015年3月,《关学思想史》草成,以书稿形式参加了国际儒学联合会、四川大学儒学研究院"纳通国际儒学奖"(征文奖)的评奖申报,欣喜地获得了"纳通国际儒学奖·优秀征文奖"二等奖。我很珍惜评委会给予本书稿这一荣誉!为了不辜负这一荣誉,在本书出版前,我又认真对书稿进行了一次修改和补充。

感恩社会,感念走进我生命中的每一位长辈、朋友和同事,是我一直以来默守的信念!我常想,如果没有他们,我也许会孤陋寡闻,会思维停滞,甚至会陷于孤独!他们给了我信心、勇气和力量,给了我坚持工作的无穷乐趣,谢谢他们!

刘学智
2015年5月于西安

图书在版编目(CIP)数据

关学思想史/刘学智著．—西安：西北大学出版社，2014.12
（关学文库/刘学智，方光华主编）
ISBN 978-7-5604-3546-6

Ⅰ.①关… Ⅱ.①刘… Ⅲ.①关学—思想史—研究 Ⅳ.①B244.45

中国版本图书馆 CIP 数据核字（2014）第 312450 号

出 品 人	徐　晔　马　来
篆　　刻	路毓贤
出版统筹	张　萍　何惠昂

关学思想史　　刘学智 著

责任编辑	马　来　朱　亮　　装帧设计　泽　海
版式统筹	曹金刚
出版发行	西北大学出版社
地　　址	西安市太白北路 229 号　　邮　编　710069
网　　址	http://nwupress.nwu.edu.cn　　E-mail　xdpress@nwu.edu.cn
电　　话	029-88303593　88302590
经　　销	全国新华书店
印　　装	陕西向阳印务有限公司
开　　本	720 毫米×1020 毫米　1/16
印　　张	35.5
字　　数	540 千字
版　　次	2015 年 8 月第 1 版　2018 年 8 月第 3 次印刷
书　　号	ISBN 978-7-5604-3546-6
定　　价	73.00 元